大清一統志

第五册

江蘇（二）

江蘇（二）

政編（二）

目録

鎮江府圖

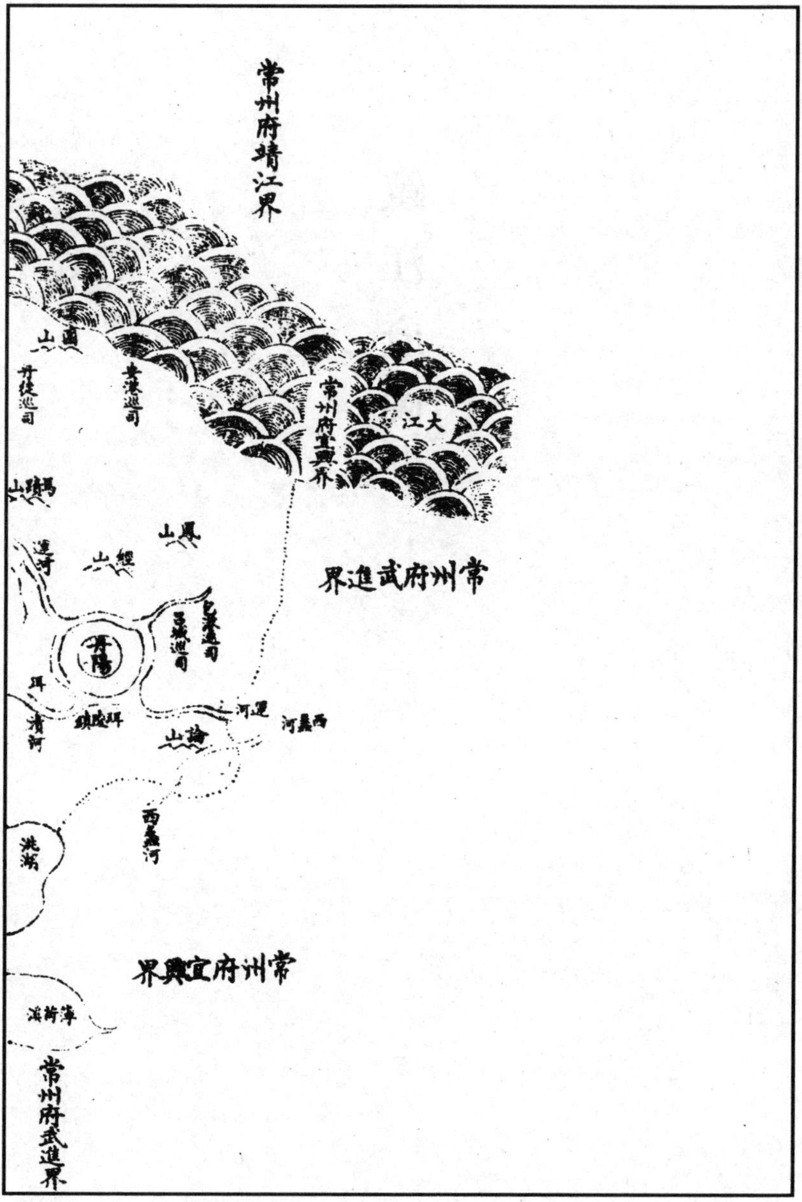
常州府靖江界
常州府宜興界
大江
常州府武進界
圌山
丹徒巡司
馬蹟山
鳳山
經山
運河
丹陽
包港巡司
呂城巡司
清河
珥陵鎮
運河
西蠡河
西蠡河
洮湖
常州府宜興界
常州府武進界

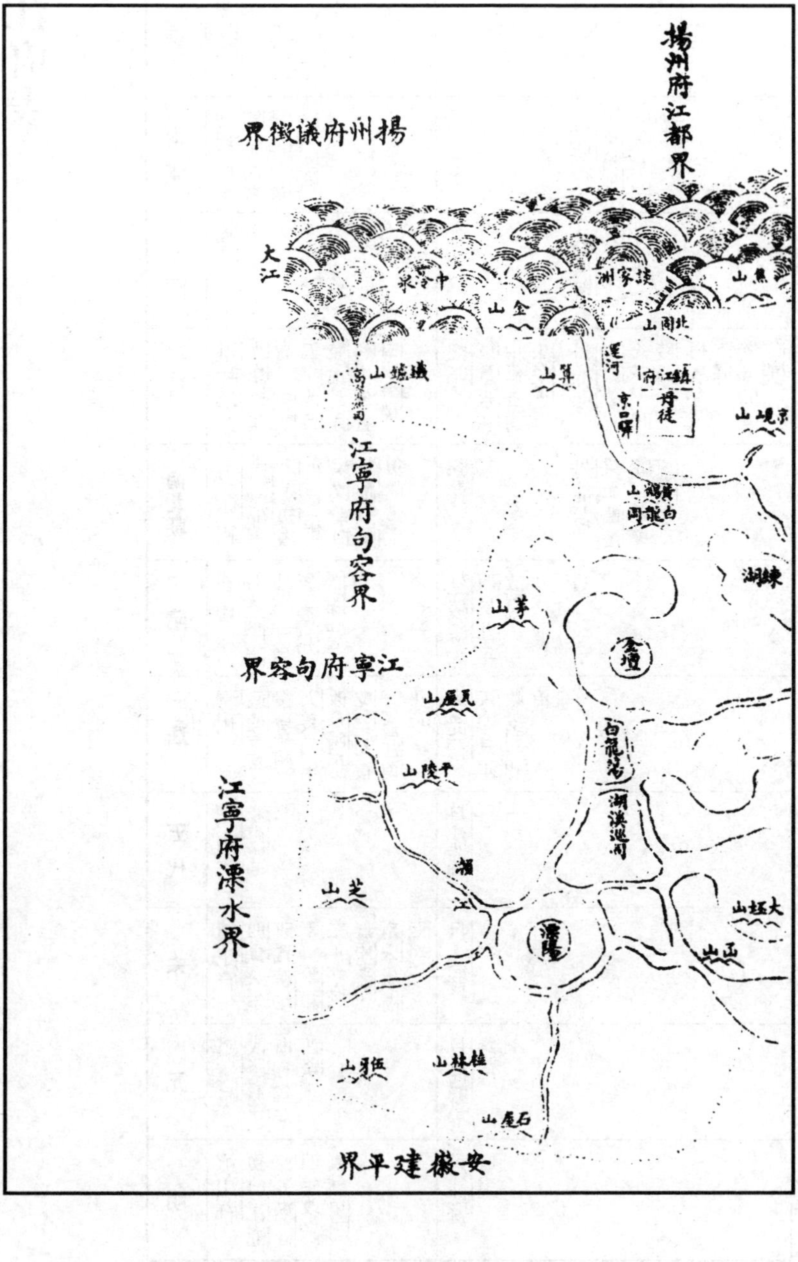
揚州府江都界
揚州府儀徵界
大江
中泠泉
金山
焦山
北固山
運河
鎮江府
丹徒
京口驛
京峴山
黃鶴山
白龍岡
練湖
茅山
金壇
江寧府句容界
江寧府句容界
瓦屋山
平陵山
白龍蕩
湖溪巡司
江寧府溧水界
芝山
瀨江
溧陽
桂林山
石屋山
安徽建平界

鎮江府表

	鎮江府	丹徒縣
秦	屬會稽郡。	丹徒縣
兩漢	初屬江都國，後屬會稽郡。後漢屬吳郡。	丹徒縣 屬會稽郡。後漢屬吳郡。
三國	屬吳。	武進縣 吳嘉禾三年改名。
晉	毘陵郡 太康二年置。永嘉五年改晉陵郡。永和中僑置南東海郡。	郯縣 東晉永和中僑置南東海郡治。 丹徒縣 太康二年復故名，毘陵郡治。永嘉五年晉陵郡治。復屬南東海郡。
南北朝	南徐州 東海郡 宋永初二年置州。梁改郡曰蘭陵。陳復故。	郯縣 丹徒縣 梁屬蘭陵郡。陳屬東海郡。
隋	初廢州、郡。開皇十五年改置潤州。大業三年廢。	延陵縣 開皇九年改置。 省。
唐	潤州 武德三年復置州。天寶元年改丹陽郡。乾元初復州，屬江南東道。	丹徒縣 武德三年改名，州治。
五代	潤州 屬南唐。	丹徒縣
宋	鎮江府 開寶八年改置鎮江軍。政和三年升府，屬兩浙路。南宋屬浙西路。	丹徒縣 府治。
元	鎮江路 改路，屬江浙行省浙西路。	丹徒縣 路治。
明	鎮江府 初曰江淮府。洪武四年改名，直隸南京。	丹徒縣 府治。

續表

丹陽縣		溧陽縣
曲阿縣		溧陽縣屬鄣郡。
曲阿縣屬會稽郡。後漢屬吴郡。		溧陽縣屬丹陽郡。
雲陽縣吴嘉禾三年改名。		吴省。
曲阿縣太康二年復故名，屬毗陵郡。	延陵縣太康二年析置，屬毗陵郡。	溧陽縣太康元年復置。
曲阿縣梁屬蘭陵郡。陳屬東海郡。	延陵縣	溧陽縣
曲阿縣屬江都郡。	徙。	開皇十八年併入溧水，隸宣州。
丹陽縣武德三年置雲州。五年改簡州。八年州廢，縣屬潤州。天寶元年改名。	延陵縣武德三年復置，屬茅州。七年屬蔣州。九年屬潤州。	溧陽縣武德三年復置，屬揚州。九年屬宣州。光啓三年屬昇州。
丹陽縣	延陵縣	溧陽縣楊吴、南唐屬潤州。
丹陽縣屬鎮江府。	熙寧五年省。	溧陽縣屬建康府。
丹陽縣屬鎮江路。		溧陽州至元十四年升溧州。十五年升府。十六年改路。尋降縣。元貞元年復升州，屬集慶路。
丹陽縣屬鎮江府。		溧陽縣復爲縣，屬應天府。

	金壇縣
	曲阿縣地。
永平縣 吳分置，屬丹陽郡。	
永世縣 太康元年改名。 平陵縣 大興二年分置。	
永世縣 平陵縣 宋元嘉九年併入永世、溧陽。	
永世縣 初廢。開皇十二年復置，屬宣城郡。	金山縣 開皇十五年析置金山府。後因爲縣。
廢。	金壇縣 武德八年省入延陵。垂拱四年復置，改名，屬潤州。
	金壇縣
	金壇縣 屬鎮江府。
	金壇縣 屬鎮江路。
	金壇縣 屬鎮江府。

大清一統志卷九十

鎮江府一

在江蘇省蘇州府西北三百七十里，江寧府東少北一百八十里。東西距二百二十里，南北距一百三十六里。東至常州府宜興縣界一百六十里，西至江寧府句容縣界六十里，南至常州府武進縣界一百八里，北至揚州府江都縣界二十八里。東南至宜興縣界二百十里，西南至安徽廣德州建平縣治三百七十里，東北至常州府靖江縣界一百二十里，西北至揚州府儀徵縣界七十里。自府治至京師二千三百里。

分野

天文斗、牛分野，星紀之次。

建置沿革

禹貢揚州之域。春秋時吳地。戰國屬楚。秦屬會稽郡。漢初屬江都國，後屬會稽郡。後漢屬吳郡。三國吳曰京城。元和志：建安十三年，孫權自吳徙治丹徒，曰京城。十六年，遷建業，復於此置京口鎮。晉太康二年，置毗陵郡，治丹徒。永嘉五年，以東海王世子名毗，改晉陵郡。宋書州郡志：大興初，郡及丹徒縣悉治京口。至義熙九年，復還晉陵。咸和四年，僑置徐州。永和中，僑置南東海郡。劉宋永初二年，立南徐州。宋志：永嘉之亂，徐、兗流民相率過淮，亦有過江居晉陵郡界者。咸和四年，郗鑒於晉陵諸縣及江北皆僑立郡縣，以司牧之。徐、兗二州，或治江北，義熙十年始分淮北爲北徐州，淮南猶爲徐州。永初二年加徐州曰南徐，而淮北但曰徐。元嘉八年更以江北爲南兗州，江南爲南徐州，謂之北府。齊因之。梁天監元年，改南東海曰蘭陵郡。陳永定二年，復曰東海郡。隋平陳，州郡俱廢，改曰延陵縣。開皇十五年，罷縣置潤州，取州東潤浦爲名。大業三年，州廢爲延陵縣，屬江都郡。唐武德三年，復置潤州。天寶元年，改丹陽郡。乾元初，復曰潤州，又升爲丹陽軍，屬江南東道。建中初，置鎮海軍節度。唐書方鎮表：建中二年，合浙江東、西道置節度使，治潤州。尋賜號鎮海軍節度。五代屬南唐。唐末，錢鏐移鎮海節度於杭州，而潤州爲楊行密所有，復置鎮海軍於此。宋仍曰潤州丹陽郡。開寶八年，改鎮江軍。政和三年，升爲鎮江府，以徽宗潛邸故。屬兩浙路。南宋屬浙西路。元爲鎮江路安撫使司。至元十三年，改鎮江路總管。二十六年，置鎮江路總管府，屬江浙行省浙西路。明初曰江淮府。洪武四年，改鎮江府，直隸南京。

本朝屬江蘇省，領縣三。雍正八年，以原隸江寧府之溧陽縣來屬。今領縣四。

丹徒縣。附郭。東西距一百三十里，南北距七十八里。東至丹陽縣界七十里，西至江寧府句容縣界六十里，南至丹陽縣界五十里，北至揚州府江都縣界二十八里。東南至丹陽縣界六十五里，西南至句容縣界九十里，東北至通州泰興縣界一百里，西北至揚州府儀徵縣界七十里。春秋吴朱方邑。後屬楚，更名谷陽。秦置丹徒縣。漢屬會稽郡。後漢屬吴郡。三國吴嘉禾三年，改曰武進縣。晉太康二年，復曰丹徒，爲毘陵郡治。尋屬毘陵郡。永嘉五年，爲晉陵郡治。永和中僑置郯縣，爲南東海郡治。義熙九年，移晉陵郡還晉陵，并以丹徒屬南東海郡。宋仍之。梁屬蘭陵郡。陳屬東海郡。隋開皇九年，改爲延陵縣，省丹徒入之。十五年，爲潤州治。大業三年，州廢，屬江都郡。唐武德三年，復曰丹徒，爲潤州治。五代因之。宋爲鎮江府治。元爲鎮江路治。明爲鎮江府治。本朝因之。

丹陽縣。在府東南七十里。東西距八十八里，南北距六十五里。東至常州府武進縣界五十八里，西至丹徒縣界三十里，南至金壇縣界四十里，北至丹徒縣界二十五里。東南至武進縣界六十里，西南至江寧府句容縣界四十五里，東北至武進縣界七十里，西北至丹徒縣界三十里。戰國楚雲陽邑。秦置曲阿縣。漢屬會稽郡。後漢屬吴郡。三國吴嘉禾三年，改曰雲陽。晉太康二年，仍改曲阿，屬毘陵郡。宋屬晉陵郡。齊因之。梁屬蘭陵郡。陳屬東海郡。隋屬江都郡。唐武德三年，於縣置雲州。五年，改曰簡州，以地有簡瀆故名。八年，州廢，屬潤州。天寶元年，改曰丹陽縣。五代因之。宋屬鎮江府。元屬鎮江路。明屬鎮江府。本朝因之。

溧陽縣。在府西南二百四十里。東西距九十八里，南北距一百五十里。東至常州府宜興縣界十八里，西至江寧府溧水縣界八十里，南至安徽廣德州界七十里，北至江寧府句容縣界八十里。東南至宜興縣治九十里，西南至廣德州建平縣治一百二十里，東北至金壇縣治九十里，西北至溧水縣治一百三十里。春秋吴瀨渚。秦置溧陽縣，隸鄣郡。漢屬丹陽郡。後漢因之。三國吴省。晉太康元年復置。宋、齊以後因之。隋開皇十八年，併入溧水，隸宣州。唐武德三年復置，屬揚州。九年，復屬宣州。乾元元年，屬昇州。州廢，還屬宣州。光啓三年，又屬昇州。五代南唐屬潤州。宋屬建康府。元至元十四年，升溧州，屬建康路。十五年，升溧陽府。十六年，改路。二十八年，降縣。元貞元年，仍升州。至順元年，屬集慶路。明初復爲縣，屬應天府。本朝初，屬江寧府。雍正八年，改屬鎮江府。

金壇縣。在府南一百六十里。東西距一百里，南北距八十里。東至常州府武進縣界三十五里，西至江寧府句容縣界六十五里，南至溧陽縣界五十里，北至丹陽縣界三十里。東南至常州府宜興縣界五十里，西南至溧陽縣界七十里，東北至丹陽縣界三十里，西北至丹徒縣界六十里。春秋吳地。秦、漢會稽郡曲阿縣地。隋開皇十五年，析曲阿地置金山府，後因爲縣。唐初隸蔣州。武德八年，省入延陵縣。垂拱四年，復置，改曰金壇縣，屬潤州。五代因之。宋屬鎮江府。元屬鎮江路。明屬鎮江府。本朝因之。

形勢

襟帶江山，表裏華甸。經途四達，包總形勝。宋書文帝紀。因山爲壘，緣江爲境。通典。揚州之都會，京口之重鎮。宋徐鉉集。千山所環，中横巨浸。形勝之雄，控制南北。宋汪藻鎮江府月觀記。南控江湖，北拒淮泗，山川形勝，自昔用武處。方輿紀要。

風俗

士大夫崇靖退，貴氣節。民庶循禮義，守業不競。嘉定志。土風質而厚，士風淳而直。咸淳志。六代之風流人物，綜萃於斯，三吳之山川林泉，肇發於此。宋徐鉉甘露寺記。

城池

鎮江府城。周九里有奇，門四，南北二水關，自南關至西門憑漕河，餘設濠。明初仍舊址築。本朝康熙元年修，雍正九年重修。丹徒縣附郭。

丹陽縣城。周九里，門六，水門二，濠廣八尺。明嘉靖中築。本朝康熙元年修。

溧陽縣城。周四里有奇，門四，水門二，濠廣五丈。明初仍舊址築。本朝康熙、雍正年間屢修，乾隆三年重修。

金壇縣城。周三里有奇，門六，水門二，濠廣二丈。明嘉靖中築。本朝順治、康熙年間屢修。

學校

鎮江府學。在府治東日精山。明景泰中建。本朝順治、康熙、雍正年間屢修。入學額數二十五名。

丹徒縣學。在縣治東聖像山南麓。明嘉靖初建。本朝順治、康熙、雍正年間屢修。入學額數二十五名。

丹陽縣學。在縣治東。明嘉靖間建。本朝順治、康熙年間屢修。入學額數二十五名。

溧陽縣學。在縣治東南隅。明洪武初建。本朝康熙五年修，三十五年重修。入學額數二十五名。

金壇縣學。在縣治東。明洪武中建。本朝順治、康熙、雍正年間屢修。入學額數二十五名。

杏壇書院。在丹徒縣治東聖像山。本朝順治十三年建。

三山書院。在丹徒縣治西南。宋建淮海書院於北固山，元遷儒林里，明崇禎間改建，易名香山書院。本朝順治五年，增葺樓舍，改今名。

寶晉書院。在丹徒縣治北固山麓。本朝乾隆二十八年，因米芾寶晉齋舊址建。

濂溪書院。有二：一在丹徒縣治東南，宋周子依舅氏鄭向嘗居此，後人因建書院。舊在黃鶴山下，明正統中移建今所。一在丹陽縣學東，本朝雍正間建。

嘉義書院。在溧陽縣治北。明嘉靖中建。

申義書院。在金壇縣治西。宋太府丞張鎬家塾。

金沙學舍。在金壇縣治東。本朝乾隆十年建。按：舊志載丹徒有清風書院，丹陽有練湖書院，溧陽有金淵書院，金壇有茅山書院，今俱廢。謹附記。

户口

原額人丁十三萬七千六百三十七，今滋生男婦大小共二百十九萬四千六百五十四名口。又鎮江衛屯丁四萬二百二十一名口。

田賦

田地五萬二百六十三頃二十一畝三分有奇，額徵地丁正、雜銀三十萬四千一百二十一兩八錢七分二釐，又雜辦銀七百七十一兩二錢七分二釐，米二十一萬三千七十七石二斗七升七合四勺，豆一千三百四十七石八斗三升七合三勺。又鎮江衛屯田一千七百十三頃六十六畝九分有奇，額徵丁糧銀四千五百六十八兩七分九釐。又丹徒省衛屯田二十三頃三十四畝七分五釐有奇，額徵銀十七兩一錢二分八釐，米一百七十四石三斗三升六合四勺。

山川

聖像山。在丹徒縣治。舊名壽丘，以避孔子諱改名。其南麓爲今縣學。輿地紀勝：宋武帝舊宅基也。又引輿地記：唐頽山有武帝積弩臺。府志：二山皆在府治西南。

日精山。在丹徒縣治東北府學内，上有日觀遺址。又有月華山，在府學西南，有月臺遺址。一名萬歲山。

東山。在丹徒縣東三里，一名花山。唐皇甫冉詩：「北固多陳迹，東山復盛遊。」

京峴山。在丹徒縣東五里。宋鮑照有從拜陵登京峴詩。南徐州記：秦時命赭衣徒鑿京峴南坑，鑿處在故縣西北六里丹徒峴東南。寰宇記引梁典：武帝望京峴山盤行似龍，掘其石爲龍，目二湖。集覽：在今鎮江府治東，京口因山得名。府志：本二山，此爲京山，今縣西南五里有峴山云。通志：本朝順治十八年，敗海寇於此。乾隆二十二年、三十年、四十五年，高宗純皇帝南巡，俱有御製京峴山詩。

焦山。在丹徒縣東九里大江中，與金山對峙，相距十里許。自京峴東北至馬鞍、雩山、象山，入江而爲此山。亦名譙山。江淹有譙山述懷詩。通典：縣有京口譙山戍，一名樵山。輿地紀勝：以後漢處士焦先隱此而名，一名浮玉。今巖石有題刻「浮玉山」字。舊志：宋建炎中，韓世忠以八千人屯焦山；德祐初，張世傑等舟師次焦山。即此。府志：較金山差大，山巔盤礴處曰焦仙嶺。西曰觀音巖，有東泠泉、心經石。南曰羅漢巖。西南曰瘞鶴巖，有霹靂石、陀羅尼經石、釣魚臺石。又海雲巖半麓有三詔洞、鑽丹石。傍曰棧道巖，有角觝石。東北有善財石，有石屏、醉石、蝦蟇石。西北碧桃灣。東北青玉塢。餘支東出，有二島對峙江流中，曰海門山，亦名雙峯山。世稱金、焦、北固爲「京口三山」云。本朝乾隆十六年，高宗純皇帝南巡，建行宮於上，有御製遊焦山詩並和蘇軾韻詩。二十二年、二十七年、三十年、四十五年、四十九年，並有御製遊焦山疊韻詩、疊蘇軾韻詩。仁宗睿皇帝隨扈，御製焦山歌。

雩山。在丹徒縣東三十里，名見南史。上有昭應廟，禱雨輒應。又相近有大瀆山。

華山。在丹徒縣東六十三里，即樂府所謂「華山畿」也。

鼎石山。在丹徒縣東南三里，與京峴山相望。上有石塔。一名釜鼎山。又五里有唐山。

峴山。在丹徒縣東南五里，亦名獸窟。因建地藏寺於此，又名九華山。其北爲檀山。

白兔山。在丹徒縣東南十五里。明統志：宋刁約葬此，有白兔躍出，故名。

馬蹟山。在丹徒縣東南三十五里。輿地紀勝：上有青童君馬蹟，故名。府志：在今紫府觀，即道書第四十九福地。上有二洞，曰黄龍、青龍，其一潛通華陽。

菊花山。在丹徒縣南三里。其對峙者爲天福山，俗呼虎頭山。

黄鶴山。在丹徒縣南三里，本名黄鵠山。宋書：元嘉中，衡陽王義季鎮京口，迎戴仲若來止黄鵠山〔一〕。北有竹林精舍，林澗甚美。太祖嘗曰：「吾東巡之日，當宴戴公山下也。」隋志：延陵縣有黄鵠山。寰宇記：在縣西南三里。宋高祖潛龍時常遊竹林寺，遊息於此，嘗有黄鶴飛舞，改爲黄鶴寺。俗又名鴻鶴山。又磨笄山，在山東南。府志：戴仲若女於此磨笄，誓不適人，因名。

夾山。在丹徒縣南四里。唐僧夾山於此説法，寺名竹林。又福田山、洪山，俱相近。

迴龍山。在丹徒縣南七里。下有八公巖，林壑静邃，緣谷口入，溪流涓涓，曰八公洞。

招隱山。在丹徒縣南七里。元和志：獸窟山，一名招隱山，即隱士戴仲若所居。寰宇記：梁昭明太子嘗讀書於此，因名招隱，今石案猶存。上有招隱洞，下有真珠泉、虎跑泉、昭明所開古井及亭。唐李德裕作記。又靈山，在縣南四十里。

長山。在丹徒縣南二十五里。上有靈泉，下流與練湖通，溉田甚廣。

高驪山。在丹徒縣西南五十里，一名句驪山。隋書地理志：延陵有句驪山。寰宇記：在縣西南七十里。梁武帝輿駕東行記云：自覆船山、酒甖山南次高驪。輿地紀勝：覆船山在縣西南五十里，亦謂覊船，又名酒甖。

陽彭山。在丹徒縣西一里。

銀山。在丹徒縣西二里江口，即故土山也。唐劉禹錫詩：「土山京口峻。」府志：以山形壁立，俗呼豎土山；避宋英宗諱，又呼植土山。元皇慶二年，建寺其上，以與金山相對，易今名。一名雲臺山。上有金雞嶺，下有紫陽洞。其側有鎮屏山。

寶蓋山。在丹徒縣西四里，有茅山道院。

算山。在丹徒縣西九里。隋書地理志：延陵縣有蒜山。元和志：山多澤蒜，因以爲名。輿地紀勝：自古皆作蒜山，惟陸龜蒙題曰「算山」，或以周瑜與武侯議拒曹操謀算於此，故名。寰宇記：東晉末，孫恩浮海，奄至丹徒，率衆登蒜山。劉裕擊破之。唐劉展叛，田神功將三千軍於瓜洲，將濟江，復出騎萬餘陳於蒜山，即此。府志：今西津渡口水中孤峯是也。舊寬廣可容萬人，宋、元間淪入於江。本朝乾隆三十年、四十五年、四十九年，高宗純皇帝南巡，有御製算山詩、算山誌事詩。仁宗睿皇帝隨扈，有御製算山詩。

五州山。在丹徒縣西三十里。府志：相傳登山絶頂，望見五州，故名。梁武帝幸此，輦道尚存。舊志：有宋陳升之於山半建觀日、卧雲二亭，題曰「卧看滄江」。有泉，題曰「夕聽流泉」，皆蘇軾書。

鐵罏山。在丹徒縣西四十里。下有翟公泉，相近有香山。又曹山，在縣西五十里。明建文末燕王渡江，嘗駐蹕山下，爲行朝三日。

玉山。在丹徒縣西江口。府志：舊無玉山之名，以與金、銀二山鼎立，故名。

金山。在丹徒縣西北七里大江中。九域志：唐時裴頭陀於江際獲金數鎰，李錡鎮潤州，表聞，賜名。古名氐父山，一曰獲符。元和志：氐父山在縣西北十里，晉破苻堅，獲氐俘置此山下，因名。又名伏牛山。唐志：潤州貢伏牛山銅器。又名龍游山。三山志：宋大中祥符五年，真宗夢遊其地，賜名。又名浮玉。周必大雜志：此山大江環繞，每風四起，勢欲飛動，故南朝謂之浮玉。最高處曰金鼇峯、妙高峯，東曰日照巖、金玉巖、妙空巖、朝陽洞、龍洞，西曰頭陀巖、裴公洞，北曰白衣洞、飛雲洞。東麓有盤陀石、信磯、覺岸。山南江中有門檻石。山東江中有鶻山，即善財石。山西江中有石簰山，俗稱郭璞墓。石簰山前有筆架峯，一名三山石。本朝康熙二十三年，聖祖仁皇帝南巡，御書「江天一覽」扁額，並御題「松風石」三字於日照巖，「雲峯」二字於朝陽洞。乾隆十六年，高宗純皇帝南巡，建行宫於上，有御製初登金山詩、登金山塔頂詩、駐蹕金山記，御題聯額。二十二年、二十七年、三十年、四十五年、四十九年，屢駐清蹕。宸翰題詠，輝映江天。四十九年，仁宗睿皇帝隨扈，御製登金山塔頂作長江夕照歌、渡江宿金山即事詩。

北固山。在丹徒縣北一里。三山志：京峴山右折，結爲郡治。郡治之北，特起此山。世説：荀中郎羨在京口，登北固望海，云：「雖未覩三山，便自使人有淩雲意。」宋謝靈運有從遊京口北固詩。南史：京城西有别嶺入江，高數十丈，號曰北固。蔡謨起樓其上。梁大同十年，帝登望久之，曰：「此嶺不足須固守，然於京口實乃壯觀。」乃改曰北顧。元和志：在縣北一里，下臨長江，其勢險固，因以爲名。寰宇記：山斗入江，三面臨水。輿地志：天清景明，登之望見廣陵城，如在青霄中，相去鳥道三十餘里。輿地紀勝：龍王廟在北固山，韓世忠遣兵伏廟中以截烏珠，即此。府志：晉謝安、蔡謨皆於山上作庫，以儲軍資。西有五聖巖、秋月潭，潭側有蝦蟇池、走馬澗，澗東有海涵河。西南有鳳凰池、天津泉、試劍石、很石、鰻井。其後石壁臨江，有鐵柱峯，一名石帆。觀音洞，兩旁有甘露、跨鼇二門。本朝乾隆十六年，御製北固山詩。「烏珠」改見江寧府山川門「牛頭山」註。

石公山。在丹徒縣北九里，瀕江，爲象山過脈。下有石檻，與焦山對峙。一名象山，形如雙象。府志：焦山兩獅形，象山兩象形，獅象截水之下流，郡之門户在焉。巖有洞曰象山洞，元阿珠嘗登此山以望宋軍。「阿珠」舊作「阿朮」，今改正。

圌山。在丹徒縣東北六十里。宋建炎三年，金人治舟師，欲由海道赴浙。詔遣韓世忠控守圌山、福山一帶。德祐初，張世傑敗績於焦山，還泊圌山。府志：在江濱，出火石。有上、下二箭洞。

彭山。在丹陽縣東三十五里，下有龍池。又馬鞍山，在縣東四十五里。固山，在縣東五十五里。前有普濟院。

論山。在丹陽縣東南鄉。名勝志：即道家三十八福地，神仙所居。

白鶴山。在丹陽縣西十里，麓曰支子岡。

觀音山。在丹陽縣東北三里漕河東岸，一名惠山。前有廣福寺，多竹林。巔有一碧萬頃亭。其後爲甘草山。

經山。在丹陽縣東北三十五里，相傳有異僧講經於此。一名金牛山。上有金牛洞，洞皆石壁，洞口僅容一人，其中甚廣。

下有經山泉，宋置經山寨於此。其後爲白路山。

雞籠山。在丹陽縣東北三十五里，形如雞籠，故名。

李家山。在丹陽縣東北三十五里。前有彭泉，南流八九曲，河下有靈顯祠。又金雞山，在縣東北四十五里，下有顯忠廟。

繡毬山。在丹陽縣東北三十六里。三山相連，圓如繡毬。上有白鶴泉。東行二十里，入九曲河。

黄連山。在丹陽縣東北三十八里，相傳有黄連樹生其上，其大十圍，故名。

鳳山。在丹陽縣東北四十里，形如鳳翥，故名。又相近有寶塔山，上有寶塔，因名。

沈山。在丹陽縣東北四十里，舊名簸箕山，以南唐時沈彬居此，因名。今光孝寺其址也。北有石壁，峭拔千仞。稍北曰陳山，下有玉龍泉。自經山至此，引而東北，數十里間，皆岡巒相接，陵阜延亘，錯列江濱，宛如屏障。

九靈山。在丹陽縣東北四十五里，九峯相連。下有桃花澗。唐魏法師居此。有仁希、仁福二觀，仁希久廢。

嘉山。在丹陽縣東北四十五里。境内諸山惟此山最高，狀如伏牛，土人以其出雲占雨澤。上有龍池，建善利廟。大江在其北。下有嘉山寺。

隨駕山。在丹陽縣東北五十里，相傳秦始皇嘗過此。今縣北十五里有秦馳道，亦以始皇名。

燕山。在溧陽縣南八里，形如飛燕。上有雲鶴庵。

屏風山。在溧陽縣南十里。建康志：形如屏風，左有看經寺，右有法輪寺，山界其間，俗或呼爲平翁山。又泉山，在縣南二十里。嵕山，在縣南二十五里。又後陳山，在縣南三十里，下爲南谿。

錫華山。在溧陽縣南四十五里。峯巒秀出，泉流環繞。一名小華。

懸鼓山。在溧陽縣南五十里，遥望若懸鼓然。

氳里山。在溧陽縣南五十里。又有金山、鎖山、蒜山、銀方山左右錯峙。

結都山。在溧陽縣南六十里，産石煤。

寨山。在溧陽縣南六十里。其頂平曠，相傳宋末義兵曾結砦於上，與新野千户陳翼抗戰云。又南五里曰天井山，四壁陡絶，中空如井。

五松山。在溧陽縣南七十里，舊名松山，唐李白改名。有松山寺。

青山。在溧陽縣南七十里。縣志：上有許真君祠。明太祖嘗駐蹕於此。寰宇記：在縣西南六十里。

石屋山。在溧陽縣南七十里，接安徽廣德州界。建康志：西有鑄劍坑，相傳吴王使歐冶子鑄劍於此。本朝乾隆二十七年、四十五年，有御製潤州道中詠鑄劍坑詩。

朝山。在溧陽縣西南二十里。上有白鶴廟，相傳昔有仙人釣魚於此，雙鶴來集。又有石門山，兩山對峙如門。

桂林山。在溧陽縣西南三十里。後有大磐石二，一曰「太古元貞」，一曰「留雲」。

龍潭山。在溧陽縣西南四十里。建康志：有龍潭，清澈見底。側有龍王祠，旱禱即應。

盤白山。在溧陽縣西南四十里，一名高邃山。有高邃洞，其深不測。以晉李盤白飛升於此，故名。唐有亭曰會仙，宋改爲太虚觀，俗亦名觀山。相近有荆山，有東、西二柱峯，怪石峻峭。有東、西二泉，資以灌溉。西峯之西有神墩，澗水縈洄，林木葱鬱。又有獅子、佛龕二石，肖形亦奇。

谷山。在溧陽縣西南四十里。新志：北有渡，水從殯溪由黄山東入中江。

伍牙山。在溧陽縣西南六十里，接安徽建平縣界。建康志：一名護牙山。相傳子胥伐楚還吴經此，因名。下有子胥祠，祠側有潭，可以雩禱。明統志：西南接建平界。元阿喇哈攻破銀澍東壩，至護牙山敗宋兵，即此。「阿喇哈」舊作「阿剌罕」，今改正。

金峯山。在溧陽縣西南六十里。形勢聳秀，爲金陵發脈之宗。

鐵冶山。在溧陽縣西南七十里。建康志：一名鐵峴山。丹陽記：永世縣南鐵峴山出鐵，揚州鼓鑄之地。

茭山。在溧陽縣西六里。東面石壁臨溪，勢如削成。上有龍潭，宋趙渠題石猶存。

小山。在溧陽縣西六里，一名小石山。北麓有石壁奇峯。又大石山，在縣西十四里，上有怪石。宋淳祐中，汴人趙昕題刻「龍洞」二字。又冠山，在縣西五里。又五里爲仙人山。

高貴山。在溧陽縣西十五里，相近爲義城山。下有墟落，相傳宋末居民結砦以拒元兵，今近村多以「義」名。又五里爲仙山，下有井泉，可以愈癘。

九龍山。在溧陽縣西三十里。昔傳山有王氣，因鑿之，石上斷迹猶存。又相近有前山，上有土墩。

黄山。在溧陽縣西四十三里。建康志：黄鶴仙人得道於此，故名。又西巖山，在縣西七十里，有石如舫，字曰「船石」。

方山。在溧陽縣西八十里，與芝山連。有白石峯、白石洞、青龍洞、石馬澗、象鼻峯、桃花界諸勝。

芝山。在溧陽縣西八十一里，舊名小茅山。接江寧府溧水縣界。建康志：山中嘗産芝草，故名。上有洞十數：曰梅仙洞，相傳梅福曾隱於此，洞前觀音石甚奇異。曰李子洞，有沸泉。曰燕洞，有石如燕，曰仙人洞，有石枰棊子。曰天井洞，有竅通天如井。曰黄龍洞，乳水下滴，不沾人衣，下有泉芳冽，大旱不涸。

平陵山。在溧陽縣西北三十五里，平陵城在其西。元和志：晉李閎圍韓晃於平陵斬之。按：晉書咸和四年，蘇逸黨張健與馬雄、韓晃等爲王允之擊破，輕車俱走，李閎率鋭兵追及於巖山。健等不敢下山，惟晃獨出，箭盡，乃斬之，健等降。據此，晃之斬在於巖山，不在平陵，元和志誤也。寰宇記：上有子胥祠。

曹山。在溧陽縣西北八十里，一名曹姥山。瀨水發源於此。明統志：相傳有曹姥獨居此山，死葬山下，後人爲立祠。又分界山，與曹山相接，溧水縣分界於此。

雷公山。在溧陽縣北三十七里，一名雷山。巖石奇怪，泉流澄潔。俗傳有雷公鑄劍於此。又獨秀山，在縣北三十五里，俗名土山。玉華山，在縣北六十里，下有盤龍堰。

黄金山。在溧陽縣北七十里，雨後土色如金。過此即句容縣界。附近有黄鳥山。

瓦屋山。在溧陽縣北八十里。建康志：山形連亘，兩崖隆起，其狀如屋。與句容縣分界。唐李白嘗遊北湖亭，望瓦屋山，有詩。

青龍山。在溧陽縣北八十里，距金壇縣西南五十里。輿地紀勝：形如龍而青色，因名。建康志：有洞穴，祈禱輒應。半麓有洞曰青龍洞，亦曰洞山。洞前奇石森列，流泉瀝瀝。旁有峴曰牧門。洞口二尺許，其中平廣，石梁如帶，有堂、臺、簾、竈、仙人掌之屬，皆以石狀得名。入洞稍深，有門曰隔凡。土人傳與金壇、句容諸洞相通。

丫髻山。在溧陽縣北八十里，一名丫仙山。東連仙几山。兩峯嵳峩，聳秀如髻。句容志作帢幘山，蓋句容、溧陽二邑孔道。

𠙶山。在溧陽縣東北二十五里，一名𠙶亭山。寰宇記：溧陽縣岊山，常、潤二州分界於此。風土記：昔有岊姥得道於此，因名。建康志：在洮湖上，其巔折而爲岕，曰優曇岕，以唐優曇禪師住錫而名。岕間北望，湖光空明如洗。有泉甘冽。按廣韻：「𠙶，烏后切，山名，在溧陽。」𠙶，一作「岊」。

小坯山。在溧陽縣東北二十五里洮湖中，一名小巫，一名小浮。輿地志：延陵永世界有小坯山，有石室。室中虎蹟，水洄即見云。

張汉山。在溧陽縣東北三十五里。

落霞山。在溧陽縣東北四十里，一曰霞山，一曰聖塔山。塔院在其下，町畽溝澮，歷歷如畫。

大坯山。在溧陽縣東北四十五里洮湖中。建康志：一名大巫山。接金壇及常州府宜興二縣界。形孤秀，顓顓居水中，望之若浮，一名大浮山。陶隱居尋山志云「石孤聳以獨絶，岸垂天而若浮」，謂此也。唐志「溧陽有湖山」，即此。

大蒻山。在溧陽縣東北四十五里。其頂平曠，竹樹清幽。又相近有小蒻山，形如釜，罕蔭木，有小庵。

顧龍山。在金壇縣南五里，一名烏龍山，俗呼土山。明太祖東征，嘗駐蹕於此，題樂府一闋。有御亭。

茅山。在金壇縣西六十五里，接江寧府句容縣界。元和志：在延陵縣西南三十五里。山形如「己」字，一名己山，一名句曲山。河圖云「乃有地肺，土良水清，句曲之山，金壇之陵」，即此。輿地紀勝：按真誥云：「第八洞天宫，名曰金壇華陽之天。」東北門在紫陽觀東北五里，今呼爲良常北洞是也。漢景帝時，茅濛曾孫盈，與其弟武威太守固、西河太守衷得道於此，因名三茅山。縣志：吴越春秋：「禹改茅山曰會稽。」本朝乾隆二十七年，御製茅山正譌文，辨明會稽之茅山即苗山，句容之茅山即句曲，亦名己山，曠若發蒙，垂示千古矣。

茶曹嶺。在溧陽縣南十七里。又頭陀嶺，在縣南二十里。上湖嶺，在縣南三十五里。丁仙嶺，在縣南四十里。白沙嶺，在縣南五十里。重九嶺，在縣南六十里。

金牛嶺。在溧陽縣南七十里。長亘十五里，接安徽廣德州界。

白龍岡。在丹徒縣南七里獸窟、迴龍兩山相夾處。四山環合，石壁嶄然。中有白龍洞，又名蓮花洞。南山佳境，以此爲最。

夾岡。在丹陽縣北二十二里，亦曰大夾岡。下臨運河，故運河又名夾岡河。舊志：縣境自西而北而東，以岡名凡數十計，昔人謂「天設長隄，擁衛江流」者也。

北岡。在丹陽縣西北十八里練湖上。秦鑿北岡，截其道以厭王氣，即此。

三詔洞。在焦山，深廣幾二尋。以漢焦先三詔不起，因名。本朝乾隆十六年、二十二年，俱有御製三詔洞詩。

道人墩。在丹陽縣練湖中。

烽墩。在溧陽縣荆山頂，高二丈。相傳吴、楚守望處。又播羅墩，躡之有聲，在荆山南田坂。

大江。自江寧府句容縣界東流入，經府城西北與揚州府江都縣分界。又東經丹陽縣東北六十里，又東入常州府武進縣界，即揚子江也。亦名京江。通鑑注：逕京口城北，謂之京江。輿地紀勝：在府城西北六里。九域志：丹徒縣有揚子江。漢書地理志：毗陵縣大江在北，東入海。元和志：江都縣大江，南對丹徒之京口，舊闊四十餘里，今闊十八里，春秋朔望有奔濤。通志：揚子江面闊十餘里，東注大海，北距揚州。郡城臨其南岸，金、焦障其中流。顧炎武日知録：古時未有瓜洲南北之津，上由采石，下由江乘，而京口不當往來之道。自瓜洲連揚子橋，江面益陿，而隋、唐之代復以丹陽郡移置丹徒，於是渡者舍江乘而趨京口。府志：有西津渡，在丹徒縣西北九里，與瓜洲對岸，即古西渚，唐時謂之蒜山渡。按：京江即禹貢北江，水經所謂「沔水與江流合，東至石城縣分爲二，其一過毗陵縣北爲北江」是也。其曰京江者，通典謂潤州因京峴山在城東，故稱京口，蓋緣是爲名矣。又曰揚子江者，唐代於揚子津渡江抵京口，後置揚子縣於此，故亦稱揚子江。

白龍蕩。在金壇縣南六里，一名思湖。府志：舊最寬衍，蓄水以紓下田之澇。近爲居民築隄，以擅菱藕之利。縣志：每夏時四圍蘆葦，荷蒲菱芡，雜然而生。錦鱗游泳，蓮舟往來其中。上有白龍廟。又錢資蕩，在縣東南五里，西通南洲，南注速瀆。

天荒蕩。在金壇縣西北，上流接茅山以東諸水，匯流爲蕩。居民築隄捍水，引流而東，入於運河，謂之建昌圩。又滕湘蕩，在縣西，其旁有紫陽、西陽二渠。蕩介其間，廣五百餘頃，民田引爲灌溉。又有鮑蕩，在縣西三十里，民資灌溉。

運河。自常州府武進縣界西北流入，經丹陽縣南。又西北流經丹徒縣西，又北踰大江，入揚州府江都縣界。漕渠考：史記言「於吴則通渠三江五湖」，漕渠之來久矣。六朝都建康，凡三吴漕輸，避京江之險，別自雲陽西城鑿運瀆徑至都下。而京口之漕渠如故，南齊書志「丹徒水道，内通吴會」是也。隋廢雲陽二渠。大業六年，敕穿江南河，自京口至餘杭八百餘里，不過即故渠開使寬廣耳。唐永泰二年，轉運使劉晏奏引練湖水灌漕河。宋天聖七年，開潤州新河。慶曆中，轉運副使鄭向疏潤州蒜山漕渠，抵於江。元祐中，京口置牐。政和六年，詔鎮江府旁臨大江，無港澳以容舟楫，聞西有舊河，可避風濤，歲久湮廢，令發運司濬治。自乾道至嘉定，復屢濬江口至城南一帶。自元以後，數加疏廣。明永樂間，漕舟自奔牛溯京口，水涸則改從孟瀆出江右趨瓜洲。景泰中，從知府林鶚議，濬京口，由是漕舟盡由裏河。府志：漕渠在府西二里，自江口至南水關九里。舊有五閘，曰京口，曰腰閘，曰下、中、上三閘，皆通接潮汛，撙節啓閉，以通漕舟。今京口閘當漕河之口，距江一里。唐時改閘爲堰，宋復易堰爲閘，其後屢廢屢置。又漕渠在丹徒界者四十五里，在丹陽界者九十里，地勢如建瓴。上置京口閘，下置呂城閘，每冬閉閘蓄水，以濟漕艘，不足則以湖水助之。又去呂城十八里設奔牛閘，俟漕艘畢入，先閉奔牛閘，後啓呂城閘，以防水洩。本朝雍正三年詔修濬運河閘壩，自江口至奔牛閘一百六十里。乾隆七年，撫臣陳大受奏請每歲撈淺，六年大挑，以爲定例。

關河。在丹徒縣西，自城西北接京口港，迤而東南入北水關，出南水關，合漕河。又海鮮河，在京口閘外。宋嘉定八年，郡守史彌堅請開海鮮河以停泊防江之舟。今淤。

永豐河。在丹陽縣東門外，引潮通港。又轉河，明萬曆間開，沿隄築壩，建三義閣、萬壽塔於其上。

越瀆河。在丹陽縣東南三十五里，引江潮灌田。兩岸居民，用資水利。又寶家支河，在東門外四十里，引潮通港。

簡瀆河。在丹陽縣南五里。唐書地理志：初置簡州，以縣南有簡瀆取名。府志：東北達漕河，南接延陵鎮諸水，入金壇縣界。本朝雍正十三年挑濬。

珥瀆河。在丹陽縣南七里，俗呼七里河。北接漕河，西南流經金壇縣北，曰金壇河。匯縣境諸水，東南入長蕩湖。

市河。在丹陽縣西北，源出練湖西斗門。分爲二流，俱入漕河。

九曲河。在丹陽縣城北。西接運河，東北達大江，委折七十里，亦名新河。昔時由此通潮利漕，且廣灌溉。今河口淤塞。

護城河。在丹陽縣東北，自東門運河達於北門。又新開運河，由西門城壕經南門合簡瀆河入於東門運河。

蔭風河。在金壇縣東南洮湖北。首由方洛港，下經五葉村。明萬曆中開鑿。本朝康熙中疏治，雍正三年重濬。

金壇運河。在金壇縣東北。自縣城引流，至縣北八里高湖下口瀆，接天荒蕩諸水，益引而東，爲白鶴溪。又東接常州府武進縣之滆湖，而東北達於漕河。按：金壇向以荆溪爲運糧要道，越珥村、横塘二堰乃達諸河。宋以前未通綱運，逮理宗端平中，始開堰通運河，自城北至荆溪，沿丹陽之七里河，水道七十里。縣西之水爲上流，東南之水爲下流。因横塘地高，歲築壩於下流之口以壅水。明萬曆間置閘，後改爲壩。本朝順治六年修濬，康熙十年重疏。三十二年仍置閘，四十年復濬。

新豐湖。在丹徒縣東南三十五里，接丹陽縣西北界。晉書：元帝時，張闓爲晉陵内史，立曲阿新豐塘，溉田八百餘頃。元和志：晉大興四年，張闓所立。舊晉陵地廣人稀，且少陂渠，田多惡穢。闓創湖成灌溉之利。舊志又有寺湖，在縣南十八里。杜墅湖，在縣東南十五里。鄭湖，在縣東南三十五里。

練湖。在丹陽縣西北，本名後湖，俗名開家湖。元和志：在縣北二十步，周迴四十里。晉陳敏據有江東，遏馬林溪以溉雲陽。曲阿後湖，亦曰練塘。世説：謝中郎嘗經曲阿後湖。宋顔延之有車駕幸京口侍遊曲阿後湖詩。唐書食貨志：劉晏爲轉運使，分官吏主丹陽湖禁引溉，自是河漕不涸。寰宇記：上承丹徒高驪、長山、馬林溪諸水，色白味甘。河渠志：宋、元至明，屢經濬湖、築隄，重修埂閘，及治斗門函管。萬曆間，郡守吴撝謙言：練湖上受長山八十四汊之水，下通運河，分上、下二湖，界以中埂。有石閘三座，引上湖水達於下湖；更有石閘三座、石䃮一座，引下湖水達於運河；又自函洞一十三處，引上、下湖水達之田間。函洞以時啓閉，則民間之旱潦無虞；閘座以時啓閉，則運河之蓄洩有備。按：練湖形勢最高，上湖高下湖數尺，下湖又高運河數尺，勢若建瓴。幅員四十里，納長山諸水，以濟漕運，以資灌溉，其利甚溥。自居民爭相墾佃，貪近利而忘遠謀，往往蓄洩無備。唐時百姓築隄，横截十四里，開瀆口洩水，取湖下地作田，遂分上、下二湖。嗣後屢廢屢復，斗門函閘，代有興築。本朝順治九年，敕令修復故址。康熙四十七年，增修練湖四閘，永禁私墾，全復下湖。萬民感悦，建聖恩亭於湖心。乾隆十六年、二十二年，俱有御製練湖詩。

朱湖。在溧陽縣東南八里。郭景純江賦：其旁則有巨區、洮滆、朱滻、丹漅。水經注：在溧陽。今溧湖多謂之瀆，或云曹蕩圩是也。其瀆多築圩，成沃壤云。又謝婆瀆，在南城下。謝公瀆，在北城下，相傳謝朓洗研池，宋湯德俊建研池堂於上。又葛培瀆，在縣西十五里，與新昌瀆連，周迴四十五里，今成田，僅餘一派通舟。沙漲瀆，在縣北二十里。府志：謝朓嘗遊此。明太僕史際募民築塘。盤龍瀆，在縣北六十里，上有檀石橋。瀨陽瀆，在縣西北三十六里，即瀨溪也。上接三塔諸瀆水，東入太湖，俗以爲古五堰，非是。南渡瀆，在縣西北四十里，建平、高淳西南諸水，盡豬於此，分注兩江。去渡五里曰界河。

千里湖。在溧陽縣東南十五里，一名蓴湖。今涸。名勝志：溧陽有蓴湖，即陸機所謂「千里蓴羹，未下鹽豉」者，又名千里瀆。

下湖。在溧陽縣南十里。周五里，東入太湖。又黄山湖，在縣西南盤白山下。牛犋湖，在縣西南五十里。今俱爲田。

昇平湖。在溧陽縣西南七十里，一名昇平瀆。建康志：自溧水縣五堰東流入湖。又有溪水，自建平梅渚來會，即古中江所經之地。又有三塔瀆，在縣西七十里，一名梁城湖。按昇平湖，週迴四十里。按輿圖，此即胥溪河，自五堰而東者也。新志：胥溪河，在縣西八十里，春秋時伍員開運道於此。

洮湖。在金壇縣東南、溧陽縣東北，一名長塘湖，亦名長蕩湖。接常州府宜興縣界。晉書：咸和三年，蘇峻既敗，其將韓晃奔張健於曲阿，相與自延陵向長塘湖。隋書地理志：延陵縣有長塘湖。寰宇記：在金壇縣南三十里。建康志：長蕩湖，在溧陽縣北五十三里，舊名洮湖。宋單鍔水利書：上接滆湖而運河有功，下達荆溪而震澤無害，宣、潤、常三州之深利也。明伍餘福水利論：金壇、武進、宜興之間有地名夾苧干，東抵宜興之滆湖，北通長蕩湖，西接五堰。蓋長蕩湖之水東接荆溪而入太湖，昔人引之，北泄於滆湖，又泄滆湖水北入常州府武進縣西南之大吴蕩口諸瀆及白鶴溪，而接於運河。府志：周百二十里，舊有八十一浦口，實受荆城、延陵、丁角、薛步四源之水。今所存者惟二十七浦，餘皆淤塞。

高湖。在金壇縣西北十里，周百餘頃。北接五十瀆，南流十二里入大溪。有三閘以節水。

白鶴溪。在丹陽縣東南五十五里，一名荆溪。源出荆城，南流經金壇縣北，繞縣東境分二流：一引而東，匯諸水爲運河。一東南流入洮湖。唐潘佐詩：「荆溪百里水涵空。」陸龜蒙有荆溪早景詩。

南溪。在丹陽縣南四百餘步。練湖分流，東赴運河。又灣溪，在縣東一里。

辰溪。在丹陽縣西北，自丹徒縣界流入。縣志：丹徒高驪、長山諸水，引流爲㕒溪。宋避孝宗嫌名，改今名。匯八十四汊之水，瀦爲練湖，其餘流入金壇境。又馬林溪，亦在縣西北，去丹徒縣南三十五里，即辰溪之下流也。唐皇甫冉有馬林溪遇雨詩。

薄荷溪。在溧陽縣東十八里。上通洮湖，下入宜興之九里河。

白雲溪。在溧陽縣東南十里，一名白雲涇。縣境諸水，多會於此。東北流入常州府宜興縣界，入荆溪。又有上湖澗，在縣西南六十里。高友溪，在縣南二十里。舉善溪，在縣南三十里。皆源出廣德諸山，合於白雲溪。又黄墟蕩、繰車涇，皆在縣南十五里，東北入白雲溪。

谷溪。在溧陽縣南十里。源出青山，曲折流一百里入瀨水。

金陵溪。在溧陽縣南六十里。源發廣德，下流匯於荆溪。

藍溪。在溧陽縣西南六十里。上有挂魚墩，相傳爲陵陽竇子明釣魚處。

飱溪。在溧陽縣西六十里。建康志：源出荆山，逕谷山東北流入長蕩湖。

唐王溪。在金壇縣西南三十里。源出茅山，東南流入大溪。

大溪。在金壇縣西二十里，一名青莕河。通崑崙河，東南流入長蕩湖，灌漑賴之。

直溪。在金壇縣西三十里，即直里河。受茅山丁角諸水，東南通大溪。

李成澗。在丹陽縣東北三十里，流入九曲河。又桃花澗，在縣東北四十五里九雲山下。

白玉澗。在溧陽縣北七十里黄金山西，石色瑩潔。

楚王澗。在金壇縣茅山崇禧觀東，相傳楚威王遊憩於此。

豐登洋。在溧陽縣東十五里。有小渚，夏夜納凉，獨無蚊蚋。

巧石浜。在溧陽縣西北六里小山下。瀕水數百武，怪石玲瓏，天然迥絶。

溧水。在溧陽縣西北四十里。自江寧府高淳縣東流入，經縣北，又東經常州府宜興縣界入荆溪。亦作陵水，一名瀨水，又名永陽江，即漢志所謂中江也。戰國策：范睢曰：「伍子胥槖載而出昭關，夜行晝伏，至於溧水。」史記作「陵水」。劉氏曰：「陵」即「溧」，聲相近也。漢志應劭注：「溧陽縣有溧水，出南湖。」建康志：一名瀨水。東流爲永陽江。江上有渚曰瀨渚，即子胥乞食投金處，故又名投金瀨。東流爲瀨溪，入長蕩湖。今永陽江，一名九陽江，亦名潁陽江，在縣西北四十里。舊志：古中江水，西承丹陽湖，自蕪湖徑溧陽至常州府宜興縣，入蘇州府震澤縣而下入海。其後東壩既成，中江遂不復東，今惟永陽江水入荆溪耳。至縣西北有水，源出曹山，經江寧府溧水縣界東流入縣界，合於永陽江。或即指爲溧源，非也。有舊縣江，在縣西北四十五里，自縣西北八十里分界山流入上興埠，折而東爲黄連灣，會於南渡堰。按：溧水故道即今胥溪河。其西限於五堰東壩，故不接石臼、固城諸湖。然自蕪湖東至太湖，中間隔絶，僅銀林十七八里故道仍在。若曹山水及舊縣江乃入溧水之别支，不可即以爲古溧水之正源也。

潤浦。在丹徒縣東一里。元和志：東浦亦謂之潤浦，在丹徒縣東二里，北流入江。隋置潤州，取此爲名。又西浦，舊志在城西。唐張籍有西浦詩。又有徒兒浦，在縣東二十里。

下鼻浦。在丹徒縣西十里，北入大江，即五州山過脈入江處。輿地志：吴置刺姦屯。晉郗鑒嘗置兩壘於浦西。京口記：有小墩二，在浦東西，形類人鼻，故名。東有憩賓亭。相距十里，有七里港。

樂亭浦。在丹徒縣下鼻浦西七里，吴志所謂薄落也。王濬緣江圖謂之瀆浦亭。浦口與江中貴洲相對。

北固浦。在丹徒縣西北，廣一百八十丈，以藏舟。舊志：有梅涵河、柳溪橋，今俱廢。

丹徒港。在丹徒縣東十五里，有東西二港。又諫壁港，在縣東三十里，今訛爲「澗壁」。又安港，在縣東北八十里。

高資港。在丹徒縣西四十里。北通大江，達揚州府儀徵。又西爲江寧府句容縣界。明惠帝紀「建文四年，燕兵渡江，盛庸敗之於高資港」，即此。相近有炭渚港，亦戍守處，通大江。又洪信港，距此三十里。本朝乾隆十六年、二十七年、三十年、四十九年，俱有御製高資港詩。

京口港。在丹徒縣西北江口。南徐州志：京口舊名須口。宋志：京口渠，自江口行九里而達於城之南門。東有掘港，又有新港。明成祖實録：永樂十年，濬鎮江府京口、新港、甘露三港，達於江。又金線港，去甘露港一里。按：京口港抱郭通江。宋書建平王宏傳：「張保水軍泊西渚。」史彌遠記：「西津斗門達於江。」皆指此。實爲通渠之鎖鑰。

甘露港。在丹徒縣北北固山下。方輿紀要：北通大江，南通上河。宋會要：漕渠東有積水澳，北有歸水澳。元符中，漕臣曾孝藴築以濟漕。乾道中廢。嘉定中，郡守史彌堅復濬歸水澳，東北接甘露港，西入於漕渠。

包港。在丹陽縣東七十里，東接嘉山，北通大江。又東十里，即常州府武進縣之孟瀆河口。

呂瀆港。在丹陽縣東南五十里，北接漕河，南通白鶴溪。明萬曆間重濬，凡二十餘里，民田資以灌溉。又蕭港，在縣東二十七里。

馬嘶港。在丹陽縣東北六十里，北通大江。明隆慶二年修濬，引江水灌田，大爲民利。相傳湯和討賊屯兵於此，有神馬前嘶引渡，故名。

鹽港。在溧陽縣西七里。上通南渡，下逕泓口，入於崑崙河。

毛家港。在溧陽縣西十三里。又十七里爲李家港，上通湖瀆，洩黄山諸湖之水。

方洛港。在金壇縣南二十五里。其下有徐莊港。又縣東有燕子港，俱通湖。

新河港。在金壇縣湖溪五里。其下有大浦港，與大浦對者爲抱村港，在湖溪北。

相瀆。在丹陽縣東南六十里。輿地紀勝：宋王存自杭州歸丹陽舊居，憚於重堰，鄉人自奔牛開直瀆，南通白鶴溪，以便其行，故號相瀆，亦名直瀆。

丁義瀆。在丹陽縣南三十里，自白鶴溪分派導流而北，凡三十五里。宋紹熙中加濬，灌溉之利甚溥。

破岡瀆。在丹陽縣西南。吴志：赤烏八年，鑿句容中道，至雲陽西城，通會市，作邸閣。輿地志：延陵縣西有東雲陽、西雲陽二城，相去七里，接句容縣界。吴時所鑿，號破岡瀆。自延陵至江寧，上下各七埭。梁避太子綱諱，廢破岡，别開上容瀆。至陳時又開破岡瀆。蓋六朝都建康，水道自雲陽西城逕至都下也。隋平陳，並廢。

横邏瀆。在溧陽縣東七里，南接白雲涇，北通洮湖。

涇瀆。在溧陽縣北三十里。建康志：自金壇縣西十三里長塘湖北口，至縣北三十七里。相傳晉、宋間有此瀆。隋大業間，永世令達奚明曾加疏濬。新志：明成化間，知縣靳璋、符觀相繼濬鑿。水勢深闊，至今民賴其利。又古瀆，在縣北二十三里，與瀨溪通。

古速瀆。在金壇縣南二十里，延袤十里。又南洲瀆，亦在縣南，皆東通長蕩湖。又北洲瀆，在縣北五里。

華塢溝。在丹陽縣東十二里，入九折河。又楊家溝，在縣東四十里，一名楊塢溝。又張溝，在其北。

百丈溝。在溧陽縣南五里。建康志：一名百步溝，源出燕山。相傳此處田多高昂，開溝以灌溉，東流入白雲溪。府志：舊有壩三十四，瀦水灌田，歲久淤塞。明弘治中，知縣楊榮開濬，凡八百餘丈，中存九壩，民賴其利。

貴洲。在丹徒縣西北樂亭浦北大江中。宋元嘉二十七年，分遣諸軍備魏，時向柳守此。隋開皇十年，郭衍屯京口，敗賊於洲南。

談家洲。在丹徒縣西北六里。沙洲横列江中，爲京口扼束之地，土積成此。

藤料沙。在丹徒縣東北五十里。又有開沙，土人稱曰大沙，在縣東北二十里。小沙，在縣東北二十五里。皆大江中泥沙凝積而成，今爲居民安堵之地。

白鶴灣。在丹陽縣西十里。源出繡毬山，東行二十里入九折河。又旋灣，在縣東北三十五里，亦入九折河。

秦潭。在丹徒縣月華山下。輿地紀勝：在鐵甕門外。府志：秦時所開。陸龜蒙詩：「松門穿戴寺，荷鏡繞秦潭。」亦名緑水潭。宋紹興中，改爲放生池。

馬潭。在丹徒縣南五十五里。

清水潭。在丹陽縣東斜橋南。唐僧皎然詩「行人無數不相識，獨立雲陽古渡邊」，即此。

石潭。在丹陽縣北二十五里，有石潭村。「石潭秋月」，爲雲陽八景之一。

龍潭。在溧陽縣東北十八里黄家橋東，大旱泉湧不絶。又一潭在縣西南龍潭山。

萬東陂。在金壇縣東三十五里。祥符圖經：陂宜稻，頃收萬束，故名。

荷香池。在丹徒縣虎踞門外。可二三頃，外縈以山，花極盛。舊有亭。又薛公池，在鶴林門外。

白蓮池。在丹徒縣城南。上有門雞庵，蘇軾詩「白蓮池上門雞庵」，即此。

金牛池。在丹徒縣南五里，近八公巖。石壁陡峭，池在其下。

金鶩池。在丹陽縣治内。明統志：宋夏竦爲主簿時，一日侍母燕坐，見黄鸝雙舞，俱没於地。發之，得金鶩二，其母命瘞之。因築亭其上。後人發地求之不得，遂鑿爲池。本朝乾隆二十七年，有御製金鶩池詩。

蓮池。在丹陽縣雲陽驛中。唐許渾詩「心憶蓮池秉燭遊」，即此。

報恩池。在丹陽縣市東。又龍池，在嘉山，禱雨輒應。

石墨池。在金壇縣西茅山，即菖蒲潭。府志：費長房學道於此，書符滌研，潤池悉爲墨色。至今用池水合藥有驗。本朝乾隆二十二年、四十五年，俱有御製石墨池詩。

天池。在金壇縣西茅山頂，大旱不竭。又雷轟池，在三茅峯觀側。豢龍池，在天聖觀，宋大中祥符敕取龍子，御製歌送還山。又玉津池，在崇壽觀前。雷平池，在富平山。

漫塘池。在金壇縣東北。宋劉文清作宰時，塘水忽漫，故名，因築室其上。爲「金沙八景」之一。今淤塞成田。

吴塘。在丹陽縣東七十里，即白龍塘。周四十里，半入金壇縣界。梁吴遊所造，以灌溉民田。

浦里塘。在丹陽縣南五里，吴孫權時作。陸凱諫吴主「勿作浦里田」，即此。

蓮塘。在金壇縣東門外，宋湯鵬舉造，有「十里荷花九里松」之勝。今廢。

謝塘。在金壇縣東南。唐書地理志：縣東南三十里，有南、北謝塘。武德二年，刺史謝元超因故塘復置以溉田。寰宇記：南、北謝塘，梁普通五年記室參軍謝德威造，隋廢。唐謝元超重修，因名。府志有莞塘，在金壇縣東南三十里。梁大同五年，南臺侍御史謝賀之壅水爲塘，種莞其下，因名。又有單塘，在縣東北二十八里，入丹陽縣境。蕭齊時單敏所築。

東泠泉。在丹徒縣東焦山西心經石上。以在中泠之東，故名。

真珠泉。在丹徒縣南招隱山西。其泉圓濺，若貫珠然。梁昭明所開。唐李迪搆亭於上。宋蘇軾詩：「巖頭匹練兼天浄，泉底真珠濺客忙。」又虎跑泉，在山東南。泉從石中噴出，引爲流觴曲水。又二十餘丈有鹿跑泉。

卓錫泉。在丹徒縣西五州山。甚深，一曰千尺井。井甃萬佛，又曰萬佛井。流山下匯爲溪，澄清不竭，土人名曰夕溪。宋翠巖禪師答丞相張商英，機偈「門對懸巖千尺井〔二〕，石橋分水繞松杉」，即此。

中泠泉。在丹徒縣西北石簰山東，一作「零」，一作「櫺」，一作「瀘」。潤州類集云：江水至金山，分爲三瀘。唐李德裕嘗使人取揚子江中零水。縣志：盤渦深險，冬日水涸，用長竿汲之可得。又南泠，在中泠南，劉伯芻謂水之宜茶者七等，以揚子江南零水爲第一。北泠，在中泠北。竹窻雜記：石簰山北，謂之北濡，江最深處。本朝康熙四十二年，聖祖仁皇帝南巡，有御製試中泠泉詩。乾隆十六年、二十七年，高宗純皇帝南巡，俱有御製試中泠泉詩。四十九年，仁宗睿皇帝隨扈，御製試中泠泉水詩。

天津泉。在丹徒縣北北固山甘露寺西南。明太祖臨幸，曾題句云：「甘露生泉天降津。」後僧善觀見佷石邊有異，掘之得美泉，因取其語名之。

鶴溪泉。在丹陽縣東南五十里下琴橋下。

龍岡泉。在丹陽縣蔣墅青龍岡灣，清冽異常品。

彭泉。在丹陽縣東北李家山前，南流二十四里入九曲河。又湯家灣泉，在縣東北三十五里，源出彭山，流經埤城入大江。

玉乳泉。在丹陽縣東北觀音山。張又新煎茶水記：丹陽縣觀音山水第四。

益人泉。在金壇縣西大茅山東嶺上，左右有泉，飲之益人，故名。又喜客泉，在大茅山北。方池數尺，客至泉湧，故名。又蝶泉，在飈輪峯西。垂二口貯泉，至冬一冰一温，又名陰陽井。

撫掌泉。在金壇縣西茅山昭明讀書臺下，一名東温泉。聞撫掌聲則泉湧，故名。

燒丹井。在丹徒縣東焦山南麓。本朝乾隆二十七年，有御製丹井詩。

龍井。在丹徒縣南長山，禱雨輒應。又聖井二：一在運河南岸，水深三四尺，四時不竭。一在城西永安寺。義井二：一在府治南，水甚甘，有疾者禱飲輒愈。一在丹徒鎮，更名曰二省泉。

白衣井。在丹徒縣西北金山妙空巖後。

鰻井。在丹徒縣北北固山。相傳寺僧鑿井得鰻魚，故名。

沸井。在丹陽縣南。南齊書：豫章王嶷拜陵還，過延陵季子廟，觀沸井。輿地記：廟前井四，騰湧驚沸，二清二濁，鬵沸之聲，晝夜不絶。

迪功井。在溧陽縣玉塘村東，宋迪功郎石思義甃。

陶真人丹井。有二，並在金壇縣。一在陶村，即陶弘景鍊丹處，手植銀杏樹尚存。一在華陽上館石橋之東。

屯山古井。在金壇縣西四十里史家村。有上、下二井。相傳昔人屯於此，掘井得泉，甚清冽。

葛洪井。在金壇縣西茅山。府志：在抱朴峯之左。又福鄉井，在昭明讀書臺下，有銘。

校勘記

〔一〕迎戴仲若來止黄鵠山　「戴仲若」，原作「戴仲容」，乾隆志卷六二鎮江府山川（下同卷簡稱乾隆志）作「戴顒」。戴顒字仲若，宋書卷九三有傳。本志避清仁宗諱，因改稱其字，然誤「若」作「容」。因改。下同。

〔二〕機偈門對懸巖千尺井　「尺」，原作「户」，乾隆志同，據上文及羅湖野録改。「機」、「封懸巖」，乾隆志同，羅湖野録作「璣」、「近洪崖」。

大清一統志卷九十一

鎮江府二

古蹟

丹徒故城。在今縣東南，春秋之朱方邑。左傳襄公二十八年：「齊慶封奔吴，吴句餘與之朱方。」昭公四年：「楚靈王使屈申圍朱方，克之。」漢置丹徒縣，屬會稽郡。吴改武進。晉太康二年，復曰丹徒，爲毘陵郡治。宋書州郡志：丹徒縣，本古朱方，後名谷陽，秦改曰丹徒。南徐州記曰：秦時以其地有天子氣，使赭衣徒三千人鑿京峴南坑，以敗其勢，故名爲丹徒。水經注：丹徒縣北二百步有故城，本毘陵郡治。舊去江三里，岸稍毁，遂至城下。隋書地理志：開皇九年，省丹徒入延陵。括地志：丹徒故城，在今縣東南十八里。新志：即今丹徒鎮。土人稱爲「舊縣」。

溧陽故城。在今縣西北。漢置。建昭元年，封梁敬王子欽。後漢封陶謙，吴封潘璋，皆爲溧陽侯。又孫静領丹陽太守，自溧陽徙屯牛渚。元和志：本漢舊縣，以在溧水之陽爲名。寰宇記：縣在昇州東南二百四十里。其縣元在溧水縣東南九十里，唐天復三年，移治永陽江之南、燕山之北。舊志：故城在今縣西北四十五里，宋置舊縣巡司。今猶謂之舊縣村。

金山故城。今金壇縣治，隋置。元和志：縣西北去潤州一百四十里。本漢曲阿縣地，隋於此置金山府。隋末亂離，鄉人自立爲金山縣。武德八年廢，垂拱四年復置。以婺州有金山，改名金壇。唐書地理志：隋末土人保聚，因爲金山縣。長壽元年，始築城，歲久漸圮。明正德中，改築今城。

曲阿舊城。今丹陽縣治。本雲陽邑，秦始皇以其地有天子氣，鑿北岡以敗其勢，截直道使阿曲，改曰曲阿縣。漢因之。吳嘉禾三年，復曰雲陽。吳志顧雍傳有張秉嘗爲雲陽太守，蓋嘗置爲郡也。晉復曰曲阿。咸和三年，郗鑒築曲阿壘於城西，以拒蘇峻。隋開皇九年伐陳，賀若弼拔京口，長驅趨建康，分兵斷曲阿之衝而入。唐始改曰丹陽。元和志：縣西北至潤州六十四里。按：漢丹陽郡治宛陵，爲今寧國府。所領有丹陽縣，亦謂之小丹陽，在今太平府當塗縣界。晉、宋以後，丹陽郡治建康，即今江寧府。至唐天寶初，始改今縣爲丹陽，祇取故名耳。説者遂以漢、晉丹陽混入此，誤。

永世廢縣。在溧陽縣南。晉書地理志：丹陽郡，領永世縣。宋書州郡志：吳分溧陽爲永平縣。晉太康元年，更名永世。惠帝時，屬義興郡。尋復故。隋平陳廢。開皇十二年復置，屬宣城郡。唐初廢。建康志：在溧陽縣南十五里。今俗稱「故縣」。

平陵廢縣。在溧陽縣西北。宋書州郡志：江左分永世縣置。元嘉九年，仍併入永世、溧陽二縣。寰宇記：溧水縣有固城。建康志：古固城，春秋時吳築，在今溧陽之西溧水縣界。故址尚存，亦名平陵城。又引李賀記云：「爲兒時，在溧陽聞白頭書佐言，孟東野貞元中爲溧陽尉。溧陽昔爲平陵縣，縣南五里有投金瀨，瀨南八里有故平陵城。」舊志：平陵廢縣，在今縣西北四十里平陵山西五里。

延陵舊縣。在丹陽縣南。晉置，屬毗陵郡。宋書州郡志：太康二年，析曲阿之延陵鄉置。舊唐志：延陵縣，隋移治丹徒。武德三年，復移於今所，屬茅州。七年，屬蔣州。九年，改屬潤州。元和志：縣東北至州一百里。季子所居延陵，在今毗陵。然今縣北現有其祠，或當時采地所及。其地亦曰延陵。九域志：熙寧五年，省縣爲延陵鎮，屬丹陽。府志：鎮在縣南三十五里。

京城。今丹徒縣治。三國吳志：孫韶伯父河爲將軍，屯京城。建安九年，爲媯覽等所殺。韶收餘衆，繕治京城，起樓櫓以禦敵。晉後置郯縣於此。宋書州郡志：晉元帝初，割吳郡海虞北境爲東海郡，立郯、朐、利城三縣。永和中，移郡出京口，郯等三縣亦寄治焉。元嘉八年，立南徐州，以東海爲治下郡，丹徒屬焉。郡治郯縣，分丹徒之峴西爲境。又領朐縣。孝武世，分郯西界爲實土，又領利城。孝文世，與郡俱爲實土。齊志：南徐州治京口。吴置幽州牧，屯兵在焉。孫權初鎮之。宋氏以來，桑梓帝宅，江州流寓，多出膏腴，仍治郯縣而朐縣省。元和志：隋滅陳，改爲延陵鎮。十五年，罷鎮置州。唐復曰丹徒，爲潤州治。輿地紀勝：唐乾符間，周寶爲潤帥，築羅城二十餘里。府志：子城，吴大帝所築。内外甃以甓，號鐵甕城。圖經言古號鐵甕城者，以其堅固如金城也。明洪武元年，改築甎城，而舊城俱廢。

吕城。在丹陽縣東五十里，吴吕蒙所築，遺址尚存。

劉繇城。在丹陽縣西南。元和志：在縣西南二百四十步。漢末，繇爲揚州刺史，自壽春來曲阿築城，號令江南。

荆城。在丹陽縣南五十五里白鶴溪口，相傳漢荆王賈所築。

趙城。在溧陽縣東十五里。又梁城，在縣西五十里。

莊城。在金壇縣西北天荒蕩東北。唐綦毋潛有送儲十二還莊城詩。

大業壘。在丹陽縣北。晉咸和三年蘇峻之亂，郗鑒於曲阿北大業里築壘，以分賊勢。又庱亭壘，在縣東，亦鑒所築。詳見「武進縣」。

常寨巷。在溧陽縣西門外，明初常遇春守溧陽，立砦於此。今俗譌爲柴場巷。

研山園。在丹徒縣治東南。宋米芾以研山從薛紹彭易此地爲宅。紹定中，淮東總領岳珂即其地築園，因以「研山」名。

西園。在丹徒縣治西，韓世忠所創。中有飛蓋堂、傳觴亭、淩雲臺、留仙洞。

丹徒宫。在丹徒縣治聖像山麓。宋武帝微時宅，後築爲宫。庾肩吾詩云：「枌榆諒昔社，朱方有舊墉。」又曰壽丘山在城中，即宋武舊宅。又有丹陽宫，南唐李昪置，遷楊溥於此。

衛公堂。在府署後，唐李德裕爲觀察使時建，後人因其封爵名之。

射堂。在丹徒縣治，晉人遊餞之所。

積弩堂。在丹徒縣城内。宋武帝攻破盧循，軍中積萬鈞神弩於此。

雞鳴議事堂。在溧陽縣西北固城東三十里，即平陵故治之蹟。

射鴨堂。在溧陽縣西故平陵城南，唐孟郊射鴨處。

晚香堂。在溧陽縣南，宋丞相趙葵别業，理宗御書賜之。其從子淮宅，在縣治北，號南、北二府，相距僅里許。

秀芝堂。在金壇縣東，産芝一本九莖，因名。

望海樓。在府治後。宋蔡襄題曰「望海」，後改爲連滄觀。米芾有詩。

萬歲樓。在丹徒縣西南城上。元和志：晉王恭爲刺史，改創西南樓名萬歲樓，西北樓名芙蓉樓。輿地紀勝引曾旼潤州集云：「是今之月臺，又改爲月觀。」紹興中嘗新之。今故址尚存。

喜雨樓。在丹徒縣治西，宋郡守史彌堅建。規模宏壯，爲一郡之勝。

得江樓。在丹徒縣治。宋洪适有記。

北固樓。在丹徒縣北固山上。梁武帝詩：「南城連地險，北固臨水側。深潭下無底，高低長不測。」唐李白詩：「丹陽北固是吴關，畫出樓臺雲水間。」

多景樓。在丹徒縣北固山甘露寺内，宋郡守陳天麟建。唐時臨江亭故址。曾鞏、米芾有詩。

操江樓。在丹徒縣金山玉帶橋左，舊名來鶴樓。本朝乾隆二十七年有御製御樓閲水操詩。

浮翠樓。在丹徒縣金山寺内。供奉御書墨寶。

觀濤樓。在丹徒縣金山寺内。乾隆二十二年、四十五年，並有御製觀濤樓詩。又黄鶴樓在其右，賜「靈區仙蹟」扁額。

城霞閣。在丹陽縣尹公橋東。明董其昌題。本朝乾隆十六年御題「曲阿勝地」扁額。二十二年，御製登城霞閣詩。二十七年、三十年、四十五年、四十九年，俱有御製疊前韻詩。

文宗閣。在丹徒縣金山。本朝乾隆四十七年，四庫全書告成，詔頒三分於江、浙，各建閣以貯之。金山恭貯一分，閣賜今名。四十九年，有御題文宗閣詩。

七峯閣。在丹徒縣金山金鼇嶺。本朝乾隆十六年，御題「寒香古韻」額。

江天閣。在丹徒縣金山，一名靈觀閣。

回賓亭。在丹徒縣治東。梁大同十年，武帝幸江口，宴鄉里故老於此。

向吴亭。在丹徒縣治南。唐陸龜蒙詩「秋來懶上向吴亭」，即此。

徐陵亭。在丹徒縣西。吴志：黄武元年，魏臧霸以輕船襲徐陵。又華覈封徐陵亭侯。寰宇記：南徐州記云京口先爲徐陵，其地蓋丹徒之西鄉京口里也。

秀公亭。在丹徒縣朱方門外，宋相秀公陳升之别墅。

寶墨亭。在丹徒縣焦山，以貯王奂之所集右軍書陀羅尼經幢及華陽真逸瘞鶴銘。

留雲亭。在丹徒縣金山之巔。明王叔承遊記：亭立絶頂，所謂妙高峯也。東望焦山，西瞻金陵，北帶瓜洲，南俯鐵甕，形勝爲第一。又山巔有空碧亭、呑海亭，在慈壽塔右。玩古亭，在金鼇嶺左。夕照亭，在觀音殿右。留玉亭，在妙高臺左。又有宸訓亭、奎章亭，恭奉聖祖仁皇帝御筆，俱在金山。

雄跨亭。在丹徒縣金山寺内，取宋高宗「雄跨江南二百州」之詩句爲名。

北湖亭。在溧陽縣西北四十五里。唐李白登此望瓦屋山，有詩。

釣雪亭。在金壇縣天荒蕩上。

神亭。在金壇縣西北。輿地志：在延陵縣西三十里。後漢建安中，孫策擊劉繇於曲阿。繇使太史慈與一騎覘視輕重，猝遇策於神亭，直前鬥戰。後策獲慈，解縛捉手曰：「詎識神亭時耶？」元和志：古神亭，在縣北二十五里。

妙高臺。在丹徒縣金山上，宋僧了元建。一名曬經臺。本朝乾隆三十年、四十五年，俱有御製妙高臺疊蘇軾韻詩。

釣魚臺。在丹陽縣東四十五里桃花澗上。

蔡邕讀書臺。在溧陽縣西南盤白山。吴志顧雍傳：邕亡命江海，十二年在吴。輿地紀勝：臺在縣太虚觀東北。

武功臺。在金壇縣治西池中，唐縣令姚合築。合武功人，故名。

藏春塢。在丹徒縣清風橋。本林仁肇故宅，宋郡人刁約因築此。西有萬松岡，司馬光詩：「藏春在何處？鬱鬱萬松林。」

水月山房。在丹徒縣金山覺岸之右。

秦系山房。在金壇縣石墨池上。又有顧況山房，在其側。

陶弘景故居。在金壇縣西五十里陶村，即洞虚觀。

雲林。在金壇縣南八里西瑶村。縣志：明于玉德建。内有三十六景，泉池山石，巧嵌玲瓏，爲觴咏之地。

慶封宅。在丹徒縣城南。陸龜蒙詩：「江南戴白尚能言，此地曾爲慶封宅。」又有慶封井。

郗鑒宅。在丹徒縣唐頽山南。京口記云：鑒宅五十餘畝。

劉穆之宅。在丹徒縣。穆之世居京口。隆安中，鳳凰集其處。

許渾宅。在丹徒縣南丁卯港側。

林仁肇宅。在丹徒縣朱方門外一里。宋爲蘇頌所居。

米芾宅。輿地紀勝：在丹徒縣千秋橋西，今併入丹陽館。明統志：有海岳庵，在府城東。米芾過潤，愛其江山之勝，因卜居焉。自書其額曰「海岳庵」。

沈括宅。在丹徒縣朱方門外。輿地紀勝：括嘗夢至一處，心樂之。後於京口得地，恍然夢中所遊，因名曰夢溪。

王珣宅。在丹陽縣城内。後爲晉安寺。

蕭思話宅。在丹陽縣。南史：蕭思話於曲阿起宅，有閒曠之致。其子惠基常謂所親曰：「須婚嫁畢，當歸老舊廬。」

權德輿宅。在丹陽縣北。輿地紀勝：在練湖上。德輿有憶江南詩曰：「結廬長占練湖春。」

梁武帝宅。在丹陽縣東北塘頭村東。帝即位，嘗幸舊宅。井上有棗樹，帝兒時所植。今井尚存。明統志：在縣東二十里。

張祜宅。在丹陽縣南橫塘。唐顔萱過其故居，有詩。

蔡肇宅。在丹陽縣南五十里竹塘村。姜兆錫詩：「詩憐塘上蕭蕭竹，猶似西園日落時。」

諸葛賡宅。在丹陽縣大華村。京口耆舊傳：賡以殿中丞歸，闢竹圃亭池，名曰歸休。又諸葛冀宅，在白鶴溪上，有九鶴堂、蓬萊閣、天語樓、清鑑閣。

梁昭明太子宅。輿地紀勝：在金壇縣西。今爲華陽館。

瘞鶴銘。在丹徒縣焦山崖下，華陽真逸譔。元柳貫跋云：「銘刻於崖石，久而崩摧，不復得其全文。歐陽文忠公以舊記稱王羲之書爲非，又疑顧況號華陽真逸，或是況書。至董逌書跋，則謂陶弘景常居華陽，自號華陽隱居。弘景著書，不稱建元，以甲子紀歲。今曰壬辰，曰甲午，則梁天監十一年、十三年也。弘景於十年自永嘉還茅山，是時正在華陽。」本朝乾隆二十二年，有御製臨瘞鶴銘跋。三十年有御製瘞鶴銘詩。

關隘

丹徒鎮巡司。在丹徒縣東十五里，明洪武初置。九域志：縣有丹徒、大港、丁角三鎮。府志：明初又有税課司，在丹徒鎮運河北，今廢。

安港巡司。在丹徒縣東九十里安港口，明洪武初置。又姜家嘴巡司，在縣東北藤料沙，亦明初置。

高資鎮巡司。在丹徒縣西四十里，明初置，亦曰高家鎮。自鎮而西十里，接江寧府句容縣界。

吕城鎮巡司。在丹陽縣東五十里。宋開寶七年，吴越助宋攻江南，圍潤州，拔其吕城。輿地紀勝：城相傳吕蒙所築。舊志：明洪武元年，置巡司。九年，改移於鎮東運河之上，并置驛於此。府志：鎮在縣東南五十里。鎮東去常州府武進縣奔牛鎮十八里。

包港寨巡司。在丹陽縣東七十里，宋置寨於港口。明洪武二年，置包港巡司。

湖溪寨巡司。在金壇縣南三十里湖溪鎮，當長蕩湖口。明洪武三年置巡司，今移城内。

諫壁鎮。在丹徒縣東三十里，北爲諫壁港，通大江。宋元嘉中，於諫壁置軍，即此。宋開寶中，南唐臣盧絳，言京口至潤壁俱宜立屯柵，廣備禦是也。南史作「諫」，盧絳傳作「澗」。

大港鎮。在丹徒縣東五十里，宋鎮也，以通大港而名。與圌山鄰近。又丁角鎮，在縣西南七十里。

新豐鎮。在丹徒縣東南四十五里，近新豐塘。

延陵鎮。在丹陽縣南三十五里，即故延陵縣。

珥陵鎮。在丹陽縣。本朝乾隆二十六年，移主簿駐此。

舉善鎮。在溧陽縣南三十里，俗名戴埠。是爲入南山路。凡山中所產，載至鎮下舟。九域志：縣有舉善、社渚二鎮。建康志：社渚鎮，在縣西南六十里。乾道四年，移税額於溧水鄧步。

廣道鎮。在溧陽縣西八十里，接江寧府高淳縣界。

甓橋鎮。在溧陽縣北三十里。舟往金壇圌山者，必出此，爲縣孔道。

圌山寨。在丹徒縣東北。九域志：縣有圌山寨。舊志：明嘉靖三十二年，以倭寇充斥，議設圌山營把總一員。山西里許曰大港口，萬曆四年，建把總公署於此。

高友埠。在溧陽縣南二十五里，俗名上步。新志：以高友溪而名，又呼高埠。

週城埠。在溧陽縣西南四十五里。新志：宋末義民嘗結寨築城於此，周迴濠迹尚存。

上興埠。在溧陽縣西北六十里，赴江寧者路必由此。明洪武初置巡司，嘉靖間廢。

炭渚驛。在丹徒縣西五十里。

京口驛。在丹徒縣城西臨河。本朝乾隆二十六年，移主簿駐此。

雲陽驛。在丹陽縣南門外。

津梁

丁卯橋。在丹徒縣南三里丁卯港。輿地紀勝：晉元帝子裒鎮廣陵，運糧出京口，爲水涸奏請立埭，以丁卯日制可，因名。後人構橋其上。唐許渾嘗築别墅於其側。

清風橋。在丹徒縣南，跨闗河。宋景祐間，郡守范仲淹建。又名范公橋。

虎踞橋。在丹徒縣南門外，跨運河，爲往來孔道。今名泰運橋。

嘉定橋。在丹徒縣西南，跨闗河。宋淳熙間，郡守錢良臣甃石覆以亭，因呼錢公橋。嘉定中復甃之，又名嘉定橋。

千秋橋。在丹徒縣西，跨闗河。與萬歲樓相對，因名。明永樂間，改名永安橋〔一〕。

洗馬橋。在丹徒縣京口驛西，以唐太子洗馬陳翌所建，因名。

渌水橋。在丹徒縣西北，跨闗河。唐杜牧詩：「渌水橋邊多酒樓。」明洪武初，更名鼎新橋。

雲陽橋。在丹陽縣東，跨漕河。舊名清化橋。一名賢橋，以民慕劉宰之賢而名。

泰定橋。在丹陽縣東吕城鎮，跨漕河。舊名大橋，元泰定間改今名。

太平橋。在丹陽東二里。宋寶祐間，知縣胡夢高濬河建橋，一名胡公橋。

七里橋。在丹陽東珥瀆口，通金壇。一名麥舟橋，即范堯夫遇石曼卿贈麥舟處。

下琴橋。在丹陽縣東南。相傳丁令威仙去，土人求拜，遺琴於橋畔，故名。跨白鶴溪。

折柳橋。在丹陽縣東南，初名情盡橋。雍陶爲簡州題詩，爲改今名。
分金橋。在丹陽縣南延陵鎮，相傳即管、鮑分金處。
簡橋。在丹陽縣南草堰門外，跨簡瀆。相傳橋下有雙鯉乘潮往來，爲諶姆元君使者，人不敢捕。
冰清橋。在丹陽縣南。
馬林橋。在丹陽縣西北，跨辰溪。凡丹徒縣長山八十四派之水，皆由此出練湖。
方瀆橋。在丹陽縣東北漕渠東岸。本朝乾隆二十二年，有御製自無錫放舟過丹陽駐蹕方瀆橋詩。
春雨橋。在溧陽縣東。建康志：舊曰春市橋。宋嘉定十四年重修，因旱得雨，改今名。
觀山橋。在溧陽縣西南四十五里，一名盤白橋。西有地百畝，傳是盤白觀遺址。
平陵橋。在溧陽縣西北三十里，俗呼潮瀆橋，或名沙灘橋。在平陵城西一里。
南渡橋。在溧陽縣西北三十五里。本朝乾隆五年重修。
中江橋。在溧陽縣西北四十里，淩跨中江。宋元祐間建。
鳳凰橋。在溧陽縣北一里，雙虹如翼。俗呼上橋。有忠義石。
甓橋。在溧陽縣北二十里，跨涇瀆。建康志：隋大業初建，以甓甃兩岸，取其堅固，故名。新志謂之安樂橋。
硯瀆橋。在溧陽縣東北隅。建康志：謝朓洗硯處。
文清橋。在金壇縣東，舊名惠政橋。宋劉宰治邑有惠聲，卒謚文清，因改今名，以志景仰之意。
大雲橋。在金壇縣東四十里洮湖西北岸，元大德間建。爲溧陽縣及常州府宜興縣往來孔道。

古涑瀆橋。在金壇縣南十八里長蕩湖。宋陳亢開瀆，因建橋其上。

覯龍橋。在金壇縣西南二里。舊名社橋，明太祖經此，改顧龍。萬曆間改今名。

濯纓橋。在金壇縣北九里，北通丹陽要道。舊名三里岸橋，明永樂間改今名。

西津渡。在府城西北。一名蒜山渡，一名京口渡，俗名西馬頭渡。

石公渡。在丹徒縣東北八里石公山下，濟大江。

隄堰

草堰。在丹陽縣南簡瀆上。相接者曰木坡堰。又麥埤堰〔二〕，在縣南二十里。相近又有黄塘堰。

横塘堰。在丹陽縣南珥瀆河。又南爲珥村堰，二堰相距十八里。

五堰。在溧陽縣西八十里。詳見江寧府高淳縣。

瀨陽堰。在溧陽縣西北四十里，一名前馬蕩。安徽建平縣及江寧府高淳縣西南之水，盡瀦於此。去堰可五里曰界河，即舊縣江也。

沙漲堰。在溧陽縣北二十里。明嘉靖中大旱，邑人史際募民築塘，聚食者八閱月，存活萬計，更名曰救荒堰。

中丘埭。在丹陽縣東二十四里，西有齊梁陵。

長岡埭。在丹陽縣西南破岡瀆，吴雲陽七埭之一也。齊永泰元年，王敬則自會稽舉兵西上，過五陵口。曲阿令丘仲孚收船艦〔三〕，鑿長岡埭，瀉瀆水以阻其路。通鑑注：曲阿縣界，有上、下夾堽埭〔四〕，亦謂之上金斗門。漕渠志：自縣而西北，有大、小夾岡，皆鑿山通道，雨過則泥沙壅塞，蓋即古之長岡埭。

程公壩。在丹徒縣西北京口港，有二：西曰下壩；稍東又有上壩，在甘露港。二壩相去不及一里。

官塘壩。在溧陽縣北六十里。長三十里。

丹徒鎮閘。在丹徒縣東丹徒港。漕河分渠通江，築閘乘潮，以引蓄江水。

新閘。在丹徒縣南水關外，明天順間置。

京口閘。在丹徒縣西北京口港口。距江一里，即漕河口也。

陵口閘。在丹陽縣東三十二里。又博望閘，在縣東四十里漕河北岸，九曲河口。

呂城閘。在丹陽縣東呂城鎮，運道所經也。

建昌圩閘。在金壇縣西北，受茅山丁角及長山諸水。每春秋霖潦，則水泛濫而下。明正德十年，環圩築土爲隄以禦之，週八十餘里。分諸水爲二派，南北環隄而流，以達於運河。

陵墓

三國　吴

高陵。在丹陽縣西。輿地紀勝：在縣吴陵港。土人至今稱爲孫堅墓。府志：吴陵港，在縣西十五里。

南北朝　宋

永寧陵〔五〕。元和志：在丹徒縣東南三十五里。宋武帝父翹追尊曰孝皇帝陵〔六〕。新志又有興平陵，在縣東丹徒鄉，文帝母胡太后所葬也。

齊

永安陵。在丹陽縣東北三十里。高帝父，追尊爲宣帝。

高帝泰安陵。在丹陽縣東北三十一里。齊本紀：太祖窆武進泰安陵。陸游曰：自常州西過呂城，又西北至陵口，距丹陽三十餘里，見大石獸偃仆殘缺，蓋南朝諸陵墓也。

武帝景安陵。在丹陽縣東三十二里。

明帝興安陵。在丹陽縣東北二十四里。輿地紀勝引鎮江志云：高、武、明三帝陵，並在金牛山。

梁

建陵。在丹陽縣東北二十里東城村。武帝父，追尊爲文帝。

武帝修陵。在丹陽縣東二十五里皇業寺前。唐貞觀十一年，詔令百步禁採樵。

簡文帝莊陵。在丹陽縣東二十七里。輿地紀勝：地名三城港。

春秋

吴季子墓。在丹陽縣西南三十五里九里廟。按：通典注：「晉陵申浦有季子墓。」又丹陽志：「墓在晉陵縣北七十里。」則此地不應有墓。第考明志，正統十年，季子廟正殿燬，耆老周彦廣等興工啓土，見棺而止，遂建殿於墓上。是又確有可據。今因歷志相沿，又廟載其地，世遠傳疑，姑並存焉。

貞義女墓。在溧陽縣西北，爲黄山史氏女墓。伍子胥奔吴至於瀨渚，女授以壺漿而自沈於河。唐李白有碑銘。

漢

孫鍾墓。在丹陽縣西白鶴山。府志：每歲二月十五日有司致祭。

史崇墓。在溧陽縣北三十里。崇封溧陽侯，有祠。

陶謙墓。在溧陽縣西南陶汧。

三國　吴

魯肅墓。輿地紀勝：在丹徒縣城東。

韋昭墓。輿地紀勝：在延陵鎮東南七里。舊志：在金壇縣西北六十里東溪。

晉

郗鑒墓。輿地紀勝：在丹徒縣城東。又郗愔墓亦在此。

褚裒墓。輿地紀勝：在丹徒縣南七里。

袁宏墓。寰宇記：在金壇縣北十八里。

左思墓。在金壇縣北八十里。

南北朝　宋

徐羡之墓。寰宇記：在金壇縣西南二十里。又梁袁興祖墓，在縣西十三里。

梁

范雲墓。在溧陽縣東北五十里甓橋東。

唐

褚遂良墓。在丹陽縣東南竹塘村。

桓彥範墓。在丹陽縣下墅村。

張祜墓。在丹陽縣尚德鄉。府志：在縣東北二十里。
儲光羲墓。在金壇縣東莊城東村。
戴叔倫墓。在金壇縣南三里。

五代　南唐

沈彬墓。在丹陽縣東北沈山。

宋

米芾墓。在丹徒縣西南長山下。
蘇頌墓。在丹徒縣西五州山北阜。
蘇舜欽墓。在丹徒縣西。輿地紀勝：在石門村。
陳升之墓。在丹徒縣西五州山麓。
柳永墓。在丹徒縣北土山下。
陳東墓。在丹陽縣東北陳村。
宗澤墓。在丹徒縣烏龜灣。
張慤墓。在金壇縣上元鄉望張原。

明

楊一清墓。在丹徒縣西峴山。

姜寶墓。在丹陽縣西三十里。

王樵墓。在金壇縣青岡墩。

祠廟

宗忠簡公祠。在丹徒縣儒學内，祀宋宗澤。本朝乾隆十六年御賜扁額。

范仲淹祠。在丹徒縣儒學内。

三忠祠。在丹徒縣金山，舊名韓蘄王廟。縣志：通吴門外有旌忠廟，祀韓世忠。因圮，移建表忠祠於金山。先是，魏忠壯勝有廟在銀山下，曰褒忠，文信國天祥祀聖像山四賢祠，後皆廢，遷祀韓忠武祠，名曰三忠。

周惇頤祠〔七〕。在丹徒縣鶴林寺，有石蓮池、光霽亭。

焦先祠。在丹徒縣焦山。本朝乾隆十六年，御賜扁額。

延陵季子祠。在丹陽縣西南。輿地紀勝：嘉賢廟，在延陵縣西北九里，即季札廟也。南徐記云：季子舊有三廟：南廟在晉陵；北廟在武進；在丹陽者則西廟也。廟内有碑，刻「嗚呼有吴延陵季子之墓」十字，相傳孔子所書。本朝乾隆十六年，御賜扁額。

岳飛祠。在丹陽草堰門外。

韋昭祠。在丹陽縣延陵鎮。

桓彦範祠。在丹陽縣北門外柏岡。

忠祐祠。有二：一在溧陽縣東三里，一在金壇縣治東北。祀隋將陳杲仁。宋宣和中賜額。

伍相國祠。在溧陽縣西南伍牙山。

貞義女祠。舊在溧陽縣西黄山，祀春秋時列女史氏。明孝宗時改建於縣北鳳凰橋，更以趙運使淮殉難二妾翠蓮、緑雲繪圖祔享，顔曰「貞烈」。

溧陽侯祠。在溧陽縣北埭頭村。南唐昇元中建，祀漢司空史崇。宋崇寧中禱雨有應，賜額「顯惠」。迄今子孫世守。

陶弘景祠。在金壇縣西陶村。有丹井、古銀杏樹尚存。

夏王廟。有二：一在丹徒縣馬蹟山，一在金壇縣西沙湖上。祀大禹。

龍王廟。有二：一在金山。三山志：五代楊氏，封金山爲下元水府。宋大中祥符間，封曰顯濟。元豐中，遷於西津。明封順濟王。正統時，巡撫周忱仍遷金山。本朝乾隆四十五年，御書金山神牌位奉安神祠。四十七年，特命載入祀典。一在北固山。　按通鑑：宋韓世忠屯兵鎮江，邀阻金兵，以海艦泊金山下，伏百人廟中，百人岸滸，約鼓聲而動。俄有五騎入廟。廟兵先鼓出，僅獲二人，逸其三。中有絳袍玉帶，既墜而復馳者，迹之，知爲烏珠。續資治通鑑綱目及宋元通鑑，皆以爲金山龍王廟。伏讀御批通鑑輯覽，取輿地紀勝及中興小歷所云廟在北固者爲據。蓋北固據江南岸，既得振策以馳，且山居東北，與焦山正直，故可登之以覘虚實。正前史志地之誤，以此益覺山川形勝，瞭如指掌矣。

寺觀

荆王廟。在丹徒縣治東，祀漢荆王劉賈。

定慧寺。在丹徒縣焦山。府志：創自漢興平間，名普濟寺。宋景定中重建，改名焦山寺。本朝康熙二十三年，賜寺額，改今名。乾隆十六年、二十二年、二十七年、三十年、四十五年、四十九年，俱有御製焦山寺詩、海門庵詩、竹樓詩，並御題扁額。寺有古鼎，高一尺三寸二分。腹有銘九十三字，皆古文，外爲雲雷之形。府志：王士禛屬程邃釋文，定爲周宣王時物。乾隆十六年，有御製焦山古鼎歌和沈德潛韻詩。三十年，有御製觀古鼎疊前韻詩。

江天寺。在丹徒縣金山，舊名澤心寺，又名龍游寺，通名金山寺。梁時曾詔高僧撰集水陸科儀。天監四年，釋寶誌同僧祐於金山大會。三山志：宋天禧五年，給錢三百萬修寺，改曰龍游寺。通志：自元以來，通謂爲金山寺。本朝康熙二十三年，有御製金山寺詩，並御賜金山江天寺碑及「江天寺」、「祇樹」三扁額，因改今名。乾隆十六年、二十二年、二十七年、三十年、四十五年、四十九年，俱有御題扁額，御製詠蘇軾玉帶詩、金山寺恭依皇祖詩韻詩、遊金山寺六用蘇軾韻詩。

超岸寺。在丹徒縣北固山，舊名甘露寺。明統志：北固山支麓稍轉而南，業然隆起，謂之土山。孫吳置寺於此。唐李德裕施宅後地增拓之。九域志：建寺時甘露降此，因名。唐盧肇詩：「北固巖端寺，佳名自上臺。地從京口斷，山到海門來。」本朝康熙二十三年，賜改今名，仍賜「甘露寺」門額。乾隆十六年，御製甘露寺詩、甘露寺和蘇軾韻詩，並頒扁額。二十二年、三十年、四十五年、四十九年，皆有御製甘露寺詩、甘露寺北軒用杜牧張祜詩韻詩。

鶴林寺。在丹徒縣黄鶴山下。晉大興四年建，劉宋改今名。府志：寺中殿前井名寄奴，宋武帝微時鑿。縣志：有米元章祠及名賢石刻，又嘗有杜鵑花，世傳爲仙卉云。

淨因寺。在丹徒縣五州山，舊名因勝寺。明曹廷傑碑記：寺起晉永熙中，擴於齊、梁，更唐、宋俱稱名刹。縣志：宋熙寧中，改曰顯慈寺。中有觀石、卧雲二亭，蘇軾題曰「卧看滄海」，題泉曰「夕聽流泉」。後廢。明萬曆間，復建爲因勝寺。本朝乾隆二十二年，御題寺額，改今名。

會因寺。在丹徒縣丹徒鎮，舊名海潮菴。本朝乾隆二十七年，御賜今名。

招隱寺。在丹徒縣城南招隱山，即戴公隱居之地。本朝乾隆二十二年，有御製招隱寺詩。

普寧寺〔八〕。在丹徒縣治南一里，晉内史王珣捨宅建。舊名顯陽，宋祥符中賜今額。

竹林寺。在丹徒縣城南六里，創自晉時。久廢，明崇禎間重建。本朝聖祖仁皇帝御製竹林禪院詩及竹賦。

皇業寺。在丹陽縣東蕭塘港北，一名皇基，又名戒珠。梁王僧辯建。

崇教寺。在丹陽縣東二十五里。府志：在經山下，舊名經山院。晉咸康間建。宋治平間賜今額。有雨花臺、金牛洞。寺前銀杏一株，相傳寶誌手植。

昌國寺。在丹陽縣延陵鎮，晉太康二年建。寺有石鐘，開元中造。有宋米元章碑記。相傳羅漢爲劉鸞所造。

雲泉寺。在溧陽縣東南三十五里，唐名雲泉院。許堅詩：「前朝恩賜雲泉額。」宋改淨土院。慶元志：一名雲泉精舍。

看經寺。在溧陽縣南屏風山左，舊有徐浩碣。亦名屏風寺。

崇隆寺。在溧陽縣西十里，一名茅蓬。本朝康熙年間建。乾隆五年，頒賜藏經。

冶山寺。在溧陽縣西四十里。有雲板，相傳唐貞元年物。後併泰安院。

白龍寺。在溧陽縣西七十里，東晉時建。舊有三塔，一名三塔寺。

勝因寺。在溧陽縣西北四十五里，晉義熙初建。唐名唐興寺，孟郊有寺中觀薔薇詩。宋改今名。

山前寺。在溧陽縣東北㔾山下大橋之左〔九〕。舊有畫壁，傳是蔣珙遺迹。

玄妙觀。在丹徒縣石礁橋，俗呼東觀，即唐紫極宮。元元貞元年，改今額。有宋徽宗所賜「永鎮福地」金碑，及趙孟頫度人經石刻。

紫府觀。在丹徒縣馬蹟山。府志：宋永初二年建。舊名福業，治平元年賜今額。

歸真觀。在丹陽縣東南七十里，舊名東⿰日翏觀。焦先煉丹處。有丹池、丹井、飛昇臺、迎仙橋、望仙墩。唐開元改名清虛，宋祥符改今名。

仙臺觀。在丹陽縣南二里，舊名黃堂院，一名雲陽觀，晉諶母修煉之所。東有窖經墩，後有瘞劍函，前有煉丹井、無字碑。號飛茅福地。

黃山觀。在溧陽縣西南四十里，晉盤白真人道成之地，簡文帝賜額「招仙」。宋大中祥符初，改今額。有唐大曆時古鐘。

元陽觀。在金壇縣大茅峯南。府志：唐置，後廢。宋隆興初，吴興道人沈善智穴居五十年。韓蘄王妻梁氏經此，見黑虎從道人周旋，因號爲伏虎真人，助資建立殿宇。

聖墅菴。在丹徒縣東十八里，舊名普賢院。寺有石鼎，名「辟塵鑪」。有葛東之詩。

崇禧宮。在金壇縣茅山之陽，即陶隱居華陽下館。唐貞觀時，建太平觀，宋更今名。

華陽館。在金壇縣茅山前，有石橋。華陽館有二：曰上館，曰下館。下館即今崇禧宮，此其上館也。其東即陶隱居丹井。本朝乾隆二十二年、四十五年，皆有御製華陽館詩。

名宦

漢

潘乾。長平人，楚太傅潘崇之裔。光和中，爲溧陽長，其梗概見於校官碑。畧曰：「公除曲阿尉，畬姦剗猾，寇息善勸，布政優優，令儀令色。矜孤頤老，表孝貞節，省無正繇，不責自畢。推泮宫之教，反失俗之禮，構修學宫，宗懿昭德。」按縣志：校官碑，漢光和四年立。宋紹興十一年，溧水尉喻仲遠得於固城湖濱，移置官舍。今在文廟大門右。宋鄱陽洪景伯爲之釋，元博士單禧復補注云。

三國　吴

顧雍。吴郡吴人。爲曲阿長，有治績。

淩操。吴郡餘杭人。守永平長，平治山越，姦猾斂手。

吾粲。烏程人。初爲曲阿丞，遷長史。治有聲，與陸遜齊名。

孫韶。吴人。伯父河爲將軍，屯京城，被殺。韶收河餘衆，繕治京城，起樓櫓、修器備以禦敵。孫權過丹陽，見韶甚器之，拜「承烈校尉」，統河部曲，食曲阿、丹徒二縣。

晉

郗鑒。金鄉人。咸和初，徐州刺史蘇峻反，鑒與後將軍郭默築大業、曲阿、庱亭三壘以拒賊。峻死，峻弟逸走吴興，鑒遣李閎追斬之。時賊帥劉徵，聚衆數千，浮海抄東南諸縣，鑒城京口，帥衆討平之。

蔡謨。考城人。咸康中徐州刺史。聞石季龍於青州造船數百，掠緣海諸縣，謨統七千餘人，戍守八所，城壘凡十一處，峰火樓望三十餘處，隨宜防備，甚有算略。

褚裒。陽翟人。永和初，爲徐、兖二州刺史，鎮京口。石季龍死，裒請伐之，率衆三萬，徑進彭城。河朔士庶歸降者日以千計，裒撫納之，甚得歡心。

劉牢之。彭城人。隆安中，王恭鎮京口，引爲府司馬，領晉陵太守。後代恭爲都督。孫恩攻陷會稽，牢之東討，恩浮海奄至京口。牢之在山陰，使劉裕自海鹽赴難，自率大衆還。恩爲劉裕擊破，又聞牢之已歸，乃走郁州，又爲牢之子敬宣所破。

吴隱之。鄄城人。晉陵太守。在郡清儉，妻自負薪。

張闓。丹陽人。元帝時，以侍中出補晉陵内史。在郡有威惠。所部以旱失田，乃立曲阿新豐塘，溉田八百餘頃。

南北朝 宋

沈巑之。武康人。爲丹徒令，以清廉不事左右，浸潤日至，遂鏁繫尚方。上召問，曰：「臣坐清所以獲罪。」上曰：「清復何以獲罪？」曰：「無以承奉要人。」上曰：「要人爲誰？」巑之以手版四指曰：「此赤衣諸賢皆是。」上知其無罪，重除丹徒令。

齊

丘仲孚。烏程人。明帝時，爲曲阿令。會稽太守王敬則反，前鋒届曲阿，仲孚鑿長岡埭，瀉瀆水以阻其路。敬則軍至，遇瀆涸，果頓兵不得進，遂敗。

樂預。湟陽人。建武中，爲永世令，人懷其德。卒於官。有老嫗年六十，擔槲蔌葉造市貨之，聞預亡，大泣，棄溪中，曰：「失樂令，我輩孤獨老姥，政應就死耳！」市人亦皆泣。其感惠如此。

梁

江子一。考城人。天監中，爲曲阿令，著美績。

蕭藻。蘭陵人。武帝時，使持節督南徐州刺史。侯景叛，藻遣子彧率所部兵入援。及城開，景遣其儀同蕭邕代之，據京口。藻因之感氣疾。或勸奔江北，曰：「吾國台鉉，任寄特隆，既不能誅翦逆賊，正當死耳。」因不食而薨。

蕭秀。安成王，文帝第七子也。天監初，爲南徐州刺史。京口自崔慧景亂後，累被兵革，民户流散。秀招懷撫納，惠愛大行。年饑，以私財贍百姓，所濟甚多。

隋

達奚明。大業初溧陽令。疏決涇瀆，以備旱澇，民資利賴。

謝元超。武德初潤州刺史。重開南北謝塘以溉田，民受其利。

畢構。偃師人。神龍初潤州刺史。政有惠愛。

岑羲。江陵人。武后時爲金壇令，有治績。

尹元貞。武后時曲阿令。徐敬業起兵下潤州，元貞率兵赴援，戰敗被擒，不屈死。贈州刺史，謚曰莊。

劉延嗣。彭城人。潤州司馬。徐敬業攻城，延嗣與刺史李思文固守。城陷，敬業邀以降，延嗣曰：「吾世蒙恩，今城不守，所負多矣，詎能苟生爲宗族羞！」繫江都獄。敬業敗，録忠遷汾州刺史。

裴寬。聞喜人。景雲中，爲潤州參軍。刺史韋詵休日登樓，見人於後圃有所瘞藏者，訪諸吏，曰：「參軍裴寬也。」遂與偕來。詵問狀，答曰：「寬義不以苞苴污家。適有人以鹿爲餉，致而去，不敢自欺，故瘞焉。」詵深嗟異之。

武平一。名甄，以字行，潁川郡王載德子。玄宗時，諫不納，貶金壇令，既謫而名不衰。

齊澣。義豐人。元宗時潤州刺史。州北距瓜步沙尾紆匯六十里，舟多敗溺。澣徙漕路，由京口埭治伊婁渠以達揚子。歲無覆舟，減運錢數十萬。又立伊婁埭，官征其入。招還流人五百户，置明州以安輯之。

韋損。永泰初潤州刺史。州有練塘久廢，損復置，以溉丹陽、金壇、延陵之田，民賴其利。

蕭定。大曆中潤州刺史。有司差天下刺史治最，定與常州蕭復、豪州張鎰爲第一。

韓滉。長安人。德宗時檢校禮部尚書，爲鎮海軍節度使。綏輯百姓，均租調，不踰年境内稱治。

閻敬之。丹陽郡太守。永王璘反，進至當塗，敬之將兵拒之。及璘戰於伊婁埭，死之。

薛平寶。元和中潤州刺史。敦風俗，守法度，人甚安之。理身儉薄，常衣一緑袍，十餘年不易，賜朱服乃易去。

竇易直。始平人。元和中潤州刺史。部將王國清指漕貨淹積不能前，激衆謀亂。易直械送獄，其黨羣譟，入獄篡取之。易直縛爲亂者三百人，盡斬之。

李德裕。贊皇人。太和中潤州刺史，鎮海軍節度使。潤承王國清亂〔一〇〕，德裕自儉約，以留州財贍兵，雖儉而均，故士無怨，再期財賦復集。

杜審權。杜陵人。咸通中，以檢校司空兼潤州刺史、鎮海軍節度使。清重寡言，視事有常處，非日入未始就内寢。坐必斂袵，若對大賓。

孟郊。武康人。貞元時，爲溧陽尉。迎母奉養，放情於山水間。

五代　南唐

吕延貞。昇元中，知丹陽縣。開濬練湖，作斗門以通灌注。

盧絳。南昌人。潤州節度使。常陳京口至潤壁衝要之道，宜立栅屯戍。又召募便習水道者數千人，立爲偏裨，督習水戰，累於海門遮護越人船舫。宋師圍金陵，絳出舟師救圍，麾兵三戰，越人三北。

宋

范仲淹。吴縣人。寶元中，知潤州，親學校，教士子，政尚寬厚。

錢彥遠。錢塘人。知潤州。時旱蝗，民乏食，彥遠發常平倉賑救之。部使者詰其專，且催價，彥遠不爲屈。

王琪。舒人。知潤州。臨事精敏，有訟立決。時轉運使欲濬常、潤漕河，琪陳其不便，詔寢役。

張昇。韓城人。皇祐中，由御史知潤州。郡有民出外數日，有報井中尸者，其妻驚往視之，哭曰：「吾夫也。」昇令其親屬就驗，以井深不可辨。昇曰：「何以獨婦人知之？」收付所司。果姦夫所殺，而婦人豫謀。

王覿。如皋人。神宗時潤州推官。二浙旱，郡遣吏視苗傷，承監司風旨，不敢多除税。覿受檄覆按，歎曰：「旱勢如此，民食已絶，倒廩贍之，猶懼不克濟，尚可責以賦耶！」盡除之。監司怒，捃摭百出。會朝廷遣使賑貸，覿爲言民間利病，使者賢之，薦諸朝。

林希。福州人。元祐中，知潤州。奏復呂城堰，置上、下閘，以時啓閉。

許元。宣城人。知丹陽縣。開濬練湖，決水一寸，爲漕渠一尺。法盜決湖者死，會歲旱，元請借湖水溉田，不待報決之。州遣吏按問，元曰：「罷令可也。」竟不能詰。歲乃大熟。

鄭讓。玉山人。元符中，知溧陽，歲饑，民多逃亡。漕司按籍督逋賦，讓盡去其籍。使者欲繩以法，讓曰：「著令約二税爲定數，今不除，則逋愈多，民愈貧，賦愈不辦。」使者不能屈。時議自建康鑿漕渠，導太湖以通大江，將破數州民田，調江、浙丁夫，所費百萬計。讓條析利病，力止之。

虞奕。錢塘人。徽宗時，知鎮江府，愛民好士。寇平，論勞增兩秩。

胡唐老。晉陵人。建炎中，知鎮江府。杜充降金，建康失守。潰卒戚方等趨鎮江，唐老度力不敵，因撫之。無何方欲犯臨安，請唐老部衆以行。唐老不從，諭以逆順禍福。方衆環脅之，唐老怒罵，遂遇害。詔贈徽猷閣直學士，謚定愍。

楊邦乂。吉水人。政和中，知溧陽。叛卒周德據府城。邦乂立縣獄囚趙明於庭，諭之曰：「爾悉里中豪傑，誠能集爾徒爲邑人誅賊，當上功畀爵。」飲之卮酒，使自去。翌日討平之。建炎三年，金帥完顏宗弼入建康，遣人説邦乂，許以舊官。邦乂以首觸柱礎流血，曰：「世豈有不畏死而可以利動者？速殺我！」宗弼怒，殺之，剖取其心。事聞，贈直祕閣，謚忠襄。

王德。通遠軍人。建炎四年，劉光世鎮京口，以德爲都統制。金兵復南，光世退保丹陽，德請以死捍江。諸將恃以自强，分軍扼險，渡江襲金人，收真、揚數郡。既而又遇敵於揚州北，所殺萬計。

韓世忠。延安人。建炎二年，爲浙西制置使，守鎮江。三年，遣控守圌山。及金兵由廣德破臨安，世忠以八千人先屯焦山寺，以邀其歸。烏珠遣使通問，約日大戰，許之。戰將十合，梁夫人親執桴鼓，金兵終不能渡，相持黄天蕩者四十八日。

岳飛。湯陰人。紹興十一年，詔同張浚往楚州措置邊防，總韓世忠軍，還駐鎮江。

劉子羽。崇安人。紹興十一年，知鎮江府。金人入寇，子羽建議清野，淮東之人皆徙鎮江。撫以恩信，雖兵民雜居，無敢相侵者。

劉穎。西安人。紹興中溧陽主簿。時張俊留守建康，金師初退，府索民租未入者。穎白俊言：「師旅之後，宜先撫摩，當盡蠲逋賦。」俊喜，即奏停免。

張子蓋。成紀人。紹興三十二年，金人攻海州急，以子蓋爲鎮江都統往援之，進次石湫堰。時敵衆萬騎，子蓋率精鋭數千騎擊之，殊死戰。敵大敗，擁溺石湫河，死者半。圍遂解。

汪藻。德興人。紹興中，以顯謨閣學士知鎮江。建炎之亂，鎮江歲輸米不如數。轉運使按視，計負數萬，扃鑰而去，軍食不繼。藻適至，命破鑰給之，曰：「官軍張頤待哺，米在廩中而不與食，雖錮南山猶有隙也。」全活者無數。

李衡。江都人。知溧陽縣，專以誠意化民，民莫不敬。夏、秋二税，以期日榜縣門。鄉無吏迹，而輸送先他邑辦。歷任四年，獄無重囚。隆興二年，金攻淮堧，官沿海者多送其孥。衡獨自浙右移家入縣，民心大安。盜蝟起旁境，而溧陽安靖自如。

蔡洸。仙游人。知鎮江府。會西溪卒移屯建康，舳艫相銜。時久旱，郡民築陂瀦水灌溉，漕司檄郡決之。父老泣訴，洸曰：「吾不忍獲罪百姓。」卻之。已而大雨，漕運通，歲亦大熟。

趙彦逾。孝宗時知鎮江府。郡適旱饑，彦逾節浮費，發粟賑糶，民賴以濟。

陳居仁。興化軍人。孝宗時，守鎮江，值歲大旱，請以緡錢十四萬給兵食，不報。爲書以義撼丞相，然後許。間遣糴運於荆楚商人，商人曰：「是陳待制耶？」争以粟就糴，所存活數萬計。因饑民，治古海鮮界港，爲石磋丹徒境上，蓄泄以時，以通漕運。

辛棄疾。歷城人。慶元時，知鎮江府，賜金帶。

傅伯成。濟源人。嘉定初，知鎮江府，全活饑民，瘞藏野殍，不可勝數。圌山砦兵，數與海盗爲地，伯成廉知姓名，悉收捕之，貸其死，黥隸諸軍。

韓冠卿。湯陰人。嘉泰初，知金壇。年饑，爲書白郡及部使者，聞於朝，詔免中下户負租錢九千餘緡，米麥半之。

沈作賓。歸安人。慶元時，權鎮江府。請留戍兵千人，又欲以江閩新軍二千人易舊軍千人，備不虞。朝廷難之，遂請祠。

吴淵。寧國人。理宗時，知鎮江府，定防江軍之擾。後復知鎮江府，兼都大提舉浙西沿海諸州兵船。歲大祲，淵全活者五十六萬八千餘人。

孫子秀。餘姚人。理宗時，知金壇縣。嚴保伍，釐經界，結義役，一切與民休息。訟者使齎牒自詣里正，并鄰証來然後行，不實者往往自匿其牒，惟豪黠有犯，則痛繩不少貸。淮民流入以萬計，賑給撫恤，樹廬舍，括田使耕，拔其能者分治之。崇學校，明教化，行鄉飲酒禮，訪國初茅山書院故址新之，以待遠方游學之士。

吴潛。寧國人。理宗時淮東總領，兼知鎮江府。立邊儲、防禦等十有五事。

董槐。定遠人。紹興中，權通判鎮江府。會李全叛，涉淮臨大江。槐即日將兵濟江而西，全遁去乃還。

王萬。婺州人。端平中，通判鎮江。時金初亡，當路多知其人豪也，咨問者旁午。鄭清之初謀乘虛取河洛，萬謂當急爲自治之規。已而元兵壓境，理宗下罪己詔，吴泳起草，又以咨萬。謂宜以振厲奮發、興感人心，爲條具沿邊事宜，徧告大臣要官。

王埜。金華人。淳祐二年，知鎮江府，兼都大提舉浙西兵船。增創水艦，就揚子江習水戰，登金山指麾之。是冬揚子江有警，急調張孝信所領遊兵，救之而退。

陶居仁。蕪湖人。爲鎮江録事參軍。北兵破鎮江，居仁見執，抑使降。居仁曰：「詎可失忠義求苟生耶！得以死報朝廷，夫何恨。」竟不屈，遂見殺。

李成大。建昌人。德祐初，知金壇縣。元兵至，與寄居官潘大同、大本，率民兵巷戰，不勝。大同兄弟死之，吏民挾成大降。乃潛與胡用存謀復金壇。事泄繫獄，榜掠不屈，殺其二子以懼之，終不屈，笑曰：「子爲父死，臣爲君死。」卒殺之。事聞，贈朝散大夫、直祕閣，謚忠節。

莫謙之。宜興僧人。德祐初，糾合義士，捍禦鄉閭，授溧陽尉。與元兵戰殁，贈武功大夫。

元

張晉亨。南宫人。至元十一年，詔伐宋，由安慶渡江，丞相巴延留之戍鎮江，兼與民政，一以鎮静爲務。戰焦山、瓜洲，皆有功。

黄中。大德中金壇縣尹。奏免邑人無徵之税萬餘石。嘗大水，圩田盡没，中爲民告災，得蠲賦。

明

孔克忠。曲阜人。洪武初金壇主簿。廉約有才幹，生擒劇盜魏辛七等百餘人，以殄民患。

董復昌。鄱陽人，洪武末知丹陽縣。修復練湖隄岸，置金斗門三處。

劉辰。金華人。建文中御史，知鎮江府。瀕江田八十餘頃，久淪於水，賦如故，辰請除之。境内閘堰廢壞者，悉修復，溉田甚衆。

林鶚。太平人。天順中，知鎮江府，郡漕河經孟瀆，勢甚險，鶚請按京口牐、甘露壩故迹濬之，以通舟楫。春夏以閘，秋冬以壩，功力省便，永以爲利。

胡鑑。正統初知丹徒縣。奏言本邑額貢蘆薪，洪熙改元免半折鈔，此屬不急之務，請罷之以省民力。詔從之。

劉訓。麻城人。正統間，知金壇縣，建預倉積穀備荒。修明倫堂，給諸生遊學資。每親行郊野，勸課農桑，暇則躬治蔬圃。巡撫周忱爲僉魚菜户各一，輪供以助其廉。治行爲天下第一。擢御史。

熊佑。博興人。成化中，知鎮江府。歲大祲，奏蠲逋稅，平糶煮糜，荒政備舉。嘗修練湖石堰，以便蓄洩；鑿鮑村、陳瀆等港，以殺丁角、延陵諸水；開爛泥洪，以溉吴家沙田。民資其利。

劉天和。麻城人。正德中，以御史謫金壇縣丞，升本縣知縣。縣築土城，始於前令董桐，六門、兩關皆成於天和。又築建昌、都圩二閘，以資灌溉。設釐弊册，置義冢。

楊榮。永川人。弘治中，以御史謫溧陽知縣。濬百丈溝八百餘丈，中存九壩，以利灌溉。又建義倉於城南。

沈鍊。會稽人。嘉靖間，知溧陽縣。性嚴明，有犯立捕治，不少貸，姦猾畏罪。

茅坤。歸安人。嘉靖中，知丹徒縣。歲祲，多方賑恤，民賴以生。

梁瑾。臨汾人。嘉靖中金壇主簿。治園蔬自給。剔馬政諸弊。時鹽寇騰江上，檄進勦，力戰勝賊，幾獲其魁。暴風覆舟，遇害。

梁銓。仁和人。萬曆中知金壇縣。邑中經費多淆雜虧缺，銓取他所奇羸補其最急。漕羨以給軍耗外，悉除之。城西濠一帶，久成衢道，時海上警，鳩民濬治深廣，城守有備。

本朝

張承恩。昌平人。順治二年，以副將佐守鎮江。時疆宇初平，姦宄未靖，承恩招撫宿賊康三錫等，境内晏然。

胡延年。光州人。順治二年，知金壇縣。湖寇薄城，肆焚掠，延年急請官兵至，身自臨陣殺賊，城賴以全。

塗廓。奉天鐵嶺諸生。順治二年從下江南，以功知鎮江府。時太湖盜出没，道路爲梗。廓分設鄉兵守禦，郡境以安。官兵征浙東，取道京口城，廓豫儲舟楫，供億無闕，民不知兵。流亡漸集，課農桑，新學校，巡按御史史詒疏薦之。

石廷柱。奉天人。順治乙未，拜鎮海大將軍，駐鎮江。綏乂百姓，嚴飭兵伍，未嘗有隻騎入城，民間稱曰「石佛」。先是，張名振三寇京口，勢甚張，至是聞風遠遁。

管效忠。奉天人。順治十三年，提督江南緑營兵，駐防京口。己亥，寇衆十萬來犯，效忠以五百人竭力捍禦，相持二十日。及恢復京口，多方護持，郡民得免俘戮。

賀應旌。肥鄉人。順治十五年，知丹陽縣。適海寇犯鎮江，應旌請兵駐防，悉力守禦，城賴以完。

羅明昇。南陽人。鎮江巡江營都司。順治十六年，海寇陷瓜洲，明昇奮身陷陣，遇害。

鄒儀周。南平人。康熙初，知丹徒縣。請建營房，兵民不擾，徵輸悉除耗羨。士民勒石焦山紀之。後死耿逆之難。

校勘記

〔一〕明永樂間改名永安橋　「永安」，乾隆志卷六三鎮江府津梁（下同卷簡稱乾隆志）作「永樂」。

〔二〕又麥埤堰　「埤」，乾隆志作「壆」。

〔三〕曲阿令丘仲孚收船艦　「仲」，原作「中」，乾隆志同，據梁書卷五三丘仲孚傳改。

〔四〕有上下夾埋埭　「埋」，原作「江」，乾隆志同，據資治通鑑卷一四一齊紀「永泰元年四月」條胡三省注改。

〔五〕永寧陵　「寧」，原作「平」，據乾隆志改，本志避清宣宗諱改字也。按，元和郡縣志卷二五江南道潤州作「永興寧陵」，疑此脱「興」字。

〔六〕宋武帝父翹追尊曰孝皇帝陵　「宋」，原脱，乾隆志同，據元和郡縣志卷二五江南道潤州補。

〔七〕周惇頤祠　「惇」，乾隆志同，宋史卷四二七本傳作「敦」。按，周敦頤於景祐四年遷潤州丹徒居住，後人因建祠祀之。

〔八〕普寧寺　「寧」，原作「安」，據乾隆志及明一統志卷一一鎮江府寺觀改。按，本志避清宣宗諱改字。

〔九〕在溧陽縣東北㐭山下大橋之左　「㐭」，原作「凶」，據乾隆志改。按，本志卷九〇鎮江府山川有㐭山，云「在溧陽縣東北三十五里」。

〔一〇〕潤承王國清亂　「王」，原作「主」，據乾隆志及舊唐書卷一七四李德裕傳改。

大清一統志卷九十二

鎮江府三

人物

漢

包咸。曲阿人。師事博士右師細君，習魯詩、論語。建武初，舉孝廉，除郎中，入授皇太子論語，又爲其章句。永平五年，遷大鴻臚。每進見，錫以几杖，經傳有疑，輒遣小黄門就問。顯宗以咸有師傅恩而素清苦，常特賞賜珍玩，俸禄增於諸卿，咸皆散與諸生之貧者。病篤，駕臨視，尋卒。子福，拜郎中，亦以論語入授和帝。

左恢。曲阿人。官尚書左丞，京師稱其清高，遷會稽太守。子忠，爲邑令，所至有異政。

三國　吴

韋昭。雲陽人。少好學能文，諸葛恪表爲太史令。撰吴書。孫休踐祚，爲中書郎博士祭酒，命昭依劉向故事校定羣書。

孫晧即位，封高陵亭侯，爲侍中，常領左國史。晧欲爲父和作紀，昭執以但宜爲傳，如是非一，後積嫌忿，收付獄。華覈疏救，不聽，遂誅之。所著有孝經、國語註及洞紀三卷。又官職訓、辨釋名，各一卷。子隆，亦有文學。

華覈。武進人。以文學爲祕府郎，遷中書丞。蜀爲魏所并，覈詣宫門拜表以聞。孫晧營新宫，制度宏侈，上疏諫不納。後遷東觀令，領右國史。覈前後陳便宜及貢薦良能、解釋罪過，書百餘上，皆有補益。

晉

殷禮。雲陽人。有潛識，由吴縣丞除郎中。使蜀，諸葛亮稱之曰：「東吴菰蘆中，乃有此人！」遷零陵太守，卒。

徐邈。其先姑幕人，祖澄之遷居京口。邈膺薦補中書舍人，每被顧問，輒有獻替，多所匡益。轉祠部郎中、前衛率，領本郡大中正，授太子經。安王立，拜驍騎將軍。所著有穀梁傳注，又撰正五經音訓。弟廣，學精純，歷文淵祭酒。成晉紀四十六卷。

南北朝　宋

劉穆之。其先東莞人，世居京口。武帝克京城，署府主簿，從平建鄴。諸大處分，倉卒立定，遂任以腹心，動止咨焉。穆之竭節盡誠，無所遺隱。歷遷尚書僕射，領監軍、中軍二府軍司將軍，丹陽尹。内總朝政，外供軍旅，決斷如流，事無壅滯。累遷侍中、司徒，封南昌縣侯，卒。高祖受禪，思佐命元勳，追封南康郡公，謚文宣。

檀道濟。其父金鄉人，世居京口。少孤，事兄姊以和謹稱。武帝建義，從平京城，累遷太尉參軍。武帝北伐，道濟爲先鋒，所至望風降服，所獲俘囚皆釋而遣之。以佐命功，封永修縣公。文帝使西伐謝晦，事平，遷征南大將軍。元嘉八年，督諸軍北畧，與魏軍戰，多捷，以資運竭，全軍而返，魏甚憚之。進位司空，鎮壽陽。彭城王義康矯詔誅之。

劉秀之。穆之從兄子。少孤貧。東海何承天雅相器重，以女妻之。歷邑令，有政聲。兄欽之爲朱齡石參軍，隨齡石敗没，秀之哀戚不歡宴者十年。累官尚書僕射，出爲雍州刺史。卒，謚忠成。秀之野率無風味，而心力堅定，勵官清潔，家無餘財。

闞康之。其先河東人，世居京口。少篤學。下邳趙繹以文義見稱，康之與友善。晉陵顧悦之難王弼易義四十餘條，康之申王難顧，遠有情理。又爲毛詩義，經籍疑滯，多所論釋。累徵辟，一無所就，棄絶人事，守志閒居。泰始初復徵聘，以疾辭。

齊

諸葛璩。其先陽都人，世居京口。幼事闞康之，博涉經史。復事臧榮緒。榮緒著晉書，稱璩有發擿之功，方之壺遂。江祀薦爲議曹從事，辭不赴。性勤於誨誘，後生就學者日至。太守張友爲起講舍，旦夕孜孜，講誦不輟。

唐

桓彦範。丹陽人。以門蔭官司尉主簿，擢御史。長安中，爲司刑少卿。上言自文明後得罪，惟揚、豫、博三州不免，他可悉赦。疏十上，卒見聽。張柬之誅易之等，引與定策。中宗復位，以爲侍中，封譙郡公。每諫帝以社稷爲重，令皇后無干外朝。又言僧慧範左道亂政。不省。加特進，封扶陽郡王。武三思矯制殺之。睿宗即位，追復官爵，謚忠烈。

馬懷素。丹徒人。博通經史，擢進士第，累遷御史。魏元忠爲張易之搆謫嶺表，崔貞慎、獨孤禕之祖道。易之使人告貞慎等與元忠謀反，武后詔懷素按之，貞慎等乃免。宰相李迥秀藉易之勢，斂賕詃法，懷素劾罷之。轉禮部員外郎，遷考功，覈取實才，權貴謁請不能阿撓。開元初，爲户部侍郎，封常山縣公，兼昭文館學士。篤學，手未嘗廢卷，謙恭慎畏，推爲長者。卒，贈潤州刺史，謚曰文。

施敬本。丹陽人。開元中，爲四門助教。玄宗將封禪，有司講求典儀。敬本上言：「舊制盥手洗爵，侍中主之；祀天神，太祝主之：皆非禮。」詔張説引敬本熟悉其議。後遷秘書郎，卒。

丁仙芝。曲阿人。開元進士，任餘杭尉。居官清謹，工詩。

蔡希周。曲阿人。開元進士，歷官御史。與弟希寂俱以詩名。

陶幹。京口人。開元進士，歷官禮部員外郎。工詩。

皇甫冉。丹陽人。師事蕭穎士，以文名。天寶中進士第一，授無錫尉。大曆初，累遷右補闕，奉使江表，卒於家。有詩集三卷。弟曾，累官至殿中侍御史，與冉齊名。

權皋。畧陽人，徙丹徒。擢進士第，爲臨清尉。安禄山籍其名，表署幕府。度禄山且叛，奉母南奔。高適表試大理評事、淮南採訪判官。永王舉兵，脅士大夫，皋詭姓名以免。明皇聞之，拜御史。後客洪州，顔真卿表爲行軍司馬，召拜起居舍人，固辭。常曰：「吾潔身亂世，以全吾志，欲持是受名耶？」卒，贈祕書少監，謚貞孝。

包融。延陵人。官集賢學士。工詩，與賀知章、賀朝萬、張若虚、邢巨、齊融，俱以文詞俊秀名揚於上京。長子佶、次子何，俱天寶進士，世稱「二包」。與儲光羲等十八人皆有詩名，殷璠彙次其詩爲丹陽集。

戴叔倫。金壇人。劉晏管鹽鐵，表主運湖南。嗣曹王皋領湖南、江西，表佐幕府。皋討李希烈，留叔倫領府事。守撫州刺史，作均水法，俗便利之。詔書褒美，封譙縣男，加金紫服。後遷容管經畧使，綏徠夷落，威名流聞。德宗嘗賦中和節詩，遣使者以寵賜，世以爲榮。有詩集十卷。

權德輿。皋子，徙家丹陽練湖上。七歲居父喪，哭踴如成人。未冠，以文章稱，幕府交辟之。德宗聞其才，召爲太常博士，改左補闕。裴延齡判度支，德輿疏斥其罔上，不省。再遷中書舍人，知禮部貢舉，甄品詳諦。元和初，拜禮部尚書、同平章事。

德輿善辨論，開陳古今本末，以覺悟人主。爲輔相，寬和不爲察察名。卒，謚曰文。

權璩。德輿子。元和初進士，歷御史。時李訓挾寵，以周易博士任翰林。璩與高元裕、鄭肅、韓佽連章劾訓傾覆陰巧且亂國，不聽。及訓誅，時人多璩明禍福大體，能世其家。

張祜。南陽人，以曲阿池有南海遺風，遂家焉。性嗜水石，工詩。

許渾。丹陽人。太和進士，歷官御史。歸隱京口丁卯橋别墅，有丁卯集。

殷遥。潤州人。能詩，隱居不仕。

宋

吴淑。丹陽人。父文，仕吴至中允。淑幼俊爽，屬文敏速。韓熙載、潘佑深加器重，以薦試授大理評事，預修太平御覽、廣記、文苑英華等書，歷祕閣校理。嘗獻九弦琴、五弦阮頌，太宗賞其學問優博。又作事類賦百篇以獻，詔令注釋，淑分爲三十卷。累遷職方員外郎。淑純静好古，詞學典雅，工篆隸。有集十卷、説文五義三卷。

吴遵路。淑子。進士第，累官殿中丞，爲祕閣校理。章獻太后稱制，遵路條奏十餘事，語皆切直。元昊反，建議復民兵。除天章閣待制、河東路計置糧草。受詔料揀河東鄉民可爲兵者，諸路視以爲法。知永興軍，卒。遵路博學知大體，母喪廬墓，爲政簡易，不爲聲威。立朝敢言，無所阿倚。既没，室無長物，范仲淹分俸賙其家。子瑛，爲尚書比部員外郎，不待老而歸焉。

刁衎。其先上蔡人，因父彦能仕南唐，賜田京口，遂家焉。衎從李煜入宋，出知桐廬縣，上書諫淫刑。歷知婺、光、廬、潁諸州，輒有政績。孫約，天聖進士，爲館閣校理、直史館，出知揚州，作藏春塢歸隱。蘇軾輩皆敬事之。

陳汝奭。由晉江徙丹徒。寶元進士。知海州，歲饑，不俟報發廩賑。後母卒，終身不仕。子龍輔，嘉祐進士，知建昌軍，秩滿亦不仕。

葛勝仲。丹陽人。登進士第，爲太學正，累遷太常卿。宋自建隆至治平，所行典禮，歐陽修嘗裒集爲書百篇，號太常因革禮，詔勝仲續增爲三百卷，詔藏太常。及建春宫，以勝仲兼諭德。爲仁、孝、學三論獻之太子，復採春秋、戰國以來歷代太子成敗善惡之迹，日進數事。詔嘉之。徙國子祭酒。卒，謚文康。著有丹陽集八十卷。

邵必。丹陽人。舉進士，累遷開封府推官，入修起居注，知制誥。雄州種木道上，契丹潛遣人夜伐去，又數漁界河中。事聞，命必往使，必以理折契丹，屈之。

邵亢。必從子。范仲淹舉茂才異等，除建康軍節度推官。趙元昊叛，獻兵説十篇。入爲國子監、直史館。英宗訪以世事，稱之曰：「學士真國器也。」擢同修起居注。建言潁王且授室，願采用古昏禮；公主下降，不宜厭舅姑之尊。帝深納之。神宗時，授樞密副使。卒，贈吏部尚書，謚安簡。

蘇頌。同安人，父紳葬丹陽，因徙居之。第進士，累遷集賢校理。富弼常稱爲古君子，與韓琦同表其廉退。英宗時，遷度支判官。元祐七年，拜右僕射、兼中書門下侍郎。頌爲相，務在使百官守法遵職，量能授任，深戒疆埸之臣邀功喜事。論議有未安者，毅然力争之。爵累趙郡公。

王存。丹陽人。慶曆進士，累遷知太常禮院。嘗論圜丘合祭天地非古，當親祀北郊如周制。與王安石厚。安石執政，數引與論事，不合，即謝不往。累上書陳時政，因及大臣，無所附麗，皆時人難言者。元祐初，拜尚書丞。存性寬厚，不爲詭激之行，至其所守，確不可奪，司馬光常稱之。卒，贈光禄大夫，謚莊定。

姚闢。金壇人。皇祐進士，授項城令、通州通判，所至有聲。闢究心六經，與蘇洵同修禮書，有太常因革禮一百卷。

顧方。丹陽人。皇祐進士，爲明州象山令。召父老詢民間利病，建學以教，民大悦服。卒於官，立祠祀焉。

陳廓。金壇人。父亢，家饒，勇於爲義，常開速瀆河。廓登進士，歷廣東轉運判官。奏罷羨財，鄒浩稱其與弟彦通「文高學博，趨操堅正」。

蔡肇。丹陽人。父淵，家饒於財，以讓兄弟，而擔簦以遊四方。登進士乙科，歷知海州。肇能文，長於詩。第進士，歷官户部員外郎，編修國史，進起居郎、中書舍人。有丹陽集三十卷。弟載，亦工詩。

張綱。丹陽人。以上舍及第。徽宗知綱五中首選，特除太學正，遷校書郎。論事與蔡京不合，擠之去。久之還故官，累除給事中，進徽猷閣待制，引年致仕。秦檜用事久，綱卧家二十年，絶不與通問。檜死，召爲吏部侍郎、參知政事，常書座右曰：「以直行己，以正立朝，以静退高天下。」其篤守如此。卒，謚文簡。

洪擬。丹陽人。登進士，宣和中爲御史。時王黼、蔡京更用事，擬中立無所附會。高宗如越，執政議移蹕饒、信間，擬上疏力争。累遷吏部尚書，復提舉太平觀。卒，謚文憲。有浄智先生集及注杜詩二十卷。

蔣猷。金壇人。舉進士，政和四年，拜御史中丞，有直聲。常論楊戩不當除節度使，趙良嗣不宜出入禁中，又疏孟昌齡、徐鑄等姦狀。累官徽猷閣直學士。

翟汝文。父思，自開封徙居丹陽。汝文登進士第，徽宗時拜中書舍人，外制典雅，一時稱之。紹興初，除參知政事。秦檜劾汝文等專擅，罷去。汝文性剛，不爲檜屈，常對案相詬。好古博雅，精於篆籀，有文集行世。卒，謚忠惠。

陳東。丹陽人。倜儻負氣。蔡京、王黼用事，人莫敢指言，獨東無所隱諱。以貢入太學，欽宗即位，率其徒伏闕上書，請誅六賊以謝天下，謂蔡京、梁師成、李彦、朱勔、王黼、童貫六人。李綱罷，東復率諸生伏宣德門上書，於是亟詔綱入，復領行營，補東官，除太學録。東又請誅蔡氏，且力辭官以歸。高宗即位，相李綱，詔東至，未得對。會綱去，乃上書乞留綱，而罷黄潛善、汪伯彦，不報。會布衣歐陽澈亦上書言事，潛善遽以語激怒高宗，與澈同斬於市。越三年，高宗感悟，追贈東承事郎。

洪興祖。丹陽人。登政和上舍第。高宗時，爲太常博士，上疏乞收人心，納謀策，安民情，壯國威。又論國家再造，一宜以藝祖爲法。紹興四年，蘇、湖地震，應詔上疏，具言朝廷紀綱之失，爲時宰所惡，主管太平觀。興祖好古博學，著老莊本旨、周易通義、繫辭要旨、古文孝經序贊、離騷楚詞考異行於世。

劉宰。金壇人。紹興進士，歷任知縣，有能聲。理宗以爲耤田令，屢辭，改添差通判建康府，又辭。乞致仕。端平初，時相收召譽望略盡，所不能致者，宰與崔與之耳。宰剛大正直，明敏仁恕，施惠鄉邦，其德實多。隱居三十年，於書靡所不讀。所著有漫塘文集、語録行世。卒，謚文清。

王遂。金壇人。嘉泰進士。紹定中，拜御史，疏論進君子、退小人、正風俗、息奔競，劾史嵩之欺君誤國，李知孝、梁成大、莫澤三凶之罪。又上邊事，言當今之急務，在朝廷者五，在邊閫者六。帝皆善之。累遷權工部尚書。卒，謚正肅。

趙淮。丹徒人，以從父葵賜第洛陽，家焉。咸淳中，知無爲軍。德祐時，元兵自江州下，淮於銀樹東壩招集義兵，聚糧造艦於長蕩湖，倚岳山置寨，以扼建康東出之兵。除江東轉運使。冬，元兵分道進臨安，淮屯豐登圩，戰敗，見烏珠不屈，被殺。其妾翠蓮、緑雲殉焉。時有進士錢應高聞淮變，憤不食，赴荆溪死。

茅湘。丹徒人。慷慨有大志。以陸秀夫薦，授兵部侍郎，從幸海上。元兵逼崖山，赴水死。

元

徐鈺。鎮江人。始冠，侍父鎮之婺源，過小溪，鎮乘輿失足墮水中，鈺投溪擁鎮出。鎮得挽行舟以升，鈺力憊，水勢湍急，遂溺死。江浙行省言狀，旌其閭。

孫瑾。丹徒人。父喪哀毁，嚴冬跣足而步。及葬，載柩渡江，潮波方湧，俄順風翼帆，如履平地。事繼母唐氏尤孝，常患癰，瑾親吮之；又喪目，瑾舐之復明。唐卒，將葬，苦雨，瑾夜哭乞天霽，至旦雲日開朗。甫掩壙，陰氣復合，雨注數日不止。縣上狀，旌之。

明

郭任。丹徒人。廉慎有能。建文初，官户部侍郎。燕兵起，主調軍食。燕王師入京，被擒不屈，死之。本朝乾隆四十一年，賜謚烈愍。

張德明。丹徒人。建文中，爲户科給事中。犒師東昌，遇燕兵，被執不屈死。

虞謙。金壇人。洪武中，由國子生擢刑部郎中，知杭州府。建文中，請限僧道田，人無過五畝，餘給貧民，從之。永樂中，歷右副都御史，屢巡外郡，著賢聲。仁宗立，改大理卿，治獄必求其平。常語人曰：「彼無恨，斯我無恨矣。」會詔求直言，謙奏七事，皆見納。工詩畫，所著有玉雪齋集。

譚廣。丹徒人。初爲燕山護衛百户，從燕王起兵，積功爲都指揮僉事。永樂中，兩從出塞，進都督僉事。仁宗初，擢左都督，鎮宣府。六年，以守邊勞，封永安伯。卒，謚襄毅。

丁璣。丹徒人。成化進士，除中書舍人。以星變，極論時政得失，力詆李孜省、繼曉左道亂政，帝怒，因事謫普安州判。孝宗初，歷廣東提學副使。璣涵養深邃，崇正闢邪，獨立不懼。自粤入覲，卒於途，遠近悼之。

殷敏。金壇人。弘治進士，歷官户部郎中，督九門税鈔。劉瑾欲增斂，敏持不可，遷福建僉事。時峒賊猖獗，敏調發餽運，倉卒賊逼城，竭力保障，設疑兵退之。

湯禮敬。丹陽人。弘治進士，授行人，擢刑科給事中。正德初，言上天屢示災譴，不謹天戒，惟走馬射獵，遊樂無度，四月雷雹雨雹，當六陽用事，陰氣乃與之抗，此倖臣竊權、忠鯁疏遠之應。又偕九卿伏闕請誅八黨。宦豎切恨之，中以事，謫冀州判官。

繆樗。溧陽人。舉進士，由東陽知縣擢南御史。孝宗立，偕同官陳時政八事，因劾尹直、杜銘等不職，時號敢言。尋劾中官蔣琮，爲所陷，謫莒州判官。

唐侃。丹徒人。正德中，由鄉舉知永豐縣，遷武定知州。政聲甚著，擢刑部員外郎，卒。侃從丁璣學，所讀書處，有鄰女夜奔之，拒勿納。其父坐繫，侃請代不得，藉草寢地，逾歲，父釋乃止。其操性貞潔如此。

殷士望。丹徒人。嘉靖中，倭寇入犯，父被掠，士望請代死。賊笑而試之，火炙刀刺，受之怡然，遂兩釋之。後獲旌。

姜寶。丹陽人。嘉靖進士，授編修。以不附嚴嵩，出爲四川提學僉事，轉福建提學副使，再遷國子監祭酒。復積分法，以造就人才。累官至南禮部尚書。致仕家居，置義田，立義學，鄉人德之。

王韜孟。金壇人。嘉靖進士。由吉安推官，拜南吏科給事中。疏劾張瓚、嚴嵩、胡守中等與巨姦郭勛相結納，守中竟得罪。嵩入閣，復偕同官陳瑎等劾嵩及子世蕃貪污納賄。嵩恨甚。久之，出爲山東僉事。以任滿入都，道病後期，嵩遂奪其官。韜孟在臺，常劾罷方面官三十九人，直聲甚著。

王樵。金壇人。嘉靖進士，授行人，歷刑部員外郎。著讀律私箋，甚精覈。以山東僉事移疾歸。萬曆初，張居正雅知樵，起擢尚寶卿。劉臺劾居正，居正乞歸，諸曹奏留之，樵獨請全諫臣以安大臣，引文彥博待唐介故事。居正大恚，出爲南鴻臚卿，歷右都御史，致仕。樵恬淡誠慤，温然長者。邃經學，易、書、春秋，皆有纂述。卒，贈太子太保，謚恭簡。

馬從謙。溧陽人。嘉靖進士，授工部主事，歷光禄少卿。中官杜泰乾没光禄歲費鉅萬，爲從謙奏發，泰因誣以誹謗，下詔獄杖死。子有驊，爲父請卹，贈太常少卿。時同邑御史狄斯彬亦劾泰，謫宣武典史。

史際。溧陽人。嘉靖進士，以文選司主事改春坊。旋乞歸，置義莊、義塾，修明倫堂，濬躍龍關，蠲田二頃資貧士。會歲饑，發廪以濟，更出粟開闢沙漲堰，存活數千人。倭犯江浙，際募死士追擊之。巡撫海瑞上其事，進尚寶卿，蔭子繼書指揮僉事。

于孔兼。金壇人。萬曆進士，歷官禮部郎中。閣臣王家屏以争册立求去，孔兼上疏乞留。詔議並封三王，孔兼率同官立諫，事得寢。後疏救考功郎趙南星，謫安吉州判。尋投牒歸，杜門讀書，矩矱整肅，鄉人稱之無間言。天啓中，贈光禄少卿。從弟仕廉，亦萬曆進士，歷官南户部侍郎，有清望。

徐有聲。金壇人。崇禎間，授户部郎中，督儲大同神樞營草場。京師陷，被執不屈，支解死。本朝乾隆四十一年，賜謚烈愍。

賀應選。丹陽人。天啓舉人。崇禎末，知資陽縣，張獻忠攻城，應選悉力固守。城陷被執，駡賊死，闔門十七人皆被害。本朝乾隆四十一年，賜謚忠烈。

荆本澈。丹陽人。崇禎間，授職方郎中。初爲温體仁所怒，免官，後監下江軍，殁於浙東。本朝乾隆四十一年，賜謚節愍。

史覬宸。金壇人，石屏籍。知順慶府。崇禎十七年，張獻忠攻城，募兵力禦，城陷被執，死之。本朝乾隆四十一年，賜謚節愍。

鄧藩錫。金壇人。崇禎進士，知兖州府。甫抵任，繕守具。崇禎十五年，大兵至，藩錫與監軍參議王維新竭力死守。城潰，維新戰殁，藩錫以不降被殺。事聞，贈太僕少卿。本朝乾隆四十一年，賜謚忠節。

王明汲。金壇人。崇禎中，授贛州同知，城破死之。本朝乾隆四十一年，賜謚烈愍。

陳册。金壇人。崇禎間，署屏山縣，流寇陷城，駡賊死。本朝乾隆四十一年，入忠義祠。

沈元鑑。金壇人。崇禎間，爲隨州吏目。張獻忠犯隨，元鑑同知州晝夜防禦。閲兩月，城陷，脅降，元鑑不屈，遂遇害。其子文淵赴難，賊縛其手，死而復甦，負元鑑骸骨歸葬。本朝乾隆四十一年，入忠義祠。

荆偉。丹陽人。崇禎末，以選貢知墊江縣。賊龔遂等依山爲阻，數出剽掠，偉設奇破之。會張獻忠窺蜀，遂約爲内應，城陷，被執不屈死。本朝乾隆四十一年，賜謚節愍。

眭明永。丹陽人。崇禎舉人，華亭教諭。大兵破松江，題絶命詞於明倫堂，自縊死。本朝乾隆四十一年，入忠義祠。

馮厚敦。金壇人。江陰訓導。大兵下江陰，與典史閻應元登陴固守。三月城破，應元投水死，厚敦自經明倫堂，妻女亦同死。本朝乾隆四十一年，賜謚節愍。

潘文先。丹徒人。江陰訓導。罷官後，大兵破城，與訓導馮厚敦同死。時同邑卜大經官綿州典史，張獻忠陷城，與其僕俱縊死。本朝乾隆四十一年，並入忠義祠。

王定遠。鎮江人。鎮江衛千户。崇禎十年，禦賊宿松，奮勇殺賊死。本朝乾隆四十一年，入忠義祠。

王介休。丹陽生員。李自成陷京師，不食七日死。同邑生員汪應坤〔二〕、張映發、劉慶遠、金颷、吕家齊、饒餘、汪自盤、王廷佩，俱死之。本朝乾隆四十一年，並入忠義祠。

王棨圖。金壇人。甲申聞變，殉節。同邑生員王明灝、王希高，布衣王汝紹，俱死節。本朝乾隆四十一年，並入忠義祠。

本朝

張鳳儀。丹徒人。父柏，性仁厚，樂施濟。鳳儀少孤，性孝友，貫通史學。子九徵，順治乙酉鄉試第一，登進士，博學礪名節。歷官文選郎，出爲河南提學，以公清著。九徵長子玉裁，康熙丁未廷對第二，官編修，亦邃於史學。

吴贊元。丹陽人。明庚午舉人。順治二年，授中書，擢御史，巡按江西。時豫章初定，反側未安，贊元撫輯有方，遂收建、饒、廣、贛諸府，奏免袁、瑞二郡浮糧。郡人尸祝之。

蔣超。金壇人。順治丁亥進士第三人，官編修。刻苦讀書，甚於諸生。視學畿甸，文教大振。事竣，力請解官。遍遊名山，至蜀之峨嵋，結廬於伏虎寺側。復至成都修通志。趺坐而終。超性廉静，於名利無所嗜，手録書至數百卷。所著有綏庵集。

荆其惇。丹陽人。順治進士，知郾城縣。時師行絡繹，徵索不時，其惇自卧大將軍幕府外，言曰：「郾民不給役，獨令可使耳。」大將軍知其廉，以故郾獨弗擾。縣苦浮潦，築隄龍塘河口捍水患。郾人德之，植荆隄上，號荆隄。

芮城。溧陽人。明季諸生，博通羣書，文行爲一時冠。同學陳名夏、馬世俊皆師事之。後棄諸生高隱，杜門著述，與同邑湯泰亨談易象，有默契者。海寇入犯江寧，重城名，以厚禮聘。城峻卻不污僞命，鄉里服其高識。所著有禮記通志、滄浪吟。

何應仕。丹徒人。順治初，以貢授推官。改知永嘉縣，築長埭爲民田利。時駐防兵以勦盜，多所浮繫，應仕白於帥，分别釋之。寇陷鄰邑，老弱來歸者數萬，帥慮變不内，應仕涕泣請，盡内其人。寇逼城，誓以死殉，城卒完，永嘉人圖像以祀。

李琚。丹徒人。順治初武舉，授福建興化衛千總，有勦寇功，擢閩安鎮水師守備。丙申秋，賊犯福州，琚連戰三日，身被數十創，歿於陣。其闔家五十餘口皆遇害。事聞，贈都司。

何金城。丹徒人。由舉人知湖州府，以慈惠得民。斷獄遇矜疑，即爲昭雪。卒於官，貧無餘橐，同官助其喪。

馬世俊。溧陽人。淹貫經史，負文章重名。順治辛丑，廷對第一。性樸素，釋褐日，捧宫袍，無輿馬僕從，徒步歸寓。在史館朝夕一編，宴會送迎多謝絶。所著有匡庵集。

戴舜年。金壇人。生五歲，族人擊殺其父，恃富豪賄諸當事，事遂已。舜年雖幼，見其祖母時切齒飲泣，默識之。年二十，途遇其讐，舉手中鉏擊之，讐破腦死。即詣縣自言狀。令義之，繫待報可，僅予杖。時丹徒法治朝以父爲兵所害，哭三晝夜，眼出血，帥遂取兵斬於市，冤得伸。

黄洪元。丹陽人。父國相，爲同里虞庠陰溺死。洪元與弟奇元稍長，誓志報讐。及母卒，遂殺庠，詣縣自歸，且争死。有司録繫洪元，釋其弟。事聞，詔並釋之。

張玉書。九徵次子。順治進士，選庶吉士，授編修，歷禮部尚書，康熙庚午晉大學士，輔政二十年。卒，謚文貞。玉書學問淵雅，風格凝然，在講幄每據經義納忠。有請行封禪者，玉書謂非古禮，事遂止。從聖祖仁皇帝幸南河，又從平定厄魯特，恪共匪懈，得大臣體。雍正中，入祀賢良祠。乾隆十六年，御賜「風度端凝」額，旌其閭。

張鵬。丹徒人。順治進士，由中書擢吏科給事中，條奏俱稱旨。任山東巡撫，疏言萊、青等府額徵解運臨倉米麥脚價累民，請改折色，歲省蓆草脚費銀數萬，民甚便之。官至吏部左侍郎。卒，賜祭奠。

史鶴齡。溧陽人。康熙進士，官編修，以文學書翰稱旨，屢荷恩賜。乞假歸養。卒，賜祭葬，蓋異數云。

賀上林。丹陽人。父天敘，以事忤令，繫獄，將殺之。上林年十八，謀脱父不得，聞巡撫將至，涉江泝淮，迎舟大呼。騶從呵之不得前，遂投河死。檢其衣，得一紙，則白父寃狀也。巡撫按部，具得令不法狀，釋天敘於獄。鄉人爲立賀孝子祠。

姜兆錫。丹徒人。康熙舉人。飭行勵學，捐田贍族人。召充三禮館纂修官，有所輯九經行世。

王澍。金壇人。康熙進士。家貧勵學，潛心理境，書法尤工。擢户科給事中，多所建白，章奏必焚其稿。所著有禹貢譜、困學録、淳化閣帖考正。

蔣振生。原名衡，貢生。能詩文，精楷法。授英山教諭，辭不仕。恭寫十三經進呈。乾隆六年，賜國子監學正。

史貽直。鶴齡孫。康熙進士。由檢討歷文淵閣大學士。卒，贈太保，謚文靖，入祀賢良祠。貽直年十八通籍，逮事三朝，敭歷中外，恩眷不衰。慈聖慶典，與文臣九老命遊香山，又以重預瓊林，上製詩賜之。

王步青。金壇人。雍正進士，官編修。性沖澹，學務質實。工文，著四書大全。選時藝分八集，爲初學所宗。卒，入祀鄉賢祠。

于敏中。金壇人。乾隆丁巳，廷對第一，歷官文華殿大學士、文淵閣領閣事。卒，謚文襄。久直樞近，熟習掌故。平定金川時，軍書旁午，敏中承旨書諭，夙夜殫心，功成，圖像紫光閣。

吉夢熊。丹陽人。乾隆壬申進士，由編修擢御史，多所建白。洊升至通政使，入直上書房。前後三十年，盡心供職，屢掌文衡，所得多知名士。卒，入祀鄉賢祠。

王行儉。溧陽人。由舉人知南鄭縣，緣事革職。嘉慶元年，邪教滋事，行儉投效軍營，防守汝河。賊至迎擊，殲斃數十人。賊四面圍裹，力竭遇害。事聞，照知州例議䘏，廕雲騎尉。

流寓

漢

焦先。一作焦光，河東人。漢末隱於焦山，冬夏袒露。後野火燒其廬，因露寢，遭大雪，坦卧不移。嘗三詔不起，因以「三詔」名洞。

晉

祖逖。范陽人。元帝用爲軍諮祭酒，居丹徒之京口，常懷振復社稷之志。帝乃以逖爲奮威將軍、豫州刺史，使自招募，仍將本流徙部曲百餘家渡江。中流擊楫誓曰：「祖逖不能清中原而復濟者，有如大江！」詞色壯厲，衆皆感歎。

劉毅。沛人，後家京口。與劉裕、何無忌等同舉義兵，興復帝室。初毅丁憂在家，義旗之興，遂墨絰從事。至軍役漸息，上表乞還京口終喪禮，不許。累遷荆州刺史、都督諸軍事。

何無忌。郯人。鎮北將軍劉牢之即其舅也，時鎮京口，無忌往依焉。隨牢之南征桓靈寶。及靈寶篡位，無忌還京口，與劉毅素善，遂共舉義兵。累遷江州刺史、鎮南將軍。

南北朝　宋

戴顒〔二〕。譙郡銍人。衡陽王義季鎮京口，長史張邵與顒姻通，迎來止黄鵠山。義季亟從之遊。顒野服，不改常度。

齊

臧榮緒。東莞莒人。隱居京口教授，純篤好學，括東、西晋爲一書，紀録志傳百一十卷。自號披褐先生。與關康之俱隱京口，時號爲「二隱」。

梁

陶弘景。由秣陵遷句曲山，自號華陽隱居。與武帝爲故交，有大議必諮之，時人謂之「山中宰相」。

唐

李紳。亳州譙人，世宦南方，客潤州。紳短小精悍，於詩最有名，時號「短李」。葬母，有烏銜芝墜轜車。

宋

石延年。幽州人。爲三喪未舉，留滯丹陽。范仲淹遣子純仁往姑蘇運麥五百斛，舟次丹陽，見延年。延年云：「三喪在淺土，欲葬之而北歸，無可與謀者。」純仁即以麥舟付之。

辛次膺。萊州人。幼孤，依從母外氏於丹徒。登進士第，歷官參知政事。孝友清介，立朝謇諤。

元

偰文質。其先畏吾人。父哈喇布哈，爲廣東運司，死王事，謚忠愍。文質十歲，割股療母，時以父忠、母節、子孝爲三絶。文質以蔭監，歷官廣東宣慰司副都元帥，所至破賊清獄。歸老溧陽沙漲里。季子琳沁，至順進士，官潮陽尹，後歸南昌舊寓。會賊亂，檄守東門，城陷不辱，妻子十一人同日死。「哈喇布哈」舊作「哈喇普化」，「琳沁」舊作「列箎」，今俱改正。

明

楊一清。安寧人，少居巴陵，父喪，卜葬丹徒，遂家焉。武宗時，以大學士乞休歸。宸濠反，一清以鎮江要地，請調軍儲粟以備之。會帝南征，幸一清第，樂飲兩晝夜。一清賡御製以十數，從容風止，帝遂不爲江浙行。

列女

宋

竇氏女。丹徒人。父母早亡，爲媒氏所誤，許字一舊僕。成婚始識之，投井死。

明

仲懲妻趙氏。丹徒人。年十九，夫亡家貧，父母欲嫁之，自剔其目，以示不可奪。事翁姑以孝聞。

錢璽妻嚴氏。丹陽人。與子鷺妻金氏、子聚妻蕭氏共守節，時稱「一門三節」。

張綖妻錢氏。丹徒人。綖擕氏避兵山中，兵突至，偕一婢赴水死。綖嫂萬氏亦同死。時稱「一門雙節」。

查爾瑩妻戴氏。丹徒人。避兵塌山，爲所掠，投水死。同縣胡覲龍妻陳氏，夫殁，鄰里勸之改適，遂自經。顧世賞妻吴氏，顧驊妻李氏，同避兵投石坑死。王世春妻趙氏、妾尤氏，俱避寇投池死。

殷氏女。名金，丹徒人，孝子士望女弟。盜縛其母，女哀號請代，盜兩釋之。

眭燔妻徐氏。丹陽人。燔卒，氏孀居，事姑盡孝。撫子坦又早亡，與子婦曹氏，三代守節。

姜士進妻蔣氏。丹陽人。穎悟喜讀書。夫亡，蔣求死不獲，乃於繐帳前掘坑，埋甕貯水，笑曰：「吾將種白蓮於此，此花出泥淖無所染，令亡者知吾心耳。」家人信之，防稍懈，蔣乘間濡首甕中死。

荆淼妻于氏。丹陽人。聞兵將至，謂淼曰：「請先殺妾。」夫不忍，氏曰：「君不自殺，以血賊刃耶？」遂俱死。

邵氏婢。丹陽大俠邵方家婢也。方生子儀，令婢襁褓之。萬曆初，張居正惡方，屬巡撫捕殺之，並逮儀。儀甫三歲，婢泣抱以付沈應奎曰：「邵氏之祀在君矣。此子生，婢死無憾。」捕者至，繫婢毒掠，終無言，儀得免於難。

楊廷茂妻王氏。溧陽人。年十八夫亡，截髮守志，紡績以奉姑。同縣彭久康妻潘氏，年二十夫亡。氏有妹亦寡，交刺「中心不改」四字於左臂，以自勵。

楊氏女。溧陽人。年十五，父母繼亡。矢志不字，刺「守貞」二字以示志。撫弟成立。

蔣氏女。溧陽人。許字史傳心。夫病，請歸侍疾。夫卒，自經。

萬敬妻史氏。金壇人。嫁未逾年，夫亡，氏絶粒三日。葬畢，自經死。

于天篤妻王氏。金壇人。夫亡將葬，觸棺死，與夫同穴。

史洪綸妻賀氏。金壇人。年二十，夫亡，事姑盡孝。一日火延夫柩，氏守烈焰中，忽雨，火得滅。有大盜經其户，相戒勿犯節烈家。屢辭旌不受。

鄧蕃錫妾張氏。金壇人。蕃錫守兖州，崇禎壬午城陷，死之。氏聞，即攜子投井死。

董氏。金壇人。許字張某。會有怙勢求娶者，董不從，自刎死。同縣傅氏女，亦字人未適。夫死，父母更許他姓，女自縊。

于氏女。金壇人。許字進士賀鼎爲繼室。賀以讒繫獄，寄書辭婚，女不從。鼎父孟巖憂悸成疾，女請於父曰：「舅老無子在側，請歸賀氏。」父許之。後鼎釋獄，病不起。訃至，氏爲鼎立後治喪，皆有禮法。

馮氏女。金壇人。聞父厚敦及母王氏死江陰，即絶食自縊死。

王氏三女。金壇人。二爲王澥金女，一爲王逸女。崇禎末兵亂，三女避長蕩湖叢葦中，賊操筏至，勒之置筏上。三女倚背手互相持，至急湍處，併身曲踴，連頓其足，筏覆，與賊俱溺。明日賊屍盡浮，惟三女屍不出。月餘，兩家求得之，猶堅相持，父母哭而披其手始開。葬湖壖，冢樹必三椏，有連理者。

本朝

陳太初妻夏氏。丹徒人。夫亡無子，葬畢自經。同縣王士宏妻尹氏，亦夫亡殉節。

夏氏女。丹徒人。順治間，盜犯鎮江，逼之，氏赴火死。同縣卞宸俞妻顏氏，王世春妻趙氏、妾尤氏，顧世賞妻吴氏、子婦李氏，張翥妻孫氏，均遇賊不辱，投水死。

葛允民妻眭氏。丹陽人。夫亡守節，敬事舅姑，撫孤成立。同縣陳懋勳妻李氏、陳邦正妻夏氏，均夫亡守節，俱順治年間旌。

楊永美妻巫氏。金壇人。夫亡守節，撫孤成立。順治年間旌。

余有德妻趙氏。丹徒人。遇暴不污死。同縣姜廷貴妻趙氏，亦遇暴不污死。俱康熙年間旌。

龔行妻謝氏。丹徒人。由興化從夫避水患，居邑之南闕口。邑人田五窺氏及氏女美，數挑之，氏嚴拒。田詭計以行負債訴官，官勿辨，笞行令償。氏念非捐身冤不白，與女哭，牽臂投湖死。田論如律。俱康熙年間旌。

周大順妻盧氏。丹陽人〔三〕。夫亡守節。同縣顧紹弼妻程氏，莊日盛妻李氏，均夫亡守節，俱康熙年間旌。

馬世位妻周氏。溧陽人。夫亡無子，父母欲奪其志。氏捩折其脛，痛絶方蘇。守節備極辛苦。同縣潘瑞封妻史氏、呂鳴和妻曹氏、黄正庭妻張氏，均夫亡守節，俱康熙年間旌。

虞魁東妻史氏。金壇人。夫亡守節。同縣史培元妻王氏、李枝奇妻楊氏，均夫亡守節，俱康熙年間旌。

陳樹槐聘妻朱氏。丹徒人。未婚夫亡，女聞訃，服原聘衣自縊。雍正元年旌。

張懋勳妻管氏。丹陽人〔四〕。夫亡守節。同縣淩士達妻田氏、王炯理妻趙氏、賀衍芳妻潘氏、賀廷寶妻束氏、眭鼎鏘妻桓氏、荆瀾妻賀氏、鄒翥妻吴氏、郭天成妻張氏、賀梅妻惲氏，均夫亡守節，俱雍正年間旌。

史夏治妻黄氏。溧陽人。夫亡守節。同縣周在蔭妻陳氏、周掄元妻吴氏，均夫亡守節，俱雍正年間旌。

于芝祐妻王氏。金壇人。夫亡守節，孝事舅姑，撫嗣子成立。弟房若妻王氏，亦早寡，事伯姆如姑嫜，紡績教子。俱雍正年間旌。

談善妻沙氏。丹徒人。夫亡守節。與子孝妻楊氏、孫瑞生妻童氏，三世孀居，一門勵志。同縣陳應龍妻楊氏，陳仁聲妻田氏，王民紱妻柳氏〔五〕，趙光妻王氏，張明培妻吴氏〔六〕，錢志琳妻柳氏〔七〕，盛士標妻團氏，余永橋妻吴氏，余永賢妻錢氏，張啓光妻何氏〔八〕，李應魁妻葉氏〔九〕，孫久宗妻夏氏，郭承恩妻王氏，沈如慶妻吴氏，包元濂妻劉氏，張宏志妻蔣氏，程康民妻黄氏，李芬芳妻錢氏，王瀛妻章氏，程中貞妻吴氏，周汝駿妻何氏，華政吾妻楊氏，沈一餘妻王氏，徐宏誠妻王氏，徐士儒妻談氏，姚家駒妻曹氏，張光智妻周氏，朱國棟妻宋氏，胡文選妻周氏，解堯傑妻劉氏，殷永通妻唐氏，蔣以仁妻田氏，張永敦妻刁氏，均夫亡守節。烈婦胡嘉謨妻華氏，守正捐軀。貞女楊美容聘妻王氏、趙廣生女，均未嫁夫亡守貞。俱乾隆年間旌。

荆膺五妻史氏。丹陽人。夫亡守節，教子成立。同縣元珙妻李氏，朱柏先妻黄氏，荆景文妻姜氏，荆元璹妻趙氏〔一〇〕，丁聖琰妻王氏〔一一〕，荆麗天妾謝氏，姜彦初妾徐氏，陳公玉妻蔣氏，徐廣通妻荆氏〔一二〕，均夫亡守節。烈婦張祖恒妻夏氏，賀爾銓繼妻吴氏，荆維垣妻眭氏，賀惠南妻楊氏，均守正捐軀。俱乾隆年間旌。

彭時著妻王氏。溧陽人。夫亡守節。同縣虞彦清妻陳氏，楊集文妻張氏，史順紳妻周氏，張達仁妻朱氏，狄宸妻史氏，尤不磷妻狄氏，史才妻于氏，王翼宸妻儲氏，狄充貴妻潘氏，唐子祥妻王氏，楊昌祚妻王氏，姚彩于妻陳氏，王予誠妻狄氏〔一三〕，史三謨妻沈氏，文燦若妻唐氏，羅應斗妻張氏，王皓妻狄氏，繆士寬妻丁氏，周文豐妻馮氏，方嵩珏妻周氏，史景曾妻呂氏，王義侯妻楊氏，均夫亡守節。烈婦呂勉德妻朱氏，史慶龍妻高氏，朱文治妻張氏，王事均妻陳氏，謝球妻陳氏，均守正捐軀。俱乾隆年間旌。

司寅長妻蔡氏。金壇人。夫亡守節，子死媳寡，撫孤孫成立。同縣楊受伢妻葛氏，李銘珮繼妻徐氏，李南圖妻王氏，莊鳴臯妻王氏，虞帝吉妻譚氏，許浩妻王氏，耿德謙妻殷氏，趙順妻張氏，史德澤妻程氏，項應鳳妻蔣氏，蔣元英妻于氏，于崇緒妻葉氏，洪觀齡妻江氏，史翼豐妻潘氏，王粹妻徐氏，王撰金妻薛氏〔一四〕，楊高楫妻劉氏，劉焯妻王氏，徐道明妻李氏，李昭回妻季氏，葉綏妻佘氏，徐文蔚妻倪氏，均夫亡守節。烈婦曹沅妻臧氏，毛重泰妻史氏，于瑜妻賀氏、子婦荆氏，虞聲先妻王氏，馮基開妻王氏，孫廣妻張氏，儲天澤妻邵氏，儲天源妻王氏，均守正捐軀。貞女王氏未嫁夫亡守貞。俱乾隆年間旌。

宜裕乾妻蔡氏。丹徒人。夫亡守節。同縣程兆龍妻馬氏，趙御發妻朱氏，戴湘妾蔣氏，韓宸妻杜氏，茅璠枝妻薛氏，張允亨妾潘氏，徐友馨妻吉氏，張天駿妻徐氏，尤三陽妻周氏，楊洪彭妻吴氏，何南楹妻趙氏，程世惠妻趙氏，汪宸耀妻閔氏，劉象德妻湯氏，張作韶妻朱氏，鮑瑚妻周氏，李長松妻高氏，龔德懷妻左氏，李秉錫妻梁氏，高爲龍妻黄氏，張堂妻薛氏，莊連珮繼妻袁氏，莊宏廉妻徐氏，金汝翼妻吴氏，吴作機妻胥氏，王文元妻胡氏，王邦信妻黄氏，盧起南妻陸氏，李棣韡妻薛氏，程晟妻眭氏，趙玉崑妻王氏，黄升元妾袁氏，陳潤妾朱氏，陳鑑繼妻蓋氏，錢廷駿妻高氏，樊克猷繼妻張氏，劉道用妻印氏，丁蔭煜妻管氏，眭傑士妻高氏，徐舒藻繼妻胡氏，尹世綸妻孫氏，嚴文煜妻李氏，蔣宜士妻趙氏，解錞妻趙氏，陳獻畧妻劉氏，朱啓益妻錢氏，潘國俊妻朱氏，趙蕙萼妻朱氏，張國道妻姚氏，趙朝勳妻邵氏，邱景文妻惲氏，郭家齊繼妻柳氏，朱敏表妻王氏，唐炳中妻余氏，林中麒妻張氏，黄鉞妻姜氏，周雯妻陶氏，左純彧妻温氏，高恭龍妻張氏，貢于鼎妻陳氏，楊治謙妻朱氏，胡浩妻汪氏，何芝蘭繼妻馮氏，趙裕祖妻李氏，虞焜妻毛氏，吴廷弼妻沈氏，吴文敷繼妻王氏，杭萬霈妻岳氏，程世筠妻李氏，茅國華妻原氏，李遵周妻尤氏，趙琦妻嚴氏，張國肇妻袁氏，江子道妻鄭氏，李映奎妻笪氏，徐應第妻胡氏，張靖繼妻楊氏，何太泉妻楊氏，丁啓山妻徐氏，戴唐生妻劉氏，蔣漢三妻曹氏，田慶長妻宋氏，吴宗洛妻張氏，史楚珍妻裘氏，居慶元妻曹氏，蔣東陽妻陳氏，姜允成妻王氏，汪廷模妻柳氏，曹宏謚妻韓氏，嚴士枋妻趙氏，陳文安妻朱氏，楊仲滐妻葉氏，梁紫封妻林氏，郭廷選妻鄧氏，程鴻圖妾周氏，張成憲妻吴氏，湯惟順妻茅氏，楊大中妻何氏，鄔宣銓妻陸氏，殷苑繼妻姜氏，高嗣德妻潘氏，陳濤妻徐氏，楊大鵬妻何氏，殷在心妻周氏，張紀安妻趙氏，錢萬東繼妻張氏，黄自和妻王氏，張惟駒妻孫氏，閔貫賢妻郭氏，陳杞妻張氏，葛言淋妻劉氏，徐嘉忠妻吴氏，趙奉璋妻朱氏，滿國瑞妻楊氏，淩民標妻張氏，蔣志信妻支氏，蔣從松妻張氏，朱廣周妻眭氏，均夫亡守節。貞女倪世德聘妻陳氏，李碧溪聘妻茅氏，盛世恒聘妻蔣氏，王紹衣聘妻朱氏，茅元綺聘妻蔣氏，嚴清恪聘妻高氏，鄭濟川女，均未嫁夫亡守貞。俱嘉慶年間旌。

陳天誠妻鍾氏。丹陽人。夫亡守節。同縣楊昇祥妻荆氏，錢錫渥妻鮑氏，丁國泰妻張氏，潘書院妻丁氏，杭萬沛妻岳氏，鄭錦妻邵氏，賀本恭妻周氏，林中鵬妻張氏，黄烈妻毛氏，均夫亡守節。烈女姜景垣聘妻符氏，未嫁夫亡殉烈。俱嘉慶年間旌。

楊保甲妻陳氏。溧陽人。夫亡守節。同縣蔡來章妻周氏，彭升宣妻毋氏，吴士奇妻朱氏，潘賢元妻俞氏，王成之妾張氏，史懷信妻陳氏，陳裕如繼妻余氏，夏昌言妻陳氏，王晉儒妻徐氏，彭祖銑妻陳氏，史秉寬妻繆氏，陳君玉妻朱氏，莫彦文妻蔣氏，吴振淵妻曹氏，史奕懷妾陳氏，繆履高妻虞氏，高國球妻包氏，均夫亡守節。孝女方氏女。俱嘉慶年間旌。

劉璣妻于氏。金壇人。夫亡守節。同邑徐炳宿妻王氏，王廷模妻嚴氏，譚吉山妻吴氏，徐慶元妻毛氏，楊自新妻蔣氏，馮增妻虞氏，錢懷敦妻戎氏，李荃妻張氏，陳沅妻荆氏，陳友槐妻耿氏，均夫亡守節，俱嘉慶年間旌。

仙釋

唐

殷七七。名天祥，又名道筌，嘗自稱七七。周寶舊於長安識之，及寶鎮潤州，七七忽至。時鶴林寺有杜鵑花，寶謂七七曰：「鶴林之花，天下奇絶，常聞能開頃刻花，可副重九宴乎？」七七應曰「諾」。及九日，果爛漫如春。寶遊賞累日，花忽不見。

沈建。自幼好道，常遠行，寄奴婢驢羊於主人，各與藥一丸，語主人曰：「不煩飲食也。」去後主人飲食之，不受。三年還，又各與藥，飲食如故。後不知所終。

宋

了元。號佛印，居金山寺。蘇軾次瓜步，了元來訪。一日入其室，了元曰：「内翰何來？此間無坐處。」軾戲曰：「借和尚四大作禪牀。」了元曰：「山僧有一轉語，内翰言下即答，當從所請。如稍涉擬議，請留所繫玉帶，以鎮山門。」公許之。因曰：「四大本空，五蘊非有，内翰欲於何處坐？」軾擬議未即答，了元急呼侍者，取軾玉帶鎮山門，以衲裙相報。

土産

紋綾。鎮江府出。唐書地理志：潤州貢山紋、水紋、方紋、魚口緑葉花紋綾。

麻。鎮江所産，取以爲布。唐書地理志：潤州土貢火麻布。

棉花。丹陽縣産。

鰣魚。丹徒縣出。唐書地理志：潤州土貢鰣鮓。

百花酒。鎮江府出。

香草。出丹陽埤城村。明統志：香草，丹陽縣出。

薺苨。丹陽縣出。

鹽豉。丹徒縣金山者佳。

藥。元和志：潤州貢賦，開元貢雜藥。府志：茅山出黄精、蒼术。

斑竹。

茅山石。似玉。

石鐘乳。俱金壇縣茅山出。又舊志載唐書地理志：潤州土貢伏牛山銅器。唐志：溧陽縣有鐵。

校勘記

〔一〕同邑生員汪應坤　「汪」，原作「江」，據乾隆志卷六三鎮江府人物（下同卷簡稱乾隆志）及雍正江南通志卷一五四人物忠節、欽定勝朝殉節諸臣録改。

〔二〕戴顒　原作「戴安道」，據乾隆志改。下文同改。按，據宋書卷九三戴顒傳，顒字仲若，安道是其父逵字。本志爲避清仁宗諱，稱字不稱名，卻誤冠以其父之字，甚謬。

〔三〕周大順妻盧氏丹陽人　「丹陽」，乾隆志及雍正江南通志卷一八三人物列女俱作「丹徒」。

〔四〕張懋勳妻管氏丹陽人　「丹陽」，乾隆志作「丹徒」。

〔五〕王民紱妻柳氏　「紱」，乾隆志作「緩」。

〔六〕張明培妻吴氏　「培」，乾隆志作「焙」。

〔七〕錢志琳妻柳氏　「琳」，乾隆志作「彬」。

〔八〕張啓光妻何氏　「光」，乾隆志作「先」。

〔九〕李應魁妻葉氏　「葉」，原作「業」，據乾隆志改。

〔一〇〕荆元璹妻趙氏　「璹」，乾隆志作「鑄」。

〔一一〕丁聖琰妻王氏　「琰」，原作「⿰耒炎」，據乾隆志改。按，本志避清仁宗諱改字。

〔一二〕徐廣通妻荆氏　「廣」，乾隆志作「光」。

〔一三〕王予誠妻狄氏　「王」，乾隆志作「汪」。

〔一四〕王撰金妻薛氏　「金」，乾隆志作「今」。

淮安府圖

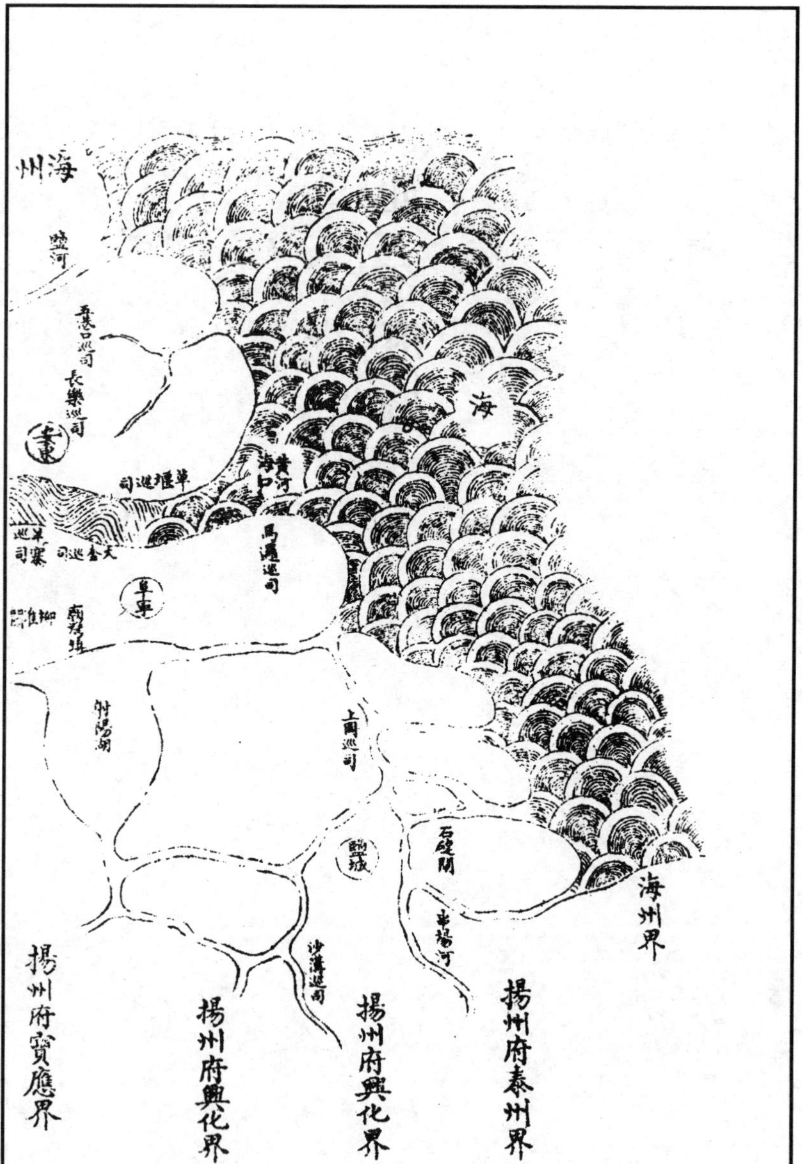
海州
長樂巡司
海
黃河海口
馬邏巡司
射陽湖
上岡巡司
鹽城
沙溝巡司
串場河
海州界
揚州府泰州界
揚州府興化界
揚州府興化界
揚州府寶應界

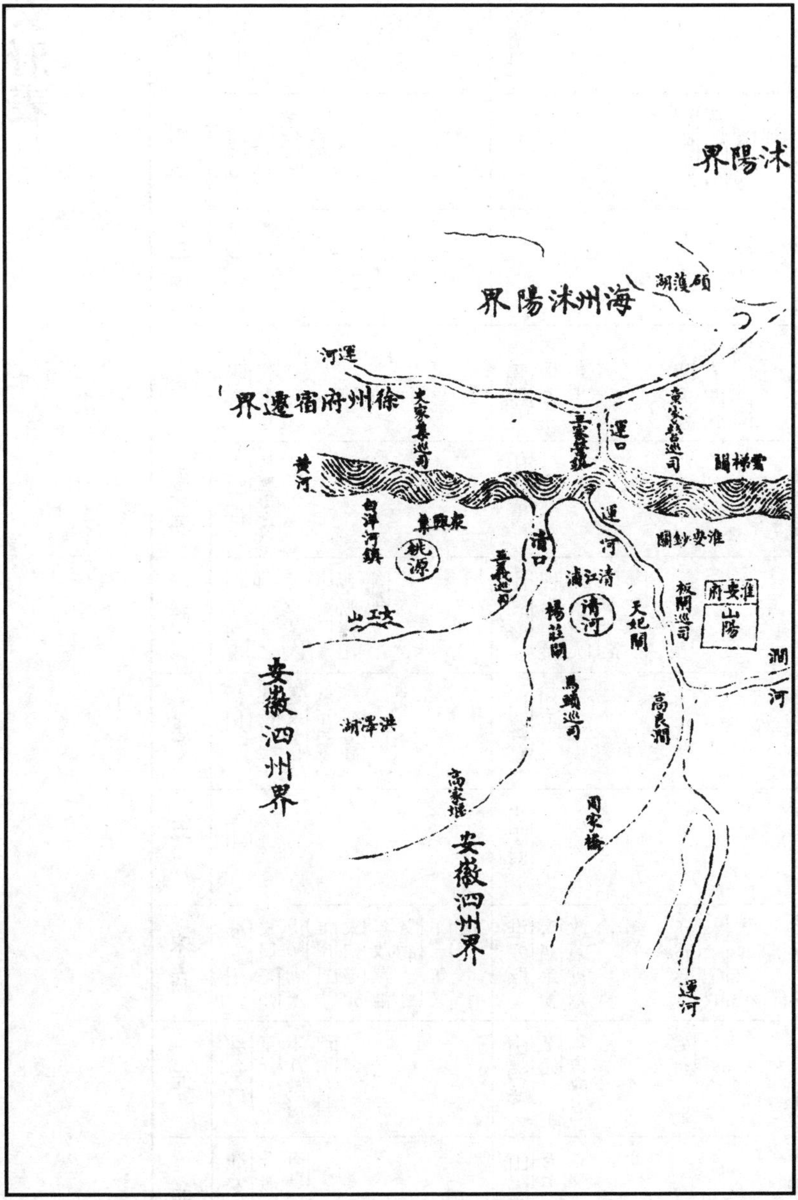
沭陽界
碩濩湖
海州沭陽界
運河
徐州府宿遷界
運口
黃河
雲梯關
白洋河鎮
桃源
清口
運河
淮安鈔關
清江浦
清河
楊莊閘
天妃閘
板閘巡司
淮安府
山陽
文工山
澗河
安徽泗州界
洪澤湖
馬頭巡司
高良澗
高家堰
周家橋
安徽泗州界
運河

淮安府表

	淮安府	山陽縣
秦	九江郡地。	淮陰縣地。
兩漢	臨淮郡地。後漢分屬廣陵郡及下邳國。	射陽縣屬臨淮郡。後漢屬廣陵郡。
三國	屬魏。	省。
晉	山陽郡義熙七年置。	山陽縣義熙九年置郡治。太康元年復置射陽縣。東晉後廢。
南北朝	山陽郡後屬東魏。	山陽縣
隋	開皇初廢郡。十二年改置楚州。大業初廢，屬江都郡。	山陽縣開皇中楚州治。大業初屬江都郡。
唐	楚州武德四年置東楚州。八年更名，屬淮南道。	山陽縣州治。
五代	楚州	山陽縣
宋金附	淮安州初曰楚州山陽郡，屬淮南東路。宋紹定元年改置淮安軍。端平元年又改州。	淮安縣宋紹定初改名，爲軍治。後爲州治。新城縣宋咸淳中置。
元	淮安路至元二十年升路，屬河南行省。	山陽縣至元二十年復故名，爲路治。至元二十年省入。
明	淮安府升府，直隸南京。	山陽縣府治。

續表

阜寧縣	鹽城縣	清河縣
		淮陰縣
	鹽瀆縣屬臨淮郡。後漢屬廣陵郡。	淮陰縣屬臨淮郡。後漢屬下邳國。
	省。	淮陰縣
	鹽城縣太康二年復置。義熙中改名，屬山陽郡。	廣陵郡太康中移來治。後徙。 淮陰縣郡治。
	鹽城縣北齊置射陽郡。陳改鹽城郡。	淮州 淮陰郡宋泰始中僑置兗州。齊改北兗州。梁又改。東魏置郡。齊廢。周僑置東平郡。 壽張縣齊改名懷恩。周又改。
	鹽城縣開皇初廢郡，屬江都郡。後改置射州。	開皇初復名淮陰郡，兼置楚州。尋廢郡。大業初廢州。 初爲郡治。開皇中復名淮陰，州治。大業初省入山陽。
	鹽城縣武德七年廢州復置，屬楚州。	淮陰縣初復置。武德七年省。乾封二年復置，屬楚州。
	鹽城縣南唐改屬泰州。	淮陰縣
	鹽城縣太平興國三年還屬楚州。	清河軍咸淳九年置，屬淮南東路。 清河縣咸淳九年置，軍治。 淮陰縣
	鹽城縣屬淮安路。	至元十五年廢。 清河縣屬淮安路。 至元二十年省入山陽。
山陽、鹽城二縣地。	鹽城縣屬淮安府。	清河縣屬淮安府。

	安東縣
淮陽郡義熙中置。 角城縣義熙中置，屬淮陽郡。	
淮陽郡 淮陽縣東魏武定七年置綏化縣。周改名。 臨清縣齊改名文城。周又改。	海安郡宋僑置東海郡。東魏武定七年改名。
開皇初廢。 淮陽縣 開皇三年省入淮陽。	開皇初廢。
貞觀初省入宿預。	武德四年置漣州。貞觀元年廢。
	安東州宋太平興國三年置漣水軍。熙寧五年廢爲縣，屬楚州。元祐二年復爲軍。紹興五年降縣。金皇統二年屬海州。紹定初復歸宋。端平初復爲軍。景定初改州，屬淮南東路。
	安東州屬淮安路。
	安東縣洪武初降縣，屬淮安府。

	桃源縣
淮浦縣 屬臨淮郡。後漢屬下邳國。	泗陽縣 屬泗水國。後漢省。
淮浦縣	宿預縣地。
淮浦縣 屬廣陵郡。	
襄賁縣 宋置，郡治。 淮浦縣 宋屬臨淮。	
漣水縣 開皇初更名，屬東海郡。	宿遷縣地。
漣水縣 初屬漣州，後屬泗州。 武德四年分置金城縣，屬漣州。貞觀元年省入漣州。	
漣水縣	
漣水縣	金興定二年置淮濱縣，屬泗州。元光二年廢。
省入州。	桃園縣 至元十四年復置，改名，屬淮安路。
	桃源縣 洪武初改「園」爲「源」，屬淮安府。

大清一統志卷九十三

淮安府一

在江蘇省江寧府北五百里，蘇州府西北七百五十里。東西距四百四十里，南北距二百六十里。東至海州界二百三十里，西至安徽泗州界二百十里，南至揚州府寶應縣界八十里，北至海州沭陽縣界一百八十里。東南至揚州府泰州治四百九十里，西南至泗州治一百八十里，東北至海一百八十里，西北至徐州府宿遷縣界一百九十里。自府治至京師一千九百七十五里。

分野

天文斗分野，星紀之次。

建置沿革

禹貢揚、徐二州之域。春秋屬吴。戰國屬楚。秦屬九江郡。漢爲射陽、鹽瀆、淮陰等縣，屬臨淮郡。西北境置泗水國，即楚國地。北境爲東海、琅邪二郡地。後漢分屬廣陵郡及下邳國。射陽、鹽瀆屬廣陵，淮陰、淮浦屬下邳。三國屬魏。晉初爲廣陵郡治。宋書州郡志：廣陵郡治淮陰，後徙射陽。義熙七年，始分射陽地置山陽郡。西境置淮陽、濟陰二郡。宋泰始二年，於淮陰置兗州。北境置青、冀二州，西境入魏。齊曰北兗州。南齊書州郡志：北兗州鎮淮陰。宋泰始二年，失淮北，於此立州鎮。建元四年，移治盱眙。後復故，而山陽郡屬南兗州。梁改曰淮州。西境初屬魏，置東徐州。中大通四年，入梁，改曰武州。東魏因之，兼領山陽、淮陰二郡。西境仍曰東徐州。北齊廢淮陰郡。周僑置東平郡。隋開皇元年，改郡爲淮陰，尋與山陽郡俱廢。十二年，置楚州，移治山陽。大業初，州廢，屬江都郡。西境置下邳郡，北境置東海郡。唐武德四年，於山陽置東楚州。八年，更名楚州。天寶初復曰淮陰郡。乾元初復曰楚州，屬淮南道。西境爲徐州地，北境置海州，屬河南道。五代唐天成三年，楊吴升爲順化軍。後周顯德五年，軍廢。宋初曰楚州山陽郡，隸淮南東路。宋史地理志：建炎四年，置楚泗承州漣水軍鎮撫使、淮東安撫制置使、京東河北鎮撫大使。嘉定初，節制本路沿邊軍馬。十年，制置安撫使公事。紹興間入金，旋復。紹定元年，改州爲淮安軍。端平元年，又改軍爲淮安州。元至元十四年，立淮東路總管府。二十年，升淮安路，屬河南行省。明爲淮安府，直隸南京。領州二、縣九。

本朝屬江蘇江寧布政使司，領縣六。通志：舊轄二州九縣。雍正二年，以贛榆、沭陽屬海州，宿遷、睢寧屬邳州，俱改直隸。九年，析海州、鹽城地置阜寧。

山陽縣。附郭。東西距一百九十五里，南北距一百二十里。東至阜寧縣界七十里，西至安徽泗州界一百二十五里，南至揚州府寶應縣界八十里，北至清河縣界四十里。東南至鹽城縣界七十里，西南至泗州盱眙縣界一百四十里，東北至阜寧縣界八十里，西北至清河縣界六十里。本秦淮陰縣地。漢置射陽縣，屬臨淮郡。後漢改屬廣陵郡。三國時廢。晉太康元年，復置，仍屬廣陵郡。東晉後廢。義熙中，改置山陽縣，兼置山陽郡。宋、齊至後魏皆因之。隋開皇初，郡廢爲楚州治。大業初，屬江都郡。唐爲楚州治。五代因之。宋紹定元年，改曰淮安，爲淮安軍治。端平初，爲淮安州治。元至元二十年，仍曰山陽，爲淮安路治。明爲淮安府治。本朝因之。

阜寧縣。在府東北一百六十里。東西距一百七十里，南北距一百四十里。東至海九十里，西至山陽縣界八十里，南至鹽城縣界五十里，北至安東縣界黄河岸九十里。東南至鹽城縣界一百五十里，西南至山陽、鹽城兩縣界九十里，東北至安東縣界黄河口一百三十里，西北至安東縣界六十里。本山陽及鹽城二縣地，本朝雍正九年，析置阜寧縣，屬淮安府。

鹽城縣。在府東南二百四十里。東西距一百九十里，南北距一百三十里。東至海一百里，西至揚州府寶應縣界九十里，南至揚州府興化縣界六十里，北至阜寧縣界七十里。東南至海一百里，西南至興化縣界一百里，東北至海七十里，西北至山陽縣界一百四十里。漢置鹽瀆縣，屬臨淮郡。後漢改屬廣陵郡。三國時廢。晉太康二年，復置。義熙中，改曰鹽城，屬山陽郡。宋、齊以後因之。北齊置射陽郡。陳改鹽城郡。隋開皇初，郡廢，以縣屬江都郡。隋末，改置射州。唐武德七年，州廢，復置鹽城縣，屬楚州。五代南唐割屬泰州。宋太平興國三年，還屬楚州。紹興元年，屬漣水軍。三年，還屬楚州。元屬淮安路。明屬淮安府。本朝因之。

清河縣。在府西五十里。東西距八十六里，南北距一百五里。東至山陽縣界十里，西至桃源縣界七十六里，南至山陽縣界二十五里，北至海州沭陽縣界八十里。東南至山陽縣治六十里，西南至泗州治二百十里，東北至安東縣治八十二里，西北至桃源縣治六十二里。秦置淮陰縣。漢屬臨淮郡。後漢屬下邳國。晉初，爲廣陵郡治。東晉末，徙屬山陽郡。宋泰始中，僑置兖州，治淮陰。南齊曰北兖州。梁曰北雍州淮陰郡，後改淮州。東魏因之，又置淮陰郡。北齊廢爲懷恩縣。周改縣曰壽張，又僑立東平郡。隋開皇元年，復改郡爲淮陰，兼立楚州，尋廢郡，改縣曰淮陰。大業初，州廢，又并縣入山陽。唐初復置，武德七年省。乾封二年，復置，屬楚州。乾符中，高駢置淮寧軍。五代因之。宋紹興五年，廢爲鎮，明年復置。咸淳九年，始分西北界置清河軍及清河縣，屬淮南東路。元至元十五年，廢清河軍，以清河縣屬淮安路。明屬淮安府。本朝因之。

安東縣。在府東北六十里。東西距九十里，南北距二百里。東至阜寧縣界三十里，西至海州沭陽縣界六十里，南至阜寧縣界一百二十里，北至海州界八十里。東南至阜寧縣治七十里，西南至清河縣界六十里，東北至海一百二十里，西北至海州沭陽縣界六十里。漢置淮浦縣，屬臨淮郡。後漢改屬下邳國。晉屬廣陵郡。宋屬臨淮郡，後省。明帝僑置東海郡及襄賁縣。齊爲北東海郡。東魏武定七年，改置海安郡。隋開皇初郡廢，改縣曰漣水，屬東海郡。唐武德四年，於縣置漣州。貞觀元年，州廢，屬泗州。總章元年，改屬楚州。咸亨五年，還屬泗州。五代因之。宋太平興國三年，於縣置漣水軍。熙寧五年，廢爲縣，屬楚州。元祐二年，復置軍。紹興五年，廢爲縣。三十二年，復爲軍。金皇統三年，降爲縣，屬海州。紹定元年，歸宋屬寶應州。端平元年，復爲漣水軍。景定元年，升安東州，屬淮南東路。元省漣水縣入州，屬淮安路。明洪武初，廢州爲安東縣，屬淮安府。本朝因之。

按：隋書志：「漣水縣舊曰襄賁，置東海郡，東魏改曰海安。」通典、元和志、寰宇記皆作海安，而魏書志云：「襄賁縣爲海西郡治。」注：「武定七年，改東海郡置。」則海西即海安之譌。今從隋志。

桃源縣。在府西一百二十里。東西距一百里，南北距一百里。東至清河縣界四十里，西至徐州府宿遷縣界六十里，南至安徽泗州界四十里，北至海州沭陽縣界六十里。東南至清河縣界六十里，西南至泗州界八十里，東北至沭陽縣治一百二十里，西北至宿遷縣界八十里。漢置泗陽縣，屬泗水國。後漢省。晉、宋以後爲宿預縣地。唐、宋爲宿遷縣地。金興定二年，於宿遷縣之桃園鎮置淮濱縣，屬泗州。元光二年廢。元至元十四年復置，改曰桃園縣，屬淮安路。明曰桃源縣，屬淮安府。本朝因之。

形勢

水陸交通，沃野有開殖之利。方舟運漕，亦無他阻。晉荀羨北征議。大江前流，長淮卻阻。唐李途記室新書。俯臨淮海，控制山東。宋繫年録。南北襟喉，江淮要衝。元董摶霄淮安議。長淮奥壤，表海名邦。輿地紀勝。

風俗

人多勇悍，習戰争。晉伏滔正淮論。淳實尚義，務勤耕耨。圖經。俗多輕剽，士任氣節。隋書地理志。漸漬聖化，綽有儒風。圖册。

城池

淮安府城。有三城。南曰舊城，周十一里，門四，水門二。東晉時故址，宋重築，明初甃甎。本朝康熙二十三年修，二十八年、乾隆五年重修。其北曰新城，周七里二十丈，門五，水門二。元末土築，明洪武十年甃甎。本朝乾隆十一年修。二城之中曰聯城，門四，水門四。明嘉靖三十九年增築，以聯貫新、舊二城。本朝乾隆九年修，三十九年重修。舊城濱運河，新城濱淮河。濠廣四丈，深一丈二尺。乾隆十六年、二十二年、三十年、四十五年，高宗純皇帝南巡，俱有御製過淮安城詩。山陽縣附郭。

阜寧縣城。分山陽、鹽城二縣地，治廟灣城。本朝雍正九年新築，乾隆四年修。

鹽城縣城。周七里有奇，門四。舊土城，宋紹興間築，明永樂十六年甃甎。本朝乾隆三十三年修。

清河縣城。本朝乾隆二十六年改築。

安東縣城。周八里有奇，門四，水門一。明萬曆二十六年土築，天啓五年甃甎。本朝康熙七年修。

桃源縣城。舊址周八里，門四。明正德六年土築，萬曆十九年重築，周七百十八丈。崇禎中河決，城遂湮廢。本朝順治、康熙年間屢修，乾隆元年、嘉慶五年重修。

學校

淮安府學。在府舊城南門外。宋景祐二年建，建炎中燬，嗣後屢建屢徙。淳熙中復故址。本朝康熙、雍正年間屢修，乾隆三年、三十九年重修。入學額數二十三名。

山陽縣學。在縣治内，即元蒙古學基。明洪武四年建，本朝康熙、雍正年間屢修，乾隆三年、三十年重修。入學額數二十一名。

阜寧縣學。即廟灣鎮舊學。舊爲觀瀾書院，今爲學。本朝乾隆三十五年修，入學額數八名。

鹽城縣學。在縣治南三百步，宋紹興二十七年建。本朝順治、康熙年間屢修，乾隆十二年重修。入學額數二十一名。

清河縣學。在縣治北。本朝乾隆二十八年建。入學額數二十名。

安東縣學。在縣治東南，明天順三年重建。本朝順治十六年修，雍正四年重修。入學額數二十名。

桃源縣學。在縣治南。元至元中建，明洪武初重建。本朝康熙、雍正年間屢修，乾隆二年重修。入學額數二十名。

淮陰書院。在府城西南。本朝乾隆六年建。

正學書院。在鹽城縣。明嘉靖十七年建。

崇正書院。在清河縣。明隆慶五年建。

臨川書院。在清河縣。本朝康熙三十二年建。按：舊志載仰止書院，在府城東南隅名宦祠内，明正德十一年建；節孝書院，在府城東門外二里，明嘉靖中建；正學書院，在府學西；志道書院，在府城西南；清江書院，在府城北清江浦。今俱廢。謹附記。

户口

原額人丁二十七萬一百六，今滋生男婦大小共一百六十三萬七千五百九十一名口。

田賦

田地七萬三千二百五頃九十畝六分有奇，額徵地丁正、雜銀十四萬四千七百九十三兩六錢三分八釐，又雜辦銀一百二十八兩九錢七分二釐，米麥五萬四百四十七石二斗九升。

山川

鉢池山。在山陽縣西北十五里，以形似名。岡阜盤旋，凡八九里。杜光庭七十二福地，此其一也。今隄此以禦河患。

老子山。在清河縣西南一百里，接安徽盱眙縣界。一名老祖山。

霍山。在清河縣老子山南。形勢起伏，一峯崒然，跨盱眙、清河之間。

女工山。在桃源縣南。相傳遠近婦女以衣兜土而成，高數丈。本朝順治十六年，移城西娘娘廟建此。

金牛岡。在山陽縣西北十里。方輿勝覽：周世宗伐南唐，嘗宿兵於此。

闊沙岡。在阜寧縣射陽湖南。自喻口起，蜿蜒綿亘，直抵鹽城。一名大沙岡。

沙岡。在鹽城縣西北。南抵岡門鎮，北距海濱，接阜寧縣界，延袤起伏，約百三四十里。

鐵柱岡。在鹽城縣北二里海岸上。方輿勝覽：故老相傳秦皇繫馬處。

丁家岡。在桃源縣黄河南岸。近因河底墊高，岡形漸窪。

九里岡。在桃源縣西北四十里，南逼黄河，北近倉基湖。本朝康熙十年，增築月隄於此。

仙人洞。在清河縣老子山西，深二丈許。下臨淮水，四壁如削。

龍墩。在鹽城縣西五十里九曲河西岸。

泰山墩。在清河縣西南。府志：去馬頭鎮二里許，即漂母冢。後人因墩下有東嶽祠，名爲泰山墩。陂澤中突兀一丘，遠望如浮翠。有閘鎖兩河之口。按：今天妃閘在墩北，惠濟閘在墩南。南北兩岸，皆爲運口。

三臺墩。在清河舊縣。有三墩，舊治坐中墩，左、右各一爲之輔。

狀元墩。在桃源縣東南半里，桃花最盛。

蓮花墩。在桃源縣西三十里。縣志：舊在水中央，經歷沖漫，凸起不没。周迴有稜瓣，如蓮花然。

青墩。在桃源縣西北四十五里。

海。自海州入安東縣，東爲淮水會黄入海之口。其南岸爲阜寧縣境，又折而東南至鹽城縣東，又東南接揚州府興化縣界。元和志：在漣水縣北百四十里。寰宇記：鹽城縣人以魚鹽爲業，擅利巨海。山陽舊志：在縣東二百里。自鹽城縣折而西北，有大海口，爲淮河入海處。其南爲廟灣，廟灣之西爲劉莊，又西南爲鹽城縣之姚家場，皆沿海大鎮也。大海口東南，有蛤蜊、麻綫二港，爲窺伺之徑道。鹽城舊志：縣東至海三十里，海口有三：一爲斗龍港，一爲新洋港。由港而入，一爲石礎口，經縣之南，一爲天妃口，經縣之北，最北通射陽湖。安東舊志：在縣東一百二十里。淮南水利考：山陽縣廟灣海口，在縣東北一百八十里。凡山陽之漲水入射陽湖者，自此入於海。舊口闊一千六百餘步，今闊六百步餘。海口獨有沙，潮落微露其形，潮來則翻騰而上，勢若排天。潘季馴河防一覽：議者因海壅河高，致決隄四溢，遂以浚海爲上策。不知漲沙當海口之中，潮退則見，潮長則没，縱乘潮退施工，而一没之後，濁流淤泥，隨復如故。故海無可浚之理。惟當導河以歸之海，繕治河隄，俾無旁決，則合流勢勇，沙隨水出，海口自不虞淤矣。本朝河臣靳輔於近口創築兩岸長隄一萬八千餘丈，使河不旁流，以闢海口。後以積沙漸多，築攔黄壩，導黄河分由旁口入海，而河流愈壅。康熙三十九年，特命盡毁攔黄壩，賜名大通口。乾隆三十年，高宗純皇帝諭：「黄河入海，停淤漸高，不爲經理，恐久之不能保無梗阻。」四十一年，河臣查勘黄河海口，自雲梯關以下三百餘里至南北尖，水中淤有暗灘，但潮汐往來，勢尚湍急。雖不能建瓴暢流，亦當不致阻滯。四十四年，三套等處，水漫塌卸，尋填補完整。五十一年，於北岸開挖二套引河，冀黄河由北潮河入海，旋亦淤閉。嘉慶八年，仁宗睿皇帝諭：「若不疏通海口尾閭，河身仍多淤墊，水勢日見其高。僅於各工增卑培薄，年復一年，伊於胡底？」十三年，接築雲梯關外兩岸長隄，藉以束水攻沙，激溜歸海。河臣奏明海口一帶寬深，並無阻遏。十五年，諭：「海口爲全河尾閭，前人相度經營，立法周備。黄河千里一曲，本天地自然形勢，非人所能强。總之下游通暢，則上遊方無壅遏之虞。後之治河者，自應遵守前規，勿參私臆。」是年，修復海口舊河大工，挑濬張家莊以東、二木樓以下。十七年，雲梯關至海口南黄流迅注，衝入海中約四五十里。

馬家蕩。在鹽城縣西北一百里，接山陽縣及揚州府寶應縣界。東西三十里，南北五十里，洩西北一帶支河之水，注射陽湖入海。

爬泥蕩。在清河縣西北官亭鎮南，一云官亭蕩。匯桃、沭之水，廣袤百里，饒魚蒲菱芡之利。

黄河。自徐州府宿遷縣東流入桃源縣界，逕縣北百十餘丈，又東入清河縣界，至縣西南清口與淮河合。東逕縣北，又東入山陽縣界，逕縣北入安東縣界，逕縣南，又東逕阜寧縣北，過雲梯關大通口入海。自清口以上，皆古泗水故道，自清口以下，皆古淮水故道也。尚書禹貢：浮於淮、泗，達於河。漢書地理志：泗水東南至睢陵入淮。水經注：泗水東逕陵栅南，又東南逕淮陽城北，又東南逕魏陽城北，又東逕角城北而東南流注於淮。考諸地說，或言泗水於睢陵入淮，亦云於下相入淮，皆非實録也。宋史河渠志：熙寧十年，河道南徙，東匯於梁山泊，分爲二派，一合南清河入於淮，一合北清河入於海。禹貢錐指：金明昌五年，河徙自陽武而東至壽張，注梁山泊。分爲二派，南派由南清河入淮，即泗水故道也。河分二派，入南、北清河，自宋神宗十年始。尋經塞治，河、淮并爲一瀆，自金明昌五年始。又元時河逕徐州，與泗水合，至宿遷縣南，又東逕桃源縣北，又東逕清河縣南與淮水合。入淮處謂之清口，本名泗口。自徐城東北至此，皆古泗水爲河所奪者也。舊志：自汴梁至徐，經邳、宿、桃源、三義鎮入口，由毛家溝抵清河縣，後謂之大清口。會淮流，過漁溝達安東縣界，下雲梯關入海，謂之老黄河。明嘉靖初，三義口塞，南從清河縣前，亦與淮合，謂之小清口。經清江浦至草灣，轉西南過淮安新城，北達安東。萬曆四年，開草灣河成，分爲兩道，各四十餘里，復合，過安東總下雲梯關入海。土人謂黄河爲外河，漕河爲裏河，其漕河東岸涇、澗諸河總謂之下河。河防志：桃源縣黄河，南岸上自白洋河接宿遷縣界，下至駱家營入清河縣界，計八十八里。北岸上自古城接宿遷縣界，下至駱家營止，計八十二里。其汛四：南岸曰煙墩汛、龍窩汛，北岸曰九里岡汛、磯觜汛。清河縣黄河，北岸上自駱家營接桃源縣界，下至泗鋪溝入山陽縣界。南岸上自吴城接桃源縣界，下至季家淺入山陽縣界。山陽縣黄河，南岸上自季家淺，下至海口。北岸上自泗鋪，至顔家河入安東縣界。安東縣上自北岸顔家河，下至雲梯關，又入山陽縣界，下至海口止。三縣黄河南岸共二百六十餘里，北岸共二百四十餘里，分屬山清外河、山安河務兩同知管轄。山清外河同知轄汛四：北岸曰清河北岸汛，南岸曰清河南岸汛、山陽上河汛、山陽下河汛。山安河務同知轄汛五：北岸曰安東汛、上河汛、下河汛、北岸汛，南岸曰南岸汛。本朝康熙十六年，大修河道，河身兩旁各挑引河，築兩遥隄。南岸自白洋河至雲梯關，長三百三十里。北岸自舊清河縣至雲梯關，長二百里。並塞山陽、清河、安東三縣新舊決口，又於清河、安東及宿遷、桃源一帶地方，建減水壩十三座。二十年，桃源縣煙墩、上渡口、雞嘴壩，各挑引河一道，築攔黄土壩。二十一年，各工告成。二十六年，築宿、桃、清、山、安五縣北岸遥隄五萬四百八十餘丈，及宿、清、安三縣護城隄。二十七年，中河成，運道改由仲莊閘。三十年，修理天妃閘。三十五年，九里岡、張家莊決，旋塞。又決童家營，逾年塞。時家馬頭又決。三十九年，大修黄河隄岸，拆海口攔黄壩，改名大通口，河流由此入海。而堵時家馬頭，凡黄河灣曲處，開引河使直行。又開陶家莊引河，於對岸陳家莊建立御壩，逼溜北行。設減水壩於王家營，以洩黄漲，俾由安東鹽河入海。四十六年，開鮑家營引河，起黄營大壩，至北潮河入海。東西兩岸建束水隄及草壩，相黄水大小，與中河閘壩更互啓閉。雍正元年，於清口兩邊，接築大隄各一道，中留口門五十丈。四年十二月，河清。五年，創築桃源縣黄河南岸煙墩月隄，又補築清河縣黄河北岸王家營隄工。十年，建築阜寧縣北岸四套月隄，山陽縣南岸龔家營、徐家莊月隄。十二年，築安東縣黄河北岸險工，又修築桃源阜寧等縣月隄。乾隆元年，建築阜寧縣蔡家馬頭、盧鋪月隄。二年，修築山陽縣鄭家馬頭月隄，又築安東縣大飛月隄。四年，改築山陽縣茆家圩壩裏外月石工，又築阜寧縣蔡家馬頭格隄。五年，創築清河縣王家營格隄，並濬陶家莊引河，加修黄河南岸，添設木龍挑溜北趨，又築桃源縣禦河遥隄。七年，加築阜寧縣馬起營等處月隄，又修清河縣北岸隄工，創築石馬頭攔黄子堰一道。八年、九年，補築山陽縣新港縷隄各堡迤下隄工，改建清河縣武家墩埽工。十一年、十二年，加築山陽、阜寧、安東、桃源四縣月隄，又將清河南岸吴城縷隄改建甎工一千丈，以資捍禦。十四年，加築桃源縣煙墩月隄。十六年，高宗純皇帝巡幸淮安，命改建城北土隄爲石隄，有御製閱河恭依聖祖仁皇帝詩韻詩，並示總督尹繼善副總河嵇璜詩、恭依聖祖閱河隄詩韻詩、恭依聖祖覽淮黄詩韻詩、渡黄河詩。十八年，加築山陽縣龍門壩裏外月石工。十九年、二十年，修築山陽縣韓莊、阜寧縣陳家浦等處月隄，又清河縣周家莊格隄、桃源縣河北鎮撑隄。二十一年，修築安東縣下河汛嵇家馬頭月隄。二十二年，臨幸，命修黄河南北兩岸，加築清口東西二壩，有御製閱河恭依聖祖仁皇帝詩韻詩，并閱河隄詩韻詩、覽淮黄詩韻詩、閱淮安石隄詩、渡黄河詩、觀木龍詩。二十四年、二十五年，修築山、清交界隄工，阜寧縣陳家浦格隄，錢家馬頭月隄，又安東縣高家莊月隄。二十七年，巡幸駐蹕清口，詔添木龍一架，有御製觀木龍詩、閱河恭依聖祖仁皇帝詩韻詩，並覽河隄詩韻詩。二十八年，加築桃源縣古城迤下月隄。三十年，巡幸，詔於陶莊對岸添設木龍一架，使大溜全歸北岸，盡刷積土，有御製觀木龍示總河高晉詩、閱河恭依聖祖仁皇帝詩韻詩，並閱河隄詩韻詩及淮安石隄疊前韻詩。三十一年，建築陶莊月隄一道，又築安東縣張家莊月隄、車家馬頭撑隄。三十四年、三十六年，屢修清河縣包家閘迤下隄工，創築安東縣時家馬頭岸隄，加築桃源縣北岸隄工。三十八年，修築清河縣周家蕩隄工，安東縣十堡月隄。四十年，重修桃源縣南岸隄工。四十一年，命撫臣薩載開浚陶莊引河，俾河流遠避清口，以除倒灌之患。新河長一千六十丈，河身寛四十丈，河身河尾寛三十丈至三十五丈，放流後兩涯刷寛，河頭至七十餘丈，河身河尾至五六十丈，河底水深一丈四五尺，順軌安流，直抵周家莊，始合清水東下，去清口較昔遠五里。仍命於陶莊積土外，添築新隄及新壩一道，以爲保障。有御製河神廟碑記。四十五年，臨幸閱河，有御製五依聖祖仁皇帝閱河隄詩韻詩。命大學士阿桂、督臣薩載同勘陶莊黄河及入海口，事畢後覆命，有御製誌事詩、閱老壩合龍處詩、閱淮安石隄三疊前韻詩、渡黄河詩、閱木龍疊乙酉韻詩。四十九年，聖駕六巡，有御製閱木龍再疊乙酉韻示總督薩載總河李奉翰詩、閱老壩詩、閱淮安石隄四疊前韻詩、恭依聖祖仁皇帝閱河隄詩韻詩。五十年，添築周家莊埽工。五十五年，疏浚桃北臨河集岡淺，接築桃莊引河河尾。嘉慶八年，培築南北兩岸大隄十一萬三千餘丈，創築圈、越隄八道，加培舊越隄四道，添築土壩十道，圈堰二道。十四年，增培大隄單薄處所。十五年，仁宗睿皇帝諭：「黄河之性，總在去路通暢，則其流猛迅。大溜直走中泓，河身刷滌日深，使水勢不至擡高，自無旁趨漫溢之患。所謂束水攻沙，其效莫捷於此。現據查奏河水自雲梯關至八灘而下，直至海口南尖，俱深二、三、四丈至五丈餘尺不等。瞭望海流亘起，直由南北尖之外，衝入海中，約有四五十里。此即黃流迅注尾閭，明效大驗。至全淮匯入洪湖，以清刷黃，尤爲治河良藥。惟清水非豫爲儲蓄，則力弱不足以敵黃。昨已有旨諭令修復五壩，即使工費浩繁，不能同時並舉，本年當選擇何壩最要，先行修整完結，其餘再以次遞修。務令全復前人舊規，然後治河關鍵得有把握。清水治而黃水益治，實係全河至要機宜也。」十八年，黃河近海隄工接長，添設六汛。海阜廳屬三汛，曰仁和汛，曰十巨汛，曰海南汛。海安廳屬三汛，曰雲梯汛，曰十套汛，曰海北汛。

澗河。在府城東門外。上流自運河灌城中市河，出東門直達射陽湖，舊爲鹽城運河。淮南水利考：洪武三年，知府姚斌開淮安城東北菊花溝，以通海運道。菊花溝一名澗河。臨河有閘，啓閉蓄水以濟運。而東方諸鄉及諸州縣之米舠貨物，亦由此通。時諸船自此車盤入淮，一時稱爲水陸之便者也。萬曆初，總漕王宗沐濬之〔一〕，闊四丈，深七尺，長三十里。洩三城瀦水，建閘以備蓄洩。天啓四年，知府宋祖舜濬，本朝康熙三十九年重濬。又羅柳河，在城北門外滿浦等坊，自王公隄成，各坊瀦水不能洩。明萬曆初，知府邵元哲穿渠，引由護城河入澗河。

故城河。在府城東南五十里，古名壽河，即澗河支流也。上接黃浦，下達射陽湖，鹽城運道由此。淮南水利考：唐景福元年，朱全忠將時溥遣兵南侵至楚州，楊行密將張訓、李德成敗之壽河，即此。

永濟河。在府城南十里。上自窑灣，下合通濟閘，長四十五里。今淤。河渠考：萬曆十年，督漕淩雲翼以運船由清江浦出口多艱險，乃自浦西開永濟河七十里。起城南窑灣，歷龍江閘，至楊家澗，出武家墩，折而東合通濟閘出口。更置閘三，以備清江浦之險。未幾閉塞。

澀河。在府城南五十里，西通運河。河口有閘，水漲則啓，洩入射陽湖。明嘉靖間濬修，萬曆四十五年重修，本朝康熙三十九年復修濬。明河渠考：山陽澀河壩上接漕河，下達鹽城，舊置絞關以通舟。歲久且敝，又恐盜洩水利，遂築塞河口。正統五年，從民請修壩，并復絞關。河防志：山陽縣裏河東岸有澀河閘，其河下通射陽湖，長八千二百五十丈，寬五丈，深六尺。康熙三十九年，濬深補閘，以備蓄洩。乾隆五年，疏浚閘口，引河分流，由馬家蕩歸射陽湖入海。嘉慶二十年重濬。

運河。在府城西。自揚州府寶應縣北，至府城南六十里黃浦入山陽縣。又北至府城西清江浦，折西北入清河縣界達清口。踰黃河，由縣東入楊家莊口爲中河，在府城南者，即古邗溝，亦名山陽瀆，明初以來之舊運河也。自清江浦達淮入黃河者，明永樂中平江伯陳瑄所開，名清江浦，即宋之沙河故道也。左傳哀公九年「秋，吴城邗溝通江淮」，杜預注：「於邗江築城穿溝，東北通射陽湖，西北至末口入淮〔二〕，通糧道也。今廣陵韓江是。」水經：「淮水東過淮陰縣北，中瀆水出白馬湖東北注之。」注：「縣有中瀆水，首受江於廣陵郡之江都縣。昔吴將伐齊，北霸中國，自廣陵城東南築邗城。城下掘深溝，謂之韓江，亦曰邗溟溝，自江東通射陽湖。地理志所謂渠水也。西北至末口入淮。自永和中，江都水斷，其水上承歐陽引江入埭，六十里至廣陵城。自廣陵出山陽白馬湖，逕山陽城西，又東謂之山陽浦。又東入淮，謂之山陽口者也。」隋書高祖紀：開皇七年，於揚州開山陽瀆以通運漕。大業雜記：大業元年，發淮南諸州郡丁夫十餘萬開邗江，自山陽至於揚子入江。寰宇記：淮陰縣有濁水，今謂之山陽瀆。東南自楚州郭下，西北流經縣北入於淮，即古邗溝也。唐、宋以來，運道皆由此。宋史河渠志：初楚州北山陽灣尤迅急，多有沈溺之患。雍熙中，轉運使劉蟠議開沙河，以避淮水之險，未完而受代。喬維岳繼之，開河自楚州至淮陰凡六十里，舟行便之。漕河考：自寶應縣二十里至黃浦，又北十里至涇河，又北十里至平河橋，又三十里至楊家廟，又十里至淮安府城，皆瀆河故道也。又十五里至板閘，十五里至清江浦，三十里至清口。明河渠考：成祖初，命平江伯陳瑄督運，由江以入，至淮安新城，盤五壩過淮。仁、義二壩在東門外東北，禮、智、信三壩在西門外西北，皆自城南引水抵壩口，其外即淮河。清江浦者，在淮城西。永樂二年，嘗修一閘，其口淤塞，則漕船由二壩，官民商船由三壩入淮，輓輸甚勞苦。瑄訪之故老，得宋喬維岳所開沙河舊築，乃鑿清江浦，導水由管家湖入鴨陳口達淮。十三年五月工成，緣西湖築隄亘十里以引舟。淮口置四閘，曰移風、清江、福興、新莊，以時啓閉。於淮上建倉轉輸。自是漕運無阻。隆慶三年，淮水漲溢，自清江至淮安城西淤三十里，決禮、信二壩出海。其冬自淮安板閘至清河西湖嘴，開濬垂成，而裏口復塞。未幾自泰山廟至七里溝，淮河淤十餘里。其水從朱家溝旁出至清河縣河南鎮，以合於黃河。總河潘季馴築塞諸決，漕船獲通。萬曆元年，從總河萬恭言，建天妃廟口石閘。五年，河漕侍郎吴桂芳增築山陽長隄，自板閘至黄浦。閉通濟閘不用，而建興文閘，且修新莊諸閘，築清江浦南隄，創板閘。漕隄南北與新舊隄接，隄閘並修，淮揚漕道漸固。六年，潘季馴修復陳瑄故蹟，築高家堰及清江浦柳浦灣以東，加築禮、智二壩，修寶應、黄浦等八淺。又拆新莊閘而改建通濟閘於甘羅城南，專向淮水，使河不得直射。十年，總漕淩雲翼以運船由清江浦出口多險阻，乃自浦西開永濟河七十里合通濟閘，更置閘三，以備清江浦之險。是時漕河既治，淮揚免水災者前後十餘年。天啓元年，黄淮漲溢，決裏河王公祠、外河十餘口。淮安知府宋統殷力塞王公祠。三年，建清口磯嘴，濬正河，自許家閘至惠濟祠長千四百餘丈。復建通濟、月河二閘。本朝康熙九年，大修淮揚隄岸。十年，挑濬淮揚裏河。十六年，於洪澤湖下流高家堰以西至清口一帶河身，兩旁各挑引水河一道。自運河西岸歷七里墩至周橋閘北，築隄一萬二千八百餘丈，挑濬清口至清水潭。十七年，從文華寺挑濬至七里閘，以爲運口，並大修清江浦大小閘座。十九年，加築山陽潘家窪遥隄，改建運口大石閘，令糧船由七里、新莊二閘出口。二十一年，工竣。二十五年，修濬下河海口。三十三年，黄水内灌，清口淤，挑裴家場、帥家莊、爛泥淺引河，導淮出口。於大墩外築挑水大隄，對岸開引河，殺黄勢，暢淮流。三十五年，淮、黄並漲，王公隄漫塌，清口、高堰及高寶江東西二隄，漫溢七十九處，次第修築。三十九年，大修高家堰，挑張福口引河，導清水入運。於張福口、裴家場之間，開大引河一道，會諸路河水，併力以敵黄。又大修運河隄岸，挑濬清口訖界首。四十五年，於文華寺開浚引河，分運河漲水由楊廟等處入白馬、清蕩諸湖。乾隆二年，於運河南岸天妃閘以下，開新河一千餘丈，中建正閘二座。迤南開月河一道，建月閘二座。將舊運河南隄改作北岸，另開南隄，展寬地基。三年，大浚運河，並築運口挑水壩。四年，加舊桃源縣運河東西隄岸。七年，於山陽縣護城隄尾接築遥隄，下建涵洞，以資蓄洩。十年、十一年，疏文華寺閘引河，又建清河、桃源運河東西兩岸隄工。十六年，大修運河隄岸，自漂母祠迤北石馬頭至北角樓，建石工四百五十丈。二十二年，高宗純皇帝南巡，親示機宜，於運河頭壩外建築攔黄壩一道，有御製運河詩。二十三年，挑濬桃源縣運河。二十七年，修築惠濟、通濟、福興、正越六閘，以洩洪湖清水。四十五年，臨幸，有御製運河夕景詩。四十九年，臨幸，有御製運河詩。五十年，酌定運河㕑水限制。五十一年，開放太平引河濟運，寬展張家莊、裴家場等引河。五十四年，幫培運河隄工。五十五年，補築運口頭、二、三壩等工，挑撈淤淺段落。嘉慶四年，挑浚山陽縣護城河，以資蓄洩。七年，開挖運河河溝六處，計一千五百餘丈。建築、加培隄壩十三處，共計二千餘丈，均屬險要。十五年，堵築山陽縣三鋪運河隄。河防志：運河自寶應縣北至黄浦，入淮安府山陽縣界。自山陽縣黄浦起，北至甘羅城迤西山清外河交界清口止，計程九十六里有奇。自黄浦至季家淺，長八十一里有奇，係山陽縣境。自季家淺至甘羅城迤西，長十五里有奇，係清河縣境。其汛三，曰裏河下汛、裏河上汛、運口汛。有張福口引河一道，長一千二百三十五丈；張莊引河一道，長一千六百七十丈。又有裴家場、爛泥淺、三岔等引河。

老鸛河。在府城西七十里，古謂之灌口。隋大業中，築汴隄，自大梁至灌口，即此。五代周嘗鑿之，今堙。通鑑：周顯德五年正月己丑，上欲引戰艦自淮入江，阻北神堰不得渡。欲鑿楚州西北鸛水，以通其道，遣使行視。還言地形不便，計功甚多。上自往觀之，授以規畫，發楚州民夫浚之，旬日而成，用功甚省。巨艦數百艘皆達於江，唐人大驚以爲神。胡三省注：今楚州城西老鸛河是也。

草灣河。在府城西北二十里外河北岸清江浦下十里。地形低下。明嘉靖三十二年，河決於此，分流成河，過朱家嘴新河共十五里至顔家渡，又二十五里至頭鋪，與舊黄河合。又十里至安東縣。萬曆四年，總漕吴桂芳復開濬之。其後通塞不時。十七年，大河復由此分流，奪正流十分之七，凡六十里。至安東赤晏廟，仍合正河。

丹溝河。在阜寧縣南。上承東塘河，入射陽湖達海。本朝乾隆九年濬。

漁深河。在阜寧縣南。宣洩上游高、寶、興、鹽諸水，入射陽湖歸海。本朝乾隆九年濬。

戴溝河。在阜寧縣南。上承丹溝河，下達小關，分洩東西塘河及高、寶、興、泰諸湖蕩之水，入野潮洋歸海。原設磯心閘一座，以資蓄洩。本朝乾隆二十二年濬。

窑頭河。在阜寧縣西南。上通蘇家嘴，下至鳳谷村，由漁濱河入馬家蕩，歸射陽湖達海。本朝乾隆五年濬。

曹溝河。在阜寧縣西南。上自童家營，下至射陽湖，宣洩民田積水，入湖歸海。本朝乾隆八年濬，二十三年又濬。

穿里河。在阜寧縣西。上自馬起營，下至射陽湖，宣洩民田積水，入湖歸海。本朝乾隆二十二年濬。

楊家河。在阜寧縣西北。上自北沙李家塋，下接横溝河，宣洩民田積水，入射陽湖歸海。本朝乾隆二十三年濬。

大沙河。在阜寧縣西北。上自單家港，下達射陽湖。本朝乾隆二十四年濬。又小沙河，在縣西，亦分流入射陽湖，乾隆九年濬。

十字河。在阜寧縣西北。宣洩民田積水達大沙河，本朝乾隆二十四年濬。

郭墅河。在阜寧縣西北。上承王家山運料小河，下達射陽湖。本朝乾隆七年濬。

横溝河。在阜寧縣北。上自岡根套，下達獐溝，宣洩民田積水，入射陽湖歸海。本朝乾隆九年濬。

太平河。在阜寧縣黄河北岸。上自六套起，下達安東縣民便河，匯入引洋河歸海。本朝乾隆二十三年濬。

九竈河。在阜寧縣東北。上通獐溝，下達射陽湖。本朝乾隆九年濬。

放生河。在阜寧縣東北。上承西坎運料河，下達射陽湖。本朝乾隆十一年濬。

串場河。南北有二：一在鹽城縣東南，自泰州及興化縣流入，繞范公隄北流，經伍祐場至縣西會鹽河，由石礎閘入新洋港出海。一在縣治西北，其水由汊河分支，經新興場上岡鎮繞范公隄東北流七十里至阜寧縣，入射陽湖出海，即運鹽河也。明時所開，歲久淤塞。本朝康熙四十五年，特遣都統孫查齊開濬，長二萬五千八百四十四丈。在鹽城境者，自便倉起，至石礎口止，長六千五百四十一丈二尺。由是積水暢流歸海。雍正六年，復遣官浚治，築隄置閘。乾隆八年重濬，十八年又濬。自是淮揚二郡下河之水有所宣洩，水害永除，而淮南鹽竈利賴無窮矣。

官河。有二：一在鹽城縣西南四十里馬鞍湖西南，源出大蹤湖，北入鹽河，東入東塘河。一在安東縣北三十里，源自西漣河，南通中漣河，東北至縣東北七十里五港口，接逷蠻等河，通海州諸鹽場。明嘉靖四十五年，挑濬深通，爲商旅輻湊之道。二河於本朝乾隆九年濬。又封子河，在鹽城縣西十八里，自馬鞍湖分流，東入官河。乾隆十年濬。

東界河。在鹽城縣西南八十里。自揚州府興化縣流入定港爲河，與興化縣分中流爲界，西流由東塘河入射陽湖。又西界河，在縣西南一百里。自舊運河分流達石䃮口，亦與興化縣分中流爲界，西北入射陽湖。本朝乾隆三年挑浚，九年又浚。又岡溝河，在縣西南二十里。自界河分流，北合鹽河。乾隆二十二年濬。

鹽河。有二：一在鹽城縣西，上流會大蹤諸湖之水，東流經縣西會串場河，又東出石䃮、天妃二口，匯新洋港入海，本朝乾隆二十四年濬。一在清河縣中河北岸，康熙二十六年開濬，分中河水東北歷山陽縣朱元莊至安東縣界，毗連海州，趨串場河，達葦蕩入海。每年六七月開放。建築大隄，以衛田疇。遇有淤塞，隨時疏濬，以濟鹽運。

新陽河。在鹽城縣西百十里。自大蹤湖合流爲河，達射陽湖。

東塘河。在鹽城縣西北五十里。源出大蹤湖，西北流通官、鹽二河，入射陽湖。又西塘河，在縣西北九十里，亦出大蹤湖。西北流逕馬長汀入射陽湖。凡廟灣運鹽者，皆由東、西塘河經大蹤湖達揚州府興化縣。興化諸水，亦由此洩入射陽湖歸海。又九曲河，亦在縣西五十里，自馬鞍湖分流，西北合東塘河。俱於本朝乾隆五年、十一年濬。

蘆溝河。在鹽城縣西北六十里，即東、西二塘河合流處也。又西北貫高姥、張岐二塘，北逕侍其汊，入射陽湖。

上岡河。在鹽城縣西北六十里，舊名廖家港。其水自東塘河東北流至上岡鎮，入北串場河。本朝乾隆五年濬，改今名。二十八年重濬。

草堰河。在鹽城縣西北七十五里，舊名院道港。其水由東塘河東北流至草堰口，入北串場河。本朝乾隆五年濬，改今名。

二十三年重濬。

淮河。在清河縣南。自安徽泗州流入，匯爲洪澤湖。至縣西北清口，黄河自西北來會之。又折東北經山陽、安東、阜寧三縣境，入於海。其下流今通謂之黄河。水經：淮水逕盱眙縣，又東北至下邳淮陰縣西，泗水從西北來注之。又東過淮陰縣北，中瀆水出白馬湖東北注之。又東兩小水流注之，又東至廣陵淮浦縣，入於海。寰宇記：淮水在淮陰縣西二百步。禹貢錐指：淮水又東北逕清河縣南與泗水合，謂之清口。又東北逕山陽縣北，又東北逕安東縣，又東北入於海。此導淮會泗、沂東入海之故道也。自元時河奪汴、泗以入淮，而兩瀆并爲一瀆，清口以東，淮悉成河矣。又漢志云至淮陵入海。淮陵故城，在今安徽盱眙縣西北八十五里，此地距海甚遥，淮何得於縣界入海？淮陵乃淮陰之訛也。縣志：自安徽盱眙縣龜山，益折而北，又二十餘里，而洪澤、阜寧、泥墩、萬家諸湖，環匯於東岸。又東北至縣東南五里爲運河口，折而北五里合大河，爲黄淮交會之衝。河自北而來，河身比淮爲高，故易以遏淮。淮自西而來，淮之勢比清江浦又高，故易以嚙運。病淮必至於病運者，莫如河；利淮即所以利運者，莫如淮。黄、運兩河之樞機，實皆自淮操之。明河渠考：初淮自安東雲梯關入海，無旁溢患。迨與黄會，黄水勢盛，奪淮入海之路。淮不能與黄敵，往往避而東。陳瑄鑿清江浦，因築高家堰舊隄以障之，淮揚恃以無恐，而鳳、泗間數爲害。嘉靖十四年，總河劉天和築隄以衛泗陵，而高堰方固，淮暢流出清口。隆慶四年，濬淮工竣，淮益無事。至萬曆三年，高家堰決，高寶、興、鹽爲巨浸，而黄水躡淮，且漸逼鳳、泗。會河從老黄河奔入海，淮得乘虚出清口。六年，總河潘季馴言：高堰淮揚之門户，而黄淮之關鍵也。欲導河以入海，必藉淮以刷沙。淮水南決，則濁流停滯，清口亦湮，河必決溢上流，而邳、徐、鳳、泗皆爲巨浸，皆淮病而黄病、黄病而漕亦病相因之勢也。於是築高堰隄長八十里，使淮不得東。又以淮水北岸有王簡、張福二口洩入黄河，水力分，清口易淤淺，且黄水多由此倒灌入淮，乃築隄捍之，使淮無所出，黄無所入，全淮畢趨清口，會大河入海。十九年，淮水溢泗州，自後連年東決高良澗，西灌泗陵。遣給事中張企程往勘，議者多請拆高堰。總河楊一魁與企程不從，而力請分黄導淮。乃建武家墩逕河閘，洩淮水，由永濟河達涇河下射陽湖入海。又建高良澗及周橋減水石閘，以洩淮水。一由岔河入涇河，一由草子河、寶應湖下子嬰溝，俱下廣洋湖入海。又挑高郵茆塘港通邵伯湖，開金家灣下芒稻河入江，以疏淮漲，而淮水以平。其後三閘漸塞。崇禎間，淮、黄漲溢，議者復請開高堰。淮揚在朝者公疏力争，議遂寢。然是時建義諸口數決，下灌興、鹽，淮患日棘矣。本朝康熙二十八年，聖祖仁皇帝南巡，閲高家堰，諭：「朕於治河之事，究心年久。黄淮水勢相敵，則清口刷而海口通。淮水弱，則黄水倒灌，河底淤墊，隄勢危而海口塞矣。高家堰既有減水壩，不可又令分流，使淮河水弱。」四十二年，諭：「向來黄河水高六尺，淮河水低六尺，不能敵黄，所以常患淤墊。今將六閘堵閉，洪澤湖水高，力能敵黄，則運不致有倒灌之患。」四十六年，諭：「天然壩一帶，舊有河形，當挑濬此河，酌量可容漕艘。建立閘座，水小則閉閘蓄湖水以敵黄，水大則開閘使之暢流。一面由武家墩通至運河，一面通至高郵湖，則商民船隻皆得長行，似爲永久利益。」又諭：「清口湖水七分敵黄，三分濟運。今應將大墩分水處西岸草壩再加寬大，挑清水多出黄河一分，少入運河一分，則運河東隄不致受險。又於蔣家壩開河建閘，引水由人字河、芒稻河下江，由下河及廟灣等處入海，不惟洪澤湖之水可以宣洩，而盱眙、泗州積水田地，亦漸次涸出。水小則下板蓄水敵黄，水大則啓板洩水，且便於商民舟楫往來。」其祥符閘口門甚窄，趁此黄水不甚高之時，將歸仁、安仁、利仁三閘改寬洩水，則徐州一帶民田可無淹没之慮。」乾隆十六年，高宗純皇帝南巡，臨幸淮安，諭：「朕經過淮安，見城北一帶内外皆水，雖有土隄爲之防，而人烟湊集之區，設有異漲，其何以堪？亟應改建石工，以資保障。著總河高斌等會同總督黄廷桂，確勘詳估，及時建築。」二十二年，諭：「五壩之水，洩自洪湖。但使洪湖之水從清口暢流，會黄入海，則黄水不致倒灌之虞，而五壩之過水似可稍減。向以河臣惟恃護隄，轉致河漲，遂有一潰難收之勢，而清口則收束迫隘。託言濟運，不知近日運河之水，患其多，不患其少。前曾降旨白鍾山等，以清口東、西二壩，古人具有深意，惟淮水力弱，則資其堵禦，并力刷黄；淮水漲盛，則早爲宣洩，以減其勢。至於五壩，則不得已而設此尾閭也。因令於五壩過水一寸，則東壩開寬二丈，過水二寸，則開寬四丈。以期宣洩通暢，不致奔溢五壩，以爲下河之患。可將此旨勒石於清口及運河東壩，俾治河諸臣，永遠遵行。」二十七年，諭：「朕閲視高堰隄工，自武家墩迤北，於乾隆二十二年命建甎工以來，整繕堅緻，足資保障。惟由濟運壩至運口五百餘丈許，尚存土壩之舊，未免間有汕刷。宜一律接建甎工，以期鞏固。」河道總督高晉即遵諭行。又諭：「江南瀕臨河湖沮洳之區，南則高、寶、甘泉，北則宿、清、海、沭，最稱窪下。每遇伏秋大汛，霖潦堪虞。而下游蓄洩機宜，惟洪澤一湖，尤爲關鍵。

昨駐蹕蘇城時，先命大學士劉統勳、協辦大學士兆惠會同督撫河臣，將歸江、歸海諸路，詳悉標誌。朕回鑾取道按閲，講求指示。其在高寳一帶，應宣導歸江者，自邵伯以下，如灣頭閘、壁虎橋、鳳凰橋等處，河身寛展，足資分洩。惟金灣滚壩寛五十丈，而新開引河僅寛十五丈、底寛八丈，未能暢達，應再爲展寛，以河底十丈爲率。迤下地勢稍仰，並挑濬深通，俾成建瓴之勢。又東灣滚壩，前年已改落低三尺，而西灣壩尚仍其舊。諸臣議請一體落低三尺，朕量該處洩水情形，至爲便捷，應再落一尺，共低四尺。則平日已有尺水入江，循序而進，庶可豫減暴漲之勢。其金灣六閘，應拆去中二閘，添建石壩，接築土隄，並量挑引渠，湖水自無閼壅之患。然此特爲三湖旁疏曲引起見耳。若其溯源挈要，爲釜底抽薪之策，莫如廣疏清口，乃今第一義。現在測驗洪湖高堰五壩，高於水面七尺及七尺五寸不等。清口口門，現寛二十丈，當即以此酌定成算。將來俟兩壩之水如再長三尺，清口不必議展，如長至四尺，即將清口拆寛十丈。湖水以次遞長，則清口以次遞寛，總以上壩增一尺之水、下口加寛十丈之門爲準。其或入夏後水勢旋長旋落，不必急事堵塞，以過秋汛爲定，逐漸收口，仍至二十丈或十數丈，如此則全湖勢暢。以視求助於分支別派者，其功奚啻倍蓰哉！至駱馬湖水，由永濟橋東注爲六塘河，源流既遠，所受支河甚多，河中淤埂，阻滯溜勢，一遇暴漲，猝難容洩，田廬易致漫淹。應視兩岸中間窄狹者，再加寛展，切去河中淤埂，俾游波寛緩，不致出槽。隄身淺缺者，量爲修補，以資捍禦。其六塘河尾閭，横經鹽河，由東岸武障等河下洩入海。原設條石滚壩，爲過水之準，其旁並設草壩，水小則蓄水運鹽，水漲則拆壩消水，商利蓄而民利消，彼此各爭其便。當權其緩急利害，立定限期，以時啓閉。其草壩以下，各有引河，及六塘河北岸之丁家溝，南岸之馬家河、鮑營河，形勢紆曲阻塞者，均如諸臣所請估挑辦理，務使通流以達於海。所有應添石壩、大隄，及一切疏浚各工，該督撫河臣會同鹽臣覈議以聞。」按有明以來，淮不敵黄，爲患滋久。聖祖仁皇帝躬親相度，洞悉機宜，自清口闢而黄不倒灌，自六壩閉、高堰築而全淮併力。我高宗純皇帝臨工閲視，睿慮周詳。疏清口以暢其流，通江海以消其漲，昔之黄强淮弱者，今則淮强黄弱矣。安瀾之績，利賴萬世。謹録聖祖仁皇帝諭旨四條，高宗純皇帝諭旨四條，以見治河大要。其歷年修築，詳見運河及高家堰下。

崇河。在清河縣南崇河集前。自徐州府宿遷縣劉老澗分流，東經桃源縣北四十里，又東經清河縣界會沭河支流，又東通安東縣漣河。相傳石崇所鑿，故名。久淤。

鮑營引河。在清河縣南鮑家營。本朝康熙四十二年，聖祖仁皇帝南巡，命於王家營迤下鮑家營，疏引河，洩黄河漲水，由張家集、范家河、三岔口，歷石項湖入五丈河〔三〕、下潮河入海。兩岸築隄，於河口建壩，以時宣洩。乾隆八年、二十七年屢濬。

郭家河。在清河縣西。宣洩魚溝、浪石、龍窩等處民田積水，入民便河，下注南六塘河達海。本朝乾隆九年濬。

民便河。在清河縣西。上承桃源縣民便河水，趨安東縣南股六塘河達海。又西北小民便河，亦宣洩縣境、桃源縣民田積水注響水河，下注南六塘河達海。俱於本朝乾隆九年濬，二十三年、五十八年俱重濬。

周橋河。在清河縣西。宣洩漁溝東北灣、周家東西二塘積水，入民便河，下注南六塘河達海。本朝乾隆九年濬。

包家河。在清河縣西。上自桃源縣遥隄竹絡壩起，及縣内永豐、金城等鎮民田積水，由包家閘趨注達海。本朝乾隆二十三年濬。

屠家河。在清河縣西。宣洩桃源縣隴溝一帶民田積水，至響水河，入包家河，下注南六塘河達海。本朝乾隆二十三年濬。

營河。在清河縣西北胡賢口北。其左右皆軍營田，故名。府志：康熙十年，河决，桃源七里溝三汊下流沙澱，漕艘回空者，由新河入營河，南經半邊店、娘子莊，迤東南出王家營泝於淮。

大澗河。在清河縣西北。分洩民田積水，入安東縣南六塘河達海。本朝乾隆九年濬。

周家河。在清河縣西北。接洩桃源縣民便河之水至響水河，入包家河，匯注南六塘河以達海。本朝乾隆二十三年濬。

馬家河。在清河縣西北。上承劉皮澗等處大河積水，入大澗河、韋家閘，歸安東縣南股六塘河達海。本朝乾隆二十八年濬。

中河。在清河縣西北，即運河下流也。由清口出黄河，順流數里，至縣西楊家莊入口。又西北經桃源縣東，又北經宿遷縣東，至駱馬湖口入新河。按運河舊由清口達張莊，歷黄河險溜二百里，每遇風濤，動淹兩月。康熙二十六年，特命河臣於黄河北岸遥、縷隄内，加挑中河一道，上接張莊運口及駱馬湖之清水，下歷桃、清、山、安入海。糧艘既出清口，即截流逕渡，由仲家莊閘直入中河北上。又開鹽河一道，自清河縣至安東潮河入海，用洩暴漲。三十一年，仲家莊迤下陶家莊地方，添閘一座，兩閘行運。三十二年，建兩岸子隄以束水勢，又於仲家莊、陶家莊兩閘左右，各添建一閘，以利節宣。三十八年，以南岸窪下，子隄不能建久，於盛家道口起挑新中河一道，改北岸爲南岸，另築北隄。嗣因新河河頭灣曲，三義壩迤上河身淺窄，復築攔河隄一道，改舊中河入新中河，合而爲一。壩以上糧艘由舊中河，壩以下仍由新中河。四十二年，以仲莊閘口與清口相直，水勢衝激，逼溜南行，清口水不得暢出，遂改建閘口於楊家莊，起黄河崖至中河鹽壩，挑引河一道。更築南隄二千九十餘丈，北隄二百三十餘丈，建御示閘及花家莊鹽壩。自是清水暢流，蓄洩有賴，重運遄行無阻。靳輔治河書：自南北通運以來，浮黄河而達者，凡五百餘里。明河臣李化龍開泇河，以避黄河三百里之險，至今賴之。嗣後直口塞，董口淤，駱馬湖淺澀，河臣因有開皁河之請，而泇河之尾閭復通。然自清口以達張莊運口河道，尚長二百里，重運泝黄而上，日不過數里，運者或至兩月方能進口，而漂失沈溺，往往不免，蓋風濤激駛，固非人力所能勝也。康熙二十五年，加築北岸遥隄。後復加籌酌，若於遥、縷二隄之内，再挑中河一道，上接張莊運口并駱馬湖之清水，下歷桃、清、山、安入平旺河以達於海，而於清口對岸清河縣西仲家莊建大石閘一座，既可以洩山左諸山之水，而運道從此通行，避黄河之險溜，大利也。乃決計題請興工。至二十七年正月工竣，連年重運，一出清口，即截黄而北，由仲莊閘進中河以入皁河，避黄河之險二百里，抵通之期，較歷年先一月。蓋自唐、宋、元、明，漕東南以濟西北者，無不仰藉黄河以爲灌輸。既欲去其害，又欲收其利，故治河愈難。至我朝而運道之利黄河者，僅七里矣。或議於中河北岸宿遷境内，建減水壩數座以洩漲者，臣曰不可。蓋中河之水，但患其弱而不患其强。若北岸遥隄減壩一建，則清水弱而黄必有内灌之憂，河身立淤矣。惟將遥隄再加高厚，更於中河之北，挑重河一道，即以挑河之土，築成重隄。於西安、錫成兩橋之間，建閘一座，既以分洩東省之異漲，又以灌溉宿、桃、清等七州縣之田畝。即遇黄、淮並漲，亦可分洩入中河，以并出平旺歸海，真永賴之策也。又運艘自清口入仲家莊閘，雖曰截流而北，然逆流而西者居多。若於清河治東陶家莊再建一閘，重運由陶莊而入，回空由仲莊而出，則俱順流矣。且兩閘並建，用備不虞，尤爲萬全也。河防志：向者漕舟自清口出黄河，溯流而上，至支河口入運河。康熙二十六年，總河靳輔以黄河風濤之險，請自駱馬湖鑿渠，歷宿遷、桃源二縣，至清河仲家莊出口，名曰中河。三十八年，總河于成龍因桃、清中河南岸逼近黄河，地勢卑下，潴水瀰漫，難以築隄，乃自桃源盛家道口至清河，棄中河下段，改鑿六十里，名曰新中河。次年，總河張鵬翮又以新中河淺狹，未足行運，且盛家道口河頭彎曲，漕船輓運不順，乃於三義壩以下用新中河之半，三義壩以上用舊中河之半，合爲一河，重加挑浚。四十二年，聖祖仁皇帝南巡，駐蹕清口，諭：「仲莊閘清水出口，逼流使南，恐運口有礙。」乃移建閘座於陶家莊迤下楊家莊，令中河之水從此出口，於是運道大通，漕艘利涉矣。乾隆四年，修築中河隄岸。八年，大浚淤塞，並建涵洞十座。十一年，修築竹絡壩口門，引黄入運。十六年，疏濬閘下引河。二十三年，修築清河縣鹽河石閘，以資蓄洩。高宗純皇帝六次南巡，並有御製閱中河楊莊口詩、恭依聖祖仁皇帝楊莊閘詩韻詩。五十二年，接築雙金閘、楊家莊等壩。五十五年，復築。五十六年，改築中河東岸鉗口壩。舊志：自清河縣楊莊運口起，至桃源縣交界三岔止，計程一十七里。自桃、清交界三岔起，至宿遷境内張莊運口止，計程一百四十里有奇。

線河。在清河縣北，一名洩河。洩縣内之水入縣西北金家湖，迤東北達蔣家湖，至浪石鎮東入吕家蕩，出九衢口，由搭連溝下大防河，達安東縣新安鎮入海。

市河。在安東縣東百餘步，即大、東二城相間之城濠也。自中漣入澳河。澳河，在縣東南百步許，一名龍潭，南臨淮河。

古寨河。在安東縣西北三十里。西接西漣，東南至縣西北十五里爲成子河。又南至縣西十五里，爲支家河。又南通山陽新溝，至縣西南十二里入淮河。宋史河渠志：元符元年，工部言淮南所開修楚州支家河，導漣水與淮通，賜名通漣河。又王宗望爲江淮發運使，楚州沿淮至漣州，風濤險，舟多溺，議者謂開支氏渠，引水入運河。歲久不決，宗望始成之，爲公私利。明河渠考：

洪武二十七年，濬山陽支家河。縣志：有響水河，在縣西一里。明洪武三年，開引支家河中漣水，南流入淮。又大防河，在縣西二十里，西接清河澗，東入支家河。

漣河。在安東縣北。源出碩濩湖〔四〕，分爲三，曰中漣、東漣、西漣，即古游水也。漢書地理志：臨淮郡淮浦游水北入海。水經注：淮水於淮浦縣支分，北爲游水，歷朐縣與沭合。又沭水，東南至朐縣入游注海。元和郡縣志：漣水縣沭水，俗名漣水，西南自海州沭陽縣流入。寰宇記：漣水縣北漣水，西自沭陽縣界分流，南入縣界。在沭陽名漣水，入縣界名北漣水。南流四十九里，與南漣水合流。于欽齊乘：沭水南至沭陽縣入桑墟湖，由湖東入於海。沭水至此正名漣水，故縣氏焉。道元又謂沭水下流，古分爲二，今名南漣、北漣。縣志：源自西北大湖，流至縣西北三十里曰西漣河，又東至縣北三里曰中漣河，又東三里曰東漣河。中漣闊八十餘丈，北通官河，南通市河。東、西漣皆闊三十餘丈。又東南經縣東，謂之漣口。明萬曆三十六年水漲，徙去居民，作壩相隔。漣水雖仍入河，離縣東舊口已十五里，名曰塹土。按唐書地理志：泗州漣水縣，故有新漕渠南通淮。垂拱四年間，以通海、沂、密等州，或謂即今縣北十里之官河。古今水道屢更，遺跡難考，大約此三漣水爲近是。

白頭河。在安東縣北一百里。元史：「至元九年，遣武騎趨漣州，攻破白頭河城堡。」即此。

一帆河。在安東縣東北五十里。南接東漣，北通海州伊盧山。本朝嘉慶十八年挑濬。

平望河。在安東縣東北八十里。本朝康熙二十八年濬鹽河，自清河縣流入，合於此河。兩岸舊無隄防，乾隆二十一年，築建子堰。又砦河，在縣東北九十五里。遏蠻河、白楊河，俱在縣東北一百里。七里河，在縣東北一百十里。團墟河，在縣東北一百二十里。鹽場河，在縣東北一百五十里。凡七河，一帶相連，俱西接官河，東入一帆河，合衆流以歸海。其合流處通謂之潮河。

程子河。在桃源縣南七十里。接安徽泗州界，受馬牙湖、谷莊湖水，東流入洪澤湖。

白洋河。在桃源縣西六十里白洋鎮，接徐州府宿遷縣界，即潼水之下流也。今涸。

六塘河。上承駱馬湖，南通劉老澗。由桃源縣經清河、安東分爲南北兩股，一趨南串場河，歸南潮河入海，一趨北串場河，注北潮河入海。正流至板浦，趨漣河入海。本朝乾隆八年，加築子堰。十一年、十三年，於南北兩岸，並築甎隄一道。十八年，挑浚河身。二十七年，高宗純皇帝南巡，命疏河身下游，以通淤塞。有御製命疏六塘河下流詩以紀事。三十年，臨幸，有御製疊前韻詩。

學城古河。在桃源縣北三十里。洩六塘河隄南積水，入清河縣包家河。本朝乾隆十一年濬。

砂礓河。在桃源縣北，經沭陽入海。本朝乾隆二十二年濬。

港河。在桃源縣河頭集。分洩六塘河之水，由沭陽入海州之漣河。本朝乾隆十二年新開，二十二年濬。

射陽湖。在山陽縣東南七十里。接鹽城阜寧及揚州府寶應界，周三百里，即古射陂也。漢書廣陵厲王胥傳：「相勝之奏奪王射陂草田，以賦貧民。」注：「張晏曰：射水之陂，在射陽縣。」水經注：韓江東北通射陽湖。舊唐書地理志：山陽東南有射陽湖。寰宇記：在縣東南八十里，與鹽城、阜寧、寶應四縣分湖爲界。唐大曆三年，與洪澤並置官屯。自後所收歲減，遂停廢。縣志：闊三十里，周三百里。其南北淺狹，而東西深廣，府境東南積水，皆匯於中，復灌輸於淮以入海。明嘉隆間，黄、淮交漲，潰高寶諸隄，并注於河。而潮沙溢入，日見淺淤，因盈溢侵諸州縣。萬曆九年，漕臣淩雲翼檄令開濬，由廟灣新豐市入海，其患乃止。又花園頭引河一道，專洩射陽湖及西南諸蕩湖之水歸海。本朝乾隆二十二年挑濬。

洪澤湖。在山陽縣西南九十里洪澤鎮西，亦名富陵湖。長八十里。淮河匯入其中。毗連清河、桃源，接安徽泗州、盱眙等境。東岸即高家堰，爲兩河之關鍵。宋史：神宗四年，開洪澤湖達於淮。又馬仲甫爲發運使，自淮陰經泗上，浮長淮，風濤覆舟，歲罹其患。仲甫建議，鑿澤渠六十里，漕者便之。漕運考：在縣西南九十里。自東北而西南，迤邐滂湃於山、清、桃、泗、天長、高、寶之間。此湖往代三之二皆民田，自黄河潰疾，全淮壅注，不得暢流入海，漫衍四及，遂爲淮、鳳間一巨浸。其中猶有洪澤村，寥寥居民數十，浮沈於洪濤之中而已。其廣袤約數百里。西北隄曰歸仁，所以障黄河、淮河及靈芝諸湖水之北入。東南堰曰高堰，以障淮流之東出，務使之全注清口，以會黄入海也。按湖合泥墩諸湖爲一，上承鳳、泗諸水，達清口，會黄河入海。又引入運河濟漕，注於江。舊志：富淩湖，在洪澤西，本名富陵河。源出盱眙唐山，凡四十里，至劉家渡入本河。其後漸匯爲湖，有溝通淮。後湖面益廣，地連三郡，廣魚蒲之利。河防志：洪澤湖築高堰南北隄岸，所以束淮水出清口，敵黄濟運也。於清口築新大墩一座，導水七分敵黄，三分濟運。若遇桃伏秋三汛，湖水盛漲，易起風暴。欲保隄岸以衛運道民生，故於山盱汛建滚水壩三座。其壩身尺寸與清口黄河情形勢相等，應取勢足敵黄，過則聽其滚去。此四季測量水平，審度至當，乃定壩址，歷年著有成效。如春夏之交，黄水先長，湖水微弱，清口清水稍弱，恐不足以敵黄，則啓歸仁湖三閘之板，放水入洪澤湖，以助清口水勢，敵黄而濟運。我聖祖仁皇帝命設救生樁於石隄之外，使沈溺之人得以攀援而上，全活甚多。乾隆八年，大修石隄，建築古溝東壩。十一年，命添設護隄救生壩。二十三年，修築惠濟正閘，仍照舊例啓閉，節制湖流。高宗純皇帝六次南巡，並有御製閲洪澤湖恭依聖祖仁皇帝詩韻詩。乾隆五十年，挑挖通湖引河五道，曰張福口引河、裴家場引河、太平河引河、張家莊引河、天然引河。五十一年，於天然河、張家莊、裴家場三道引河總匯處，展寬二十丈。嘉慶八年，於運口迤南湖水匯出之處，建築兩壩，酌留口門，寬二十丈，候湖水大小，隨時收展。九年，補修風掣石工。

管家湖。在山陽縣西望雲門外，隔舊仁濟橋爲南、北二湖。府志：宋嘉定間，安撫應純之言本州向西一帶，湖蕩相連，可以設險。今别開新河，接於運河，取土填壘捍岸，則舊運河與湖通連，水面深闊，形勢益便。遂開一河於湖北，築壘河岸，以限湖水。又自馬家灣西至陳文莊，就湖築灘二百七十餘丈，自管家湖老鸛湖相接處，置斗門水閘。自此西湖之浸相灌，楚城西北，隱然有難犯之勢。歲久崩淤。明永樂初，陳瑄於湖東北畔界水築壩砌石，自西門抵板閘，以便漕運，名爲新路，一名西湖，俗名南湖。其北爲北湖。按湖在淮安府城西，今淤爲田，舊有長隄見存，隨時修築。束運河水勢，以濟輸輓。

阜安湖。在山陽縣高家堰西南二十餘里，西接洪澤湖。淮水盛漲，往往挾湖水爲患，隄防最要。

馬鞍湖。在鹽城縣西南三十里。其水東溯官河，西北達東塘河，由射陽湖入海。

大蹤湖。在鹽城縣西南八十里，東南去揚州府興化縣四十五里。東西廣十五里，南北袤三十里，與興化縣分湖心爲界。南接魚鯨湖，北由馬長汀、東西塘等河達射陽湖。元史董摶霄傳：摶霄從丞相托克托征高郵，分戍鹽城、興化。賊巢在大蹤、德勝兩湖間，凡十有二，悉勦平之。即其地築芙蓉砦。賊入輒迷故道，盡殺之，自是不敢復犯。「托克托」舊作「脱脱」，今改正。

三角湖。在清河縣西北八里。四圍高阜，水瀦其中，積雨漲溢，則入於大清河。縣志：縣治自西北至東北境，湖澤相連，大小以數十計。

傅湖。在安東縣西北六十里，廣六里，袤十里。西連大湖，東通官河。

碩濩湖。在安東縣西北一百二十里，一名碩灌湖，又名碩項湖，又名大湖。西接海州沭陽縣界，爲漣水之上源。元和郡縣志：碩濩河在漣水縣北一百十六里，與海州朐山縣中分爲界。元史董摶霄傳：摶霄招善水戰者五百人，與賊戰安東之大湖，大敗之，遂復安東。明一統志：在縣西北，一名灌湖。接海州、贛榆、沭陽等境，湖面約三萬四千五百餘頃。舊志：碩項湖在縣西北一百二十里，一名大湖。西通沭陽桑墟湖，東南各有小河達於淮。袤四十里，廣八十里，海州、沭陽、安東各得三分之一。

飛湖。在安東縣東北六十里。周四里，皆通官河，東通大飛浦。今淤爲田，止存一河通舟。

大莊湖。在桃源縣東南三十五里。又東爲馬廠湖，皆通黄河。

邵家湖。在桃源縣西南七里。

谷莊湖。在桃源縣西南四十里。又馬牙湖，在縣西南五十里，皆通程子河。

長湖。在桃源縣西十五里。又柴林湖，在縣西二十里，皆通黄河。

赤鯉湖。在桃源縣北七十里。水通漣河。元史褚布哈傳：「劉甲守韓信城，城門通沭陽阻赤鯉湖。」即此。「褚布哈」舊作「褚不華」，今改正。

唐家澗。在山陽縣西南五十里。無源，流潦所匯，下通白馬湖。本朝乾隆八年疏濬。

青州澗。在山陽縣西南六十里。宋劉瑾言楚州淮陰縣青州澗等處可興置，令轉運使選官覆按，從之，即此。本朝乾隆八年疏濬。

高良澗。在山陽縣城西南九十里，由清河澗沙埠橋西入淮。明萬曆二十二年，淮決於此。總河褚欽議於澗口爲滚水石壩，尋改爲減水石閘，洩淮水東注寶應諸湖。本朝康熙十二年及十五年，淮水連決於此。十七年，塞決口。十九年，改築減水壩，爲高堰六壩之一。

劉老澗。東岸屬桃源縣，西岸屬徐州府宿遷縣，長二十餘里。分洩運河異漲之水，下入六塘河。向無子堰，每致漫溢民田。本朝乾隆十一年建築，二十七年疏浚，並建九孔石閘一座。

黄浦。在山陽縣城南六十里。南接揚州府寶應縣界，東南至故晉口入射陽湖，西達三角村入雙溝。溝在城西南七十里，潦則溢，旱則乾。

新楊浦。在鹽城縣西百十里。其水自大蹤湖合流入浦，達射陽湖歸海。又有南浦，在縣南，環數里。今堙。

公路浦。在清河縣西南，久堙。水經注：淮陰城西二里，有公路浦。昔袁術向九江，將東奔袁譚，路出斯浦，因以爲名焉。

清江浦。在清河縣北一里。舊爲沙河，土名烏沙河。古運道，自郡城東北入淮。舊志：宋轉運使喬維岳開此，直達清口。明永樂初，陳瑄重濬置閘，更今名。爲水陸之孔道。本朝乾隆十六年、四十九年，高宗純皇帝南巡，並有御製清江浦詩。四十九年，仁宗睿皇帝隨扈，有自清江浦放舟過淮安詩。

大飛浦。在安東縣東八十五里，上自一帆河接飛湖。縣北之五丈河，東北之夏口河、朱家莊河，悉匯於此。又劉村浦、臧家浦，俱在縣東四十里，自東漣河流入。孫村浦，在縣西南十二里，自支家河流入。

建義港。在山陽縣城東北八十里。東南流合通濟溝入射陽湖，北流入淮。

蘆浦港。在山陽縣城東北一百二十里。東南入射陽湖，西入淮。

雙洋港。在阜寧縣北一百二十里。

馬家港。在鹽城縣西五里。自舊運河北流入，轉東達射陽湖。

建港。在鹽城縣西北七十里。源出大蹤湖，湖經馬長汀，至新楊浦入射陽湖。

温山溝。在山陽縣西南運河西，洩水注白馬湖。本朝乾隆八年疏濬，二十三年重濬。

文渠溝。在山陽縣西。上接清江浦之玉帶河，由永濟閘入鹽城河，歸護城河。向無隄岸，日久淤成平陸。嘉慶四年，挑復，並設石閘一座、木橋三座。

雙溝。在山陽縣西北四十里。出泗州迮家灣，通流入淮。又朱家溝，在縣南六里，今皆匯爲湖。

通濟溝。在山陽縣東北六十里。東經馬邏港入射陽湖，西自横溝入淮。

鰕溝、鬚溝。二溝俱在鹽城縣西北一百餘里。會上流澗河之水，及寶應縣子嬰溝水，由戛粱達射陽入海。本朝康熙四十年，特命河臣張鵬翮開濬，長一萬六百七十丈。四十五年重濬，乾隆五年又濬。河防志：山陽縣澗河水，自興文閘入，折而東北七十五里，至鹽城縣界劉均溝入馬家蕩。由蕩東北一支入蝦溝，十一里至軋東溝，一支入鬚溝，十七里至魏家灘，兩溝會流。又一支入戛粱河，二十里至徐家社，亦會流。皆由朦朧鎮入射陽湖，經廟灣入海。

泗溝。在清河縣西，或作「泗口」。

三里溝。在清河縣西，入淮，置閘通運。

響水溝。在安東縣西一里。北接支家河，引沭水、大湖、中漣南流入淮。水流有聲，因名。本朝乾隆二十三年濬。

三洲。在山陽縣山陽灣對岸，有上洲、中洲、下洲。或云詩謂「淮有三洲」是也。

廟灣。在府東北百八十里，射陽湖會諸水由此入海。有鎮爲近海要地。河防一覽：元歲漕江南之粟，由揚州直北出廟灣入海。

棠梨涇。在清河縣西南。唐時所開，久堙。唐書地理志：淮陰南九十五里，有棠梨涇，長慶二年開。

滚龍池。在府西清江浦常盈倉前。舊志：明武宗嘗泛舟濡衣於池，因名。

枸杞井。在府城内開元寺中。旁有枸杞樹，唐劉禹錫有詩。

丹井。在安東縣治東北。明一統志：神仙傳：袁真人於漣城得靈泉煉藥，功成脱履而去。郡人爲之立祠，又建迎仙閣。

劉真君井。在桃源縣南門外一里許。縣志：宋劉太尉所鑿，天旱不涸，水泉甘冽。

校勘記

〔一〕總督王宗沐濬之　「沐」，原作「沭」，乾隆志卷六四淮安府山川（下同卷簡稱乾隆志）同，據淮南水利考（明刊本）改。

〔二〕西北至末口入淮　「末」，原作「宋」，據乾隆志、左傳注疏改。下文引水經注「末口」亦誤作「宋口」，同改。

〔三〕歷石項湖入五丈河　「石項湖」，乾隆志作「石頭湖」，未知孰是。疑當作「碩項湖」，即碩濩湖。

〔四〕源出碩濩湖　「碩濩湖」，原作「碩護湖」，乾隆志同。按本書本卷下「碩濩湖」條云：「爲漣水之上源。」則「護」爲「濩」之誤，據改。

大清一統志卷九十四

淮安府二

古蹟

射陽故城。在山陽縣城東南，漢縣也。漢書地理志「臨淮郡射陽」注：「應劭曰：在射水之陽。」後漢書臧洪傳注：「射陽故城，在今楚州安宜縣東。」江表傳：廣陵太守陳登，治射陽。宋書州郡志：射陽令，前漢屬臨淮，後漢屬廣陵，三國時廢，晉太康二年復立〔一〕。江左僑置於江南，而故縣遂廢。水經注：中瀆水自廣陵出山陽白馬湖，逕山陽城西，即射陽縣之故城也。漢高祖六年，封楚左尹項纏爲侯國也。世祖建武十五年，封子荆爲山陽公，治此。十七年，爲王國城，本北中郎將庾希所鎮。寰宇記：射陽縣，晉義熙九年省。隋末韋徹復置射陽縣，在今鹽城縣界。

鹽瀆故城。在鹽城縣西北，漢縣也，屬臨淮郡。後漢屬廣陵郡。晉義熙中，改名鹽城。舊唐書地理志：楚州鹽城，久無城邑。隋末，韋徹於此置射州，立射陽、安樂、新城三縣。武德四年，歸國，因而不改。七年，廢射州及三縣，置鹽城縣於廢射州，仍屬楚州。寰宇記：鹽城縣，在楚州東南二百里。九域志：鹽城縣，在楚州東南二百四十里。按：九域志所記鹽城去州道里與今畧同，而寰宇記少四十里。疑宋太平興國後南徙今治也。縣志載射陽城，在今縣西九十里。蓋即韋徹所置。又山陽縣有安樂鄉，即徹所置安樂縣也。

淮陰故城。在清河縣南，秦縣也。漢封韓信爲淮陰侯，後爲縣，屬臨淮郡。後漢屬下邳國。水經注：淮水右岸，即淮陰也。城北臨淮水。南齊書州郡志：北兗州鎮淮陰，穆帝永和中營立城池。宋泰始二年，失淮北，於此立州鎮。建元四年，移鎮盱眙舊址，對清泗、臨淮守險。有平陽石鱉，田稻豐饒。唐書地理志：楚州淮陰郡淮陰，武德七年省。乾封二年，析山陽復置。寰宇記：淮陰縣，在楚州西五十里，漢縣，宋後廢，隋開皇三年復置。宋史地理志：楚州淮陰，紹興五年廢爲鎮，六年復。嘉定七年，徙治八里莊。元史地理志：至元二十年，併淮陰縣屬山陽。明一統志：淮陰城，在府城西四十里。東晉劉隗、謝安皆於此屯兵爲重鎮。清河縣志：淮陰故城，在縣東南五里。其北一里許爲甘羅城，或云即淮陰城。

淮陽故城。在清河縣西南，晉縣也。宋書州郡志：淮陽太守，晉安帝義熙中土斷立。魏書地形志：東楚州淮陽郡，蕭衍置。魏因之，領縣四：角城、綏化、昭義、淮陽。水經注：淮水東逕廣陵，歷淮陽城南。城北臨泗水，岨於二水之間。述征記：淮陽太守治，自後置城，縣亦有時廢興也。隋書地理志：下邳郡淮陽，梁置淮陽郡。東魏併綏化、呂梁二郡，置綏化縣。後周改縣爲淮陽。開皇初，郡廢。舊唐書地理志：貞觀元年，省淮陽縣入宿預。寰宇記：淮陽城，在徐城縣東北一百五十里。西臨泗水，晉末所置。又郡國志云：淮陽縣有抱月城，城抱淮、泗之水，形勢似月也。

角城故城。在清河縣南，或作甬城。晉義熙中置，屬淮陽郡。宋因之。梁天監三年，入魏。隋開皇三年，入淮陽。魏書地形志：淮陽郡角城，武定七年，改梁臨清、天水、浮陽三縣置。有昌武城。高閭傳：角城蕞爾，處在淮北，去淮陽十八里。水經注：淮、泗之會，即角城也。左右兩川，翼夾二水，決水之所，所謂泗口也。隋書地理志：淮陽有東魏甬城縣，後齊改曰文城縣，後周又改曰臨清，開皇三年省入焉。寰宇記：角城，在宿遷縣東南一百十一里，舊理在淮水之北、泗水之南，亦謂之泗城。

淮浦故城。在安東縣西，漢縣也，宋省。水經注：淮水東至廣陵淮浦縣入於海。應劭曰：「浦，岸也。蓋側淮瀆，故受此名。」禹貢錐指：今安東縣治，或云即淮浦故城。按：今安東即唐漣水縣。元和志、通典皆以漣水爲漢厹猶縣地。厹猶爲今宿遷縣，相去二百餘里，中隔泗陽、淩縣，其境不得到此。以漢志及水經注考之，今縣之爲淮浦無疑矣。

泗陽故城。在桃源縣東，漢縣也，後漢省。漢書地理志：泗水國泗陽。水經注：泗水又東南逕魏陽城北，城枕泗川〔二〕。陸機行思賦曰：「行魏陽之枉渚。」故無魏陽，疑即泗陽縣故城。或以魏文帝幸廣陵所由，因以改名，未詳也。寰宇記：泗陽故城，在宿遷縣東南八十里。

山陽舊城。即今山陽縣治，晉縣也。宋書州郡志：山陽太守山陽令，射陽縣境，地名山陽，與郡俱立。寰宇記：楚州山陽縣，晉義熙九年置。漢吴王濞反於廣陵，山陽王率衆拒之於此，因名山陽者，以旌忠也。元史地理志：淮安路山陽，至元十二年安東州歸附，以本縣馬邏軍置寨作山陽縣。十三年，淮安路歸附，仍存淮安縣。二十年，省淮安新城入焉。縣志：今縣有三城，南曰舊城，相傳即義熙故址。按：寰宇記謂漢山陽王率衆拒吴王濞於此，因名其地爲山陽，其説本之通典。今考濞反時，漢無山陽王。梁孝王之子名定，立在後此十年，於事不合。後漢建武十五年，封子荆爲山陽公，山陽之名蓋即此也。

清河舊城。在清河縣西大清河口。宋史地理志：清河軍，咸淳九年置，縣一：清河。元史地理志：淮安路清河，本泗州之清河口，宋立清河軍。至元十五年爲縣。清河縣舊志：故城在縣東十里大清口。宋咸淳九年，淮東制置使李庭芝築〔三〕。元泰定元年，河決城圮，縣尹耶律布哈遷治於甘羅城。天曆元年，達嚕噶齊又以地僻水惡，再遷小清河西北，即今縣治。明崇禎末，知縣周必强復遷甘羅城。本朝初，復舊治。乾隆二十六年，移治清江浦運河南岸。「耶律布哈」舊作「耶律不花」，「達嚕噶齊」作「達魯花赤」，今俱改正。

漣水舊城。在安東縣北。宋泰始中，僑置襄賁縣，屬東海郡。齊移置漣口，爲東海郡治。東魏改郡曰海安。隋開皇初郡廢，改縣曰漣水，仍屬東海郡。唐武德四年，置漣州。貞觀元年，州廢，以縣屬泗州。總章元年，改屬楚州。咸亨五年，還屬泗州。周顯德三年，於縣地復置漣州。宋太平興國三年，升爲漣水軍。熙寧五年，仍爲縣，屬楚州。元祐二年，改爲軍。紹興五年，又爲縣。三十二年，復爲軍。紹定五年，屬寶應州。端平元年，復爲軍。景定初，升安東州。元省縣入州。南齊書周山圖傳：建元二年，山圖表移東海郡治漣口。元和志：泗州漣水縣，西至州一百六十里，本漢厹猶縣地。後漢爲徐縣地。晉爲宿遷縣境。宋明帝於此置東海郡，又於城北置襄賁縣屬焉。後魏改爲海安郡。開皇三年，廢郡，以縣屬海州。五年，改襄賁爲漣水縣，因縣界有漣水爲名。寰宇記：漣水軍，西至宿遷縣一百九十六里，西南至山陽縣六十一里。劉宋於此置東海郡，仍於此城北三十里東海王城別置襄賁縣。南界又置冀州，寄理於此，以爲邊鎮防扼之所。安東縣志：縣治東舊有三城：曰大城、曰東城，二城相連。夾城有濠，謂之市河。又有西城，稍遠百餘步，亦有濠。俱宋嘉熙中知軍蕭均所築。宋史「李璮以漣水三城來歸」〔四〕，即此。元末廢。按：魏志襄賁屬海西郡，而隋書、元和志、通典、寰宇記諸書皆作海安郡，疑「西」字譌也。今從隋書。

新城廢縣。在山陽縣西三十里。元史地理志：淮安路，至元十四年領新城縣。二十年，并新城入山陽。府志：新城，宋咸淳間置，爲控扼之所。

金城廢縣。在安東縣北三十里。唐武德四年分漣水縣置，屬漣州。貞觀元年，省入漣水。九域志：漣水縣有金城鎮，即古襄賁縣。

劉王城。在山陽縣城東南十里運河西岸，相傳漢吳王濞所築。又有韓王城，在縣東南七十里射陽湖之陰。

倉城。在山陽縣城西北。寰宇記：山陽縣有故倉城，東南接州城。隋文帝初，將伐陳，因舊城修築，儲蓄軍糧，有逾百萬。迄大業末年，恒有積穀。隋亂荒廢。府志：故倉城，在府東南六十里。

柘塘城。在山陽縣城西南四十里。府志：其城三座，約圍一里許。俗傳煬帝遊江都，聚糧於此。

西遼城。在山陽縣城東二里。相傳唐太宗征遼時徵兵屯此，因名。

巢城。在鹽城縣北一百二十里喻口鎮。明一統志：相傳黄巢將寇廣陵，屯兵於此，因築此城。又鹽城廢守禦所，在縣治西南。明洪武三十年建，隸淮安衛。本朝康熙十七年裁。

甘羅城。在清河縣西天妃閘北。舊嘗移清河縣治此，今爲運口重地，設山清河務同知及清河縣丞駐此。明一統志：甘羅城，在舊淮陰縣治北，相傳秦甘羅所築。陳沂南畿志：雨後常於土中得小錢，狀如鐘，有篆文不可識，俗號甘羅錢。或云寶應有甘羅廟，此其葬處。府志：甘羅城，或云即淮陰故城。今屬清河界，去馬頭巡檢司一里許。

韓信城。在清河縣西。寰宇記：淮陰縣有韓信城。縣志：在淮陰城東，接山陽縣界。又有韓王莊，在淮陰城西北，信冢、宅皆存焉。

吴城。在清河縣西南黄河南岸。宋南渡後，嘗置縣於此。名勝志：吴城，在清河治西二十里大清口之厓。東、西二城相向，遥隔五里。宋會要云：紹興五年十一月，罷楚州吴城爲鎮。當時城中居民纔八十餘家，遂廢。又安羊城，在清河縣西北三十里，一名安娘城。鷹城，在清河縣東北大河口故城西，亦名丁謂城，相傳宋丁謂嘗貯鷹於此，故名。

抱月城。在安東縣西北二十里支家河西。

營城。在安東縣北十五里，元末董摶霄駐兵於此。又沙將軍城，在縣東北五十里一帆河東。

靈城。在桃源縣西北十五里，俗傳楚靈王所築。

陸城。在桃源縣西五里，相傳吴陸遜築。

古城。在桃源縣西北六十里。明置古城巡司，本朝康熙二十年，移於宿遷縣之歸仁隄。

鹽城監。在鹽城縣南。唐書地理志：鹽城縣有鹽亭百二十三。寰宇記：鹽城監，古之鹽亭也。歷代海岸煎鹽之所。南唐以爲鹽城監，其後因而不改。管鹽場九，在縣南，俱臨海岸，曰伍祐，曰柴莊，曰南八游，曰北八游，曰丁溪，曰竹子，曰新興，曰七惠，曰四安。府志：府境鹽場，在鹽城者四，曰白駒，曰劉莊，曰伍祐，曰新興。在山陽者一，曰廟灣。

籌邊堂。在府城内舊府治。方輿勝覽：輪奂壯麗，甲於鄰郡。

豹隱堂。在安東縣城内文廟前。縣志：宋趙槩未遇時，嘗遊學漣水。及貴，人名其堂曰「豹隱」。石延年有詩。

月波樓。在府治舊通判廳。

鎮淮樓。輿地紀勝：在山陽縣城舊州橋西，宋鎮口都統司酒樓。

湖光亭。在府舊城西門外放生池上。

清淮亭。在山陽縣城朝宗門外。

攬轡亭。在山陽縣城望雲門外杏花村，一名澄清亭。

水教亭。在山陽縣城西管家湖上。府志：宋郡守應純之鑿湖以教習舟師，因建此亭。

古南昌亭。在清河縣東南。史記淮陰侯傳：常數從其下鄉南昌亭長寄食。索隱：按楚漢春秋，「南昌」作「新昌」。寰宇記：亭在山陽縣西三十五里。

三亭。在清河縣東南，以韓信、枚皐、步騭得名，曰韓亭、枚亭、步亭。方輿勝覽：淮陰縣有三亭。晁端彦詩：「韓枚步騭建三亭，故顯當時將相名。」

千金亭。在清河縣東南。縣志：近胯下橋。韓信既封楚王，召所從食漂母賜千金，後人築亭表之。今廢。

老鸛亭。在安東縣東北金城鎮東北六十里，自縣境趨山東登、萊之道。

韓侯釣臺。在山陽縣北，與漂母祠爲隣。

劉伶臺。在山陽縣東北七里，臨淮。唐許渾詩：「劉伶臺下桃花晚，韓信廟前楓葉秋。」

枚乘宅。在清河縣東南。寰宇記：枚乘宅在淮陰縣南二百步。唐趙嘏憶山陽詩云「家在枚皐舊宅邊」，謂此。

洗墨池。在安東縣治後，宋郡守米芾滌硯處。

漂母岸。在清河縣東南淮陰城。唐崔灝有漂母岸詩。

婆羅樹碑。初在故淮陰縣南，唐海州刺史李邕撰文并書碑。久淪没。明萬曆間，知府陳文燭獲拓本重模，勒於郡治之寳翰堂。今在府治賓館。

關隘

柳淮關。在山陽縣東三里，亦名下關。

南鎖關。在山陽縣南一里。

涇河關。在山陽縣南五十里。舊於河東壩設禁私鹽，久廢。

安樂關。在山陽縣西北三里。

淮安鈔關。在山陽縣西北十一里板閘鎮。明宣德後，歲遣御史一員，徵收商民船料。其後易以南京户部主事。本朝康熙三年，歸淮揚道。八年，復差官管理。

淮北關。在山陽縣北十里。

雲梯關。在山陽縣東北二百里大河北岸。其地南岸有頭巨至十巨，北岸有一套至十套。大河衛指揮舊駐此防守，關外即大通口，黄、淮由此入海。河防志：乃黄、淮入海故道。相傳舊時關外即爲海口，所以立關設營，有守備駐劄，關以外舟楫所不及也。潮落沙淤，滄海變爲桑田，南北兩岸，有港、有套、有渠，本無隄岸。前河臣靳輔以一望平灘，不分是河是地，若不爲之一束，則雖黄河全歸故道，而大溜到此四散而去，究無入海之路。因築長隄一萬八千餘丈。

北關。在清河縣東北通濟閘口。縣志：舊有部司於此收商税。又張福口關，去北關二里許。舊爲通淮小道，北關部差嘗就稽巡商販、商船，防其潛渡漏税。明末乃移於河北，更立小關。

五港口護鹽關。在安東縣東北七十里，當團墟、七里、遏蠻、官河五水會處。元史：「至元九年，遣步騎趨漣州，攻破五港口城堡。」即此。

板閘鎮巡司。在山陽縣西北十里。本朝乾隆三十九年，裁淮安府大軍倉大使改置。

童家營巡司。在山陽縣黄河北岸，分防汛地。

草堰口巡司。在阜寧縣黄河北岸，分防汛地。

羊寨巡司。在阜寧縣西北，又有把總同駐於此。修防黄河北岸，上自雲梯關起，下至泗汾港止。

大套巡司。在阜寧縣廟灣，又有大使。河防志：大套大使駐劄大套，修防黄河南岸，上自雲梯關對岸陳家社起，下至陸家社止。

馬邏鎮巡司。在阜寧縣東北九十里。元至元十二年，以馬邏軍寨作山陽縣，即此。明洪武中，置馬邏巡司，本朝因之。河防考：駐劄盧鋪，修防黄河南岸汛地，上自童家營起，下至陳家社止。本朝康熙二十四年，將童家營之馬邏沈家圍一帶險工，改歸馬邏司巡檢，并山清外河營把總管理。

沙溝鎮巡司。在鹽城縣西南百里。

上岡鎮巡司。在鹽城縣北五十里。

馬頭鎮巡司。在清河縣南，近淮陰故城，爲漕運往來要道。河防考：駐劄甘羅城，修防清河縣黄河南岸汛地。

五港口巡司。在安東縣東北七十里，又有把總。河防考：與下河把總俱駐劄佃湖，修防黄河汛地，上自彭家灘起，下至雲梯關止。

長樂鎮巡司。在安東縣東北一百里，有白頭護鹽關設於此。輿程考：由安東縣東北三十里至金城鎮，又四十里爲對江口，又三十里爲白頭關。由陸路趨海州之道。

三義鎮巡司。舊名三汊鎮。在桃源縣東三十里，舊置三岔關於此。明末移於白洋河。河防考：駐劄三岔，修防黄河北岸，上自渡口，下至清河縣界。

史家集巡司。在桃源縣黄河北岸，本朝乾隆二十七年置。

平橋鎮。在山陽縣南五十里。枕隄跨河，田疇沃美，帆檣驛絡，爲淮甸門户。

北神鎮。在山陽縣城北。縣志：一名北辰鎮，即今縣北新城也。

廟灣鎮。在山陽縣東北百八十里。鹽場所在，有城。今設海防同知及遊擊駐守，爲府境要隘。舊志：廟灣鎮城在射陽湖濱，去鹽城、寶應、海州皆百八十里。淮北鹽運分司所屬場，爲淮郡極險門户，諸場適中之區。海舟鱗集，商貨阜通。明初設巡司戍守，嘉靖二十六年、三十八年，再經倭寇，萬曆十九年，添設遊擊駐防。二十二年築城，周四里，高二丈餘，門五。又設海防同知，與遊擊協守。

朦朧鎮。在阜寧縣西南六十里。縣志：廣洋、射陽諸湖下流，昔時俱由朦朧喻口出廟灣入海。

北沙鎮。在阜寧縣西北五十里。元史董摶霄傳：「至正十六年，勦平北沙、廟灣、沙浦等賊砦。」即此。

大岡鎮。在鹽城縣西南五十里。縣志：又西南十里爲唐橋鎮，皆商民輳集之所。

岡門鎮。在鹽城縣西十八里。舊置税課司，今裁。

新河鎮。在鹽城縣西五十里。

安豐鎮。在鹽城縣西百二十里。

清溝鎮。在鹽城縣西百四十里。明初設巡司，今裁。

喻口鎮。在鹽城縣西北百二十里，有喻口渡，下河津要也。明初設巡司，今裁。

新興鎮。在鹽城縣北十八里，即新興鹽場。

清江浦鎮。今爲清河縣治。河道總督駐此。舊名沙河。宋志：雍熙中，漕臣劉蟠議開沙河避淮水之險，凡六十里。府志：運河由此出清口，爲水陸孔途。

洪澤鎮。在清河縣西南。九域志：淮陰縣有十八里河、洪澤、瀆頭三鎮。縣志：在縣西南六十里，濱淮河，古南北大道。設洪澤驛及巡檢司。自高堰築後，湖水泛溢，鎮遂堙廢。

老子山鎮。在清河縣西南，接安徽泗州及盱眙縣界。

漁溝鎮。在清河縣西北。名勝志：唐皇甫冉寄趙員外詩「欲逐淮潮去，暫停漁子溝」，即此。縣志：舊有水道通海口。明萬曆十四年，議者欲自桃源縣界三汊鎮濬老黃河，經漁溝、浪石，又東至瓦子灘、顏家河，仍合安東縣赤晏廟之正河是也。

澗橋鎮。在清河縣西北，西有湯家澗。舊引漣、沭二水以通南北舟楫，今久堙塞。

官亭鎮。在清河縣西北，舊名崇河集。明初都金陵，此爲山東驛傳中道，設爬泥蕩鋪，建有官亭，故名。北接沭陽，西接海州、桃源，東距安東，南通爬泥蕩橋。多魚蒲菱芡之利。後因河決地淤。輿程考：自老官亭至半邊店五十里。又至山陽縣五十里。

王家營鎮。在清河縣西北黄河北岸，爲陸路入京孔道。本朝康熙六年，居民以河決分爲東、西營。又西北十五里至浪石鎮，三十里至漁溝鎮，十五里至包家河，接桃源縣界。

大河口鎮。在清河縣西北十里，即縣舊治。

娘子莊鎮。在清河縣東北五十里。

壩上鎮。在安東縣治東南，即漣水壩，爲淮濱之要津。明置巡司，後廢。

太平鎮。在安東縣北。九域志：漣水縣有金城、太平二鎮。

魚場口鎮。在安東縣東北一百三十里。

張泗沖鎮。在桃源縣東十里。

崔鎮。在桃源縣西北三十里。河防考：桃源縣黄河北岸千總駐劄崔鎮，修防黄河汛地，上自宿遷縣界，下至河北岸。

白洋河鎮。在桃源縣西北六十里，接徐州府宿遷縣界。本朝順治中，設遊擊駐防於此。今裁，留千把總及宿遷縣主簿，修防黄河南岸。又北八里爲華鋪村。

河北鎮。在桃源縣北一里。

赤鯉湖鎮。在桃源縣北八十里。

淮安衛。在山陽縣治南，明洪武初建。

大河衛。在山陽縣治東北新城内。明洪武二年建。

夏村營。在安東縣東。河防考：安東主簿、上河把總俱駐劄夏村營，修防黄河汛地，上自縣東門，下至彭家灘。

伍家營。在桃源縣西四十里，相傳伍員故里。

廟灣鹽場。在山陽縣東北一百八十里。

伍祐鹽場。在阜寧縣東南三十里。

劉莊鹽場。在鹽城縣東南六十里。

白駒鹽場。在鹽城縣東南七十八里。

新興鹽場。在鹽城縣北十八里。以上五鹽場，俱有鹽課大使。

穿城。在桃源縣北五十里。

河泊所。在安東縣城東。舊在金城鎮，明洪武十五年遷此，久裁。

楊家廟集。在山陽縣西南五里。

月城集。亦名越城集，在山陽縣西南九十里。

陸家集。在山陽縣西三十里。

黄家集。在山陽縣西四十五里。

市岡集。在桃源縣西南四十里。

柴林集。在桃源縣西二十五里。

衆興集。在桃源縣北中河北岸，爲水陸必由之道。河防考：桃源縣北岸主簿、桃源河營守備俱駐劄衆興集。修防黄河北岸，上自徐州府宿遷縣界，下至渡口。册説：自集西二十里至悦來集。又二十里至江家窪，三十里至關帝廟古鎮，十五里至卜家道口，三十五里至仰化集，接徐州宿遷縣界。自集東十里至陳大户莊，十里至劉家岡橋園，二十里至來安集，十里至包家河，十里至西崔，接清河縣界。

學城集。在桃源縣北二十里。

石家營集。在桃源縣北三十里。

淮陰驛。在府城望雲門外運河西岸。舊志：明洪武三年，知府姚斌開菊花溝通運，遷於新城東北。宣德六年，復還舊址。輿程考：自驛至寶應縣安平驛八十里。杜詩「淮陰清夜驛」，即此。

清口水驛。在清河縣西。舊在縣東五里，明洪武四年建。弘治間，爲河水衝囓，遷於縣西二里。嘉靖初，復還於此。輿程考：自桃源縣桃園驛至縣界清口驛，自清口至府界淮陰驛，皆六十里。又舊有洪澤驛，在縣東南洪澤鎮。金城驛，在縣北六十里。皆久廢。

桃源驛。在桃源縣北四十里，陸道所必經也。輿程考：自徐州府宿遷縣鍾吾驛至古城驛，自古城至桃源驛，又自桃源至清河縣清口驛，皆六十里。

津梁

東仁橋。在山陽縣新城東門外。又西義橋，在新城西門外，舊名西鐵橋，爲行旅輳集之所。

伏龍橋。在山陽縣東八十里奉國村。

平橋。在山陽縣南五十里。南至寶應六十里，爲往來通衢。本朝乾隆十六年，高宗純皇帝南巡，有御製平橋詩。三十年，御製曉發平橋詩。

周家橋。在山陽縣西南九十餘里高堰上，北去高堰五十里。又南爲古溝唐埂，淮水東溢，往往從此奔衝，爲高寶一帶之患。今築斷，改置減水壩。

羅家橋。在山陽縣西北三里羅家溝。

通津橋。在山陽縣東北十里。

會龍橋。在阜寧縣東南。

昇仙橋。在阜寧縣西南清溝鎮。

通濟橋。在鹽城縣東南伍祐鎮。

仁和橋。在鹽城縣西南沙溝鎮。

登瀛橋。在鹽城縣西門外。

方橋。在鹽城縣西岡門鎮，一名安福橋。

新楊浦橋。在鹽城縣西一百二十里。

通海橋。在鹽城縣北門外。

永安橋。在鹽城縣北新興場。

永濟橋。在鹽城縣北草堰口。舊於此建閘，本朝乾隆五年，閘移劉團浦，改建橋。高宗純皇帝五次南巡，並有御製渡永濟橋詩。

三孔橋。在清河縣賀家堆。本朝雍正八年築通京道路，自王家營起至通州止。於清河縣境内，建洩水、屠家莊、三孔等橋，以便行旅往來。

沙埠橋。在清河縣東六十里。

霍山澗橋。在清河縣西南九十里。

棠梨溝橋。在清河縣北十里。

爬泥蕩橋。在清河縣北七十里。

瓦子灘橋。在清河縣東北三十里。

化龍橋。在安東縣東。

東市橋。在安東縣東。

西市橋。在安東縣北半里。

太平橋。在安東縣北一里。因近太平鎮，故名。

蘭墩河橋。在安東縣東北四十里長樂南鄉。

遏鑾河橋。在安東縣東北七十里。

平望河橋。在安東縣東北八十里。

白洋河橋。在安東縣東北九十里。

鹽場河橋。在安東縣東北百里。

張泗沖橋。在桃源縣東二十里。

崔鎮橋。在桃源縣西北二十二里。

崇河橋。在桃源縣北四十里。

穿城橋。在桃源縣北五十里穿城集，通徐州府宿遷縣及海州沭陽縣大道。

赤鯉湖橋。在桃源縣北七十里。

上闗渡。在山陽縣來遠坊西。

下闗渡。在山陽縣舊淮陰驛後。

顔家河渡。在山陽縣。黄河自清浦東下十里草灣分南北二支，其北十五里即顔家河也。

清江浦渡。在山陽縣西三十里。

清溝渡。在阜寧縣西南百里。

喻口渡。在鹽城縣北百二十里，爲淮河津要。

大清口渡。在舊清河縣東北十里。

小清口渡。在舊清河縣東北五里。

盧家渡。在桃源縣東二十里，一名義渡口，爲南北要津。

白洋河渡。在桃源縣西六十里。

崔鎮渡。在桃源縣西北三十里。

隄堰

運河隄。在山陽縣西。南河全考：明萬曆五年，總漕吴桂芳等增築山陽運隄，自板閘至黄浦長七十里。築清江浦南隄以禦湖水，加河岸以禦黄、淮。創板閘漕隄，北接舊隄，南接新隄。靳輔治河書：山陽縣運河西岸隄，上自新河縣界，下至寶應縣界，長一萬三千五十九丈四尺。東岸隄，上自清河縣界，下至寶應縣界，長一萬三千八百八十九丈四尺。

王公隄。在山陽縣西北黄河南岸，明萬曆三年，總漕王宗沐築。河防志：王公隄石工，自海神廟至老壩口，長五百九十五丈。明萬曆三年，漕督王宗沐捐築，以禦河患。民爲立碑廟祀，號曰王公隄。歲久淤墊，乃築外越隄，長六百二十丈。本朝康熙三十八年，聖祖仁皇帝南巡，諭：「王公隄甚屬險要，須加高寬，修築堅固。」又四十四年諭：「王公隄應相度形勢，修建挑水壩。」雍正六年，又加幫山陽縣王公隄工，長二千三十丈。靳輔治河書：此隄一綫石工，内捍運河，外抵黄、淮二瀆，爲數百萬國儲咽喉地，最難保護。若開引河，則地形未便。惟有歲修石工，排樁固址，隨時補葺，而於上流層次築逼水壩二三重以護之，則隄址愈固，永無衝決之虞矣。

西長隄。在山陽縣西北黄河傍。胡應恩淮南水利考：自清江浦藥王廟起至柳浦灣止，長六十里，乃合吴北神堰、宋平津堰而爲一者。明永樂間平江伯陳瑄、嘉靖間都御史連鑛皆修之，水輒敗。萬曆間，都御史王宗沐、知府陳文燭重修，高厚加於昔時，而高家堰抗淮水於西南，西長隄障河於西北，蓋至是而居者、田者皆有安處矣。靳輔治河書：山陽縣黄河南岸隄，上自清河縣界起，下至雲梯關止，長三萬二千三十五丈五尺。内有王公石隄五百九十五丈一尺。又自雲梯關起，至海口七巨港迤西止，長一萬二百六十一丈三尺。黄河北岸隄，上自清河縣界起，下至安東縣界止，長三千六百六丈八尺。又上自雲梯關安東界起，下至六套迤東止，長八千一百四十二丈五尺。又山陽黄河之險，俱在南岸，險工凡十二，曰王公隄，曰老壩口，曰草灣湯董莊，曰顔家河上張莊，曰真武廟，曰周家渡，曰唐家堡，曰小茭陵，曰何家莊，曰大茭陵，曰馬邏沈家圍，曰羅家左家口二十里。按水利考所云北神堰，即古宋口也。通鑑周顯德五年，上欲引戰艦自淮入江，阻北神堰不得渡。注：「堰在楚州城北五里。吴王夫差溝通江淮，後人於此立堰，以淮水低，溝水高，防其洩也。」縣志：宋天聖四年，易爲平水堰，自新河導，而北神堰遂廢。

范公隄。在鹽城縣東門外二里，即捍海堰也。南抵通、泰，北接山陽，長五百餘里。唐黜陟使李承建。宋范仲淹重修，故名。宋史河渠志：淳熙八年，提舉淮南東路常平鹽茶趙伯昌言：「通州、楚州沿海舊有捍海堰，東距大海，北接鹽城，袤一百四十二里。始自唐黜陟使李承所建，遮護民田，屏蔽鹽竈，其功甚大。時久頽圮。至天聖改元，范仲淹爲泰州西溪鹽官，時風潮泛溢，淹没田産，毁壞亭竈，請於朝，調四萬餘夫修築。三旬工畢，遂使瀕海沮洳瀉鹵之地化爲良田，民得奠居，至今賴之。自後寖失修治，纔遇風潮怒盛，即有衝决之患。自宣和、紹興以來，屢被其害。每一修築，必大興工役，然後可辦。望令淮東常平茶鹽司，今後捍海堰如有塌損，隨時修葺，務要堅固，可以經久。」從之。又張綸傳：綸除江淮制置發運副使。泰州有捍海堰，延袤百五十里，久廢不治，歲患海濤冒民田。綸方議修復，論者難之。綸表三請，願身自臨役。卒成堰，復逋户二千六百，民利之。府志：即捍海堰，在鹽城東二里，自東北直抵通、泰、海門。唐大曆中，李承爲淮南節度判官，謂海潮漫爲鹽鹵，良田必廢。因自楚州、鹽城南抵海陵，築隄綿亘兩州。宋天聖中，張綸刺泰州，鋭意修復。時范仲淹監西溪鹽倉，悉力贊之，謂當移隄勢而西，稍避其衝，仍疊石以固其外，迤邐如坡，不與水争。天聖五年功成，長百四十三里有奇，下闊三丈，面一丈，高一丈五尺。元詹士龍爲興化尹，復增築之，延亘三百餘里。明萬曆十年，總漕淩雲翼重修，建洩水涵洞、水渠一十七處，石閘一座。本朝乾隆七年重修。以後商民時修，工不費而隄永固，民竈兩利。河防志：自廟灣沙浦頭，歷鹽城、興化、泰州、如臯至通州界止，共長五百八十二里。沿隄墩臺四十三座，閘洞八座。此隄束内水不致傷鹽，隔外潮不致傷稼，乃濱海一帶之屏障也。

清水墩隄。在清河縣西，自文華寺迤東南至七里墩接山陽縣界，長八百六十三丈。以障湖水東侵，所以利漕運，護郡城也。

運口隄。在清河縣西南。舊自運口南岸越通濟閘而北迤窑灣一帶，至季家橋山陽縣界止，長七里有半。本朝歷年修築，於運口南北兩岸挑濬引河，加築長隄。又有新舊大墩、攔湖隄及束水壩。河防志：裏河運口汛，自甘羅城迤西起至季家淺止，南岸隄長三千六百六十八丈，北岸隄長二千九百十三丈五尺。又七里閘西岸太山湖周圍一帶，隄長二千五百五十六丈六尺。運口曾經屢改，今仍在舊大王廟前，有迎清逼黃之勢。舊築大墩一座，置頭、二、三、四草壩束水濟運。康熙四十年，於舊大墩西接攔湖隄一道，長一百四十丈。又接建新大墩，周三十五丈，逼清水七分敵黃，三分濟運。又於大墩下運河口門築攔河壩，長二十四丈，以禦湖水暴漲。乾隆三年，修築隄工，於舊運口河道添建挑水壩，加築束水縴隄一道，長八十丈。

太皇隄。在清河縣西。縣志：明萬曆間，河決桃源崔鎮，因築遥隄束水。北岸自古城至清河，長一萬八千四百餘丈。本朝康熙八、九年，河水屢決，乃因舊址加築，南接橫隄。又自縣東加築，至龍王廟止，長三千三百三十四丈，皆高一丈。又自舊縣向西繞築順水隄一道，長二百五十丈，至凖提庵迤西而北。又一百八十丈，接太皇本隄。河防志：清河縣黃河北岸汛，自路家營桃源縣交界起，至中河口西岸止，縷隄長二千三百四十丈五尺。自中河口東岸起，至四浦溝山陽縣交界止，縷隄長六千四百六十三丈一尺。南岸汛，自吴城桃源縣交界起，至張福口橫隄頭止，縷隄長三千五百一十丈。自張福口至清口西壩止，橫隄長四百九十丈。又護縣隄，在清河縣舊治後，自娘娘廟起至龍王廟止，長一千四十二丈八尺。康熙二十六年，開中河，築隄以護縣治。又清河縣黃河北岸險工，曰石人溝，長五百丈。玉皇閣，長六百九丈。

古淮隄。在安東縣東十五里。府志：起依淮岸以東，直接海一百四十里，用防淮水泛溢。靳輔治河書：安東縣黃河北岸隄，上自山陽縣界起，下至雲梯關山陽縣界止，長二萬三千三百十一丈。河防志：安東縣黃河險工，曰邢家河，曰鄭家馬頭，曰時家馬頭，曰便益門，曰縣南、東兩門，曰汪家莊，曰二塘，曰窑灣，曰龍潭口，曰老隄頭，曰佃湖。

龍窩口隄。在桃源縣東南黃河南岸，即古老黃河也。宋、元時漕運由此。明開通清口，此道遂塞。萬曆八年築隄，本朝順治十六年，增築月隄以護之。河防志：桃源縣黄河南岸龍窩汛，自煙墩舊險工東頭起，至駱家營清河縣界止，縷隄長七千七百四丈八尺，康熙九年創築。内有張莊險工，長四百三十丈。四十三年，聖祖仁皇帝親閲，命築挑水壩一座。淡家莊險工，長二百七十丈。

馬廠隄。在桃源縣東南黄河南岸。明隆慶四年，河決於此。萬曆四年，因岡築隄以防決。本朝康熙十二年，重築河防，考地勢平漫，黄水漲則從此入，淮水漲則從此分，入河而清口弱，築横隄於此，所以障黄、淮之漫淫也。

煙墩隄。在桃源縣西黄河南岸。距縣一里，逼近黄河最險。本朝康熙二年，築護城隄。四十二年，築挑水壩。河防志：桃源縣煙墩汛臨河隄，上自宿遷縣界白洋河鈔關起，至舊縷隄止，長一千四十一丈，康熙十七年築。自臨河隄頭起，至煙墩舊險工東頭止，縷隄長七千二百九丈六尺，康熙十七年築。煙墩險工，舊長二百五十八丈。康熙四十一年，增一百五丈。四十二年，聖祖仁皇帝親閲，命於大王廟東建挑水壩一座。又煙墩迤東，舊有護城隄，長五百七十丈。今接築月隄六百一丈，以資防禦。

九里岡隄。在桃源縣西北黄河北岸。河防志：桃源縣九里岡汛，自宿遷縣起，至河北鎮止，縷隄長八千十二丈五尺，本朝康熙三十六年修築。歲修險工，長三百三十三丈三尺。四十二年，聖祖仁皇帝親閲，建築挑水壩於大王廟東。四十四年，又於龍門增建二壩。又有上渡口險工，長六十丈。

磯觜壩隄。在桃源縣東北黄河北岸。河防志：桃源縣磯觜壩汛，自河北鎮起，至清河縣界止，縷隄長六千八百二十九丈一尺。歲修險工五十七丈。又新莊口樁工，一百四十丈，本朝康熙二十七年築。三岔險工，一百十九丈，壩臺二十四丈。

常豐堰。在府城東南。唐書地理志：山陽有常豐堰，大曆中黜陟使李承置以溉田。又李承傳：遷淮南黜陟使，奏置常豐隄於楚州，以捍海潮灌屯。田瘠鹵收，常十倍他歲。

高家堰。在山陽縣西南四十里洪澤湖之東。北自武家墩，南至棠梨樹接安徽盱眙縣界，長九十里。相傳後漢廣陵守陳登始建。明永樂中平江伯陳瑄重築。萬曆六年，總河潘季馴再築。張兆元兩河指掌：明永樂間，平江伯陳瑄築高家堰，自新莊鎮至越城，計一萬八千一十八丈，橫亘西南，淮水無東浸之患。南河全考：萬曆六年，總河潘季馴築高堰，隄長六十里。內砌大澗口等處石隄三千一百一十丈。河渠考：潘季馴兩河議曰：高堰去寶應高丈八尺有奇，去高郵高二丈二尺有奇。高寶隄去興化、泰州田高丈許或八九尺，其去堰不啻卑三丈有奇矣。淮一南下，因三丈餘之地勢，灌千里之平原，安得有淮南數郡耶？本朝康熙十一年，大修高家堰。十六年，自周橋閘至翟家壩築隄三十二里，並堵高良澗決口三十四處。十七年，增築高家堰。十八年，塞翟家壩決口。三十二年，修築高堰，自史家刔至周橋一萬四百餘丈隄工。三十九年，大修高家堰，築武家墩小黄莊至周橋新舊石工。盡堵六壩，改爲三滾水壩，並設天然壩二座，以備漲水。四十五年，高堰三滾壩下，各挑引河，築隄束水，由草字河、塘曹河入高、邵諸湖。四十六年，挑高堰天然壩下引河，自蔣家壩至罕貽澗，共一萬四千四百餘丈。兩岸築隄五千一百餘丈。聖祖仁皇帝六次南巡，閉六壩，疏引河，皆躬親相度。雍正四年，於王家溝口，建滾水壩一座，其周家橋以南滾水壩二座各改低一尺五寸。又加高高家堰土隄。靳輔治河書：洪澤湖在山陽縣之西南，北距大河，東俯高、寶諸壑。淮水遠自豫省，復挾汝、潁、渦、汴、羣川之水，匯而入焉。縈洄激蕩，惟下之是趨。而其地東北爲下，趨而北則出清口而達於海，趨而東則高、寶諸壑滔天，而淮揚之民其魚矣。漢末陳登首建高堰，障其東而使之北。後世治水者，皆守其舊而不變。至宋，黄又徙而南，湖日寬廣成巨浸，而是堰之所係愈重。慶曆間，一修於發運使張綸。明初，再修於平江伯陳瑄。至萬曆間，河臣潘季馴復大修之，且砌以石者三千餘丈，愈鞏固焉。顧西南一帶，自周橋至翟壩三十里空之而弗隄，曰此處地形稍亢，天然減水壩也。但當時湖低深而能納，雖不築隄，湖水常低於岸，而惟遇霪雨暴漲，始漫溢而出。故季馴又曰：周橋漫溢之水，爲時不久，諸湖尚可容受也。迨黄流倒灌之後，湖底墊高，則湖水亦因之而高。況決口九道，汕刷成河，地形愈陷。以愈高之湖，放愈陷之地，於此三十里稍亢之區，昔所稱漫溢不久，今且終歲滔天，東注而不止。不特清口之力分，無以敵黄，而淮且反引黄水以俱東，二瀆交騰，高、寶諸湖盈科而不受，此清水潭所以大決而不可塞，而下河七邑遂同溟渤也。惟將諸決盡塞，自清口至周橋九十里舊隄悉增築高厚，并將周橋至翟壩三十里舊無隄之處亦創隄之。其仍舊減水者六處，計二百丈，蓄湖水之高於黄水者常五六尺，若一任其建瓴而出，則所蓄無幾。一逢亢旱，上源細微，既不足以濟運，又恐黄水之乘其弱而入。故爛泥淺一帶湖灘，昔人稱之爲「門限」。今不使盡闢，欲清水常流有餘，然設遇大水連旬，洪波驟溢，清口一道之所出，不勝數百里全湖之漲，不有以減之，勢必尋隙而四潰，故隄以防之。不虞之溢，復壩以減之。然後節宣有度，旱不至於阻運，而澇不至於傷隄也。雖然，洪澤周圍三百餘里，合阜陵、泥墩、萬家諸湖而爲一。又上受全淮之委，空濛浩瀚，每西風一起，怒濤山涌。而以一綫之長隄捍之，浪頭之所及，土崩石卸，雖歲歲增高培厚，終不能禦。竊思水，柔物也，惟激之則怒，苟順之自平。順之之法，莫如坦坡。乃多運土於隄外，每隄高一尺，填坦坡八尺。如隄高一丈，則填坦坡八丈，以填出水面爲準。務令迤斜以漸高，俾來不拒而去不留。是年秋，黄水大漲，奇風猛浪，倍異尋常。而汹涌之勢，一遇坦坡，而其怒自平，惟有隨波上下，無所逞其衝突。始知坦坡之力，反有倍蓰於石工者。故障淮以會黄者功在隄，而保隄以障淮者，功在坦坡也。惟是填積坦坡以來，垂及十載。風濤之所汕刷，平鋪卸去，離隄已四十五丈矣。若用帑填積，既所費不貲，又功程難見。應每年令河兵、歲夫逐漸加功，立爲定制，每歲隄工一丈，填土二方，務使所增之數，適稱所耗之數。如是久之，離隄百丈之内，必漸墊而高，因叢植柳蘆茭草之屬，俟其根株交結，茂盛蔓延，則雖狂風動地，雪浪排空，終不能越百餘丈之茂林深草而潰隄矣。雍正七年，世宗憲皇帝特發帑金一百萬兩，遣官督修。八年，幫築高堰壩下河隄。九年，復大修高堰石工。至十年，而石工告成。乾隆四年，增築高堰隄工。十六年，高宗純皇帝南巡，親示機宜，仁、義、禮三滚壩下，添建智、信二壩，並立水則以次遞開，而天然壩則永禁開放。有御製閲高堰工詩，閲高堰壩示河臣詩。十九年、二十年，大修石隄工三千六百餘丈，並修高堰草壩一百九十八丈。二十二年，命於武家墩迤北改建甎工，有御製閲高堰工詩。二十四年，將高堰、馬鞍柴工改建石工。二十七年，命自濟運壩至運口太平莊止，一律接建甎工。有御製命築高堰甎工詩。三十年、四十五年、四十九年，並有御製閲接築高堰隄工詩。五十九年，風損高堰石工，自武家墩起，至山、盱所屬之蔣家壩止。嘉慶十年，高堰大隄於舊工卑矮處所，間段加高石工，普律加幫土工。尋以江省操運石塊，辦理竭蹶，石工改用甎工，計一萬一千七百六十餘丈。十三年，加築高堰大隄後戧土坡。十四年，議築碎石坦坡，大隄甎工仍改石工。十六年，議加培二隄。仁宗睿皇帝諭：「高堰大隄，須熟籌經久之策。朕因保障民生，節年來頒帑已至四十餘萬兩。若果碎石坦坡有效，豈復惜此區區。惟現有坦坡處所，大隄仍不免塌卸，二隄在大隄之外，該處保障，究恃大隄，若大隄不得力，二隄豈復可恃？此時自應將大隄殘缺之處，補築齊全，然後再將二隄築辦如式，可收重門保障之益。」十七年，培築大隄後戧及大隄子堰。

岡門鎮堰。在鹽城縣西。府志：自岡門至新河轉至侍其汊，皆有古堰。

徑口堰。在鹽城縣西二十一里岡門鎮西。府志：東臨運河，西達馬鞍湖，以通商賈。

侍其汊堰。在鹽城縣西北一百里。府志：歲旱，塞之以資灌溉，遇潦則決之入射陽湖。相傳油葫蘆港出口數里即其處，今廢。

廣惠䃮。在鹽城縣東門外二里，即石䃮口也。府志：䃮舊捍海潮，名白波湫，遇運河水溢，則從此決入海，以殺水勢。夏秋海潮浩大，亦由此衝入浸田。宋淳熙六年，教授劉煒攝縣事，始甃甎石。紹興五年，知縣徐挺之重修。明洪武三十九年，主簿蔡叔瑜重修。今廢。南河全考：萬曆二年，漕臣王宗沐修鹽城石䃮海口，以疏下流入海之路。淮南水利考：石䃮口，在鹽城縣東北八里。凡高郵、興化、鹽城之漲，皆由此入海。凡射陽湖水多黃沙，亦漫至此，南至興化。縣志：在縣東門外一里，舊有木橋以便往來。後潮長橋壞。明萬曆四年，知縣杜善教請濬河建閘。河通潮湧，至敗民田，居民溺死者不可勝計。八年，巡鹽御史姜璧題請築塞，命知縣楊瑞雲督塞之。仍於石䃮別置閘以備宣洩，自是海潮無衝決之患矣。

大通䃮。在鹽城縣北門外三里，明洪武二十九年，主簿蔡叔瑜建，即天妃口也。縣境大蹤諸河及串場河之水，皆由石䃮、天妃二口匯入新洋港歸海。而天妃尤爲緊要。自閘座久廢，內河之水無以蓄洩，海潮灌入，地成斥鹵，民地屢受其患。本朝雍正七年，大濬淮、揚下河，於石䃮口建閘一座，天妃口建閘十座，以時啓閉。自是旱澇有備，水患永安。

五壩。在府城北，明永樂中陳瑄建。漕河考：永樂十三年，建淮安五壩。仁、義二壩，在新城東門外東北，自城南引湖水抵壩口，外即淮河。遇清江口淤塞，運船經此入淮。禮、智、信三壩，在新城西門外西北，引湖水抵壩口，外即淮河。遇清江口淤塞，則官、民、商船經此入淮。萬曆六年，河臣潘季馴奏：舊置五壩，信壩以近淮城，係黃河掃灣，久廢。仁、義二壩，原共一口出船，亦係黃河掃灣，又與清口相鄰，恐有意外衝漫，不復修築。止將禮、智二壩修復，與新莊閘爲車盤三壩。本朝康熙四十二年，命於山盱汛建南、北、中滚水石壩三座。三壩下挑河築隄，束水入揚州府高郵州邵伯諸湖。乾隆十六年，以前三壩爲仁、義、禮，新增二壩爲智、信，定爲五壩。三十四年，仁、義、禮三壩添築子堰。三十八年，封築智、義二壩。五十二年，補修五壩壩底工程。嘉慶十三年，修築智、禮二壩。十八年，議另建仁、義、禮三壩，先挑仁、義兩引河。十九年，拆建智壩石底。二十一年，挑禮字引河。二十二年，建仁、義、禮三壩於蔣家壩迤南。二十四年，接挑禮字引河河尾。

南鎖壩。在山陽縣西南一里。其地舊有甎閘，宋時運糧由此至洪澤入淮。明洪武十年，開菊花潭以通舟楫，閘遂廢。

六壩。在山陽縣西南高家堰上。自北而南，曰武家墩，曰高良澗，曰周家橋，曰古溝東，曰古溝西，曰唐埂。又南爲翟家壩。皆本朝康熙十七年築，以洩淮水之漲。三十九年，改建三滚水壩，并天然壩二座。河防雜記：武家墩壩長十丈，高良澗壩長十丈二尺，周家橋壩長十四丈，古溝東壩長三十四丈五尺，古溝西壩長五十三丈五尺，唐埂壩長四十八丈二尺。河防志：周橋迤南舊減水壩六座，康熙三十五年，大水衝決。三十九年堵塞，改建滚水石壩三座，南北兩座各寬七十丈，中一座寬六十丈。建天然草壩二座，一寬六十丈，一寬六十二丈三尺。

鳳陽廠壩。在山陽縣西北運河西岸，本朝康熙十九年築。減清江閘上流之水，由運料新河歷楊家廟入山陽運河。

滿浦壩。在山陽縣北門外四里。府志：地接窑溝、板閘。歲澇不常，長隄爲障。

陳家莊挑水壩。在清河縣東黃河南岸。本朝康熙三十九年建。河防志：康熙三十八年，聖祖仁皇帝南巡，駐蹕於此。相度河勢，親定方所，命築壩挑黃水北入陶莊引河，不致逼向運口，有衝決之患。今稱爲御壩。雍正八年，復於御壩下接築頭、二、三壩，並建御書亭，後築埽工護隄。乾隆五、六年，間添設木龍五架，挑溜北趨，以護隄基。四十一年，命河臣於陶莊新河頭下唇至第三架木龍處，添壩一道，爲重門保障。

天妃壩。在清河縣東。自惠濟祠起，南接甘羅城，長亘三百四十餘丈，乃淮、黃交會要害之處。通漕類編：明萬曆七年建。河防志：天妃壩石工三百四十七丈，本朝康熙二十九年修築。三十一年，增設雞嘴壩，長十丈。又惠濟祠前後舊埽工，自天妃壩尾至龐家灣，長一百六十丈，康熙三十九年改建石工，乾隆十年修築。

清口東西二壩。在清河縣東清口兩岸，本朝康熙三十七年築，雍正元年重建。俾清水三分敵黃，七分濟運。乾隆五年，接築東壩，每遇伏秋洪湖漲溢，量拆東壩二三十丈，使清水暢流，以保高堰隄工。霜降水落，量行補築。二十七年，高宗純皇帝親臨閲視，特命廣疏清口，復定水則，有御製定清口出水誌詩。三十年、四十五年、四十九年，臨幸，俱有御製觀清口出水誌疊前韻詩。五十年，移建東、西二壩。先是二壩原建於風神廟前，四十一年，移下一百六十丈於平成臺處建設。四十四年，復移下二百九十丈於惠濟祠前建設。四十七、八、九等年，相機拆築，俱屬得力。至五十年，黃流北趨，二壩距清、黃交匯處五百餘丈，乃復移下三百丈於福神庵前建設。按清口關鍵，全在東、西二壩，而二壩之外，尤多增築。乾隆五十二年，築清口禦黃、束清二壩。五十三年，接築禦黃壩二百三十丈，束清壩一百餘丈。嘉慶八年，移築清口束水壩二道，東壩在挑清壩之外築做，西壩在對岸張家莊盤基築做。十六年，建築禦黃二壩。二十三年，增築禦黃二壩。壩門水深三丈七八尺，比舊壩口門深至七八尺以外。向來高堰湖水，十一月後每日消一寸，自增築二壩後，二旬僅消三寸，鉗束甚爲得力。以上各工，俱關清口蓄洩事宜，附載於此。

王家營大壩。在清河縣東北王家營西，本朝康熙十八年石築。壩内挑引河以洩黃河漲水，由鹽河入海。四十年，改建土壩。嘉慶十一年，勘請移建，添設二閘。二十一年重修，並於壩外臨黃隄埽盤，建裹頭以資鉗束。

漣水壩。在安東縣東南二百五十三步。

茆良口壩。在安東縣東南黃河北岸。又有蓮花庵壩，俱本朝康熙十九年築。

白水塘。在山陽縣西南，接揚州府寶應縣界。寰宇記：在淮陰縣南九十五里。鄧艾欲平吳，修此塘，置屯四十九所，灌田以充軍儲。元史地理志：至元二十三年，於淮南路之白水塘、黃家疃等處，立洪澤屯田萬户府。府志：闊三十里。鄧艾所築，於此屯田積穀以制吳。本與安徽盱眙蘆浦山破斧塘相通，溉田一萬二千頃。隋大業末，破斧塘水北入淮，此塘亦涸。南唐保大中，楚州刺史何敬洙請修是塘，屯田以實邊，馮延巳以爲便。李德明又請大闢曠土爲屯田，修復所在渠塘堙廢者。吏因緣侵擾，大興力役，奪民田甚衆。唐主命徐鉉按視之。鉉籍民田，悉令還主，遂罷其役。宋嘉定六年，議者謂白水塘東至浮圖莊，南至楮廟岡脊，大堰廢而岡脊存，可復之，與高、寶諸湖相接。本州委官相度申報，畧云：塘周一百二十里。地連山陽、盱眙兩縣，堰水通富陵河。其源出自塘山，在盱眙之南山，蓋因塘得名。此山高阜重疊，谿澗縈紆凡四十里，乃至劉家渡入富陵河。而白水塘三堰，一曰潭頭下堰，二曰河喜中堰，三曰劉家上堰，自下至上十七里。其上又有螳螂堰，在塘内。蓋三堰既制，則塘山間四十里内水不入富陵河，然後東匯爲白水塘。若三堰不堅，則沿淮受害非輕。卒未能復。元初，始建置洪澤屯田萬户府，引塘水灌屯田。

張岐塘。在鹽城縣西北十里。闊三丈，長三十里。其東爲高姥塘。

茶陂。在山陽縣西南。陸羽茶經：茶陂地産茶。寰宇記：在淮陰縣南二十里。縣志：在今縣西南，北枕管家湖。

興文閘。在府城南十里澗河口。明萬曆五年，漕臣吴桂芳建，以洩運河之水。本朝康熙三十九年修。

涇河閘。在山陽縣南五十里涇河口。

板閘。在山陽縣西北十一里，明永樂中建。自板閘以至清河新莊閘，或爲四閘，或爲五閘，以時增減。今廢。舊志：明永樂十四年，平江伯陳瑄建。其時以新莊、福興、清江、移風四閘不能節水，倉卒建木閘，次年乃甃以石。鄉人至今仍呼板閘云。

石磋口閘。在鹽城縣東一里。明萬曆四年置，後廢。本朝雍正七年重建，乾隆六年、二十二年屢修。嘉慶五年，與天妃、正越等閘同時修。

上岡閘。在鹽城縣北四十五里上岡鎮，本朝雍正七年建。又北三十里有草堰閘，亦於雍正七年建。乾隆五年，移建劉端浦。

惠濟閘。在清河縣馬頭鎮東南。舊名通濟閘，明嘉靖中置。本朝康熙二十三年重建，改今名。亦名七里閘。運道考：

明嘉靖三十年，漕臣連鑛以新莊閘口北接黄河，淤沙衝射，歲煩挑濬，乃南鑿三里溝，西接清淮，謂之通濟閘。在甘羅城東南馬頭鎮東南半里。縣志：康熙二十三年建，引淮水以達漕運。後以河水南浸，閘底淤墊，至是新鑿漕河於迤南三里，更建閘座爲新運口，今現行漕。

通濟閘。在清河縣南淮陰故城南，即濁水入淮處。明永樂中陳瑄築，名新莊閘。嘉靖中廢，改置通濟閘於三里溝。隆慶六年，河臣潘季馴遷於甘羅城南。後因之。本朝乾隆二年重建，二十七年修。

文華寺閘。在清河縣西南舊永濟河口。

新莊閘。在清河縣西惠濟祠東天妃口。明永樂中建，爲運河入淮之口。嘉靖中，以閘口淤塞，改由通濟閘。萬曆元年，總河萬恭復建閘於此，旋又淤塞。六年，河臣潘季馴拆新莊閘，改建通濟閘於甘羅城南，此閘遂廢。運道考：甘羅城東有天妃閘，祠東北爲天妃口。明永樂初，陳瑄置新莊閘於此，爲入淮之口。明神宗實録：萬曆元年，建天妃廟口石閘。萬恭治水筌蹄：天妃口，自陳平江開清江浦六十里，由此入黄河，官民便之。嘉靖中，黄水泛入，清江淤，河臣費十萬開新河以北接於淮。其説以爲接清流不接濁流，可不淤，不知黄河非安流之水也，伏秋水盛，則西擁淮流并灌新開河。夫天妃口，一黄河之淤耳，若淮、黄會於新開口，是二淤也。乃歲役千夫濬淮黄交會之淺，而患愈博矣。今於天妃口建石閘直出黄河，黄水盛則閉閘謝絶黄水以杜淤，黄水落又啓閘以利官民，新開口勿濬可也。按明初新莊閘即萬曆初之天妃閘，在天妃廟口，故名。今甘羅城之天妃閘，乃萬曆六年改建之通濟閘也，非故地矣。或謂今天妃閘即新莊閘者，誤。

龍王廟閘。在清河縣西，分水入市河。

福興閘。在清河縣清江閘西五里。明萬曆六年置，後廢，本朝乾隆二年重建，添設越閘一座。二十七年修，有閘官。

楊莊閘。在清河縣西陶莊迤東楊家莊。舊在縣西三里仲家莊，亦名仲家閘。本朝康熙二十六年，開中河成〔五〕，建閘爲運口。三十三年復修，改名廣濟閘。四十二年，聖祖仁皇帝南巡，閲視中河，以仲莊口與清口相直，水勢衝激，逼溜南行，使清水不能暢流，命改運口由楊家莊，於仲莊築攔河大壩，而移閘於此。今名楊莊閘，爲中河運口，有閘官。高宗純皇帝六次南巡，閲視中河，並有御製臨幸楊莊閘恭依聖祖仁皇帝詩韻詩。

康濟閘。在清河縣西陶家莊，亦名陶莊閘。本朝康熙三十一年，建於陶莊引河上，爲中河東運口，有閘官。

清江閘。在清河縣北清江浦，又名龍王閘，明永樂中建。舊制分司主事駐此，今有閘官。其北有越河小閘。又南北岸有檀度寺閘，本朝康熙三十五年建。又南北岸有永利閘，皆減水閘也。

天妃閘。在清河縣草壩下北岸隄内。明萬曆六年，河臣潘季馴移建通濟閘於甘羅城南泰山墩北，俗訛爲天妃閘。本朝康熙十六年，改運道於三汊河七里閘。二十三年，以天妃閘水勢湍急，改爲草壩。三十四年修葺，改名永濟。四十一年，重建大石閘，仍名天妃閘。乾隆十年，移建今所。嘉慶五年修治。

御示閘。在清河縣東北中河口引河上。本朝康熙四十二年，聖祖仁皇帝命建閘以蓄洩中河之水。五十三年，挑越河堵閉。

鹽河閘。在清河縣東北中河北岸鹽河口，本朝康熙四十二年建。

陵墓

周

公冶長墓。九域志：山陽縣有公冶長墓。

漢

韓信母墓。在清河縣東。漢書韓信傳：母死無以葬，乃行營高敞地，令傍可置萬家者。水經注：淮陰城東有兩冢，西即漂母冢，周迴數百步，高十餘丈。東一陵，即信母冢也。府志：韓信母墓，在韓信城下半里，與漂母墓相對，俗呼東西冢。

漂母墓。在清河縣東。縣志：漂母墓，今名泰山墩，在縣東，去馬頭鎮二里許。突兀陂澤中，鎖兩河之口。

枚乘墓。在清河縣東。寰宇記：枚乘墓，在淮陰縣南二百步。又明一統志：枚皋墓，在舊淮陰縣治南。

唐

王義方母墓。在安東縣東十里。

宋

趙師旦墓。在山陽縣東三里塘。

徐積墓。在山陽縣東三里。

趙立墓。在山陽縣北北神鎮。

陸秀夫墓。在鹽城縣西南五十里。秀夫死於厓山，鄉人葬其衣冠於此。

張耒墓。在清河縣東舊淮陰縣。

明

金濂墓。在山陽縣城東門外。

沈翼墓。在山陽縣城南平河橋東岸四里許。

葉淇墓。在山陽縣城西移風閘西岸，有神道碑祠宇。

潘塤墓。在山陽縣城南平河橋。

成均墓。在鹽城縣西新河廟旁。

朱笈墓。在桃源縣西北四十里倉基湖西南岸。

祠廟

四賢祠。在府學内。明一統志：舊有宋趙師旦、徐積塑像，後增張耒、陳瓘兩像。東曰忠孝祠，西曰文節祠。

漂母祠。在山陽縣望雲門外。本朝乾隆二十七年有御製題漂母祠詩。

貞烈祠。在山陽縣西北十里。明正德四年建，祀烈女何氏。

范公祠。在鹽城縣儒學内，祀宋范仲淹。

陸公祠。在鹽城縣儒學西，祀宋陸秀夫。

潘公祠。在鹽城縣治北，祀明河臣潘季馴。

三河臣合祠。在清河縣北，祀本朝故河道總督靳輔、齊蘇勒、嵇曾筠。乾隆十六年，御賜扁額。

陳恭襄祠。在清河縣清江浦。明正統六年建，祀平江伯陳瑄。

惠濟祠。在清河縣舊治東舊新莊閘口。明正德三年建，祀天妃。嘉靖初，賜額惠濟。本朝雍正二年重修，敕封天后聖姥碧霞元君。乾隆十六年，御賜重修惠濟祠碑文。二十二年、二十七年、三十年、四十五年、四十九年，並有御製惠濟祠詩。賜扁四、聯四。旁建行殿，御賜扁二、聯二。

旌武廟。在山陽縣清風門内，祀宋韓世忠。

褒忠廟。在山陽縣東門内。輿地紀勝：廟在楚州城内。隆興二年，魏勝自海州移守楚，金兵來侵，勝單騎入陣死焉，立廟曰褒忠。

淮瀆廟。在山陽縣新城北門下。

大王廟。在山陽縣城外西南隅。宋處士謝緒隱於金龍山下，宋亡赴水死，屢顯英異，有功於河。後人立廟祀之。本朝乾隆十六年，御賜扁額。又一在清江，一在板閘，一在南湖所。

禹王廟。在山陽縣西南八十里高堰湖隄。本朝乾隆十六年，御書扁額。

淮陰侯廟。在山陽縣城南，祀漢韓信。宋蘇軾有淮陰侯廟碑銘。

楚元王廟。在山陽縣治西南，祀漢楚元王劉交。按：漢楚元王交封薛郡、東海、彭城三十六縣，其墓亦即在焉。此爲漢射陽縣地，屬臨淮，項纏所食邑，與元王無涉，不知何緣此地有廟。而九域志已載，明一統志且云舊在西門外，宋建炎中賊李成來攻，王頗著靈異，乃移建城中。今有司春秋祠享，列在祀典，所謂有其舉之，莫敢廢者歟？舊志以府境有地名交陵，遂認爲元王墓，故廟祀於此，誤。

顯忠廟。在山陽縣西門外，祀宋趙立。

漢高祖廟。在山陽縣西四十五里。

趙康州廟。在山陽縣治東北。明一統志：趙康州廟與徐夫子廟，俱在山陽治東，宋郡守苗仲淵立，以祀趙師旦、徐積，並作詩美之。

龍王廟。在清河縣西十五里直隸廠。本朝乾隆二十七年，高宗純皇帝南巡，御賜扁額。四十五年，復有御製謁分水龍王廟詩。

風神廟。在清河縣清口，本朝雍正十年重建。

陶莊河神廟。在清河縣西陶莊引河新口石壩上。本朝乾隆四十一年，奉命創建，有御製陶莊河神廟碑記。四十五年、四十九年，並有御製陶莊河神廟瞻禮詩。

寺觀

湛真寺。在府治淮北里，舊名紹隆。本朝康熙二十五年改建。四十四年，敕賜今額，並御書供奉寺內。

聞思寺。在府治西湖嘴，舊名大悲庵。本朝康熙四十四年，敕賜今額。

佑濟寺。即湖心寺，亦曰十方禪院，在府城西北五里，背隄面湖。本朝康熙四十四年，敕賜今額。

誕登寺。在府城西北三十里鉢池山後，即洪福寺。宋淳熙年建，本朝康熙四十四年，敕賜今額。雍正十年重修。

報恩寺。在山陽縣治東，宋建。元廢，明洪武初重建。

開元寺。在山陽縣西南。明一統志：唐開元間建，内有枸杞井。

龍興寺。在山陽縣治西北。輿地紀勝：唐萬歲通天中，泗州僧伽嘗居此。明一統志：晉建。

景慧寺。在山陽縣西北二十餘里鉢池山上，相傳王喬鍊丹於此。明正統間重建。

永安寺。在鹽城縣治北。唐武德三年建。

慈雲寺。在清河縣清江浦。本朝雍正十三年，奉旨動帑興修。乾隆四年，頒賜龍藏全部供奉。四十五年、四十九年，並有御製慈雲寺瞻禮詩。

覺津寺。即檀度寺，在清河縣清江浦。本朝康熙四十四年，敕賜今額。

興國寺。有二。一在清河縣東南半里許，元皇慶間建。一在桃源縣治西，宋太平興國中建。

能仁寺。在安東縣治西一里許，舊名承天寺。宋祥符中賜額。

紫霄宫。在山陽縣城東南。漢時建，舊名紫極宫。輿地紀勝：紫極宫，在楚州城西南隅。熙寧中，楊傑作記云：嘗有神仙來遊，題詩於壁，筆蹟漬入，刮之不滅。又有李公麟畫馬、蘇軾題字、陳師道題詩。

靈慈宫。即天妃宫，在清河縣清江浦。明宣德間，平江伯陳瑄建，楊士奇爲記。

校勘記

〔一〕晉太康二年復立　乾隆志卷六四淮安府古蹟(下同卷簡稱乾隆志)同。按，宋書卷三五州郡志作「太康元年」，此疑誤。

〔二〕城枕泗川　「泗川」，原作「泗州」，乾隆志同，據水經注卷二五泗水改。

〔三〕淮東制置使李庭芝築　「制置」，原倒作「置制」，乾隆志同，據續資治通鑑卷一八〇宋紀度宗咸淳九年十一月條乙正。

〔四〕宋史李壇以漣水三城來歸　「壇」，原作「壇」，據乾隆志及宋史卷四五理宗本紀景定三年二月條改。

〔五〕開中河成　「成」，原作「城」，據乾隆志改。

大清一統志卷九十五

淮安府三

名宦

晉

棗據。長社人。爲山陽令，有政績。

孔衍。魯國人。明帝在東宮，領太子中庶子。王敦惡之，出衍爲廣陵郡。雖郡鄰接西寇，猶教誘後進，不以戎務廢業。石勒常騎至山陽，敕其黨以衍儒雅之士，不得妄入郡境。視職期月，卒於官。

南北朝 周

李徹。巖緑人。宣帝時，從韋孝寬畧定淮南，每爲先鋒。淮南平，授淮州刺史。安集初附，甚得歡心。

隋

高勱。蓚人。高祖時，楚州刺史，民安之。先是，俗敬鬼神，城北有伍子胥廟，祈禱者必以牛酒，至破産業。勱歎曰：「子胥賢者，豈宜損百姓乎！」乃告諭所部，自此遂止。

唐

韓思彦。南陽人。高宗時，爲山陽丞。初，尉遲敬德子姓陷大逆，思彦按釋其冤，至是贈黄金良馬，思彦不受。至官閲月，自免去。

宋璟。南和人。睿宗時，與姚崇奏出太平公主於外，貶楚州刺史。

薛珏。寶鼎人。代宗時，爲楚州刺史。初州有營田，宰相遥領使，而刺史得專達，俸及他給百餘萬，田官數百員，以優得遷。別户三千，備刺史厮役。珏至，悉除去之，租入贏異。

李承。高邑人。德宗時淮南西道黜陟使。奏置常豐堰於楚州，以禦海潮，溉屯田塉鹵，收常十倍他歲。

李聽。臨潭人。憲宗討李師道，出聽楚州刺史。淮西兵綿弱，鄆人素易之。聽日整勒，士皆奮，即掩賊不虞，趨漣水，破沭陽，絶龍沮堰，遂取海州，攻朐山降之。懷仁、東海兩城望風送款。以功，兼御史大夫。

五代　南唐

何敬洙。廣陵人。爲楚州團練使，常微服出遊，察民疾苦。有科調輒爲經畫，民不知勞。坐廳事，與賓佐譚讌，民有訴事者，立引入，親自剖析曲直，皆厭服而去。

徐鉉。廣陵人。保大中，唐主使親吏車延規築楚州白水塘，以溉屯田。時力役暴興，吏緣爲姦，强奪民田爲屯田，江淮騷然。鉉因奏陳其弊。尋遣鉉行視。鉉至楚州，悉取所奪田還民，詰責車延規，欲榜之，白水塘役遂賴以止。

張彦卿。爲楚州防禦使。周世宗親攻楚州，彦卿死守。及城陷，猶列陣巷戰，日暮兵矢皆盡，彦卿收繩牀搏戰，及兵馬都監鄭昭業等千餘人皆死之，無一人生降者。

宋

邢昺。濟陰人。太宗時，知泰州鹽城監。昺以監處楚、泰間，泰僻左而楚會要，鹽食爲急，請改隸楚州。從之。

喬維岳。南頓人。太宗時，爲淮南轉運使。淮河西流三十里曰山陽灣，水勢湍悍，運舟多罹覆溺。維岳規度開故沙河，自末口至淮陰，凡四十里。後罷使，權知楚州。

張傅。譙人。向敏中薦知楚州。會歲饑，貽書發運使求貸糧，不報。因歎曰：「民轉死溝壑矣，報可待耶？」乃發上供倉粟賑貸，所活萬計。因拜章待罪，詔奬之。

范仲淹。吴縣人。真宗時，監楚州糧料院。

孫長卿。揚州人。仁宗時，知楚州糧料院。郡倉積米五十萬，陳腐不可食，主吏皆懼法，毋敢輕去。長卿爲酌新舊，均渫之，吏罪得免。

段少連。開封人。仁宗初，爲太常博士。論劉從德遺奏恩濫，降祕書丞，監漣水軍酒税。

孫沔。會稽人。仁宗時，再知楚州，皆著能迹。

張奎。臨濮人。仁宗時，知楚州。風力精强，吏不敢欺。

李先。臨潁人。仁宗時，知楚州。楚有民迫於輸賦，殺牛鬻之，里胥白於官。先愍焉，但令與杖，通判孫龍舒以爲徒刑，毁其案。明日龍舒來，先引囚曰：「汝罪應杖，以通判貸汝矣。」遣之出。

李載。黎陽人。仁宗時，知漣水軍，以寬厚稱。

米芾。吴人。仁宗時，知漣水軍，風雅有政聲。

王宗望。固始人。哲宗時，爲江淮發運使。開漣州支氏渠，引水入運河，爲公私利。

石公弼。新昌人。徽宗時，調漣水丞。有供奉高公備綱舟行淮，以溺告。公弼曰：「數日無風，安有是？」使尉核其所載錢失百萬，呼舟人物色之，乃公備與寓客妻通，殺其夫，畏事覺，所至竊官錢賂其下〔一〕，故詭爲此説。即收捕窮治，皆伏辜。

趙立。徐州人。建炎中忠州刺史。金圍楚州急，宣撫杜充命立將所部兵往赴，連七戰勝而後達楚。詔以立守楚州。金人攻城，設南、北兩屯，絶楚餉道。立引兵出戰，大破之。朝廷以立爲徐州觀察、泗州漣水軍鎮撫使，兼知楚州。會糧盡，承州既陷，楚勢益孤。金知外救絶，圍益急，攻東城，飛礮中立首。左右馳救之，曰：「我終不能爲國拒敵矣。」言訖而絶，衆巷哭。金人疑立詐死，不敢動。越旬餘城始陷。訃聞，贈奉國節度使，謚曰忠烈。

韓世忠。延安人。紹興六年，爲京東淮東路宣撫處置使，置司楚州。世忠披草萊，立軍府，與士同力役，夫人梁氏親織薄爲屋。將士有怯戰者，世忠遺以巾幗，設樂大宴，俾婦人粧以恥之，故人人奮勵。撫集流散，通商惠工，山陽遂爲重鎮。在楚州十餘年，兵僅三萬，而金人不敢犯。

魏勝。宿遷人。隆興二年，知楚州。時和議尚未決，金人乘其懈，欲侵邊。勝覘知之，身率忠義士，拒於清河口。金人詐稱欲運糧往泗州，由清河口入淮。勝知其謀，欲禦之，都統制劉寶不許。金騎軼境，勝率諸軍拒於淮陽〔二〕，力戰不支，又遣人告急於寶，迄不發一兵。矢盡，救不至，謂士卒曰：「我當死此，得脱者歸報天子。」乃令步卒居前，騎爲殿。至淮陰東十八里，中矢墜馬死。

李大性。四會人。孝宗時，通判楚州。郡守吴曦與都統制劉超合議欲撤城移他所，大性謂楚城，晉義熙間所築，最堅，持不可。臺臣將劾其阻撓，會從官送北客，朝命因俾廉訪，具以實聞，遂罷戎帥。

陳敏。石城人。乾道中，守高郵。時言事者議欲戍守清河口，敏言：「宜先修楚州城池。蓋楚州爲南北襟喉，彼此必争之地。長淮二千餘里，通北方者五，通南方以入江者，惟楚州運河耳。北人舟艦自五河而下，將謀渡江，非得楚州運河，無緣自達。願朝廷留意。」卒移守楚州。北使過者，觀其雉堞堅新，號銀鑄城。

李孟傳。上虞人。爲楚州司户參軍。單車赴官，公退，閉户讀易，郡守部使者不敢待以屬吏。修復陳公塘，有灌溉之利。

黄師雍。福州人。寶慶初，爲楚州官屬。出盜賊白刃之衝，不畏不懾。李全反狀已露，師雍密結忠義軍别部都統時青圖之。謀泄，全殺青，師雍不爲動。秩滿，朝議褒異。

周子鎔。理宗時淮安主簿。爲金所俘，數遣蠟丸，諜報邊事。後歸國，授朝奉郎。

彭義斌。理宗時爲統制，屯楚州。李全殺許國，牒義斌聽節制。義斌斬賫牒人，告天誓衆，出兵敗全。進攻真定，降金將武仙，衆至數十萬。致書趙善湘曰：「不誅逆全，恢復不成。賊平之後，收復一京三府，然後義斌戰河北，盱眙諸將、襄陽騎士戰河南，神州可復也。」未幾與元兵戰内黄之五馬山，死之。

王孝忠。爲鎮江前軍統制，兼淮東路，分戍淮陰。楊貴叛，孝忠率衆迎戰，勝氣百倍。俄水軍統制朱信降賊，孝忠孤軍力不敵，死焉。

耿世安。宋末爲淮東副總管、兩淮都撥發官。元兵至，制置使賈似道調世安提兵戍漣水軍。世安迎至漁溝，以三百騎入陣鏖戰，身被七創，猶能追殺潰兵，收兵還，至數里殁。事聞，贈五官。

元

許維禎。遂州人。至元十五年，爲淮安總管府判官。屬縣鹽城及丁溪場二虎爲害，維禎默禱於神祠，一虎去，一虎死祠前。境内旱蝗，維禎禱而雨，蝗亦息。是年冬無雪，父老言於維禎曰：「冬無雪，民多疾，奈何？」維禎曰：「我當爲爾禱。」已而雪深三尺。朝廷聞其事，方欲用之而卒。

梁曾。燕人。至元三十年，授淮安路總管。到官興學校，勵風俗。河南行省事有疑者，皆委曾議之。

褚布哈。石樓人。至元中淮東副使。汝、潁盜發，勢張甚，布哈守淮安五年，前後數十百戰。城中食且盡，賊攻圍益急。總兵屯下邳，相去五百里，凡遣使十九輩告急，皆不聽。城中饑者，至家人老稚更相食。力既盡，城陷，布哈猶據西門力鬥，中傷見執，爲賊所臠。次子班格冒白刃護之，亦見殺。「褚布哈」舊作「褚不華」，「班格」舊作「伴哥」，今俱改正。

明

薛祥。瀘州人。洪武初，授京畿都漕運使，分司淮安。濬河築隄，自揚達濟數百里。繇役均平，民無怨疾。山陽、海州民亂，詿誤甚衆，祥會鞫，無驗者悉原之。治淮八年，民相勸莫爲惡負薛公。及考滿還京，皆焚香祝天，願薛公再來，或寫真生祠之。

陳瑄。合肥人。永樂初，封平江伯，以總兵官督漕運。時漕舟抵淮安，率陸運過壩，踰淮達清河，勞費甚鉅。瑄用故老言，自城西管家湖鑿渠二十里爲清河浦，導湖水入淮，由是漕舟直達於河，省費不貲。

李信圭。泰和人。洪熙時，知清河縣。俗好發冢縱火，信圭設教戒十三條，令里民書於牌，月朔望儆戒。且令書其勤惰善惡以聞，俗爲之變。縣當衝要，使節絡繹，民罷於役。信圭上疏，乞申明前令，公事亟者舟與五人，緩者則否。又請自儀真抵通州，免其雜徭，俾得盡力農田，兼供夫役。帝皆從之。自是他郡亦蒙其澤。正統元年，擢知蘄州，清河民詣闕乞留，命以知州理縣事。民田數百頃，爲淮安衛卒所奪，奏還之。天久雨，淮水大溢，奏請賑貸，併停歲辦物料。及軍匠、廚役、濬河人夫往來道死者，爲三大冢瘞之。在清河二十二年，擢知處州府。

彭遠。南昌人。宣德中，知淮安府。淮南北大饑，流民四至。遠搆舍以居，日給二糜，稍寬鹺禁，全活者萬計。民間故乏牛，爲假貸之。後被誣當罷，民擁中官舟乞爲奏請，宣宗命復留之。

王竑。河州人。景泰初，以僉都御史出督漕運。淮安、徐州大水，竑不待報，發倉賑之。山東、河南饑，民咸就食，廩不能給，發徐州廣運倉以賑。乃自劾專擅罪，并請令死罪以下得入粟贖。帝命侍郎鄒幹齎帑金馳赴。竑躬自巡行，散賑不足，則令沿淮上下商舟及富户出米以給饑民，全活無算。流徙復業，病者給藥，死者具櫬，鬻子女則贖而歸之，還籍者予道里費。人忘其饑，頌聲大作，輯其事爲救荒録以傳後，淮人立祠祀之。

陳鋭。瑄曾孫。成化中，以平江伯鎮淮安，總督漕運。建淮河口石閘，築隄疏泉，修舉廢墜。淮揚饑疫，鋭煮糜施藥，多所存濟。

徐鏞。興國人。弘治初，知淮安府。歲饑，亟修糴賑法，循行鄉邑，勸課農桑，歲轉豐稔。窮民苦無告者，勸富室助其婚葬。學校圮，葺而大之。

程爋。南城人。正德中，知鹽城縣。旱蝗民饑，力行賑恤。有寃獄論死者十九人，爲申雪之。築隄捍決渠，建水次倉便轉運，諸爲民興除利弊，務殫其力。

楊宏。西安左衛人。世宗時，督漕運，鎮淮安。悉心經畫，多所釐正。歲大饑，疏請節民力，寬商税，弛鹽禁，減漕糧，乞帑金，易米煮粥，存活萬計。淮人立祠祀焉。

孫繼魯。雲南右衛人。嘉靖中，知淮安府，以清節聞。織造中官過淮，繼魯與之忤，誣逮至京。大學士夏言救免，繼魯不謝。

邵元哲。貴陽人。萬曆初，知淮安府。城東澗河通射陽湖入海，爲輸灌咽喉，久淤，元哲白部使者濬之。又築城西長隄，以防黄河下流之決。

潘季馴。烏程人。萬曆六年，爲河漕尚書，築崔鎮以防決口，建高堰以束淮水。凡四奉治河命，前後二十七年。習知地形險要，增築設防，置官建閘，經理悉當，淮民賴之。著河防一覽十二卷。

練國事。永城人。萬曆末，知山陽縣。大水決隄，國事躬捍衛，兩月始平。

史可法。大興人。崇禎間，督漕運，大濬南河，盡除弊政。福王立，以功進大學士。與馬、阮不協，督師淮揚。分江北爲四鎮，自王家營而北最衝要，可法自任之。本朝乾隆四十一年，賜謚忠正。

本朝

白登明。蓋平人。由貢生授河南柘城令，擢江南太倉州。康熙間，起授高郵州知州。值歲旱蝗，繼又大水，請蠲勸賑，全活無算。築湖隄，嚴禁胥吏尅減。以勞卒於官，貧無餘資。鄉里立祠私祀者凡四所云。

靳輔。奉天人。康熙間，總督河道。上陳河務事宜八疏，悉奉俞允，大發帑金，專任委成。輔治河十七年，經理無不曲當。既老病劇，又疏陳兩河善後之策，請豁開河築隄廢田之糧，沿淮軍民感誦治績不衰。著有治河書十二卷，奏疏八卷。

齊蘇勒。滿洲正白旗人。康熙間，總督河道。莅政清勤，河防完固。疏復瓜洲花園港運道，建閘啓閉，以順水勢。堵瓜洲城西新開河道〔三〕，以免江水逼城之患，尤爲偉績。

嵇曾筠。無錫人。雍正間，總督南河。疊遇山水暴漲，相機堵洩，淮民受其利。旋奉命發帑大修高堰石工，曾筠悉心經理，屹然巨障，下河七州縣恃以無患。著河防奏議十卷。

人物

漢

韓信。淮陰人。家貧不得推擇爲吏，常從人寄食。項梁渡淮，信仗劍從之。梁敗，又屬項羽爲郎中。羽弗用，亡楚歸漢。滕公言於漢王，以爲治粟都尉。數與蕭何語，何奇之，信亡，何自追之，曰：「諸將易得，如信國士無雙，必欲争天下，非信無可與計事者。」於是漢王拜信爲大將，遂聽信計，舉兵東出陳倉，定三秦。漢兵敗卻彭城，齊、趙、魏皆反。漢王以信爲左丞相，進兵擊魏，虜魏王豹。進擊趙、代，破代。東下井陘擊趙，破趙軍，斬成安君，擒趙王歇。發使於燕，燕從風而靡。拜爲相國。發兵擊齊，齊平，遂立信爲齊王。將兵會垓下，項羽死，高祖徙信爲楚王。信初之國，有變告信欲反，帝用陳平謀，僞游雲夢，信謁於陳，縛之至洛陽，赦爲淮陰侯。陳豨反，帝自將，信稱病不從。其舍人弟上書變告信欲反狀，吕后斬之。

枚乘。淮陰人。爲吳王濞郎中。王初謀爲逆，乘奏書諫不納，去之梁，從孝王遊。景帝即位，吳王與六國謀反，乘復説吳王還兵疾歸，吳王不用乘策，卒見擒滅。乘由是知名。景帝召拜弘農都尉，以疾去官，歸淮陰。武帝爲太子，聞乘名，及即位，乘年已老，乃以安車蒲輪徵之，道死。

枚皋。乘子。年十七，上書梁共王，召爲郎。見讒惡，亡至長安，上書自陳枚乘之子，召見，使賦平樂館，善之，拜爲郎，貴幸比東方朔。從巡狩遊觀，帝有所感，輒使賦之。

陳球。淮浦人。少涉儒學，善律令。陽嘉中，舉孝廉，累遷至廷尉。熹平元年，竇太后崩，宦者積怨竇氏，中常侍曹節等欲別葬太后，詔公卿大會朝堂，令中常侍趙忠監議。既議，坐者數百人，各瞻望中官，莫肯先言。球曰：「皇太后以盛德良家，母臨天下，宜配先帝，是無所疑。」便操筆下議。公卿以下皆從之，於是乃定。六年，遷司空，尋免。光和元年，遷太尉。明年，爲永樂少府，與司徒河間劉郃謀誅宦官，未發，曹節聞之，誣以謀議不軌，下獄死。子瑀，吴郡太守。瑀弟琮，汝陰太守。並知名。

臧旻〔四〕。射陽人。有幹事才。熹平中，歷匈奴中郎將，還京師。太尉袁逢問其西域諸國土地、風俗、人物種數，旻具答，言西域本三十六國，後分五十五，稍散至百餘國。其國大小、道里遠近、人數多寡、風俗燥濕、山川草木鳥獸異物名種，不與中國同者，口陳其狀，手畫地形。逢奇其才，歎息言：「雖班固作西域傳，何以加此！」轉拜長水校尉。終太原太守。

臧洪。旻子。年十五，舉孝廉，補即丘長。中平末，棄官還家，太守張超請爲功曹。時董卓圖危社稷，洪説超誅除國賊，爲天下倡義。超然其言，與洪西至陳留，見兄邈計事。邈引洪與語，大異之。後袁紹以洪領青州刺史，任事二年，紹憚其能，徙爲東郡太守。時曹操圍張超於雍丘甚急，洪聞超圍，徒跣號泣，從紹請兵。紹不許，超遂族滅。洪由是怨紹，絶不與通。紹興兵圍之，城陷被執。洪據地瞋目數紹，紹知終不爲用，乃殺之。

陳容。射陽人。少爲諸生，親慕臧洪，隨爲東郡丞。城未破，洪先使歸紹。容見洪當死，謂紹曰：「將軍舉大事，欲爲天下除暴，而先誅忠義，豈合天意？」紹慙，使牽出，謂曰：「汝非臧洪儔，空復爾爲？」容顧曰：「夫仁義豈有常所，蹈之則君子，背之則小人。今日願與臧洪同日死，不與將軍同日生也。」遂復見殺。

陳珪。球兄子。舉孝廉，官沛相。袁紹欲結吕布爲援，爲子索布女，布許之。術遣使以僭號告布，并迎婦。珪恐術、布成婚，則徐、揚合從，將爲國難，説布曰：「將軍與術結婚，受天下不義之名，必有累卵之危。」布亦怨術，女已在塗，追還絶婚。

陳登。珪子。忠亮高爽，深沈有大畧。舉孝廉，除東陽長。曹操以爲廣陵太守，率兵進圍吕布，功加伏波將軍。孫策遣軍來攻，登大破之，遷東城太守。年三十九卒。後許汜與劉先主共論天下人，先主因言曰：「若元龍文武膽志，當求之於古耳，造次難得比也。」按元龍，登字。

三國　魏

陳琳。射陽人。初爲何進主簿，進欲誅諸宦官，太后不聽，乃召四方猛將引兵向京城，欲以劫恐太后。琳諫進不納，避難冀州。袁紹使典文章。袁氏敗，歸魏，爲司空軍謀祭酒，管記室，軍國書檄多琳所作。爲建安七子之一。

吴

步騭。淮陰人。避難江東，孫權爲討虜將軍，召爲主計。後拜使持節、征南中郎將。劉表所置蒼梧太守吴巨，陰懷異心，騭徇斬之，威聲大震。加拜平戎將軍，封廣信侯。武陵蠻蠢動，騭討平之。黄武二年，改封臨湘侯。五年，徙屯漚口。權稱尊號，拜驃騎將軍，領冀州牧，都督西陵。時中書吕壹典校文書，多所糾舉。騭上疏諫，權悟，遂誅吕壹。前後薦達屈滯，救解患難，書數十上。赤烏九年，爲丞相，猶誨育門生，手不釋書，被服居處有如儒生。在西陵二十年，鄰敵敬其威信。性寬洪得衆，喜怒不形聲色，而外内肅然。

隋

張奫。淮陰人。好讀兵書，尤便刀楯，以勇決知名。高祖作相，授大都督，領鄉兵平陳有功，進開府儀同三司，封文安縣子。率水軍破賊管子游於京口、薛子建於和州，徵拜大將軍。尋從楊素征江表，别破高智惠於會稽，吴世華於臨海。開皇中，從漢王諒征遼東，諸軍多物故，龠衆獨全，高祖善之。仁壽中，遷潭州總管，卒。

唐

王義方。漣水人，客於魏。事母謹甚，舉明經，補晉王府參軍，直弘文館。顯慶元年，擢侍御史。會李義府縱大理囚婦淳于氏，迫其丞畢正義縊死，無敢白其姦。義方上言姦臣肆虐殺人滅口，請下有司雜治，即具法冠，對仗叱義府下，跪讀所言。帝方安義府狡佞，恨義方以孤士觸宰相，貶萊州司户參軍。

吉中孚。楚州人。登宏詞科，歷翰林學士、户部侍郎。工吟咏，名列「大曆十才子」中。

趙嘏。山陽人。會昌進士。杜牧見其詩有「長笛一聲人倚樓」之句，稱爲趙倚樓。官渭南尉。所著有渭南集。

宋

劉承規。山陽人。太宗即位，超拜北作坊副使。雍熙中，累加官，懇辭。真宗時，朝陵東封及祀汾陰，皆留掌大內，禮成當進秩，表求休致。改新州觀察使，承規以廉使月廪歸於有司。卒，贈鎮江軍節度，謚忠肅。承規事三朝，以精力聞。掌內藏三十年，檢察精密，動著條式。好儒學，喜聚書，間接文士質訪故實。寢疾，惟以公務爲念。

趙師旦。山陽人。以廕試將作監主簿，歷知康州。儂智高破邕州，入脅師旦。師旦大駡，智高怒，害之。事平，贈光禄少卿。

徐積。山陽人。三歲父死，旦旦求之甚哀。母使讀孝經，輒涕落不能止，事母至孝。從胡翼之學，應舉入都，不忍捨親，徒載而西。登進士第，舉首許安國率同年生入拜，具致百金爲壽，謝卻之。以父名石，終身不用石器，行遇石則避而不踐。母亡，廬墓三年，雪夜伏墓側，哭不絶音。吕溱過其廬聞之，曰：「使鬼神有知，亦垂涕也。」甘露歲降兆域，杏兩枝合爲幹。鄉人有争訟，多就取決。州以行聞，詔賜粟帛。元祐初，近臣合薦爲楚州教授，每升堂訓諸生，聞之者斂衽敬聽。轉和州防禦推官，改宣德郎，卒。政和六年，賜謚節孝處士。

張耒。淮陰人。弱冠第進士。范純仁以館閣薦，累遷著作郎、史館檢討。紹聖初，知潤州，坐黨籍謫官。徽宗召爲太常少卿，出知潁、汝二州，尋復坐黨籍落職。耒有雄才，筆力絶健，誨人作文，以理爲主。作詩晚歲效白居易體，樂府效張籍。建炎初，贈集英殿修撰。

王資深。山陽人。第進士，累官尚書郎。初擢御史，首論在廷大臣。章具將上，蔡京遣所親謂曰：「慎勿言，當以此位相處。」不答。翌日出知揚州，尋改明州。嘗註周書及方言。

扈再興。淮人。有膂力，善機變。每戰，被髮肉袒，徒跣揮雙刀，奮呼入陣，人馬辟易。金人犯襄陽、棗陽，再興設伏掩擊，大敗之，授神勁統制。自是無日不戰，又破順昌縣淅川鎮，入鄧州，破高頭，進攻唐州，斬其將從義。圍唐州，截其歸路，獲其副統軍廣威將軍努克特。尋以病卒。子世達，亦以名將稱，官至都統制。「努克特」舊作「衲撻達」，今改正。

米立。淮人。三世爲將。江西制置使黄萬石署爲帳前都統制。元兵略江西，立迎戰於江坊，被執不降，繫獄。行省遣萬石諭之。立曰：「侍郎國家大臣，立一小卒耳，何足道？但三世食趙氏禄，趙亡，何以生爲？」萬石再三説之不屈，遂遇害。

陸秀夫。鹽城人。景定初進士。李庭芝鎮淮南，辟置幕中。秀夫才思清麗，性沈静，不苟求人知。每宴集，坐尊俎間，矜莊終日，未嘗少有希合，至察其事皆治，庭芝益器之。德祐元年，邊事急，庭芝上其名，累擢至宗正少卿。二年，以禮部侍郎使軍前請和，不就。二王走温州，秀夫追從之，與陳宜中、張世傑等立益王於福州，進端明殿學士、簽書樞密院事。時君臣播越海濱，庶事疏畧，每朝會，秀夫儼然正笏立如治朝。王殂，羣臣皆欲散去，秀夫曰：「度宗一子尚在，天若未欲絶宋，此豈不可爲國耶！」乃立衛王，以秀夫爲左丞相，與張世傑共秉政。時世傑駐兵厓山，秀夫外籌軍旅，内調工役，凡有述作，又盡出其手。雖匆遽流離中，猶日書大學章句以勸講。元至元十六年，厓山破，秀夫走衛王舟，度不可脱，乃仗劍驅妻子入海，即負王赴海死。空阬之敗，自經於山間，天祥有詩哀之。

繆朝宗。山陽人。知梅州。文天祥入閩福安，朝宗間道從之。孜孜奉公，軍府政令，悉出其手。

張孝忠。淮人。德祐初，吕文焕導元兵東下，調孝忠逆戰團湖坪。矢盡，孝忠揮雙刀擊殺百餘人，前軍稍卻。後軍繞出孝忠後，衆驚潰，孝忠中流矢死。

黄文政。淮人。戍蜀，軍潰，間道走静江，馬塈邀與同守。城破，文政被執，大詬不屈。元軍斷其舌，以次劓刖之，文政含胡叱咄，比死不絶聲。

龔開。淮陰人。嘗與陸秀夫同居廣陵幕府。宋亡不仕。嘗爲文天祥、陸秀夫作傳，人擬之遷、固。

元

趙篔翁。山陽人。延祐甲寅，始設科取士，篔翁成進士，授泗州判官。後爲總管、中大夫。補著雅樂，有覆瓿集。

金原舉。鹽城人。善吟咏，博通經史，尤工楷書篆草。弱冠爲郡學録，歷州郡守。有雲谷集。

明

楊靖。山陽人。洪武進士，選庶吉士，擢户部侍郎。以稱職見重於帝，製大誥奬靖等以激勵羣臣。二十二年，進尚書。明年，調刑部，冤獄多所平反。嘗鞫一武弁，門卒檢其身，得大珠，僚屬驚異。靖徐曰：「安有珠大如此者乎？」碎之。帝聞，嘉其有四善焉。會征龍州，詔靖諭安南輸粟。以白衣往，反覆諭之，安南遂奉詔。帝大悦，召爲左都御史。靖有智畧，善理繁劇，治獄明察而不深文。坐小事賜死，年三十八，時論惜之。

金濂。山陽人。永樂進士，授御史。宣德初，巡按廣東，廉能稱最。正統三年，擢僉都御史，參贊軍務。八年，拜刑部尚書，與陳懋等討福建賊鄧茂七等有功。景泰初，召改户部。時四方用兵，需餉急，濂綜核無遺，議上撙節便宜十六事，國用得無乏。卒，贈沭陽伯，謚榮襄。

王瑜。山陽人。以總旗選隷趙王府護衛。永樂末，皇太子裁抑宦寺，中官王儼等懼，潛與趙府護衛指揮孟賢謀，將令中人毒帝，廢太子，立趙王。其黨高正密告瑜。瑜大驚，遂詣闕告變，帝乃急捕賢等，盡得其邪謀，皆伏誅。授瑜遼海衛千户。仁宗立，擢錦衣衛指揮同知，戒同官勿慢瑜，事必白瑜乃行。瑜持大體，不爲苛細，廷中稱其賢。宣德八年，進左副總兵，鎮淮安，董漕運。累遷左軍都督僉事。淮安，瑜故鄉也，人以爲榮。在淮數年，有善政。

葉淇。山陽人。景泰進士，授御史。天順初，石亨譖之，下吏考訊無驗，出爲武陟知縣。成化中，累官大同巡撫。孝宗立，召爲户部侍郎，遷尚書。哈密爲吐魯番所陷，守臣請給其遺民廪食，處之内地。淇曰：「是自貽禍也。」寢其奏。姦民獻大名地爲皇莊，淇議歸之有司。内官龍綬請開銀鑛，淇不可，帝從之。後綬請長蘆鹽二萬引，鬻於兩淮，以供織造費，淇力争，竟不納。居户部六年，直諒有執，能爲國惜財用，每廷議用兵，輒持不可。乞休歸，卒贈太子太保。子贇，天順進士。歷官刑部右侍郎，以清操聞。

劉世安。其先山陽人，襲世職爲衛指揮使。勇敢善戰。延綏用兵，以戰功累遷都督同知，改左副總兵，協守大同。弘治中，鎮甘肅，與巡撫許進襲破吐魯番於哈密，復其城而還，進左都督。世安有膽智〔五〕，孝宗時，稱良將焉。卒，贈廣昌伯。

楊旻〔六〕。母喪廬墓，晨奉櫛頮，夕奉浣濯。成化中旌。

王鉉。山陽人。父母及祖父母相繼殁，俱躬負土成墳，廬其墓三載，刻木爲像，晨昏泣奠。成化中旌。

韋斌。山陽人。成化進士，官給事中。嘗曰：「假彈劾以快私讐，摘細微以賣公道，吾所深恥。」出爲福建學使，衡鑒精明，拒絶私情，多所造就。

蘇勤。安東人。自其五世祖至勤六世同居，不殖私財，敦尚禮義。成化間，旌爲義門。

朱勇。安東人。五世同居。弘治間旌。

丁震。山陽人。自其高祖父義以來，五世同居。正德中旌。

蔡昂。山陽人。少穎異，嗜讀書，每假人書，一覽成誦。正德甲戌進士。在史館幾三十年，有聲於時。歷官禮部侍郎。有頤貞堂集。

潘塤。山陽人。正德進士，授工科給事中。性剛決，彈劾無所避。論都御史王鼎、南京兵部尚書劉機，鼎竟罷去。復劾保定巡撫甯杲、天津督兵御史陳天祥貪暴，詔俱召還。乾清宮災，塤上疏切諫，報聞，遷兵科都給事中。以争右都督毛倫襲廕事，中旨外調開州同知。嘉靖七年，累官右副都御史，巡撫河南。潞州巨盜陳卿爲亂，山西巡撫討賊無功，敕塤會勦，大破之。捷聞，帝將大賚，適以他事罷去。及給事中夏言覈上平賊功，塤爲首，桂萼惡之，但賚銀幣而已。

陳斗南。鹽城人。嘉靖進士。事繼母至孝，母病疽，悲號七日，口吮所患，母立愈。人稱孝感。

丁士美。清河人。嘉靖進士第一，授修撰。萬曆初，歷吏部左侍郎。爲人謙厚，不露廉鍔。居官絶餽遺，與人處，退然若無能；意所不可，輒怫然見辭色。以父老，屢請終養，不許。及聞訃，哀毁成疾。卒，贈禮部尚書，謚文恪。

楊錦。山陽人。母疾，侍湯藥，不解衣者三月。侍父鸞寢處，不入私室者十數年。每冬月父足凍裂，以舌舐之，父患劇疾，嘗其糞。嘉靖中，以歲貢當赴京，錦念父老不忍離膝下，竟不行。

孔金。山陽人。父早亡，母謝氏遺腹三月而生。母爲大賈杜言逼娶，投河死。金長，屢訟於官，不勝，乃乞食走訴闕下，不得達。還墓所，晝夜號泣。里人陳其事於府，知府張守約坐言大辟，卒死獄中。金子良，亦有孝行。父病，封股爲羹以進，旋愈。比卒，廬墓哀毁。萬曆四十三年，父子並得旌。

丘度。山陽人。萬曆進士。授南康推官，遷主事，榷税九江。正課既足，盡弛關禁，任舟楫往來。歷遷光禄卿。卒，贈户部右侍郎。度居官廉介，持法不避豪强。初爲諸生時，知府高其文行，延爲弟子師，不可。念其貧，爲置田，復遺之金，皆不受。始艱於子，家人爲置妾，久而還之，仍處子也。其操行如此。

岳鍾秀。山陽人。性至孝，爲兒時，即封股愈父疾。母病嘗糞，知不起，籲天求代。居喪毁瘠骨立。萬曆丁酉舉於鄉，以知縣徵授刑部主事。詳讞囚册，出死罪百餘人。富豪殺人論死，賄庖人埋金驛館求赦。鍾秀怒，將執治之，庖人夜遁。歷郎中，出爲雲南參議，遷貴州副使。所至以清操聞。

張世顯。大河衛人。天啓初，爲戚家堡遊擊。聞警出戰，兵敗，他部皆走，部卒亦請暫避。世顯不可，血戰重圍中，力盡援絶，身被數十創死。

王宏。安東人。白蓮寇起，宏應募往勦。被執不屈，釘於二樹間，罵不絶口而死。

潘宏。山陽人。崇禎中，以貢生知舞陽縣。李自成攻陷南陽，所屬州縣皆失守。進攻舞陽，宏發礮擊之多斃。諸生潛遣人約降，乃開門縛宏以獻。賊索印脅降，宏怒罵不屈，乃斷其手支解之。子澄瀾，痛憤大哭，投井死。

岳薦。山陽人。少嗜學，該涉經史，尤好濂閩書。歲饑，已食糠覈，父母甘旨未嘗缺。有庶弟甫生，其母卒，薦適生女，命婦棄女而乳其弟。持身嚴重，接人和易，誨子弟諄切不倦。終身未嘗去書，而不喜著述。鄉人稱爲西來先生。

趙世選。山陽人。崇禎八年，以貢生授和州訓導。抵任九日，獻賊逼城，與知州誓死守。三日城陷，罵賊不屈死。事聞，贈國子監學録。

周文煒。清河人。官商州同知，署州事。癸未，闖賊犯境，文煒竭力守禦，城陷，駡不絶口，爲賊所磔。子元生，哭父駡賊，亦被殺。本朝乾隆四十一年，賜謚忠愍。

鍾希賢。清河人。冀北道參議。崇禎十一年，闖賊亂，城陷不屈死。同縣王茂遠，知靈璧縣，與希賢同殉節。本朝乾隆四十一年，並賜謚節愍。

羅應選。桃源人。知龍安縣。崇禎十七年，賊入蜀，誓死守城。比陷，舉家遇害。本朝乾隆四十一年，賜謚節愍。

王百度。鹽城人。崇禎末，爲崇明守備。擣賊崇明，中流矢死。本朝乾隆四十一年，賜謚節愍。

劉永昌。安東人。崇禎末，鎮守江淮總兵官。闖賊陷應州，父被執，招之不屈，投江死。本朝乾隆四十一年，賜謚節愍。

張緯。安東人。崇禎末，官銅陵訓導，城破不屈死。本朝乾隆四十一年，賜謚節愍。

李幹才。鹽城人。崇禎末生員。甲申聞京師破，不食死。同縣生員石盤，與都司酆某同舉兵，兵敗被執死。本朝乾隆四十一年，並賜入昭忠祠。

本朝

張弨。山陽人。精六書，貧而嗜古，尤究心金石。後以聾廢，而考證彌勤。顧炎武音學，弨所寫定。

張新標。山陽人。順治進士。有文名。官考功司，甚舉其職。

徐越。山陽人。順治進士。授行人，擢御史。在諫垣十有三年，條奏皆關大政，言漕、河事先後十六疏，歷陳淮、黄分合變遷，及兩河衝決州縣被災狀尤悉。遷兵部督捕、左理事官，引疾歸。

陸求可。山陽人。順治進士。知裕州，墾荒田，蘇驛遞，民以父母歌之。歷官福建學道。求可少孤，事祖母與母極孝。篤志好學，爲時所稱。

邱象升。山陽人。順治進士，選庶吉士。累遷侍講，通判瓊州。黎酋恃險梗化，選兵進勦，戮其渠帥。入爲大理寺副，部議有與律未合者，多所駁正。弟象隨，貢生，舉博學鴻詞，授檢討，歷官洗馬。象隨少有才名，性至孝，父歿，廬墓三年，族人稱之。

劉昌言。山陽人。順治進士，知岑溪縣。鄰寇彭奇犯境，以忠義激勵士卒，協力固守。復設方畧誘之，寇黨遂縛奇以降，并獻名册。昌言誅其魁，焚其册，全活數千人。岑俗輕生，小忿輒茹毒隕命，爲立嚴禁。攝蒼梧縣，卒。

李鎧。山陽人。少孤力學，篤於孝友。順治進士，歷知綏陽、蓋平二縣，俱著循績。又舉博學鴻詞，授編修，纂修明史。屢擢内閣學士，兼禮部侍郎。鎧博覽羣籍，至老彌篤。所著詩賦外，有史斷、讀史雜記諸篇。

張鴻烈。山陽人。康熙己未舉博學鴻詞，授檢討，纂修明史。疏請開支河轉漕以避河險。又時興殿工，採木遠省，復有寬期減數之請。事悉施行。鴻烈詞藻豐蔚，一時推爲鉅手。

宋曹。鹽城人。工詩善書。初舉山林隱逸，郡縣敦趨上道，曹辭疾不就。大臣復以博學鴻詞薦，堅辭。時稱爲射陵先生。

嵇宗孟。安東人。天資穎異，善屬文。順治舉人，歷守杭州，乞歸。舉博學鴻詞，以疾辭不赴。著有立命堂集、楚江蠡史諸篇。

閻若璩。其先自太原徙山陽。若璩淹貫經史，學博而精，尤長於考訂。所著有尚書疏證、四書釋地、困學紀聞注等篇。

周振采。山陽人。博學能文，名著大江南北。以選貢生終，藝林惜之。

盧順。桃源人。嘉慶九年，由營伍拔補山東營把總，以防守有功，洊升署淮揚河營遊擊，尋署參將。二十三年，調赴豫省，堵築馬營壩。將合龍，壩心陡蟄，順搶險陷歿。事聞，賞加副將銜，廕卹雲騎尉世職。

流寓

唐

李華。贊皇人。李峴領選江南，表幕府擢檢校員外郎，去官客山陽。勒子弟力農，安於窮槁。晚事浮圖法，不甚著書，惟天下士大夫家傳墓版，及州縣碑頌，時時齎金帛往請，乃强爲應。大曆初卒。

李珏。趙郡人，客居淮陰。幼孤，事母以孝聞。

宋

陳瓘。南劍州沙縣人。以得罪蔡京竄徙，旋居南康。又移楚州，不使一日少安。宣和六年卒。高宗時，謚忠肅。

列女

唐

王義方母。漣水人。義方擢侍御史，將劾奏李義府，意必得罪。問計於母，母曰：「昔王陵母伏劍成陵之誼，汝能盡忠，吾死不恨。」義方即上言義府罪，貶萊州司户參軍。

趙氏女。山陽人。父盜鹽當死，女詣官訴曰：「迫飢而盜，救死耳，情有可原。能原之耶？否則請俱死。」有司義之，許減父死。女曰：「身今爲官所賜，願毁服爲浮屠法以報。」即截耳自信，侍父疾，卒不嫁。

五代　南唐

劉仁贍妻薛氏。清河人。周世宗攻壽春急，仁贍死守。少子崇諫渡淮謀降，爲軍校所執，仁贍命腰斬之。監軍使人求救於薛氏，氏曰：「崇諫幼子，固所不忍，然貸其死，則劉氏爲不忠之門。」促命斬之，然後成喪。聞者皆爲出涕。及仁贍死，氏不食五日而死。

宋

北神烈婦。山陽人。夫爲商，載之同行。夫死，貧無以殮，同舟商貸爲喪具，自恃有恩，既葬，勢逼婦欲亂之。婦抱嬰兒赴淮死。宋徐積記其事。

元

耶律養正妻韓氏。山陽人，名惟秀。養正爲鹽城令，卒於官。氏無子，終喪還父母家。其弟敏與妻繼卒，獨居養父母。敏生二子，曰肅、曰寬。肅早卒，妻楊氏年十九守節。寬官户部侍郎，卒，繼妻丁氏生子立，與楊同守。立亦早卒，妻金氏年二十，亦守節不渝。一門四節婦，俱旌表。

明

韓寧妻孫氏〔七〕。山陽人。嫁八月而夫死，撫遺腹子，守節終身。宣德間旌表。

申進妻徐氏。山陽人。年十九，嫁三月，夫挽漕没於京。既而同行者自京回，還其夫衣物，氏衣其衣投水死。正德四年，祀貞烈祠，名曰雙烈。

孔椿妻謝氏。山陽人，即孝子孔金母。年十九適椿。明年椿死，妊三月生金，紝織以奉姑。姑卒，鹽賈杜言逼娶之，投淮死。屍逆流數十里，至貞烈祠前止，逾旬顔色如生。及金長，悲憤其母之死，號訴於官，卒寘言於法。

貞女鮑氏。山陽人，李揮使之子聘妻也。未嫁，李氏子卒，父母欲奪其志。女詭辭以服闋，展墓焚楮畢，即如命，父母從之。每夜假誦經需油，陰漬所著衣。及期展墓，焚楮巨萬，急躍入火中死。萬曆四年，官表其墓，後人建祠於墓所。本朝乾隆六年旌表。

顔遂妻胡氏。鹽城人。年二十一，夫死，舅姑爲其貧而無子，潛以許人。聘禮至門，悲號幾絶，是夜自經死。

劉存仁妻王氏。鹽城人。存仁病卒，氏自縊。嘉靖初旌表。

朱价妻張氏。鹽城人。夫死，遺孤朱金，長娶錢氏。未幾金亦亡，無子，姑婦相依，守志彌堅。張年八十三，錢年七十五，俱以節終。

易無極妻孫氏〔八〕。鹽城人。夫亡，氏斷髮破面，誓不改適。子之興方幼，刲股以療母疾。詔旌其門曰節孝。

顧剛妻周氏。清河人。年二十，夫亡，即自縊死。

李政繼妻范氏。清河人。政知胙城，病歿，子元夫婦相繼死，遺孫男女俱幼。時氏年十八，杜門紡績，撫養二孤，守節終身。事聞，旌表。

蘇正二妻邵氏。安東人。夫卒，氏年二十二。兄欲奪其志，氏不從，守節終身。

莊尚妻胡氏。桃源人。年二十九，夫亡，撫棺號哭，絶而復蘇，久之自縊死。

陳性善妻胡氏。桃源人。夫亡守節。崇禎末，爲流賊所劫，擁之上馬。氏詈罵不從，賊怒碎其首。同時有葛一麐妻朱氏，見賊漸逼，自縊。

本朝

徐文采妻潘氏。安東人。夫亡守節，孝養孀姑，撫孤成立。順治十二年旌。

高華宗妻張氏。山陽人。成婚三日，夫亡殉節。康熙年間旌。

趙樹儀聘妻王氏。鹽城人。未嫁夫亡守貞。同縣薛熏聘妻趙氏、趙廷對聘妻蔣氏、陳繼中聘妻王氏，均未嫁夫亡守貞。孝烈女薛國琳聘妻沈氏，刲股救父疾，未嫁夫亡殉烈。唐氏、劉氏均守正捐軀。俱康熙年間旌。

陳秉繼妻劉氏。桃源人。夫亡守節，孝事翁姑，撫孤成立。康熙年間旌。

汪起鵠妻徐氏。山陽人。夫亡殉節。同縣程元相妻俞氏、王起禎妻周氏，均夫亡殉節。俱雍正年間旌。

楊子厚妻鄭氏。鹽城人。夫亡殉節。同縣曹芝節妻高氏、吕震男妻朱氏、王椅臣妻胡氏、成肇孫妻王氏、劉闇士妻許氏、張允曙妻王氏、張樹名妻蔣氏、成昌代妻高氏、薛衷妻楊氏，均夫亡殉節。俱雍正年間旌。

汪之灝妻張氏。清河人。灝病劇，氏刲股救之，不愈。時年十八，以死守。遺腹生子必達，撫養成立。必達妻丁氏，年二十六，夫亡守節。家貧，紡績養姑，教子成立。稱「一門雙節」。同縣丁元棫妻吴氏，張植妻楊氏，張兆棟妻王氏，仲又祕妻王氏，張文郁妻陳氏，張文彬妻宋氏、妾潘氏，均夫亡守節，俱雍正年間旌。

徐貢瑞妻孫氏。安東人。夫亡守節。同縣劉三綱妻夏氏，亦夫亡守節。烈婦張敦良妻王氏，夫亡殉節。貞女梁世偉聘妻鄭氏、朱克裕聘妻張氏、孫兆鳳聘妻趙氏、汪宣琇聘妻鄭氏，均未嫁守貞。俱雍正年間旌。

盧宗禮妻陳氏。桃源人。夫亡守節。同縣陳朝鼎妻王氏，亦夫亡守節。俱雍正年間旌。

成琰妻武氏〔九〕。山陽人。夫亡守節。同縣胡禹齡妻楊氏，周坦生妻馬氏，任珏妻馬氏，汪國寶繼妻童氏，王舉妻陳氏，丁榮登妻張氏，邱象升妻張氏、妾郭氏，彭皆六妻黄氏，楊吉士妻丁氏，盧文貴妻解氏，張聯元妻潘氏，李睿妻張氏，俞國麟妻宋氏，施于政妻薛氏，孫志升妻朱氏，陳應暲妾婁氏，吴寧謨妻沈氏，張鴻炯妻邱氏，祁孟鴻妻朱氏，王國棟妻于氏，周天孫妻劉氏，禹治定妻楊氏，程奎妻劉氏，程之橋繼妻方氏，龔三捷妻經氏，沈擎柱妻馬氏，程鞏妻查氏，龍國寶妻郭氏，石銘修妻程氏，王洪士妻張氏，何密妻鄒氏，施烺繼妻劉氏，張宗嗣妻胡氏，宋君符妻趙氏，李爲椿妻馬氏，羅之琳妻陸氏，周凝祉妻張氏，田奕葉妻沈氏，潘可榮妻陳氏，方廷元妻李氏，程國佺妻許氏，黄玉茗妻姚氏，許檜齡妻范氏，鄒預妻王氏，邱懋妻許氏，邱説妻吴氏，陳金録妻張氏，王兆夔妻王氏，邸士瑛妻時氏，謝宜生妻魏氏，盛大柏妻杜氏，周子常妾朱氏，李守正妻許氏，程之椿妻洪氏，徐震妻詹氏，李熹妻邱氏，胡爾王妻傅氏，郝士瑚妻張氏，任宗元妻李氏，任士麒妻錢氏，梅雨三妻任氏，李賁妻徐氏，魏德甫妻張氏，盧豸御妻方氏，趙德吾妻鞠氏，許瀛孫妻王氏，周禎妻魏氏，張生魯妻周氏，戴星妻張氏，劉永禕繼妻程氏、妾賀氏，王炳妻陳氏，陳廷諫妻嵇氏，戴欽妻項氏，馬似龍妻王氏，葉谽繼妻黄氏，許驌妻韓氏，張坊妻范氏，潘有邑妻田氏，王益寬妻黄氏，高倫妻開氏，徐一襄妻謝氏，李應溥妻程氏，周延士妻朱氏，俞漢斌妻陳氏，戴大系妻楊氏，戴大纁妻李氏，黄浚妾梁氏，沈鎧妻王氏，葉夢鼇繼妻黄氏，章豹妻王氏，高全僎妾蔣氏，陸毓妻安氏，舒大宗妻李氏，童瓚美妻安氏，史嚴叟妻張氏，陳宏智妻程氏，楊蕓妻吴氏，程國鎮妻許氏，程國錫妻李氏，馬映奎妻陸氏，梁文煒妻杜氏，許一翥妻袁氏，程建言妾陸氏，高全俸繼妻熊氏，高璹妻陳氏，楊曾妻王氏，周順孫妻程氏，楊愷妻吳氏，熊登龍妻姜氏，李宫妻曹氏，邱之玖妻余氏，李天祥妻程氏，周絅妻葛氏，陳世韜妻王氏，史彭年妻陳氏，張志炳妻王氏，楊維舜妻王氏，孫如璠妻葛氏，葛光璧妻許氏，王佩妻葛氏，張是妻楊氏，邱怗妻王氏，蘇宏應妻鮑氏，吳昌遠妻胡氏，陸志超妻劉氏，劉恢妻周氏，劉鎬妻楊氏，崔隆居妻張氏，邱直方妻沈氏，王容妻徐氏，蔡天毓妻徐氏，馬鼎發繼妻楊氏，萬延禧妻周氏，施可爲妻程氏，楊顔妻張氏，阮應商妾姜氏，梁伊妻楊氏，丁瑄妻楊氏，程鞱妻查氏，王雲妻胡氏，丁泰妻陳氏，孫遵妻郝氏，尚朝妻霍氏，郝文璧妻張氏，汪宏遠妻鄭氏，王子高妻丁氏，方廷魁妾王氏，張天簡妻張氏，周志學妻牟氏，毛希仁妻陸氏，朱演妻陳氏，倪鶊遠妻林氏，萬鵬妻宰氏，支廷璋妻陳氏，丁承緒妻曹氏，盧廷俊妻汪氏，周詒孫妻邱氏，丁允益妻倪氏，沈從祖繼妻張氏，張鎔妻畢氏，汪纁妻孫氏，陳憲妻郭氏，彭文光妻錢氏，樂晉妻王氏，陳潛濬妻張氏，劉體元妻高氏，朱永壽妻吳氏，黄士連女黄氏，盧士亮妻張氏，蔣玉妻閻氏，均夫亡守節。貞女李士達聘妻曹氏，汪希仁聘妻胡氏，林世潮聘妻潘氏，王位聘妻董氏，石曰孚聘妻王氏、程氏，均未嫁夫亡守貞。烈女李某聘妻黄氏、徐氏，余得水女，陶順遠女，均未嫁夫亡殉烈。俱乾隆年間旌。

汪常子妻陳氏。阜寧人。夫亡殉節。同縣周永禄妻莊氏，顧相乾妻陳氏，顧自諟妻周氏，張九思妻蔣氏，周兆熊妻崇氏，戴志津妻田氏，孫天篤妻申氏，周永濤妻李氏，楊必至妻田氏，張朋妻費氏，周頌妻李氏，李紹公妻朱氏，高含妻陳氏，顧成麟妻周氏，均夫亡殉節。烈女戴大斌聘妻王氏，何其位聘妻郭氏，均未嫁夫亡殉烈。俱乾隆年間旌。

卞士頎妻朱氏。鹽城人。夫亡守節。同縣錢士高妻萬氏，陳天祐妻顧氏，曹法曾妻劉氏，潘兆晟妻陳氏，張峒妻羅氏，萬方泰妻吳氏，王肇修妻劉氏，姜可則妻陶氏，王建伯妻胡氏，吳公稺妻薛氏，陳利國妻劉氏，陳武前妻林氏，成應芳妻張氏，張鏻妻易氏，子漢妻洪氏，程可信妻倉氏，程又川妻葉氏，張全著妻王氏，夏銘妻畢氏，陳方來妻高氏，姜有棟妻夏氏，胡君聖妻朱氏，葉恒楷妻項氏，潘璣妻楊氏，唐琦妾孔氏，張漢節妻洪氏，郭調鼎妻史氏，吳其中妻倪氏，均夫亡守節。貞女張氏，未嫁夫亡守貞。俱乾隆年間旌。

張翠妻盧氏。清河人。夫亡守節。同縣丁焞妻汪氏，丁爾培妻張氏，張元文妻孔氏，劉大纕妻金氏，周可求妻宗氏，張静如妻周氏，鄭文彝妻袁氏，劉佳妻許氏，吴沆妻陳氏，吴廷樞妻仲氏，張鑰妻周氏，周經妻劉氏，倪鼒妻金氏，劉璵妻蔣氏，仲信妻周氏，陳萇松妻張氏，丁延澄妻何氏，杜益妻李氏，杜美生妻張氏，陳有志妻孫氏，葉廷芳妻陳氏，陳仁瀚妻范氏，丁塘妻王氏，王宏祖妻劉氏，朱三近妻蔣氏，孫國柱妻李氏，均夫亡守節。俱乾隆年間旌。

程元龍妻楊氏。安東人。夫亡守節。同縣程朝徵妾朱氏，金天灝妻費氏，金人岳妻程氏，周璜妻徐氏，徐國達妻朱氏，高人依妻吕氏，李立妻陳氏，王增妻薛氏，朱衣妻徐氏，江元熹妻林氏，王咸受妻薛氏，嵇雯光妻賈氏，張嵩妻趙氏，李子仁妻沈氏，張棟妻馬氏，畢天銓妻張氏、妾黄氏，劉忠亮妻汪氏，劉忠京妻汪氏，謝文掞妻皇甫氏，陳秉埈妻汪氏，施會生妻蔡氏，羅聘妻陳氏，王維方妻胡氏，俞頎妻汪氏，朱受泰妻張氏，孫恒源妻張氏，張繹思妻嵇氏，任必達妻王氏，賈密妻萬氏，嚴宗妻朱氏，王世儒妻賈氏，賈象升妻劉氏，王言妻劉氏，程燦妻舒氏，沈殿玉妻朱氏，左紹孟妻錢氏，朱志忠妻盧氏，胡巨浩妻鄭氏，胡管妻李氏，唐卻卿妻賈氏，程植妻車氏，左秉彝妻梁氏，江紹宗妻侍氏，陳樊繼妻張氏，朱偉妻孫氏，徐某妻賀氏，鄭文舉妻林氏，嵇文進妻張氏，均夫亡守節。貞女張氏，未嫁夫亡守貞。俱乾隆年間旌。

胡始生妻王氏。桃源人。夫亡守節。同縣王維后妻劉氏，劉盡穀妻潘氏，傅斌徠妻張氏，曹文科妻姜氏，莊萬人妻王氏，劉讓妻王氏，宋士麟妻劉氏，陳調先妻胡氏，曹應謀妻王氏，袁三捷妻田氏，袁三魁妻錢氏，陳榴妻袁氏，曹技善妻孫氏，李永茂妻劉氏，韓冠玉妻胡氏，張濬睿妻周氏，葛文照妻吴氏，倪詵妻林氏，孫柱妻唐氏，熊奇麟妻金氏，葉之藻妻孟氏，王敕妻時氏，黄自珍妻顔氏，王二聘妻彭氏，薛有魁妻蔣氏，均夫亡守節。俱乾隆年間旌。

沈紹宗妻范氏。山陽人。夫亡守節。同縣程鈞體妻楊氏，沈恒妻阮氏，陳天和妻周氏，葉鎮妻汪氏，陳偉繼妻胡氏，虞縉妻秦氏，高永義妻王氏，葉從龍妻談氏，潘毓蕃妻劉氏，邱庭楷妻許氏，朱錫紱妻劉氏，丁承紱妻濮氏，劉文輝妻王氏，均夫亡守節。烈婦吉殿英妻劉氏，裴廣妻周氏，均守正捐軀。貞女白守禮聘妻衡氏，潘廷輝聘妻劉氏，均未嫁夫亡守貞。俱嘉慶年間旌。

薛諶妻蔡氏。阜寧人。夫亡守節。同縣梁文俊妻姜氏，卞瀎妻周氏，陳乃疆妻劉氏，裴玉麟妻宋氏，夏鈞妻伏氏，戴杰妻李氏，陳肇敏妾崔氏，周允濤妻李氏，均夫亡守節。烈女朱氏，項八龍聘妻朱氏，均守正捐軀。俱嘉慶年間旌。

馬貫文妻丁氏。鹽城人。夫亡守節。同縣吴鑑妻許氏，孫履祥妻沈氏，王謨妻吴氏，藍瑱妻朱氏，金冠年妻陳氏，徐嘉潁繼妻沈氏，均夫亡守節。貞女馬安邦聘妻劉氏，張麟性聘妻陶氏，王有光聘妻周氏，均未嫁夫亡守貞。俱嘉慶年間旌。

杜長元妻丁氏。清河人。夫亡守節。同縣萬家駿妻蕭氏，鄭英妻徐氏，孫沅戒妻劉氏，均夫亡守節。貞女朱嘉樹聘妻張氏，未嫁夫亡守貞。俱嘉慶年間旌。

陸文祥妻李氏。安東人。夫亡守節。同縣李士順妻潘氏，尤某妻朱氏，孫燮妻馬氏，朱向昂妻劉氏，孫春耀妻薛氏，朱偉妻孫氏，程樊繼妻劉氏，楊伯壎妻李氏，嚴履忠妻楊氏，姜之潔妻張氏，嚴盈川妻左氏，程喬枝妻王氏，王鏡繼妻周氏，朱崧繼妻馮氏，徐廷標妻劉氏，丁瑗妻王氏，劉師聖妻嵇氏，吕如椿妻高氏，程耀祖妻馬氏，嵇瑩妻劉氏，侯如英妻薛氏，吕塗妻唐氏，均夫亡守節。貞女李日遠女，劉氏女，洪世榮聘妻薛氏，黄墀聘妻王氏，均未嫁夫亡守貞。俱嘉慶年間旌。

臧勤修妻吴氏。桃源人。夫亡守節。同縣李學妻翟氏，倪金山妻林氏，楊大用妻李氏，陳預勳妻謝氏，陳豫樂妻陸氏，均夫亡守節。貞女張選奎聘妻史氏，王有安女，費興祚女，均未嫁夫亡守貞。烈女王德仁女，守正捐軀。俱嘉慶年間旌。

仙釋

宋

孫賣魚。不知其名。嘗賣魚楚州市，極暑中遇一道士，謂曰：「汝魚餒矣，能飲我，可使魚活。」遂飲以斗酒，因與談論。自此言人禍福輒應。宣和中，召至京師，賜號塵隱處士，復還楚州。靖康初，嘗於亳州太守宫號咷大哭而去，人莫解其故。有記其時日者，乃汴京陷之日也。後不知其所在。

婁道者。安東人。生有異相，長爲承天寺僧。後有新知軍入境，不喜仙釋，道者謂其徒曰：「緣盡矣。」知軍命焚之，不動，忽風雷滅火，口出白煙自焚，獨留目睛與舌本耳。

土産

鐵。漢書地理志：鹽瀆有鐵官。

鹽。唐書地理志：鹽城有鹽。府志：山陽有廟灣場鹽。鹽城有劉莊、伍佑、新興、白駒四鹽場。

布。唐書地理志：楚州貢貲布、紵布。

皮貨。府城出。府志：海内共推淮安皮箱、筍莢，以其硝皮最精熟也。鼓尤佳。

魚。寰宇記：楚州産淮白魚。又漣水軍産白魚、海鰡魚。

海螵蛸。明統志：山陽、鹽城二縣俱出。

靛。府志：靛種最青。河南種靛，其種多産於淮。

校勘記

〔一〕所至竊官錢賂其下　「賂」，原作「貽」，據乾隆志卷六五淮安府名宦（下同卷簡稱乾隆志）及宋史卷三四八石公弼傳改。

〔二〕勝率諸軍拒於淮陽　「淮陽」，原作「淮揚」，乾隆志同，據宋史卷三六八魏勝傳改。

〔三〕堵瓜洲城西新開河道　「洲」，原作「州」，乾隆志同，據上文及雍正江南通志卷一一二職官志名宦改。

〔四〕臧旻　「旻」，原作「旼」，據乾隆志及三國志卷七魏書臧洪傳改。下文同改。按，本志避清宣宗諱改字。

〔五〕世安有膽智　「世」，原無，據上文補。按，劉寧字世安，本志避清宣宗諱，稱字不稱名，據例此處亦當全稱其字。

〔六〕楊旻　「旻」，原作「文」，據乾隆志及雍正江南通志卷一五八人物志孝義改。按，本志避清宣宗諱改字。

〔七〕韓寧妻孫氏　「寧」，原作「安」，據乾隆志及明一統志卷一三淮安府列女改。按，本志避清宣宗諱改字。下文類此同改。

〔八〕易無極妻孫氏　「極」，乾隆志作「涵」。

〔九〕成琰妻武氏　「琰」，原作「棪」，據乾隆志改。按，本志避清仁宗諱改字。

揚州府圖

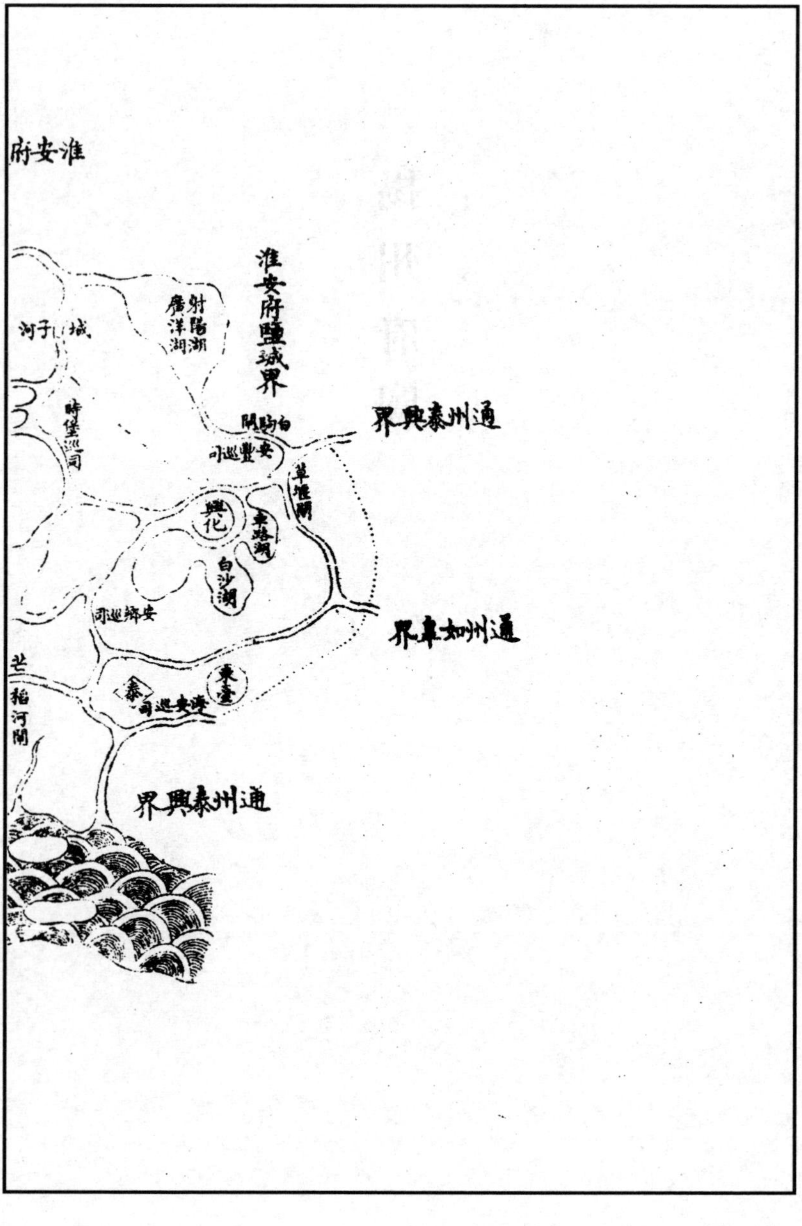
淮安府
淮安府鹽城界
射陽湖
廣洋湖
城
河子
時堡巡司
白駒關
安豐巡司
通州泰興界
草堰關
興化
東路湖
白沙湖
安綿巡司
通州如皋界
芒稻河關
泰
東臺
海安巡司
通州泰興界

山陽界
安徽盱眙界
安徽天長界
江寧府六合界
江寧府江寧界
鎮江府丹徒界
運河
寶應
寶應湖
高郵湖
邵伯湖
甘泉山
功德山
銅山
小山
康山
揚州府江都甘泉
儀徵
新洲
揚子江
金山

揚州府表

	揚州府	江都縣	
秦	屬九江郡。		廣陵縣 屬九江郡。
兩漢	廣陵郡 高帝六年屬荆國。十一年屬吴國。景帝四年改江都國。元狩三年改廣陵國。後漢爲郡。		廣陵縣 國治。後漢郡治。
三國	初屬魏，繼屬吴。尋復屬魏，徙治淮陰。		廣陵縣
晉	廣陵郡 東晉復移來治，兼僑置青、兖二州。		廣陵縣
南北朝	吴州 廣陵郡 宋置南兖州。北齊改東廣州。陳復爲南兖州。周又改。		廣陵縣
隋	江都郡 開皇初廢郡，改曰揚州。大業初復改郡。	江都縣 大業末徙治郭下。	開皇十八年改名邗江。大業初又改江陽，郡治。後省入江都。
唐	揚州 武德三年復置南兖州。七年改邗州。尋復故，隸淮南道。	江都縣 州治。	江陽縣 貞觀十八年復分置。州治。
五代	揚州 楊吴建都，改江都府。南唐爲東都。周復故。	江都縣	廣陵縣 南唐復故名。
宋	揚州 廣陵郡 淳化四年屬淮南道。至道三年爲淮南東路治。	江都縣	熙寧五年省入江都。
元	揚州路 至元十三年置江淮行省。明年改路，屬河南江北行省。	江都縣 路治。	
明	揚州府 初曰淮海府，尋改淮揚府。尋又改，直隸南京。	江都縣 府治。	

續表

	甘泉縣
江都縣景帝四年分置。；輿縣元封五年析置，屬臨淮郡。後漢屬廣陵郡。	
魏省。；輿縣	
江都縣太康六年復置。東晉省入輿縣。尋復置。；輿縣	
江都縣北齊屬江陽郡。陳屬廣陵郡。；宋元嘉十三年省入江都。；齊永明初析置齊安縣，屬廣陵郡。梁省。	
本化縣大業十年分置。尋省。	
	江都縣地。

續表

儀徵縣	高郵州
江都縣地。	
白沙鎮地。 揚子縣永淳元年析置，屬揚州。	
楊吳爲迎鑾鎮。 永貞縣南唐改名，屬江都府。	
真州儀真郡乾德二年升鎮爲建安軍。大中祥符六年置州。政和七年改郡，屬淮南東路。尋改州。 揚子縣雍熙二年復故名，屬建安軍。大中祥符六年州治。	高郵軍開寶四年置。建炎四年升爲承州。紹興五年廢。三十三年復爲軍，屬淮南東路。
真州路至元中升路。二十一年復爲州，屬揚州路。 揚子縣	高郵府至元十四年升路。二十一年改府，屬揚州路。
儀真縣洪武二年改縣，屬揚州府。 省入。	高郵州改州，屬揚州府。

續表

	興化縣	寶應縣	泰州
高郵縣 屬廣陵國。後漢屬廣陵郡。	海陵縣地。	平安縣 屬廣陵國，後漢屬廣陵郡。	
省。		平安縣	
高郵縣 太康元年復置，屬臨淮郡。		省。	海陵郡 義熙七年置。
高郵縣 宋屬廣陵郡。 臨澤縣 宋置，屬海陵郡。		安宜縣 齊改置，屬陽平郡。梁移郡來治，兼置東莞郡。	海陵郡 宋徙治建陵。梁復移來治。
高郵縣 屬江都郡。 省。		安宜縣 開皇初郡廢，屬江都郡。	廢。
高郵縣 屬揚州。		寶應縣 武德四年置滄州。七年廢，屬楚州。上元三年改名。	
高郵縣	興化縣 楊吳分置，屬揚州。南唐屬泰州。	寶應縣	泰州 南唐昇元初置。
高郵縣 軍治。	興化縣 初屬承州，後屬泰州。乾道二年屬高郵軍。	寶應軍 寶慶三年升州。尋改軍，仍屬楚州。	泰州軍 改軍，屬淮南東路。
高郵縣 府治。	興化縣 屬高郵府。	寶應縣 至元十六年改置安宜府。二十年廢，仍爲縣，屬高郵府。	泰州 至元十四年改路。二十一年復爲州，屬揚州路。
省入州。	興化縣 屬高郵州，隸揚州府。	寶應縣 屬高郵州，隸揚州府。	泰州 屬揚州府。

續表

	東臺縣
海陵縣 屬臨淮郡。後漢屬廣陵郡。	
省。	
海陵縣 太康二年復置。 建陵縣 義熙七年僑置，屬山陽郡。尋屬海陵郡。 寧海縣 義熙七年置，屬海陵郡。 蒲濤縣 義熙七年置，屬海陵郡。	
海陵縣 梁郡治。 建陵縣 宋移郡來治。梁屬海陵郡。 寧海縣 蒲濤縣 齊廢。	
海陵縣 析置江浦縣。大業初省入，屬江都郡。 省入海陵。 寧海縣 屬江都郡。	
海陵縣 武德三年置吳州，改縣曰吳陵。七年州廢，復縣名，屬揚州。景龍二年分置海安縣。開元十年仍省入。 廢。	
海陵縣 州治。	
海陵縣 軍治。	
海陵縣 州治。	
省入。	泰州地。

大清一統志卷九十六

揚州府一

在江蘇省江寧府東北二百十里，蘇州府西北四百四十五里。東西距四百七十里，南北距三百里。東至海岸通州如皋縣界三百六十里，西至江寧府六合縣界一百十里，南至大江、鎮江府丹徒縣界四十里，北至淮安府山陽縣界二百六十里。東南至通州泰興縣界八十里，西南渡江至江寧縣界三百里，東北至淮安府鹽城縣界三百十三里，西北至安徽盱眙縣界二百五十一里。自府治至京師二千二百七十五里。

分野

天文斗、牛分野，星紀之次。

建置沿革

禹貢揚州之域。春秋時屬吴，後屬越。戰國屬楚，爲廣陵邑。秦屬九江郡。項楚時爲東陽郡。漢高帝六年，屬荆國；十一年，屬吴國。漢書高帝紀：「六年，以吴、東陽等郡爲荆國。」注：「張晏曰：東陽，今曰廣陵郡。」景帝四年，改爲江都國。元狩三年，改廣陵國。北境爲臨淮郡地。元封五年，屬徐州刺史部。新莽改曰江平。後漢建武十八年，爲廣陵郡。三國初屬魏，繼屬吴。吴志：五鳳二年，使衛尉馮朝城廣陵，拜吴穰爲廣陵太守。晉太康元年，仍爲廣陵郡。初治淮陰，後治射陽。東晉還治廣陵縣。東晉元帝時，僑置青、兖二州。玉海：晉末以廣陵控扼三齊，故青、兖同鎮。安帝又分廣陵地，置海陵、山陽二郡。劉宋元嘉八年，改立南兖州。齊、梁因之。北齊改東廣州，增置江陽郡，與廣陵郡並治。陳太建中，復爲南兖州。後周改爲吴州。隋開皇九年，始改曰揚州，置總管府。大業初，府廢，立江都郡。隋書紀：大業十二年幸江都，制江都太守秩與京尹同。唐武德三年，復曰南兖州，置東南道行臺。七年，改曰邗州。九年，復曰揚州，置大都督府。按：唐書紀是年以襄邑王神符檢校揚州大都督，始自丹陽徙州府及居民於江北，由此廣陵專有揚州之名。貞觀元年，隸淮南道。天寶元年，曰廣陵郡。至德元年，兼置淮南節度使於此。乾元二年，復曰揚州。五代初，楊吴都此，改江都府，後屬南唐以爲東都。時李昪徙都建康。周顯德中，復曰揚州，仍置大都督府。宋初曰揚州廣陵郡。淳化四年，屬淮南道。至道三年，爲淮南東路治。建炎元年，升元帥府。元至元十三年，建大都督府，置江淮等處行中書省。十四年，改揚州路，河南江北行中書省。明曰揚州府，明太祖實録：丁酉，改淮海府。辛丑，改淮揚府。丙午，改揚州府。直隸南京。

本朝屬江蘇江寧布政使司，領州二，縣六。按國初因明之舊府，統州三、縣七。康熙十一年，海門縣圮於海，併入通州。雍正三年，分通州直隸江南省，以泰興、如皋屬之。九年，始析江都，置甘泉同治郭下。乾隆三十二年，析泰州，置東臺縣。

江都縣。附郭。東西距一百里，南北距五十里。東至大江、通州泰興縣界八十里，西至甘泉縣界十里，南至大江、鎮江府丹徒縣界四十里，北至甘泉縣界十里。東南至鎮江府丹徒縣界四十里，西南至儀徵縣界二十里，東北至泰州界九十里，西北至甘泉縣界半里。戰國楚廣陵邑。秦置廣陵縣，屬九江郡。漢初爲荆國治。十一年，改置吴國。景帝四年，爲江都國治，兼置江都縣。元狩三年，爲廣陵國治。元封五年，又析廣陵、江都二縣，置輿縣。後漢爲廣陵郡治。三國時，魏移郡治淮陰，江都城圮於江，縣省入廣陵。晉太康六年，復立江都縣。東晉省江都入輿縣，尋置，仍以廣陵縣爲郡治。劉宋元嘉八年，以縣爲南兖州治。十三年，省輿縣入江都。南齊析江都，置齊安縣。梁仍省入。北齊江都隸江陽郡。陳仍與廣陵縣同屬廣陵郡。隋開皇十八年，改廣陵縣曰邗江。大業初，又改曰江陽，爲江都郡治，仍領江都縣。後徙江都縣入郡郭。十年，分江陽置本化縣，尋廢。後省江陽縣入江都。唐武德中，以江都爲揚州治。貞觀十八年，又分置江陽縣，與江都分理州郭。五代時，南唐又改江陽曰廣陵。宋熙寧五年，省廣陵入江都，爲揚州治。元爲揚州路治。明爲揚州府治。本朝因之。

甘泉縣。附郭。東西距六十一里，南北距七十六里。東至江都縣界半里，西至安徽天長縣界六十里，南至江都縣界半里，北至高郵州界七十五里。東南至江都縣界一里，西南至江寧府六合縣界九十里，東北至高郵州界九十里，西北至天長縣界七十里。本江都縣地，本朝雍正九年析置，與江都並爲府治。

儀徵縣。在府西南七十里。東西距八十里，南北距七十八里。東至江都縣界四十里，西至江寧府六合縣界四十里，南渡江至江寧府句容縣界十八里，北至安徽天長縣界六十里。東南渡江至鎮江府丹徒縣治一百里，西南渡江至江寧府上元縣治一百三十五里，東北至江都縣界四十里，西北至六合縣界五十里。漢江都縣地。唐永淳元年，析置揚子縣地爲揚子縣白沙鎮。五代時，楊吴以白沙爲迎鑾鎮。南唐改曰永貞縣，屬江都府。宋乾德二年，升迎鑾鎮爲建安軍。雍熙二年，以永貞縣屬焉，後復改曰揚子縣。大中祥符六年，升軍爲真州，始移揚子於州郭，屬淮南東路。政和七年，賜名儀真郡，旋升軍州。元至元中，升真州路。二十一年，復曰真州，屬揚州路。二十八年，移揚子縣治新城。明洪武二年，改真州爲儀真縣，以揚子縣省入，屬揚州府。本朝因之。雍正元年，改儀徵縣。

高郵州。在府北少東一百二十里。東西距二百里，南北距九十里。東至興化縣界八十里，西至安徽泗州天長縣界一百二十里，東至甘泉縣界三十里，北至寶應縣界六十里。東南至泰州治二百五十里，西南至安徽天長縣界八十里，東北至淮安府鹽城縣治二百四十里，西北至泗州盱眙縣治二百五十里。秦置郵亭，因名秦郵。漢置高郵縣，屬廣陵國。後漢屬廣陵郡。三國時廢。晉太康元年復置，屬臨淮郡。劉宋仍屬廣陵郡，析置臨澤縣。齊因之。梁析竹塘、三歸二縣，置廣業郡，尋改神農郡。隋開皇初郡廢，屬江都郡，省臨澤、竹塘、三歸三縣。唐屬揚州。五代因之。宋開寶四年，置高郵軍。熙寧五年，改爲縣。元祐元年，復爲軍。建炎四年，升爲承州。紹興五年，復改爲縣。三十三年，復爲高郵軍，屬淮南東路。元至元十四年，置高郵路。二十一年，改府，屬揚州路。明洪武元年，改爲州，屬揚州府。本朝因之。

興化縣。在府東北一百六十五里。東西距一百六十五里，南北距九十五里。東至東臺縣界一百二十里，西至高郵州界四十五里，南至泰州界三十五里，北至淮安府鹽城縣界六十里。東南至泰州界一百三里，西南至江都縣治一百六十里，東北至鹽城縣界一百二十里，西北至寶應縣治一百六十里。戰國楚將昭陽食邑。漢海陵縣地。五代時，楊吳始置興化縣，屬揚州。南唐改屬泰州。宋建炎四年，改屬承州。紹興五年，廢縣爲昭陽鎮，入海陵。十九年，復爲縣，仍屬泰州。乾道二年，改屬高郵軍。元屬高郵府。明屬高郵州，隸揚州府。本朝屬揚州府。

寶應縣。在府北二百四十里。東西距二百九十里，南北距八十里。東至淮安府鹽城縣界七十里，西至安徽泗州盱眙縣界一百二十里，南至高郵州界六十里，北至淮安府山陽縣界二十里。東南至興化縣治一百六十里，西南至泗州天長縣治一百六十里，東北至鹽城縣治一百二十里，西北至山陽縣界一百里。漢置平安縣，屬廣陵國。新莽改曰杜鄉。後漢復名，屬廣陵郡。晉廢。蕭齊改置安宜縣，屬陽平郡。梁爲陽平郡治，兼置東莞郡。北齊因之。北周析置石鼈縣。隋開皇初郡廢，省石鼈入安宜，屬江都郡。唐武德四年，置倉州〔一〕。七年州廢，縣屬楚州。上元三年，改曰寶應。五代因之。宋寶慶三年，升州，尋改爲軍。元至元十六年，改置安宜府。二十年府廢，以縣屬高郵府。明屬高郵州，隸揚州府。本朝屬揚州府。

泰州。在府東一百二十里。東西距一百五十里，南北距一百二十里。東至東臺縣界一百二十里，西至江都縣界三十里，南至通州泰興縣界三十里，北至興化縣界九十里。東南至通州治三百里，西南至江都縣界三十里，東北至東臺縣治一百四十里，西北至高郵州治一百五十里。戰國楚海陽地。漢置海陵縣，屬臨淮郡。後漢屬廣陵郡。三國時廢。晉太康二年復置，屬廣陵郡。義熙七年，於縣置海陵郡，僑置建陵、寧海、蒲濤三縣屬焉。劉宋移郡治建陵縣，以海陵縣屬廣陵郡。齊因之。梁移郡還治海陵縣。隋開皇初郡廢，縣析置江浦。大業時省入，屬江都郡。唐武德三年，改縣曰吴陵，於縣置吴州。七年州廢，復曰海陵，屬揚州。景龍二年，析置海安縣。開元十年，復省入。五代時，南唐於縣置泰州，領縣。宋改泰州軍，屬淮南東路。元至元十四年，置泰州路。二十一年，復爲州，屬揚州路。明洪武初，省海陵縣入焉，屬揚州府。本朝因之。

東臺縣。在府東二百四十里。東西距二百十里，南北距一百六十里。東至海一百二十里，西至興化縣界九十里，南至泰州界七十里，北至興化縣界四十里。東南至通州如皋縣界一百六十里，西南至泰州界八十五里，東北至淮安府鹽城縣界二百四十里，西北至興化縣界四十里。本泰州地。本朝乾隆三十二年析置。

形勢

控接三齊，土甚平曠，與京口相對。西至淮畔，東届海隅。南齊書州郡志。梅以漕渠，軸以崑岡。重江複關之隩，四會五達之莊。宋鮑照蕪城賦。淮海之間，斯爲重地。宋蔣之奇紀。

風俗

號爲繁侈。元和志。俗輕揚淫佚，好學工文，農民織紝稼穡。寰宇記。煮海爲利，商賈爲生。舊志。

城池

揚州府城。舊城，明洪武初改築。周九里有奇。門五，水門二。嘉靖中，復築新城。起舊城東南至東北，周十里有奇。門七。自東南而東北臨運河，北引舊城濠與運河接。本朝順治四年修，八年、雍正四年、七年、乾隆四年重修。江都、甘泉二縣附郭。

儀徵縣城。周九里有奇。門四，水門二。環城有濠。宋乾德中築。明初改築。本朝順治十一年修，康熙五年、五十三年重修。

高郵州城。周十里有奇。門四，水門二，環城有濠。宋開寶四年築。明初甃甎。本朝順治十五年修，雍正二年重修。

興化縣城。周六里有奇。門四，水門四，濠廣二丈五尺。宋寶慶元年築。明初甃甎。本朝順治十二年修，康熙二十三年、五十二年重修。

寶應縣城。周九里有奇。門五，水門一。宋嘉定中築。元至正中甃甎。本朝康熙七年修，二十七年、雍正九年重修。

泰州城。周十二里有奇。門四，水關二。南唐時築。明初改築。本朝康熙十三年修。

東臺縣城。舊係土城，明隆慶間築。門四，水關二。本朝嘉慶四年修築。

學校

揚州府學。在府治北牧愛坊。明洪武中建。本朝康熙十九年修，二十二年、乾隆元年重修。入學額數二十五名。

江都縣學。在縣治北彙俊坊。明洪武七年建。本朝康熙十九年修，二十三年、乾隆元年重修。入學額數十三名。

甘泉縣學。與江都縣同。入學額數十二名。

儀徵縣學。在縣治東南。明萬曆十三年改建。本朝順治九年修，康熙年間屢修，乾隆二十一年、嘉慶十年重修。入學額數二十五名。

高郵州學。在州治東。明嘉靖十三年即宋故址建。本朝順治十四年修，康熙年間屢修，雍正二年重修。入學額數二十五名。

興化縣學。在縣治南文林里。宋天聖間知縣范仲淹建。本朝康熙十一年修，二十二年、乾隆十年重修。入學額數二十五名。

寶應縣學。在縣治南。明洪武二年因宋故址建。本朝順治十四年修。入學額數二十名。

泰州學。在州治東南。明洪武初因宋故址建。本朝順治初修，雍正五年重修。入學額數二十五名。

東臺縣學。在縣治東。本朝乾隆三十二年建。入學額數十名。

廣陵書院。在府治西。初名竹西書院，本朝乾隆四十六年移建東關街，改今名。

安定書院。在府治東北三元坊。本朝康熙元年建。御書「經術造士」額，懸堂内。

梅花書院。在甘泉縣治廣儲門外。明嘉靖中建，初名甘泉書院，又名崇雅書院。本朝雍正十二年改今名。嘉慶十三年修，并建會文堂。

樂儀書院。在儀徵縣治。本朝乾隆三十三年建，嘉慶七年修。

珠湖書院。在高郵州治西。本朝乾隆四十九年，自州北門長生庵移建。

畫川書院。在寶應縣治東北，本喬萊縱棹園地。本朝嘉慶初建。

西溪書院。在東臺縣治東南。本朝嘉慶十年建。按：舊志載江都有維揚書院、資正書院，甘泉有謝公書院、虹橋書院，興化有昭陽書院，泰州有胡公書院，今俱廢。謹附記。

户口

原額人丁二十六萬六千七百九十四，今滋生男婦大小共三百二十六萬七千五百二十二名口。

田賦

田地共七萬四百五十頃二十五畝八釐有奇，額徵地丁正、雜銀二十二萬八千一百六十三兩四釐，又雜辦銀六百六十一兩三錢四釐，米麥九萬七千八百二十石一斗七升二勺。

山川

康山。在江都縣治東南隅。通志：相傳濬河時積土所成。府志：其上構堂，董其昌題曰康山草堂，爲康海與客燕飲彈琵琶處。本朝乾隆四十五年，高宗純皇帝南巡，御製遊康山即事詩，御書「康山草堂」額。四十九年，御製遊康山詩、倣董其昌書對山樓因成口號。時仁宗睿皇帝隨扈，御製康山詩。

浮山。在江都縣治西五十步。舊志：有石出地，高三尺二寸，長四丈五尺，以其浮於土上，故名。輿地紀勝：其狀似鐵，不生草木。又縣南門外西隅有土山。

功德山。在甘泉縣西平山之東，一名功德林。本朝乾隆二十二年、三十年、四十九年，高宗純皇帝南巡，俱有御製功德山詩。仁宗睿皇帝隨扈，御製功德山詩。

金匱山。在甘泉縣西七里語溪集，有仙人溝〔二〕。

盤古山。在甘泉縣西三十里。府志：上有盤古廟，俗呼廟山。

北洋山。在甘泉縣西三十里。一作白洋山。

九龍山。在甘泉縣西南十五里，下接湖水。一作九龍岡。

席帽山。在甘泉縣西北十二里，狀如席帽，俗呼帽兒墩。又馬鞍山，在縣西北三十五里，狀如馬鞍，故名。

得勝山。在甘泉縣西北三十里，高七丈，周二十五里。宋紹興初，韓世忠敗金人於大儀，還軍駐此，因名。

甘泉山。在甘泉縣西北三十五里，高二十餘丈，周二里。山有七峰，聯絡如北斗，平地錯落。又有圓岡二十八，如列宿之拱北。上有井泉甚甘，故名。舊志：或謂厲王冢在此。按：郡國志廣陵厲王胥冢，歲旱，鳴鼓造之，輒致雷雨。本朝乾隆七年，築靈雨臺於其上。

小金山。在甘泉縣北門外。

神山。在儀徵縣西南二十五里。産細石，五色皆具。

青山。在儀徵縣西南二十五里，南臨大江。

雞留山。在儀徵縣西三十五里。舊志：伍子胥欲報浣紗女馮氏而不知其家，乃留雞於此祀之。

横山。在儀徵縣西三十五里，接江寧府六合縣界。輿地紀勝：與方山、丫山鼎峙。舊志：魏於此置横山縣。其陽有昭明太子讀書堂。又有小横山，與横山相近，俗名飯包山。

丫山。在儀徵縣西四十里。舊志：以兩峰相對而名，俗呼奶山。唐光啓中，蔡州賊將孫儒嘗屯於此，今寨址猶存。

方山。在儀徵縣西四十里，與江寧府六合縣分界。其巔四面平正，故名。舊志：隋六宫曾居此，遂置方山府。

茅家山。在儀徵縣西北三里，與北山相對。宋郡守袁申儒嘗築塘其下。

小山。在儀徵縣西北十五里。方輿勝覽：宋祥符中，以山有王氣，即其地鑄玉皇、聖祖、太祖、太宗像，因建天慶儀真觀。又縣西北四十里有烏山，與江寧府六合縣馬鞍山相對。

銅山。在儀徵縣西北二十五里。寰宇記：銅山、小銅山，並在永貞縣西北八十里。舊志：東麓有小銅山，皆産銅。宋時淮南鼓鑄，莫盛於真州。舊有廣陵、丹陽二監，又置冶官於小銅山西北五里。按寰宇記，江都有大銅山，在縣西七十二里，即漢書吴王濞即山鑄錢處。今志無此山，疑即儀徵之大、小銅山而互載也。

冶山。在儀徵縣西北四十里。林巒秀麗，山産磁石，色多青緑。相傳亦吴王濞鑄錢所。

城子山。在儀徵縣北六里，與北山相連。形如城，岡阜靡迤三十餘里。西迎大江，北走天長，宋兩京故道也。舊志：魏文帝嘗築東巡臺，立馬賦詩於此。

臘山。在儀徵縣北三十里。上有天井池，冬夏不竭。池旁有白龍廟，禱雨輒應。

北山。在儀徵縣北蜀岡中處。岡形至此稍凹而北，故名。宋嘉定間築塘其下，匯水注濠，城守賴焉。其西俗傳爲康王墩。

焦家山。在儀徵縣東北五里。舊志：昔有焦姓居山下，故名。宋開禧二年，金人至真州，總轄唐璟決陳公塘，水被真東北境。敵登焦家山望之，知不可越，引退。

神居山。在高郵州西六十里。石山戴土，一名土山。寰宇記：上有石井、石臼，山下人時見人著朱高冠徘徊井側，或云古列仙之宅焉。宋志：南齊亘公嘗結庵於此，煉丹仙去。一云謝安煉丹之所。輿地紀勝：在縣西南六十里。秦觀曰：山不甚廣，而股趾盤礴甚大，傍占數墟，遂爲州境之望。舊志：有煉丹井，井大可五尺，深倍之，一名石塘。又有排牙石，人記其數輒忘。

東山。在高郵州東北隅，上種松柏。

昭陽山。在興化縣西四里。輿地紀勝：有昭陽府君廟，相傳即楚懷王令尹昭陽墓也。

箕山。在寶應縣東六十里。輿地紀勝：有射陽皋，東臨射陽湖，其丘千數。蓋即此。今惟有土阜百餘，周四十里。

雲山。在寶應縣西南一百二十里。上有龍潭，雲起即雨，故名。舊志：接安徽盱眙縣界，有仙人洞。

呂城山。在泰州東三十里，形如城。相傳昔有呂姓者居此，因名。

天目山。在泰州東四十五里。寰宇記：海陵縣天目山，土山也，在縣東六十里。有雙井相對，其水清冽，呼爲天目。輿地紀勝：元豐二年，發運使蔣之奇於天目井中得鹿角至數十丈，又獲金龍玉璧。通志：在泰山西四十里，相傳有王仙翁嘗居此。

鳳山。在泰州東一百二十里，形如翔鳳。山前谿路環繞，上有泰山宫觀。

泰山。在泰州西。舊志：宋紹興時，開東、西市河壘土而成，因州爲名。登山眺遠，京口諸峯隱約可見。寶慶二年，州守陳垓浚山下湖，爲往來泊舟之次。

羅浮山。在泰州西北五里。輿地紀勝：在澤藪中，水不能没，望之若羅浮。

茅山。在泰州東北六十里。嘗産香茅，因名。

中洲山。在泰州東北一百二十里西谿鎮之北。宋范仲淹監鹽倉時，壘土爲山。今漸平坦。

梅花嶺。在甘泉縣廣儲門外。縣志：明萬曆中，州守吴秀濬河積土而成，因樹以梅，故名。今建書院其地。

駱駝嶺。在甘泉縣治北開明橋西，其形巃嵸如駱駝脊，故名。今縣儒學在其上。

蜀岡。在府城西北四里，延亘四十餘里。西接儀徵及江寧府六合縣界，東北抵茱萸灣。宋鮑照蕪城賦「軸以崑岡」即此。寰宇記：岡有茶園，其味甘如蒙頂。輿地紀勝：自揚子縣西胥浦至江都，並謂之蜀岡，與金陵相對。舊傳地脈通蜀。側有蜀井。

舊志：崑崙岡在江都縣西北八里。又曰：阜岡與蜀岡連接，蓋即蜀岡之異名。又通志：有夾岡在府城東北七里，東接灣頭鎮淮子河口，與蜀岡相屬。按：廣陵本以此岡得名，曰蜀岡、曰崑岡、曰夾岡，實一岡耳。

桃花岡。在江都縣南十五里。寰宇記：上有吳王墓。

龍岡。在高郵州西南九十里新開河西，與安徽天長泗州接界。

褚廟岡。在寶應縣西百里。東西六里，南北一里。舊築大堰於此，以蓄洩白水塘之水。

松岡。在寶應縣北門外。

狀元峯。在寶應縣儒學尊經閣後。

蒙谷。在甘泉縣東北五里竹西亭北。宋歐陽修有詩。

虎墩。在東臺縣西北小海場。府志：宋范仲淹築捍海隄，起虎墩，即此。

海。在府東北，自淮安府鹽城縣界南，經興化、泰州東北，又南入通州界。寰宇記：在海陵縣東二百二十里，南接江口，北接楚州鹽城縣界。舊志：州境煮鹽之利爲大。

大江。一名揚子江。自江寧府六合縣東流入，經儀徵縣南，有上江、下江、舊江三口。對岸爲句容縣。又東經江都縣南四十里瓜洲鎮，渡口對岸爲鎮江府丹徒縣。又東入通州泰興縣界。漢書志：湔氏道江水東南至江都入海。三國魏黄初五年、六年兩幸廣陵故城，臨江觀兵，望見江濤洶湧，歎曰：「此天之所以限南北也！」元和志：西北自六合縣界流入江都，晉祖逖擊檝中流自誓之所。南對丹徒之京口。舊闊四十餘里，今闊十八里。方輿紀要：唐初江面闊四十里，其後沙壅爲瓜洲，開元中闊二十五里。宋時洲渚益廣，紹興中猶闊十八里。明嘉靖以來，僅闊七八里。通志：瓜洲與鎮江相對，江面闊十餘里。舊志：自六合瓜步山入儀徵縣境，經黄天蕩，又東五十里，經縣南上江口，去下江口一里。下江口與江心天安洲相對，其東十五里爲舊江口。西北至縣十里，與江心新洲相對。江都縣瓜洲渡口，與江心金山寺相對。東十八里爲沙河港，其東南與江心焦山寺相對，亦謂之沙壩河，舊與白塔、芒稻二河俱爲洩水通江處。又東五里曰深港，又五十餘里曰寶塔灣，又東南四十五里曰三江口，亦曰新港。又東至周家橋四十里，與圌山相對。

章思蕩。在寶應縣東南四十里。西北接城子河，南通廣洋湖。

黄昏蕩。在寶應縣東北七里。南接宋涇，東通射陽湖。

運河。即古邗溝水，舊曰官河。北自淮安府山陽縣界南流入，經寶應縣高郵州西，又南經府城東北，繞城而南，至揚子橋三汊口分爲二支。一支西南流經儀徵縣東，又分爲二：一南流至舊江口入江，一西南流至下江口入江，爲上江運糧入河之口。一支南流，即伊婁河，至瓜洲鎮西南入江，爲江南糧運入河之口。左傳哀公九年：「吴城邗溝通江淮。」注：「吴於邗江築城穿溝，東通射陽，西北至宋口入淮，今廣陵邗江也。」漢書志：江都有渠水首受江，北至射陽入湖。水經有中瀆水，酈注謂之韓江，亦曰邗溟溝，自江東北通射陽。隋書紀：開皇七年，開山陽瀆以通漕。通鑑：大業元年開邗溝，自山陽至揚子入江。渠廣四十步，渠旁皆築御道，樹以柳。元和志：合瀆渠在縣東二里，本吴所掘邗溝水路也，今謂之官河，亦謂之山陽瀆。唐書食貨志：初揚州疏太子港、陳登塘，凡三十四陂，以益漕河，輒復湮塞。節度使杜亞乃濬渠蜀岡，疏句城湖、愛敬陂〔三〕，起隄貫城以通舟。李吉甫又築平津堰，洩有餘防不足，漕流遂通。宋史河渠志：天禧二年，江淮發運使賈宗議開揚州古河，繚城南接運渠，毁龍舟、新興、茱萸三堰，鑿近堰漕路，均水勢。明年役成，漕船無阻。元豐七年，濬真、楚運河。元祐四年，瓜洲置閘。崇寧二年，詔淮南開修遇明河，自真州宣化鎮江口至泗州淮河口〔四〕。重和元年〔五〕，發運使柳庭俊言真揚楚泗、高郵運河隄岸，舊有斗門、水閘等七十九座，比多損壞。詔修復。宣和二年，向子諲言：「運河高江、淮數丈，自江至淮凡數百里，人力難濬。李吉甫廢閘置堰，曾孝藴復作歸水澳，惜水如金。比年行直達之法，或啓或閉，不暇歸水，又傾毁朝宗閘，自洪澤至邵伯數百里，不爲之節，故山陽上下不通。宜於真州太子港作壩，以復懷子河故道，於瓜洲河口作壩〔六〕，以復龍舟堰，於海陵河口作壩，以復茱萸、待賢堰，使諸塘水不爲瓜洲、真、泰三河所分。於北神堰相近作壩，閉滿浦閘，復朝宗閘，則上下無壅。」從之，漕復通利。紹興五年，陳損之言乞興築隄堰，自江都至淮陰三百六十里。舊志：江南之漕，廣陵當其咽喉。自上江來者，由儀徵入口，自鎮江來者，由瓜洲入口，至揚子橋二河始合，謂之三汊河。東北行至城南，匯新河、寶帶諸水，過城東南隅，轉而北繞城東，東通沙河。又北至城北三里，西通柴河。又北十二里，西接槐家河。又北五里至灣頭，西接邵伯新河，東通運鹽河。又北二十五里至邵伯湖，經邵伯越河，又北六十里，入高郵界，過州城西。又北六十里，至界首鎮。又北六十里，經寶應城西。又北二十里至黃浦鎮，接山陽縣界。高郵州志：城西北有康濟河，明弘治二年，漕臣白昂以運舟經甓社湖觸岸輒壞，乃開複河於高郵隄之東，以避其險。自城北杭家嘴至州北三十里之張家溝，長四十里，竟甓社湖。萬曆四年，湖水決，漕臣吴桂芳議修復西湖老隄，於是改挑康濟越河，遂爲永利。寶應縣志：舊時漕經氾光湖，易致沉溺。明萬曆十三年，於舊隄東修築越河一道。河成，賜名宏濟。江都縣志：縣西北十五里，有邵伯越河。明萬曆二十八年，於邵伯東岸，築越隄通漕河，以避湖險。通志：本朝順治八年，大濬高郵漕河。康熙十一年，修寶應縣七閘。十二年，建滾水閘於邵伯南。十六年，漕隄潰高郵之清水潭。十七年，總河靳輔以決口深不可築，更於湖中開河一道，改築東西隄，與舊隄相屬。河成，名曰永安。十八年，塞決口工竣，又改置南運口於三汊河。十九年，再置滚水壩於高郵及寶應子嬰溝。二十年，於舊隄險處悉更以石，又創建高郵、寶應減水壩六座。二十八年，聖祖仁皇帝南巡，命修高郵南北隄工甎石。四十年，總河張鵬翮請重修高、寶、江都隄岸，從之。五十三年，修瓜洲二閘。五十九年，修築高、寶、江都三邑西隄石工。雍正五年，總河齊蘇勒加築江都、寶應東西二隄。九年，總河嵇曾筠修築高、寶、江都東西二隄土工各數千丈。乾隆三年，總河高斌請帑疏濬，並築隄工，上自河口，下至瓜洲閘，長三萬七千八百八十六丈。五年，重修東隄，自高、寶至邵伯計二百餘里。十年，大濬高郵官河。二十一年，東隄添建石壩，歷加修築。四十七年，建寶應通湖石閘，挑濬揚關上下淺河一千六百八十丈。嘉慶七年，修寶應石閘。十六年，揚河、揚糧廳屬加廂拆修。

運鹽河。自府城北灣頭閘，下承邵伯新河水，東經泰州西三十里斗門鎮，又東至城南，北通城濠，貫城爲市河。中經運河壩，又東行一百二十里，至海安鎮，入通州如皋縣界。自城南運河壩分一支南流爲濟川河，三十里至廟灣，又二十里至通州泰興縣之柴墟鎮，西南達揚子江，商船多由此入〔七〕。又北運河，自泰州城北一里之東、西二壩南接市河水，北至新城，分爲三：一自新城東北流十五里至於祈湖，又東四十里至秦潼鎮，又東六十里至西溪鎮，即晏溪河也，舊志謂之西溪。一自新城北行經港口鎮，又北達興化縣之運鹽河，亦曰浦汀河。一自新城西北行八十里至樊汊鎮，亦曰運鹽河。西溪又分爲二，自西溪南出，歷梁垛、安豐、富安三場爲闊河，又南行四十里至海安鎮，鎮南即運鹽河也。一自西溪東北出者，經東臺、河垛二場，謂之串場河，與興化縣之運河會。興化運河自高郵州北，西接新開高郵湖，東流八十里，抵河口鎮，一名閘河，亦曰東河，俗稱下河。匯州東南白塔、城子、山陽諸河水，入興化縣界南，通蚌沿河，又東至縣城南，分流爲城河。又東爲車路河，經得勝湖，東流九十里，入泰州界，匯串場河，歷丁溪、草堰諸場，北流經縣東北之白駒、劉莊二場，又北達鹽城縣界入海。通志：本朝雍正九年，濬泰州鹽河及串場、車路、海溝諸河，築堰建隄，工程告竣。按輿圖，府境自運河以東，鹽河最大。泰州之鹽河，所以洩邵伯；高郵之鹽河，所以洩新開湖。一南從泰興、通州入海，一北從鹽城入海。二河支分派別，屈曲相通，而邊海之串場河橫絡南北。其東入海之口有四。一曰天開河頭，在河垛場東，西承梓新河水。一曰苦水洋，在天開河頭北、丁溪場東，西承車路河水。一曰鬥龍港口，在苦水洋北、草堰東北，西承白塗河及海溝河水。又北爲劉莊海口，入鹽城縣界。本朝康熙三十七年，命廷臣會議，開下河。雍正九年，濬泰州運鹽河二萬五千七百餘丈，串場河一萬一千餘丈。又濬車路、海溝等河。凡入海各處，建閘宣洩。乾隆九年，濬南、北串場等河，以資分洩。二十二年，河底開深五尺，自是底水不涸，而沿江閘壩得以長年啓板。二十八年重濬，並修各閘外引河。五十五年，挑濬泰屬各場河二百九十三里。嘉慶十一年，挑濬金灣、中北二閘，俾由仙女廟入運鹽河。

芒稻河。在江都縣東二十里。承鹽河所受湖水，南洩之江，爲鹽艘必經之地。設閘堵閉，以資浮送，每遇盛漲，水無去路，遂致成災。芒稻河迤下舊有越河，歲久淤塞。本朝乾隆二十三年，兩江總督尹繼善等請疏濬，洩水運鹽，分爲兩途，閘壩啓放合宜矣。其東又有秦塘港，亦洩鹽河水南入江。嘉慶十六年，興挑芒稻河東西兩閘口門。

白獺河。輿地紀勝：在江都縣東六十里，一名龍兒港。圖經云：嘗有怪物自海陵穿入此港，直至古鹽河南岸，變爲白獺，因名。舊志謂之白塔河。北接運鹽河，南通大江。明宣德七年，陳瑄開白塔河，置四閘，合江南漕運，從常州西北孟瀆口過江，入白塔河，北行經運鹽河，至灣頭達官河，以省瓜洲盤壩之費。正統四年廢，今冬涸春汛，民得灌漑之利。通志：南通大江，北入高郵州界，接城子河。

新河。在江都縣南二里。南流至姚家溝，入運河。明萬曆中開。

伊婁河。在江都縣南二十里。南通大江，北至揚子橋接官河，即瓜洲運河也。唐書志：開元二十六年，潤州刺史齊澣以州北隔江，舟行繞瓜步，紆匯六十里，乃於京口塘下直渡江二十里，又開伊婁河二十五里達揚子，立埭。輿地紀勝：即揚子鎮以南至江，運河也。自隋以前，揚子鎮尚臨江，至唐時江濱始積沙至二十五里，故穿此河。亦曰瓜洲渡。河渠考：三汊河口，即瓜洲與儀徵達府通漕之道。明嘉靖七年，漕臣唐龍請於此置閘，以盡漕利。天啓初，發丁夫開濬三汊河。通志：運道由瓜洲閘行，其南岸花園港爲糧艘所停泊。本朝康熙五十四年，江溜北衝花園港，總漕施世綸始於瓜洲繞城河開壩行漕。雍正六年，決口塞，仍開瓜洲舊閘。

瓜洲閘河。在江都縣南四十里。由瓜洲通惠、廣惠二閘至江口。

瓜洲月河。在江都縣廣惠閘之上。本朝雍正八年，因閘河水無關蓄，自青蓮菴起，至尤家碾止，開月河一道，長三百六十七丈。雍正九年，又於瓜洲西南正人洲另開引河一道，長六百四十一丈；五公灘開支河，長三百六丈。夾江内築貽心壩，長一百五十丈五尺。又南北兩頭，接築攔水土壩。

三汊河。在江都縣西南十五里。府志：儀徵、瓜洲之水至此與江都合流，故名。亦名茱萸灣。本朝康熙三十八年，聖祖仁皇帝南巡，建行宫於此。又迤上有三汊越河，乾隆五年挑濬。

鳳凰橋引河。在甘泉縣北三十里。本朝康熙三十九年，總河張鵬翮以金家灣洩水不暢，奏請發帑復開此河，分殺其勢，由芒稻河入江。乾隆八年、二十一年屢濬。

邵伯新河。在甘泉縣北三十五里邵伯南五里，一名人字河。自金家灣導湖水東南流，至灣頭繞官河達運鹽河，折而南下，爲芒稻河，入於江。按：此即泰州運鹽河之源。

邵伯越河。「越」，一作「月」，在甘泉縣北四十五里。明萬曆十八年，總河劉東星於運河東，築越隄引河一道，以避湖險。又新越河，在邵伯鎮南，本朝康熙三十九年開，自倉巷口西向折而南，至大王廟，築南、北二壩。水患永平，漕運無滯。

槐家河。在甘泉縣東北十五里。源出儀徵陳公塘，東北流經雷塘，東出匯淮子河。又東入運河，引水至灣頭。

山陽河。在甘泉縣東北六十里，瀕宜陵鎮。北經高郵州東四十五里，瀕樊汊鎮。又北自三垛橋口入運鹽河。

淮子河。在儀徵縣東。輿地紀勝：有戴子港，在陳公塘南。舊志：懷子河，即帶子港，在縣東二十里，亦曰太子港。源出阿公塘。縣北諸山澗水，皆流匯焉，南入運河。

鑰匙河。在儀徵縣西。其上流爲沙河，自江寧府江浦、六合二縣流入，東南流經胥浦橋，又東南注新濟橋，分二派東通外河、南達上江口入江。外河，在縣南，東接官河水，環繞城郭，由城西南通鑰匙河。

城子河。在高郵州東南。自城南館驛後，接濠河，東抵各鹽場，北達州東二里之燒香港，通運鹽河。又北城子河，在州治東，自南河頭至十里尖，與城子河合。二河俱於本朝雍正元年、乾隆二十二年濬。

秦蘭河。在高郵州西六十里。源出安徽天長縣野山，東北流入武安、新開二湖。

橫京河。亦名海陵溪，在高郵州東北七十里。上通鼉潭湖，西北流經興化縣西北十五里，又北流經寶應縣東九十里，俗呼琵琶頭。又北流達射陽湖。

梓新河。舊志：在興化縣東南十里。東通塘港，西達得勝湖。按輿圖，在車路河之南，東達河垛場合串場河。本朝乾隆十一年、二十八年屢濬。

蚌沿河。在興化縣南三十里陵亭鎮。南岸接泰州北界，西北接運河，東流百二十里達泰州串場河。本朝乾隆八年、二十八年屢濬。

山子河。在興化縣西四里。西通橫京河，東北入白塗河。

白塗河。在興化縣東北十里。西通橫京河，經平望湖，東流合串場河。又海溝河，在縣東北二十五里，東北達白駒場，合串場河。又車路河，在白塗河之南，東達丁谿場，合串場河。本朝康熙三十七年，以下河洩水之處甚少，議挑車路、白塗、海溝三河，使興化所受之水，由丁溪、草堰、白駒入海。雍正九年開濬，乾隆十一年重濬。

寶應城子河。在寶應縣東南十八里。西北接望直港，南通章思蕩。通志作「成子河」。

潼河。在寶應縣東南六十里。由縣南分運河水，東流爲子嬰溝，接高郵州界。又東北入射陽湖。

衡陽河。在寶應縣西南。源出安徽盱眙縣界，東流繞雲山東，北流二十里經衡陽鎮，又東北流四十里經灑火湖，又東北二十五里通氾光湖。長百餘里。明萬曆中，於氾光湖西北挑濬六百餘丈，爲泊舟處，并資灌溉，謂之陰鷺河。

涇河。在寶應縣東北四十里。西南接運河，東流經縣北，又東北入射陽湖。

辭郎河。在東臺縣西十里。南接西溪，北通興化縣蚌沿河。又角斜河，亦在縣西一百二十里，南通栟茶、角斜二場，至如皋立發口通運鹽河。

串場河。自東臺縣之西溪東北。逕東臺場，又北至河垛場，又北至丁溪、草堰二場，又北至白駒場，又北至劉莊場，又北至淮安府鹽城縣之伍祐、新興二場，又北過天妃、石礶、廟灣等口而入海。此河串通各場，爲運鹽之要津，七縣洩水之總港。本朝雍正九年濬，乾隆九年、十七年、二十七年屢濬。

淥洋湖。在府城東北六十五里，通艾陵湖。半入高郵州界，東接淤溪河。輿地紀勝：在高郵軍城東南三十里。舊志：湖之西有甕子湖。

黄子湖。在甘泉縣西北六十里。東通官河，西至宋口。

邵伯湖。在甘泉縣東北四十五里運河之西。東接艾陵湖，西接白茆湖，西南通新城湖，北通高郵甓社湖。旁有邵伯埭。晉太元十一年，謝安築新城於城北二十里，築堰以灌民田。民思其德，以比邵公，因名。寰宇記：邵伯埭有斗門，在廣陵縣東北四十里，臨合瀆渠。本朝康熙三十八年，於邵伯鎮迤北創建減水三閘，宣洩湖水，由恒子湖經淥洋湖，匯入興化、鹽城各河，出范隄諸閘歸海。乾隆二十二年，高宗純皇帝南巡，有御製邵伯湖詩。二十三年，開挑引河四百三十三丈。

艾陵湖。在甘泉縣東北四十五里邵伯鎮東。西接官河，東北通淥洋湖。齊建武五年，遏艾陵湖水，立裘塘屯。今自艾陵北曰葑塞湖，去府城五十里。

大石湖。在甘泉縣東北四十五里，即古岱石湖也。南通張綱溝，引流灌溉。通志：宋元豐中，知江都縣羅適濬大石湖，改名元豐。

白茆湖。在邵伯鎮西，東通官河。昔置斗門橋於此。運河水涸，則引湖以濟漕。

五湖。在高郵州西六十里。西北接安徽天長銅城河水，西通珠湖。

珠湖。在高郵州西七十里，通五湖。宋秦觀詩：「高郵西北多巨湖，纍纍相連如貫珠。」

高郵湖。一名新開湖。在高郵州西北三里，長闊一百五十里。安徽天長以東之水，皆匯此湖，達於運河。湖中突起一洲，可百餘畝。洲去城十里，水雖盛漲，終不能没。又武安湖，在州西南三十里，北通新開湖，東南通運河。本朝乾隆十六年，高宗純皇帝南巡，有御製高郵湖詩。四十九年，仁宗睿皇帝隨扈，御製過高郵湖詩。

甓社湖。在高郵州西北。輿地紀勝：離城三十里，南北三十里。元至元十三年，張士誠作亂，淮南行省李齊出守甓社湖，即此。通志：宋崔伯陽賦敘云：孫覺於湖上夜讀書，見大珠光燭天，是年登第。舊志：珠見則有休咎之應。又石臼湖，在洲西北五十里，通甓社湖。

樊梁湖。在高郵州西北五十里，上流即安徽天長石梁湖樊梁溪也。與新開、甓社，爲高郵三大湖。宋紹興初，有張榮者聚衆於此，擊退金人。舊志：州境之湖，多在西、北二境，互相通注。其大者或曰三湖，或曰五湖。蔣之奇詩：「三十六湖水所注，其間尤大爲五湖。」五湖，蓋樊梁三湖，合平阿、珠湖爲五也。或又以爲即州西六十里之五湖云。

平阿湖。在高郵州西北。輿地紀勝：離城八十里。舊志：上流亦自安徽天長縣銅仁湖分流東注。

鼉潭湖。在高郵州東北九十里。通興化縣海陵溪，流入寶應縣界，入射陽湖。

射陽湖。寰宇記：在寶應縣東六十里，中流接淮安府鹽城縣界。舊志：湖東屬淮安府鹽城縣，西北屬淮安府山陽縣，西南屬縣境。縈迴三百餘里。其南北淺狹，東西深廣，爲羣川之委流。東達於海。

廣洋湖。在寶應縣東南五十里。東西十里，南北三里。西南接潼河，東北由三王溝通射陽湖，東南通沈垛港，入博支湖。

博支湖。在寶應縣東南九十里，北會射陽湖。

津湖。在寶應縣南六十里。東通運河，西接汜光湖，南入高郵州界。或曰即三國魏之精湖。

汜光湖。在寶應縣西南十五里。東西三十里，南北十里。南通津湖，西南連灑火湖。舊時漕運經此，風濤多阻。明萬曆中，開越河以避其險。

灑火湖。在寶應縣西南四十五里。西南接衡陽河，東北通汜光湖，南達安宜溪。

白馬湖。水經：中瀆水經白馬湖。輿地紀勝：在寶應縣北十五里。舊志：東西十五里，南北三里。東北通運河，北達廣浦，爲往來要津。或曰即故白馬塘也。

得勝湖。在興化縣東十里，舊名率頭湖。輿地紀勝：宋建炎中，張榮、賈虎率山東義軍由梁山泊與金人戰。至承楚間，金將達蘭在泰州，榮以舟師設伏，掩擊於率頭湖，大敗其衆，因更名得勝湖。舊志：西南通運鹽河，東通丁溪場。又蓮花六十四蕩，在縣東十里，北通得勝湖。多植紅蓮，燦如朝霞，爲邑之盛。「達蘭」舊作「撻覽」，今改正。

車路湖。在興化縣東三十里，自丁溪場入得勝湖。本朝雍正九年濬，並築堰建隄。乾隆十一年重修。

白沙湖。輿地紀勝：在興化縣南十里。岸有白沙，因名。舊志：在縣東南，與得勝湖相接。

平望湖。在興化縣北二十里，白塗河所經。湖中有平岡可四望，故名。

吳翁湖。在興化縣北二十三里。西接海陵溪，東流爲海溝河，至白駒場入運鹽河。相傳以吳尚隱此而名。

大蹤湖。在興化縣北四十五里。湖中接淮安府鹽城縣界，西北通寶應縣射陽湖。

千人湖。寰宇記：在興化縣東北一百一十里。相傳隋末有千人避難於此得全，因名。

鴨子湖。在泰州南二十里，周二十五里。東北接運鹽河，西通濟川河。

雞雀湖。在泰州東北四十里，周三十里。通志有於祈湖，在州東北三十里，亦曰於溪，以村得名。其下流入雞雀湖。

包老湖。在泰州東北雞雀湖之東，周四十里。舊志：水至清無滓，雖與他水會流亦不雜。挈壺氏以供滴漏。

樊梁溪。寰宇記：在高郵州北二十里。源出安徽天長縣石梁河，東流入樊梁湖。

南溪。在興化縣南。方輿勝覽：范仲淹監鹽稅日，有南溪馴鷗詩。通志：即滄浪溪。

安宜溪。在寶應縣西南六十里。寰宇記：縣有安宜溪，古安宜縣因此名。舊志：西南通高郵樊梁湖，北接灑火湖。

黄浦溪。在寶應縣北二十里黄浦鎮。西接運河，東流入淩溪。本朝乾隆二十一年濬。淩溪，在縣東北。西接黄浦，南通黄昏蕩，東北入射陽湖。

金釵澗。輿地紀勝：在寶應縣西七十里。本朝乾隆二十二年濬。

七里港。在甘泉縣東北。唐鹽鐵使王播，奏揚州水淺，舟船澀滯，請從府北閶門外古七里港開河而東，屈曲至禪智寺橋通舊官河，長十九里。舊志：在江都縣東北七十里，亦曰七里溝。

張綱溝。寰宇記：在廣陵縣東三十里。從岱石湖入，四里至溝心中與海陵分界。後漢張綱爲廣陵太守，濟惠百姓，勸爲農桑，於東陵村東開此溝，引湖水灌田。今稱張公渠。

茱萸溝。在江都縣東北，運河分流也。又東流入泰州界。阮昇之記：吴王濞開此溝通運，東至海陵倉。以北有茱萸村，故名。元和郡縣志：在江陽縣東北九里。隋仁壽四年，開此以通漕。舊志：亦名茱萸灣。其分流處，亦曰灣頭。周顯德三年，韓令坤克南唐揚州，南唐兵來攻，令坤敗之於灣頭堰。宋紹定三年，李全以楚州叛，攻揚州，至灣頭立寨，據運河之衝，即此。今運鹽河，自灣頭東行五十里至宜陵鎮，又東二十里至斗門入泰州界，又曰東塘。

煬帝溝。輿地紀勝：煬帝所開，即今運河。舊志：在江都縣西北十五里，通隋故宫，直接雷塘去煬帝墓不遠，因名。

山陽溝。在甘泉縣東北三十里。南接運河，東北經高郵入射陽湖。即隋時所開。

薔薇溝。在甘泉縣東北。輿地紀勝：在江都縣東北六十里，接高郵永安港，昔之薔薇村也。

子嬰溝。在高郵州北七十里，接寶應縣界。

三王溝。在寶應縣東六十里。南通廣洋湖，北貫射陽阜，入射陽湖。

七里溝。在寶應縣北七里。西接運河，東入黄昏蕩。又長沙溝，在縣東二十五里，西接運河，入廣洋湖。

白沙洲。在儀徵縣南，濱江。地多白沙。唐白沙鎮以此名。

新洲。在儀徵縣東南五里江中。又天安洲，在縣南十里江中。元末康茂才結砦處，與新洲相映帶。汊港紆回，並爲江洋要害。今與南岸相連。

蘆洲。在寶應縣東十三里。或以爲東晉祖逖軍於蘆洲，即此。

湖逗洲。一作壺豆洲。寰宇記：在泰州東南二百三十八里海中，東西八十里，南北三十五里。多流人煮海爲業。梁太清六年，侯景敗，將赴此洲，爲王僧辯軍人所獲，即此。

金家灣。在甘泉北三十五里，即東、西灣。本朝乾隆十年，各建滚水土壩二座，壩下開濬引河二千餘丈，分引河水入於鹽河。二十三年、二十七年、四十五年、四十九年，屢奉命修濬。高宗純皇帝南巡，御製閲金灣六閘書事詩。嘉慶十一年重濬。

宋涇。在寶應縣城東。自城南分運河水，貫城東出，又東折而北，入黄昏蕩。

花師潭。在高郵州。

愛敬陂。在儀徵縣東北二十里，接江都縣西境。元和志：在江都縣西五十里。漢陳登爲太守所開，亦號陳公塘。唐書志：江都縣有愛敬陂水門。貞元四年，節度使杜亞自江都西循蜀岡之右，引陂趨城隅以通漕，溉夾陂田。舊志：宋大中祥符間，置斗門石礎，引水濟運。紹興四年，詔毁之，以遏金兵。淳熙中，漕臣錢沖之言：「真州陳公塘周回百里，東西北倚山爲岸。其東南係前人築隄，啓閉藉以灌溉，宜仍修築。」從之。明初漸淤。天啓四年修治，尋廢。

白水陂。元和志：在寶應縣西八十里，鄧艾所作，與安徽盱眙破釜塘相連。開八水門立屯，溉田萬二千頃。宋元嘉末，嘗決此塘以灌畝。隋大業末，破釜塘壞，水北入淮。於是白水塘亦壞。唐書志：縣西南八十里有白水塘、羨塘，證聖中開置屯田。又縣西南四十里有徐州涇、青州涇，西南五十里有太府涇，皆長慶中興白水塘屯田鑿。北四里有竹子涇，亦長慶中鑿。

九曲池。在甘泉縣西北蜀岡之麓。舊志：隋煬帝幸江都，作水調九曲奏於池上，故名。

小海池。在泰州。

新塘。在府城北十里，長廣二里餘。西北接上雷塘，入於運河，亦曰小新塘。

雷塘。在甘泉縣北，亦曰雷陂。漢書：「江都王建遊雷波。」注：「波，讀爲陂。」郡縣志：在江都縣北十里。唐書志：江都縣東十一里，有雷塘。貞觀十八年，長史李襲譽引渠，又築勾城塘，灌田八百頃。又杜佑傳：佑爲淮南節度，決雷陂以廣灌溉。雷塘有二：上雷塘長廣六里，下雷塘長廣七里。自宋以後，日就湮廢，民占爲田。明亦屢經修復。今由淮子河引流濟運。又勾城塘，在縣西南三十五里，接儀徵縣東北四十里界，塘長廣十八里有奇，南入運河。

劉塘。在儀徵縣西北五十里方山之西、靈巖之東，接江寧府六合縣界，由東溝南入大江。

茆家山塘。在儀徵縣北。北依山，東南引流入外河。稍東爲北山塘，隔縣里許，亦引流南入外河。

白馬塘。在高郵州西南七十里，北近北阿鎮。晉太元中，謝玄自廣陵救三阿，次於白馬塘，即此。通鑑地理通釋：塘阻三阿溪。唐書志：高郵縣有塘隄灌田數千畝。又唐會要：元和三年，李吉甫節度淮南，築富人、固本二塘，溉田萬頃。又以漕渠庳下，不能居水，築隄淤之，名曰平津堰。舊志：皆在州界。

第五泉。在甘泉縣西北蜀岡上。張又新品此泉爲第五。本朝乾隆二十二年，高宗純皇帝南巡，有御製第五泉詩。

董井。在府城鹽運司治内，即漢江都相董仲舒故宅井也。後人號曰董井。

校勘記

〔一〕唐武德四年置倉州　「倉州」，原作「滄州」，據乾隆志卷六六揚州府建置沿革（下同卷簡稱乾隆志）及舊唐書卷四〇地理志淮南道改。

〔二〕語溪集有仙人溝　「語」，乾隆志作「浯」，疑是。

〔三〕疏句城湖愛敬陂　「愛」，原作「受」，據乾隆志及新唐書卷五三食貨志改。

〔四〕至泗州淮河口　「淮」，原脱，乾隆志同，據宋史卷九六河渠志補。

〔五〕重和元年　「重和」，原作「政和」，乾隆志同，據宋史卷九六河渠志改。

〔六〕於瓜洲河口作壩　「洲」，原作「州」，乾隆志同，據宋史卷九六河渠志改。下文同改。

〔七〕商船多由此入　「船」，原作「泊」，據乾隆志改。

大清一統志卷九十七

揚州府二

古蹟

廣陵故城。在府東北。史記六國表：楚懷王十年，城廣陵。秦置廣陵縣。二世二年，廣陵人邵平爲陳王徇廣陵〔一〕。後漢書志注：吴王濞都廣陵，築城周十四里半。三國志：魏移治淮陰，而以故城爲邊邑。吴五鳳二年，使衛尉馮朝城廣陵。文獻通考：魏黄初六年，文帝幸廣陵故城，即鮑照所賦蕪城也。方輿紀要：晉太和四年，桓温發徐、兖二州民，築廣陵城。謝安鎮廣陵，築新城以壯保障。宋史：周顯德五年，以城爲吴人所毁，詔韓令坤爲修築都部署，築故城東南隅爲子城。李重進復改築，周十二里。紹興中，郭棣知揚州，以爲故城憑高險固，重進改卜今城，勢處卑濼，復即遺址建築，與舊城南北對峙，中夾甬道，疏兩濠以轉餉，謂之大城。按：甘泉縣志唐時揚州城，西據蜀岡，北抱雷陂，其城甚大。夢谿筆談所云「城南北十五里一百一十步，東西七里三十步」是也。至周韓令坤所築之小城，及李重進改築州城，俱在唐城東南隅。宋郭棣即唐城遺址築大城，曰保寨城。又築夾道以通於州，是謂三城，李光孝詩「風光鴻雁過三城」是也。今之府城，爲明張德林等改築，乃截宋州城之半，非大城舊基也。老學叢談云：後周改築，周二十餘里。開明橋之額，皆因舊徙置。開明爲二十四橋之一，在唐城内，故橋徙置而仍其名。今橋在先春門内，則今之府城即宋之州城。但宋時周二十里，故在唐城東南隅；明時周九里，故在大城西南隅。明陸弼以爲即宋大城遺郭，殊未詳考。又按：鮑照蕪城賦注：「登廣陵城作。」廣陵城，自漢、魏以迄晉、宋，其名相沿。因竟陵王誕之亂，城邑荒蕪，故曰「蕪城」，非别有一城也。名勝志謂即邗溝城固非，而趙鶴又以爲劉宋時城，亦無據。

本化故城。在江都縣東二里。大觀圖經：隋大業十年，分江陽，立本化縣於郡南，串邏合瀆渠。城在郡東北一十八里，尋廢。

江都故城。在江都縣西南。方輿紀要：在西南四十里。漢景帝四年，置縣。三國時廢，晉太康中復置。東晉省入輿縣，尋復置。唐爲附郭邑，而城圮於江。水經注：江都縣城臨江，其後移入附郭而故城廢。寰宇記：江都故城，在縣西南四十六里。城臨江水。今爲水侵，無復餘址。

輿縣故城。在甘泉縣西四十五里。漢置縣，屬臨淮郡。後漢屬廣陵郡。劉宋元嘉十三年，并入江都縣。宋書符瑞志：元嘉二十五年，廣陵太守范邈上言：「所領輿縣前有大浦控引潮流，水常淤濁。自此以來，源流清潔，故老相傳以爲休瑞。」

齊寧故城〔二〕。在甘泉縣東北，齊永明初析江都縣置，屬廣陵郡。寰宇記：故齊寧縣，按阮昇之記云，齊高宗建武五年，遏艾陵湖水立裘塘屯，移縣於萬歲邨，中興元年廢縣，西南去揚州城六十一里。

海安故城。在泰州東南一百里。宋書志：新平郡海安，泰始七年立。南齊書志：海陵郡海安，永明五年罷新郡，并此縣廢。陳書宣帝紀：太建五年，戎昭將軍徐敬辨克海安城。唐書志：廣陵郡海陵，景龍二年置海安縣，開元十年省。九域志：縣有海安鎮。

揚子廢縣。在儀徵縣東南。漢江都縣地。隋末，杜伏威嘗置戍守於此，名揚子鎮。唐永淳元年，析置揚子縣，屬揚州。大曆以後，鹽鐵轉運使置巡院於此。五代時，南唐改爲永貞縣。宋太平興國中，復曰揚子。乾德二年，改屬建安軍。寰宇記：縣西北至軍五十里。大中祥符六年，置真州，移縣附郭，而故城廢。輿地紀勝：舊治在縣南十五里善應鄉〔三〕。

高郵廢縣。今州治。漢置縣。梁於此置神農郡。陳書宣帝紀：太建七年，移神農郡還隸南兖州。元和志：高郵縣，南至揚州一百里。寰宇記：高郵軍，本揚州高郵縣，開寶四年建爲軍，仍以縣隸焉，直屬京師。又高郵縣本漢舊縣，是秦之高郵亭，因以立名。三國時荒廢，晉太康中復立。隋大業中，移於樊梁鎮。永徽元年復舊所。輿地紀勝：高郵地形，四隅皆低，城基獨高，狀如覆盂，故亦名盂城。

臨澤廢縣。在高郵州東北。劉宋泰豫初置縣，屬海陵郡。齊因之。隋廢。隋書志：江都郡高郵，梁析置竹唐、三歸二縣。開皇初郡廢，又併竹唐、三歸、臨澤三縣入焉。舊志：臨澤鎮，在州東北九十里。

海陵廢縣。今泰州治。漢置縣。五代時始置泰州。寰宇記：州南至大江七十五里。本揚州海陵縣，楊吴乾貞中立爲制置院，南唐昇元元年升爲泰州。輿地紀勝：以其地傍海而高，故曰海陵。舊志：宋紹興十年，移州治泰興沙上。後復舊治。明初始省縣入州。按：後漢志無海陵，而不詳省入何縣。據沈約志但云三國時廢，則是後漢時其縣故在，而志脱誤也。又三國吴志吕岱傳「岱廣陵海陵人，爲郡縣吏。避亂南渡，詣孫權」，則是漢末海陵未廢，即沈約志所云晉太康二年復立者，亦未可信。至晉志廣陵所統縣有海陽而無海陵。以前漢志海陵有江海會祠及晉志「祠在海陽」推之，知海陽即海陵耳。

寧海廢縣〔四〕。在泰州東南。晉義熙中置，屬海陵郡。隋屬江都郡，併如皋縣入之。唐初廢。輿地紀勝：故城在海陵縣東南一百里，今爲寧海郡。

建陵廢縣。漢建陵縣，在今沭陽縣界。晉義熙中僑置於此，屬山陽郡，尋屬海陵郡。劉宋時爲郡治。齊因之。梁仍屬海陵郡。隋開皇初，省入海陵。舊志：在泰州東北七十里。

蒲濤廢縣。在泰州東南。晉義熙中置，屬海陵郡。宋、齊因之。後廢。

安宜舊縣。在寶應縣西南。漢置平安縣。晉廢。蕭齊置安宜縣。梁移陽平郡來治。大寶元年，侯景改陽平爲北兖州，其地尋入北齊。陳太建五年，吴明徹北伐，克陽平郡。十一年，復入於周。元和志：安宜，本漢平安縣，上元三年於縣得定國寶，因改曰寶應。北至楚州九十里。

張公城。在甘泉縣西。寰宇記：江都縣張公城，圖經云漢末張嬰所築，在縣西四十里。舊志：張綱爲郡守，單騎造賊壘，示以恩信，張嬰悦服歸降。即此。

新城。在甘泉縣北十八里。晉書：太和十年，謝安出鎮廣陵之步丘，築壘曰新城。方輿紀要：宋德祐二年，李庭芝守揚州，元將博囉歡拔新城以逼之，即此。

夾城。在甘泉縣西北四里，亦宋寶祐時築。以新、寶二城相連，因名。

寶祐城。在甘泉縣西北七里，舊名堡城。方輿紀要：宋寶祐四年，敕賈似道築。周一千七百丈，包平山而瞰雷塘。遺隍斷塹，隱隱可尋，即隋迷樓故址也。

邗溝城。在甘泉縣西北。寰宇記：在城西四里蜀岡上。左傳哀公九年：秋，吴城邗溝，通江、淮。水經注：吴將伐齊，自廣陵城東南築邗城。據此則邗溝城西北先有古廣陵城矣。

左安城。在儀徵縣西二十里。通志：宋治平中建。地多山谿，旁有崇丘，道出六合，蓋舊時戍守處。

高郵軍新城。在高郵州東北。宋咸淳初，揚州制置使畢再遇築土城於東、北二門外〔五〕，與舊城相埒。今僅存遺址。

金牛城。在寶應縣東南十五里。長三里，相傳宋神宗時築。土色皆黄，形狀如牛。

韓王城。在寶應縣東南四十里。方輿紀要：宋紹興中，韓世忠鎮淮陰時築。

高黎王城。在寶應縣西南八十里，周一里。相傳宋治平中高黎王築。

石鼈城。在寶應縣西。方輿紀要：三國魏鄧艾築以營田。晉書荀崧傳：荀羡北鎮淮陰，屯田於東陽之石鼈。南齊書周山圖傳：建元二年，輔國將軍周山圖表於石鼈立平陽郡。隋書志：江都郡安宜，開皇初廢石鼈縣入焉。通典：石鼈城，在縣西八十里。

泰州新城。在泰州北五里。州志：宋端平中，州守許堪修州城，别築堡城於湖蕩中，謂之新城。德祐二年，元阿珠遣兵拔新城，留屯以逼泰州。元至正十三年，張士誠入泰州，燬州城，乃築新城，四面恃水。設義兵元帥府及州治於此。明徐達兵至，遂夷新城，移州復還舊治。

高郵廢衛。在高郵州治西。舊爲千户所，明洪武四年改爲衛。本朝康熙十七年裁。

興化廢守禦所。在興化縣治西。本朝康熙十七年裁。

泰州廢守禦所。在泰州南。本朝康熙十七年裁。

海陵倉。在泰州東，漢吴王濞所置。枚乘上吴王書：「轉粟西向，陸行不絶，水行滿河，不如海陵之倉。」臣瓚曰：海陵有太倉。

歐陽戍。在儀徵縣東北十里。通鑑：宋沈慶之討竟陵王誕至歐陽戍。水經注：吴城邗溝，上承歐陽，引江入埭六十里至廣陵城。

招遠場。今興化縣治。寰宇記：本海陵縣地。楊吴武義中，析爲招遠場，尋改興化縣。在泰州北一百五十里。

桑里。在江都縣西南二十里。通鑑：「沈慶之攻廣陵，宋武帝命爲三烽於桑里。」胡三省注：「桑里，在廣陵城西南。」

錦春園。在江都縣瓜洲鎮。又有淨香園、倚虹園、趣園、九峯園，在甘泉縣西。本朝乾隆十六年、二十二年、二十七年、三十年、四十五年、四十九年，高宗純皇帝南巡，各賜聯額，並御製錦春園即景、倚虹園、九峯園、淨香園、趣園詩。四十九年，仁宗睿皇帝隨扈，有九峯園、淨香園詩。

東園。在儀徵縣治東。縣志：在東翼城内。宋皇祐四年，施昌言、許元爲發運使，馬遵繼爲判官，因州監軍廢營地爲之。歐陽修爲記，蔡襄書。後人因名園與記、書爲「三絶」。

衆樂園。在高郵州治東，亦曰東園。宋元祐初，詔復州爲軍，賜金葺之。始於郡守毛漸，成於楊蟠。有堂曰時燕、豐瑞、玉水，臺曰華胥，閣曰摇輝，亭曰明珠、四香、序賢，巷曰塵外、迷春。郡守楊蟠自爲記。

隋苑。在甘泉縣西北七里。舊志：大儀鄉有上林苑，亦名西苑。稱隋苑爲西苑，或沿長安之名。相傳苑三里。杜牧詩「紅霞一抹廣陵春」，即此。名勝志：西苑南三里爲螢苑。杜牧詩：「秋風放螢苑。」按：隋書煬帝紀大業十二年五月，於景華宫徵求螢火，得數斛，夜出遊山放之，光遍巖谷。至七月，幸江都宫。是放螢事在東都，不在江都也。然杜牧在唐時，去隋不遠，李商隱亦有「蕪城螢火」之句，或非無據。

臨江宫。在江都縣南二十里。隋大業七年，煬帝升釣臺，臨揚子津，大燕百僚，尋建臨江宫於此。亦曰揚子宫。十三年，駕出揚子，幸臨江宫，大會賜食，并百僚亦餞於凝暉殿庭，酺戲爲樂數日。寰宇記：又有澄月亭、春江亭、懸鏡亭，皆在縣南二十七里揚子宫西。

顯福宫。在甘泉縣東北，隋城外離宫。方輿紀要：隋宇文化及弑煬帝，奪江都舟楫。行至顯福宫，武賁郎將麥孟才等謀殺之，不克。即此。

江都宫。在甘泉縣西七里故廣陵城内。中有成象殿、水精殿及流珠堂，皆隋煬帝建。隋書志：江陽有江都宫。輿地紀勝：宫在江都縣北五里。今爲上方禪寺。

十宫。在甘泉縣北五里，隋煬帝建。寰宇記：十宫在江都縣北五里長阜苑内，依林傍澗，高跨岡阜，隨城形置焉。曰歸雁、回流、九里、松林、楓林、大雷、小雷、春草、九華、光汾。

元鎮南王宮。在甘泉縣西北六里。元史：世祖至元二十一年，封子托歡鎮南王於揚州。按：揚州列朝宮殿散見史書者不一。如江都王建游章臺宮，廣陵王胥置酒顯陽殿，俱見漢書。周顯德五年二月庚午，在揚州宴於行宮，三月辛丑，宴於瓜步行宮，見册府元龜。宋靖康元年，徽宗至揚，詣章武殿行宮，乃留后妃諸王揚州，見陸弼雜志。建炎二年，高宗策進士於崇政殿，見中興繫年録。南唐昇元四年，宴羣臣於崇德宮故第，見陸游南唐書。昇元六年，李昪遷楊行密子孫於海陵，號永安宮，見五代史。又王士點禁扁載崇元殿、光慶殿、英武殿、應乾殿、文明殿、朝陽殿，皆南唐殿名在揚州者。今舊蹟久湮，未敢附會其地，姑識於此。

四并堂。在府城内，宋韓琦建。取「美景、良辰、賞心、樂事四者難并」之義。

鎮淮堂。在府城内。舊名芍藥廳，向子固改名。輿地紀勝：州宅舊有芍藥廳，在都廳之後，聚一州絶品於其中。

平山堂。在甘泉縣西北五里蜀岡上。宋慶曆八年，郡守歐陽修建。輿地紀勝：在州城西北大明寺側。負堂而望，江南諸山拱列簷下，故名。通志：咸淳五年，李庭芝鎮揚州，築城包之。城廢，堂爲栖靈寺僧所據。本朝康熙二十年重建。二十三年、四十四年，聖祖仁皇帝南巡，再幸其地，御書「平山堂」及「賢守清風」、「怡情」額。乾隆十六年、二十二年、二十七年、三十年、四十五年，高宗純皇帝南巡，俱有御製詩，並賜墨寶，恭藏於内。四十九年，仁宗睿皇帝隨扈，御製再游平山堂疊韻詩。

谷林堂。在甘泉縣西北，宋元祐中建。

德晝堂。在高郵州治。宋政和間，郡守毛漸建，以蔡襄所書十二字刻之石，置堂上。

瞻衮堂。在高郵州北城上。宋紹興五年，都督張浚視師淮東，次於此。提舉董旻於所憩之處作堂，名曰「瞻衮」。余壹有記。

梁武帝讀書堂。在寶應縣。輿地紀勝：在寶應縣齊興寺。

三至堂。在泰州治。輿地紀勝：曾致堯知泰州事，其孫肇復典是郡，肇父易占嘗知如皋。肇以三世官海陵，用建此堂。

刻致堯六詠於堂之北，榜曰「六詠亭」。

五賢堂。在泰州舊光孝寺内，祀張綸、范仲淹、富弼、胡瑗、王覿。

富弼讀書堂。在泰州東北八十里。輿地紀勝：弼侍其父征商於此，與胡侍讀、周待制相友善。堂在光孝寺之東。

四達齋。在高郵州舊治。宋蘇軾集：高郵使君趙晦之作齋東園，户牖四達，因以爲名。蘇軾過而爲之銘。

淮海樓。在府治南城上。名勝志：宋州守郭棣，即揚州南城爲淮海樓，偕客落成，高郵陳造爲之賦。

鎮淮樓。在府治南城上，宋時建。規模甚壯。

文選樓。在府治東南。相傳梁昭明太子撰文選於此。一云隋曹憲以文選教授生徒所居，號文選巷，樓以是得名。明統志：圖經有文選巷，即其處。

明月樓。在府東北。何良俊語林：揚州趙氏好客，有明月樓，一時題詠甚多。趙子昂題楣帖：「春風閬苑三千客，明月揚州第一樓。」主人徹酒器爲贈。

皆春樓。在府治東北開明橋西。舊名大安，宋賈似道改名。

騎鶴樓。在府治東北。因昔人有「騎鶴上揚州」語，後人建樓，因以此名。

摘星樓。在府城西北隅。舊志：賈似道築寶祐城，建樓於上，扁曰「三城勝處」。摘星樓即其處也。蘇轍、秦觀皆有詩。

迷樓。在府治西北七里。古今詩話：煬帝時，新宫既成，帝幸之，曰：「使真仙遊此，亦自當迷。」乃名迷樓。

籌邊樓。在府城南。方輿勝覽：宋郭棣即故城遺址建。

大觀樓。在江都縣瓜洲南門城上，息浪菴西。

江淮勝概樓。在江都縣瓜洲鎮，明正統中周忱建。

佳麗樓。在甘泉縣大市東酒庫壺春園内。名勝志：規模軒敞，江南諸山，拱揖在目。

高詠樓。在甘泉縣西。本朝乾隆二十七年，御賜聯額。

甲仗樓。在甘泉縣城西。名勝志：新城有甲仗樓，晉謝安建。唐張籍有詩。

鳳凰樓。在甘泉縣廣北鄉鳳凰池側，隋煬帝建。

横江樓。在儀徵縣城外，宋時建。

望京樓。在泰州，宋曾致堯建。輿地紀勝：望京樓在郡圃。又永寧樓〔六〕，陳書太建十一年春，有龍見於永寧樓側池中。迎仙樓，唐書高駢建，高八丈，飾以珠玉。羅隱有詩。卷書樓，北山集宋高宗時，以提點公廨爲尚書省禮部，在西北隅卷書樓下。十三樓，蘇軾詞：「遊人多上十三樓。」雁行樓，元宋無詩：「重柝雁行樓。」以上諸樓，今莫詳所在，附注於此。

雪𨙸閣。在府治。後移揭於郡圃，改閣爲亭。又延和閣，廣陵雜志高駢建於廳事之西。芙蓉閣，明統志在揚州廳後，曾致堯有詩。慶雲閣，唐張祜詩：「閣想慶雲登。」

彭城閣。在甘泉縣彭城邨。大業雜記：煬帝建。閣中有温室。先是開皇末有「泥彭城口」之謠，其後果驗。唐李益有詩。

雲山閣。在甘泉縣西北，即玉鈎亭舊址。寶祐志：宋陳升之建。吕公著守揚州，時值中秋，燕客其上。秦觀即席賦詩，一坐歎服。

澄瀾閣。在儀徵縣北山上。

芙蓉閣。在泰州治内藕花洲上。輿地紀勝：芙蓉閣，在泰州廳後。

高沙館。在高郵州西南。方輿勝覽：高郵軍有高沙館。

四柏亭。在府城文廟南。明統志：宋元豐中，鄒浩爲教授，著四柏賦以見志。後彭方爲文學掾，植四柏於學宫之南，因以名亭。

水亭。在府城北隅，唐獨孤及建。有崔行軍水亭汎舟詩。

延賓亭。在江都縣。府志：五代徐知誥爲淮南節度副使，於府署立延賓亭，以待四方之士。宋齊丘爲記。又廣陵雜志：唐高駢鎮淮南，立碑刻頌，迎置碧筠亭。又宋歐陽修於役志：景祐三年七月，至揚州，遇秀才廖倚及子聰，飲觀風亭。又云：七月在揚州，飲遡渚亭。又歐陽修增建美泉亭於揚州。今其地無考。

東陵亭。在江都縣東。後漢志廣陵有東陵亭。註：博物志曰：「女子杜姜，左道通神，縣以爲妖，閉獄桎梏。卒變形，莫知所極。以狀上，因以其處爲廟祠，號曰東陵聖母。」舊志：寰宇記云：張綱溝，在廣陵縣東三十里。綱於東陵邨東開溝引水，蓋即故亭之地。按：寰宇記東陵聖母廟在江都縣南三十里，與後漢志注所云廟祠者合，又似在縣南。

江風山月亭。在江都縣瓜洲鎮東南，元揚州路總管熊漢卿别墅。

迎波亭。在江都縣瓜洲鎮，宋王令有詩。

玉鉤亭。在江都縣西南。唐元和中，李夷簡鎮淮南，於城之西南見新月如鉤，因以名亭。皇甫湜爲記。

斗野亭。在甘泉縣邵伯埭，宋時建。揚州於天文屬斗分野，故名。孫覺、蘇軾、蘇轍、黄魯直皆有詩。

無雙亭。在甘泉縣東蕃釐觀前，以瓊花天下無雙故也。宋歐陽修建，一云宋郊建。前賢題詠甚多。

風亭。在甘泉縣北。宋書徐湛之傳：廣陵城北有陂澤，水物豐盛。湛之更起風亭、月觀、吹臺、琴室，招集文士，盡遊玩之適，一時之盛也。寰宇記：亭觀並在宫城東北角池側。

竹西亭。在甘泉縣北。唐杜牧題禪智寺詩：「誰知竹西路，歌吹是揚州。」後以此名亭。宋歐陽修、梅堯臣皆有詩。後向子固易名歌吹亭。輿地紀勝：竹西亭，在北門外五里。本朝乾隆四十九年，御製竹西精舍詩。

新亭。在甘泉縣西北五里蜀岡。南史：宋大明三年，竟陵王誕據廣陵，沈慶之進軍新亭逼之。即此。又其麓九曲池上有木蘭亭、九曲亭，池北有借山亭，宋馬仲甫築。波光亭，宋周淙建，有陳造賦，王禹偁詩。

天開圖畫亭。舊在儀徵縣西城上。宋郡守姚恪建，即黄魯直「天開圖畫即山川」句爲名。後因甃城亭廢，以其名揭於瀕江樓。嘉定間，吴機别建於朝宗門外，又於其後創水竹、喜涼、漣漪、聞凱、轉幽五亭。

谿陰亭。在儀徵縣東，宋蘇軾有詩。

壯觀亭。在儀徵縣北五里北山之巔，宋建，米芾書榜。後廢。紹興二年，郡守左昌時復新之。楊萬里有記。

玩珠亭。在高郵州。輿地紀勝：在樊良鎮。宋嘉祐中，揚州天長澤陂中有一大珠，天晦多見。後轉入甓社湖，或在新開湖，凡十餘年。鎮當珠往來之處，行人往往維舟以待其現，因名亭焉。

濯纓亭。在興化縣，宋范仲淹建。

浮香亭。在泰州舊治藕花洲後，宋時有御書額。通志：州守陳垓，刻秦觀、蘇軾、蘇轍、僧參寥古梅唱和詩於石。

谿光亭。與迎賓亭、避湖亭俱在東臺縣西谿鎮，宋范仲淹建。

南風亭。在東臺縣西谿鎮西南，宋晏殊建。

望江臺。在江都縣瓜洲鎮。宋時金完顔亮南侵，築臺望江，故名。

吴公臺。在甘泉縣西北四里，一名雞臺。寰宇記：江都縣吴公臺，在縣西北，宋沈慶之攻竟陵王誕所築弩臺也。後陳將吴明徹圍北齊，東廣州刺史敬子猷增築之以射城内，號吴公臺。舊志：唐武德元年，江都守陳稜，葬煬帝於江都宫西吴公臺下。即此。又戲馬臺，其下有路，號玉鈎斜，爲隋葬宫女處。按拾遺記，煬帝於吴公宅門雞臺下恍惚與陳後主相遇，當即是吴公臺也。

崑丘臺。在甘泉縣北五里，取蕪城賦「軸以崑岡」爲名。宋歐陽修有詩。

釣臺。在甘泉縣北二十里。寰宇記云江都縣釣臺。西征記云雷陂有臺二丈。又南兗州記云，即吴王濞之釣臺。

文游臺。在高郵州東二里。宋蘇軾與王鞏、孫覺、秦觀及李公麟同游於此，州守因名其臺曰文游，以紀其盛。公麟畫爲圖，刻之石。本朝乾隆二十二年、二十七年，俱有御製文游臺詩。

鳳凰臺。在泰州。輿地紀勝：在子城南，相傳昔有鳳凰集於此。

皁角林。在江都縣南三十里。宋紹興三十一年，金人陷揚州。劉錡留屯瓜洲，命將王佐等拒敗金師，斬金將高景山於此。

鳳凰林。在甘泉縣北三十二里。府志：宋紹定四年，有鳳凰至其地，故名。

水竹居。在甘泉縣西。本朝乾隆三十年，賜名，並「静照軒」額一、聯一。

王播宅。在江都縣南瓜洲。播父恕爲揚州倉曹參軍，因家於此。府志：播既貴，歸瓜洲故居，感舊有詩。

董仲舒宅。在甘泉縣大東門外。輿地紀勝：即故縣基，今廢爲軍寨。府志：今爲兩淮鹽運使署。

謝安宅。在甘泉縣東鹽運使前。輿地紀勝：謝安宅在法雲寺，有安手植雙檜，唐時猶存。

楊行密宅。在甘泉縣西北堡城。寶祐志光孝院，即其舊宅。大觀九域志：唐光化間，行密施爲僧院。又李昇宅，在壽寧寺。

淳于棼宅。在甘泉縣北十里。有古槐一枝，世所傳南柯夢也。

關隘

鈔關。在江都縣南門外，爲水陸要衝，有關差駐劄。

萬壽鎮巡司。在江都縣東四十里韓家沙，明洪武初置。又歸仁鎮，在縣東八十里青草沙，亦明初置巡司，成化中移駐便益河口。

瓜洲鎮巡司。在江都縣南四十里江濱。元和志：昔爲瓜洲邨，蓋揚子江中之沙磧也。沙漸漲出，狀如瓜字，遥接揚子渡口。自唐開元以來，漸爲南北襟喉之處。九域志：江都縣，有揚子、板橋、大儀、灣頭、邵伯、宜陵、瓜洲七鎮。舊志：宋乾道四年，始築城置堡。有石城，東西北三面長四里。明初置巡司。嘉靖三十五年，以倭警重築甎城。周一千五百四十三丈，有五門。居民商賈輳集，守備等官鎮守，江防分司亦駐焉。本朝初設參將，康熙十一年，改設守備。乾隆三十五年、四十五年、四十九年，高宗純皇帝南巡，俱有御製過瓜洲詩。四十九年，仁宗睿皇帝隨扈，有瓜洲放舟至金山成長律二首。

上官鎮巡司。在甘泉縣西北六十里。明初置，本朝因之。

邵伯鎮巡司。在甘泉縣北四十五里運河東。明初置，本朝因之。乾隆十六年，有御製邵伯鎮詩。

舊江口巡司。在儀徵縣東南十里。明洪武初置，尋移置於縣南三里汊河口。又縣南一里舊税課局，明洪武十六年建。又縣南二里運河上，有批驗鹽引所。

界首巡司。在高郵州北六十里。

時堡鎮巡司。在高郵州東北一百二十里，明洪武初置。舊志有張家溝鎮，在州北三十里。明正統中置巡司。又税課局，在州東北新城内，明洪武中建。又河泊所，亦在新城。今俱廢。

安豐鎮巡司。在興化縣東北六十里。明置，今因之。又有税課局，在縣治南。河泊所，在縣治北。今廢。

富安場巡司。在寶應縣東北，本朝乾隆三十九年設。

槐樓鎮巡司。在寶應縣南二十里運河隄上，明置。

衡陽鎮巡司。在寶應縣西南一百二十里，明洪武初置。

海安鎮巡司。在泰州東南，即故海安城。明初常遇春重築，甃以瓴甓，周三里有奇。尋置巡司。海防考：鎮居如皋、泰州之中，東可以控禦狼山、通州海口之入，西可以捍禦揚州。

寧鄉鎮巡司〔七〕。在泰州北六十里，明置。

宜陵鎮。在江都縣北六十里。地勢高阜，居民稠密。自灣頭達泰州通道，宋設宜陵驛於此。

大儀鎮。在甘泉縣西七十里，接安徽天長縣界。宋建隆元年，親征李重進，次大儀，遂克揚州。紹興四年，金人入寇，韓世忠軍揚州，提援兵至大儀，以當敵騎，大敗之。輿地紀勝：宋嘗置驛於此。

新城鎮。在儀徵縣東十里，運河所經，爲商民輳集之地。又東三十里爲石人頭鎮，接江都縣界。

三垛鎮。在高郵州東四十里。九域志：高郵縣有臨澤、三塾、北阿、樊良四鎮。舊志：蓋即三塾之譌也。宋建炎中，金人至楚州，詔通泰鎮撫使岳飛援之。飛屯軍三垛鎮，爲楚州聲援，敵至，三戰三捷，即此。高郵志：其地有三垛橋，跨三陽河。又河口鎮，在州東八十里，接興化縣界。

車邏鎮。在高郵州南十五里臨河石工。本朝乾隆二十六年建。

北阿鎮。在高郵州西北。輿地紀勝：離城九十里，即晉時三阿。舊志：東晉時，嘗僑置幽州。太元四年，苻秦將俱難、彭超圍幽州刺史田洛於三阿，去廣陵百里，即此。府志：在州西北平阿湖北。

樊良鎮。在高郵州西北。輿地紀勝：離城十八里。漢樊噲嘗游此，爲之立祠。

陵亭鎮。在興化縣南二十五里。唐大順元年，朱全忠將龐師古與賊將孫儒戰敗於陵亭，即此。九域志：興化縣有陵亭鎮。

芙蓉鎮。在興化縣北三十五里，元至正十四年築寨。

射陽鎮。在寶應縣東四十里。

黃浦鎮。在寶應縣北二十里。九域志縣有上游一鎮，或曰即此。

姜堰鎮。在泰州東四十五里，運鹽河所經。

斗門鎮。在泰州西三十里，接江都縣界。

樊汊鎮。在泰州西北八十里，接江都、高郵界。

西谿鎮。在泰州東北百二十里，爲商賈輳集之地。宋天聖中，范仲淹監西谿倉，即此。九域志：海陵縣有西海鎮。舊志：明洪武初置巡司，在西谿西三里。又稅課局，在泰州治西南。又淤谿、薄湖河泊所，在州北門外。皆明洪武初建，後裁。

揚州衛。在江都縣西南，明洪武四年置。

儀徵衛。在儀徵縣治東南。舊爲千户所，明洪武中改爲衛。

奇兵營。在儀徵縣南門外江口，本朝設遊擊駐防。

海陵監。在東臺縣西。寰宇記：本煑鹽之務。南唐昇元元年，於海陵縣置官鹽場八，南四場，北四場。開寶七年，移於如皋。州志：在州東北東臺場。明鹽運使分司於泰州者，駐東臺場，所轄拼茶、角斜、富安、安豐、梁垛、東臺、丁谿、小海、何垛、草堰凡十場，爲中十場，而以西谿爲總會之所。又有白駒場、劉莊場，屬淮安分司。興化縣志：白駒場，在縣東北百二十里，張士誠所生地。又東北接劉莊場。

拼茶寨。在泰州東二百十里。其東有角斜等寨，皆明嘉靖中置，分設官軍防守。

廣陵驛。在江都縣南門外。

邵伯驛。在甘泉縣北邵伯鎮。

界首驛。在高郵州北六十里，接寶應縣界。

安平驛。在寶應縣北門外。

津梁

龍舌津。在興化縣東門外。

通泗橋。在江都縣東，跨市河。

鈔關浮橋。在江都縣南門外户部分司前。

揚子橋。在江都縣南十五里，即揚子津，自古爲江濱津要。通鑑：隋開皇十年，楊素帥舟師自揚子津入，擊賊帥朱莫問於京口。又唐武德二年，李子通據海陵，圍江都。沈法興遣其子綸救之，綸軍揚子。舊志：宋建炎初，帝自瓜洲南渡，金人入揚州，追至揚子橋而還。即此。縣志：今舟運西自儀徵，南自瓜洲，至此合而北出，蓋總會之所也。

古二十四橋。在甘泉縣西門外。方輿勝覽：隋置，並以城門坊市爲名。後韓令坤省築州城，分布阡陌，别立橋梁。所謂二十四橋者，或存或廢，不可得而考。然歐陽修自揚移汝，蘇軾自汝移揚，猶形諸歌詠焉。本朝乾隆二十二年，御製寄題二十四橋詩。

虹橋。在甘泉縣北門外，一名紅橋。翼以朱欄，岸多植柳，爲郡人游觀之地。乾隆十六年，有御製虹橋詩。

寶公橋。在甘泉縣北邵伯鎮南。相近有惠政橋，稍西爲通湖橋。

鳳凰橋。在甘泉縣北三十五里。相傳昔有鳳凰止此，故名。

開明橋。在甘泉縣東北。舊傳橋左右春月芍藥花市最盛。

文津橋。在甘泉縣東北府學之東，跨市河。

何家港橋。在儀徵縣東南三十里。北通雙榆官道，達於縣南，爲瓜洲、京口通衢。

望江橋。在儀徵縣南。稍南爲珍珠橋。俱跨裏河。

胥浦橋。在儀徵縣西十里，相傳爲伍子胥入吴涉江處，因名。宋史高宗本紀：金人犯真州，步軍司統制邵宏淵迎戰於此。

三星橋。在高郵州東南十五里。

安定橋。在高郵州西，舊名南濯衣橋，跨市河。稍北爲通濟橋，舊名北濯衣橋。

多寶樓橋。在高郵州北門外。相近爲遐觀橋。

文林橋。在興化縣西南儒學北。

汜光橋。在寶應縣南四十里。

白馬橋。在寶應縣西北白馬湖。

瑞芝橋。在寶應縣東北，跨市河。宋元豐時，嘗產芝草，故名。

太和橋。在泰州東南，一名州橋。又泰安橋，在州南，跨中市河。

豐利橋。在泰州城南水關上，舊名暮春橋。

濟川橋。在泰州城南，一名高橋，跨運鹽河。達通州、如皋孔道。

白馬廟渡。在江都縣南門外白馬廟前。相近又有井港口渡。

瓜洲渡。在江都縣南四十五里，渡口與鎮江府相對。寰宇記：揚州南至大江三十里，渡口至潤州七十里。通鑑地理通釋：真州東行五十里，可至瓜洲，以向鎮江。西行六十里，可至瓜步，以達建康。蔡居厚詩話：潤州大江本與揚子橋對岸，瓜洲乃江中一洲，故潮水悉通揚州城中，李紳詩「揚州郭裏見潮生」是也。今瓜洲以閘爲限，不惟潮不至揚州，亦不至揚子橋矣。又儀徵縣西南四十里亦名瓜步渡，接江寧府六合縣界。

安樂渡。在甘泉縣北五十七里，一名小張家渡。

高家渡。在甘泉縣北六十五里，路達高郵州界。

石人頭渡。在儀徵縣東四十里，接江都縣界。

五馬渡。在儀徵縣西二十里。

隄堰

漕河隄。在府東北運河上。長二百餘里，爲十閘以洩横流。舊有斗門、水閘等七十九座。蓋自邵伯湖以北，地勢西高而東卑，高、寶諸湖周數百里。西受安徽天長縣七十餘派之水，南注於江，夏秋汎溢，故隄堰爲最要。

高郵護城隄。在州城外，康熙六十年建。乾隆三十年，高宗純皇帝南巡，命築石工，有御製示董事諸臣詩。四十九年，仁宗睿皇帝隨扈，御製高郵晚泊詩。

西隄。在高郵州運河西岸，亦曰運河隄。南接江都，北達寶應。又有東隄，在運河東岸，唐刺史李吉甫所築，明萬曆間重修。本朝康熙四十四年改建石工。

寶應護城隄。在縣城外。乾隆二十二年建築。

捍海堰。即范公隄，在興化縣東一百五十里。宋史河渠志：淳熙八年，提舉趙伯昌言：「通州、楚州舊有捍海堰，東距大海，北接鹽城，袤一百四十二里。始自唐黜陟使李承實建，遮護民田，屏蔽鹽竈，其功甚大。時久頹圮。至天聖改元，范仲淹爲泰州西谿鹽官日，風浪汎溢，渰没田産，毁壞亭竈，請於朝，調四萬餘夫修築，至今賴之。自後寖失修治，自宣和、紹興以來，屢被其害，每一修築，必大興工役。望令淮東常平茶鹽司，今後如有塌損，隨時修葺，務要堅固，可以經久。」從之。輿地紀勝：天聖中，張綸刺泰州，與范仲淹修復。興化人爲立張范祠。本朝雍正十年修，乾隆五年重修。十年，添建石閘金門。十九年又修，並建界牌閘。

新堰。在興化縣北門外，宋建炎中築。明洪武、嘉靖間屢修。

姜家堰。在寶應縣東八十里，宋祥符間置。

姜堰。在泰州東。宋史河渠志：紹興四年，詔毀泰州姜堰，令不通敵船。縣志：在天目山下，南瀕運河。其水北通西谿鎮，達上河。

北堰。在泰州北四里，瀕運河。

邵伯埭。在甘泉縣北邵伯鎮下閘西岸。相近有邵伯小壩。又有黄金壩，在縣東北，皆官河曲折處。

蔣家溝水䃴。在儀徵縣東五里。又縣東二十里有張家溝水䃴。皆在運河南。

瓜洲壩。在江都縣南瓜洲鎮。府志：漕河高江水數尺，築壩限水，使不直洩於江。漕河至此分爲三支，如「瓜」字。中一支阻隄隔江，東、西二支通江，名曰東港、西港。江湖由港以通往來。南北爲壩，以限漕河之水。明洪武初，設東港八壩、西港七壩。正統十四年，都御史周忱改築十壩於東、西港口，以後相繼修築。

金灣滚水壩。在甘泉縣金灣閘南，洩潮水入芒稻河閘入江。本朝乾隆二十七年改建。

昭關滚水壩。在甘泉縣邵伯鎮北五里。舊有鰍魚壩。本朝康熙四十年，改建於昭關。乾隆五年、八年、二十二年屢修。

朱家壩。在高郵州東。又東北有絞關壩。又東有蛤蜊壩。三壩俱西障運河水，東通興化各鹽場。凡鹽貨西來，客商通往，俱於此過壩。

車邏滚水壩。在高郵州南十五里車邏鎮。本朝乾隆二十二年、三十年，高宗純皇帝南巡，俱有御製車邏壩詩。

海安壩。在泰州東海安鎮北，有東、中、西三壩。限河水不南入運鹽河，以資東北諸場運河。

大同閘。在江都縣東。又有減水閘，凡十一處，俱在縣北境。

芒稻河閘。在江都縣東南十六里。明萬曆二十二年建，二閘六門。自灣頭入運鹽河，東行十里，從南岸洩水入芒稻河處也。閘下十八里直達大江。又有芒稻河東閘，本朝雍正十年建，乾隆九年、二十二年屢修。舊有閘官，專司啓閉。二十二年，兼管金灣閘官，駐劄閘畔。

留潮閘。在江都縣南瓜洲鎮，一名瓜口閘。

揚子橋新閘。在江都縣南。縣志：舊爲壩，明萬曆二十五年易以閘。每伏秋啓閘，以洩官河之水。春冬閉之，蓄水以濟運。閘口去江五里。

金灣閘。在甘泉縣北三十五里。王乾清紀曰：在邵伯鎮五里，西接湖口，東南十六里至芒稻河，又十八里下江，乃漕河洩水第一捷徑。本朝乾隆十年修築，二十三年、二十七年屢修。嘉慶十一年，閘下河身一律挑濬。

清江閘。在儀徵縣南三里運河上。明洪武初重建，設閘官，今因之。又有惠橋腰閘、南門裏湖閘，皆在運河上，以時蓄洩。

東關閘。在儀徵縣東北。自此而南，有通濟、羅泗、攔湖三閘，俱在運河上。明成化十年建，本朝康熙三十年重修。

城東閘。在高郵州東三垛鎮運鹽河，舊名流津閘。

城南閘。在高郵州南官河上，沿隄岸而北，凡三處。又有城北閘，亦在官河上，沿隄西北，凡六處。本朝增置陸漫閘。

丁谿閘。在興化縣東百三十里，即丁谿鹽場。又東北七里爲小海、草堰二場。又東北百二十里爲白駒場。又北曰劉莊場，接淮安府鹽城縣界。明天啓二年，知縣邊之靖修攔潮五閘。明年，淮河大漲，自高郵、寶應而東，俱由五閘匯流入海，公私利之。本朝乾隆十九年、二十二年、二十八年屢修，並疏閘下引河，設閘官掌之。

減水閘。在興化縣南滄浪亭南。又一閘在城北玄武廟北。

青龍閘。在興化縣東北劉莊場。本朝雍正六年，將青龍橋改建。乾隆二十二年重修。

白駒閘。在興化縣東北白駒場，有南、北、中三閘。乾隆五年建。

江橋減水閘。在寶應縣南五十里。沿隄而北，有圯水、瓦店、朱馬灣、劉家堡、七里溝、十里鋪凡七閘，俱在運河上。

黄浦滚水閘。在寶應縣北黄浦谿口運河東隄。又有子嬰溝、三里溝、七里鋪凡三閘，俱在運河東隄。

陵墓

盤古冢。在甘泉縣廟山。九域志：江都縣有盤古冢及廟。輿地紀勝：在江都縣西西興鄉。

漢

孔融墓。寰宇記：在江都縣高士坊西北，去州九里。

江都厲王墓。在甘泉縣東武鄉。郡國志：歲旱鳴鼓遶之，輒致雲雨。

陳琳墓。在寶應縣東射陽邨。

三國　魏

張遼墓。在甘泉縣大儀鄉。

南北朝　陳

杜僧明墓。在高郵州臨澤鎮。

隋

煬帝冢。在甘泉縣西北雷塘。

唐

王播墓。在江都縣官河東。

五代

楊行密墓。在儀徵縣西七十里。

宋

孫覺墓。在甘泉縣善應鄉。

陳瓘墓。在甘泉縣西北蜀岡。

沈銖墓。在儀徵縣西五里。弟錫附。

孫正臣墓。在高郵州東南焦里邨。

徐神翁墓。在泰州。輿地紀勝：在縣東七里，有碑。

元

張須立墓。在儀徵縣北蜀岡。

明

顧成墓。在江都縣東南運河東岸。

曾銑墓。在甘泉縣西金匱山。

高銓墓。在甘泉縣西十里仙人掌。

史可法墓。在甘泉縣西北梅花嶺。可法殉節揚州，葬衣冠於此。

黄得功墓。在儀徵縣西青山。
楊果墓。在興化縣北十里。
高穀墓。在興化縣北十五里。
朱應登墓。在寶應縣東五里。
儲巏墓。在泰州西二里。
徐蕃墓。在泰州北。

祠廟

韓忠獻祠。在府城雍熙巷，祀宋韓琦。
曾襄愍祠。在府城，祀明曾銑。
旌忠廟。在府城東。宋紹興中，統制王方、魏俊與金人戰死，爲之立廟。
崔守祠。在江都縣城内，祀宋崔與之。
大忠祠。在江都縣南，祀梁祖皓、宋李庭芝、吴從龍、汪立信、趙淮、姜才、陸秀夫、明茅誧、崇剛、朱袞、晏鋭、丘陞十二人。
文丞相祠。在江都縣南，祀宋文天祥。又大忠節祠，在儀徵縣東門外，亦祀天祥，以苗再成、姜才配。
江水祠。在江都縣南瓜洲鎮。後漢書郡國志：江都有江水祠，漢宣帝祀江處。

海江潮神祠。在江都縣南瓜洲鎮。又鎮有龍神廟。

董子祠。在甘泉縣新化坊，祀漢董仲舒。本朝康熙四十四年，御賜「正誼明道」額。

雙忠祠。在甘泉縣西門内，祀明高邦佐、陳輔堯。

廣陵五先生祠。在甘泉縣西門，祀宋胡瑗、李衡、王居正，後增祀李樹敏、沈銖。

羅令祠。在甘泉縣北邵伯鎮，祀宋羅適。

三將軍廟。在儀徵縣東焦家山。三將元宗、梁淵、張昭，宋紹興中戰死於此，邑人立廟祀之。

江令祠。在儀徵縣義城邨。明統志：在舊江陽縣。唐咸通中，大旱，令以身禱雨，赴水死，天即雨。民爲立祠。通志作「康令」。

昭明太子祠。在儀徵縣南，祀梁昭明太子。

林太守祠。在高郵州城内，祀宋林伯成。

紹興三鉅公祠。在高郵州廨西，祀宋張浚、韓世忠、岳飛。

四賢祠。在高郵州文游臺，祀宋蘇軾、孫覺、秦觀、王鞏。又有四賢堂，祀孫覺、秦觀、喬執中、朱壽昌。

三忠祠。在秦州城内，祀宋李庭芝、姜才、孫虎臣。

六太守祠。在泰州城内，宋元符中建。祀太守荆罕儒、周敬述、田錫、張綸、孔道輔、曾致堯。

江海會祠。在泰州。後漢書郡國志：海陵有江海會祠。

胡安定公祠。在泰州治西泰山麓下，祀宋胡瑗。

范公祠。在東臺縣便民倉西，祀宋范仲淹。

關帝廟。在江都縣三汊河上。本朝乾隆二十二年敕建，御書「氣塞宇宙」額。

夏禹廟。在甘泉縣浮山。一在高郵州。

甘棠廟。在甘泉縣東北四十五里。晉謝安有善政，郡人祀之。

恭愛廟。在儀徵縣東二十里，祀漢廣陵太守陳登。

伍子胥廟。在儀徵縣西城外。

露筋廟。在高郵州南三十里。舊志：唐時露筋烈女死此。宋紹聖元年，米芾刻石紀事。本朝康熙四十六年，御賜「節媛芳躅」額。乾隆二十二年、四十九年，俱有御製露筋祠詩。

三閭大夫廟。在興化縣東北四十里，舊名釣魚廟。

龍王廟。在寶應縣南門外。明洪武十九年建。本朝乾隆三十年，御賜「靈祐通津」額。

寺觀

梵覺寺。在江都縣瓊花觀之南，即古興教寺，宋淳化間建。本朝康熙四十四年賜額。又府西有西方寺，鎮淮門北有鐵佛寺，南門外有靜慧寺，府南三里有寶輪寺，瓜洲鎮有化城寺，仙女廟北有萬佛寺，南門外運河之南有善覺寺，陵鎮有慈雲寺，府城北有龍光寺，俱賜額。

香阜寺。在江都縣黄金壩，舊名五臺山。本朝康熙三十八年，賜名香阜，及「名香清梵」額，並賜墨寶法物。乾隆十六年、二十二年、二十七年、三十年，御書額聯，有御製詩，並賜墨寶恭藏於内。

智珠寺。在江都縣東南隅運河濱，舊名吉祥菴。本朝乾隆十六年，御賜寺額。

高文寺。在江都縣南三汊河西岸，有塔曰天中。其地爲茱萸灣，亦名塔灣。本朝康熙二十八年，恭建行宫。四十二年賜額，御製碑記。四十四年、四十六年，御製額聯，御製詩，并頒墨寶金佛。乾隆十六年、二十二年、二十七年、三十年、四十五年、四十九年，御書額聯六，御製詩，并賜墨寶佛像恭藏於内。

山光寺。在江都縣北。寶祐志：即今勝果寺。在灣頭鎮，前臨漕河。隋大業間建。先爲隋帝北宫。帝嘗筮山火賁卦，惡之，因以宫爲寺，名山火，後名山光，有九院，今併廢。宋天禧間，更建於縣東南第三港沙河岸側。今歸併壽安寺。

寶筏寺。在江都縣東北，舊名救生寺。乾隆二十七年，御賜寺額。

天寧寺。在甘泉縣天寧門外。舊志：寺在東晉時，爲謝安別墅。義興中，有梵僧佛馱跋陁羅尊者譯華嚴經，請於謝司空，建興嚴寺。宋政和中，改今名。本朝康熙二十三年至四十六年，聖祖仁皇帝南巡，六次臨幸，御書額五、聯二，有御製詩，并賜墨寶法物。乾隆十六年、二十二年、二十七年、三十年、四十五年、四十九年，高宗純皇帝南巡，恭建行宫於寺右，御書額聯十二，御製詩，并賜墨寶法物恭藏於内。四十九年，仁宗睿皇帝隨扈，有御製自高橋易舟至天寧寺即景詩，并重宿天寧寺詩。

法雲寺。在甘泉縣鹽運司前。通志：晉謝仁祖宅也。

慧因寺。在甘泉縣西。乾隆十六年、二十二年、二十七年、四十五年、四十九年，高宗純皇帝俱有御製詩，賜寺額一。四十九年，仁宗睿皇帝隨扈，御製慧因寺詩。

石塔寺。在甘泉縣西甘泉山。本慧昭寺，劉宋元嘉十七年，爲高公寺。唐先天二年，爲安國寺。乾元中，爲木蘭院。開成三年，建石塔，葬古佛舍利，因改名。亦名甘泉寺。輿地紀勝：宋蘇軾守揚，有石塔寺試茶詩。賈似道重修。

法浄寺。在甘泉縣西北蜀岡上平山堂側。舊名棲靈寺，又曰西寺。本朝乾隆十六年、三十年，賜今名，及「蜀岡慧照」額。

蓮性寺。在甘泉縣西北三里。舊名法海禪寺，本朝康熙四十四年，賜額蓮性寺。乾隆二十二年、二十七年、三十年、四十五年，俱有御製詩，并御書扁額。

上方寺。在甘泉縣北五里蜀岡。寶祐志：舊在江都縣北五里。紹興郡志：舊有東、西、南、北四寺，北即北方寺。本朝乾隆三十年、四十九年，高宗純皇帝有御製詩。四十九年，仁宗睿皇帝隨扈，御製上方寺詩。

寶方寺。在儀徵縣東門外運河濱。康熙四十二年賜額。

善因寺。在高郵州北門外。舊名地藏菴，本朝乾隆二十七年，御賜今額。

寶嚴寺。在興化縣西迎恩里。舊志碑目云：興化舊縣治寶嚴院中，塔基甃石鐫「唐大順九年」字。

齊興寺。在寶應縣磨旗墩南，唐保泰四年建。相傳梁武帝讀書於此，臺蹟猶存。

北山寺。在泰州北二里。唐寶曆元年，建王屋禪師道場。宋嘉祐八年，改名開化。本朝康熙三十八年，賜今額。

慈濟禪寺。在東臺何垛場。舊名三昧寺，後改聖果院。本朝康熙四十二年，賜今額。

蕃釐觀。在甘泉縣大東門外。舊志：即古后土祠，舊有瓊花産焉。漢元延二年建。方輿紀要：五代以前在城外，俗云瓊花觀。唐中和二年，改名唐昌。明正統中，改建今處。縣志：宋政和間，改今名。

福緣禪林。在江都縣南運河濱。舊名福緣菴，本朝乾隆十六年，御賜今額。

仙源萬壽宫。在泰州治東南，即晉樂子長故宅。宋祥符中，改爲天慶觀，大觀間易名。

校勘記

〔一〕廣陵人召平爲陳王徇廣陵　「召平」，乾隆志卷六七揚州府古蹟（下同卷簡稱乾隆志）同，史記卷七項羽本紀作「邵平」。

〔二〕齊寧故城　「齊寧」，原作「齊安」，據乾隆志及太平寰宇記卷一二三淮南道揚州改。下文同改。按，本志蓋避清宣宗諱改字。

〔三〕舊治在縣南十五里善應鄉　「治」，原作「志」，據乾隆志及輿地紀勝卷三八真州改。

〔四〕寧海廢縣　「寧海」，原避清宣宗諱作「安海」，據乾隆志及宋書卷三五州郡志改。下文同改。

〔五〕揚州制置使畢再遇築土城於東北二門外　「制置使」，原作「置制使」，據乾隆志及雍正江南通志卷三三輿地志古蹟乙。

〔六〕又永寧樓　「永寧」，原作「永安」，據乾隆志及陳書卷五宣帝本紀改。下文同改。按，本志避清宣宗諱改字。

〔七〕寧鄉鎮巡司　「寧」，原避清宣宗諱作「安」，據乾隆志及明史卷四〇地理志改。下同改。

大清一統志卷九十八

揚州府三

名宦

漢

董仲舒。廣川人。武帝時，爲江都相，事易王。易王，帝兄，素驕好勇，仲舒以禮誼匡正，王敬重焉。

陸稠。吳人。爲廣陵太守。有威惠。郡中諺曰：「解理結煩，我國陸君。」

馬稜。扶風茂陵人。章和元年，遷廣陵太守。時穀貴民飢，奏罷鹽官，以利百姓。振貧羸，薄賦税，興復陂湖，漑田二萬餘頃。吏民刻石頌之。

張綱。犍爲武陽人。漢安元年，爲廣陵太守。時廣陵賊張嬰等寇亂揚、徐間，綱單車造嬰壘，申示國恩。嬰面縛歸降，南州晏然。於東陵村開渠，引大石湖水，灌利農田。綱在郡一年卒，百姓老幼相携詣府，赴哀者不可勝數。

趙苞。東武城人。靈帝時，遷廣陵令。視事三年，政教清明，郡表其狀。

陳登。淮浦人。建安初，爲廣陵太守。明審賞罰，威信宣布，海賊薛州之羣，萬有餘户，束手歸命。未及期年，功化以就，百姓畏而愛之。於城西二十里，濬源爲塘，引水灌田，用獲豐稔，民名之曰愛敬陂。

晉

孔衍。魯國人。太興中，出爲廣陵郡。雖郡鄰西賊，猶教誘後進，不以戎務廢業。石勒常騎至山陽，敕其黨，以衍儒雅之士，不得妄入郡境。視職期月，卒於官。

謝安。陽夏人。太元中，拜太保，鎮廣陵。築壘曰新城，以壯保障。時城北湖水每漲没民田，安築平水埭，隨時蓄洩，歲用豐稔，後人名爲邵伯埭云。

謝玄。安從子。太元二年，拜建武將軍、兖州刺史，領廣陵相，監江北諸軍事。時苻堅彊盛，率兵百萬，列陣臨淝水。玄以精鋭八千決戰，堅衆奔潰。復平兖州，進封康樂公。玄患水道險澀，糧運艱難，用督護聞人奭謀，堰吕梁水，樹栅立七埭，爲派擁二岸之流，以利運漕。自此公私利便。

徐寧〔二〕。郯人。爲輿縣令。桓彝嘗過輿訪之，欣然停留累日。及至都，謂庾亮曰：「徐寧真海岱清士。」即遷吏部郎。

劉毅。沛人。使持節兖州刺史，號令嚴整。所經墟邑，百姓安悦。

南北朝　宋

徐湛之。郯人。元嘉中，爲南兖州刺史。善爲政，威惠並行。修廣陵高樓，南望鍾山。城北有陂澤，水物豐盛，更起風亭、月觀、吹臺、琴室。果竹繁茂，花藥成行，招集文士，盡遊玩之適。

劉善明。平原人。泰始中，除海陵太守。郡境邊海，無樹木，善明課人種榆、檟、雜果，遂獲其利。

梁

霍儁。廣陵令。邵陵王綸與侯景拒戰，敗績，賊執西豐公大春及儁等來城下，逼令云：「已禽邵陵王。」儁獨云：「王小失利，已全軍還京口。城中但堅守，援軍尋至。」語未卒，賊以刀傷其口。景義而釋焉，蕭正德收而害之。

祖皓。易州人。大同中，爲江都令，後拜廣陵太守。侯景陷臺城，來嶷説皓勦除兇逆，爲要勇士耿光等百餘人襲殺景。兗州刺史董紹先馳檄遠近討景。景大懼，即日攻之，城遂陷。見執，車裂以徇。

隋

薛孺。華陰人。開皇中，爲揚州總管司功參軍。有惠政，每以方直自處。府寮多不便之。

楊异。華陰人。開皇中，除吴州總管，甚有能名。時晉王廣鎮揚州，詔令异每歲一與王相見，評論得失，規諷疑闕。

宇文弢。洛陽人。文帝時爲吴州總管，有能名。

張虔威。東武城人。煬帝時，拜謁者大夫，從幸江都。以本官攝江都贊治，稱爲幹理。

馮慈明。長樂人。大業十三年，攝江都郡丞事。李密逼東都，詔令慈明安集瀍、洛，遣兵擊密，爲密黨所執。密延於坐，謂曰：「隋祚已盡，今欲率四方之衆問罪江都，卿以爲何如？」答曰：「慈明直道事人，有死而已。不義之言，非所敢對。」潛使人奉表江都，及致書東都留守，論賊形勢。密義而釋之。出至營門，賊帥翟讓亂刀斬之。贈昌黎郡公，謚壯武。

唐

李襲譽。安康人。武德初，擢揚州大都督府長史。俗喜商賈，不事農，襲譽爲引雷陂水，築句城塘，溉田八百頃，以盡地利。民多歸本。

婁師德。原武人。高宗時，授江都尉。揚州長史盧承業異之，曰：「子台輔器也。當以子孫相諉，詎論寮吏哉！」

韋湊。萬年人。武后時，遷揚州法曹。州人孟神爽罷仁壽令，豪縱數犯法，交通貴戚，吏莫敢繩。湊按治杖殺之，遠近慴伏。

蘇瓌。武功人。武后時，轉揚州大都督府長史。州據都會，多名珍怪産，前長史貲取鉅萬。瓌單身襆被自將。

姚崇。硤石人。睿宗時，遷揚州長史。政條簡肅，人爲紀德於碑。崇長吏道，明決無淹。

王志愔。聊城人〔二〕。開元初，改揚州長史。所至破碎姦猾，令行禁止，境内肅然。

李憕。汶水人。天寶初，遷廣陵長史。民爲立祠賽祝，歲時不絶。

高適。渤海人。永王叛，肅宗召與計事，因陳永王必敗，不足憂，帝奇之。除揚州大都督府長史、淮南節度使，詔與江東韋陟、淮西來瑱率師會安陸。方濟師而王敗。

張延賞。猗氏人。大曆中，爲淮南節度使。歲旱，民他遷，吏禁之。延賞曰：「食者人恃以活，拘此而斃，不如適彼而生，何限爲？」乃具舟遣之。敕吏爲修室廬，寬逋債，歸者更增於舊。瓜步舟艫輻輳，而遥隸江南。延賞請改屬揚州，行無阻滯。

杜亞。京兆人。興元初，拜淮南節度使。治漕渠，引湖陂，築防庸入渠中，以通大舟。夾隄高卬田，因得溉灌。疏啓道渠，徹壅通堙，人皆悦賴。

杜佑。萬年人。德宗時，爲淮南節度使。決雷陂以廣灌溉，斥瀕海棄地爲田，積米至五十萬斛。列營三十區，士馬整飭，四隣畏之。

李吉甫。趙郡人。元和中，爲淮南節度使。居三歲，奏蠲逋租數百萬。築富人、固本二塘，溉田且萬頃。漕渠庳下不能居水，乃築隄閼，以防不足，洩有餘，名曰平津堰。江、淮旱，浙東、西尤甚，有司不爲請。吉甫白以時救恤，帝驚，馳遣使分道賑貸。

崔從。全節人。授淮南節度副大使、知節度使事。揚州凡交易貲産，奴婢有貫率錢，畜羊有口算，又貿麴牟其贏以佐用度，從皆蠲除之。官吏俸帛常加倍給，獨節度使則否，從皆與之同。太和六年卒，下有刲股肉以祭者。

李德裕。趙郡人，吉甫子。開成中，遷淮南節度使。

杜悰。佑子。會昌初，爲淮南節度使。武宗詔揚州監軍，取倡家女十八人進禁中，監軍請悰同選。悰曰：「吾不奉詔而輒與，罪也。」監軍怒，表於帝。帝以悰有大臣體，乃詔罷所進妓。

李珏。趙郡人。宣宗時，爲淮南節度使。江、淮旱，發倉廩賑濟，以軍儲羡殺半價與人。及疾亟，官屬見卧内，惟以州有税酒直而神策軍常爲豪商占利，方論奏未見報爲恨。性寡欲，門無餽餉。淮南人德之，立碑刻其遺愛。贈司空，謚貞穆。

五代　周

朱昂。潭州人，北遊江、淮。世宗南征，韓令坤統兵至揚州，昂謁見，陳治亂方畧，令坤奇之，署權知揚子縣。適兵革之際，昂便宜綏輯，復逋亡者七千餘家。令坤即表授本縣令。

向拱。河内人。顯德初，拜淮南節度使。時周師久駐淮揚，都將驕恣横暴。拱至，戮不奉法者數輩，軍中肅然。

荆罕儒。信都人。顯德中，拜泰州刺史。修築羅城，增子城，營州治。世宗幸泰州，以爲團練使，軍吏耆艾詣闕請留。恭帝詔褒之。

宋

李處耘。上黨人。太祖時,知揚州。大兵之後,境内凋弊,處耘勤於綏撫,奏減城中居民屋税,民皆悦服。建隆二年,詔歸京師,老幼遮道涕泣,累日不得去。

張觀。毘陵人。太宗時,知揚州,有善政。

劉綜。虞鄉人。太宗時,知建安軍。先是,天長軍及六合縣民輸賦非便,綜奏請降天長軍爲縣,隸揚州,以六合縣隸建安軍。自是民力均濟。

王禹偁。鉅野人。太宗時,知揚州。每政暇,遊覽名勝,所至多有吟咏。

范仲淹。吴人。真宗時,監泰州西溪鹽税。謀於發運張綸,修捍海堰,又置閘以通漕,滷地復爲良田。

唐肅。錢塘人。真宗時,徙泰州司理參軍。有商人寓逆旅,而同宿者殺人亡去。商人夜聞人聲,往視之,血染商人衣,爲捕吏所執。州趣獄具,肅探知其冤,持之,後數日得殺人者。

賈宗。天禧中,爲江、淮發運使。議開揚州古河繚城,南接運渠,毁龍舟、新興、茱萸三堰,鑿近堰漕路以均水勢。役既成,而水注新河,與三堰平,漕船無阻,公私大便。

韓琦。安陽人。仁宗時,知泰州,後復以資政殿學士知揚州。增學田,請蠲無名之斂,置常平倉米以備賑。民肖像祀之。

尹洙。河南人。韓琦知泰州,辟爲通判州事。

杜衍。山陰人。仁宗時，知揚州。有司奏衍辨獄法當賞，遷刑部。章獻太后遣使安撫淮南，使還，未及他語，問：「杜衍安否？」使者以治狀對。太后歎曰：「吾知之久矣。」

王琪。華陽人。調江都主簿，上時務十二事，請建義倉、置營田、減度僧、罷鬻爵、禁錦綺珠貝、行鄉飲藉田、復制科、興學校，仁宗嘉之。

沈起。鄞人。監真州轉般倉。聞父病，委官歸侍，以喪免。有司劾其擅去，終喪，薦書應格，當遷用。帝謂輔臣曰：「觀過知仁。今由父疾而致罪，何以厚風教而勸天下之爲人子者？」乃特遷之。

王珪。華陽人。仁宗時，通判揚州。吏民皆少珪，有大校，嫚不謹，捽置之法。王倫犯淮南，珪議出郊掩擊之，賊遁去。

孔道輔。孔子四十五代孫。郭皇后廢，道輔率諫官伏閤請對，出知泰州。

包拯。合肥人。以喪子乞便郡，知揚州。舊制，訟訴不得徑造庭下。拯開正門，使至前陳曲直，吏不敢欺。

唐介。江陵人。仁宗時知揚州，有善政。

胡宿。晉陵人。仁宗時，爲揚子尉。縣大水，民被溺，宿率公私船，活數千人。

孫構。博平人。擢知真州。凶歲得盜，令名指黨伍，悉寘諸法，境内爲清。

劉敞。新喻人。仁宗時，知揚州。揚之雷塘，漢雷陂也，舊爲民田，其後官取瀦水，而不償以它田。主皆失業，然塘亦破決不可漕，復用爲田。敞據塘舊券，悉以還民。天長縣鞫王甲殺人，既具獄，敞見而察其冤。相傳以爲神明。

余靖。曲江人。仁宗時，監泰州税。

張綸。汝陰人。權知泰州，築漕河隄二百里於高郵北，修捍海堰，復逋户二千六百。州民利之，爲立生祠。

文彦博。介休人。仁宗時，知泰州，有惠政。

歐陽修。廬陵人。仁宗時，知揚州。寬簡不擾，涖政再閲月，官府閒於僧舍。嘗曰：「吾寬不爲苛急，簡不爲煩碎，非廢事也。」

富弼。河南人。英宗時，判揚州。

吕公著。壽州人。元豐中，爲揚州安撫使。性勤勵，秉燭視牘，尤詳於聽覽。轉運使輦乳香萬觔，配賣郡中，悉停之庫，不爲强配，民尤德之。

鮮于侁。閬州人。元豐二年，命知揚州。神宗曰：「廣陵重鎮，久不得人。今朕自選卿往，宜善治之。」蘇軾自湖州赴獄，道揚，侁往見，臺吏不許通。或曰：「公與軾往來書文，宜焚之，不然且獲罪。」侁曰：「欺君負友，吾不忍爲。以忠義分譴，則所願也。」

羅適。寧海人。元豐中，知江都。濬大石湖，溉田千餘頃。興復水利五十五處，灌溉田桑甚衆，民繪像祀之。

毛漸。江山人。元祐初，知高郵軍。留心水利，郡有水門石礎及運鹽河洩水涵管，皆漸所建，遂爲永利。

蘇軾。眉山人。元祐中，知揚州。舊發運司主東南漕法，聽操者私載物貨，征商不得留難。故操舟者輒富厚，所載率速達無虞，後禁而不許，多盜所載以濟飢寒，公私皆病。軾請復舊，從之。

章綡。吴人。徽宗時，提點淮南東路刑獄，權知揚州，兼提舉茶鹽事。時方鑄崇寧大錢，令下，市區晝閉。綡飭市易，務致百貨，以小錢收之，且檄倉吏糴米以大錢予之，盡十日止。民心遂安。

陳瓘。鄞人。徽宗時，出知泰州。

石公弼。新昌人。徽宗時，知揚州。羣不逞爲俠於閭里，自號「亡命社」，公弼取其魁傑痛治，社遂破散。江賊巢藏菰蘆中，白晝出剽，吏畏不敢問。公弼嚴賞罰，督捕盡除之。

王漢之。常山人。徽宗時，知真州。時詔諸道經畫財用，上諸朝。漢之言：「所在無都籍，是以不能周知而校其登耗以待用。願令郡縣先置籍，總之諸道，則天下如指掌矣。」從之。

吕好問。公著孫。崇寧中，爲揚州儀曹。時蔡卞爲帥，欲扳附善類，待好問特異。好問以禮自持，卞不得親。

吕頤浩。齊州人。高宗即位，除知揚州。劇賊張遇衆數萬屯金山，縱兵焚掠，頤浩單騎與韓世忠造其壘，説以逆順，遇等釋甲降。

薛慶。建炎中，守高郵，尋遷承州、天長、保寧鎮撫使〔三〕。金人屯天長、六合間，慶率衆擊之，得牛數百，悉賤估分畀民之力田者。金人會兵攻楚州，慶迎敵，轉戰十餘里，倉皇墜馬，爲追騎所獲。金人殺慶，承州陷。訃聞，贈保寧軍承宣使。

張大經。南城人。紹興中，知儀真。時兩淮監司帥守多興事邀功，大經獨以平易近民，民咸德之。

洪興祖。丹陽人。紹興中，知真州。州當兵衝，瘡痍未瘳，興祖請復二年租。自是流民復業，墾闢荒田七萬餘畝。

解元。德清砦人。紹興四年，韓世忠趨揚州，命元屯承州。時城中兵不滿三千，金萬户黑頭虎直造城下，元匿其兵，以微服出，僞若降者。金人稍懈，俄伏發，擒黑頭虎。未幾金兵四集，元戰却之，追北數十里，金人赴水死者甚衆。

莫濛。歸安人。高宗時，知揚州。陛辭，上以城圮命濛增築。濛至州，規度城闉，分授諸將，各刻姓名甃堞間，懸重賞激勸。閱數月告成。

陳俊卿。興化人。高宗時，詔治淮東。保砦屯田，所過安輯流亡。

鄭興裔。開封人。孝宗時，知揚州。揚有重屯糧乏，例糴他境，興裔搜括滲漏以補之，食遂足。民舊皆茅舍，易焚，興裔貸之錢，命易以瓦。又奏免其償，民甚德之。修學宮，立義冢，定部轄民兵升差法，郡大治。

洪适。番陽人。總領淮東軍馬錢糧。孝宗即位，海州解圍，符離用兵，饋餉繁夥。适究心調度，供億無闕。

晁公武。鉅野人。乾道中，知揚州。奏：「朝廷以沿淮荒殘之久，未行租税，民復業與創户者雖阡陌相望，然聞之官者，十纔二三，咸懼後來税重。望詔兩淮，更不加賦，庶民知勸。」詔可。

陳敏。石城人。孝宗時，爲神勁軍統制，兼知高郵軍事。與金人戰射陽湖，敗之，焚其舟，追至沛城，復敗之。升都統制，仍知高郵。板築高厚，皆增舊制，作石磋十二所，自是運河通泄，無衝突患。詔與楚州守臣左祐同城楚州，北使過者，觀其雉堞堅新，號「銀鑄城」。

周淙。長興人。孝宗時，帥維揚。時兩淮經踐蹂，民多流亡，淙極力招輯，安堵如故。勸民植桑柘，開屯田。上亦專以屬淙，屢賜親札，淙奉行益力。

陳損之。建陽人。紹熙中，爲淮東提舉。淮田多沮洳，損之築隄六百餘里捍之。置石埭十二，斗門八，瀦水河三十五，涵管四十五，得良田數百萬頃。奏聞，除直秘閣、淮東轉運判官。

劉穎。西安人。光宗時，淮東總領務場以額鈔抵賞，隂耗餉計，二十年無知此弊者。穎究覈得之，以所賣數論賞，而總餉增羡。

趙彦倓。宋宗室。改揚州司户，攝獄掾。有告主藏吏盗錢餘千萬，治之急，吏泣請死。彦倓察其情，屏人問，則諸吏共貸也。乃許自首免罪，一日而畢。

劉宰。金壇人。調真州司法。詔仕者出身狀，稱非僞學，不讀周敦頤、程頤等書才得考試。宰喟然曰：「生平所學者何？首可斷，此狀不可得。」卒弗與。

崔與之。廣州人。權發遣揚州事，主管淮東安撫司公事。濬濠廣十有二丈，深二丈。西城濠勢低，因疏塘水以限戎馬。

揚州兵久不練，分彊勇、鎮淮兩軍，月以三八日習馬射，令所部兵皆倣行之。浙東饑，流民渡江，開門撫納，所活萬餘。開月河，置釣橋，易夾土城以甓。

李道傳。井研人。慶元時，知真州。城圮弗治，道傳甓之，築兩石壩以護沿江居民。益濬三濠，又隄陳公塘，有警則決之以爲阻，人心始固。

汪綱。黟人。慶元時，知高郵軍。先是，興化田濱海，范仲淹築堰以障舄鹵，守毛澤民置石𥕢涵管，以疏運河水勢，歲久皆壞。綱增修之。

畢再遇。兗州人。慶元時，兼知揚州、淮東安撫使。揚州有北軍二千五百人，再遇請分隸建康、鎮江軍，每隊不過數人，使不得爲變。更造輕甲、兜鍪、馬甲、車牌，務便捷，不使重遲。敢死一軍，本烏合亡命，再遇能駕馭，得其用。

趙范。蒲圻人。嘉定中，知揚州、淮東安撫副使。別籍民爲半年兵，春夏在田，秋冬教閱，官免建砦而私不廢農。

陳韡。侯官人。嘉定中，爲淮東制置司幹辦公事。再如盱眙，見劉琸，調卞整、張惠、范成進、夏全諸軍，應援擣虛，皆行韡之策，遂有堂門之捷。

賈涉。天台人。提點淮東刑獄，兼楚州節制本路京東忠義人兵。涉亟遣傅翼，諭石珪、揚德廣等逆順禍福，自以輕車抵山陽。珪、德廣等郊迎，伏地請死，誓以自新。金人數十萬大入，涉亟遣陳孝忠向滁州，數日孝忠捷至。珪屢破金人，李全挾布薩萬忠以歸，金不敢窺淮東者六七年，遂收登、萊、濟、沂等州。自是恩、博、景、德至邢、洛十餘州相繼請降，淮西大振。「布薩萬忠」舊作「僕散萬忠」，今改正。

趙葵。范弟。紹定中，提點淮東刑獄。李全攻揚州，葵親出搏戰，與兄范同殺全。詔授淮東制置使，兼知揚州。前後留揚八年，墾田治兵，邊備益謹飭。

高夢月。理宗時，爲泰州教授。李全寇泰州，獨夢月不污。詔贈三官。

葉秀發。金華人。紹定間，知高郵軍。時三十六湖水高田下，秀發建石埭以疏水勢，蓄洩有方。州人祀之樊良堤上。

王霆。東陽人。理宗時，知高郵軍。流民聚衆爲盜，霆剿其渠魁，餘黨悉散。時議出師，和者甚衆，霆謂莫若先探敵情，如不得已然後行之。諸軍畢行，惟高郵遲之，境賴以安。

孫子秀。餘姚人。理宗時，辟淮東總領所中酒庫，檄督宜興縣圍田租。既還，白水災，總領恚曰：「軍餉所關，而敢若此，獨不爲身計乎？」子秀曰：「何敢爲身計，甘罪去耳。」力争之，遂免。

楊文仲。彭山人。理宗時，通判揚州。牙契舊額爲錢四萬緡，累增至十六萬，開告訐以求羨。文仲曰：「希賞以擾民，吾不爲也。」時有沙田，使者欲舉行之，文仲力争，事遂不行。

馮去非。都昌人。淳祐中，幹辦淮東轉運司。

李庭芝。應山人。開慶初，朝議擇守揚者，帝曰：「無如李庭芝。」乃奪情主管兩淮制置司事。再破李璮兵，璮降。徙三城民於通、泰之間。庭芝初至揚時，揚新遭火，廬舍盡燬。州賴鹽爲利，而亭户多亡，公私蕭然。庭芝悉貸民負逋，假錢使爲屋，免其償，凡一歲，官民居皆具。鑿河以省車運，鹽利大興。平山堂瞰揚城，元兵至，則搆望樓其上，張車弩以射城中。庭芝乃築大城包之。又大修學，爲詩書俎豆，興士行，習射禮。郡中有水旱，即命發粟，不足則以私財賑之。民德之如父母。德祐初，蕪湖兵潰，李虎、張俊皆持書招降。庭芝率所部守城，誅戮虎等，日調苗再成戰其南，許文德戰其北，姜才、施忠戰其中。宋亡，謝太后及瀛國公爲詔諭降，庭芝登城言曰：「奉詔守城，未聞有詔諭降也。」阿珠使者持詔來招降，庭芝斬之，焚詔陴上。被執，死之，揚民皆泣下。

方信孺〔四〕。興化軍人。理宗時，遷淮東提刑，知真州。即北山水壇築石隄，袤二十里，人莫知其所爲。後金人薄儀徵，守將決水壇以退敵，城乃獲全。

杜庶。邵武人。理宗時，權知真州，大修守禦具。後授兩淮制置使，知揚州。射陽湖飢民嘯聚，庶曰：「吾赤子也。」遣將招諭，得丁壯萬餘，戮止首惡數人。

陳蒙。鄞人。理宗時，爲淮東總管。賈似道誣以貪污，貶建昌軍。簿録其家，惟有青氈耳。

趙淮。葵從子。李全之叛，屢立戰功，累官至淮東轉運使。德祐中，戍銀樹壩，兵敗，與其妾俱被執。至瓜洲，元帥使招李庭芝，許諾。至揚城下，大呼曰：「李庭芝男子，死耳，毋降也！」元帥殺之。其妾抱淮骸骨赴江死。

苗再成。德祐初，知真州。與文天祥謀，以舟師擣鎮江。事不果，元兵來攻，城陷不屈，死之。

趙孟錦。宋宗室。德祐初，以軍功爲將佐。北兵攻真州，每戰輒爲士卒先。北兵重艦駐江上，孟錦乘大霧襲之。俄霧解日高，北兵見其兵少逐之。登舟失足墮水，身荷重甲溺焉。

宋應龍。爲泰州諮議官。德祐二年，兵至，裨校開門迎降，應龍與其妻自縊於圃中。

褚一正。廬州人。爲提刑司諮議，置司高郵。德祐二年，督戰高沙，被創，竟没於水。

孫虎臣。德祐元年，守泰州。元兵至，自殺。

雷大震。爲揚州都撥發官〔五〕。元兵至揚子橋，出戰死。

胡拱辰。德祐中，知興化縣，有惠政。元兵至，自殺。

元

郝彬。信安人。世祖初，擢揚州路治中。鄞縣賊顧閏，聚衆海島，侵揚州境，彬討擒之。

焦德裕。雄州人。至元十四年，改淮東宣慰使。淮西賊保司空山，檄淮東四郡守爲應。元帥特爾格邏得其檄，即械郡守使承反狀。德裕言：「四人者，方誓報効，安有他覬，奈何以疑似殺四守？」盡復其官。

謝仲温。豐縣人。至元二十二年，爲淮東宣慰使。歲旱，仲温導白水塘溉民田，公私賴焉。

張孔孫。隆安人。至元中，擢淮東道肅政廉訪司使，因讞獄。鹽場民尹執中兄弟，誣伏爲强盗，平反之。

高睿。河西人。世祖時，除淮東道肅政廉訪使。盜竊真州庫鈔三萬緡，有司大索，逮平民數百人，吏因爲奸利。睿躬自詳讞，而得其情，即縱遣之。未幾，果得真盜。

史弼。博野人。至元中，爲淮東宣慰使。凡三官揚州，有惠政，民刻石頌之，號「三至碑」。

詹士龍。固始人。至元中，令興化。修築捍海堰三百餘里，數郡賴焉。後隱興化，葺草堂於德勝湖。

鄂勒哲巴圖。其先彰德人。至元十一年，總管高郵軍達嚕噶齊。以興學勸農爲務，四方則之。郡有虎傷人，手格殺之。

吴師道。蘭溪人。至治中高郵縣丞。明達文法，吏不敢欺。

李齊。廣平人。元統間，知高郵府，有政聲。至正中，張士誠爲亂，齊出守甓社湖。已而有詔，凡叛逆者赦之。詔至高郵不得入，賊紿曰：「李知府來乃受命。」行者强齊往，至則下齊獄中。官兵諜知之，乃進攻城。士誠呼齊使跪，叱曰：「吾膝如鐵，豈肯爲賊屈！」士誠怒，捶碎其膝而咼之。

張禎。汴人。元統中，除高郵縣尹，門無私謁。縣民張提領，尚任俠，武斷鄉曲。一日至縣有所屬，禎執之，盡得其罪狀，杖而徙之，人以爲快。守城千户狗兒妻崔氏，爲其小婦所譖虐死，其鬼憑七歲女詣縣訴禎，備言死狀。禎拘狗兒及小婦鞫之，皆伏辜，人以爲神明焉。

石普。徐州人。至正中，張士誠據高郵，普抵城，遇賊與戰。賊不能支，遁入城，普先士卒躡之，縱火燒關門。賊懼，謀棄城走。援軍忌普功，按壁不進，遂爲賊所蹂踐。普奮擊直入賊壁陣中，賊衆攢鎗刺死之。

盛昭。歸德人。淮南行省照磨。張士誠叛，詔使往高郵，不得達而還，謬稱賊已迎拜，但乞名爵耳。行省遣昭授士誠官。士誠拒不聽，拘諸舟中。既而官軍逼高郵，士誠授昭以兵，使出拒官兵。昭叱曰：「吾奉命招諭汝，汝拘留詔使，罪不容斬，又欲吾從汝爲賊耶！」大駡不絶口。賊怒，先剜其臂肉而後磔之。

趙璉〔六〕。穎川人。至正中，鎮真州。會張士誠爲亂，招諭之。士誠請降，遂移鎮泰州。士誠復反，夜四鼓縱火登城。璉力疾捫佩刀上馬，與賊鬥市衢。賊圍璉邀至其船，璉詰之曰：「朝廷何負於汝，乃既降復反耶！」即馳騎奮擊賊。賊以槊撞璉墜地，故舁登其舟。璉瞋目大駡，遂死之。其僕楊兒以身蔽璉，亦俱死。及亂定，民收殯於真州。

納蘇拉迪音。大名人。辟掾淮東宣慰使。擊泰州、真州賊，屢有功。張士誠復爲亂，以舟師會諸軍討之。距三垜鎮，賊衆猝至。又麾兵挫其鋒。賊繚船於背，盡力來攻，諸軍皆遁走，遂與三子布勒圖、哈魯丹、西山驢皆死之。贈淮西元帥府經歷〔七〕。

明

繆大亨。定遠人。元末，張明鑑據揚州，太祖命大亨亟攻降之。以大亨總制揚州，大亨有治畧，寬厚不擾，而治軍嚴肅，禁暴除殘，民甚悦之。

崇剛。揚州衛指揮。燕兵至，剛與巡按王彬協力固守。守將王禮開門降，剛與彬俱不屈死。

耿九疇。盧氏人。正統初，爲兩淮鹽運司同知。務革宿弊，條奏便宜五事，著爲令。母喪去官，場民數千人詣闕乞留，乃起爲都轉運使。節儉無他好，焚香讀書，廉聲益振，婦孺皆知其名。

王思旻〔八〕。黄岡人。正統中，爲泰州判官。職專馬政，善其職。會同知缺，民乞用思旻，帝從之。

王恕。三原人。正統中，知揚州府。發粟賑饑，不待奏報。作資政書院，大興文教。天順四年，以治行最，超遷江西右布政使。

雍泰。咸寧人。成化中，巡鹽兩淮。竈丁無妻者，泰爲婚配，幾二千人。

劉廷瓚。成化間，知興化縣。邑堰久廢，歲苦旱潦，瓚糾工築之，踰月而竣，民號曰劉堤。

陸愈。平湖人。成化中，知江都縣。鑿花園港，蓄洩水利，溉田無數。增築邵伯湖隄。

蔣瑶。歸安人。正德時，知揚州府。武宗南巡，瑶供御取具，無所贈遺，諸嬖幸皆怒。江彬欲奪富民居爲威武副將軍府，瑶執不可。彬閉瑶空舍，挫辱之，脅以帝所賜銅瓜，不爲慴。府故有瓊花觀，詔取瓊花，瑶言：「自宋徽、欽北狩，此花已絶，今無以獻。」又傳旨徵異物，瑶具對非揚産。帝曰：「苧布亦非揚産耶？」瑶不得已，獻五百疋。駕旋，瑶扈至寶應，中官用鐵絙繫瑶數日始釋。揚人無不感泣，後建祠祀之。

吴悌。金谿人。嘉靖中，視兩淮鹽政。海溢没通、泰民廬，悌先發漕賑之而後奏聞。

晏鋭。四川人。嘉靖中高郵衛經歷。倭寇至，鋭率兵禦之。所統皆新募兵，猝與倭遇，遂奔潰，鋭陷陣亡。

吴顯。漳浦人。萬曆中，知高郵州。修築老隄，又濬越河。慮河勢衝徙，偏植楊柳於左右岸，州人賴之。

王徵。涇陽人。天啓中揚州推官。徽州横山獄興，其富人多行賈於揚，主者大肆羅織。徵曰：「吾在，必不使無辜受冤。」保全甚衆。大吏建魏忠賢祠，惟徵與監司三原來復不與，時稱「關西二勁」。

姜埰。萊陽人。崇禎時，知儀徵縣。清介自持，不畏强禦。真邑故掣鹽地，御史使之掣諸商，或以羨例進，輒斥去。時軍需旁午，埰獨留心撫字。流寇至境，捍禦有方，卒不敢犯，民皆安堵。

吴羽文。南昌人。知江都縣。民間向苦追攝，羽文刻木爲胥，令訟者抱而去，鞫則抱之來。向任追攝者，日植立於門，無所事。一時有「木化爲人，人化爲木」之謡。

史可法。大興人。福王立南京，可法以兵部尚書請督師淮揚。時高傑兵淫掠，請以瓜洲屯其衆。大兵下揚州，可法自守舊城西門險要處。城破，自刎不死，爲我兵所執。志不屈，殺之。本朝乾隆四十一年，賜謚忠正。

任民育。濟寧人。南渡後，知揚州府，爲史可法所倚任。大兵至，佐城守。及城破，不屈見殺。闔門俱赴井死。本朝乾隆四十一年，賜謚忠節。同知遼東曲從直，佐城守，與其子俱死。同時死者：兩淮鹽運使臨海楊振熙〔九〕，同知鄞王纘爵，江都知縣鄞周志畏，新喻羅伏龍，監餉知縣餘姚吴道正，江都縣丞孝豐王志端，並賜謚節愍。時從可法軍，城破，投井死者：上海員外郎何剛，石門庶吉士吴爾壎，俱賜謚忠節。戰没者，同知劉肇基，賜謚節愍。副將馬應魁、莊子固、樓挺、汪應龍、李豫，參將陶國祚〔一〇〕、許謹、馮國用、陳光玉、李隆、徐純仁，遊擊李大忠、孫開忠，都司姚懷龍、解學曾等，俱賜謚烈愍。

本朝

王宇春。奉天人。順治五年，知揚州府。爲政虚己和衷，諮詢民間疾苦，勾稽會計，皆手自考定，不假掾吏。

趙汲。錦州人。順治八年，知泰州。下車即首擒劇盜游三、游四等，一境肅然。州被水災，田禾盡没，力請蠲恤。

牟文龍。錦州人。順治九年，爲儀徵令，機警有幹才。征戍往來，多索牽輓夫役，文龍應付有力，民賴不憊。請增士額，得如大縣數。

王士禛。新城人。順治十七年，任揚州推官。公正嚴肅，不畏强禦，每遇疑獄，據案立決，文藻贍麗。暇則筍輿雀舫，與四方名彦高會蜀山虹橋之畔，授簡賦詩，傳爲盛事。

陳洪諫。德州人。康熙七年，知興化縣。時河水爲災，力請蠲賦。流民剽掠。洪諫練鄉勇，嚴保甲，守禦有方。又厚加撫循，民賴以安。

張可立。奉天人。康熙十六年，知興化縣。開濬市河，設立藥局。水旱災傷，必奔籲上臺，得所請而後已。遷秩去，邑人垂泣送之。

崔華。平山人。順治進士。初令福建開化，即捐建義學，課文校藝，士風丕振。閩寇亂作，防兵吴正通賊陷城，露刃相逼。華齎印從間道出，檄召十六都義勇，涕泣開諭，立聚萬人。躬冒矢石，閲五日，城得恢復。未幾再陷，遭掠尤慘，民無叛志。洎亂平，流亡初集，積逋尤多。華繪圖上督臣請命，盡蠲其賦。擢揚州知府。康熙二十三年，命九卿舉清廉各官，華與范承勳、張鵬翮、陸隴其同在舉中。卒官兩淮鹽運使。

熊開楚。石首人。康熙二十四年，知江都縣。徵輸立易知由單，以杜胥吏包攬之弊。邑繞大江，蘆洲坍漲不常。開楚履洲清丈，賦均訟息。歲祲，力請賑卹，爲貧民贖還所鬻子女。署高郵及儀徵篆，皆著政績。

白雲上。河内人，其先山西汾陽人。乾隆辛未武進士。任揚州遊擊，整肅營規，嚴捕盜賊，不遺餘力。所屬驛堠墩堡，悉令種柳，夏藉遮蔭，冬資樵採，至今人享其利。又設義塾，令兵丁子弟讀書其中，俾消桀驁之氣。值飛蝗入境，竟日立炎酷中，率兵役併力撲滅，並於冬日預掘遺蝻，以免後患。

人物

漢

劉瑜。廣陵人。少好經學，尤善天文曆算之術。延熹八年，太尉楊秉舉賢良方正。及到京師，上書陳事，特詔瑜問災咎之徵，指事案經讖以對。執政者欲瑜依違其辭而更策以他事，瑜復悉心以對八千餘言。帝不能用。拜議郎。及帝崩，大將軍竇武欲誅宦官，引瑜爲侍中。武敗被殺，宦官悉焚其所上書，以爲妖言。子琬，傳瑜學，明占候，舉方正不行。

三國　吴

張紘。廣陵人。爲會稽東部都尉。權初承統，太夫人付屬以輔助之義，紘輒拜牋答謝，思惟補察。每有異事密計，及章表書記，常令紘與張昭草制。權呼張昭曰張公，紘曰東部，重之也。

吴普。廣陵人。從華佗學，多所全濟。佗語普曰：「人體欲其勞動，但不當使極耳，譬猶户樞不朽是也。吾有一術，名五禽之戲：一曰虎，二曰鹿，三曰熊，四曰猿，五曰鳥。體中不快，起作一禽之戲。」

范慎。廣陵人。竭忠知己之君，纏綿三益之友。著書二十篇，名曰矯非。仕至太尉。

皇象。江都人。幼工書。時有張子並、陳梁甫能書，象斟酌其間，甚得其妙。人謂象章草入神，八分隸入妙，篆入能。

吕岱。廣陵人。拜交州牧，屢著戰功。時年已八十，體素精勤，躬親王事。張承與岱書曰：「文書鞅掌，賓客終日，罷不舍事，勞不言倦。又知上馬，輒自超乘，不由跨躡，如此，足下過廉頗也。」孫亮即位，拜大司馬，清身奉公，所在可述。

晉

劉頌。廣陵人。少能辨物理，爲時人所稱。文帝辟爲相府掾，累遷議郎，守廷尉。時尚書令史扈寅非罪下獄，詔使考竟。頌執據無罪，寅遂得免，時人以比張釋之。轉任河内太守，百姓歌其平惠。元康初，上疏論律令事，爲時論所美。及趙王倫害張華，頌哭之甚慟。倫黨張林聞之大怒，憚頌持正而不能害。孫秀等推崇倫功，宜加九錫，頌獨曰：「非先王之制，九錫請無所施。」頌爲光禄大夫卒。永康九年，追封梁鄒縣侯。頌弟彪，參安東軍事，伐吴獲張悌，累官積弩將軍，歷荆州刺史。次弟仲，歷滎陽太守。

戴淵。廣陵人。有風儀，性閒爽。少好遊俠，不拘操行。舉孝廉，累官豫章太守，加振威將軍，領義軍都督。以討賊有功，賜爵秣陵侯。王敦舉兵，進驃騎將軍，築壘於大桁之北。尋王師敗績，敦素忌若思，害之，四海之士莫不痛惜焉。賊平，贈右光禄大夫儀同三司，謚曰簡。按若思，淵字。

華譚。廣陵人。好學不倦。太康中，舉秀才，武帝親策之，時九州秀才策無逮譚者。尋爲郟城令，薦廷掾張延，又舉周訪爲孝廉，時以爲知人。遷廬江内史，加綏遠將軍，討平石冰之黨陸珪等，又擊冰都督孟徐，獲其驍卒，以功封都亭侯。元帝時，爲鎮東軍諮祭酒。著書三十卷，名曰辨道，上牋進之。太興初，轉秘書監。及王敦作逆，譚疾甚，不能入省，坐免卒。二子：化、茂。化爲征虜司馬，討汲桑戰没。茂嗣父爵。

戴邈。淵弟。好學，尤精漢史。爲元帝征南軍司。於時凡百草創，學校未立，邈疏奏，納焉，於是始修禮樂。王敦作逆，淵遇害，邈坐免官。敦誅後，拜尚書僕射。卒官，謚曰穆。

高悝。廣陵人。少孤，事母以孝聞。年十三，值歲饑，悝菜蔬不饜，每致肥甘於母，撫幼弟以友愛稱。歷顯位，至光禄大夫。

高崧。悝子。除太學博士。初悝以納妾致訟被黜，崧乃自繫廷尉訟冤，停喪不葬，表疏數十上。帝哀之，特聽傳爵，由此見稱。爲豫州都督，陳刑政之要。謝萬常呼崧小字曰：「阿酃故有才具耶。」

盛彦。廣陵人。母王氏，疾失明，彦不應辟召，躬自侍養。母疾久，婢使數見捶撻，婢忿恨，伺彦暫行，取蠐螬炙飴之。母食以爲美，藏以示彦。彦見之，抱母慟哭，絶而復蘇。母目豁然即開，從此遂愈。

韓績。廣陵人。其先避亂，居於吴之嘉興。績少好文學，以潛退爲操，布衣蔬食，不交當世，東土並宗敬焉。

南北朝　梁

呂僧珍。范陽人，世居廣陵。武帝命爲中兵參軍，委以心膂。及兵起，以僧珍爲輔國將軍、步兵校尉，出入卧内，宣通意旨。大軍次江寧，東昏將李居士來戰，大破之。武帝受禪，封平固縣侯，尋拜南兖州刺史。從父兄子先以販葱爲業，僧珍至，乃向求州官。僧珍曰：「汝等自有常分，當速反葱肆。」僧珍既有大勳，任總心膂，性甚恭慎。卒，謚忠敬。

來嶷。廣陵人。幼有奇節，兼資文武。侯景陷臺城，嶷説廣陵太守祖皓舉兵討景。及皓敗，并兄弟子姪遇害者十六人。

陳

杜僧明。廣陵臨澤人。有膽氣，善騎射。從陳武帝，累功封臨江縣侯，領晉陵太守。卒，謚曰威。

周

劉璠。沛人，徙居廣陵。九歲而孤，居喪合禮。少好讀書，兼善文章，爲上黄侯蕭曄所器重。後隨曄在淮南，璠母在建康遘疾，璠忽一日舉身楚痛，尋而家信至，云其母病。即號泣戒道，絶而又蘇。當身痛之辰，即母死之日。居喪毁瘠，服闋後一年，猶杖而後起。及曄終於毘陵，故吏多分散，璠獨奉喪還都，墳成乃退。

隋

來護兒。江都人。好立奇節。賀若弼鎮廣陵，令爲間諜。平陳有功，進上開府。從楊素擊高智慧於浙江，追至泉州，智慧遁走。進大將軍，屢有功。大業十年，帥師渡海，至卑奢城。高麗舉國來戰，護兒大破之。江都之難，宇文化及忌而害之。子整尤驍勇，官武賁郎將，討擊羣盜，所向皆捷，賊甚憚之。化及反，遇害。

唐

曹憲。江都人。仕隋爲秘書學士。於小學尤邃。自漢杜林、衛宏以後，古文亡絶，至憲復興。煬帝令與諸儒譔桂苑珠叢，又註廣雅。貞觀中，以弘文館學士召，不至，即家拜朝散大夫，太宗常遣使就問難字。憲以梁昭明太子文選授諸生，所撰音義爲當時所重。

來濟。護兒少子。高宗時，累遷中書令。帝將以武氏爲后，濟疏諫，后銜之。尋坐褚遂良事，貶庭州。突厥入寇，濟拒之，不介胄而馳入，没焉。濟兄恒，上元中爲黄門侍郎，同中書門下三品。俱以學行稱。

李邕。江都人。父善，淹貫古今，爲文選注。邕少知名，以張廷珪薦，拜左拾遺。宋璟劾張昌宗，武后不應，邕爲言，即可璟奏。鄭晉思以方技幸中宗，邕力諫不納。坐善張柬之，累貶富州司户參軍事。韋氏平，召拜左臺殿中侍御史，後歷淄、滑二州刺史，上計京師。邕重義愛士，久斥外，不與士大夫接。既入朝，阡陌聚觀，後生望風内謁，門巷填溢。以讒娼不得留，出爲北海太守。爲吉温等所誣，杖死於郡。杜甫爲作八哀詩，讀者傷之。

李鄘。邕從孫。李懷光辟至幕府。懷光反，紿以兄病，送母妻歸，與高郢刺賊虚實，白諸朝。懷光覺，嚴兵召二人問之。鄘詞不撓，懷光囚之。河中平，馬燧破械致禮。張建封卒，兵亂，因監軍。鄘爲宣慰使，持節直入其軍，喻以禍福，出監軍桎梏，使復位，衆不敢動。憲宗時，改户部尚書，以太子少傅致仕。孫磎，黄巢陷洛，挾尚書八印走河陽。留守劉允章爲賊脅，就磎取印，拒不與。允章悟，亦不臣賊。乾寧元年，進禮部尚書，同中書門下平章事，爲李茂貞等所害。磎自在臺省，聚書至多，手不釋卷，時人號曰李書樓。所撰文章及注解書傳之闕疑，僅百餘卷，經亂悉亡。

王起。揚州人。釋褐校書郎。元和末，累遷中書舍人，數上疏諫穆宗游畋。歷户部尚書，判度支。靈武、邠寧多曠土，奏爲營田，以省餽輓。武宗時，四典貢舉，所舉士皆知名者。終山南東道節度使、同中書門下平章事。起嗜學，書經目不忘。性孝友，兄播喪，哀慼加於人。子龜，性高簡，仕至浙東觀察使。

王式。起子。以廕爲太子正字，擢賢良方正科。大中中，爲晉州刺史。河曲大歉，式勞卹之，活數千人。徙安南都護。忠武戍卒夜圍城合譟，式盡捕斬之。咸通三年，徐州銀刀軍亂，式徙武寧節度使，視事三日，悉以計誅亂兵。會詔降武寧爲團練，罷歸，終左金吾大將軍。

王鐸。式子。會昌中禮部侍郎。所取多才實士，爲世稱挹。進同中書門下平章事，拜司徒。後從入蜀，加侍中。時招討大計，悉屬高駢，鐸感慨王室，每入對，必噫嗚流涕。出爲義成節度使，諸道行營都統，移檄天下。黄巢戰數蹙，士氣皆起，争欲破賊。宦者田令孜知賊必敗，欲奪其功，乃搆鐸於帝，徙義昌節度使。過魏，爲樂從訓所害，天下痛之。

宋

徐鉉。廣陵人。十歲能屬文。與韓熙載齊名，江東謂之「韓徐」。仕南唐李煜爲吏部尚書。宋師圍金陵，遣鉉求援兵，煜欲止上江援兵，鉉勸弗止，以圖决戰。後隨煜入覲，太祖責之厲。鉉曰：「臣爲江南大臣，國亡，罪當死，不當問其他。」太祖歎曰：「忠臣也。」命爲太子率更令。太平興國初，直學士院。從征太原，軍中書詔填委，援筆無滯，辭理精當，時論能之。遷左常侍，後被誣，貶静難行軍司馬，卒。鉉性簡淡寡欲，精小學。著文集二十卷、新定説文、質疑論。弟鍇，能自知書。累官内史舍人。李穆使江南，見其兄弟文章，歎曰：「二陸之流也。」

沈正。海陵人。端拱初，其父爲屯田院衙官，毆平人死。正即褫衣就毆其屍，巡警者捕送官。獄具，怡然就死。

陳知微。高郵人。咸平中進士，知制誥。淮南饑，遣知微巡撫，所至按視儲糧，察諸官吏能否。使還，判吏部銓。有集三十卷。

柳植。真州人。少貧，自奮爲學。舉進士甲科，累官吏部侍郎。平居畏慎，寡言笑。所至官舍，蔬果不輒採，家無長物，時稱其廉。

喬竦。高郵人。教諭州里，倡明孔孟之教。從遊者多以文行知名，孫覺其最著也。卒，贈朝奉大夫。

胡瑗。海陵人。以經術教授吴中。景祐初，范仲淹薦瑗白衣對崇政殿，授秘書省校書郎，教授湖州，科條纖悉備具。慶曆中，興太學，下湖州取其法，著爲令。皇祐中，更鑄太常鐘磬，遂典作樂事。歲餘，授光禄寺丞、國子監直講。瑗居太學，其徒益衆，禮部所得士，瑗弟子十居四五。後以太常博士致仕，諸生與朝士祖餞東門外，時以爲榮。

孫長卿。揚州人。以外祖朱巽，任爲秘書省校書郎，歷江東、淮南、河北轉運使。時將弛茶禁而收其征，召長卿議，條所不便十五事。神宗時，轉兵部侍郎，卒。長卿性潔廉，無文學而長於政事。

孫洙。廣陵人。未冠，擢進士。包拯等舉應制科，進策五十篇，指陳政體，明白剴切。韓琦讀之太息曰：「今之賈誼也。」知太常禮院。治平中求言，洙疏時弊要務十七事，後多施行。同知諫院，凡有章奏，輒焚其稿。王安石主新法，力求補外。擢翰林學士。洙博聞强識，明練典故，文詞典麗，有西漢之風。

王令。廣陵人。偉節高行，特立於時。王安石奇其才，妻以夫人之女弟。令詩學韓、孟，識度高遠。

潘及甫。江都人。博通經史，厲志文行。往湖從胡瑗學，瑗妻以女弟。慶曆中，與兄希甫同登進士，爲懷仁尉、筠州判官。及知分寧、霍丘、壽春，皆有政績。遷秘書丞，充楚王宫太學教授，律宗室以禮法，神宗嘉之。

呂溱。揚州人。進士第一，直集賢院。儂智高寇嶺南，詔奏邸毋得輒報。溱言：「一方有警，使諸道聞之，共得爲備。今欲人不知，此何意也？」爲翰林學士，疏論宰相陳執中姦邪。累官樞密直學士。溱開敏善議論，一時名輩皆推許。然自貴重，在杭州，接賓客不過數語，時目爲「七字舍人」云。

周孟陽。其先成都人。曾祖敬述，知泰州，遂家海陵。英宗即位，遷同知太常禮院，數引對，訪以時務。神宗初，拜天章閣待制。

孫覺。高郵人。從胡瑗學。神宗時，知諫院。青苗法行，覺條奏其妄。哲宗即位，遷右諫議大夫，論宰相蔡確、韓縝罷之。仕終龍圖閣學士。覺有德量，所著文集、奏議六十卷，春秋傳十五卷。弟覽，神宗時爲司農主簿。舒亶判寺，欲引覽自助，拒不答。累拜户部侍郎。與蔡京論役法不合，出知太原，頻立邊功。議論多觸執政，屢遭絀削。

孫升。高郵人。第進士，簽書泰州判官。哲宗立，爲御史，朝廷更法度，逐姦邪，升多所建明。時翰林承旨鄧温伯爲臺臣所攻，升與賈易論之尤力。紹聖初，以果州團練副使汀州安置，卒。

秦觀。高郵人。少豪雋慷慨，溢於文詞。見蘇軾於徐，爲賦黃樓，軾以爲有屈、宋才。軾勉以應舉爲親養，始登第。調臨海主簿、蔡州教授。元祐初，軾以賢良方正薦於朝，除太學博士。尋坐黨籍。徽宗立，復宣德郎。有文集四十卷。觀長於議論，文麗而思深。二弟覿、覯，子湛，皆能文。

曹仁熙。高郵人。善畫水。米芾畫史云：「高郵半壁水，乃仁熙畫，一筆長丈餘。水勢分激，如崩劃有聲。」張表臣詩：「曹生畫水信有神，毫端風雨生淵沄。波濤不合來翻屋，鯨鰐何須欲噬人。」

喬執中。高郵人。擢進士，調須城主簿。元祐初，進中書舍人。邢恕遇赦甄復，執中言恕深結蔡確，鼓唱扇搖，今復其官，懼疑中外。紹聖初，以寶文閣待制知鄆州。執中寬厚有仁心，屢典刑獄，雪活以百數。

張汝明。世爲廬陵人，徙居真州。兄侍御史汝賢，元豐中以論尚書左丞王安禮，與之俱罷。汝明少嗜學，刻意屬文。入太學，有聲。登進士第，歷杭州司理參軍。母病疽，刺血調藥，傅之而愈。大觀中，擢御史，劾政府市恩招權，以蔡京爲首。帝獎其介直，京頗憚之。後知岳州，卒於官。汝明學精研象數，貫穿經史百家，所著有易索書、張子卮言、大究經。

沈錫。真州人。徽宗初，爲講議檢討。蔡京方銓次元符上書人，欲定罪，錫曰：「恐非敦世厲俗之道。」尋以徽猷閣待制知應天府，徙江寧。張懷素誅，朝廷疑其黨有脱者，江、淮間往往以誣告興獄。錫具疏於朝，皆得釋。後以通議大夫致仕，卒。

吴敏。真州人。爲給事中。徽宗將内禪，定計東幸，命尚書李梲先出守金陵。敏詣都堂曰：「朝廷便爲棄京師計，何理也？此命果行，雖死不奉詔。」梲遂罷行。皇太子除開封尹，上去意益決。敏因奏對，遂薦李綱。帝召綱議，命敏草傳位太子詔。欽宗既立，遷知樞密院，拜少宰。請罷元祐學術之禁，開諫官言路，以通下情。又言：「王安石用材能，急功利，風俗以壞。近年以來，有御錢、朝廷錢、有司錢，人材有親擢、有大臣薦引，不宜分别若此。」帝嘉納焉。

王居正。揚州人。少嗜學，工文辭。黄齊同知貢舉，欲擢爲首，他考官持之，置次選。范宗尹薦於朝，除太常博士。帝方鄉規諫，居正次前世聽納事，爲集諫十五卷，以廣帝意。除兵部侍郎，尋知温州。時秦檜專國，忌之，奪職奉祠。檜死，復故職。居正學根據六經，有詩書周禮辨學行於世。

李衡。江都人。登進士第，授吴江主簿，累官侍御史。會外戚張説以節度使掌兵柄，不當以母后肺腑，爲人擇官，廷争移時。改除起居郎。衡曰：「與其進而負於君，孰若退而合於道。」章五上請老，以秘閣修撰致仕。後定居崑山，聚書踰萬卷，號曰樂菴。

牛大年。揚州人。慶元進士，歷官將作監主簿。入對，言人主要以天命人心之所繫致念，又言士氣久靡，宜振起之。後以寶章閣待制提舉太平興國宫，卒。大年清操懔然，所至以廉潔自將。

夏世賢。高郵人。七世同居，度宗時詔署其門。

元

李茂。大名人，徙家揚州。父興壽卒，奉母孟氏益謹。母嘗病目失明，茂禱於泰安山，三年復明。又願母壽，每夕祝天，乞損己年益母。母孟氏年八十四殁，茂居喪哀慟，聞者傷之。大德九年，揚州再火，延燒千餘家。火及茂廬，皆風返而滅。

卜勝榮。高郵人。母痢不能藥，日嘗痢以求愈。兄疾，禮北辰，乞減己年以延之。並痊。

明

顧成。其先湘潭人，徙江都。成少魁岸，膂力絶人，善馬槊，文其身以自異。太祖渡江，來歸，爲帳前親兵。從攻鎮江，被執，躍起斷縛，仆持刀者脱歸。導衆攻城，克之，授百户，大小數十戰皆有功。燕王即位，封鎮遠侯，食禄千五百石，予世券。鎮貴州，臺羅苗作亂，成討之，威鎮百蠻。蠻人爲立生祠。

王鼎。儀徵人。洪武初，守太平。陳友諒來犯，力戰死之，贈太原郡侯。

高穀。興化人。永樂進士，選庶吉士，累進謹身殿大學士。英宗復位，穀謝病，英宗爲穀長者，賜敕奨諭。穀美丰儀，樂儉素，位至臺司，敝廬瘠田而已。

徐政。儀徵人。永樂間都指揮同知。從征交阯，奪賊船於三帶江，以濟大軍。拔西都，戰鹹子關，皆有功。陳季擴反，盤灘地最要，張輔遣政守之。賊來攻，與戰，飛鎗貫脇，猶督兵力戰，竟敗賊。賊退，腹潰而死。

蔣貴。江都人。以燕山衛卒從燕王起兵，積功至昌國衛指揮同知。正統初，阿勒坦寇甘、涼，命佩平虜將軍印討之。疾馳至鄂囉納，縱騎蹂擊，大敗之。轉戰百餘里，西邊悉平。封定西伯，給世券。宣德六年，征麓川及馬鞍山象陣，功皆第一，進封定西侯。八年，復討平之。時貴子雄，乘敵敗深入，敵扼其後，自刎，贈懷遠將軍。貴起卒伍，天性樸實，忘己下人。能與士卒同甘苦，臨陣輒身先之，故所向有功。

許貴。江都人，永新伯成子，襲職爲羽林衛指揮使，守備大同西路。英宗北狩，邊城悉殘，貴當敵衝，激戰士以忠義，敵來擊敗之。尋以副總兵鎮守松潘，未抵鎮而山都掌蠻叛。貴抵其巢，連破四十餘砦，貴亦感嵐氣卒。賜祭葬。

許宗道。貴子。正統末，自以軍功爲錦衣千戶。貴殁，嗣指揮使。成化時，累官都督同知。宗道束髮從軍，大小百十餘戰，身被二十七創，威名聞異域。性沈毅，守官廉，待士有恩，不屑干進。

曹義。儀真人。襲職爲燕山左衛指揮僉事，累功至都督僉事。義數與烏梁海戰，斬百餘人。既又出廣寧，敗寇，禽百餘人。英宗特封義豐潤伯。卒贈侯，謚壯武。

蔣琬。貴義子，嗣侯。成化中，帥京軍防秋大同、宣府，陳機宜十餘事，皆報可。佩將軍印，出禦邊寇，寇退班師，加太保兼太子太傅。卒謚敏毅。子禶嗣，官中外二十年，家無餘貲。再傳至孫傅，以平海賊及慶遠猺功，加太子太保。

儲巏。泰州人。九歲能屬文。母疾，刲股療之，卒不起。家貧，力營墓域，且哭冢，夜讀書不輟。成化中，鄉、會試皆第一，授南京吏部考功主事，歷戶部左侍郎，改吏部，卒官。巏淳行清修，介然自守。工詩文，好推引知名士，避遠非類，不惡而嚴。嘉靖初，賜謚文懿。

冒政。泰州人。成化進士，歷官右副都御史，巡撫寧夏。守官廉，劉瑾覬賄不得，遂假邊事逮之，罰米至三千石。瑾誅復職，致仕卒。

顧溥。成元孫，年十三嗣侯。弘治二年，拜平蠻將軍，鎮湖廣。都勻蠻作亂，溥討之，斬首萬計。加太子太保。卒，謚襄恪。溥清慎守法，卒之日，囊無餘貲。子仕隆，嗣侯。正德初，出爲漕運總兵，鎮淮安十餘年，以清白聞。武宗南巡，江彬橫甚，折辱諸大吏，惟仕隆不爲屈。嘉靖初，加太子太傅，掌中軍都督府事。尋以病解營務，卒。子寰，嗣侯，歷僉中、左二府事，守備南京。奉詔讞獄，多所平反。移鎮兩廣。安南莫宏瀷當襲都統，莫正中謀篡之。寰送宏瀷還國，安南遂定。移鎮淮上，有禦倭功。加太子太保致仕。卒，贈太傅，謚榮僖。自溥至寰三世，皆寬和廉靖，内行飭謹，曉文藝，通賓客。寰父子世爲督漕，善於其職。寰無子，從子承先嗣侯，僉書前府事，亦好文，藏書萬卷。傳子至孫肇跡，京師陷，爲賊所殺。福王立，贈鎮國公。

楊果。興化人。弘治進士，歷刑部員外郎。讞獄原情比律，不爲世撓。嘉靖時，至南京户部侍郎。果天性孝友，以養母家食居半，歷官兩京，未嘗挈妻子。常曰：「吾自視缺然，惟不識劉瑾、江彬諸人，差可免愧耳。」

朱應登。寶應人。才思泉湧，落筆千言。弘治中進士，歷雲南提學副使，遷參政，中飛語罷歸。子曰藩，嘉靖進士，知九江府，能文章世其家。著山帶閣集二十卷。

胡獻。興化人。弘治進士，改庶吉士，授御史。踰月，極論時政數事，言内戚中官泄憤報怨，謫藍山丞。武宗即位，擢廣西提學僉事，遷福建提學副使，未任卒。

葉相。江都人。弘治進士。爲給事中，首劾劉瑾，又上建儲及漕運、庫藏等十餘疏，言皆剴切。擢貴州巡撫，討平芒部亂。賜鏹幣，以刑部侍郎予告歸。

趙鶴。江都人。弘治進士，知建昌府，以忤劉瑾謫官，終山東提學僉事。生平嗜學不倦，晚註諸經，考論歷代史，正其謬誤。有書經會註、維揚郡乘、具區文集、金華文統諸書。

王玉。泰州人。自玉以上，八世同居，弘治中旌爲義門。

徐蕃。泰州人。弘治進士，授南京吏科給事中。正德初，奏留劉健、謝遷，且劾中官高鳳，被逮削籍。後仕至工部侍郎。

景暘。儀真人。正德進士，授編修。時劉瑾陵轢朝士，暘不爲屈。進司業，與諸生講説，不避寒暑。典簿念暘貧，給官廩，私益其斛。暘知，歸所益米，讓之曰：「奈何污我？」乞便養，改中允，掌南京司業，卒。暘與鄉人蔣山卿、趙鶴、朱應登爲詩古文，稱「江北四子」。撰前溪集。

王艮。泰州人。父竈丁，役於官，艮出代父役，入定省惟謹。謁王守仁，從之學。王氏弟子遍天下，艮以布衣抗其間，聲名出諸弟子上。四方延主講席，其教大行。子襞，制行嚴謹。學者稱艮心齋先生，襞東崖先生。

韓貞。興化人。業陶。從學於王艮及艮之子襞，有得，遂以化俗爲任，隨機指道。從之遊者數百人。

朱恕。泰州人。爲樵夫。日採薪養母，每樵歸，必造王艮講堂竊聽。有監司知其賢，召之不往。以事役之，短衣跣足入。監司與成禮而去。

宗臣。興化人。嘉靖進士。由刑部主事調考功，謝病歸。尋起判官，進稽勳員外郎。嚴嵩惡之，出爲福建參議。倭薄城，與主者共擊退之，遷提學副使，卒官。士民皆哭。

桑喬。江都人。嘉靖進士，由主事改御史。請蠲徭賦，劾總兵官魯綱等失機逮治。雷震謹身殿，下詔求言，喬偕同官陳三事，末言嚴嵩及林庭㭿、張瓚、張雲，上負國恩，下乖輿望。尋巡按畿輔，引疾，嵩因搆其罪，廷杖，戍九江，卒。隆慶初，贈光禄少卿。所著有廬山記、真詮詩文若干卷。

沈良才。泰州人。起家庶吉士，歷兵部侍郎。嚴嵩附批南京科道拾遺疏中，落其職。

曾銑。浙江黄巖籍，江都人。嘉靖進士，知長樂縣，歷總督陜西三邊軍務。寇十萬餘騎入掠，銑擣寇巢，斬首百餘級，寇始遁。銑喜功名，念寇居河套，久爲中國患，上疏條八議，又上方畧十八事，欲爲一勞永逸之策。時嚴嵩極言套不可復，會仇鸞嘗以驕恣爲銑所劾，疏誣銑掩敗不奏，論斬。隆慶初，贈兵部尚書，謚襄愍。

李春芳。興化人。嘉靖中，進士第一，除修撰，歷禮部尚書。時宗室蕃衍，歲禄苦不繼。春芳考故事上之，諸吉凶大禮及歲時給賜，皆嚴爲之制。帝嘉之，賜名宗藩條例。尋兼武英殿大學士。春芳恭慎，不以勢臨人。居政府，持論平，不事操切。隆慶元年，詔修鳳翔樓，春芳曰：「上新即位，遽興土木，可乎？」遂止。後加少師，改中極殿，疏請歸養。卒，贈太師，謚文定。

孫思誠。萬曆進士，授編修，累官禮部尚書，加太子太保。忤魏忠賢，爲所搆，矯旨奪職。中外冤之。

林春。泰州人。受業王艮，聞良知之學。意發，則以朱墨筆識臧否自考，動有繩檢，尺寸不踰。嘉靖中，會試第一，除户部主事，進文選郎中。慎擇監司守令，以端吏治。著有東城文集。

陳輔堯。江都人。萬曆舉人。歷官永平同知，轉餉出關，駐瀋陽。天啓元年，瀋陽破，輔堯方奉命查馬。左右以無守土責，勸之去。輔堯曰：「孰非封疆臣，何去爲！」望闕拜，拔刀自刎。贈按察司僉事，謚忠烈。本朝乾隆四十一年，賜謚烈愍。

張伯鯨。江都人。萬曆進士。崇禎中，爲户部主事，督延、寧二鎮軍儲，備兵榆林，屢著戰功。歷任巡撫。延綏、插漢等部入犯雙山、魚河二堡，伯鯨督總兵王承恩等擊破之。由户部督餉侍郎，調兵部，以疾歸。揚州城陷，自經死。本朝乾隆四十一年，賜謚忠節。

劉永澄。寶應人。萬曆進士，官至兵部職方司主事。講學東林，以名節自期。

倪可大。儀真人。天啓中，以貢授霍丘訓導。崇禎末，流寇圍城，可大率民兵拒戰。城陷被執，駡賊遇害。贈國子學録。妻戴氏與女皆自縊。本朝乾隆四十一年，賜謚烈愍。

王道隆。江都人。天啓中，知濱州。寇至城陷，道隆身被數創，不屈死。家屬十餘人俱被難。本朝乾隆四十一年，賜謚節愍。

喬可聘。寶應人。天啓進士。師事劉宗周、黄道周，而善倪元璐、馬世奇、陳龍正，相與切磋問學。由中書舍人改授御史，巡按浙江，風裁甚著。後掌河南道事，持論侃侃，爲羣小所憚。

姚思孝。江都人。崇禎進士，官户科給事中。熹宗實録未成，禮部尚書曾楚卿與筆削。思孝疏言楚卿舊爲要典總裁，不宜用。時議肆赦，刑部尚書馮英以魏黨逆案入之，思孝力駮其非。遷兵科給事中，極言張獻忠之詭降、熊文燦之輕信，果如其言。

韓如愈。興化人。崇禎進士，歷兵科給事中。劾都給事中曾應璘。或謂散員不當劾都諫，如愈正色曰：「都諫賢則敬之，不賢則糾之，敢恤僚誼而欺明主哉！」京師巡捕營恣横，列陳其狀，弊少止。後劾總兵劉澤清，爲所害。

古道行。江都人。任宿遷副總兵。崇禎十四年，與賊將袁時中戰於睢寧之雙溝，殁於陣。本朝乾隆四十一年，賜謚烈愍。

楊廷璧。江都人。崇禎末，爲舒城教諭。張獻忠逼城，廷璧分守西門，拒戰三晝夜，城陷被執，駡賊死。子濟之亦從死。本朝乾隆四十一年，賜謚烈愍。

李信。春芳曾孫。崇禎中，以貢知和平縣。大兵入廣，信呼二子泓遠、淑遠語之曰：「死自吾分，汝等可速去。」二子跽泣曰：「大人死忠，兒獨不能死孝乎！」城破，信及二子皆不屈死。本朝乾隆四十一年，賜謚節愍。

李清。春芳元孫，崇禎進士。歷刑科給事中。熊文燦撫張獻忠，清疏論其失策，獻忠果叛。會久旱，奏請寬刑，語侵執政，貶外，後召還吏科。周延儒、吴甡當國，東林人多趨之，清獨無所附麗，上疏極論門户之害，切中時弊。

郝景春。江都人。舉於鄉。崇禎中，知房縣。張獻忠反穀城，約羅汝才同反。景春子鳴鸞，力敵萬夫，與守備楊道選授兵登陴，且守且戰。閲五日，賊多死，指揮張三錫啓北門，揖汝才入，城陷。景春不屈，與鳴鸞俱被殺。僕陳宜亦死之。贈太僕寺少卿。本朝乾隆四十一年，賜謚忠烈。

韓鼎新。江都人。崇禎中，以明經授浙江某縣教諭。城破，自經死。本朝乾隆四十一年，賜謚節愍。

梁于涘。江都人。能文，負大節。崇禎中，知萬安縣。白之裔叛，入城，于涘正衣冠投水死。本朝乾隆四十一年，賜謚節愍。

王道淑。儀真人。崇禎中，任廣東按察使經歷。廣州破，殉節死。子棫瑞從之。本朝乾隆四十一年，入祀忠義祠。

高孝纘。江都諸生。揚州城破，書衣襟曰：「首陽志，睢陽氣。不二其心，古今一致。」入學宫自經於先聖前。又諸生王士秀，設莊烈帝位泣拜，與其弟同縊死。指揮高二麟，自刎死。本朝乾隆四十一年，入祀忠義祠。

王纘。江都諸生。弟績、續。城破，兄弟並自縊死。同時醫者陳天拔，畫士陸愉，武生戴之藩，義兵張有德，市民馮應昌，舟子徐某，皆自盡。本朝乾隆四十一年，入祀忠義祠。

宋祥遠。江都生員。乙酉城破，偕妻縊死。同邑生員韓默，墜井死，妻蕭氏、子彦超皆死。本朝乾隆四十一年，入祀忠義祠。

王元輔。興化生員，寓居永平。崇禎三年，大兵破城，元輔不屈死。本朝乾隆四十一年，入祀忠義祠。

鄭元勳。江都人。崇禎進士。甲申聞變，破産招義旅守土。貽書當道，謂宜建大帥，統精鋭以守河北。時高傑來鎮揚州，掠城下，元勳舊與相識，單騎入傑營，曉以大義。傑爲心折，曰：「前事副將楊成爲之。」出令退舍，且誅楊成。揚人誤傳揚成爲「揚城」，會元勳走城上，將訟言於公府集議所。揚人露刃圍之，遂及於難。督師史可法，斬倡亂者三人首，以祭元勳。後三日，而授兵部職方主事之報始至。

鄭爲虹。元勳弟。崇禎進士。知浦城縣，擢御史，巡仙霞關。大兵入閩，死之。本朝乾隆四十一年，賜謚忠烈。

本朝

陳錡。揚州人。順治間武進士，任荆州副總兵，領前鋒。會勦山賊李來亨，深入遇伏，從騎皆没。錡奮擊力竭，自剄死。事聞，賜葬，廕一子千總。

董潾。江都人。恩貢，以軍功知沙縣。順治四年，山賊羅某與妖僧米逢年爲亂，攻圍歷三月，多方拒却之。已而縣丞黎某納賊，澥被執，罵賊甚厲，賊叢射之，割其首去。子亦舒、壻張思治死焉。事聞，贈澥按察司僉事。

陳卓。江都人。順治丁亥進士。由刑部郎中，提學四川。時屬新定，文學荒廢。卓出經籍，令傳寫教授，文風日振。擢陝西臨鞏副使道，復官商分茶之法，辨部民受逆回僞劄者。再擢荆南參政道。

鄭爲旭。江都人。順治辛卯拔貢，授中書，屢遷御史。請選官加驗看，視學遣詞臣，分進士、舉貢授例班選，俱次第舉行。從弟爲光，順治己亥進士，選庶吉士，改御史。請剔揚州關鈔積弊，清江都加派稅糧，節鳳米浮費，皆如所請。尋卒。

王相呂。泰州人。以舉人授睢寧教諭。順治九年，海賊陷城，被執不屈死。事聞，贈國子助教。

劉欽鄰。儀徵人。順治辛丑進士，知富川縣。孫延齡叛，城陷被執不屈，守以兵。欽鄰北向拜闕，東向拜母，遂自經死。事聞，贈光禄少卿，謚忠節。

陳嘉謨。興化諸生。順治初，父宏道爲怨家所誣，繫府獄，獄卒絶其槖饘。嘉謨乞一見不許，知羣小計必殺之，乃痛哭於城隍之神，作血書懷之而出。是夜蒼頭守舍，候嘉謨不歸，忽聞哭聲，且叩門甚急，起視無人，心怪之。及明，有白運使得一函於關口，啓視，則嘉謨訟冤血書也。運使大驚，蒼頭亦來訴求。其屍七日出自鈔關河，屹立風浪中，髮俱上指。遂出宏道於獄，收葬嘉謨，抵誣告者罪。

吴嘉紀。泰州人。安貧樂道，嗜古工詩。著有陋軒集。

吴綺。江都人。能詩，尤工駢體。順治中拔貢生，授中書，擢知湖州府。罷歸，爲「春江花月社」。所著有林蕙堂集、宋金元詩永等書。

汪懋麟。江都人。康熙丁未進士，授秘書院中書舍人。朱方旦以邪術傾動一時，懋麟著辨道論詆其妄。以主事銜與修明史，擢刑部主事。罷歸，杜門著書，有百尺梧桐閣集。

喬萊。寶應人。康熙進士，授内閣中書。舉博學鴻詞科，試列一等，授編修，遷侍讀。會御史奏濬海口瀉積水，而河臣靳輔上言濬海口不便，請於邵伯、高郵間置閘洩水，復築長隄抵海口，以束所洩之水，使水勢高於海口，則趨海自迅。下廷臣議，適萊入直，上問萊，陳四不可行，議遂寢。所著易俟二十卷。

李柟。興化人，春芳來孫。康熙癸丑進士，選庶吉士，累官左都御史。疏論督撫覆奏不當詆言官；請運江南近海糧儲，以賑山東；請遇水旱預蠲新租，毋貸舊欠，使胥吏不得以已徵飽私橐。掌憲五年，持大體，務平恕。著有律令牋註、大遠堂集。

汪楫。儀徵人。康熙己未，舉博學宏詞，授檢討，與修明史。充册封琉球正使，累官福建布政使。著有中山沿革志、琉球奉使録、悔齋詩聞正續集、觀海集。

卜明元。江都人。爲平越推官，以勦土寇死。

崔思唯。江都人。官連州知州。康熙九年，明桂王由榔遣李定國寇兩廣，攻連州。思唯設城守。十月馬寶、王之邦合力攻城，守益固。寶等遁去，思唯旋以勞卒。

吴世杰。高郵人。康熙乙丑進士。讀書期實用。三逆亂後，捐鏹贖被掠婦女，資送還里。邑大水，躬率民夫拯生瘞死，療其病者。郵苦役重，有公正、排年等名，世杰陳於巡撫，悉蠲除之。著有甓湖草堂詩文行世。

王式丹。寶應人。康熙癸未進士第一人，官修撰。績學砥行，老而始遇。著有樓村集。孫箴輿，康熙壬辰進士，知衛輝府。有孟亭詩文集。

陳厚耀。泰州人。康熙進士。以李光地薦，改中書，授編修，晉司業，轉左諭德。以老乞致仕。厚耀以天筭之法治春秋，嘗補杜預長曆爲春秋長曆十卷。又撰春秋戰國異辭五十四卷，通表二卷，摭遺一卷，春秋世族譜一卷。又著禮記分類、十七史正譌諸書。

王懋竑。寶應人。康熙進士，補安慶府學教授。少從叔父式丹學，精研朱子之學，身體力行。雍正元年，以薦授編修。歸里後，杜門著書，較定朱子年譜，大旨在辯爲學次序，以攻姚江之說。又所著白田雜著八卷，於朱子文集、語類考訂尤詳。

劉師恕。寶應人。康熙庚辰進士，由檢討歷官吏部侍郎，協理直隸總督。永定河決，不俟奏聞，即飭司發帑賑濟。督標兵餉，例俟部撥，師恕奏請將存司庫之項借給，後遂定爲成法。

繆沅。泰州人。曾祖欽，以布衣上疏，籲免泰州浮糧萬五千餘石。康熙己丑進士第三人。雍正元年，以給諫言事稱旨，賜貂裘、松花硯等物。官至刑部侍郎。

王安國。高郵人。雍正甲辰進士第二人。視學肇、高，設西齋延見諸生。常曰：「人之欲竇在心，苟無欲，雖日啓門何患。」乾隆間，巡撫粵東。高要有劫賊逸，邏卒執疑似者塞責，連繫纍纍。安國識其冤，悉縱之，越日而真盜得。察吏舉劾不苟，每曰：「官數易，則民不静而吏滋姦。且大吏平昔董戒何事也！」官至吏部尚書，謚文肅。

夏之蓉。高郵人。兄之芳，官御史，巡察福建臺灣，兼督學政，刻海天玉尺編以示程式，更奏立臺字號，俾應試者得進取之路。之蓉自幼從學，乾隆丙辰，考取博學鴻詞，授檢討。屢掌文衡，請託苞苴不行，風清弊絶。所拔士皆端廉通博，爲時人所共知者。弟廷芝，亦同年成進士，官翰林。

張和。江都人。乾隆十年武進士，授藍翎侍衛，洊升陝西河州鎮總兵官。四十二年，調雲南普洱鎮總兵。因車里土司刁士宛報〔二〕，有猛勇頭人召齋，與投誠安插之喇鮓占烘有仇，糾集夷匪，至境報復。和聞信，帶兵往援，冒瘴染病身死。事聞，賜卹如例，賜祭葬。

李道南。江都人。乾隆辛卯進士。性耿介，絶攀援，尤究心於濂洛關閩之學。爲文力追先正，不爲風氣轉移。家居授徒，雖老生宿儒，皆受業焉。嘉慶十三年，入祀鄉賢祠。

丁光國。江都人。湖南排補美巡檢。乾隆六十年，黔楚逆苗滋事，光國擊賊陣亡。事聞，賜卹，廕雲騎尉。

校勘記

〔一〕徐寧　「寧」，原作「凝」，據乾隆志卷六七揚州府名宦（下同卷簡稱乾隆志）及晉書卷七四徐寧傳改。按，本志避清宣宗諱改字。

〔二〕聊城人　「城」，原作「武」，據乾隆志及舊唐書卷一〇〇王志愔傳改。

〔三〕尋遷承州天長保寧鎮撫使　乾隆志同。按，宋史卷四五三薛慶傳云「尋遷拱衛大夫、福州觀察使、承州天長軍鎮撫使」，無「保寧」字樣。

〔四〕方信孺　「孺」，原作「儒」，乾隆志作「於」，據宋史卷三九五方信孺傳改。

〔五〕爲揚州都撥發官　「發」，原脱，據乾隆志及宋史卷四七瀛國公本紀德祐元年三月條補。

〔六〕趙璉　「璉」，原作「槤」，下文同，據乾隆志及元史卷一九四趙璉傳改。下文同改。按，本志蓋避乾隆皇太子永璉諱改字。

〔七〕按，乾隆志此下有「納蘇拉迪音舊作納速剌丁，布勒圖舊作寶童，哈魯丹舊作海魯丁，今俱改正」數句，據例當有，此誤脱。

〔八〕王思旻　「旻」，原作「閔」，據乾隆志及雍正江南通志卷一一五職官志名宦改。按，本志避清宣宗諱改字。

〔九〕兩淮鹽運使臨海楊振熙　「楊」，原作「揚」，據乾隆志及小腆紀傳卷四九忠義傳、欽定勝朝殉節諸臣録卷六通謚節愍諸臣改。

〔一〇〕參將陶國祚　「祚」，原作「祥」，據乾隆志及小腆紀傳卷二三、欽定勝朝殉節諸臣録卷四通謚烈愍諸臣改。

〔一一〕因車里土司刁士宛報　「刁士宛」，原作「刁士苑」，據乾隆朝實録卷一〇三四乾隆四十二年六月乙巳條改。

大清一統志卷九十九

揚州府四

流寓

漢

許劭。平輿人。獻帝時，欲避地淮海，以全老幼，乃南到廣陵。徐州刺史陶謙禮之甚厚。劭告其徒曰：「陶恭祖外慕聲名，内非真正，待吾雖厚，其勢必薄，不如去之。」遂復投劉繇於曲阿。其後陶謙果捕諸寓士。

唐

馬懷素。丹徒人，客江都。師事李善。貧無資，晝樵，夜輒然以讀書。遂博通經史，擢進士第。

竇常。金城人，客廣陵。多所論著。隱居二十年，鎮州王武俊奏辟不應。杜佑鎮淮南，署爲參謀。

崔玄亮。昭義人，客廣陵。父喪，卧苦終制，地下濕，因得痺病，不樂進取。

宋

蘇紳。晉江人，寓揚州。州將盛度以文學自負，見其文大驚，自以爲不及，由是知名。

陳次升。仙遊人，僑居真州。舉進士，知安丘縣，擢御史。論章惇、蔡卞植黨爲姦，又疏蔡京、曾布之惡。後播州編管，入元祐黨籍，卒真州私第。

元

張緝。膠州人，至正中居揚州。母姬氏方卧病，賊突入卧内，舉槍欲刺姬。緝以身蔽母，槍中緝脅，三日死。

明

鄒元標。吉水人，僑居儀真。氣和而宇峻，與邑孝廉林之翰立講堂於信國祠，闡説心性之學，士林宗之。

列女

隋

吴氏。來護兒世母。護兒未識而孤，吴氏提攜鞠養，甚有慈訓。始侯景之亂，護兒世父爲鄉人陶武子所害，吴氏每流涕爲護兒言之。武子宗數百家，護兒每思復怨，因其有婚禮，乃結客數人，直入其家，引武子斬之，以其頭祭世父墓。

唐

樊彦琛妻魏氏。揚州人。彦琛病篤，魏欲從死。彦琛曰：「幸養諸孤，使成立，相從而死，非吾取也。」彦琛卒，值徐敬業難，陷兵中，聞其知音，令鼓箏。魏引刀斷其指。軍伍欲强妻之，以刀加頸曰：「從我者不死。」魏厲聲曰：「速死，我志也！」遂見害。

李邕妻温氏。邕以誣得罪，貶遵化尉。温爲邕請戍邊自贖，表入，不省。

周迪妻某氏。迪善賈，往來廣陵。會畢師鐸亂，人相掠賣以食。迪饑將絶，妻曰：「今欲歸不兩全，君親在，不可并死。願見賣以濟君行。」迪不忍，妻固與詣肆，售得數千錢以奉迪。至城門，守者疑其紿，與迪至肆問狀，見妻首已在枅矣。迪裹餘體歸葬焉。

露筋女。失其姓。父繫獄，與嫂往省，過高郵迫暮。道旁有耕夫舍，嫂止之。女堅不就，宿於野外，爲蚊嘬而死，曉視其筋露焉。人哀之，爲立廟河側。

五代　南唐

徐鉉母。鉉弟鍇，四歲而孤。母方教鉉，未暇及鍇，能自知書。

宋

徐賡妻蔡氏。興化人。賡爲主簿，病卒。氏視殮畢，即飲鴆死。秦觀作烈婦傳。

馬元穎妻滎氏。真州人，滎岦女。讀論語、孝經，通大義，事父母孝。歸將作監主簿馬元穎。建炎中，賊張遇寇真州，滎與其姑及二女走維揚。姑素羸，滎扶掖不忍舍。俄賊至，脅之不從，賊殺其姑并二女，脅之益急。滎厲聲詬罵，遂遇害。

晏孝廣女。建炎中，金人至揚，孝廣爲尉，死之。女年十五，金人欲妻之。女刎頸求死，金人義而釋之。

毛惜惜。高郵妓女。端平初，別將榮全據州以叛，制置使遣人招之不聽。全與其黨宴飲，惜惜不肯供奉。全詰之，曰：「初謂太尉降，爲太尉更生賀。今乃閉門不納使者，乃叛逆耳，妾雖賤妓，不能事叛臣。」全怒，遂殺之。

元

張氏女。高郵人。城亂，賊叩其家索之。女方匿複宇間，賊將殺其父母，女不得已，乃出拜賊。賊以女行，過橋投水而死。

高氏婦。高郵人。攜其女從夫出避亂，見道旁空舍，入其中脱金纏臂與女，且語夫令疾行。夫挈女稍遠，乃自經。賊至，焚其舍。夫抵儀真，夜夢婦來告曰：「我已經死彼舍矣。」其精爽如此。

欒鳳妻王氏。高郵人。至正中，鳳知諸暨州，氏從任。方國珍陷城，氏罵賊死。

韋寅妻王氏。名蕙，高郵人。元末盜起掠寅家，氏匿積薪中。盜疑有物，發之見蕙。蕙恐辱，乃紿曰：「薪下有金，幸勿盡取。」盜争掘地，氏得間赴井死。

盛彝妻張氏〔二〕。泰州人，名貞。至正中，爲賊所掠，弗從。賊露刃脅之，氏怒罵。賊斷其右肱，筋骨盡露，罵不絶口，遂遇害。

明

管賢妻闕氏、管哲妻馬氏。江都人。賢卒，闕氏年二十六，一子幼且瞽。哲繼卒，馬氏年二十一，無子。娣姒誓死不他適，力紡績以養姑，教瞽子學星卜以自給。俱守節至七十餘。事聞，旌其門曰「雙節」。

殷氏、周氏。江都人。燕兵至瓜洲，掠二女欲污之，並赴水死。後副使趙鶴言於朝，并宋趙淮妾立三烈廟祀之。

戴和妻高氏。江都人。和以諸生試不利，憤恚投水死。氏誓不獨生，一日盛飾詣夫沈處，亦自沈。永樂中被旌貞烈。

薛寬妻牛氏。江都人。寬爲臨海令卒，族人强之嫁。即赴水，救之得甦。守節四十餘年，事聞旌表。

高慧妻陳氏。儀真人。慧之妹高氏，贅婿錢信。慧與信相繼病卒，陳與高同守節三十餘年。正統中旌表。

劉氏二烈女。興化人。嘉靖中，與里中婦同爲倭所掠，問之姊妹也。倭先取姊，姊厲聲曰：「我名家女也，肯污賊乎！」時倭方縱火，女即赴火死。已復侵其妹，妹又大罵。倭露刃脅之，不爲動。倭欲强犯之，女紿曰：「吾固願從，俟姊骨燼乃可。」倭喜益火，火熾，女亦赴火死。時同死者四十七人。

張印妻李氏。高郵人。嘉靖中，倭寇猝至，殺其父，欲污李氏。氏謂其夫曰：「汝速去，吾必不偷生以辱汝。」夫既免，寇逼氏行，罵聲不絶，寇磔殺之。

陸鼇妻倪氏。興化人。性純孝。舅早世，姑老，鼻患疽垂斃。躬爲吮治，不愈，乃割左臂肉以進，姑啖之遂愈。

程娥。江都諸生程煜節妹，未字。值城被圍，以死自誓。與叔母劉約，各以大帶置袖中。城破，女縊死。劉與妯娌鄒氏、胡氏同死。女之祖姑適林者投井死，姑適李者遭掠，紿卒至井旁，大罵投井死。時稱「一門六節」。

褚拱辰妻杜氏。江都人。值城破，兵入室掠之去。氏抱庭前槐樹不行，賊亂刀斫之。既死，手猶抱樹。同縣孔某妻常氏，亦被賊掠去，自刎死。錢禹錫妻王氏，兵逼不從，投井死。

景自潤妻朱氏。江都人。時高傑兵掠東鄉，入自潤家，欲犯氏。氏大罵不屈，遂被殺。自潤妾王氏，賊强挾之上馬，出門奮躍墜地，觸槐死。同時有韓烈婦，城破，賊執犯之，婦以死拒。賊怒，亂箭射死之。馮上銓妻史氏，避亂郊外，兵突至，欲犯之，遂躍入河死。

張國華妻史氏。江都人。高傑擾揚州，氏囑夫挈子女出避，且與夫訣曰：「設有不虞，必不苟活。」及城陷，氏乃積薪坐其上，促令老僕婦舉火，自焚死。同縣張嗣祥妻魯氏，城破，氏同媳桑氏及家人以薪堵門，舉火悉自焚死。

李榮芳妻柳氏。江都人。城陷，氏自焚。子蓁歸，見母焦灼待斃，猶張目曰：「汝勿嚎，我死爲名節也。」遂瞑。同縣史著直妻羅氏，城破，氏自割兩耳，投宛虹橋下死。

程宇妻吴氏。江都人。城陷，宇與二子俱及禍，氏與二女同赴井死。同縣宋朝柱妻沈氏，亦赴水死。幼女年十一，並從死焉。

陳王宁妻游氏。江都人。夫死，守節撫孤。及城陷，或勸乘夜出城。氏謂：「女不夜行，況孀婦乎？」偕幼女投井死。同縣周廷德妻張氏，夫亡守節，於城破時偕三女投井死。

李友槐妻惠氏。江都人。夫亡守節撫孤，值城破，自縊死。女十歲，先自刎不死，復縊於母旁。同縣宋朝相妻馬氏，率子之儒妻張氏、之俊妻馬氏，均赴河死。

李文炳妻唐氏。江都人。夫早夭，與妾孫氏守節。值城陷，同赴水死。同縣闞荆門母吴氏，與荆門妻王氏、妾唐氏，俱自縊死。

閔德祚妻吴氏。江都人。城陷，德祚遊學未歸，氏以兩幼子托老僕護之匿，將投門外水中。兵猝至，欲犯之，不從。加以刃，被七創，仍投水死。同縣錢肖林妻何氏，薛文甫妻趙氏，兵至，夫同及禍，錢與薛俱自縊死。

曹復彬妻楊氏。江都人。值城破，復彬中創仆地。楊匿破屋中。長女倩文年十四，趣母決計，次女蒨紅年十二，請更衣死。楊止之，復彬執不可，乃爲三環，次第而縊。同縣汪承祖妻樊氏，倪文俊妻蘇氏，盧啓元妻湯氏，尤守常妻邵氏，趙君謨妻方氏，卞日輪妻顧氏，詹德基妻吴氏，夫亡守節，及城陷，俱投井死。

羅仁美妻李氏。江都人。值城陷，氏偕嬸劉氏暨妾梅氏、李氏、女宦姑共十三人，自焚死。婢菊花爲舉火，死尤烈。同縣邵允謙妻謝氏，高魁妻張氏，瞿之俊妻郭氏，城破，其夫同及禍，氏聞俱自焚死。

孫道升繼妻藍氏。江都人。道升前妻女曰四，藍所生曰七，次曰存，孫女曰巽。其弟道乾妻王氏，子天麟妻丁氏、道新妻古氏，其從弟子啓先妻董氏。江都之圍，諸婦女各手執刃繩自隨，城破俱死。古氏有女嫁吕氏，生女曰睿，董氏之姊有祖母陳氏，亦同死。同時有張廷鉉妻薛氏，城破自縊。廷鉉之妹曰五，遇卒鞭撻使從己，大呼曰：「殺即殺，何鞭爲！」遂被殺。

金時秀妻陶氏。儀真人。與子婦潘氏同居。崇禎末，高傑兵掠儀真，氏與婦相抱，并幼女同赴水死。

田烈婦。儀真李鐵匠妻。高傑部卒掠江上，執犯之，田以死拒。掖上馬至城南橋上，奮起投水死。

何氏二婦。泰州人。何永明妻沈氏，其弟永昭婦楊氏，俱二十三而寡。沈子讓、楊子誠皆在襁褓。同誓死，不改適，勤女紅養姑，撫二子俱成立。詔旌其門曰「雙節」。

史著馨妻張氏。江都人。年二十六夫亡，後城陷，撫其子泣曰：「嚮也撫孤爲難，今也全節爲大。兒其善圖，吾不能顧矣！」遂赴水死。同縣井達妻王氏，與所生一女一時分散，囑其同難隣婦曰：「汝見我女，推入水中。」言畢，抽刀自刎。

程烈婦。揚州胡尚絅妻。尚絅嬰危疾，婦封腕肉療之，不能咽而卒。時婦懷孕，生男復殤。即前謝翁姑曰：「媳不能常侍，有娣姒在，無悲也。」絶食卒。

戚家婦。寶應人。甫合卺而夫暴歿，婦投門外汪中死。後人名其死所爲戚家汪云。

本朝

于元璜妻范氏。江都人。元璜會試，挈氏北上，遇海寇。露刃脅之，氏奮駡不從，遂被害。同縣王業濬妻金氏，居樸樹灣村舍，爲盜所執，拷掠瀕死，不言濬所在。

孫大成妻裔氏。江都人。姑與二女素不潔，深自避匿。後姑女方共客歡飲，呼氏出，不應，乃扃門縫紉其衽袙，以青白綫二縷自經，年二十四。有司爲葬於霍烈女墓側。同縣楊氏歸曹氏子，姑不端，欲婦效之，不從。乃絶其餐，日肆笞掠，哀號徹四隣。隣人共憤，鳴之官，氏竟以傷重死。又鄒氏適萬氏子，萬貧，勸氏以不貞，氏赴水死。又黃氏，適佃户王華京，夫亡，撫幼子勤力作。土豪王某以計逼嫁，自縊死。

李英妻蔣氏。江都人。英爲兩廣督標副將，奉檄往桂林。值孫延齡叛，英奔還守禦。氏曰：「君爲國亡家，妾敢不爲君忘身。」及逆破城，氏服藥死。同縣黃玉轂聘妻潘氏，邵日立聘妻劉氏，程某聘妻楊氏，吴廷望聘妻池氏，袁某聘妻萬氏，李正榮聘妻霍氏，朱元德妻程氏，陳揖妻張氏，林士佩妻卜氏，淩思賢妻任氏，張椒頌妻湯氏，吴兆熊妻孫氏，項起鴻妻程氏，喜友龍妻韓氏，陳國材妻周氏，俱夫亡自盡以殉。

虞大義妻朱氏。江都人。嫁期年，夫死。父兄欲奪其志，氏引刀扼吭，穿其喉三寸許死，年二十二。同縣徐氏，年十九，夫病將革，囑其叔曰：「婦可改嫁。」氏聞自刎。

甘氏女。甘泉人。許字冷起元，未婚聞訃，殉節。同縣鄒寶聘妻顧氏，朱舜聘妻向氏，繆時雍聘妻李氏，王興聘妻周氏，陳一猷聘妻袁氏，李繼中聘妻劉氏，俱聞夫訃殉節。

鄭元勳繼妻程氏。甘泉人。元勳被難，程年二十三，攜五歲兒於戎馬中，得倡亂者誅之。長齋苦節，歷五十九年。

董嫗。諸生韓默家老婦。揚州兵燹之際，默夫婦及長子俱自盡，惟幼兒魏在襁褓。嫗匿兒屍下，祝曰：「韓氏不絶，其無啼。」兒果不啼。事定，嫗育魏成立。魏後設嫗主如母焉。

鄭姑。儀徵人。許字程起善。善溺死，女飲泣三年，不言笑。家人怪之，女曰：「欲一至程門耳。」父母遣之拜翁姑，持服，謀立嗣畢，至善忌日，設奠慟哭，遂不食死。同縣蔣氏女，從父母避兵，遇寇不從，拔寇刀自殺。方氏女許字朱世遽，林氏女許字于純㕙，俱聞夫訃殉節。

賀美明妻林氏。儀徵人。賀以操舟爲業，贅於林。病卒，氏投井死。同縣閻麟生妻鄭氏，衣惟友妻王氏，均夫亡殉節。

李烈婦。高郵人。趙氏僕婦也。主死，負某金，某索之，居其家。一奴窺婦美，乘其夫他出，夜破户入。婦驚起大罵，奴扼其吭，聲不得出。婦手力握衣帶，奴憤扼愈力，遂死。知州檢屍，手握帶不可解。奴論如律。同縣居士驥妻向氏、儲濯妻陳氏，俱以不污强暴死。又高其聘妻倪氏、車敏學聘妻葉氏，俱聞夫訃殉節。

粉姐。高郵人。其父迮氏蒼頭也。女許字某，年饑，某行乞十餘年不歸。女父後遇之市上，某曰：「願還我聘金，而女可改字也。」女父大喜，出金予之，某欣然立券。歸白其事，女嗚咽久之，夜自經。

丁人彦妻唐氏。興化人。遇暴不污被害。

陸如崗妻仲氏。寶應人。年十九，夫亡守節。如崗弟如陵妻劉氏，同縣朱天耀妻仲氏，均夫亡守節，俱順治年間旌。

袁君如妻朱氏。寶應人。與同縣范邦佐妻張氏，俱遇暴不污身死。又程佩期妻潘氏，胡有成妻陳氏，朱汧妻張氏，錢萬鍾妻施氏，李秋實妻成氏，俱夫亡殉節。烈女楊赤聘妻謝氏，劉亹聘妻朱氏，喬潤聘妻郭氏，刁起沃聘妻朱氏，俱未嫁夫亡殉節。

喬烈婦。寶應人。韋龍甲妻。韋素病癲，成婚八九月，忽疾作自縊，氏時插秧田中，歸抱屍哭幾絶。及葬，頭觸樹不死，歸遂自縊。

田大有妻王氏。泰州人。夫亡守節，順治年間旌。

孫世華妻李氏。泰州人。夫亡守節，事姑育子。姑病，割股療之。或勸改志，破面以示，以所藏破面、割股血衣示子孫。

同州節婦劉際春妻張氏，顧天球妻王氏、妾翟氏，徐鼎鍾妻陳氏，黄呈耀繼妻楊氏，陸和玉妻李氏，方爗妻宋氏，劉和妻李氏，王志正妻徐氏，沈南迎妻王氏，程國俊妻朱氏，吴邦憲妻崔氏，徐銘新妻姚氏，何璟妻吕氏，朱增勝妻吴氏，楊林妻胡氏，韓家妻張氏，韓鵠妻劉氏，郭真卿妻王氏、子華婦申氏，崔克成妻周氏，丁可道妻崔氏，丁可進妻崔氏，周尚曛妻吴氏，崔汝震妻高氏，吴自省妻王氏，崔希雍妻薛氏，盧詰妻鄧氏，盧應徵妻漆氏，盧鳳毛妻魯氏，周天祐妻陳氏，曹均妻林氏，姜儒妻胡氏，李䲔妻翟氏，房可昌妻李氏，夏雲吉妻沈氏，曹珏繼妻劉氏，丁鳳池妻戚氏，張應登妻丁氏，周文進妻吴氏，李某妻吴氏，周鳳岐妻郭氏，王之漸妻郭氏，王顴妾徐氏，王士好妻徐氏，王宗豫妻周氏，周倱妻李氏，季模妻潘氏，王親臣妻施氏，楊朝敬妻周氏，周蘼妻吴氏，王嘉瓚妻楊氏，王祠妻吴氏，黄士廉妻謝氏，崔大經妻開氏，吴自明妻陸氏，陳一科妻朱氏，孫彦才妻顧氏，仲學曾妻唐氏，周地妻吴氏，鮑夢斗妻方氏，繆師和妻張氏，周濡甫妻繆氏，繆四美妻徐氏，徐偘妻繆氏，張鶴妻繆氏，均夫亡守節。

高向明妻李氏。甘泉人。年十九，嫁三月而寡，遺腹生子。翁殁於秦，氏扶姑柩遠涉三千里，爲之合葬。同縣江九皋妻程氏，孫繼士妻程氏，均夫亡守節，俱康熙年間旌。

吴世禄繼妻徐氏。高郵人。夫亡，生子甫六月，紡績事姑，撫前子及孤兒成立。同州節婦李易玉妻陳氏，李滸妻吴氏，蔣汝馥妻吴氏，吴葛妻鄭氏，鄭僑妻陳氏，史克欽妻陸氏，吴贊妻楊氏，邱曰岠妻徐氏，姜士儀妻陳氏，邢宏濟妻耿氏，均夫亡守節，俱康熙年間旌。

李從先妻胡氏。寶應人。夫亡守節。同縣潘盛美妻徐氏，亦夫亡守節。俱康熙年間旌。

沈元美妻孫氏。泰州人。夫亡守節。康熙年間旌。

金瑞玉妻查氏。江都人。夫亡家貧，姑憐其少，諷之改嫁。氏截髮矢義，以十指供饔飧養姑，指恒流血。雍正年間旌。

吴守信妾王氏。泰州人。夫亡守節。子相妻沈氏、預妻池氏，同州徐篤生妻周氏，均夫亡守節，俱雍正年間旌。

蕭日曠妻俞氏。江都人。日曠割肝救母疾亡，俞針黹養舅姑，竭力中禮，艱苦人所不堪。同縣節婦陳治道妻甯氏，高以遵妻季氏，汪圻妾周氏、孫時照妻閔氏，韓汝泰妻曹氏，方敦化妻吴氏，胡起元妻蔣氏，閔行妻鄭氏，吴承勳妻方氏，吴景襄妻方氏，陳達妻于氏，耿鳴球妻高氏，方士鑑妻程氏，方肇耿妻徐氏，程炯妻張氏，閔奕儁妻姚氏，陳嘉誼妻金氏，程夢齡妻黄氏，喜本立妻汪氏，朱士麟妻蔣氏，孫寧生妻瞿氏〔二〕，張士賢妻楊氏，高士衡妻李氏，吴家桂妻方氏，潘殿玉妻朱氏，黄玉信妻朱氏，吴文升妻汪氏，彭岑妻徐氏，蔣世禄妻袁氏，吴邦昌妻鄭氏，劉國鼐妻任氏，謝應璜妻程氏，張文祥妻劉氏，王廷傅妻吴氏，巴一曙妾鄭氏，黄以祉繼妻錢氏，吴震和妻陶氏，吴光敏妻李氏，湯有虞妻任氏，許天植妻歐氏，徐岱妻朱氏，譚爚妻陳氏，林國盛妻楊氏，吴允楷妻易氏、妾李氏，閔兆汶妻陳氏，張珵妾陳氏，雷廷第妻吴氏，李士璟妻張氏，朱唯善妻魯氏，梁沔之妻杜氏，朱孝賢妻張氏，胡嗣裕妻吴氏、妾吴氏，方國棟妻藍氏，鍾元龍妻陳氏，武緯妻程氏，蔡士奇妻吕氏，張崇齡妻葉氏，葉虞臣妻周氏，李汝爲妻焦氏，田益峻妻蔡氏，鍾猶龍妻王氏，倪大德妻卞氏，董子瑜妻童氏，林士禎妻劉氏，林其妻李氏，劉世隆繼妻卞氏，陳志晉妻焦氏，郭士英妻白氏，梁楠蔭繼妻汪氏，鍾文錫妻陳氏，于王棖繼妻汪氏，薛象升妻于氏，洪志書繼妻吴氏，潘永椿繼妻葉氏，程瑄妻陳氏，黄子轂妻江氏，熊元錦妻黎氏，喬煜繼妻汪氏，喬松妻顧氏，王嘉錫妻李氏，石華年妻陳氏，方祖隆妾丁氏，黎懷卿妻曹氏，裴晉駟妻朱氏，周之豹妻吴氏，吴文臺妻汪氏，汪文蘭妾李氏，蔚偉翰妻姜氏，方祖昌妾張氏，張公藝妻馬氏，余觀射妻夏氏，劉宏渭妻尤氏，吴方容妻羅氏，吴文煥妻張氏，陳文若妻鄭氏，陳自德妻錢氏，楊湑妻于氏，宋念慤妻方氏，羅東琪妻閔氏，朱元妻周氏，孫士雄妻宋氏，郝光燦妻焦氏，丁淳篤妻朱氏，于任鑒妻羅氏，李曾傳妻汪氏，李宏泌妻韓氏，童昺妻于氏，劉大壯妻周氏，顧鳳成妻唐氏，樊大綱妻許氏，景瑶祥繼妻周氏，姜多士妻孫氏，徐子堅妻劉氏，殷時澄妻魏氏，王君宰妻張氏，許士重妻汪氏，朱敦士妻焦氏，丁萬相妻姚氏，徐思訓妻朱氏，陸方來妻張氏，高象勳妻田氏，喬敬岳妻吴氏，蘇珣妻崔氏，李宏道妻王氏，徐樟妻程氏，樊秉錀妻吴氏，程觀潮妻王氏，汪承昕繼妻王氏，吴廷杓妻黄氏，徐士灝妾汪氏，湯有盛妻劉氏，張明炯妻吴氏，焦喜茂妻葛氏〔三〕，李廷璋妻雒氏，孫綱妻張氏，張德昭妻徐氏，汪廷瑞妻方氏，張杼妻江氏，徐筠軒妾婁氏，秦隆業妻徐氏，方起宗妻洪氏，吴之鶱妾嚴氏、王氏，韓起妻陳氏，鄭嘉言妻王氏，楊儒珍妻查氏，陳坤玉妻王氏，葉成龍妻夏氏，曹國長妻吴氏，程琛妻方氏，巴潮妾蔡氏，吴鍇妾汪氏，謝士魁妻虞氏，徐恒進妻殷氏，許儲璧妻姚氏，均夫亡守節。貞女吴氏女、田氏女，均未嫁夫亡守貞。孝女朱氏。俱乾隆年間旌。

劉臨地妻高氏。甘泉人。夫亡守節。同縣方琨妾蕭氏，石守忠妻周氏，何天爵妻范氏，張宗翀妻汪氏，李某妻江氏，黃以澄妻程氏，龔鼒妻張氏，金維礪妻高氏，杜英傑妻陳氏，錢葆祿妾吴氏，劉楫妻姚氏，錢元禧妻史氏，湯九錫妻曹氏，閻包生妻陳氏，史繼夔妻陳氏，徐爾揚妻薛氏，吴正潮妻方氏，洪元怡妻程氏、妾江氏，趙以蘭妻閻氏，馬順甫妻戴氏，姚霜妻汪氏，鄭爲倬妻程氏，楊廷鐨妻丁氏，潘永吉繼妻史氏，吴都妻范氏，劉士通妻孔氏，謝震妾劉氏，潘卓妻史氏，寇鍾繼妻馮氏，淩光杰妻汪氏，朱泓繼妻湯氏，王德麟妻鈕氏，潘照妻高氏，張之傑妻林氏，戴志妻吴氏，項嘉遠妻萬氏，趙大武妻劉氏，吴連妻蘇氏，張彭年妻陳氏，林文魁妻王氏，紀尚龍妻許氏，顧文煜繼妻王氏，方士正妻胡氏，王義縚妻李氏，王詒妻史氏，吕繼妻史氏，楊廷鈞妻王氏，王遵璜妻黃氏，范永椿妻畢氏，常允中妻賈氏，常守信妻周氏，韓維翰妻李氏，胡錦雯繼妻羅氏，李元妻徐氏，汪可鈞妻許氏，張元潢妻李氏，宰儒生妻徐氏，李大貴妻侯氏，陳商書妻吴氏，鮑清妻孔氏，史文周妻宋氏，梁淮之繼妻范氏，黃也山妻王氏，戴九經妻姚氏，姚一松妻李氏，賈上林妻潘氏，虞蘭生妻華氏，符爲藩妻裔氏，徐澍妻劉氏，高倓妻張氏，汪國珍妻魯氏，孫林妻梁氏，林天吉妻陳氏，劉穆駿妻邱氏，徐日章繼妻高氏，汪維誥妻游氏，范安康繼妻嚴氏，楊息成妻吴氏，史克統妻王氏，施良貴妻張氏，俞士玉妻王氏，鄭玉珩妾高氏，張季良妻王氏，田有椿妻王氏，秦賓妻俞氏，王廷燕妻巴氏，仇廷錦妻黃氏，徐大安妻鄭氏，田廷玉妻張氏，鄭勷妻蔣氏，李廷植妻杜氏，郭鏞妻黃氏，馬幹廷妻楊氏，程思俊妻黃氏，史迪剛妻蔣氏，張衍恒妻王氏，何國祥妻俞氏，史品節繼妻王氏，潘彬妻吴氏，朱天依妻盧氏，王長科妻孫氏，王宏圖妻劉氏，王宏勳妻黃氏，胡晉昌妻顧氏，殷良弼妻官氏，吴釗妻郭氏，葉幼禽妻程氏，洪其韜妻汪氏，王洪善妻蔣氏，蔣繼韓繼妻劉氏，劉其鎮妻張氏，汪肇域妻何氏，陳穎儒妻張氏，俞效祖妻陳氏，郭雲鶚妻李氏，黃履旦妻程氏，陳大綸妻袁氏，蘇蕃妻郭氏，楊景政妻李氏，何象炳妻馬氏，莊昌妻安氏，臧緯妻惠氏，均夫亡守節。貞女李氏，蕭氏，邵洪章聘妻方氏，均未嫁夫亡守貞。烈女張天佑女，守正捐軀。俱乾隆年間旌。

高思旭繼妻俞氏。儀徵人。夫亡守節。子岱妻王氏、逢年妻鮑氏，俱夫亡，姑媳相依，嫠績爲生。孫文台又亡，孫媳吴氏，亦共守志，一門四孀，人稱苦節。同縣姜之焜妻陸氏，陳宗孔妻李氏，陳宗文妻朱氏，盛可畏妻張氏，路逢春妻王氏，王鯨妻施氏，劉明通妻陳氏，白繪龍妻高氏，李廣妻薛氏，張以成妻曹氏，戴應龍妾臧氏，鄭爲揚妻汪氏，吴正宗妻許氏，王景常妻于氏、孫媳張氏，汪應暐妻金氏、媳黄氏，張之履妻王氏，齊傅妻李氏，李玉標妻嚴氏，童又珍妻王氏，黄承元妻余氏，石華峯妻吴氏，王忝相妻張氏，王萬鍾妻萬氏，葉佐妻鄭氏，鄭國綸妻婁氏，汪成鑑妻王氏，汪元浩妻江氏，萬子燊妻劉氏，丁延齡妻萬氏，李宏釗妻夏氏，金之堡妻方氏，張棟臣妻顧氏，金鉉妻丁氏，李士進妻于氏，方用秀妻許氏，王啓易妻臧氏，童安義妻朱氏，柳啓秀妻曾氏，萬侯妻黄氏，馬祚彭妻朱氏，程公坦妻鮑氏，胡繼善妻張氏，吴允達妻王氏、妾許氏，李世榮妻蔣氏，金允嘉妻戴氏，胡炳文妻吴氏，夏霖生妻高氏，姚起生妻李氏，黄東木妻夏氏，王家彦妻藍氏，劉某妻池氏，江朝賢妻王氏，李大龍妻楊氏，劉應璧妻王氏，馬祚廣妻陳氏，馬祚奇妻張氏，李公維妻萬氏，黄從仁妻潘氏，詹兩山妻閔氏，汪士鑽妻楊氏，汪嘉祥妻王氏，程銑妻鄭氏，吴之英妻江氏，萬爾明妻柳氏，方章讌妻汪氏，王敬治妻程氏，黄應麟妻蔡氏，均夫亡守節。乾隆年間旌。

胡尚德妻黄氏。高郵人。夫亡守節。同州節婦張元忠妻孫氏，楊韶妻李氏，王朝鼎妻徐氏，夏德遠妻唐氏，茅之青妻陳氏，郭士瑚妻陳氏，管五英妻胡氏，俞維賢之妻劉氏，王庭傳妻李氏，王孫翼妻夏氏，俞思岵妻盛氏，孫有信妻莊氏，劉國士妻高氏，劉自成妻陳氏，李自照妻張氏，閔忠良妻張氏，李嶷妻王氏，宋陽孫妻蘇氏，朱輅妻陳氏，王驥妻薛氏，盧北卿妻成氏，徐淑才妻孫氏，葉世鍾妻李氏，孫有紱妻王氏，宋子聲妻某氏，宋子凡妻佟氏，靳雄妻趙氏，龔烈妻高氏，李慶遠妻劉氏，吴帝臣妻華氏，陳某妻孫氏，詹奎光妻張氏，胡乘乾妻徐氏，陳獻明妻郭氏，李麟功妻姜氏，方士元妻潘氏，周自延妻邵氏，沈文錡妻蓋氏，耿宗一妻吴氏，李綖妻湯氏，范君愛妻丁氏，吴琨妻陳氏，陳吉生妻曹氏，張子明妻周氏，陳師友妻劉氏，陸維珍妻沈氏，殷輯五妻緒氏，張乾之妻周氏，李紹妻劉氏，朱天相妻王氏，董宗妻俞氏，袁覲東妻王氏，胡御世妻詹氏，李慶信妻甘氏，孫一政妻勵氏，鄭載歌妻尤氏，郭元章妻李氏，楊皆吉妻陳氏，劉一恒妻谷氏，葛清妻焦氏，江有純妻徐氏，徐勝千妻傅氏，浦廣妻時氏，浦瑶池妻茅氏，劉國彦妻車氏，李治妻周氏，吴裕臣妻周氏，陳眉祝妻耿氏，陳嘉賓妻吴氏，徐子良妻余氏，劉世安妻季氏，高萬鍾妻沈氏，栢松生妻邱氏，姚文舉妻繆氏，吴俊先妻范氏，宋崇雲妻何氏，宋存傑妻馮氏，周趙玉妻萬氏，沈卓妻尚氏，詹國華妻秦氏，浦佐臣妻夏氏，趙其仲妻王氏，趙鼎鎮妻楊氏，賈宏基妻龍氏，王述震妻趙氏，朱方來妻周氏，朱連玉妻龍氏，高啓民妻吕氏，雍世鏞妻王氏，唐一相妻沈氏，徐長健妻宋氏，毛日彩妻薛氏，姚瑚妻王氏，林廣妻路氏，張錡妻王氏，夏錫臣妻張氏，詹仲雲妻金氏，詹爾先妻秦氏，孫洛妻王氏，薛飛九妻張氏，薛體和妻馬氏，孫中妻王氏，吴亦吉妻莊氏，宋學治妻吴氏，黎舜占妻王氏，楊聖嘉妻紀氏，華九章妻唐氏，俞資妻劉氏，紀汝霖妻楊氏，吴佳騮妻宋氏，金亦裕妻翟氏，李位西妻王氏，雍子籓妻郭氏，沈御妻王氏，黄卷妻陳氏，印相斗妻張氏，陳士知妻欣氏，從鏞妻羅氏，宋學珽妻張氏，王連士妻馮氏，郭維巖妻周氏，王業廣妻賈氏，王爾公妻蘇氏，董闇先妻孔氏，丁式玉妻宋氏，殷于蕃妻姚氏，宋家瑞妻李氏，張志妻周氏，沈之蕃妻王氏，謝鋭妻徐氏，均夫亡守節。俱乾隆年間旌。

成宏圓妻潘氏。興化人。夫亡守節，紡績養姑。同縣姚東海妾蔣氏，陳師舜妻舒氏，龔焕還妻謝氏，朱之植妻王氏，解經正妻蔡氏，劉光祚妻陳氏，汪瀾妻晏氏，邵元卿妻顧氏，魏汝歸妻楊氏，袁觀妻王氏，虞延妻魏氏，陸某妻李氏，楊于京妻成氏，伍朝明妻唐氏，唐良臣妻居氏，任震楊妻吴氏，石啓諭妻鮑氏，李璧公妻陳氏，謝廷詔妻王氏，任景毅妻李氏，康宸公妻馮氏，宋克敬妻劉氏，居令和妻魏氏，顧夢祥妻魏氏，楊輯五妻方氏，解証妻程氏，鄭叔英妻吴氏，朱以安妻劉氏，李廷棟妻張氏，徐俊妻許氏，徐淑妻朱氏，祁進萬妻吴氏，楊永鳳妻王氏，均夫亡守節。俱乾隆年間旌。

喬晸妻徐氏、妾陳氏。寶應人。夫亡守節。同縣舒熊甲妻朱氏，雷同言妻趙氏，賈昌嗣妻刁氏，王式尊妻范氏，王懋淳妻苗氏，刁炟妻潘氏，劉楹妻湯氏，潘宗昌妻房氏，王日成妻李氏，王庭生妻陳氏，喬崇讓妻汪氏，朱玉妻劉氏，劉潘妻張氏，薛祐妻曹氏，時履成妻徐氏，孫先公妻施氏，劉景生妻王氏，劉涞妻成氏，耿長文妻紀氏，張貫元妻汪氏，魯某妻張氏，劉及妻王氏，張繼思妻孫氏，張祐妻汪氏，鄒遴妻劉氏，徐焕繼妻汪氏，趙岱妻張氏，王朝珏妻喬氏，梁賜瓖妻潘氏，喬津妻胡氏，王楞妻伍氏，王橓妻顔氏，胡岦妻刁氏，邵永福妻梁氏，張繼志妻楊氏，卞時可妻姜氏，陸仁妻潘氏，范興螽妻潘氏，成華妻張氏，周家纘妻劉氏，李本蕙妻李氏，楊樹穀妻吉氏，耿希泰妻應氏，周家紀妻王氏，成紀永妻朱氏，潘于治妻王氏，胥學源妻王氏，劉參生妻胡氏，時習九妻鄒氏，成一鳴妻王氏，胡廷鏡妻范氏，楊峯妻劉氏，楊家禹妻成氏，楊澄妻聞氏，芮永年妻朱氏，祈覲妻姚氏，劉師寬妻房氏，朱芹妻李氏，費洪鼎妻卞氏，朱之祀妻袁氏，刁學禮妻朱氏，李如楠妻蔡氏，韓光義妻張氏，劉相妻王氏，李開祉妻吳氏，韓子貞妻耿氏，張倕妻湯氏，潘宗堯妻張氏，苗式可妻李氏，潘睿堂妻劉氏，吕嗣正妻喬氏，喬書盤妻朱氏，潘以仁妻高氏，范補妻王氏，朱珊妻仲氏，潘霞峯妻郝氏，趙百從妻徐氏，張珙妻潘氏，葉致藩妻張氏，朱衡繼妻郭氏，張保正妻汪氏，馮溢繼妻雍氏，劉柏妻王氏，張塾妻成氏，王廷燦妻張氏，劉華齡妻李氏，陳有義妻陶氏，喬其實妻張氏，王廷璋妻楊氏，喬大有妻吳氏，柏洪妻汪氏，潘長年妻張氏，姚才晟妻陸氏，潘峥妻郝氏，李科妻張氏，周景春妻朱氏，陳漢公妻汪氏，楊潤妻張氏，馬兆魁妻周氏，潘芾妻周氏，馬文成妻陳氏，劉成章妻楊氏，趙金簡妻張氏，朱柯妻粱氏，楊厚臨妻徐氏，李宗元妻房氏，蔡登妻盧氏，王絡妻舒氏，陳富妻湯氏，郝若賢妻張氏，徐珊妻閔氏，均夫亡守節。烈婦顧耀先妻許氏，應萬和妻吳氏，均夫亡殉節。貞女曹世英聘妻竇氏，王兼之聘妻朱氏，祈任聘妻陳氏，王鵬起聘妻孫氏，潘文漢聘妻張氏，均未嫁夫亡守貞。烈女郭長禄聘妻粱氏，未嫁夫亡殉烈。俱乾隆年間旌。

王允修妻李氏。泰州人。夫亡守節。同州徐篤妻王氏，徐芝芳妻薛氏，唐漢卿妻羅氏，陳佑妻陸氏，符繩妾劉氏，陸與齡妻徐氏，王裕忠妻劉氏，王縉廷妻吳氏，朱璣妻黃氏，朱絃妻黃氏，宫宏鉽妻王氏，蔡褒妻田氏，田敬錫妻辛氏，方祖煌妻顧氏，程錡妻武氏，何朗然妻曹氏，高如柏妻孫氏，何如震妻郭氏，王英吾妻林氏，徐徵午妻章氏，王洛妻黃氏，陳東憲妻俞氏，李克傳妻王氏，黃維翰妻吳氏，田廣運妾周氏，梅某妻韓氏，均夫亡守節。俱乾隆年間旌。

巴文英妻薄氏。江都人。夫亡守節。同縣季松亭妻胡氏，杭某妻翁氏，黃某妻卞氏，鄭涵妻吳氏，李光宇妻史氏，顧非七妻王氏，許步青妻李氏，陸乘麟繼妻程氏，朱順彩妻劉氏，周天錫妻王氏，朱源妻倪氏，湯彭廣妻程氏，張銑妻李氏，林廷和妻高氏，李允位妻韋氏，田必乘妻姜氏，朱士緯妻王氏，鄭禧妻俞氏，吳應潮妾王氏，汪集繼妻吳氏，樓錡妻王氏，程徵棠妻方氏，宋壎妻洪氏，樓子湘妻王氏，茹士明妻宗氏，王燦章妻林氏，陳世倫妻嚴氏，沈志恪妻徐氏，潘璇妻盛氏，徐有容妻陳氏，胡士忠妻茹氏，均夫亡守節。貞女劉師燦聘妻王氏，徐先爵聘妻范氏，湯濯聘妻陳氏，均未嫁夫亡守貞。烈女薛鳳岡聘妻程氏，未嫁夫亡殉烈。孝女朱若雲，王氏。俱嘉慶年間旌。

張纘妻呂氏。甘泉人。夫亡守節。同縣尹永錦妻朱氏，常悦中妻李氏，郭方躬妾朱氏，唐繹祖妾陳氏，姚錞妻許氏，符廷標妻周氏，趙銓妻江氏，楊維乾妾黄氏，高啓賓妻孔氏，焦汝鎦妻閔氏，林廷望妻劉氏，汪暹妻李氏，馬俊妻張氏，吴遐源妻朱氏，方馨妻許氏，宫文元妻嚴氏，王棠妻張氏，倚衡妾張氏，淩廷詔妻佘氏，沙起崑妻張氏，均夫亡守節。貞女潘德御聘妻常氏，楊亨時聘妻李氏，均未嫁夫亡守貞。俱嘉慶年間旌。

陳藝妾程氏。儀徵人。夫亡守節。同縣殷匯妻洪氏，何之柏妻徐氏，程仁裕妻汪氏，李之深妻許氏，程章垣妻黄氏，何秉德妻唐氏，汪鎮妻高氏，童厚載妻朱氏，曹桐妻蔣氏，吴朝元妻林氏，李德源妻張氏，程大受妻吴氏，陶愷義妻張氏，李廷瑞妻黄氏，吴鋐妻方氏，鮑文位妻王氏，均夫亡守節。貞女徐志純聘妻葛氏，陳朝正女，王時聘妻黄氏，陳之芳聘妻張氏，均未嫁夫亡守貞。孝女張巧姑。俱嘉慶年間旌。

高爽妻吴氏。高郵人。夫亡守節。同州楊玉妻馮氏，王沆馨妻華氏，徐恩義妻吴氏，居日琁妻武氏，李盛問妻孫氏，韓榮牲妻左氏，湯孝成繼妻趙氏，張方城妻李氏，居樂雍妻黄氏，徐林妻鄧氏，范存仁妻王氏，袁有土妻宋氏，楊國用妻馬氏，李逢年妾劉氏，張純妻胡氏，吴如松妻夏氏，夏英士妻章氏，均夫亡守節。貞女金水源聘妻茅氏，金蘭聘妻俞氏，李廷詹聘妻王氏，均未嫁夫亡守貞。俱嘉慶年間旌。

王裔貴妻王氏。興化人。夫亡守節。嘉慶年間旌。

劉恩妻李氏。寶應人。夫亡守節。同縣苗肇嶸妻周氏，成真洤妻喬氏，莫某妻王氏，梁景春妻成氏，張本忠妻陸氏，吴觀海妻郭氏，潘恩儼妻郭氏，虞國泰妻李氏，胡秉正妻汪氏，柏可觀妻劉氏，朱逢霖妻程氏，周志乾妻王氏，陳文魁妻房氏，陳秀寶妻房氏，房綉妻張氏，范德隣妻劉氏，張發元妻孫氏，喬大鈞妻劉氏，盧朝瑞妻徐氏，王大魁妻屠氏，耿鳳翼妻王氏，劉應麒妻左氏，高鶴年妻刁氏，潘履恒妻陸氏，某之妻朱氏，萬華國妻陳氏，陳富妻湯氏，郝若賢妻張氏，均夫亡守節。烈婦王氏，夫亡殉節。貞女劉畯聘妻朱氏，王增福聘妻耿氏，均未嫁夫亡守貞。烈女劉氏，未嫁夫亡殉烈。俱嘉慶年間旌。

莢連德妻姜氏。泰州人。夫亡守節。同州何小七妻王氏，郜蒙磬妻嚴氏，韓綀繼妻王氏，胡朝宗妻張氏，尤滂妻陳氏，李椿妻孫氏，儲厚燦妻繆氏，陳振南妻張氏，楊志興妻范氏，劉賡颺妻章氏，喬年妻周氏，劉維慶妻王氏，李倫舒妻韓氏，黄某妻陳氏，均夫亡守節。貞女胡秉鈞聘妻馬氏、楊德芳聘妻郭氏，均未嫁夫亡守貞。俱嘉慶年間旌。

繆文謨妻唐氏。東臺人。夫亡守節。同縣李雄如媳黄氏，袁在朝繼妻陸氏，盧時中妻周氏，盧寅妻陳氏，吴宏山妻陳氏，均夫亡守節。烈女單維公女，守正捐軀。俱嘉慶年間旌。

仙釋

唐

唐若仙。開元中爲浙西節度使。逾年，棄官汎海，遺一表於舟中。監軍使上其事，詔訪之不得。後有人於揚州見其擔魚於市云。

李珏。以賑糶爲業，每斗惟取利二文，以供父母。有來糴者，即授以升斗，俾自量。丞相李珏節制淮南，夢入洞府，見石壁填金書姓名，内有「李珏」字。方自喜，有二仙童云：「此乃江陽部民李珏爾。」

劉商。舉進士爲郎，辭官學道。嘗於廣陵遇一道士，與之上酒樓，劇談歡甚。道士出一小藥囊贈商，商歸取藥服之，遂仙去。

盧生。生偕友人李生讀書太白山。李告去，爲橘園吏欺折官錢，困甚。忽於揚州遇盧生，邀至城南朱門中，有名花異木。

須臾置酒北亭，命佐酒者出，容貌極麗，兼善箜篌。盧曰：「爲君作婚姻可乎？」又與一拄杖曰：「所負官錢，可將此於波斯店取之。」明日以杖往，果得錢。後至汴州，行軍淩道源以女妻之，即北亭佐酒女也。

宋

顔筆仙。建炎初，鬻筆遇異人。會轉運使過境，見之，問：「能飲乎？」曰：「可飲一斗。」飲畢長揖而去，遺所攜筆籃。轉運使令左右取還之，盡力不能舉。凡售其筆者，剖筆視之，管中必有一詩，記其成毀歲月及人姓氏，故號筆仙。年九十二，積葦自焚。人見其乘火雲飛昇而去。

董幼。海陵人。遇異人，授以行水不溺之術。後辭親往峩嵋山，送者至區陽西江，幼鞭水而去。後不知所終。

土産

白綾。府境出。太平寰宇記：揚州土産白綾。

土紬。高郵州出。

草布。江都縣出。用黄草織成，一名廣陵葛。

木棉。府境出。

銅鏡。府境出。唐書地理志：揚州土産青銅鏡。又唐於揚子江心鑄鏡，宋尚入貢。今無。

鹽。泰州興化各場出。唐書地理志：海陵有鹽。

菱。府境出。武陵記：兩角曰菱，四角、三角曰芰。江淮人曝其實爲米以當糧。

鳧茨。府境出。俗名葧薺。東觀漢記：王莽末江淮間苦旱，民饑，羣入野澤中，掘鳧茨食之。

鱘鰉。江海所産。大者數百觔。瓜洲土人以爲鮓。

鰣魚。江中出。

鯊魚。江中出。海鯊大者二百觔。嘗張口吹沙，因名。

芍藥。府出。志林：揚州芍藥爲天下冠。

柘木。太平寰宇記：揚州土産柘木。

校勘記

〔一〕盛彝妻張氏　「盛彝」，乾隆志卷六八揚州府列女（下同卷簡稱乾隆志）同，雍正江南通志卷一七八人物志列女作「盛彝綱」，疑此脱「綱」字。

〔二〕孫寧生妻單氏　「寧」，原避清宣宗諱改作「凝」，據乾隆志回改。

〔三〕焦喜茂妻葛氏　「焦」，原作「蕉」，據乾隆志改。

徐州府圖

山東嶧縣界
山東沂水界
山東郯城界
海州沭陽界
泇河
沭河
沂河
沭河
運河
新安巡司
邳
舊城巡司
利國巡司
猫兒莊
直河巡司
魏家集
駱馬湖
劉馬莊巡司
徐州府
銅山
房村驛
吕梁山
吕梁洪巡司
姚家集
睢寧
宿遷
永濟橋
順河集
運河
歸仁隄巡司
白洋河鎮
仰化集
睢河
安徽泗州界
淮安府桃源界
黃河
安徽靈壁界

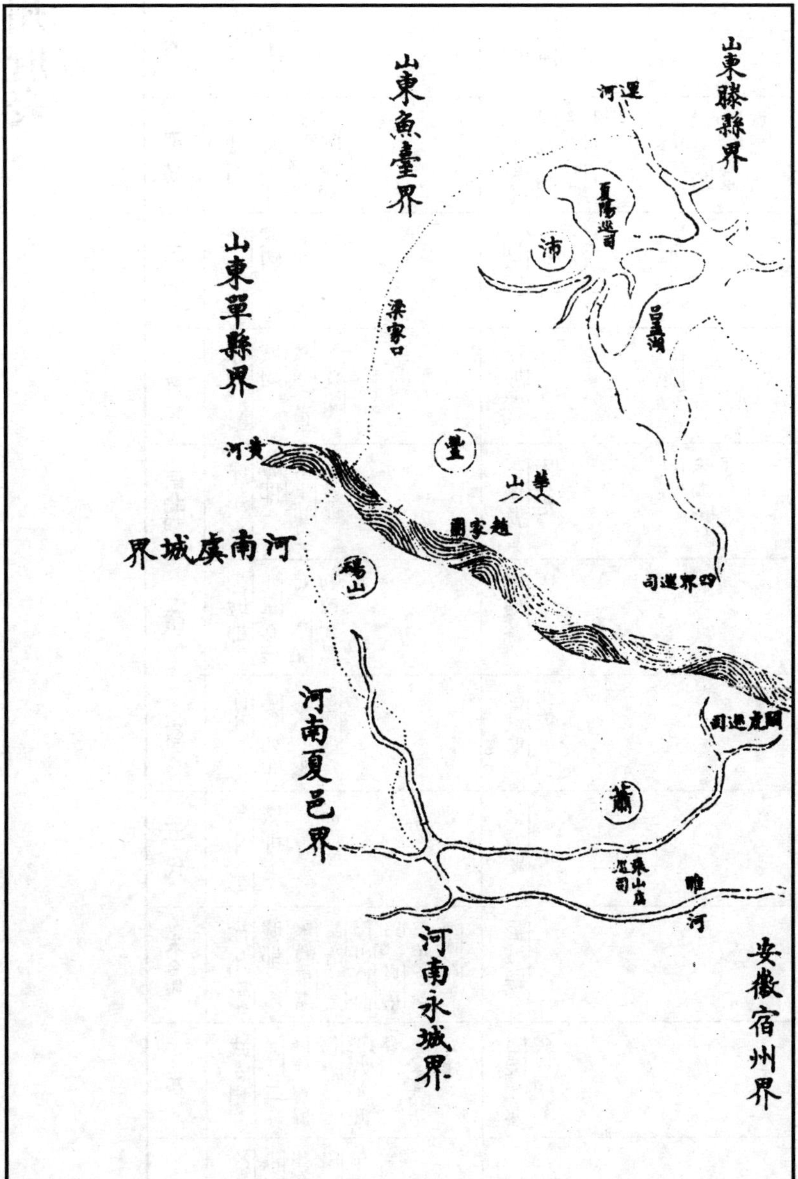
山東滕縣界
運河
山東魚臺界
沛
山東單縣界
梁家口
黃河
豐
華山
趙家圈
河南虞城界
碭山
四界巡司
河南夏邑界
蕭
睢河
河南永城界
安徽宿州界

徐州府表

	徐州府	銅山縣
秦	楚國本爲西楚國都。	彭城縣屬泗水郡。
兩漢	彭城國地節九年改彭城郡。後漢章和二年改國。	彭城縣楚國治。後漢彭城國治。 呂縣屬楚國。後漢屬彭城國。
三國	徐州彭城國魏移州來治。	彭城縣 呂縣
晉	徐州彭城國義熙七年改北徐州。	彭城縣 呂縣
南北朝	徐州彭城郡宋永初二年復郡。	彭城縣宋郡治。 呂縣宋屬彭城郡。
隋	彭城郡開皇初廢郡。大業初改州爲郡。	彭城縣 省入。
唐	徐州武德四年復置州，屬河南道。	彭城縣州治。
五代	徐州彭城郡	彭城縣
宋金附	徐州彭城郡宋屬京東西路。金屬山東西路。貞祐三年改隸河南路。	彭城縣
元	武安州至元二年降州，屬歸德府。至正八年升路。十二年又降州，改名。	至元二年省入州。
明	徐州洪武初復州名，屬鳳陽府。八年直隸南京。	

續表

	蕭縣
	蕭縣 屬泗水郡。
	蕭縣 屬沛郡。後漢屬沛國。 本始二年置扶陽侯國。後漢省。
	蕭縣
	蕭縣
魏置南陽平郡，寄治彭城，領襄邑、陽平、濮陽三縣。後均廢。	宋置沛郡，齊廢。 承高縣 宋沛郡治。北齊改名。 龍城縣 魏置，屬彭城郡。
	蕭縣 開皇六年改名龍城。十八年又改臨沛。大業初復故名，屬彭城郡。
	蕭縣 屬徐州。
	蕭縣
	蕭縣 移治，仍屬徐州。
	蕭縣 至元二年省。十二年復置，屬徐州。
	蕭縣 萬曆五年移治，屬徐州。

碭山縣				
碭郡 治碭。	下邑縣 屬碭郡。	碭縣 郡治。		
梁國 高帝改置。	下邑縣 屬梁國。	碭縣 屬梁國。		杼秋縣 屬梁國。後漢屬沛國。
	下邑縣	碭縣		杼秋縣
	下邑縣	碭縣 初省入下邑。後復置。		杼秋縣
碭郡 魏置。齊廢。	郡治，不置縣。	碭縣 宋屬梁郡。	安陽縣 魏孝昌二年置，屬碭郡。齊屬彭城郡。	宋省。
	碭山縣 開皇十八年改置，屬梁郡。		省。	
末置輝州，旋徙治。	碭山縣 屬宋州。			
	碭山縣 唐屬單州。			
	碭山縣 金興定元年屬歸德府。五年屬永州。尋廢。			
	碭山縣 初復置，屬東平路。至元初屬濟州。尋屬濟寧路。			
	碭山縣 洪武初改屬徐州。			

續表

續表

豐縣	沛縣
	泗水郡 沛縣郡治。 留縣
豐縣屬沛郡。後漢屬沛國。	初改沛郡。尋徙。 沛縣屬沛郡。後漢屬沛國。 留縣屬楚國。後漢屬彭城國。
豐縣	沛縣 留縣
豐縣	沛縣 留縣
豐縣宋初省。大明元年復置，屬北濟陰郡。北齊屬永昌郡。	沛縣宋屬沛郡。齊廢。 留縣宋屬彭城郡。齊廢。
豐縣屬彭城郡。	沛縣開皇十六年復置，屬彭城郡。 留縣開皇十六年復置。
豐縣屬徐州。	沛縣屬徐州。 省入。
豐縣	沛縣
豐縣	沛縣金屬邳州。後屬滕州。
豐縣初屬濟州。至元八年屬濟寧路。至正八年還屬徐州。	沛縣太宗七年移州來治。尋廢爲縣。至元二年省入豐縣。旋復置，屬濟寧路。十三年屬濟州。
豐縣	沛縣還屬徐州。

	邳州		
		下邳縣	
廣戚縣 漢置侯國，屬沛郡。後漢爲縣，屬彭城國。	下邳國 後漢永平十五年置。	下邳縣 屬東海郡。後漢國治。	良城侯國 屬東海郡。後漢屬下邳國。
廣戚縣	下邳國	下邳縣	良城侯國
廣戚縣	下邳國	下邳縣	良城縣 改縣。
宋省。	邳州下邳郡 宋改郡。魏孝昌元年置東徐州。梁改武州。東魏復曰東徐州。周又改。	下邳縣 梁改名歸政，屬武州。東魏復故，屬下邳郡。	齊省。
	開皇初廢郡。大業初州廢。	下邳縣	
	武德四年復置州。貞觀元年廢。	下邳縣 貞觀元年屬泗州。元和四年屬徐州。	
		下邳縣	
	邳州 宋太平興國七年置淮陽軍，屬京東東路。金貞祐三年改州，屬山東西路。	下邳縣 宋軍治。金州治。	
	邳州 至元八年改屬歸德府。	下邳縣	
	邳州 初屬鳳陽府。洪武十五年改屬淮安府。	省入州。	

續表

續表

宿遷縣	
	武原縣 屬楚國。後漢屬彭城國。
	武原縣
	武原縣
泗州宿預郡 魏太和中置郡，兼置南徐州。梁改東徐州。東魏武定七年改東楚州。陳改安州。周又改。	武原郡 東魏武定八年置。 武原縣 宋省。魏復置，屬下邳郡。東魏武原郡治。 東魏武定八年置父山縣，屬武原郡。齊廢。
下邳郡 開皇初廢郡。大業初廢州置郡，改名。	開皇初廢。 良城縣 開皇十一年改名，屬下邳郡。
武德四年復置州。開元二十三年徙治臨淮。	初屬邳州。貞觀元年省。

續表

初置厹猶縣，屬臨淮郡。後漢省。		
宿預縣 義熙中改置，屬淮陽郡。	晉寧縣 東晉末置，屬淮陽郡。梁改郡，領臨清、魏興、富城、招農四縣。	
宿預縣 州、郡治。	栅淵縣 東魏武定八年分置，屬下邳郡。旋入梁。齊省。	臨清郡 孝昌二年僑置盱眙郡。東魏武定八年更名。齊廢。
宿預縣 郡治。		
宿遷縣 寶應元年改名。元和中屬徐州。		
宿遷縣		
宋太平興國七年屬淮陽軍。金屬邳州。元光二年省入邳州。		
宿遷縣 至元十二年復置，屬淮安軍。十五年屬邳州。		
宿遷縣 屬淮安府。		

續表

	睢寧縣
下相縣 淩縣	
下相縣 屬臨淮郡。後漢屬下邳國。 司吾縣 屬東海郡。後漢爲侯國，屬下邳國。 元鼎四年置泗水國。後漢建武十三年廢。 淩縣 屬東海郡。後漢屬廣陵郡。	
下相縣 司吾縣 淩縣	
下相縣 仍屬臨淮郡。 司吾縣 屬臨淮郡。後改屬睢陵郡。 淩縣 屬下邳國。	濟陰郡 東晉元年僑置。
宋省。魏復置郡治。齊廢。 宋省。 宋省。	宋泰始中入魏。廢。
	夏丘縣地。

續表

睢陵縣屬臨淮郡。後漢屬下邳國。	取慮縣屬臨淮郡。後漢屬下邳國。
睢陵縣	取慮縣
睢陵縣	取慮縣
魏屬彭城郡。齊廢。	梁武帝置潼州。東魏武定六年改名睢州。齊廢。
宿遷、虹二縣地。	
睢寧縣宋宿遷、虹二縣地。金興定二年分置，屬泗州。	
睢寧縣初廢。至元十二年復置，屬淮安軍。十五年屬邳州。	
睢寧縣屬淮安府。	

大清一統志卷一百

徐州府一

在江蘇省江寧府西北七百三十里，蘇州府西北一千二百里。東西距三百五十里，南北距二百四十里。東至海州沭陽縣界一百四十里，西至河南歸德府虞城縣界二百十里，南至安徽鳳陽府宿州界一百二十里，北至山東兖州府滕縣界一百二十里。東南至鳳陽府靈璧縣界一百九十里，西南至歸德府永城縣界二百二十里，東北至山東兖州府嶧縣界一百四十五里，西北至山東濟寧州魚臺縣界二百里。自府治至京師一千一百六十五里。

分野

銅山、蕭、碭、豐、沛五縣，天文房、心分野，大火之次。邳州、宿遷、睢寧，天文奎、婁分野，降婁之次。

建置沿革

禹貢徐州之域，古大彭氏國。春秋屬宋爲彭城邑。戰國屬楚。秦置彭城縣。漢元年，項羽自立爲西楚霸王，都此。貨殖傳：沛郡、汝南爲西楚，彭城以東傳海爲東楚。文穎曰：項羽都之，謂爲西楚。五年，屬漢爲楚國。地節元年，改曰彭城郡。黄龍元年，復曰楚國。後漢章和二年，改曰彭城國。三國魏始移徐州來治。晉亦曰徐州彭城國。義熙七年，改曰北徐州。宋永初二年，復曰徐州彭城郡。後魏因之。北齊置東南道行臺。後周置總管府。

隋開皇初，郡廢。七年，行臺廢。大業四年，府廢，復曰彭城郡。唐武德四年，復曰徐州，兼置總管府。貞觀十七年，府罷。天寶初，復曰彭城郡。乾元初，復曰徐州，屬河南道。唐書方鎮表：乾元二年，置河南節度使，治徐州上元。二年廢，以徐州隸淮西節度，尋又改隸兖鄆節度。寶應初，復隸河南。建中三年，置徐海沂密都團練觀察使，治徐州。興元元年廢。貞元四年，置徐泗濠三州節度使，治徐州。十六年廢。元和二年，置武寧軍節度使。咸通三年罷。時置徐州團練防禦使，隸兖、海。四年罷。五年，置徐泗團練觀察處置使，治徐州。十年，置徐泗節度。十一年，改置感化軍節度使。五代晉復曰武寧軍。宋仍爲徐州，亦曰彭城郡、武寧軍節度〔一〕，屬京東西路。金屬山東西路。貞祐三年，改隸河南路。元至元二年，省彭城縣入之，降爲下州，屬歸德府。至正八年，升徐州路。十二年，降爲武安州。明洪武初，復曰徐州，屬鳳陽府。八年，直隸南京。

本朝屬江蘇省。雍正十一年，升爲徐州府。領州一、縣七。

銅山縣。附郭。東西距一百二十里，南北距一百四十五里。東至邳州界九十里，西至蕭縣界三十里，南至宿州界六十五里，北至山東兖州府嶧縣界八十里。東南至鳳陽府靈璧縣界九十里，西南至蕭縣界五十里，東北至嶧縣界一百里，西北至豐縣界一百二十里。春秋宋彭城邑。秦置彭城縣。漢爲楚國。後漢爲彭城國。三國及晉因之。宋爲彭城郡治。後魏、齊、周因之。隋開皇初，郡廢。大業初，復爲彭城郡治。唐爲徐州治。五代、宋、金因之。元至元二年，省彭城縣入州。明曰徐州。本朝雍正十一年，升州爲府，置銅山縣，爲徐州府治。

蕭縣。在府西五十里。東西距七十八里，南北距八十里。東至銅山縣界十八里，西至碭山縣界六十里，南至安徽鳳陽府宿州界四十里，北至沛縣界四十里。東南至鳳陽府靈璧縣界九十里，西南至河南歸德府永城縣界一百里，東北至沛縣治一百里，西北至豐縣治一百五十里。古蕭國。春秋宋邑。秦置蕭縣，屬泗水郡。漢屬沛郡。後漢屬沛國。晉因之。宋爲沛郡治。後魏因之。北齊天保七年，廢郡改縣，曰承高。隋開皇六年，又改曰龍城。十八年，又改曰臨沛。大業初，復曰蕭縣，屬彭城郡。唐屬徐州。五代因之。宋移治，仍屬徐州。元至元二年，併入徐州。十二年復立。明未改。本朝屬徐州府。

碭山縣。在府西北一百六十里。東西距八十里，南北距六十里。東至蕭縣界五十里，西至河南歸德府虞城縣界三十里，南至河南歸德府夏邑縣界二十里，北至豐縣界及山東單縣界四十里。東南至蕭縣界四十五里，西南至河南夏邑縣治七十里，東北至豐縣治七十里，西北至山東兖州府單縣治一百里。戰國楚碭邑及下邑地。秦置碭郡，治碭縣，兼領下邑縣。漢高帝五年，改置梁國，二縣皆屬焉。後漢因之。晉省碭縣屬下邑，後復置。宋屬梁郡。後魏孝昌二年，於下邑城置碭郡，兼置安陽、碭二縣。北齊廢郡，以安陽縣屬彭城郡。隋開皇十八年，改置碭山。大業初，仍屬梁郡。唐屬宋州。光化二年，朱全忠表以縣，置輝州。三年，徙州治單父，以縣屬之。五代唐時屬單州。宋因之。金興定元年，改屬歸德府。五年，屬永州。尋爲水圮，縣廢。元憲宗七年，復置，屬東平路。至元二年，併入單父。三年，復置，屬濟州。八年，屬濟寧路。明洪武初，改屬徐州。本朝屬徐州府。

豐縣。在府西北一百五十里。東西距五十五里，南北距八十里。東至沛縣界十五里，西至山東兖州府單縣界四十里，南至碭山縣界四十里，北至山東濟寧州魚臺縣界四十里。東南至蕭縣界一百四十里，西南至碭山縣界七十里，東北至兖州府滕縣界一百四十里，西北至山東濟寧州金鄉縣界一百里。秦沛縣之豐邑。漢初置縣，屬沛郡。後漢屬沛國。晉因之。宋屬北濟陰郡。泰始時入魏〔二〕，因其舊。正光中入梁，尋復入魏。孝昌二年，於下邑城置碭郡，兼置安陽、碭二縣。北齊改屬永昌郡。隋改屬彭城郡。唐屬徐州。五代、宋、金因之。元憲宗二年，改屬濟州。至元八年，屬濟寧路。至正八年，還屬徐州。明不改。本朝屬徐州府。

沛縣。在府西北一百二十里。東西距八十里，南北距八十里。東至山東兖州府滕縣界四十里，西至豐縣界四十里，南至銅山縣界三十里，北至山東濟寧州魚臺縣界五十里。東南至銅山縣治一百十里，西南至碭山縣界一百十里，東北至滕縣治一百三十里，西北至魚臺縣治一百二十里。春秋時沛邑。秦置沛縣。二世二年，漢高帝起於此，稱沛公。後屬沛郡。後漢屬沛國。晉因之。宋屬沛郡。後魏因之。北齊廢。隋開皇十六年，復置，改屬彭城郡。唐屬徐州。五代、宋因之。金改屬邳州，後屬滕州。元太宗七年，移滕州來治。憲宗二年，州廢，復爲縣。至元二年，省入豐縣。三年，復置。八年，屬濟寧路。十三年，屬濟州。明初還屬徐州。本朝因之。

邳州。在府東北二百里。東西距一百二十里，南北距一百四十里。東至宿遷縣界五十里，西至銅山縣界七十里，南至睢寧縣界九十里，北至山東沂州府沂水縣界五十里。東南至宿遷縣治一百六十里，西南至安徽鳳陽府靈璧縣治二百五十里，東北至沂州府郯城縣治七十里，西北至山東兖州府嶧縣一百十二里。禹貢徐州之域。夏爲邳國。春秋爲薛國地。戰國屬齊。秦置下邳縣。漢屬東海郡。武帝置爲臨淮郡。後漢永平十五年，置下邳國。晉因之。宋爲下邳郡。後魏孝昌元年，置東徐州。梁中大通五年，改下邳曰武州，縣曰歸政。東魏武定八年，復曰東徐州下邳縣。後周改曰邳州。隋開皇初，郡廢。大業初，州廢，以縣屬下邳郡。唐武德四年，復置邳州。貞觀元年，州廢，改屬泗州。元和四年，改屬徐州。五代因之。宋太平興國七年，於縣置淮陽軍，屬京東東路。金貞祐三年，復曰邳州，屬山東西路。元亦曰邳州。至元八年，改屬歸德府。明初，以州治下邳，縣省入，屬鳳陽府。洪武十五年，改屬淮安府。本朝康熙二十九年，遷州治於東北界艾山南，仍屬淮安府。雍正三年，以州直隸江蘇省，領宿遷、睢寧二縣。十一年，升徐州爲府，以州屬之。

宿遷縣。在府東二百三十五里。東西距一百九十里，南北距一百七十里。東至海州沭陽縣界一百二十里，西至睢寧縣界七十里，南至安徽泗州界五十里，北至山東沂州府郯城縣界一百二十里。東南至淮安府桃源縣界四十里，西南至安徽泗州七十里，東北至沭陽縣治七十里，西北至山東郯城縣治一百八十里。春秋時鍾吾子國。秦爲下相縣。漢置厹猶縣，屬臨淮郡。後漢省。晉義熙中，改置宿預縣，屬淮陽郡。宋因之。後魏太和中，置宿預郡，兼置南徐州。景明初，廢爲鎮。梁天監八年，改置東徐州。東魏武定七年，改置東楚州。陳太建七年，改曰安州。周大象二年，改曰泗州。隋開皇初，郡廢。大業初，州廢，改置下邳郡。唐武德四年，復曰泗州。開元二十三年，徙州治臨淮縣，以宿預屬之。寶應元年，避諱改曰宿遷。元和中，改屬徐州。五代因之。宋太平興國七年，屬淮陽軍。金初，屬邳州。元光二年，省入邳州。元至元十二年，復置，屬淮安軍。十五年，還屬邳州。明初，屬淮安府。本朝因之。雍正三年，以縣屬邳州。十一年，改屬徐州府。

睢寧縣。在府東南一百八十里。東西距一百三十里，南北距八十里。東至宿遷縣界四十里，西至安徽鳳陽府靈璧縣界九十里，南至安徽泗州界三十里，北至邳州界五十里。東南至安徽泗州治二百里，西南至靈璧縣治一百二十里，東北至宿遷縣治七十里，西北至銅山縣治一百八十里。漢置睢陵、取慮二縣，俱屬臨淮郡。後漢屬下邳國。晉初因之。元帝時，於睢陵僑置濟陰郡。宋泰始中入魏，郡廢。梁普通五年，取睢陵。大通元年，克臨潼，於取慮城置潼州。武帝末，入東魏。武定五年，以睢陵屬彭城。六年，又於睢州淮陽郡置睢陵。七年，又於東徐州臨清郡置睢陵。後齊并入夏丘，置潼州夏丘郡。後周改爲宋州晉陵縣。隋開皇初廢。十八年，復夏丘縣，屬下邳郡。唐、宋爲宿遷、虹二縣地。金興定二年，分宿遷置睢寧縣，屬泗州。元初廢。至元十二年，復置，屬淮安軍。十五年，屬邳州。明屬淮安府。本朝因之。雍正三年，以縣屬邳州。十一年，改屬徐州府。

形勢

南界大淮，左右清、汴。宋書王元謨傳。汴、泗交流。唐韓愈詩。楚山爲城，泗水爲池。宋蘇軾黄樓詩。

呂梁齬齟，横絶其前。四山連屬，合圍其外。宋蘇轍黄樓賦。東接齊、魯，北屬趙、魏，南通江、淮，西通梁、楚。宋陳師道州學記。山接西南，東趨以及於海。河瀠西北，南注以達於淮。襟帶江、淮，枕聯河、洛。舊志。

風俗

賤商賈，務稼穡。尊儒慕學，得洙泗之俗。隋書地理志。無林澤之饒。言多楚音，樸直舒徐。寰宇記。霸者之餘，以武爲俗。宋陳師道州學記。

城池

徐州府城。周九里有奇，高三丈三尺，廣如之。門四，濠深廣各二丈。明洪武初，因舊址修築。本朝康熙七年修，乾隆二十六年重修，嘉慶十八年加築護城隄。銅山縣附郭。

蕭縣城。周四里。門四，濠深七尺。明萬曆五年築。本朝康熙四年修，嘉慶十二年重修。

碭山縣城。周四里二百四十步有奇。門四，水門二，濠廣五尺。明萬曆二十八年築。本朝康熙三十七年修，乾隆三十八年重修。

豐城縣。周五里有奇，門四。明嘉靖三十年築。本朝順治年間修，乾隆三十八年重修，嘉慶二年加築護城隄。

沛縣城。周五里。門四，濠廣二丈。明嘉靖二十二年築。本朝乾隆三年修，四十六年重修，四十八年因水圮移建戚山，嘉慶五年重修。

邳州城。周五里有奇，高二丈八尺，門四。本朝康熙二十九年築，乾隆五年修，二十六年、嘉慶十五年重修。

宿遷縣城。周四里，高一丈五尺，門四。明正德初築，萬曆中甃甎。本朝乾隆三十三年重修。

睢寧縣城。周三里有奇，高一丈八尺，門四。明嘉靖中築。本朝康熙五十年修，乾隆五十年重修。

學校

徐州府學。在府治東北隅。本朝康熙二十一年遷建。入學額數二十名。

銅山縣學。附府學内。入學額數二十名。

蕭縣學。在縣治西南。明萬曆四十六年遷建，本朝順治、康熙年間屢修。入學額數十六名。

碭山縣學。在縣治東。明萬曆間遷建，本朝康熙六十一年修。入學額數十六名。

豐縣學。在縣治東南。明嘉靖三十九年建，本朝雍正五年修，乾隆二十年重修。入學額數十六名。

沛縣學。在縣治東。金大定間遷建，本朝乾隆十三年修。入學額數十六名。

邳州學。在州治東南。本朝康熙二十九年遷建，乾隆三十年修。入學額數二十五名。

宿遷縣學。在縣治東。明萬曆四年建。入學額數二十名。

睢寧縣學。在縣治東南。明洪武初重建，本朝順治、康熙年間屢修，乾隆二年重修。入學額數二十名。

河清書院。在府城東門，明隆慶三年建。

養正書院。在府治吕梁分司之南，明嘉靖中建。

醴泉書院。在銅山縣，本朝康熙五十八年建。

華山書院。在豐縣，明嘉靖中建。

兩河書院。在沛縣，明隆慶三年建。舊名鎮山書院，本朝順治六年修，易今名。

仰聖書院。在沛縣，明嘉靖中建。

桂林書院。在睢寧縣治，本朝康熙五十七年，知縣劉如晏置義學於城西，監生王訥捐今地，改建書院。按：舊志載彭城書院，在銅山縣西北隅，明嘉靖中副使王梃建；龍峯書院，在碭山縣治，明萬曆初知縣王廷卿建；陵雲書院，在宿遷縣治，明萬曆初知縣喻文偉建。今俱廢，謹附記。

户口

原額人丁二十萬九千五百二十九，今滋生男婦大小共一百八十四萬一百九十四名口。

田賦

田地十一萬八千六百四十二頃二十四畝四分四釐，額徵地丁正、雜銀二十二萬二千八百二十八兩六錢六分二釐，又雜辦銀四百六兩八錢，米麥六萬二千九百一十二石一斗二升七合二勺。

山川

雞鳴山。在銅山縣東二里。一名子房山。其南爲蝦蟆山。蝦蟆東一里爲響山，上多孔穴，每興雲雨，人呼其下輒應，故名。

定國山。在銅山縣東四里。元和志：梁太清元年，遣貞陽侯蕭淵明伐東魏，進攻彭城，營於此。

聖龍山。在銅山縣東八十里。一名勝雲山。上有石孔二，雙井泉出於此。

奎山。在銅山縣東南四里。東枕泗水，西麓有小河曰奎河。

三山。在銅山縣東南十餘里。上有三峯，故名。山腰有洞，又名南洞山。其下爲三山隄。明萬曆四十年，大河嘗決於此。

呂梁山。在銅山縣東南。隋書地理志：彭城有呂梁山。舊志：在州東南五十里，其下即呂梁洪也。

寒山。在銅山縣東南十八里。晉書劉遐傳：建武初，沛人周撫以彭城叛降石勒，遐討撫，戰於寒山，撫敗走。南史梁武帝紀：太清元年，東魏將慕容紹宗大敗蕭淵明於寒山。魏書地形志：彭城有寒山。

雲龍山。在銅山縣南二里，常有雲氣蜿蜒如龍，故名。東巖石峯圍匝，中有大石佛，俗謂之石佛山。唐景福二年，朱全忠子友裕合擊時溥於徐州，兖帥朱瑾赴救，汴軍敗徐、兖兵於石佛山下。寰宇記：有石佛井，在縣南四里石佛山頂，時有雲氣出其中。舊志：有飲鶴泉，其陰爲黃茅岡。宋蘇軾有詩。本朝乾隆二十二年、二十七年、三十年、四十九年，高宗純皇帝南巡，有御製遊雲龍山咏古詩、黃茅岡詩。

黃山。在銅山縣南二十里。每歲此山之麥先黃，土人稱爲黃焦山。魏書地形志：彭城有黃山。隋書地理志：留有黃山。

徐山。有二。一在銅山縣南七十里。隋書地理志：彭城有徐山。一在邳州西南。博物志：在武原縣東十里。隋書地理志：下沛郡良城有徐山。元和志：徐偃王北走彭城武原東山之下，百姓歸之，號曰徐山。

太山。在銅山縣南雲龍山之東，奎山之西，視諸山爲大。兩峯峙立，中闢一逕，爲南北孔道。迤東爲馬跑山。

任山。在銅山縣西南三十里。自安徽宿州至府，必渡睢水，踰任山，爲往來通道。唐時有任山館，咸通九年，龐勛由此陷徐州。又勛迎敕使，自任山至子城三十里，大陳甲兵，號令金鼓，響震山谷。

同孝山。在銅山縣西二十五里。一名楚王山。水經注：獲水逕同孝山北，其陰有楚元王冢。明一統志：楚王山，在州西二十里，下有楚元王墓，故名。

大彭山。在銅山縣西三十里。相傳大彭氏始封於此，今左右猶稱大彭村。

孤山。在銅山縣西北。魏書地形志：彭城有孤山。明一統志：在州西北十五里。旁無峯巒，故名。

九里山。在銅山縣北五里。魏書地形志：彭城有九里山。寰宇記：其山有穴，通琅邪、王屋，俗呼黃池穴。亦名九嶷山。明一統志：九嶷山，在州北九里。舊志：自西而東，綿亘五里。東有寶峯山，西有團山。又一峯形如伏象，俗稱象山。

境山。在銅山縣北四十里。相傳徐州之封境盡於此，故名。舊志：西臨泗水，相連梁山，漕河所經。今有梁境閘。

赭土山。在銅山縣北。寰宇記：在縣北三十五里。禹貢徐州貢五色土，出此。

彭城山。在銅山縣東北三里。寰宇記：在縣東北六十里。上有黄石公廟。明一統志：在州東北三十里。

桓山。在銅山縣東北二十七里。亦名魋山。下有桓魋墓。

荆山。在銅山縣東北六十里。宋蘇軾守郡時，有言其下可溝畎積水，因往相度，以山多亂石，不果。

銅山。在銅山縣東北八十里，與利國驛連境。舊常産銅，故名。相傳古彭城廢縣在其下。

盤馬山。在銅山縣東北九十里。相傳漢高祖嘗盤馬於此。其山産鐵，漢時鐵官、唐時鐵冶、宋時利國監，皆置於其下。其陽有運鐵河，元人建利國監橋於其上。

䶂山。在銅山縣東北。魏書地形志：彭城有䶂山。舊志：在州東北三十餘里。有石洞深晦莫測，俗稱仙人洞。

茱萸山。在銅山縣東北。魏書地形志：吕縣有茱萸山。寰宇記：在縣東北八十五里，俗謂之採藥山，産茱萸、麥門冬。本草：山茱萸，出東海承縣。

霧豬山。在蕭縣東五十里。有霧豬泉，淵匯數畝，東南流至桃山。宋蘇軾有祈雨雪詩云：「豈知泉下有豬龍，卧枕雷車踏陰軸。」

天門山。在蕭縣東南三十六里，兩山壁立如門。中有益泉，林木蓊蔚。

龍岡山。在蕭縣東南三十八里，綿亘數里。其南深谷中有果老洞。又南二里曰龍駒嘴，衆山環繞，中闢一路。過數嶺有雙龍泉，止隔片石，左甘右苦，冬夏不竭。

白米山。在蕭縣東南四十六里，北去龍駒嘴六里，有白米泉。

丁公山。在蕭縣南十五里。元和志：在縣東南二十里，丁公追漢高祖處。又縣南二十里有浮綏山。

永固山。在蕭縣南四十里。下有永固泉，俗曰海眼。

昇高山。在蕭縣西南十二里。一名勝高山。其陰有黑塢，可三畝餘，夏秋積雨，其水染人衣，即成黑色。

相山。在蕭縣西南六十里，接安徽宿州界。魏書地形志及隋書地理志俱云蕭有相山。

箕谷山。在蕭縣西舊城南。水經注：縣南對山，世謂之南山。戴延之謂之同孝山。劉澄之云：縣南有冒山，山有箕谷，谷水北流注獲。縣志：在縣西南十里，翹峙衆中。山麓有石，嵌空玲瓏，約畧太湖石。

香山。在蕭縣西三里。

聖泉山。在蕭縣西北二里。一名泉水山。上有聖泉，半麓有書聲洞，西有桃花洞。

名山。在蕭縣西北。明一統志：在縣西南五里。相近又有大山。

三仙臺山。在蕭縣北半里，聖泉山北一里餘。下有白茅岡、古巖泉。

三台山。在蕭縣北。東有篩珠泉，西有鳳眼泉。

綏輿山。在蕭縣東北。宋書劉延孫傳：劉氏居彭城縣者凡三里。帝室居綏輿里。劉懷肅居安上里。劉懷武居叢亭里。元和志：在縣東二十五里，蓋因里以名山也。金史地理志：蕭有綏輿山。

碭山。在碭山縣東南，接永城縣界。漢高祖微時，嘗隱芒碭山澤間，即此。漢書地理志：碭縣有碭山，出文石。應劭曰：碭山在碭縣東。寰宇記：在河南歸德府永城縣北五十里，北去芒山八里。縣志：在虞山西南十里。有紫氣巖，即漢高祖避難處。

水經注云：山澤深固，多神智，古仙人涓子、主柱皆隱居之。東有戲山，西南有狼牙山，南有鐵角山，又南爲保安山，保安西爲平頂山，皆芒碭之支也。

虞山。在碭山縣東南五十里。一名魚山。接河南永城縣界。

安山。在碭山縣南。水經注：碭北山也。

白駒山。在豐縣西南。縣志：山在縣東南十五里。相傳漢高祖大會父老於此，歌白駒以留賓，故名。明成化間，猶高三丈餘。嘉靖末，屢經黄水沙壅，其迹漸平。

華山。在豐縣東南三十里。一名東華山，亦名小華山。周十餘里，有三峯，其巔石皆方平。稍西削壁千仞。又西爲華陽洞，深杳莫測。洞西口有石室，可坐數人。中峯突起，有自然石級，可以登躡。一名嵐山。其陽又有洞五，曰會景、虚白、碧寒、太元、太乙，皆極幽勝。後峯亦名墮山。

微山。在沛縣東南三里。魏書地形志：留有微山。元和志：在縣東南六十五里。

七山。在沛縣西南三十里。亦名戚山，縣之鎮山也。其東又有青龍柱籍山，高僅尋丈。有馬飲池，相傳酇侯牧馬處。

葛嶧山。在邳州南八十里。亦名嶧陽山。俗名距山，以其與山東沂水相距也。尚書禹貢：嶧陽孤桐。漢書地理志：東海郡下邳有葛嶧山，在西，古文以爲嶧陽。元和志：在州西六里。

羊山。在邳州南九十里。南臨黄河，接睢寧縣界。上有五層石臺。

顯陽山。在邳州西北十八里。高聳朝陽，故名。

黄石山。在邳州西北二十二里。上有黄石公廟。

勝陽山。在邳州西北二十五里。高聳秀麗，勝於顯陽，故名。

艾山。在邳州北五里。以産艾故名。元魏時艾山縣蓋置於此。

馬陵山。在宿遷縣治北二里。縣城枕其上。

三台山。在宿遷縣北二十里。三峯突聳，勢若連珠，爲縣主山。

峒峿山。在宿遷縣北七十里。一名司吾山，又名司鎮山，俗譌爲峒峿山。漢置司吾縣，以此山名。水經注：沭水南暨於堰，西南流逕司吾山東，又逕司吾縣故城西。寰宇記：在縣西北七十里司吾故鄉。明一統志：在縣北七十里，上有石洞，洞口鑿石爲螭，水自螭口噴出，四時不涸。宋紹興末，首領張榮屯此山，以拒金人。縣志：高百丈許，周十五里。本朝乾隆十六年，高宗純皇帝南巡，有御製峒峿山詩。其南爲五華峯，又南爲斗山。

塔山。在宿遷縣北九十里，周十餘里。上有土城，相傳五代時郭彥威屯兵於此。

九頂山。在睢寧縣西五十里，周六十里。有九峯環抱，中可伏萬人，怪石嶙峋，深澗陡峻。其支爲馬兒山，上有仙洞石泉。

仙掌山。在睢寧縣西六十里。上有掌痕，偶然遇之則見，故名。

大湖山。在睢寧縣西南三十二里。稍東爲小湖山。

張龍山。在睢寧縣西北七十里。下有石穴，後有小山曰綿山。

槖駝峴。在銅山縣北。梁蕭淵明攻彭城，軍於寒山。東魏將慕容紹宗馳救，至槖駝峴，遂至城下，大敗淵明之師是也。

黄桑峪。在蕭縣東南，與龍駒嘴連。相傳漢高祖曾藏於此，亦名皇藏峪。中有秦王洞，拔劍泉出此。拔劍之北，又有五眼泉，由五石竇中出，潺湲湧沸，遠引上盆諸谷，流徑石溝。

葛墟嶺。在沛縣東南九十里，南去徐州洪九十里。南北通衢。

黄河。自河南虞城縣流入，逕碭山縣北豐縣南。又東逕蕭縣北，又東南至銅山縣東北，又東逕邳州南、睢寧縣北，又東逕宿遷縣南，東南流入淮安府桃源縣界。自府城以北，本汴水故道，其南即泗水故道。明時大河南徙，遂占爲經流。舊志：舊從城東北隅小浮橋合運河。明嘉靖八年，河決州北大溜溝。三十八年，河由秦溝衝茶城，接於閘河，自是遂徙而北，小浮橋道漸淤。萬曆五年，始復故道。蕭縣志：舊河自虞城達縣北冀門集，出徐州小浮橋，所謂賈魯故河也。嘉靖二十七年，河決秦溝，自新挑溝至朱珊渡一帶俱淤。四十四年，大河淤塞，自趙家圈泛溢而北，入豐、沛二縣。萬曆五年，河復南衜縣界。三十四年，河臣李化龍濬舊河自碭山縣朱旺口東至小浮橋，由是河歸故道。碭山縣志：舊在縣南三十里，即元賈魯所開。由虞城夏邑縣流入，經縣狐父聚，達杼秋城。又東出徐州小浮橋入泗。明嘉靖三十八年，改由縣北二十里戎家口出徐州茶城入漕河。萬曆三十一年，河決朱旺口，復經縣南。三十四年，河歸故道。河渠考：初大河自碭、豐東入蕭縣界，沛去河遠，雖有時衝決，而非經流之所。正德四年，河決曹縣，直達豐、沛，既又決沛縣南飛雲橋入運河。自橋以北，皆成巨浸。嘉靖七年，河決而南，東溢逾漕河，入昭陽湖。縣西北廟道口，淤三十餘里。八年，飛雲橋水北徙魚臺縣之谷亭，舟行閘面。九年，沛縣北境之水決魚臺塌場口，衝谷亭。十三年，河決趙皮寨，於是谷亭流絶，而廟道口復淤。三十七年，歸德新集口淤，大河散溢，支流衝入飛龍橋。四十四年，大河淤塞，自蕭縣趙家圈泛溢而北，至豐縣南堂林集分爲二股。南繞沛縣戚山南二里，徑楊家集入秦溝。北自豐縣華山東，徑縣西南馬村集，亦入秦溝。又自華山東北分流，出飛雲橋，散爲十三道，縱横至湖陵城口，入漕河。又逾漕河漫入昭陽湖，浩渺無際，而河變極矣。明年，河復決沛縣二、三等鋪，衝入運河，亦由湖陵城口入湖陂。是時河臣朱衡、潘季馴方改濬新河，既而縣東南馬家橋隄成，障水南趨，横流復定。萬曆五年，河復南徙入蕭縣，而沛縣始無河患。邳州志：舊繞半弋山北，明崇禎末，改流羊山之南，去州二里。本朝康熙七年，河溢城没，自此積爲巨浸。二十八年，聖祖仁皇帝南巡，發帑金四萬三千兩，改建州城於艾山。黄河在舊城南，自彭城歷吕梁，由睢寧界至五工頭迤東，始入邳境。流四十里接阜河，抵宿遷縣界。大清會典：黄河歷徐、邳，達清口，匯淮。康熙七年，董口淤，由是運道改由駱馬湖。八年，決蔡家樓。九年，大修黄河隄岸。十六年，大修河道，築兩岸遥隄，又於碭山、宿遷、桃源建減水壩十三座。十八年，楊家莊隄決，大溜北瀉駱馬湖。乃挑皁河，接温家溝，於湖口建雙金門閘一座。自温家溝至徐塘口，兩岸築長隄二萬六千丈，東隄建減水石涵洞十座。二十年，劉家莊、猫兒窩等處漫決，皁河淤墊，隨挑濬猫兒窩以西，至唐宋山，另築高隄三千餘丈，將涵洞改建減水壩二座。二十一年，各工告成。二十六年，築宿、桃、清、山、安五縣北岸遥隄，及宿、桃、清三縣護城隄。三十五年，張家莊決，旋塞。三十八年，睢寧王家堂漫溢，旋即修築。三十九年，大修黄河隄岸，凡黄河灣曲處，開引河使直行。四十四年，決韓家莊，旋塞。雍正四年，睢寧縣海口決，於上流斜築挑水壩一座，對岸挑引河一道，俾流歸入正河。乾隆三年，大修河道，開濬峯山四閘，王家山天然閘下引河道，以資分洩。並於王家山以上增設通判一員，分管豐、蕭、碭三縣河務。四年，疏毛城鋪下游河道，並於上游臨黄支河各築横壩。八年，於石林口迤下順河集北岸河身灣曲處，開引河，使直行。二十一年、二十二年，挑茶城以下各支河，又築王家堂汛月隄二百丈。二十三年，修築毛城鋪碎石壩五十丈。二十四年，挑浚銅、沛、豐、碭四邑黄河淤塞，又於北岸無隄處各支河加築石壩。二十六年，自大谷山至蘇家山止，增建滚水石壩一座。三十三年、三十四年，創築銅、沛、蕭、睢四縣各汛月隄。三十七年，修築峯山閘河東岸子堰三千五百十四丈。四十年，又築西岸子堰一千二百五十二丈。靳輔治河書：徐州南岸險工三，曰郭家嘴，在城西南護城隄盡處；曰楊家窪，在長樊大壩南；曰小莊，在楊家窪東。其北岸險工，曰長樊大壩。邳州之境，盡於北岸，險工曰塘浅大壩；曰羊山寺；曰董家堂，去舊城南岸里許；曰五工頭，在舊治東南。睢寧之境，盡於南岸，險工三，曰王家堂，曰戴家樓，曰羊山寺。河自鯉魚山、峯山兩岸中建瓴而下，南北衝突，三處皆頂衝也。宿遷南岸險工四，曰蔡家樓，曰徐家灣，曰彭家堡，曰白洋河草壩。北岸險工三，曰朱家堂，曰楊家莊大壩，並逼水壩；曰古城。諸險之中，朱家堂逼近運河，尤爲險要。河防志：徐州黄河南岸，上自河南虞城縣界，下至安徽靈璧縣界，計程二百六十里。北岸上自山東單縣界，下至邳州界，計程二百七十二里。其汛六：在南岸曰碭山縣汛，蕭縣汛，徐州郭工汛，徐州小店汛。在北岸曰豐碭汛，徐州大壩汛。邳州黄河北岸，上自徐州交界起，下至宿遷縣交界直河口止，計八十二里。睢寧縣黄河南岸，上自安徽靈璧縣交界衛工頭起，下至宿遷縣交界古隄頭止，計一百里。其汛二：曰睢寧縣汛，邳州汛。宿遷縣黄河南岸，上自睢寧縣交界古隄頭起，下至淮安府桃源縣交界白洋湖鈔關口止，計六十三里。北岸自邳州交界起，至張莊運口止，又自吳家墩起，至桃源縣交界止，共七十八里。其汛四：南岸曰蔡家樓汛、陳家道口汛，北岸曰攔黃壩汛、大古城汛。

運河。自宿遷縣西北張家運口接中河水，北經窑灣口入邳，經邳州西至黄林莊入山東嶧縣界。自州南直河口起，上至山東夏鎮者，即泇河，古相水也。明萬曆中，河臣李化龍所開。自直河口南至宿遷縣西北駱馬湖口與中河合者，即皁河，今所稱新河也。本朝康熙十九年，河臣靳輔所開。水經注：沭水東南歷相口。偪陽縣西北有相水溝，去偪陽八十里，東南流逕傅陽故城東北，古偪陽國也。又東南亂於沂而注於沭，謂之相口。齊乘：武河上流有故渠，俗名文河，即古相水。土人云濬此渠六十里，使之通沛，可避吕梁、徐洪之險，徑達新濟。明河渠考：泇河二源，一出費縣南山谷中，循州西南流，一出嶧縣君山東南，與費、泇合，謂之東、西二泇河。南會彭河水，入邳州境，合蛤鰻、連汪諸湖，東會沂水，從周湖、柳湖接州東直河，東南達宿遷之黄墩湖、駱馬湖，從董、陳二溝入黄河。隨地開闢，或因渠而濬，或就陸而穿，塹山劙石，引泗合沂，濟運道以避黄河之險。靳輔治河書：明萬曆三十一年開泇河，自夏鎮達於直河口，漕運利之。後直河口壅，改行董口，董口復淤，遂取道駱馬湖。由湖西北行四十里，始得溝河。又二十餘里，至窑灣口接泇。夏秋水發，縴纜無所施。冬春水涸，淺處不流，每重運入口，役夫數萬撈濬，宿邑騷然苦之。按宿邑西北四十里皁河集，其地有河形一道，濬而通之，可以上接泇河之委，下達於黄。但南患黄河之逼，北慮山左諸山之水，不有隄防，難以行運。乃即取水中土築隄，南起皁河口，北達温家溝，挑濬共二千四百丈，兩岸築隄四千八百丈。凡邳、宿舊河旁洩決口三十餘處，盡行築塞，又自温溝歷窑灣至邳境猫兒窩，兩岸築隄二萬七千丈。又猫兒窩一帶，爲徐、兖諸水所注，恐水盛傷隄，建減水壩三座以洩之。皁河下口，直截黄河，伏秋暴漲，不無内灌之虞。迤東二十餘里張家莊，其地形卑於皁河口二尺餘，與黄水相準。乃復挑支河，自皁河歷龍岡達張家莊出口，以皁河地高之水，下注二十餘里地卑之張莊口，迅流足以敵黄。由是運河常通，永無淤塞之慮。又張莊運口，爲皁河尾閭，東通駱馬湖甚近。今既開中河接皁河，此口若不堵塞，則皁河水與湖水必半從此入黄，中河之水必弱，春初重運難行。閉之則夏秋水發，又恐内漲傷隄。應將張莊口閉塞，於其東建分水閘二座以減之。猶恐霪潦漫溢，宣洩不及，當再建一平水大壩，策方萬全也。河防志：泇河跨山東、江南二省，長二百六十里。在沛、滕、嶧三縣，長一百六十里，其一百里在邳州界。邳州運河，上自山東嶧縣界黄林莊，下至宿遷縣界窑灣口，計一百二十里。宿遷運河，上自窑灣口，至張莊運口接中河〔三〕，計四十七里。本朝康熙二十六年開中河，運艘由中河入新河，張莊運口不復通黄河。按有明泇河之議，始於隆慶四年翁大立，中間舒應龍、劉東星等雖經開鑿，屢阻異議。至萬曆三十二年，李化龍始成之，迄今利賴。然當時自董陳口出黄河至清口，一百八十里洪流之險，未暇計及也。我聖祖仁皇帝親臨閲視，洞悉機宜，皁河既濬之後，特命河臣創開中河，上接泇河，下達清口。自此運道安行，永無險阻。高宗純皇帝五次南巡，指示方畧。運河無源，凡治淮治黄，皆所以治運。成功之速，規模之善，遠超前代矣。

舊漕河。自山東魚臺縣入，逕沛縣北，又逕縣東南入府界，循城而東。又東南入邳州境，又東至宿遷縣西南，歷桃源清河匯於淮，即泗水故道，亦曰清河，又名泉河。金元時黄河自徐州城北合泗，又東奪泗水之流，而泗皆爲河。明時爲運道所經，其在沛縣界者，隆慶、萬曆中别開新河，名夏鎮河。水經注：泗水經湖陸縣城南，左會南梁水。又南，漷水注之。又南過沛縣東，黄水注之。又南逕小沛縣東。又南東流，逕廣戚縣城南。又逕留縣南垞城東。又南逕彭城縣東。又逕龔勝墓南。又逕亞夫冢東。又東南過吕縣南。又東南流，丁溪水注之，歷下邳縣，逕葛嶧山東。又東南逕下邳縣故城西，東南流，沂水注焉，又有武原水注之。又東南逕下相縣故城東。又東南得睢水口。又逕宿預城之西，又逕其城南，又東逕陵栅南，又東南逕睢陽城北。元和志：泗水在彭城縣東，去縣十步。沛縣泗水西北流入，東去縣五十步。下邳縣泗水西自彭城縣界流入。漕河考：漕河舊道，自安徽靈璧縣之雙溝，又西北五里爲徐州之栲栳灣。又西北二十五里至吕梁洪，出州城東北大浮橋。又西北至茶城，舊爲北接閘河口。又北至留城，入沛縣界。又西北至金溝閘，昭陽湖及沙、薛諸水皆入於此。又十里至沛縣。又西北三十里曰廟道口閘。又十八里曰湖陵城閘，入山東魚臺縣界。此明初漕河舊道也。又有新河，西去舊河四十里。明嘉靖四十四年，黄河横決，運道大阻。工部尚書朱衡開新河，自留城北至南陽閘，凡百四十一里有奇。又濬舊河，自留城至境山之南，凡五十三里有奇。凡新河之爲閘九，減水閘二十，壩二十有三，薛河口石壩一，南陽湖口隄三十餘里。又開支河八，旱則資以濟漕，澇則洩之昭陽，而運道盡通，所謂夏鎮河也。

萬曆九年，中河郎中陳瑛以茶城口逼近黄河，因移河口於茶城東八里，創建古洪、内華二閘。十六年，科臣常居敬復於古洪閘東南二里餘，增築鎮口閘。十七年，河臣潘季馴又於塔山牛角灣，增築隄壩以衛之，黄河始無從逸入。三十三年，泇河成，漕道由直河西北至夏鎮始合於正河，不復由徐、沛東。

房亭河。在銅山縣東，洩河北諸山泉積潦。分二支：一通吴家窰荆山河口，一由王家林東西灘過賀家口入邳州境，歸猫兒窩濟漕。本朝乾隆二十三年濬。

運鐵河。在銅山縣東九十里。宋置利國監鐵冶，鑿河以通舟楫，久淤。明嘉靖二十年，因運河涸，復濬，通於新挑溝，又西南合境山溝。舊志：新挑溝，在州東北八十里。

奎河。在銅山縣東南奎山西麓。明萬曆間，副使陳文燧所濬，以瀉城中之水，南入宿州境。本朝乾隆二十三年重濬。

濁河。在銅山縣西北二十里。舊止有小水入泗。明嘉靖末，河流出此入茶城，時謂之中路。隆慶中淤。

茶城河。在銅山縣北。一作垞城，爲運道所經。明嘉靖末，黄河北徙，城爲漕黄交會之衝道。本朝乾隆二十一年挑濬，二十五年、二十九年屢濬。

留城小河。在銅山縣北。源出山東滕縣黄溝泉及微山、三家等泉，西流八十里，至留城鎮北東岸入漕河。

荆山口河。在銅山縣北二十里。廣數百丈，有長橋跨其上。上流與微山、昭陽相通，下合諸山溪、房亭河，流邳境入漕河。本朝康熙中屢濬，乾隆二十三年重濬，二十九年又濬。

西流河。在蕭縣南二十里。上承浮綏湖諸水，入縣西南，趨舊城南，會於兩河口，入黄河。水經注：蕭縣南山有箕谷，谷水北流注獲，世謂之西流水。言上承梧桐陂，陂水西流，因以爲名也。

夾河。在碭山縣西南五十里，大河支分處也。亦名澧河〔四〕。縣志：元末，劉福通等自碭山夾河迎韓林兒爲帝。

段莊河。在碭山縣西北四十里，即大河支流也。自河南虞城縣流入，經碭山縣西回岡集。明嘉靖二十四年沙淤，陂水漫流，至縣東北十五里，匯流成河。又東三十里，合桑葉河，經蕭縣境北流入府境，合大河。其桑葉河，在縣東二十五里。

華家坡河〔五〕。在豐縣西南二十里。源出碭山，自費家樓西入豐縣界，二十里歸清水河。本朝乾隆二十三年濬。

順隄河。在豐縣境。源出山東單縣，下由沛境四十里歸昭陽湖。本朝乾隆二十三年濬。

鴻溝河。在沛縣東十五里新河西、昭陽湖東，舊引沙、薛二水從此入舊河。舊河廢，而此溝亦淤其半。本朝乾隆十一年，疏濬深通，引水濟運，並溉民田，滕、沛間利之。

泡河。在沛縣南。自山東單縣流逕豐縣北，又東逕沛縣界，循城東南，至泗亭驛而合於泗。亦名包水。漢書地理志：平樂縣有泡水，東北至沛入泗。水經注：黄水自豐縣與泡水合。自下通謂之泡水，舊有梁，謂之泡橋。

沙河。在沛縣東北，亦名南沙河。自山東滕縣流入，至縣東北五十里與漷水、薛水合，曰三河口。又逕鴻溝入泗。明嘉靖中新開河後，以是河流沙梗漕，乃築三壩遏之，西注尹、滿二湖。

沂河。在邳州東。自山東沂州府南流入境，至州東分爲二支，西南流入運河，其正流南入駱馬湖。漢書地理志：蓋縣沂水，南至下邳入泗。水經注：沂水，自郯縣西經良成縣西，又南至下邳縣北，西流分爲二水。一水於城北西南入泗。一水經城東屈從縣南，亦注泗，謂之小沂水。本朝乾隆八年濬，又修沂河兩岸長隄。三十二年，又修馮家等莊隄工。

曲吕河。在邳州東二十里。源自壩頭，南流合直河入泗。又洪河，在州東南三十里，本朝乾隆二十三年濬。

直河。在邳州南百十里，即古沭水也。自山東郯城縣南流入，至宿遷縣司吾山東南流入海州沭陽縣界。漢書地理志：東莞術水，南至下邳入泗。水經注：沭水舊瀆，逕東海厚丘西南出，左會新渠，南入宿預縣注泗水。舊志：在州東四十里。山東蒙、沂諸山之水，匯爲沭瀴河，分派而南，至州東南六十里入於泗，謂之直河口。明萬曆十五年，濁流倒灌，河口遂塞，諸山水俱由駱馬湖出大河。二十九年，分黄開泇之議定，運艘皆由直河達於泇河，而南口遂淤。

武河。在邳州南。自山東嶧縣流入，即古治水也。由米湯湖會沂水，經艾山，繞城西南入運河。本朝乾隆二十二年濬。又南

漢志：南武陽縣治水，南至下邳入泗。水經注：武原水，出彭城武原縣西北，會注陂南，逕其城西，又南合武水，謂之泇水。又南

至剛亭城，又南逕下邳入泗，謂之武原水口。

泇河。在邳州西北。自山東嶧縣流入。齊乘：有東、西二泇河，至三合村合流，南貫四湖，又南合武河入於泗，謂之泇口，

淮、泗舟楫通焉。舊志：西泇河在州西北一百五十里。源出嶧縣抱犢堌，流至州北一百里爲營河，一名蒲亭河。又有城子河，在

州北五十里，源出沂州蘆塘湖，流經營河入武河。今皆入運河。按：明隆慶中，翁大立首議開泇河，朱衡、傅希摯復言之，遣官

行視，迄無成畫。至萬曆間，徐、邳淤淺，張養志謂宜並修泇河，劉東星乃力任其役。後李化龍循其遺迹，與李三才共成之，爲永

利焉。

艾山河。即柴溝河，在邳州北。自山東蘭山縣芙蓉河分流而南，至州境高家社，西繞艾山，從城西入武河。本朝乾隆二

十二年濬。

燕子河。在邳州東北。源出山東蘭山縣，屈從郯城縣西入州境高家社，由米灘湖南至湯家樓入武河。本朝乾隆二十二

年濬。

彭家河。即黄墩河，在邳州運河西南。自微山湖下游，從荆山口至全河汴塘入州境遵教社，分城子河，歸沙溝湖，東流至

新河口入運河。本朝乾隆二十二年濬。

白洋河。在宿遷縣東南三十五里。自安徽泗州流入，即北潼水之下流也。舊爲巨浸，望之如洋，故名。本朝順治年間黄

河水決，河口遂淤。今下流别開引河。

皁河。在宿遷縣西北四十里。源出港頭社，南流入河。以土色黑，故名。本朝康熙十九年駱馬湖淤，嘗開此以通漕。乾隆二十九年濬。

潼河。在睢寧縣東南。自安徽泗州流入。水經注：潼陂水，自潼縣東北流逕睢陵縣，下會睢水。舊志：潼河湖，在縣東南四十里。本朝乾隆二十四年濬。

百步洪。在銅山縣東南二里。亦名徐州洪，泗水所經也。明會典：徐州洪亂石峭立，凡百餘步，故又名百步洪。成化間，命管洪主事郭昇鑿石以利舟楫，又甃石路以利牽挽。舊志：水中若有限石，懸流迅急，亂石激濤，凡數里始静。形如川字，中分三道：中曰中洪；西曰外洪；東曰月洪，亦曰裏洪。

吕梁洪。在銅山縣東南五十里。有上、下二洪，相去凡七里。巨石齒列，波流洶湧。列子稱「孔子觀於吕梁，懸水三千仞，流沫四十里」，即此。晉太元九年，謝幼度平兖州，患水道險澀，糧運艱阻，用督護聞人奭謀，堰吕梁水，樹柵，立七埭爲派，擁二岸之流，以利漕運。公私稱便。遂進伐青州，謂之青州派。水經注：泗水過吕縣南，水上有石梁，謂之吕梁。宋元祐四年，京東轉運司言清河與江浙、淮南諸路相通，因吕梁、百步兩洪，湍淺險惡，商賈不行，乞度地勢穿鑿，開修月河石隄，上下置閘，以時開閉，通放舟船，實爲長利。從之。明嘉靖二十三年，管洪主事陳洪範，鑿吕梁洪平之，運道益便。舊有上、平二閘，今廢。

青冢湖。在銅山縣東南七十餘里。其東又有成山湖，二湖相通，凡四十餘里。下流入邳州沂河，又雁麥湖、張塘湖、馬溝陂，俱在城西南四十里，接蕭縣界。冬春則涸爲平原；夏秋霖潦，匯爲巨浸。

汴塘湖。在銅山縣東北一百里。南流入邳州境，匯於武河。

姬村湖。在蕭縣東十五里。又東曰姬村泊。明萬曆中，議引運艘自安徽靈壁雙溝，由睢水歷永固、姬村諸湖，至徐州九里溝，出小浮橋。即此。

浮綏湖。在蕭縣南二十里浮綏山東。又南爲永固湖，在永固山下。又南爲梧桐湖，即古梧桐陂也。稍西南爲時村湖。又南爲土形湖。其水皆南合於睢。又有青莊湖，在縣西南羅里山東。

小神湖。在碭山縣東南，近小神集。本朝康熙十七年，河臣靳輔於毛城鋪建減水閘壩，減黄河漲水入此湖，下達睢河及蕭縣永固、姬村等湖，至宿遷歸仁隄入洪澤湖。乾隆八年重濬。

吕孟湖。在沛縣東南四十里。相接又有張莊、微山、赤山諸湖。與昭陽湖並爲瀦水濟漕之處。

昭陽湖。在沛縣東北八里。即三陽湖，俗名刁陽湖。山東鄒、滕二縣之水俱匯於此，周二十九里有奇。下流與薛水合，以達於泗。明永樂中，於湖口建石閘，以時蓄洩，爲漕渠之利。嘉靖四十四年，改濬運渠，出湖之東，而湖遂爲河流散溢處。

倉基湖。在宿遷縣東南三十里。周四十五里。舊爲石崇積貯之所，有閘曰石崇閘。其水導流爲崇河，接淮安府桃源縣界。

白鹿湖。在宿遷縣西南五十里。由小河入泗。

駱馬湖。在宿遷縣西北十里。本窪田也，明季漫溢成湖，長六十里，周一百五十餘里。受山左諸山之水，由董家、陳窑二溝以入運河。本朝康熙七年董口淤，漕艘取道於湖。十八年，黄河北決，湖漸淤。河臣靳輔於湖西阜河口别開新河，至張莊口行運，湖遂廢。二十六年，又於湖口開中河，接新河，歷宿、桃、安、清諸縣，引湖水注之，以洩上源諸湖漲水，且便行運。二十八年，於湖口建竹絡石壩，長五十五丈，以防異漲。雍正四年，以湖水横衝運道，於運河北岸築壩斷流。乾隆十六年、四十九年，高宗純皇帝南巡，並有御製駱馬湖詩。二十二年，挑濬淤塞。二十七年，又濬。三十年，創築攔湖隄一百五十丈。又丁家湖、雷家湖、張皮湖、巴頭湖、諸葛湖、白湖、童溝湖，皆在縣西北百里之内。

合湖。在睢寧縣西北七十里。縣志：合沂水南入黄河，故名。以近葛嶧山，又名葛河。又蔡上湖、白塘湖、隱慝湖，皆在縣西北。

楓山湖。在睢寧縣東北三十里，一名峯山湖，又名陶河湖。周十二里。

劉老澗。在宿遷縣東南四十里。洩運河水，由六塘河達鹽河歸海。本朝乾隆八年，創築撐隄七十五丈有奇。

白瀆水。在蕭縣西南。水經注：上承梧桐陂，陂側有梧桐山。陂水西南流，逕相城東而南注於睢。睢盛則北流入於陂，陂溢則西北注於睢，出入迴環，更相通注。

古汴水。一名獲水。自碭山縣入，經蕭縣東北，又東北經銅山縣東北。漢書地理志：梁國蒙獲水，首受甾獲渠，東北至彭城入泗。水經注：汴水下流爲獲水，自河南虞城縣黄水口東南，逕夏邑縣故城北，又東穀水注之。又東歷藍田鄉郭，又東逕杼秋縣故城内，又東合洪溝水，又東蕭縣箕谷水注之。又東歷龍城，又東逕同孝山北，又東净溝水注之。又東逕彌黎城北，於彭城西南迴而北流，轉逕城北而東注泗水。寰宇記：在蕭縣十步。舊志：舊有河南永城縣流入州界，逕碭山、蕭縣至州城東北入泗。唐宋以來，汴渠多自夏邑、永城達宿州界，又東至泗州入淮，而入泗之流甚少。其後大河決嚙，遂奪汴渠故道爲經流矣。

古睢水。自河南永城縣流入。經碭山縣南，又東南入安徽宿州界，又自安徽靈璧縣流經睢寧縣北，又東至宿遷縣南入泗。水經注：睢水，出蒗蕩渠，東北流逕睢陽、穀熟、栗縣、太丘，又東逕芒縣故城北，與碭縣分水。又東逕相縣故城南，又左合白瀆水，東逕彭城郡之靈壁東，東南流逕竹縣故城，又東與澤湖水合，八丈溝水注之。又東逕符離縣故城北，東逕臨淮郡之取慮故城北，又東合烏慈水。又東逕睢陵縣故城北，又東與潼水故瀆會。又東南逕下相縣故城南，東南流入於泗，謂之睢口。元和志：去下邳縣六十里。舊志：在碭山縣南五十里。至縣東南有徐溪口。明嘉靖中，自徐溪口至永城皆成平陸。其在睢寧、宿遷者，明時謂之小河，睢口謂之小河口。

古碭水。在碭山縣南，亦名穀水。水經注：穀水上承碭陂，陂中有香城諸陂，散流爲零水、瀤水、清水，積而成潭，謂之碭水。趙人琴高浮游碭郡間，後入碭水取龍子乘赤鯉出，即此。其水東逕安山北，又東北注於獲水。寰宇記謂之香城水，久堙。

泗水。自山東魚臺縣流入。逕沛縣城北，又逕縣東南至銅山縣東北，循城而東，又東南入邳州界。周顯王時，九鼎淪没泗淵。秦始皇二十八年至彭城，欲出周鼎泗水，使千人没水求之不獲。後漢桓帝永興二年，彭城泗水增長逆流。梁普通八年，成景儁攻魏彭城，堰泗水灌城。水經注：泗水又屈東南至湖陸縣南，左會南梁水，又南漷水注之。又逕薛之上邳城〔六〕，又東過沛縣東，黄水注之，右合泡水，左合灃水。又南逕小沛縣東，又東南流逕廣戚縣故城南，又逕留縣，又南逕垞城東，又南逕桓魋冢西，又東南過彭城縣東北，獲水入焉。而南逕彭城縣故城東。周顯王時，九鼎淪没泗淵，始皇求之不得，所謂鼎伏也。又逕龔勝墓南，又逕亞夫冢東，又東南過吕縣南，又東南流，丁溪水注之。又東南過下邳縣西，沂水注焉。又武原水合武水，至下邳入泗，又東南入於淮。元和志：在縣東，去縣十步。金元時，黄河自城北合泗，又東奪泗水之流，而泗皆爲河。明初爲漕運所經，亦曰漕河。

狼矢溝。在銅山縣東二十里。又東十五里有磨臍溝。明嘉靖中，大河自狼矢溝東溢於磨臍溝，出沂河口，而徐、邳正河斷流。萬曆十七年，於溝口築隄防護。又溝地視河口卑數丈，其東有塔山，西有長山，乃建滚水石壩於中間以蓄洩之，自是衝決少息。

境山溝。在銅山縣東北二十里。源出東北五十里之馬跑泉。西南逕境山鎮，又南入於漕河。境山之北，又有池浜溝，南流至府城東北三十里。明嘉靖四十四年，黄河決溢於此，今淤。又有溜白溝、東溝、西溝，並在東北二十里，洩東北諸山水入鵝兒湖。

秦溝。在銅山縣東北三十里。明嘉靖四十四年，河溢豐縣，分南北股，皆經沛縣漫入於此，溢入運河。隆慶中，遂成大河，時謂之北路。

洪溝。在蕭縣西北。水經注：洪溝水南北各一溝，首對獲水，世謂之鴻溝，非也。本朝乾隆二年濬。

金溝。在沛縣東五里。三河口諸水，由此而入運河。地多沙，其中隱隱若麩金，故名。

趕牛溝。在沛縣東北。源出山東滕縣玉花泉，流至縣界三河口，與沙、薛二河合。明嘉靖中開新河，遏之西，合鮎魚泉注於新河。

泥溝。在沛縣西北五十里，亦名泥溝河。源出山東滕縣白馬山。自魚臺縣流入，經沙河溝西南入漕河。

龍泉溝。在宿遷縣北。源出司吾山。有二派，東入沭河〔七〕，西入漕河。

石潭。在府東二十里。舊志：通泗水，增損清濁，相應不差，時有魚出焉。蘇軾置虎頭潭中以祈雨，有起伏龍行詩。

龍潭。在蕭縣東南五十里。源出龍岡山，匯而成潭。

安王陂。在銅山縣東。宋元嘉二十八年，魏師過彭城，驅南口萬餘，夜宿安王陂，去城數十里。水經注：安陂水，上承安陂餘陂，北流注於獲。

英州泊。在蕭縣西北六十里。縣志：其地有城址，相傳故嘗置州於此。又西北五里，爲黑沙廢縣，即古英州附郭縣也。元末其址爲水所圮，遂成平陸。今俗呼爲雁門泊。又牧馬泊，在縣西北七十里。朱珊泊，在縣西北十五里，其地有朱珊渡。

新匯澤。在碭山縣南郭外，以河徙成澤，南北二十里，東西四十里。經冬不竭，占良田無算。明隆慶中，知縣王庭卿，開新渠十餘里以疏洩之。今淤。

豐西澤。在豐縣西。漢書高帝紀：高祖以亭長爲縣送徒驪山，到豐西澤中亭止飲，夜乃解縱所送徒。高祖被酒，夜徑澤中，有大蛇當徑，乃前拔劍斬蛇。水經注：泡水逕豐西澤，謂之豐水。東逕大堰，水分爲二。又東逕豐縣故城南。括地志：斬蛇溝，在豐縣十五里。水出平地，下入泡水。

大澤。在豐縣北。漢書高帝紀：母媼嘗息大澤之陂，夢與神遇。寰宇記：在豐縣北六里。

荆溝泉。在沛縣東北。源出山東滕縣東北五十五里。泉眼百餘，水流迅急。西南流八十里至新莊橋，入昭陽湖。明正統六年，參將湯節開渠十里，引流濟運。今廢。

彭祖井。在銅山縣西北隅彭祖舊宅。唐皇甫冉詩：「舊井莓苔近寢堂。」宋陳靖嘗作彭祖觀井圖銘。

胥井。在蕭縣西北古城中。左傳宣公十二年：楚子伐蕭，還無社與司馬卯言，號申叔展曰：「目於胥井而拯之。」元和志：在縣北二百步。文獻通考：留有胥井。

項羽井。在宿遷縣西。伏滔北征記：在下相城。

校勘記

〔一〕亦曰彭城郡武寧軍節度　「節度」下原有「使」字，乾隆志卷六九徐州府建置沿革（下同卷簡稱乾隆志）同，據宋史卷八五地理志删。

〔二〕泰始時入魏　「泰始」，原作「泰治」。考宋無「泰治」年號，當是明帝泰始年號之誤。下文睢寧縣沿革稱「宋泰始中入魏」，蓋兩縣同時被魏攻佔。「治」當作「始」無疑，因改。

〔三〕至張莊運口接中河　「莊」，原脱，據乾隆志及本條上文補。

〔四〕亦名澧河　「澧河」，乾隆志同。按，雍正江南通志卷一四輿地志山川作禮河，謂「元末韓林兒與父老别於此，稽首爲禮，故名」。

〔五〕華家坡河　「坡」，乾隆志作「陂」。

〔六〕又逕薛之上邳城　「薛」，原作「辥」，據水經注卷二五泗水改。按，此指薛縣，漢時所置。

〔七〕東入沭河　「沭」，原作「沐」，據乾隆志改。按，沭河即海州之沭水。

大清一統志卷一百一

徐州府二

古蹟

彭城故城。即今府治。世本：堯封彭祖於彭城，號大彭氏國。國語：大彭爲商伯。春秋成公十八年：宋魚石復入於彭城。史記：韓文侯二年，伐宋到彭城。秦置彭城縣。始皇二十八年，自琅邪還，過彭城，欲出周鼎泗水。二世二年，楚懷王徙盱眙，都彭城。漢元年，項羽自立爲西楚霸王，都彭城。後漢章和二年，徙封六安王恭爲彭城王。初平中，陶謙爲徐州牧，屯彭城。晉爲徐州治。宋泰始二年，徐州刺史薛安都以彭城降魏。水經注：彭城大城内有金城，東北又有小城，劉公更開廣之，皆壘石高四丈，列塹環之。小城西又有一城，是大司馬琅邪王所修。義熙十二年，汴水瀑漲城壞，冠軍將軍彭城劉公之子更築之。薛安都歸魏，邑閣如初，自後毁撤，一時俱盡。元和志：州裏城，貞觀五年築，其外城即古大彭氏國也。元至正十三年，芝蔴李據徐州，托克托擊平之，改爲武安州，移州治東南武安城。明洪武初，還舊治。舊志：武安城，在今州東南二里，今爲廣運倉。「托克托」舊作「脱脱」，今改正。

呂縣故城。在銅山縣北。本春秋時宋邑。左傳襄公元年：「晉伐鄭，楚子辛救鄭侵宋呂留。」杜預注：「呂、留二縣，今屬彭城郡。」漢置呂縣，屬楚國。後漢及晉皆屬彭城國。宋屬彭城郡。後魏因之。魏書地形志：呂縣有呂梁城，蓋非一城也。隋縣廢。元和志：呂梁故城，在彭城縣東五十七里，即古呂縣也。城臨泗水，高百四十尺，周十七里。此城東二里有三城，一在水南，一在水中潭上，一在水北，並高齊所築，立鎮以防陳寇。舊志：呂城在州東五十里，明時有分司駐焉。又呂城東十里呂梁洪上有二城，一曰雲夢，一曰梁王。又洪西岸有尉遲城，唐尉遲敬德督徐州時築。

扶陽故城。在蕭縣西南。漢縣也。本始二年，封韋賢爲扶陽侯。後漢建武中，封韓歆爲扶陽侯。尋省。寰宇記：扶陽縣，在蕭縣西南六十五里。

蕭縣故城。在蕭縣西北。春秋宋附庸邑。左傳莊公十二年：宋羣公子奔蕭。宣公十二年：楚子伐蕭，蕭潰。秦置蕭縣。漢二年，漢王入彭城，項羽自齊還至蕭，晨擊漢軍。劉宋時爲沛郡治。元嘉二十八年，魏拓跋建進屯蕭城。地道記：蕭城周十四里。水經注：城東、西、南三面側臨獲水，故沛縣治。元和志：蕭縣東北至徐州六十里。舊志：古蕭國城，一名黃楊城，或謂之北城。宋時河決，乃改築南，徙治焉。明萬曆五年，遂没於水，知縣武維翰乃遷治於三台山之南，西北去舊城十里，即今治也。

杼秋故城。在碭山縣東。漢置，屬梁國。後漢建武中，封劉般爲杼秋侯。永平元年，仍爲縣，改屬沛國。晉因之。宋省。後漢志：杼秋有澶淵聚。注：即左傳襄公二十年盟澶淵地。寰宇記：故城在蕭縣西七十里。舊志：在今縣東六十里。

碭縣故城。在碭山縣南。故宋碭邑。戰國策：黃歇説秦昭王曰：「秦、楚搆而不離，魏氏將出而攻碭蕭相，故宋必盡。」秦置碭縣。二世二年，沛公攻拔之。漢改郡曰梁國，碭縣屬焉。後漢復故。晉省，入下邑。宋初復置。後魏屬碭郡。魏收志：碭縣治魯城。非故治矣。隋以安陽置碭山縣，又非魏之碭邑也。故縣蓋即今縣南之保安鎮。

安陽故城。在碭山縣東北，即故麻城也，亦曰麻鄉。左傳昭公四年：吴伐楚，入棘櫟麻。後漢書：蓋延伐劉永，自襄邑進取麻鄉。後魏孝昌二年，置安陽縣。魏收志：安陽縣治麻城。隋改置碭山縣，因廢安陽入焉。寰宇記：故麻城，在今縣西北。縣志：今爲麻城集，在城東北二十五里。

豐縣故城。即今豐縣治。本秦沛縣之豐邑。二世元年，高祖起兵於沛，收沛子弟還守豐。二年，秦泗州監平將兵圍豐二日，出與戰，破之，命雍齒守豐，引兵之薛。魏將周市使人説齒，齒反爲魏。沛公引兵攻豐，久之始拔。元和志：豐縣東南至徐州一百七十五里。本漢縣，宋屬北濟陰郡，北齊改屬永昌郡，隋改屬徐州。舊志：明嘉靖五年，河決城陷，還治於縣東南華山。三十年，復還舊治。

沛縣故城。在沛縣東。莊子：孔子南之沛，見老聃。秦置沛縣。二世元年，陳涉起，沛父老迎高祖，立爲沛公。高祖十二年，破黥布，還過沛曰：「遊子悲故鄉，萬歲後吾魂魄猶樂思沛，其以沛爲朕湯沐邑。」後以屬沛郡，亦謂之小沛。後漢興平元年，陶謙表先主爲豫州刺史，屯小沛。蕭齊建武三年，魏主如小沛。水經注：泗水逕沛縣東，合黄水，南逕小沛縣東。縣治故縣南垞上〔一〕，是謂小沛，在故沛縣黄水之南。元和志：縣裏城，即秦沛縣舊城。寰宇記：縣東南微山下，有故沛城尚存。縣志：舊城在今治西北。元至正十七年，孔士亨據其地，築小土城，周二里有奇。歲久圮。明洪武二年，知縣費忠信徙今治。又沛縣故城，在沛縣東北。本朝乾隆四十八年避湖水，徙治戚山下。

廣戚故城。在沛縣東。漢縣也。元朔元年，封魯共王子將爲廣戚侯。元鼎五年免。河平二年，又封楚孝王子勛爲侯國，屬沛郡。王莽改縣曰力聚。後漢復曰廣戚，屬彭城國。晉因之。宋省。魏收志：留縣有廣戚城。章懷太子曰：廣戚故城，今沛縣東。

留縣故城。在沛縣東南。故宋邑。秦置縣。二世二年，秦嘉立景駒爲楚王，在留，沛公往從之，道得張良。漢六年，封張良爲留侯。文帝五年，國除。後漢屬彭城國。晉太元三年，苻秦將彭超攻彭城，置輜重於留城。宋屬彭城郡。元嘉二十七年，魏人南侵，步尼公自清東進屯留城。北齊廢。隋開皇十六年復置，仍屬彭城郡。唐初省。括地志：故留城，在沛縣東南五十五里。九域志：沛縣在留城鎮，明爲運道所經。

下邳故城。在邳州東。古邳國。左傳昭公元年：趙孟曰「商有姺邳」。又定公元年：薛宰曰「薛祖奚仲遷於邳」。秦二世二年，項梁渡淮，軍下邳。漢五年，封韓信爲楚王，都下邳。應劭曰：邳在薛，其後徙此，故曰下邳。建安初，先主爲徐州牧，屯下邳，吕布襲取之。三年，曹操攻吕布於下邳，決泗、沂水以灌城。晉永興二年，琅邪王睿監徐州軍事，留守下邳。太元四年，苻堅使王顯爲揚州刺史，戍下邳。魏孝昌元年，於此置東徐州。永熙二年，建義城主蘭寶，殺東徐州刺史，以下邳降梁，改爲武州。侯景之亂，復入東魏，仍曰東徐州。陳太建十一年，爲周所取，始置邳州。元和志：下邳縣東南至泗州一百七十五里。縣城即古邳國城。城有三重，大城周迴十二里半，魏武擒吕布於白門，即大城之門也。中城周四里，吕布所守。小城周二里許，晉北中郎將荀羨、郗曇所治。西南又有一小城，周三百七十步。晉征西將軍石崇所築。舊志：下邳故城，在州城東三里，金時移今治。本朝乾隆二十二年，高宗純皇帝再幸江南，有御製舊邳州詩。

良成故城。在邳州北。春秋時曰良。左傳昭公十三年：晉侯會吴子於良，水道不可，吴子辭，乃還。漢始元五年，封魯安王子文德爲良成侯，國屬東海郡。後漢改屬下邳國。晉曰良成縣。宋及後魏因之。章懷太子曰：良成故城，在下邳縣北。寰宇記：在縣北六十里，齊天保七年省。

武原故城。在邳州西北。漢置縣，屬楚國。後漢屬彭城國。晉因之。宋初廢。泰始二年，張永等進軍逼彭城，分遣別將王穆之守輜重於武原，即故城也。後魏復置武原縣，屬下邳郡。東魏武定八年，兼置武原郡。隋開皇初，郡廢。十一年，改縣曰良城，屬下邳郡。唐初屬邳州。貞觀元年省。章懷太子曰：武原故城，在下邳縣北。舊志：在今州西北八十里泇口社，亦名良城。

宿預故城。在宿遷縣東南。本春秋時宋人遷宿之地。漢爲厹猶縣。晉安帝改名。後魏置南徐州。太和二十三年，南徐州刺史沈陵率宿預之衆奔齊，因廢爲鎮。梁天監八年，改置東徐州。太清三年，東徐州刺史湛海珍降於東魏，改東楚州。陳太建七年伐齊，克故東徐州〔二〕，改爲安州，以徐敬成督安、元、潼三州軍事。安州刺史鎮宿預。十一年，入於後周，改置泗州。水經注：泗水逕宿預城南，故下邳之宿留縣也。晉元帝爲安東時，嘗督運軍儲，以爲邸閣。梁時張惠紹更增修，塹其四面，引水環之。今城在泗州之中。元和志：宿遷縣南至泗州二百十里。寰宇記：宿遷縣，在淮揚軍東一百二十里。又故宿預縣，在下邳縣東南一百八十里，蓋唐後移治，非故城矣。明萬曆中，又移今治南，去故城二里。

淩縣故城。在宿遷縣東南。秦置淩縣。二世二年，淩人秦嘉起兵，圍東海守於郯。漢初屬東海郡。元鼎四年，封常山憲王子商爲泗水王，都淩。後漢建武二年，改封元氏王歙爲泗水王。十三年，國廢，以淩縣屬廣陵郡。晉改屬下邳國。宋省。水經注：泗水東逕淩栅南，即舊淩縣治也。寰宇記：淩城，在宿遷縣東南五十里。晉永嘉後省。

下相故城。在宿遷縣西。秦置縣。漢屬臨淮郡。應劭云：相水出沛國相縣，於水下流置縣，故名下相也。後漢屬下邳國。晉仍屬臨淮郡。宋省。後魏復置。孝昌三年，遷置盱眙郡。東魏武定八年，改曰臨清郡，屬東徐州。齊、周時廢。括地志：下相故城，在宿預縣西北十里。舊志：下相社在縣西七里。又有項王故城，在運河西三里。項羽里，在舊縣治北一里。

司吾故城。在宿遷縣北。本春秋時鍾吾國。左傳昭公二十七年：吴公子燭庸奔鍾吾。漢置司吾縣，屬東海郡。應劭曰：鍾吾國，即司吾也。後漢曰司吾侯國，屬下邳國。晉改屬臨淮郡，後又改屬睢陵郡。宋省。梁普通五年，魏東海太守韋敬欣以司吾城降，即故縣也。水經注：司吾城，在司吾山東，俗爲峒峿。寰宇記：峒峿，在宿遷縣北七十里司吾故鄉。舊志：司吾鎮，在今縣北六十里。

下邑舊城。在碭山縣東。故楚邑。史記：楚滅魯，遷項公於下邑。秦置下邑縣。二世二年，沛公取碭，攻下邑拔之。漢景帝三年，吴、楚攻梁，走條侯軍，會下邑。欲戰，條侯堅壁不出。魏書地形志：碭郡，孝昌二年置，治下邑城。括地志：碭山縣，在宋州東一百五十里，本漢下邑縣。唐末朱全忠，表以縣置輝州，已而徙治單父。五代唐屬單州。寰宇記：縣在州東南九十里。金史地理志：碭山縣，興定元年，以限河不便，改隸歸德府。元史地理志：濟寧路碭山縣，金爲河所蕩没。憲宗始復置。舊志：舊城在今縣東三里，唐宋時縣治於此。金興定中圮於河，遷治保安鎮，在今縣東南虞山南。元至元中，復還舊治。明嘉靖四十一年，又圮於河，遷治小神集，在今縣東南二十里。四十四年，復還舊治。萬曆二十六年，又圮於河，知縣熊應祥遷舊治西里許秦家堂，即今治也。

睢陵舊城。在睢寧縣治。漢元朔元年，封江都易王定國爲睢陵侯。晉元帝於睢陵僑置濟陰郡。魏收志：彭城郡睢陵縣，晉亂屬濟陰。武定五年來屬。又睢州睢陽郡領睢陵縣，武定六年置。蓋分故縣所置，有二睢陵矣。北齊皆廢。章懷太子曰：睢陵故城，在邳縣東南。唐宋時，又分屬宿遷縣。金以宿遷縣界古城，置睢寧縣，即今治。

取慮舊城。在睢寧縣西南。秦置縣。二世二年，取慮人鄭布同起兵圍東海。魏書地形志：武定六年，改置睢州，治取慮城。齊省入潼郡。章懷太子曰：取慮故城，在下邳縣西南。寰宇記：潼郡，在安徽泗州北一百二十里。舊志：潼郡城，在今縣西南四十里，半屬靈璧縣界。城基尚存。

南陽平廢郡。在銅山縣北。魏書地形志：南陽平郡，治沛南界，後寄治彭城。領縣三：襄邑、陽平、濮陽。梁普通六年，將軍王希聃拔魏南陽平郡，周併南陽平郡入彭城。明一統志有舞陽城，在州西北五十里。疑即濮陽之譌。

晉寧舊郡。在宿遷縣東南。東晉末，置晉寧縣，屬淮揚郡。梁改置晉寧郡。魏書地形志：東楚州晉寧郡，領縣四：臨清、魏興、富城、招農。北齊省入宿預。

龍城廢縣。在蕭縣東。魏書地形志：龍城縣，屬彭城郡。水經注：獲水自蕭縣東歷龍城，不知誰所創築。寰宇記：龍城，在蕭縣東三十里。

艾山廢縣。在邳州北。魏書地形志：武原郡領艾山縣，武定八年置。在今州北艾山下。

柵淵廢縣。在宿遷縣西。東魏武定八年，分宿預置屬下邳郡。陳太建七年，樊毅克下邳、高柵等六城。高柵，蓋即柵淵也。

雍門城。在銅山縣東南。寰宇記：在彭城縣東南五十里。昔雍門周彈琴見孟嘗君，此蓋其所居也。

曹公城。在銅山縣東南。元和志：曹公故城，在彭城縣東南六十五里呂梁東岸，或言曹公築此以收呂布。西岸有城臨水，是布之所固也，號曰呂布固。

彌城。在銅山縣西南。水經注：獲水東逕彌黎城。舊志：州西南旁太山有迷劉城。蓋即彌黎之譌。

灰城。在銅山縣西北一百里。又西北二十里有倉城。皆昔時貯糧屯兵之所。

垞城。在銅山縣北。水經注：泗水逕留縣南，逕垞城東，城西南有崇侯虎廟。元和志：故垞城，在彭縣北二十六里，兖州人謂實中城曰「垞」。寰宇記：在縣北三十里，北面臨泗水。舊志：今謂之茶城，爲運道所經。明嘉靖末，黄河北徙，城遂爲漕黄交會之衝。後河口東移，茶城乃爲内險。

永固城。在蕭縣東南四十里永固山下。元至大中，嘗置縣於此，今爲永固鎮。

曹馬城。在蕭縣西北七十里，中有古塔。又有郭城，在舊城西南二十五里，相傳五代周時所築。又將蔡城，在舊城西南三十里。

狐父城。在碭山縣南。史記：曹參擊秦將司馬𡰱於碭東〔三〕，取碭、狐父。索隱曰：狐父，地名，在梁、碭之間。舊志：在縣南三十里，亦名狐父聚。

香城。在碭山縣南。水經注：碭陂中有香城，在泗水之中。

邀帝城。在豐縣西南二十里。相傳漢高祖還鄉，父老邀之於此，因名。亦曰邀駕城。

偃王城。在豐縣北五十里，相傳徐偃王所築。

灌城。在沛縣西北二十里，相傳漢將灌嬰所築。又泗河東岸有舊城，俗以爲張士誠所築。

余行城。在邳州北八十里，元季平章王信築。俗稱爲余行省城。

樊階城。在宿遷縣西。宋泰始三年，沈攸之拔下邳，至焦墟，退保樊階城。

新城。在睢寧縣東五十里黄河南岸，元末平章韓政所築。

占城。在睢寧縣西北七十里，亦元時所築。俗名瞻王城。

九城。在睢寧縣東北二十五里，有東、西二城。

利國監。在府城東北盤馬山下，接沛縣界，即利國驛。宋置監，金時爲鎮，今有巡司。漢元封初，從桑弘羊請，於沛縣立鐵官。河平二年，沛縣鐵官冶飛。唐書地理志：彭城有秋丘冶。寰宇記：徐州有利國監，本秋丘冶務烹鐵之所。九域志：利國冶，太平興國四年升爲監，在州東北七十里。寶豐監在州東。宋元豐六年，置鑄錢於此。八年廢。

邳州故衛。在邳州舊治東。明洪武十三年建，本朝康熙十七年裁。

廉里。在銅山縣東北。漢書：龔勝居彭城廉里，後世刻石，表其里門。水經注：彭城西北舊有龔勝宅。

午溝里。在碭山縣東北，接豐縣界，北去豐縣五十里。朱温生長於此，嘗改爲衣錦鄉。又韓林兒宅，在縣東北禮河之陰。

朱陳村。在豐縣東南。唐白居易朱陳村詩：「徐州古豐縣，有村曰朱陳。去縣百餘步，桑麻青氤氲。一村惟兩姓，世世爲婚姻。」

沛宫。漢書高帝紀：十二年，破黥布，軍還過沛。置酒沛宫，悉召故人父老子弟佐酒。酒酣，高祖擊筑，自爲大風之歌。元和志：故沛宫，在沛縣東南一里。

秀楚堂。在府治園内。宋元祐中，知州孫覺建。

逍遥堂。在府治後。宋蘇軾與弟轍嘗宿此，轍詩云：「逍遥堂後千尋木，常送中宵風雨聲。」

黄樓。在銅山縣城東門。宋郡守蘇軾建，堊以黄土，故名。弟轍爲作賦。本朝乾隆二十二年、二十七年、三十年、四十五年、四十九年，高宗純皇帝南巡，有御製登黄樓疊蘇軾韻詩。

燕子樓。在銅山縣西北隅。唐貞元中，尚書張建封鎮徐州，築此樓以居愛妾盼盼。建封卒，盼盼樓居十五年，不嫁，不食而卒。景福二年，節度使時溥守徐州，爲朱温所攻，登此樓自焚死。

大彭館。在銅山縣西南。唐時郵傳所經，亦爲迎餞之地，以古大彭國爲名。

放鶴亭。在銅山縣南。明一統志：宋時雲龍山人張天驥作於東山之麓。有二鶴，旦則望西山而放，暮則傃東山而歸，故名。蘇軾作記。本朝乾隆二十二年、二十七年，有御製放鶴亭歌。三十年，有御製放鶴亭絶句。四十九年，有御製放鶴亭詩。

試衣亭。在銅山縣南雲龍山下。本朝乾隆二十二年、二十七年、三十年、四十九年，高宗純皇帝南巡，有御製四疊蘇軾韻詩，並御書試衣亭考辨勒石於壁。

紅亭。在蕭縣西南。春秋昭公八年：蒐於紅。杜預注：蕭縣西有紅亭。水經注謂之紅溝亭，因紅溝水爲名。寰宇記又謂之洪亭。蓋紅、鴻、洪三字聲相近也。舊志：紅亭，在舊城西南十八里。

鳧鷖亭。在豐縣東池上。宋治平間，知縣關景仁建，爲游宴之所。

泗水亭。在沛縣東。括地志：在沛縣東一百步。漢高祖微時，爲亭長於此。亭有高帝碑，班固爲文。後漢郡國志注云：爲亭長，處枌榆亭。

高遷亭。在邳州界。後漢桓帝延熹中，以誅梁冀功，封尚書令周永爲高遷亭侯。十三州志：下邳縣有高遷鄉。

昇仙亭。在邳州治南。明一統志：相傳郡人劉綱昇仙之所，後人爲立亭及祠。

戲馬臺。在銅山縣南。晉義熙中，劉裕至彭城，九日大會賓僚，賦詩於此。宋元嘉二十七年，魏主南侵至彭城，亦嘗登之。水經注：彭城南有項羽掠馬臺。元和志：戲馬臺，在彭城縣東南二里。宋於臺上置寺。舊志：高臺十仞，廣數百步。蘇軾以此爲城南之重蔽。今爲臺頭寺，有古塔在焉。本朝乾隆二十二年，高宗純皇帝南巡，有御製戲馬臺用謝靈運韻詩。

厭氣臺。在豐縣。寰宇記：在縣城中。始皇東游，以厭王氣，築此。宋王禹偁作銘。亦名秦臺。

歌風臺。在沛縣。寰宇記：在縣東南一百八十步，並沛宫俱在泗水西岸。縣志：立石，篆刻歌風辭於其上。

射箭臺。在沛縣東南五里，明成祖駐師時所築。

戟臺。在沛縣南門内西偏，相傳吕布射戟於此。

雞鳴臺。在沛縣東北五十五里。明正統間，置閘於此，爲運河所經。

傅友德宅。在碭山縣舊城儒學西北隅。

漢高祖故宅。在豐縣。漢書高祖紀：沛豐邑中陽里人。魏書地形志：豐有漢高祖故宅。寰宇記：在豐縣城内。舊志：又有蕭何故宅，在縣治東門北城下。盧綰故宅，在縣治西北隅。

枌榆社。在豐縣東北。史記封禪書：高帝初起，禱豐枌榆社。漢書郊祀志注：晉灼曰：社在豐東北十五里，高帝里社也。後漢章和元年，遣使祀豐枌榆社。

試劍石。在銅山縣東南漢高祖廟。舊志：石高三丈餘，中裂如破竹不盡者寸。父老曰：「此帝之試劍石也。」蘇軾爲守，弟轍從觀此石，爲作銘。又有樊噲磨劍石，在九里山。

關隘

宿遷關。在宿遷縣北運河南岸。明時有中河工部分司，在夏鎮、徐州、吕梁、宿遷四處徵税。又有徐倉户部分司，在夏鎮、徐州徵税。本朝康熙五年，歸併淮揚道管理。七年，改歸徐屬河務同知。八年，復歸中河分司。十一年，以徐倉分司歸併中河分司，裁徐州各關，專在宿遷徵收。十七年，罷分司，仍歸淮揚道。雍正五年，歸併淮安關監督。其黄河南岸白洋河口，及對置之運河南岸，商販往來，皆稽察焉。

吕梁洪巡司。在銅山縣東南六十里。

闞虎店巡司。在銅山縣西北五里，本朝乾隆十一年置。

利國巡司。在銅山縣東北，故利國監。

四界巡司。在銅山縣東北十五里雙溝集，本朝乾隆五十六年由桃山移此。

張山店巡司。在蕭縣東南一百十里，接安徽靈璧縣界。本朝康熙三十年，由趙家圈移此。

夏陽鎮巡司。在沛縣東北四十里新河西岸，南去留城四十里，本名夏村。明萬曆十六年，築夏鎮城，移沽頭分司駐此。舊志：工部分司主事，舊在縣東二十里。上沽頭城，在縣東南二十里。明成化中創建，嘉靖四十四年圮於水。隆慶二年新河成，始遷夏鎮。

直河鎮巡司。在邳州東南，西北去舊州城六十里。明初置直河驛，嘉靖四十五年，改置巡司。

舊城巡司。在邳州東。

新安鎮巡司。在邳州西四十里睢寧縣界，濱河。明初爲新安驛。嘉靖四十五年，改置巡司。

歸仁隄巡司。在宿遷縣西南六十五里歸仁集。本在桃源縣界古城，本朝康熙二十年，移置於此。

劉馬莊巡司。在宿遷縣西北皁河口。舊在縣東北百二十里，又東北去海州百八十里。一名劉家莊。明置巡司，運河主簿及黄河北岸千總俱駐此。

峒峿鎮巡司。在宿遷縣北六十里峒峿山下。五代漢乾祐初，南唐遣將皇甫暉，出沂、泗，招納淮北羣盜，漢徐州將成德欽敗之於峒峿鎮。即此。

下塘鎮。在銅山縣東。九域志：彭城縣有下塘、吕梁洪二鎮。舊志：下塘集，在州東昌化鄉，蓋以下塘湖爲名。

白土鎮。在蕭縣東南五十里。九域志：蕭縣有永安、白土二鎮，在縣東南三十里白土山下，出石灰。

吴康鎮。在豐縣南。唐文德元年，感化帥時溥自將步騎七萬，屯吴康鎮。朱全忠將朱珍與戰，大破之。通鑑注：豐縣南有吴康里。

迦口鎮。在邳州西北三十里，亦曰迦口集。明正德中，官軍敗流賊劉六等於此。

小河口鎮。在宿遷縣西南十里。

白洋河鎮。在宿遷縣西南四十里，接淮安府桃源縣界。宿虹同知、宿遷縣南岸主簿及千總俱駐此。明萬曆中，黄河南徙，商船由白洋河出入，常委知縣監收鈔税於此。

邵店鎮。在宿遷縣東北五十里。

高作鎮。在睢寧縣東十五里。又子仙鎮，在縣西南三十里。

辛安鎮。在睢寧縣西北五十里，接邳州界。舊置遞運所，今裁。又木社鎮，在縣北五十里，亦接邳州界。舊本屬州，明洪武十四年，割屬睢寧縣。

徐州衛。在銅山縣東南隅，明建。又有徐州左衛，在府城西，明宣德中建，本朝順治九年併入徐州衛。

市利寨。在碭山縣西北三十五里。舊爲河濱衝要，有主簿駐此。

河泊所。有二。一在邳州舊城西北三十五里，一在睢寧縣東十五里。又有遞運所，在舊州城東南九十里。皆明洪武中置。今裁。

趙家圈。在蕭縣西北六十里，大河北岸津要處也。明景泰中設巡司，本朝改設蕭營守備駐此。

西鎮店。在碭山縣東五十里，有公館。又南鎮集，在縣西十八里。北鎮集，在縣西北十五里。又王達店，在縣西三十五里。

廟道口店。在沛縣西北三十里，有公館。又白水店，在縣東北十五里。

猫兒莊。在邳州南運河東岸。亦名猫兒窩，有州同駐此。

郭家莊。在邳州南舊州城北八十里，有集。

永濟橋。在宿遷縣。本朝乾隆二十七年，移中河縣丞駐此。

梁家口。在豐縣西北。本朝乾隆五十五年，設豐碭北岸通判駐此。

毛城集。在碭山縣東三十里。又禮河集，在縣東北二十里。回堽集，在縣西北三十五里。

華山集。在豐縣東南三十里，元曾設巡司於此。

馬村集。在沛縣西南二十七里。又高房集，在縣西二十五里。賀堌集，在縣西北四十五里。曲防集，在縣東北二十五里。歡城集，在縣東北四十里。

馬莊集。在邳州東南運河東岸。

隅頭集。在舊邳州城東北四十里，有運河把總駐此。

順河集。在宿遷縣東中河東岸。南接仰化集，北達司吾鎮，爲往來孔道。本朝於此設有行殿。乾隆二十七年、四十五年、四十九年，有御製順河集行館疊韻詩、順河集行館咏盆梅疊韻詩。

仰化集。在宿遷縣東南劉老澗。有御製過仰化集詩。

歸仁集。在宿遷縣南劉武溝。

姚家集。在睢寧縣西南。本朝乾隆五十二年，設睢南同知駐此。

沙家集。在睢寧縣東三十里。舊有行署，今廢。又鞍子墩集，在縣東南二十里。找溝集，在縣東南四十里。

瑩桂集。在睢寧縣西南二十里。又堈頭集，在縣西八里。高興集，在縣西三十里。嵐山集，在縣西四十里。

廟灣集。在睢寧縣西北八里。又小鋪集，在縣西北二十里。龍家集，在縣西北三十里。箭頭營集，在縣西北七十里。曲頭集，在縣西北八十里。

官莊集。在睢寧縣北三里。又曲期集，在縣北十五里，舊有行署，今廢。

魏家集。在睢寧縣北二十里，主簿駐此。

沙坊集。在睢寧縣東北三十里。又楓山集、王家營集，俱在縣東北四十里。

桃山驛。在府南五十里。舊有驛丞，本朝康熙十六年裁。又夾溝驛，在府北九十里。石山驛，在府東北四十里。

彭城驛。在銅山縣東黄河西岸。舊在城南二里許，明正德中圮於水，嘉靖二十二年徙於此。舊有驛丞，本朝雍正十三年裁。又黄河東岸驛，在府城外黄河東岸。舊有驛丞，本朝乾隆十一年裁。

房村驛。在銅山縣東南五十里，南岸主簿及把總駐此。册説：在縣東南七十里。又有徐州夫廠，在城内。

泗亭驛。在沛縣城内。又有夏鎮夫廠，在縣東北四十里漕河干。

趙村驛。在邳州南新迦口下，明萬曆四十四年置。南通直河口，北接韓莊閘。

下邳驛。在邳州舊治西南泗水北。

鍾吾驛。在宿遷縣南，明洪武中置。舊在西南，萬曆四年，改建於新城南水次倉西。

津梁

萬會橋。在府城東北三里，跨泗水上，以鐵索維舟爲之。水陸往來，皆集於此。俗名大浮橋。

荆山口石橋。在府城東北二十里。山前有河甚廣，下多亂石，橋跨其上。舊長三百六十丈，本朝乾隆十二年修，長四百八十丈。二十二年、二十七年、三十年、四十九年，高宗純皇帝南巡，有御製荆山橋詩。

雲集橋。在銅山縣舊城東北隅，黄河經其下，亦維舟。俗名小浮橋。

東新橋。在蕭縣東門外。

錦川橋。在蕭縣西南紅亭鄉。

吉安橋。在蕭縣西北趙家圈。

狐父橋。在碭山縣南三十里。

天津橋。在豐縣東北中陽坊。

龍務橋〔四〕。在豐縣東北五里。

飛雲橋。在沛縣南，泡水經其下，入泗水，爲往來津要。明正德四年，大河決，於此入運河。

圯橋。在邳州南。水經注：沂水分流逕城東，屈從縣南亦注泗，謂之小沂水。水上有橋，徐、泗間以爲圯，昔張良遇黄石公於圯上，即此。

洪河橋。在舊邳州城東南三十里。

步雲橋。在邳州舊城西北六十里，一名五丈橋。

營河橋。在邳州舊城西北九十里泇口鎮。

江石橋。在邳州北一百二十里。

朝陽橋。在宿遷縣南三里。

上口橋。在宿遷縣南十里。相近又有小河口橋。

五花橋。在宿遷縣北中河南岸。

西寧橋〔五〕。在宿遷縣中河北岸。二橋皆本朝康熙中河臣靳輔所建，南屬馬陵山，北至高山頭，長十餘里，爲往來孔道。

坡石橋。在宿遷縣北圍田湖。

白龍橋。在睢寧縣南二里。

戚家橋。在睢寧縣南二十五里。

通濟橋。在睢寧縣北關外。

隄堰

黄河隄。在府境黄河。兩岸有縷隄，有月隄，有格隄。本朝屢經修築。河防志：碭山縣汛，自河南虞城縣界至蕭縣界，縷隄長一萬四千四百十七丈，計八十里，康熙二十三年修築。蕭縣汛，自碭山縣界至徐州界，縷隄長一萬一千六百八十九丈，計六十五里，康熙二十三年修築。東鎮口格隄，長八百六十四丈，康熙十九年創築。徐州各工汛，自蕭縣界至徐州王家山，縷隄長三千四百五十八丈，康熙二十三年修築。自苗家山至冰雹山，縷隄長一千五十丈，康熙三十八年創築。自韓家山至段家莊西，舊有隄長四百九十三丈，康熙三十九年，又創築月隄四百五丈，以防黄河逼溜。其南曰郭家觜，當黄河大溜，最爲險要。康熙三十九年，建石隄五百三十九丈。自雲龍山黄茆岡至徐州西關街蘇隄，長六百三十八丈，康熙三十八年修築。下洪奎山店隄，長一百二十七丈，康熙三十七年加築。三十八年，改挑隄内支河二百丈。自七里溝接奎山店隄，至三山遥隄，長一千四百九十丈，康熙三十八年修築。徐州小店汛，自三山至安徽靈壁縣界，縷隄長八千八百六十丈，計四十九里，康熙二十三年修築。内潘家馬路歲修險工六十四丈。楊溝莊險工四百三十五丈，埽臺四百十四丈，又月隄三千四百三十六丈，康熙三十一年修築。曹家莊險工八十六丈，又月隄四百六丈，康熙三十一年創築。楊家窪險工三百二十三丈，埽臺三百五丈，又月隄七百二十丈，康熙三十八年創築。韓壩月隄三百五十六丈，小店險工三百十一丈，又月隄二道，一長三百九十丈，一長三百六十丈，俱康熙三十六年築。自小店迤東至安徽靈壁縣界，有民築臨河子隄四千五十三丈。豐碭汛，自山東單縣界至徐州李道華家樓，縷隄長一萬三千一百九十三丈二尺，計七十三里，自山東單縣界至吴家寨，舊縷隄長一千丈，自吴家寨至李道華家樓，縷隄長一萬二千一百九十三丈，康熙二十三年修築。内吴家莊險工一百二十五丈，谷家莊險工一百八十五丈，康熙三十九年，加築埽臺二百四十八丈，又築月隄九百四十三丈。徐州大壩汛，自李道華家樓至邳州界，計一百九十八里。自李道華家樓而下九十里無隄。自大谷山至蘇家山，隄長四百四十丈，康熙三十八年修築。內大谷山石壩、蘇家山石閘，俱二十三年建。自陡山至子房山，縷隄一千三百十五丈，康熙三十八年修築。又有黃山口小堰九十丈。自華家樓至長山，有舊隄一千九百六十丈，內狼矢溝險工二百五丈，月隄八百丈，康熙二十五年修築。自關王廟起至大壩頭，有舊隄五百九十五丈，內長樊大壩險工三百二十丈，月隄四百九十丈。自大壩至王家山，有舊隄九百八十丈。自王家山至出頭山，有天王土壩九十丈。自九山至出頭山，遥隄一千六百八十九丈，爲大壩險工之障，康熙三十八年修築。自董家山至盧家山，遥隄二百八十二丈，康熙十九年創築。自盧家山至邳州界，遥隄一千四百八十二丈，亦康熙十九年創築。通志：雍正元年，加築碭山縣黃河南岸陳家窪起至蕭縣界卑矮隄工，又創築徐州黃河北岸長樊大壩越隄，接邳州黃河北岸董家堂越隄，接宿遷縣黃河南岸越隄、格隄。二年，修築睢寧縣黃河南岸周家樓埽工，建宿遷縣黃河南岸五堡魚鱗埽，又於徐州黃河南岸圈築越隄二道。五年，修砌徐州北門外黃河南岸石工，創築睢寧縣黃河南岸月隄、撑隄，宿遷縣黃河南岸越隄、格隄。六年，建徐州宿遷黃河南岸埽工，加築睢寧縣黃河南岸王家堂縷隄。八年，創建徐州黃河北岸埽工，宿遷縣黃河南岸埽工。九年，創築蕭縣黃河南岸埽工，又創築徐州黃河南岸楊家窪月隄，睢寧縣黃河南岸劉家樓月隄，宿遷縣黃河南岸孟城菴越隄。十一年，邳、睢黃河南岸王家堂對岸，又開引河一道，險工永停。乾隆八年，修築沛縣護城隄。九年，修徐屬黃河南岸石工。十二年，加培桃源廳屬黃河北岸隄工，並於新莊口建築月隄。十七年，修築豐沛境內太行隄，又修黃河北岸遥隄。二十二年，增築徐城東、西二門外石隄一千五百六十五丈。二十四年，修築豐、碭、銅、沛四屬黃河南北兩岸隄工，又自銅山縣黃村壩起至大谷山，接築縷隄一萬五百九十九丈。二十七年，又修徐州北岸新隄四千四百二十三丈。靳輔治河書：睢寧縣黃河南岸隄，上自安徽靈璧縣界，下至宿遷縣界，長一萬六千六百七十六丈二尺。內戴家樓壩臺三百丈，月隄五百九十三丈，韓家莊埽臺五百二十一丈五尺，月隄一千一百十丈，武官營月隄八百九十丈，王家堂埽臺三百十一丈。邳州黃河北岸隄，上自徐州界，下至宿遷界，長九千四百七十九丈九尺。外自徐州界接廟山，自綿山接拐山，隄四百二十丈。又羊山寺西、寺南遥格隄六百四十二丈，董家堂埽臺五百七十四丈，木社店格隄九十八丈，五工頭隄二百一丈。宿遷黃河南岸隄，上自睢寧縣界，下至白洋河淮安府桃源縣界，長一萬一千二百六十二丈七尺。又白洋河磯觜壩九十丈，格隄七十八丈，墩廊廟彭家壩遥月隄三道，共一千六百九丈，徐家灣遥隄一千九丈。其北岸隄，上自直河接邳州界，下至阜河，又自西門吳家墩下至古城，接淮安府桃源縣界，長一萬三百十一丈九尺。又朱家堂護壩隄五千六十二丈五尺。又西挑水壩、中挑水壩及格隄，共五百三十五丈，楊家莊埽工一百六十二丈，蕭家渡埽工九十四丈。

運河隄。在邳州境及宿遷縣運河兩岸。靳輔治河書：邳州運河西北唐宋山格隄三千五十丈。又運河東西隄八千二百三十九丈有奇。邳州地勢甚窪，猫兒窩一帶地勢甚高，北來諸水，直灌州城，内湖、外河，及邳、宿二州縣各隄俱難保，故築唐宋山格隄以攔之。猫兒窩斜對爲彭家河，凡豐、沛、徐及東省十餘州縣北岸之水，俱由此道入運。每慮伏秋暴漲，運河難容，故築猫兒窩、萬家莊、馬莊集減水壩三座以洩之，使東入駱馬湖也。又宿遷縣運河東西兩隄，上自邳州窑灣界起，下至張莊運口，共一萬七千五百十七丈三尺。又攔馬河橋壩七座，共長三百七十丈。通志：康熙十九年，總河靳輔創建邳州運河東岸減水壩十一座。五十七年，於宿遷縣龔家莊建魚鱗壩三座。六十年，建宿遷縣吳家溝濟運草閘一座，長五丈。雍正二年，總河齊蘇勒於宿遷縣西安橋築攔水隄，建邳州運河河清、河定、河成三閘。六年，修築阜河石裏頭閘一座，挑月河一道，長二百丈。乾隆四年，加培宿遷縣運河東西二岸隄工。十三年修築邳州運河東西二隄，並唐宋山格隄，又築臨湖石戧。十八年，增修邳、宿遷河隄堰。二十二年，修築猫兒窩兩岸隄工，現今行漕。

中河隄。在宿遷縣東中河兩岸。河防志：宿遷縣湖西中河北岸隄長一千二百二十三丈三尺。湖東中河北岸積土長一千一百三十七丈。南岸子隄，上自攔河頭，下至桃清交界，共長二萬三千一百二十七丈六尺。北岸子隄，長二萬二千八百六丈。其攔馬河大王廟險工，長五十六丈。又北岸遥隄，自張莊運口至駱馬湖西岸，長一千一百二丈五尺。又自駱馬湖東岸至攔馬河，長八百九十六丈。又自高山頭至劉老澗舊壩，長七千五百五丈。自舊壩至宿桃交界古城，長一千五百四十九丈。其高山頭險工，長一百四十二丈。通志：康熙三十三年，築中河兩岸東水隄。三十九年，總河張鵬翮題改中河，置石閘二座。四十年，建中河口門南岸石閘一座。五十四年，於宿遷縣中河口門頭壩下至崔家宅、柳園頭二處，建挑水壩四座。雍正五年，總河齊蘇勒修宿遷中河南岸，上自支河口，下至九龍廟，添築子隄一道，建五孔石閘一座。乾隆十六年，於宿遷縣柳園頭迤下添建三孔石閘一座，並開通湖引河一道，以利漕運。

羅家口隄。在宿遷縣東南三里。又有長隄，自羅家口起至白洋河古城，約六十里。皆明萬曆中知縣何東鳳建，黄河舊隄也。

歸仁隄。在宿遷縣東南三十五里白洋河口東南。長四十里，跨宿、虹二縣界。明萬曆七年，總河潘季馴築。本朝康熙四十年重修。潘季馴河防一覽：歸仁集隄，所以捍禦黄水、睢水、湖水，使不得南射泗水，併攻高堰，而又遏睢水、湖水使之併入黄河，益助衝刷，關係最重。每歲三月，即當併力修護。隄下宜密栽茭柳，以禦風浪。内四鋪以至九鋪，尤爲危險，功宜倍之。史奭歸仁隄考：歸仁隄控黄淮，界桃宿，與高堰相表裏。蓋高堰爲淮揚之長城，而歸仁隄又高堰之屏障也。其上流來自徐溪，歷蕭縣、靈璧等處二百餘里，合永堌、姬村湖水。由宿遷之符離溝，經邳之睢河，而匯於埠子、白鹿等湖，從白洋河東西兩溝入黄河。黄之泥沙，得此而汰，故俗亦名汰黄隄。然其橐籥，又在小河口之通塞。小河通，則睢水逕入黄河，而歸仁之水減半。其藩籬則又在耿車時兒灘一帶，隄高厚堅固，則睢水不得漫入埠子等湖，而小河常通矣。故上自高卓，下至時灘，皆當接築長隄，歲加修守。守此隄，即所以守歸仁也。河防雜説：宿、虹二縣歸仁隄，共長六千三百二十五丈六尺。康熙十九年，減五堡減水壩以洩異漲，又建便民閘以通行旅。四十年，大修歸仁隄，自涵洞口至黄河，挑引河一道引諸水至桃源縣老隄出，以達於黄。又慮黄水消長靡常，於歸仁隄五堡建閘三座，於老隄頭建閘一座。黄水盛，則閉老隄頭閘，開歸仁隄閘以洩水入淮。黄水減，即閉歸仁隄閘，開老隄頭閘以引水刷黄。節宣有制，可以垂久遠而無弊矣。歸仁集西鴉嶺土隄，上自虹縣界，下至歸仁集，石隄長五百九丈，康熙三十八年築。歸仁舊石隄，上自歸仁集，下至五堡，格隄長三千八十八丈六尺，康熙三十八年修。又自五堡至桃源縣界，長三千七百五十丈，康熙三十九年修築。其格隄自五堡至便民閘，長二千七百二十五丈，康熙三十八年修築。

護城隄。有四。一在府城外，舊有石隄長五百十五丈，本朝康熙三十六年加築，而城北隄仍土工之舊。乾隆二十二年，高宗純皇帝南巡，命改以石；二十七年、三十年，有御製閲徐州西石隄詩。一在碭山縣，自河南虞城縣達蕭縣，延袤七十餘里。明隆慶中，知縣王廷卿募民作隄，以防河患，仍於河北築隄四千五百餘丈，以障漕渠。一在沛縣，明萬曆五年，知縣馬昺築，本朝乾隆八年修補。一在宿遷縣西，自馬陵山至黄河，縷隄長八百五丈，格隄一百六十丈，本朝康熙三十五年修築。又有護縣隄，在舊治東三里，明萬曆初知縣喻文偉建。

寒山堰。在銅山縣東。元和志：在彭城縣東十八里。梁蕭淵明伐魏，堰清水以灌城。

白米堰。在蕭縣東南三十里白米泉。源出白米山，西北流迂迴二十里，入縣南五里之雙橋湖，居民堰之，以灌稻田，故名。

舊河壩。在銅山縣北茶城下，地名牛角灣。明萬曆初，運河經此。既而運河由茶城東南十里鎮口閘合黄河，舊河遂淤。議者以其地平曠，河易泛溢，因築壩以防之。

毛城鋪壩。在碭山縣北黄河南岸。本朝康熙十九年建，乾隆二十三年修。上有石閘，康熙二十三年建，洩黄河漲水，由此減入小神湖，歷靈芝、孟山等湖，從歸仁隄便民閘匯洪澤湖助淮。

猫兒窩滚水壩。在邳州南運河東岸，本朝康熙二十三年建。又南有馬莊壩，馬莊之南有萬家莊壩，俱康熙十九年建。又上、下竹絡壩三，康熙二十七年建。窑灣竹絡壩一，康熙二十九年建。俱洩運河之水，由隅頭湖入駱馬湖。

攔黄壩。在宿遷縣西黄河北岸。又有朱家堂、温州廟二減水壩，俱本朝康熙中建。

攔馬河壩。在宿遷縣西北中河東岸。又有駱馬湖口竹絡石壩，皁河、朱家堂、温家廟等石壩，俱本朝康熙中建。

天然閘。在府西三十里王家山，因山爲閘，故名。本朝康熙年間修濬，分洩黄河水，通蕭縣姬村湖，出徐溪口。

鎮口閘。在銅山縣北二十里。相近有東鎮口閘。又古浜閘，在北二十五里。内華閘，在北三十里。梁境閘，在北四十里。黄家閘，在北六十里。皆明萬曆中設。

夏鎮閘。在沛縣東北四十里。又楊莊閘〔六〕，在縣東北四十三里，皆有閘官。

劉老澗閘。在宿遷縣東南四十里。本朝康熙中建，乾隆二十七年修。

歸仁閘。安仁閘。利仁閘。三閘俱在宿遷縣東南歸仁隄上，東曰歸仁，中曰安仁，西曰利仁。本朝康熙三十九年，改五堡減水壩建。乾隆五年，增歸仁、利仁二閘迤東攔水壩各一道。南有便民閘，康熙十九年建，俱減水入洪澤湖助淮。

陵墓

商

彭祖冢。在銅山縣東北。水經注：彭城東北角起層樓於其上，號曰彭祖樓，下曰彭祖冢。

微子墓。在沛縣東南。魏書地形志：留縣微山有微子墓。

周

子張墓。在蕭縣南三十里掘坊村。又申詳墓祔焉。

閔子墓。在蕭縣東南八十里。相近有鶱山，有祠。

西楚范增墓。在銅山縣南。魏書地形志：彭城有亞夫冢。水經注：掠馬臺西南山麓上，即其冢也。

陳勝墓。在碭山縣南。史記陳涉世家：陳勝葬碭，謚曰隱王。水經注：安山有陳勝墓。

漢

龔勝墓。在銅山縣東南。魏書地形志：彭城有龔勝墓。水經注：泗水逕龔勝墓南，墓碣尚存。寰宇記：在彭城縣東南三里，至今禁芻牧。

王陵母墓。在銅山縣南。

華佗墓。在銅山縣南。有碑，題曰「後漢名醫華佗之墓」。

楚元王冢。在銅山縣西。後漢書郡國志：彭城西二十里有山，山有楚元王冢。水經注：同孝山有楚元王冢，上圓下方，累石爲之，高十餘丈，廣百步許。

樊噲墓。在銅山縣北。寰宇記：在彭城縣北五十九里。

陶謙墓。在蕭縣東南陶墟山。

丁公墓。在豐縣東北六里。

雍齒墓。在豐縣北九里。

周勃墓。在豐縣東北十二里。又周亞夫墓，在其左。

張良墓。在沛縣東。魏書地形志：留有張良冢。括地志：在縣東六十五里，相近留城。寰宇記：在縣東南六十里。

陳珪墓。在邳州界。魏書地形志：歸正縣有陳珪墓。

三國　魏

陳琳墓。在邳州界。九域志：陳琳墓在下邳。

五代　梁

朱全昱墓。在碭山縣北一里許。

宋

王仲德墓。在銅山縣北。寰宇記：在彭城縣北四十一里。

党進墓。在碭山縣南三十里。

李若谷墓。在豐縣北五十里，其子淑墓祔焉。

魏勝墓。在宿遷縣東南四十里。

元

曹伯啓墓。在碭山縣北三里。

明

雙烈墓。在睢寧縣東五里。烈女徐雪梅、嚴鋭兒，以不屈賊死，葬於此。

祠廟

陳恭襄祠。在銅山縣城河東水滸。明平江伯陳瑄治水有功，建祠祀之。

忠孝祠。在沛縣西南一里，祀明靖難時死節知縣顔瓌父子，及主簿唐子清、典史黄謙。

朱公祠。在沛縣東北夏鎮，祀明工部尚書朱衡。

忠烈廟。在銅山縣城内。明一統志：宋知徐州事王復闔門死節，權知州事趙立奏爲復建廟，賜號忠烈。每歲時及出師，必率衆泣禱曰：「公爲朝廷死，必能陰佑遺民也。」徐人聞而歸心。

河平王廟。在銅山縣東十里。明永樂初建，以祀青河龍神。

漢高祖廟。有四。一在銅山縣東南。寰宇記：漢高祖廟，在彭城縣東南六里，臨泗水。一在沛縣東南泗水亭，廟前舊有延熹十一年碑，遺石在水中。一在豐縣治中陽坊。一在豐縣西北十二里。

靈源宏濟王廟。在銅山縣東南百步洪上，舊名聖女祠。凡舟楫之過洪者，必致禱焉。

惠佑龍王廟。在銅山縣南。本朝乾隆二十二年，敕建於雲龍之岡。二十七年、四十五年、四十九年巡幸，俱有御製龍王廟瞻禮詩。

呂梁洪廟。在銅山縣南洪上，元董恩建，以祀漢關忠義、唐尉遲敬德。忠義嘗官徐州，敬德嘗治水呂梁，皆有遺迹，故廟祀焉。元趙孟頫作記。明重建。宣德七年，命有司歲時致祭。

彭祖廟。在銅山縣北。寰宇記：魏神龜二年，刺史王延明移於子城東北樓下，俗呼樓爲彭祖樓。舊志：舊在州東北隅，今徙北門城闉彭祖故井邊。

黄石公廟。在銅山縣東北。寰宇記：在彭城縣東北彭城山上。舊志：舊在州東北二十里，今移於子房山。又邳州南亦有黄石公廟。寰宇記：黄石公廟，在下邳縣東南一里黄鄉。

岳武穆廟。在蕭縣東南。元至正八年，立於縣西北黄柏口。十二年，遷於縣東南桃山。

亞聖廟。在蕭縣西南三十里孟鎮。

漢光武廟。在豐縣北八里，今名東皇廟。

仲虺廟。在沛縣。寰宇記：沛縣有仲虺廟。明一統志：沛縣有仲虺墓。縣志：墓在縣東南四十里虺城内。蓋因有廟，而相傳會爲有墓也。

張良廟。在沛縣東南。括地志：在故留城内。

淵德公廟。在邳州西南舊州城西六里，祀漢下邳令韓稜。

郯子廟。在邳州治東北。

魯肅廟。在宿遷縣東南一里。

寺觀

騰雲寺。在蕭縣都仁鄉。唐太和元年建。

天門寺。在蕭縣東南三十五里山谷中。元至正中建。

壽聖寺。在蕭縣舊城南四十五里。金大定中建。

登雲寺。在豐縣東南三十里華山上。像設迥異，寺後林木錯立如屏。

福勝寺。在豐縣西二十里。元至正三年建。

大聖寺。在豐縣北四十里，即大聖院，有石碣。唐貞元十七年建。

興教寺。在豐縣西北。北齊天保二年，改曰白塔寺。隋開皇十三年，改曰道成寺。唐上元中，改曰重光寺。宋建炎中，遷東北隅。明洪武中，河決寺廢，重建於此。

龍泉寺。在沛縣運河東岸。舊在縣治南門外泡河之南，明嘉靖二十一年，改建於城內。萬曆二十五年，遷舊子胥廟地。

宗善寺。在邳州舊城南一里，即羊山寺。明成化七年賜額。

壽聖寺。在宿遷縣舊治南。元大德四年建。

崇寧寺〔七〕。在睢寧縣治北。明洪武中建。

洞真觀。在豐縣城隄外北隅。元至正二十五年，改爲曲泉宮。

玉虛觀。在宿遷縣治北馬陵山。明洪武初建。

名宦

漢

朱暉。宛人。永平中，遷臨淮太守。暉好節概，有所拔用，皆厲行士。其諸報怨以義犯，率皆爲求其理，多得生濟，其不義之囚，即時僵仆。吏人畏愛，爲之歌曰：「彊直自遂，南陽朱季。吏畏其威，人懷其惠。」

韓棱。潁川人。爲下邳令，他邑有冰雹之災，邳獨不雹。大臣上其事，徵爲尚書，肅宗賜以寶劍。棱生平不飲，一日侍上而醉。帝問故，曰：「今日爲臣生辰，邳人其或奠獻，所以至此。」遣使驗之，果然。廟祀至今，有禱輒應。

牟融。安丘人。永平中，爲豐令。視事三年，縣無獄訟，爲州郡最。司徒范遷薦融忠正公方，並上其理狀。

袁安。汝陽人。永平十四年，拜楚郡太守。先是，楚王英謀逆，辭所連及繫者數千人。安到郡，先往案獄，理其無明驗者，條上出之。帝感悟報許，得出者四百餘家。

楊統。新都人。建初中，爲彭城令。一州大旱，統推陰陽消伏，縣界蒙澤。太守宗湛，使統爲郡求雨，即降。統在縣休徵時序，風雨得節，嘉禾生於寺舍，人庶稱神。

張禹。襄國人。元和三年，遷下邳相。徐縣北界有蒲陽坂，傍多良田，堙廢莫修。禹爲開水門，通引灌溉，勸率吏民，假與種糧，親自勉勞，遂大收穀實。鄰郡貧者，歸之千餘户，室廬相屬，其下成市。墾田至千餘頃，民用温給。功曹史戴閏〔八〕，故太尉掾也，權動郡内。有小譴，禹令自致獄，然後正其法。自長史以下，莫不震肅。

蘇章。平陵人。安帝時，爲武原令。時歲饑，輒開倉廩，活三千餘户。

魏朗。上虞人。桓帝時，爲彭城令。時中官子弟爲相國多行非法，朗與更相章奏，倖臣忿疾。

晉

王祥。臨沂人。爲徐州别駕，刺史吕虔委以州事。於時寇盜充斥，祥率厲兵士頻討破之，州界清静，政化大行。時人歌之曰：「海沂之康，實賴王祥。邦國不空，别駕之功。」

司馬伷。宣帝子，封琅邪王。初鎮下邳，撫御有方，得將士死力，吴人憚之。伷既戚屬尊重，加有平吴之功，克己恭儉，無矜滿之色。寮吏盡力，百姓懷化。

王渾。晉陽人。武帝受禪，遷徐州刺史。時年荒歲饑，渾開倉賑贍，百姓賴之。

蔡豹。圉城人。元帝時，遷徐州刺史。豹在徐土，内撫將士，外懷諸衆，甚得遠近情。

蔡謨。考城人。成帝時，領徐州刺史，假節。聞石季龍於青州造船數百，掠緣海諸縣。時謨所統七千餘人，所戍東至土山，西至江乘，鎮守八所，城壘十一處，烽火樓望三十餘處。隨宜防備，甚有算略。

北魏

元雲。景穆帝子，封任城王〔三〕，除徐州刺史。以太妃蓋氏薨，表求解任，獻文不許。雲悲號動疾，乃許之。性善撫綏，深得徐方之心，爲百姓所追戀，送遺錢貨，一無所受。

辛紹先。狄道人。皇興中，爲下邳太守。爲政舉大綱，不甚皦察，惟教民治産禦賊之備。及宋將陳顯達、蕭道成、蕭順之來寇，道成謂順之曰：「辛紹先未易侵也，宜共慎之。」於是不歷郡境，徑屯吕梁。卒於郡。

元鑒。道武帝子，河間王曜之次孫，其兄舍子而讓爵於弟。宣帝時，轉徐州刺史。屬徐、兖大水，民多饑饉，鑒表加賑恤，人賴以濟。表梁郡太守程靈虬虐政殘民，詔免靈虬，於是徐境肅然。

李彦。敦煌人。遷徐州刺史。延昌二年夏，大霖雨，川瀆皆溢。彦相水陸形勢，隨便疏通，得無淹潰之害。朝廷嘉之，頻詔勞勉。

東魏

房謨。洛陽人。神武時，轉徐州刺史。始謨在兖州，彭城慕其政化，及爲刺史，闔境欣悦。先是，當州兵皆僚佐驅使，饑寒病死，動至數千。謨至，皆加檢勒，不令煩擾，以休假番代洗沐，督察主司，親身檢視。又使傭賃令作衣服，終歲還家，無不温飽，全濟甚多。時梁、魏和好，使人入其界者，皆稱歎之。神武與諸州刺史書，敘謨清能，以爲勸勵。

北齊

蘇瓊。武强人。皇建中，遷左丞，行徐州事。城中五級寺，忽被盜銅像一百軀，有司徵檢，逮繫數十人。瓊一時放遣。後十日抄賊姓名及贓處所，徑收掩，悉獲實驗。賊徒款引，道路歎服。舊制以淮北禁不聽商販輒度淮南，歲儉，啓聽淮北取糴。後淮北人饑，復請通糴淮南，遂得商賈往還，彼此兼濟，水陸之利，通於河北。

徐遠。石門人。河清初東楚州刺史，爲治慕寛和，有恩惠。邑郭大火，民亡産業，遠爲躬自赴救，對之流涕，仍爲經營，皆得安立。

周

王軌。祁人。武帝時，陳將吴明徹攻吕梁，詔軌往救。軌於清水入灌口，多豎大木車輪，截其水路，率兵蹙之，遂大捷。拜徐州總管。軌性嚴重，多謀略，威振敵境。

隋

尒朱敞。北秀容人。高祖時，拜徐州總管。在職數年，號爲明肅，民吏懼之。

盧昌衡。范陽人。高祖時，爲徐州總管長史，甚有能名。吏部尚書蘇威考之曰：「德爲人表，行爲士則。」論者以爲美談。

劉高。彭城人。大業中，爲蕭令，有恩惠。

唐

劉易從。德成孫，番耀子。爲彭城長史。永昌中，酷吏周興誣搆坐死，將刑，百姓奔走，争解衣投地曰：「爲長史祈福。」有司平直，乃十餘萬。

韋恒。陽武人。開元初，爲碭山令，政寛惠，吏民愛之。天子東巡，州縣供張，皆鞭朴趨辦。恒不立威而事給。

蘇詵。武功人。明皇時，由給事中出爲徐州刺史，治有迹。

張建封。南陽人。貞元四年，拜徐泗濠節度使。治徐凡十年，躬於所事，一軍大治，士往如歸。許孟容、韓愈皆奏署幕府。

韓愈。南陽人。德宗時，節度使張建封辟爲府推官。操行堅正，鯁言無所忌。

王紹。萬年人。元和初，爲武寧軍節度使，復以濠、泗二州隸其軍。自張愔後，兵驕難治，紹蒐輯軍政，推誠示人。裨將安進達、唐重靖謀亂，紹以計取之，出家資賞士，舉軍安賴。

崔珙。博陵人。文宗時，徐州以王智興後軍驕，數犯法，節度使高瑀未能制。天子思材望威烈者檢革其弊，謂宰相曰：「欲武寧節度使者，無易珙材。」以珙代瑀。居二歲，徐人戢畏。

薛元賞。文宗時，爲武寧節度使。罷泗口猥税，人以爲便。

盧弘止。蒲人。文宗時，爲武寧節度使。徐自王智興後，吏卒驕沓，銀刀軍尤不法。弘止戮其尤無狀者，終弘止治不敢譁。優詔褒嘉。

崔彦曾。全節人。咸通中，爲徐州觀察使。桂林戍者殺都將，脅龐勛爲將，自浙西趨淮南，達泗口。彦曾伏甲任山館擊賊。勛遣吏紿言，請至府解甲自歸，彦曾斬其吏。勛陷宿州，募兵譟而進。彦曾糾丁男乘城。或勸率衆奔兖州，彦曾曰：「我方帥也，奉命守此，惟有死爾。」斬議者一人號於衆。俄而勛傅城，城中大霧，彦曾悉誅賊家屬。勛衆超墉入，殺彦曾於寢。贈刑部尚書。

温廷皓。祁人。咸通中，署徐州觀察判官。龐勛反，使爲表求節度。廷皓叱之，遂遇害。

宋思禮。蕭縣主簿。事繼母孝。會大旱，井池涸，母羸疾，非泉水不適口。思禮憂懼，且禱，忽有泉出諸庭，味甘寒，日不乏汲，縣人異之。尉柳晃爲刻石，頌其孝感。

五代

唐

劇可久。范陽人。同光初，補徐州司法，以幹職聞。

周

王晏。滕人。廣順初，授武寧軍節度使。晏至鎮，悉召故時同爲盜者，遺以金帛，從容置酒語之曰：「吾鄉素多盜，我與諸君昔嘗爲之。後來者固當出諸君之下，爲我告諭，令不復爲。若不能改，吾必盡滅其族。」由是境内安静。吏民詣闕舉留，請爲晏立衣錦碑。

宋

王貽永。祁人。真宗時，爲徐州團練使。河決滑州，徐大水，貽永作隄城南以禦之。

梁適。東平人。仁宗時，知淮陽軍。奏滅京東預買紬百三十萬。論景祐赦書，不當録朱梁後。

孫沔。會稽人。仁宗時，京東多盜，乃以沔知徐州。明購賞，嚴誅罰，盜遂止。

徐起。鄄城人。知徐州，就爲轉運使。募富室，得米十七萬斛賑餓殍。又移粟以贍河北、京西者凡三百萬。

李迪。濮州人。仁宗時，知徐州。

王洙。虞城人。仁宗時，知徐州。時京東饑，朝廷議塞商胡河，賦楗薪，輸半而罷塞。洙命更其餘爲穀粟，誘願輸者以餔流民。因募其壯者爲兵，得千餘人，盜賊衰息。有司上其最，爲京東第一。

孔道輔。孔子四十五代孫。凡兩知徐州，以勁直聞。累官御史中丞。

傅堯俞。濟源人。神宗時，知徐州。前守侵用公錢，堯俞至爲償之，未足而去。後守移文堯俞使償，久之考實，非堯俞所用，卒不辯。

蘇軾。眉山人。神宗時，知徐州。河決曹村，泛於梁山泊，溢於南清河，匯於城下。城將敗，軾詣武衛營呼卒長曰：「河將害城，事急，雖禁軍且爲我盡力。」卒長曰：「太守猶不避塗潦，吾儕小人當效命。」率其徒持畚鍤以出。築東南長隄，首起戲馬臺，尾屬於城。雨日夜不止，城不沈者三版。軾廬於上，過家不入，使官吏分堵以守，卒全其城。復請調來歲夫，增築故城，爲木岸，以虞水之再至，朝廷從之。

孫覺。高郵人。神宗時，知徐州。徐多盜，捕得殺人者五，其一僅勝衣。疑而訊之，曰：「我耕於野，與甲遇，彊以梃與我，半夜挾我東，使候諸門，不知其他也。」問吏法如何，曰死。覺止誅其首，後遂以爲例。

陳師錫。建陽人。神宗時，知宿遷縣。元祐初，蘇軾三上章，薦其學術淵源，行己潔清，議論剛正，器識精深，德行追蹤於古人，文章冠絶於當世。乃入爲祕書省校書郎。

馬默。武城人。知徐州。屬城利國監苦吳居厚之虐，默皆革之。

田晝。陽翟人。徽宗時，知淮陽軍。歲大疫，日挾醫問疾者藥之，遇疾卒。淮陽人祀以爲土神云。

王復。知徐州。建炎三年，金人圍徐州，復與男倚率軍民力戰。外援不至，城陷，謂尼雅滿曰：「死守者我也，願殺我而舍百姓。」尼雅滿欲降之，復慢罵求死，闔門百口皆被殺。巡檢楊彭年亦死焉。贈復資政殿學士，謚壯節。「尼雅滿」舊作「粘罕」，今改正。

鄭褒。爲徐州教授。建炎三年，金人攻徐，褒駡敵而死。

金

完顏仲德。古蘭路人。哀宗即位，遥授同知歸德府事、同僉樞密院事，行院於徐州。州城東、西、北三面臨黄河，而南獨平陸。仲德疊石爲基，增城之半，復濬隍，引水爲固，民賴以安。「古蘭」舊作「谷懶」，今改正。

元

陳祐。一名天祐，寧晉人。至元二年，爲南京路治中。適東南天蝗，徐、邳尤甚，責捕急。部民丁數萬人至其地，謂左右曰：「捕蝗慮其傷稼也。今蝗雖盛而穀熟，不如早刈之，庶力省而有益。」或以事涉專擅，不可。祐曰：「救民獲罪亦甘心。」即諭之使散去。兩州之民皆賴焉。

明

顔伯瑋。名瓌，以字行。廬陵人，真卿之後。建文初，知沛縣。燕兵攻沛，瓌集民兵拒守。燕兵入，具衣冠南向拜，自經，子有爲從死。主簿唐子清、典史黄謙皆先後死。

鄭恕。仙居人。建文中，知蕭縣。燕將王聰來攻，城陷，不屈死。二女當配，亦死。

楊祕。宣德初，知徐州，有異政。九載秩滿，民乞留，晉秩還任。再歷九載，民益習其政，既去而歌頌不衰。

甯直。滕人。宣德初，知宿遷縣。寬廉平易，興學勸農。未期月，民大和。善決疑獄，訟者多越境來訴。卒於官，士民號哭，有送喪至滕，葬畢乃歸者。

劉伯吉。宣德中，知碭山縣，以親喪去。及服闋，民守闕下求再任。帝曰：「若新者勝舊，則民不復思矣。」遂許之。

費瑄。鉛山人。成化時，爲工部主事。徐州、吕梁二洪隄數潰，瑄往治，改用石，而築壩於其西，使殺湍悍。其東復甃長衢以便輓，歲省費三十萬。尋遇饑疫，賑荒給藥，全活無算。民德之，爲立生祠。嘉靖初，知徐州張淮請於朝，令有司歲祀之。

金聲。大嵩衛人。正德中，爲睢寧縣丞。流寇來攻，知縣蘇霄不能禦，聲與主簿邱紳、義士朱用之奮勇迎戰，死之。贈睢寧知縣。

李文憲。北直人。嘉靖初，授沛縣丞。百餘賊入城，文憲率民兵禦之。賊勢張甚，文憲死戰，力盡被害。

劉陽。安福人。嘉靖初，知碭山縣。緝姦盜，敦禮教，旌孝子，祭節婦，民俗以淳。黄河久爲患，陽齋沐七日，率父老虔禱，河自疏瀹二十七里，遠近異之。

劉夢熊。沁州人。萬曆中，知蕭縣。會大水，築兩河口隄，大開黄家樓河，設法鼓勵，未及期而工竣。

熊應祥。萬曆中，知碭山縣。時有水患，應祥於城外築隄千二百餘丈，植柳千株障之。

周鴻圖。即墨人。萬曆末，知宿遷縣。地號難治，鴻圖應之有餘，除數大害，去大憝數人，有麥秀兩岐、蝗不入境之異。

張鏡心。磁州人。天啓中，知蕭縣。縣西故有湖，爲姦民湮塞，鏡心疏濬之，得良田數千頃。

戴國柱。浙江人。山東副總兵。崇禎中，調鎮宿遷。時山東大盜袁時中寇縣，國柱與護漕參將古道行，合兵擊賊於靈爽廟，斬獲數百人。賊益兵攻圍，力盡援絶，遂同戰死。

本朝

李允貞。德州人。順治二年，知豐縣。時經制未定，賦役孔亟，允貞秩然有條，民得不擾。會碭山民亂，奉檄攝碭事。時首惡已擒，鎮將欲窮治寇黨，允貞廉其無辜，事得寢。因撫綏招徠，逃亡皆復業。代者至，百姓攀轅泣送之。

殷岳。雞澤人。順治二年，知睢寧縣。時軍需旁午，極力營辦，不以擾民。聽斷嚴明，豪强斂迹。學宫爲河水所淤，鳩工重建，朔望集諸生講課其中，邑人化之。

閻玿。太原人。順治三年，知豐縣。每周諮利病，輒與興除，禁兑糧解頭及收糧大户，民尤便之。

王相吕。泰州人。睢寧教諭。順治九年，膠寇陷城，抗義不屈，被害。贈國子監博士。

李之實。壽州人。睢寧訓導。膠寇陷城，抗義不屈，同王相吕被害。贈國子監學録。

周祚永〔二〇〕。西安人。順治十一年，知宿遷縣。招流移，墾荒瘠，徵賦盡除耗羨，胥隸不濫差遣，四境晏然。

江雁卿。江西人。康熙八年，知徐州，政尚寬和。州舊有版荒地四千七百頃，丁糧未除，力請題免。卒於官，州民爲之營殮。

孫枝蕃。三原人。康熙十二年，知徐州。黄河泛溢，出私錢募夫取石築隄，城賴以全。州苦協濟夫役，枝蕃力請免之。

佟國弼。奉天人。康熙三十九年，知徐州。歲饑，力請蠲賑，嘗發常平倉麥貸饑民。明年又饑，國弼代爲償之。河北數遭水患，乃築子堰數十里，歲得有秋。

劉如晏。臨桂人。康熙五十三年，知睢寧縣。睢寧城圮，力圖修建，躬率士民，節省浮費。期年工竣，民不知役。在任綜理周密，百廢具舉。

校勘記

〔一〕縣治故縣南垞上　「垞」，原作「坨」，據乾隆志卷六九徐州府古蹟（下同卷簡稱乾隆志）及水經注卷二五泗水改。

〔二〕克故東徐州　「故」，原作「古」，據乾隆志改。按，陳書卷五宣帝本紀太建七年三月云「改梁東徐州爲安州」，此所本。

〔三〕曹參擊秦將司馬尼於碭東　「司馬尼」，原作「司馬泥」，乾隆志同，據史記卷五四曹相國世家改。

〔四〕龍務橋　「務」，乾隆志及明一統志卷一八徐州關梁、雍正江南通志卷二六輿地志關津均作「霧」。

〔五〕西寧橋　「寧」，原避清宣宗諱作「安」，據乾隆志改。

〔六〕又楊莊閘　「楊莊」，乾隆志作「楊家莊」。

〔七〕崇寧寺　「寧」，原避清宣宗諱作「安」，據乾隆志回改。

〔八〕功曹史戴閏　「閏」，原作「潤」，據乾隆志卷七〇徐州府名宦（下同卷簡稱乾隆志）及後漢書卷四四張禹傳改。

〔九〕封任城王　「城」，原作「成」，據魏書卷一九中任城王傳改。

〔一〇〕周祚永　「永」，原作「承」，據乾隆志及雍正江南通志卷一一五職官志名宦改。

大清一統志卷一百二

徐州府三

人物

漢

蕭何。沛人。爲沛主吏掾。高祖起爲沛公，何嘗爲丞督事。沛公至咸陽，何獨先入，收秦丞相御史律令圖書藏之，以此具知天下阨塞、户口彊弱處。項羽立沛公爲漢王，漢王怒，欲攻羽。何諫之，乃就國，以爲丞相。進韓信爲大將軍，東定三秦。漢二年，漢王與諸侯擊楚，何守關中，轉漕給軍。漢王數失軍遯去，何嘗興關中卒補缺，上以此專屬任何關中事。漢五年，論功行封，上以何功最盛，封爲酇侯，位次第一，拜爲相國。孝惠二年薨，謚文終侯。

曹參。沛人。秦時爲獄掾。高祖爲沛公，以中涓從，攻秦，大破之，封建成侯。漢二年，爲假左丞相。參經七十餘戰，凡下二國，縣百二十二，功次蕭何，封平陽侯。爲齊相，齊國大治。蕭何薨，參代爲相國，舉事無更變，壹遵何之約束。百姓歌之曰：「載其清凈，民以寧一。」爲相國三年薨，謚曰懿侯。

樊噲。沛人。與高祖俱隱於芒碭山澤間。陳勝初起，蕭何、曹參使噲迎高祖，立爲沛公，從攻秦，破之。沛公入咸陽，欲居秦宮室，噲諫，乃還灞上。及謝項羽鴻門，范增謀殺沛公，噲持盾直入，誚讓羽。是日微噲，沛公幾殆。及定天下，以功封舞陽侯。孝惠六年薨，謚武侯。

夏侯嬰。沛人。試縣吏，與高祖相愛。高祖爲沛公，以嬰爲太僕。常奉車，從擊項羽，至彭城。項羽大破漢軍，漢王馳去，見孝惠、魯元載之，漢王急，常蹶兩兒棄之，嬰常收載行，卒得脱。漢王即帝位，封汝陰侯。惠帝立，賜縣北第第一，曰：「近我，以尊異之。」後與大臣共立文帝，復爲太僕。薨，謚文侯。初嬰爲滕令奉車，故號滕公。

周勃。沛人。高祖爲沛公，勃以中涓從，戰功多，封絳侯。爲人木强敦厚，高帝謂可屬大事，臨崩語吕后曰：「周勃厚重少文，然安劉氏者，必勃也，可用爲太尉。」吕后崩，吕禄、吕産秉權，欲危劉氏。勃與陳平誅諸吕，迎立代王，是爲文帝。拜右丞相。卒，謚武侯。

周苛。沛人。自卒史從高祖爲客，從入關，破秦，以爲御史大夫。漢三年，楚圍漢王滎陽急，漢王出去，使苛守滎陽城。楚破滎陽，令苛降，苛罵曰：「若趣降漢王，不然，今爲虜矣！」項羽怒，烹苛。

周昌。苛從弟。秦時爲泗水卒吏，從沛公入關，破秦，爲中尉，拜御史大夫。六年，封汾陰侯。昌爲人强力，敢直言，帝欲廢太子而立戚姬子如意爲太子，昌廷争之强。如意爲趙王，徙昌爲趙相。吕后鴆殺趙王，昌謝病不朝見，三歲而薨。

王陵。沛人。從漢王定天下，封安國侯。陵爲人少文任氣，好直言，爲右丞相。高后欲立諸吕爲王，問陵，曰：「高皇帝盟曰：非劉氏而王者，天下共擊之。今王吕氏，非約也。」太后不悦，迺陽遷陵爲太傅，實奪之相權。遂謝病免，杜門竟不朝請。

任敖。沛人。少爲獄吏，素善高祖。高祖起，敖以客從爲御史，守豐二歲。高祖東擊項羽，遷爲上黨守。陳豨反，敖堅守，封爲廣阿侯。高后時，爲御史大夫，三歲免。卒，謚懿侯。

周緤。沛人。以舍人從高祖起沛，至霸上，西入蜀，漢還定三秦，常爲參乘。從東擊項羽，戰有利有不利，終無離上心，上以緤爲信武侯。上欲自擊陳豨，緤泣曰：「始秦攻破天下，未常自行。今上嘗自行，是亡人可使者乎？」上以爲愛我，更封鄘城侯。卒，謚貞侯。

陸賈。楚人。以客從高帝定天下，有口辯。高祖使賜尉佗印爲南越王，賈卒令稱臣，奉漢約。歸報，拜大中大夫。賈時時前説稱詩書，帝曰：「乃公居馬上得之，安事詩書！」賈曰：「馬上得之，詎可馬上治之乎？」著書十二篇，每奏一篇，帝輒稱善，名曰新語。呂太后用事，迺病免。及誅呂氏，立孝文，賈頗有力。後使南越令比諸侯，皆如意指，以壽終。

朱建。楚人。故嘗爲淮南王黥布相。漢既誅布，聞建諫之，高祖賜建號平原君，家徙長安。爲人辯有口，刻廉剛正，行不苟合，義不取容。

韋孟。彭城人。爲楚元王傅，傅子夷王及孫王戊。戊荒淫不遵道，孟作詩諷諫。後遂去位，徙家於鄒。

季布。楚人。爲任俠有名。項羽將兵數窘漢王，羽滅，高祖購求布。布匿濮陽周氏，周氏置廣柳車中，之魯朱家所賣之。朱家説滕公，公爲上言之，上乃赦布，拜爲郎中。孝惠時，爲中郎將。樊噲欲横行匈奴，布争之，遂不復議。後爲河東守。布弟心，氣蓋關中，遇人恭謹，爲任俠，方數千里士争爲死。當是時，季心以勇、布以諾聞關中。

周亞夫。勃次子。文帝時，爲河内太守，封條侯。匈奴犯邊，以爲將軍，軍細柳。帝自勞軍，亞夫請以軍禮見。帝歎曰：「此真將軍矣。」景帝立，吴、楚反，以亞夫爲太尉，討平之，拜丞相。帝廢立太子，亞夫固争。竇太后欲封皇后兄王信爲侯，又争之。謝病免。

爰種。楚人，盎兄子。爲常侍騎。盎徙吴相，辭行，種謂盎曰：「吴王驕日久，國多姦，今絲欲刻治，彼不上書告君，則利劍刺君矣。絲能日飲亡何，説王毋反而已，如此幸得脱。」盎用種計，吴王厚遇盎。

丁寬。梁人。初，梁項生從田何受易，寬爲項生從者，讀易精敏，遂事何。學成謝歸，何謂門人曰：「易以東矣。」至雒陽，復從周王孫受古義，號「周氏傳」。景帝時，爲梁孝王將軍。作易説三萬言。

田王孫。碭人。從丁寬受易。王孫授施讎、孟喜、梁丘賀，繇是易有施、孟、梁丘之學。

魯賜。碭人。申公弟子，東海太守。

鄧彭祖。沛人。從五鹿充宗授梁丘易。宣帝時爲博士，仕至真定太傅。繇是有鄧氏學。

劉辟彊。楚元王孫。好讀書，能屬文。武帝時，以宗室隨二千石論議，冠諸宗室。清静少欲，常以書自娱，不肯仕。昭帝即位，拜光禄大夫，徙宗正，卒。

劉德。辟彊子。昭帝時，爲宗正，常持老子知足之計。大將軍光，欲以女妻之，德不敢取，畏盛滿也。地節中，封陽城侯。德寬厚，好施生，每行京兆尹事，多所平反罪人。家産過百萬，以振昆弟賓客食飲，曰：「富，民之怨也。」

嚴彭祖。下邳人。與顔安樂俱事眭孟。孟弟子百餘人，惟彭祖、安樂爲明，質問疑誼，各持所見。孟曰：「春秋之意，在二子矣。」繇是公羊春秋有顔、嚴之學。彭祖爲宣帝博士，歷遷太子太傅，廉直不事權貴。或曰：「君無貴人左右之助，經誼雖高，不至宰相。」彭祖曰：「凡通經術，固當行先王之道，何可委曲從俗，苟求富貴乎！」竟以太傅官終。兄延年，爲侍御史，奏霍光擅廢立，朝廷敬憚之。守河南，野無行盜，令行禁止。

施讎。沛人。從田王孫受易，與孟喜、梁丘賀並爲門人。賀爲少府，薦讎結髮事師數十年，賀不能及，詔拜讎爲博士。甘露中，與五經諸儒雜論同異於石渠閣。讎授張禹、魯伯，禹授淮陽彭宣、沛戴崇，繇是有施家之學。

翟牧。沛人。牧從孟喜受田氏易，爲博士，稱翟孟之學。

蔡千秋。沛人。受穀梁於魯榮廣及皓星公。宣帝時爲郎，召見，與公羊家並説。帝善穀梁説，擢千秋爲諫大夫給事中。

聞人通漢。沛人。受禮於后倉。以太子舍人論石渠，至中山中尉。

慶普。沛人。受禮於后倉，由是禮有慶氏之學。授魯夏侯敬，又傳族子咸。

褚少孫。沛人。事王式，問經數篇。式謝曰：「聞之於師具是矣，自潤色之。」褚生爲博士，由是魯詩有褚氏之學。

翼奉。下邳人。治齊詩，好曆律陰陽之占。元帝即位，諸儒薦之，徵待詔宦者署，數言事。晏見天子敬焉，奏封事，言左右無同姓，獨以舅后之家爲親，非後嗣之長策。又以爲祭天地於雲陽汾陰，及諸寢廟不以親疏迭毀，皆煩費違古制。後貢禹定迭毀禮，匡衡奏徙南北郊，其議皆自奉發之。爲博士諫大夫，以壽終。子及孫皆以學在儒官。

劉向。本名更生，彭城人。以父德任爲輦郎。宣帝時，初立穀梁春秋，徵更生受穀梁，講論五經於石渠。元帝初，蕭望之、周堪薦更生宗室忠直，擢散騎宗正給事中，爲弘恭、石顯所譖愬，下獄，廢十餘年。成帝即位，復進用，更名向，遷光禄大夫。王鳳秉政，兄弟皆封列侯，向爲洪範五行傳論奏之，又序次列女傳八篇，以戒天子。時政由王氏，災異浸甚，向遂上封事極諫，上終不能用。每召見，常顯訟宗室，譏刺王氏及在位大臣，其言甚痛切，發於至誠。年七十二卒。卒後十三歲而王氏代漢。向三子皆好學：長子汲以易教授，官至郡守；中子賜，九卿丞；少子歆，成帝河平中受詔，與父向領校秘書，講六藝傳記、諸子詩賦、數術方技，哀帝時復領五經，卒父前業，集六藝羣書種别爲七略。

申章昌。楚人。從梁丁姓受穀梁春秋，爲博士，至長沙太傅。徒衆尤盛。

龔勝。龔舍。皆楚人。二人相友，好學明經，並著明節，故世謂之「楚兩龔」。勝居諫官，數上書求見，其言制度泰奢，刑罰泰深，賦歛泰重，祖述王吉、貢禹之意。王莽秉政，勝乞骸骨歸。莽既篡國，拜勝爲講學祭酒，勝稱疾不應徵。後復遣使者奉太子師友祭酒印綬迫勝，不食死。舍通五經，以魯詩教授，以勝薦爲諫大夫。病免，徵爲博士，又病去。拜光禄大夫，舍終不肯起，乃遣歸。王莽居攝中卒。

高相。沛人。治易，與費直同時。共學亡章句，專説陰陽災異。自言出於丁將軍，授子康及蘭陵毋將永，繇是易有高氏之學。

劉平。彭城人。本名曠，後改爲平。更始時，天下亂，弟仲爲賊殺。平扶持其母，奔走逃難，抱仲遺腹女，而棄其子，與母俱匿野澤中。朝出求食，逢餓賊將烹之，願得歸食母畢，還就死。賊哀而遣之。建武初，龐萌反，攻敗郡守孫萌。平時爲郡吏，冒刃伏萌身上，被創號泣，請以身代。賊曰：「此義士也。」遂解去。後拜全椒長，政有恩惠，獄無繫囚。歷遷侍中宗正，數薦達名士。

朱浮。蕭人。從光武破邯鄲，拜大將軍、幽州牧，遂討定北邊。建武二年，封武陽侯。浮年少有才能，頗欲厲風節，收士心，辟召州中名宿，以爲從事。徵爲執金吾，因日食，上疏言宜久任長吏，又言宜廣博士之選，帝然之。後爲大司空，徙封新息侯。

陳宣。蕭人。性剛毅，博學明魯詩。王莽篡位，隱處不仕。光武即位，徵拜諫議大夫。乘輿出，宣列引在前，行遲，乘輿欲驅，宣諫曰：「王者承天統地，車用和鸞，步則佩玉，動静應天。」上遂徐行安轡。遷爲河隄謁者，以病免，卒於家。

劉般。宣帝四世孫。父紆襲封楚王，王莽廢爲庶人，因家彭城。世有名節，而紆尤慈篤。早失母，同産弟原鄉侯平尚幼，紆親自鞠養，及成人，未嘗離左右。平卒，紆哭泣嘔血數月亦歿。般數歲而孤，奉母轉側兵革中，篤志修行，講誦不怠。光武詔封菑丘侯，後徙封杼秋。永平元年，徙封居巢。十年，徵般行執金吾事，兼屯騎校尉。肅宗即位，以爲長樂少府，遷宗正。在位數言政事，其收卹九族，行義尤著，時人稱之。

劉愷。般子。當襲爵，讓與弟憲。侍中賈逵表薦，徵拜爲郎。愷入朝，在位者莫不仰其風行。拜侍中，遷太常。愷性篤古，貴處士，徵舉必先巖穴，論議引正，辭氣高雅。歷司空、司徒。時征西校尉任尚以姦利抵罪，鄧隲黨護之，愷不肯與謀，朝廷稱之。安帝親政事，復拜太尉，卒。

謝安。下邳人。順帝末，揚徐盗賊羣起，爲滕撫所破。賊徐鳳等，復將餘衆，攻燒東城縣。安應募，率其宗親，設伏擊鳳斬之，封平鄉侯，邑三千户。

陳球。下邳人。陽嘉中，舉孝廉，歷零陵太守。州兵朱蓋等反，與桂陽賊數萬轉攻零陵。掾請遣家避難，怒斥之，卒破賊，斬蓋等。遷廷尉，宦官曹節等以積怨欲別葬竇太后，球首發正議，公卿從之。後拜太尉，謀誅宦官。事洩，下獄死。子瑀、琮，弟子珪，並知名。珪官濟北相。

刁韙。彭城人。桓帝時，爲侍御史。黄琬、陳蕃爲左右所中傷，事下御史中丞王暢及韙。暢素重蕃、琬，不舉其事，而左右復陷以朋黨，韙坐禁錮。及陳蕃被徵，言事者多訟之。後拜議郎，遷尚書，在朝有鯁直臣節。出爲魯、東海二郡相，性厲有明名〔一〕，常以法度自整，家人莫見惰容。

劉茂。愷少子。好禮讓。桓帝時，爲司空。會李膺抵罪，成瑨、劉瓆下獄當死，茂與陳蕃、劉矩共上書訟之，遂坐免。靈帝時，復爲大中大夫，卒於官。

劉矩。蕭人。少有高節，舉賢良方正，四遷爲尚書令。性諒直，不能諧附貴勢，失大將軍梁冀意，出爲常山相。延熹中爲太尉，與司空黄瓊、司徒种暠同心輔政，號賢相。靈帝時，再爲太尉，所辟召皆名儒宿德。尋免，卒於家。

吴樹。下邳人。爲宛令。之官辭梁冀，冀賓客布在縣界，以情托樹。樹對曰：「小人姦蠹，比屋可誅，多托非人，誠非敢聞。」冀不悦。樹到縣，遂誅殺冀客爲人害者數十人，由是深怨之。後爲荆州刺史，臨去，冀爲設酒，因鴆之。樹出，死車上。

姜肱。彭城廣戚人。家世名族。與二弟仲海、季江，俱以孝行聞。其友愛天至，常共卧起。肱通五經，兼明星緯，與徐穉俱徵不至。桓帝使畫工圖其形狀，肱以被韜面，言感疾不欲出風，工竟不得見之。中常侍曹節等徵肱爲太守，乃隱身遯命，遠浮海濱。歷年乃還，終於家。

朱寓。沛人。官司隸校尉。名在八俊，與杜密等俱死獄中。

三國　魏

丁儀。沛人。曹操慕其才，欲妻以女。丕曰：「正禮目眇。」尋辟爲掾，數與議論，奇之，曰：「即使兩目盲，尚當妻女，況但眇乎。」弟廙，亦博學洽聞。

樊阿。彭城人。從華佗學醫，善針術。從佗求服食之有裨益於人者，佗授漆葉青黏散，言久服輕體。阿從其言，壽百餘歲。漆葉處所而有〔二〕，青黏生豐、沛、彭城及朝歌云。

桓威。下邳人，出自孤微。年十八而著渾輿經。依道以見意，從齊國門下書佐司徒署吏，後爲安城令。

吴

張昭。彭城人。少好學，博覽衆書。孫策創業，爲長史、撫軍中郎將。升堂拜母，如比肩之舊，文武之事，一以委昭。策臨亡，以弟權托昭，昭率羣僚立而輔之。權爲吴王，始封昭爲由拳侯。權好格猛獸，常酣飲，昭數進諫。權稱尊號，昭以老病，上還官位及所統領，更拜輔吴將軍，改封婁侯。在里宅無事，乃著春秋左氏傳解及論語注。昭容貌矜嚴，有威風。權曰：「孤嘗與張公言，不敢妄也。」昭年八十一歲卒，謚文侯。

張承。昭長子。少以才學知名，後爲奮威將軍，封都鄉侯。承壯毅忠讜，能甄識人物，凡在庶幾之流，無不造門。卒，謚定侯。弟休，爲太子登僚友，以漢書授登，指摘文義，分別事物，並有章條。後爲侍中。

嚴畯。彭城人。少耽學，善詩、書、三禮，又好説文。性質直純厚，其於人物忠告善道，志存補益。張昭進之於孫權，爲騎都尉從事中郎。魯肅卒，權以畯代肅，鎮據陸口，畯固辭云：「樸素書生，不嫻軍事，非才而據，咎悔必至。」發言慷慨，至於流涕，世嘉其能以實讓。常著孝經傳、潮水論。後爲尚書令，卒。弟略，零陵太守。

裴玄。下邳人。有學行，官至大中大夫。與嚴畯、張承論管仲、季路，傳於世。子欽，與太子孫登游，登稱其翰采。

晉

劉疇。彭城人。善談名理。曾避亂塢壁，賈胡百數欲害之。疇無懼色，援笳而吹之，爲出塞、入塞之聲，以動其游客之思，羣胡皆垂泣而去。永嘉中，位至司空左長史，爲閻鼎所殺。及王導初拜司徒，謂人曰：「劉王喬若過江，我不獨拜公也。」

劉黄老。彭城人。太元中，爲尚書郎，有義學。注慎子、老子，並傳於世。

劉毅。彭城沛人。少有大志，仕爲州從事。桓玄篡位，毅與劉裕等各起義兵討玄破之，爲撫軍將軍、豫州刺史。以匡復功，封南平郡開國公。

南北朝　宋

劉敬宣。彭城人。八歲喪母，晝夜號泣。武帝與敬宣深相憑結，封武岡縣男，拜江州刺史。從攻慕容超，大破超軍。盧循逼建業，敬宣置陣甚整。循走，仍從南討，爲左衛將軍。敬宣寬厚，善待士，多伎藝，弓馬音律無事不善。義熙末，進爲右軍將軍。

劉懷肅。彭城人，武帝從母兄。家世貧窶，躬耕好學。義熙時，爲輔國將軍，又領劉毅撫軍司馬，以建義功，封東興縣侯。胡桃山聚寇，懷肅討破之。卒，贈左將軍。

劉懷慎。懷肅弟。少謹慎質直。從武帝征討，位徐州刺史，爲政嚴猛，境内震肅。以平廣固盧循功，封南城縣男。雖名位轉優，而恭恪愈至。永初元年，進爵爲侯。景平初，遷護軍將軍。禄賜班於宗族，家無餘財。卒，謚肅侯。庶長子榮祖，少事騎射，爲武帝所知。盧循攻逼時，榮祖冒禁射賊，應弦而倒，帝益奇焉。參太尉軍事，又破魏軍。帝曰：「卿以寡尅衆，攻無堅城，雖古名將，何以過此？」賜爵都鄉侯，卒。懷慎弟懷默，江夏内史。子孫登，武陵内史。孫登子亮，以功封順陽侯。

劉道規。武帝少弟。倜儻有大志。與謀誅桓玄。江陵之平，道規推劉毅爲元功，何無忌爲次，自居其末。封華容縣公，遷荆州刺史。卒贈司徒，謚烈武。武帝受命，追封臨川王。

劉鍾。彭城人。從武帝征伐，盡其心力。及義旗建拔爲郡主簿，以廣固功，封永新縣男。武帝北伐，鍾居守。累遷右衛將軍，卒。

劉粹。蕭人。從武帝平京邑，征廣固，以功封西安縣五等侯。永初元年，以佐命功，改封建安縣侯。文帝即位，爲雍州刺史，加都督。初，謝晦與粹善，以粹子曠之爲參軍。粹受命南討，一無所顧，文帝以此嘉之。

到彦之。彭城武原人。宋初，以軍功封佷山縣子，官太尉中兵參軍。武帝受命，進爵爲侯。彦之佐守荆楚二十載，威信爲士庶所懷。元嘉三年，討平謝晦，封建昌縣公。遷南豫州刺史。卒，謚忠公。

劉義慶。長沙景王第二子，爲道規後。永初元年，襲封臨川王。擬班固典引爲典敘，以述宋代之美。元嘉中，又嘗爲河清頌。歷南兖刺史。性簡素，寡嗜欲，愛好文義，爲宗室之表。所著世説十卷，撰集林二百卷。

劉琨之。謍浦侯遵考子。爲景陵王誕司空主簿，誕叛，以爲中兵參軍，辭曰：「忠孝不得並，琨之老父在，將安之乎？」誕殺之。後贈黄門郎，詔謚莊爲誄。

劉康祖。彭城吕人。父虔之，輕財好施，位江夏相。康祖便弓馬，膂力絶人。襲封拜員外郎，轉左軍將軍。文帝北侵，魏衆八萬騎，與康祖相及。康祖僅八千人，率厲將士，無不一當百，魏軍死者大半。康祖爲矢中頭死。魏人傳康祖首至彭城，面如生。贈益州刺史，謚曰壯。

劉道産。康祖伯父簡之子。簡之有志幹，爲武帝所知，位太尉諮參軍。道産初爲無錫令，襲封晉安縣五等侯。元嘉三年，累遷梁、南秦二州刺史，加都督。在州有惠化。後爲雍州刺史，兼襄陽太守。善於臨職，在雍部政績尤著。蠻夷順服，百姓樂業，由是有襄陽樂歌。卒於官，謚曰襄侯。子延孫，孝武初位侍中，封東昌縣侯。後徵侍中尚書左僕射領護軍，延孫病，不任拜起。卒，贈司徒，謚文穆。

魏恭子。元嘉初，爲彭城内史。廉恤修慎，在公忘私，安約守儉，久而彌固。

劉勔。彭城人。少有志節，兼好文義。初爲鬱林太守，大明初，以平廣陵功，封金城縣五等侯。豫州刺史殷琰叛〔三〕，命勔致討，勔戰無不捷。及琰請降，勔令三軍不得妄動，士庶感悦。元徽初桂陽王休範爲亂，奄至建業，勔戰敗死之，贈司空，謚曰昭公。

孫棘。彭城人。大明五年，發三五丁，弟薩應充行，坐違期不至付獄。棘至郡，乞以身代。薩又自引。太守張岱疑其不實，各置一處，報云聽其相代，顔色並悦，甘心赴死。岱依事表上，孝武詔特原罪，並各賜帛二十疋。

劉秉。少以宗室清謹見知，順帝即位，轉尚書令。知運祚將遷，與袁粲謀誅蕭道成。袁粲敗，秉見擒被殺。子俣及陔，皆死之。

齊

劉悛。勔子。勔戰死，悛時遇疾，扶伏路次，號哭求勔屍。持喪墓側，冬日不衣絮。後拜司州刺史。父勔平壽陽，無所犯害，百姓立碑記。悛過勔碑，拜敬涕泣，以父死朱雀航，終身不行此路。明帝崩，衛送山陵，路經朱雀航，感痛而卒。

劉繪。悛弟。性機悟。歷中書郎。永明末，都下人士盛爲文章談義，皆湊竟陵西邸，繪爲後進領袖。悛坐事將見誅，繪伏闕請代。明帝輔政，救之得免。帝即位，遷太子中庶子。遭母喪去官，持喪墓下三年，食麤糲。服闋，官屢不受，卒。

梁

劉孺。悛子。幼聰敏，七歲能屬文。年十四，居喪毁瘠骨立。起家中軍法曹行參軍，累遷太子中舍人。孺少好文章，性又敏速。常在御座爲李賦，武帝甚稱賞之。後爲吏部尚書，母憂以毁卒。謚曰孝子。

劉覽。孺弟。十六通老、易。位中書郎。以所生母憂，廬於墓，再期，不嘗鹽酪。隆冬止著單布衣，家人夜置炭於牀下，及覺，號痛歐血。武帝聞其至性，數使人省視。服闋，除尚書左丞，當官清正，無所私。出爲始興内史，居郡尤厲清節。

劉遵。覽弟。少清雅有學行，工屬文。晉安王綱甚見賓禮，除中庶子，卒於官。

劉孝綽。本名冉，繪子。幼聰敏，七歲能屬文。天監初，起家著作佐郎。常侍武帝燕，作詩七首，帝深嘉歎。歷祕書丞，謂周捨曰：「第一官當用第一人。」累官祕書監。詞藻爲後進所宗，流傳絶域。子諒，少好學，有文才，尤悉晉代故事，時人號曰「皮裏晉書」。

劉孝儀。孝綽弟。工屬文。舉秀才，累遷尚書左丞兼御史中丞。在職彈糾，無所顧望。太清元年，爲豫州内史。侯景寇京邑，孝儀遣子帥郡兵入援。孝儀爲人寬厚，内行尤篤，有文集二十卷。第六弟孝威，氣調爽逸，風儀俊舉。太清中，遷中庶子〔四〕，兼通事舍人。

劉苞。勔之孫。父愃，齊太子中庶子。苞三歲而孤，至六七歲，見諸父嘗泣。母怒之，苞曰：「早孤不識父，聞諸叔父多相似，故心中悲耳。」奉母朱及所生陳，並扇席温枕。苞少好學，能屬文，自征虜主簿遷洗馬，及從兄孝綽等，並以文藻見知。居官有能名，性和直，與人交，面折其非，退稱其美。

劉慧斐。彭城人。少博學，能屬文。起家梁安成王法曹行參軍。游匡山，遂有終焉之意。於山北搆園一所，號曰離垢園，時人謂離垢先生。簡文帝臨江州，遺以几杖。

劉曇浄。慧鏡之子。慧鏡以孝聞，曇浄篤行有父風。解褐安成王國左常侍。父卒於郡，曇浄奔喪，不食飲者累日，絶而又蘇，因毁成疾。舉孝行，武帝用爲海寧令。曇浄以讓兄，除安西行參軍。父亡後，事母尤純至，身營飧粥，不以委人。母亡，單衣廬墓，晝夜哭泣，未及期而卒。

到溉。彦之曾孫。少孤貧，與兄沼、弟洽，俱知名。起家王國左常侍。湘東王繹爲會稽太守，以溉爲輕車長史行府郡事。武帝敕繹曰：「到溉非直爲汝行事，足爲汝師。」遭母憂，毁瘠過人。歷左民尚書，以清白自修。性又率儉，不好聲色，虚室單牀，旁無姬侍，冠履十年一易，朝服或至穿補。後因疾失明，詔以光禄大夫就第養疾。溉家門雍睦，兄弟特加友愛。子鏡，五歲口授爲詩，婉有辭況。位太子舍人。鏡子藎，早聰慧，位至尚書殿中郎。

到洽。溉弟。清警有才學。武帝召爲太子舍人，累遷尚書吏部郎，請托不行。徙左丞，準繩不避貴戚。遷御史中丞，號勁直。出爲尋陽太守，卒。贈侍中，謚理子。

到沆。洽從弟。善屬文，工篆隸。天監初，爲太子洗馬，遷太子中舍人。沆爲人謙敬，口不論人短。卒於北中郎諮議參軍。所著詩賦百餘篇。

魏

劉芳。彭城人。爲中書侍郎。芳才思深敏，特精經義，博聞强記，兼覽蒼雅，尤長音訓，辯析無疑，時人號爲劉石經。子懌，爲文翰，有父風。屢爲行臺，出使所歷，有當官之稱。遷大司農。卒，謚曰簡。

劉懋。芳從子。聰敏好學，博綜經史。宣武初，位尚書外兵郎中。大軍攻硤石，懋爲李平行臺郎中，城拔，懋頗有功。清河王懌愛其風雅，常曰：「劉生堂堂，搢紳領袖〔五〕。」遷太尉司馬，卒謚宣簡。家甚清貧，亡之日，徒四壁而已。撰諸器物造作之始，爲物祖十五卷。

孫道登。彭城吕人。永安初，爲梁將韋休等所虜，面縛臨刃，巡遠郈隖，令其招降鄉曲。道登厲聲唱呼：「但當努力，賊無所能。」賊遂屠戮之。事聞，表其節義，賜子爵世襲，遣使弔祭。

隋

劉行本。沛人，寓居京兆之新豐，以諷讀爲事，雖衣食乏絶，晏如也。性剛烈。先仕用爲丞相府〔六〕。文帝踐阼，累遷黄門侍郎。上常怒一郎，殿前笞之。行本諫，上不顧，行本正當上前，置笏於地而退，上斂容謝之，遂原所笞者。拜左庶子，太子虚襟敬憚。及太子廢，上曰：「使劉行本在，勇當不及於此。」

劉士儁。彭城人。性至孝，母憂，絶而復甦，勺飲不入口七日。廬於墓側，負土成墳，狐狼馴擾，爲之取食。高祖表其門閭。

劉權。彭城豐人。少有俠氣，重然諾，後更折節好學，動循法度。從晉王平陳，以功授開府儀同三司。大業中，從征吐谷渾，逐北至青海伏俟城，過曼頭、赤水，置河源郡、積石鎮，大開屯田，留鎮西境。在邊五載，諸羌懷附，道路無壅。徵拜司農卿，尋爲南海太守。會羣盜起，豪帥願推權爲首，權無異圖，守之以死。從父弟德威，知名於世。

劉弘。芳孫。少好學，有行檢，重節概。平陳之役，以功封濩澤縣公，拜泉州刺史。高知慧攻州，弘守城百餘日，救兵不至，糧盡城陷，爲賊所害。

劉子翊。彭城叢亭里人。少好學，解屬文，性剛謇，有吏幹。大業中，爲治書侍御史，從幸江都。值天下大亂，子翊因侍切諫忤旨，令爲丹陽留守。於上江督運，爲賊吴棊子所虜。煬帝被弑，羣賊執至臨川城，使告城中云帝已崩。子翊反其言，遂見害。

唐

劉德威。彭城人。歸李密，密降，俱入朝，封滕縣公。將兵擊劉武周，爲所獲，使率本部徇地浩州。得歸，盡上賊中虚實，高祖嘉納，改彭城縣公。爲同州刺史，卒官，謚曰襄。德威閨門友睦，爲人寬平，生平所得俸禄，以分宗親，無留藏。

劉審禮。德威子。少喪母，爲祖母元所養。元每疾病，必親煮藥，嘗而進。元曰：「兒孝通幽顯，吾一顧念，疾輒間。」貞觀中，歷左驍衛郎將，父喪，免。比葬，徒跣血流，行路咨歎。事繼母尤謹，再從皆同居，合二百口，内外無間言。遷檢校左衛大將軍。吐蕃寇涼州，副中書令李敬玄討之，爲所執。其子殆庶、弟延景，請入賊以贖，詔殆庶、易從省之〔七〕。既至而審禮卒，易從晝夜哭，吐蕃哀其志，還父尸，徒跣萬里，扶護以歸。審禮贈工部尚書，謚曰僖。

劉延嗣。審禮從弟，爲潤州司馬。徐敬業攻潤州，延嗣與刺史固守。俄而城陷，邀以降，曰：「吾世蒙恩，詎能苟生，爲宗族羞。」繫江都獄。敬業敗，轉汾州刺史。

劉胤之。彭城人。少志學。永徽初，以著作郎弘文館學士，與令狐德棻、陽仁卿等譔次國史并實録。以勞封陽城縣男，終楚州刺史。從子延祐，擢進士，補渭南尉，有吏能，治第一，歷安南都護。

劉藏器。延祐從弟。高宗時，爲侍御史。衛尉卿尉遲寶琳脅人爲妾，藏器劾還之。寶琳私請，帝止其還，凡再劾再止。藏器曰：「陛下用捨繇情，法何所施？」乃詔可。出爲宋州司馬，卒。子知柔，性儉静，美風儀。居親喪，廬墓側，詔築闕表之。歷國子司業，遷太子賓客，封彭城縣侯，致仕。

劉知幾。藏器子。通覽羣史，與兄知柔俱以善文詞知名。累遷鳳閣舍人，兼修國史。時宰相領監修，知幾病長官多，意尚不一，求罷去，因爲蕭至忠言五不可，又著史通内外四十九篇。開元初，遷左散騎常侍。鄭惟忠嘗問：「自古文士多，史才少，何耶？」對曰：「史有三長：才、學、識。世罕兼之。」時以爲篤論。子六人：貺、餗、彙、秩、迅、迥，皆著書得名。貺子滋、浹亦有學。滋，貞元中爲相。浹子敦儒，時稱劉孝子，達禮好古，終起居郎。

劉禹錫。彭城人。工文章，登貞元進士、宏詞二科，辟淮南杜佑掌書記，從入朝爲監察御史。以附王叔文，坐貶朗州司馬。久之召還，欲任南省郎，以作玄都觀詩，語涉譏忿，出爲播州刺史。詔下，以御史中丞裴度言，乃易連州。又徙夔州。後由和州刺史入爲主客郎中、集賢直學士。復刺蘇州，以政最，賜金紫。徙汝、同二州，再遷賓客分司。會昌時，加檢校禮部尚書。卒，贈户部尚書。子承雍，亦登進士，有才藻。

石雄。徐州人。少爲牙校，敢毅善戰。會昌初，回鶻入寇，詔雄爲天德防禦副使，佐劉沔屯雲州。雄穴城夜出，直擣烏介帳，斬首萬級，迎公主還。李彦佐討劉稹逗遛，以雄爲晉絳行營諸軍副使。雄勒兵越烏嶺，破賊五壁。雄臨財廉，賜與輒分士伍，繇是衆感發，無不奮。進檢校兵部尚書，徙鎮河陽。

五代　梁

朱珍。豐人。爲將，善治軍選士。太祖初鎮宣武，珍爲創立軍制，選將練兵甚有法。敗黄巢，破秦宗權，東并兖、鄆。未嘗不在戰中，而常勇出諸將。

晉

沈斌。下邳人，歷事梁、唐。開運元年，爲祁州刺史。契丹過祁州，斌以州兵邀之。城中無備，趙延壽急攻之，招斌出降。

斌從城上罵延壽曰：「斌能爲國死，不能效公之所爲也。」城陷自盡。

南唐

劉仁贍。彭城人。父金，事楊行密，爲濠、滁二州刺史，以驍勇知名。仁贍少通兵書，事南唐爲清淮軍節度使，鎮壽州。周世宗攻之，百端不能下。屢請出戰，元帥齊王景達不許，憤惋成疾。明年，李景君臣奉表稱臣，仁贍獨堅守。子崇諫謀出降，立斬之。仁贍病甚，其副使孫羽，詐爲仁贍書以降。是日卒。贈太師。世宗徙壽州治下蔡，復其軍曰忠正，曰：「吾以旌仁贍之節也。」

宋

劉濤。彭城人。後唐天成進士，晉天福初，改司勳員外郎。周顯德初，拜右諫議大夫。恭帝即位，遷右詹事。濤性剛毅不撓，素與宰相范質不協，遂退居洛陽清化里，杜門以書史自娱。太祖素知濤履行，開寶二年，召赴闕，以老病求退。授祕書監，致仕，卒。嘗力薦薛居正，以爲文章器業，必至台輔。世皆稱其知人。

郭廷謂。彭城人。幼好學，工書，善騎射。乾德中，爲静江軍節度使。廷謂性恭謹，事母以孝聞。子延濬，太祖録用供奉官。淳化四年，李順亂，充成都十州都巡檢使，擊破之。真宗初，河朔用兵，延濬馳往邊城，按視寨壘，尋卒。廷謂從子延澤，博通典籍，太宗詔問經史大義，條對皆稱旨，命爲史館檢討。咸平中，授虞部員外郎，致仕。

劉福。下邳人。少倜儻魁岸，有膂力。本周將，入宋從劉光毅征蜀，以功授虎捷都虞候。淳化初，遷涼州觀察使，判雍州事，卒。福雖不學，而御下有方略，爲政簡易，人甚德之。福既貴，不敢治第，及卒，上爲賜其子金市宅焉。

劉湜。彭城人。舉進士，拜監察御史。王德用自隨州召還，近臣言其有反相，湜保右之，爲鹽鐵副使兼領河渠事。汴水絶，鑿河陰新渠，通漕運如故。累遷龍圖閣直學士、知慶州。

王漢忠。彭城人。少豪蕩，太宗奇其材力，置左右。累官涇原等路安撫使，後知襄州，卒。漢忠有識略，軍政甚肅。每行師，必祝曰：「願軍民無犯吾命。」故所部惕然。尤好讀書，名稱甚茂。

李祚。豐人。親喪，廬墓側二十七年。大中祥符中，特詔旌表。

劉顔。彭城人。少孤，好古學，不專章句。舉進士第，以試祕書省校書郎知龍興縣。後授徐州文學，居鄉里，教授數十百人，採漢唐奏議爲輔弼名對。馮元等上其書。除任城主簿，賑民饑，活數千人。李迪知兖州、青州，皆辟爲從事。所著有儒術通要、經濟樞言。石介見其書，歎曰：「恨不在弟子之列。」

晁迥。彭城人。舉進士，擢右正言，獻咸平新書五十篇、理樞一篇。使契丹還，奏北庭記。朝廷詔令，多出迥手。遷禮部尚書。天聖中，召宴太清樓，賜飛白書，進少傅，召對雨暘之應，獻斧扆慎刑箴。卒年八十四，謚文元。

李若谷。豐人。舉進士，補長社縣尉，歷知陝州、潭州，善治盜。知滑州、延州、壽州，善治隄岸。後知河南府，又知開封，拜參知政事，以太子少傅致仕，卒。若谷性資端重，在政府論議常近寬厚。治民多智慮，愷悌愛人，其去多見思。

李淑。若谷子。年十三獻詩。真宗時，賜童子出身，寇準薦授史職。仁宗初，召試進士及第，爲祕書郎。累官龍圖閣學士，知河中府。淑警慧過人，博習諸書，詳練典故，凡有沿革，帝多諮訪。制作誥命，爲時所稱。

鄭僅。彭城人。第進士，爲大名府司户參軍，文彦博以爲材。奏改司法，遷冠氏令，塞河決，稽保甲，盜不入境。改知寧州。時諸路争進討奏捷，僅獨保境，寇亦不犯。後以吏部侍郎知秦州。卒，謚修敏。

顔太初。彭城人，顔子四十七世孫。博學有雋才，慷慨好義。天聖中，亳州衛真令黎德潤，爲吏誣搆死，太初以詩發其冤，覽者壯之。中進士，爲莒尉，投劾去。祭酒孔道輔上其所爲詩，召試中書，官南京國子監説書。著書號洙南子，有集十卷、淳曜聯英二十卷。

李壽朋。淑子。慶曆初，與弟復圭同試學士院，賜進士，歷知鳳翔府滄州。司馬光出使薦其能，入史館，進户部鹽鐵副使。復圭通判澶州，後以集賢殿修撰知荆南，卒。復圭臨事敏決，稱健吏，與人交不以利害避。

晁宗慤。迥子。召試進士及第，除史職。仁宗時，知制誥。宋綬謂自唐以來，惟揚於陵身見其子掌書命，今始有晁氏焉。元昊反，以宗慤安撫陝西道，拜参知政事。卒，謚文莊。生平孝友敦篤，凡任子恩，皆先其族人。

陳師道。彭城人。少好學，以文謁曾鞏，一見奇之，留受業。神宗時，王氏經學盛行，師道心非其説，遂絶意進取。元祐初，蘇軾、傅堯俞、孫覺薦其文行，起爲徐州教授，又用梁燾薦爲太學博士。家素貧，或經日不炊，妻子愠見弗恤也。久之，爲祕書省正字。師道安貧樂道，於諸經尤邃詩禮，爲文精深雅奥，作詩學黄庭堅。初游京師，踰年未嘗一至貴人之門。與趙挺之友壻，素惡其人，適預郊祀行禮，寒甚，衣無綿，妻就假於挺之家。卻之不肯服，遂以寒疾死。

劉庠。顔之子。八歲能詩。中進士第，英宗求直言，庠上書論時事，除監察御史裏行。帝不豫，儲嗣未正，庠疏潁王長且賢，宜使日侍禁中。神宗立，遷右司諫，奉使契丹。故事，兩國忌日不相避，契丹張宴白溝日，當英宗祥祭，庠獨請免，契丹義而聽之。知開封府，王安石欲見之，竟不往。奏論新法，神宗諭之曰：「奈何不與大臣協心濟治！」庠曰：「臣知事陛下，不敢附安石。」元祐初，歷知渭州，卒。庠有吏能，淹通歷代史。

彭程。徐州人。四世同居，詔旌表門閭。

趙立。徐州人，以勇敢隸兵籍。靖康初，金人大入，盗賊羣起。立數有戰功，爲武衛都虞候。建炎三年，金人攻徐，王復拒守，命立督戰，中六矢，戰益厲，復酌酒揮涕勞之。城陷，復與其家皆死。立巷戰奪門出，金人擊之死，夜半得微雨而蘇，乃殺守者入城，求復屍瘞之。金人北還，立率殘兵邀擊，軍聲復振，遂復徐州。金圍楚州，詔以立守。立募壯士焚其梯，登磴道以觀，飛礮中其首而絶。立爲人木彊，忠義出天性。訃聞，贈奉國節度使、開府儀同三司，謚忠烈。

宋汝爲。豐人。靖康初，金人犯京師，闔門遇害。汝爲思報國家及父兄之讎，建炎中，陳邊事，高宗嘉納，補修武郎，假武功大夫。使金，完顔宗弼刦而縛之，一無懼色，瀕死數四。紹興中亡歸，作恢復方略獻於朝，遂上秦檜書。檜將以械送金人，汝爲變姓名爲趙復，徒步入蜀，死。汝爲倜儻尚氣節，博物洽聞，有忠嘉集行世。

魏勝。宿遷人。多智勇，善騎射。金人南侵，勝聚義士三百，渡淮取漣水軍，遂取海州。屢敗金兵，奏功授閤門祗候兼山東路忠義軍都統。勝善用大刀，能左右射，旗揭曰「山東魏勝」，金人望見即退走。隆興二年，知楚州。時和議未決，金兵乘其懈侵邊，勝拒於淮陽，力戰矢盡，救不至，中矢墜馬死。事聞，贈保安軍節度使，謚忠壯。

金

曹珪。徐州人。大定四年，州人江志作亂，珪子弼在賊黨中。珪謀誅志，并弼殺之。尚書省議當補二官，雜班敘，詔曰：「珪赤心爲國，大義滅親，自古罕聞。更進一官，正班用之。」

劉全。彭城人。率鄉鄰數百，避兵沫溝，推爲寨主。北兵至徐，盡俘其老幼，全父亦在其中，北兵質之以招全。全縛其人送徐州，因竊其父歸。徐帥益都嘉其忠，承制以爲招信校尉，遥領彭城縣令。後遇國用安，以其不附己見殺。

元

徹爾。揚珠濟達氏。曾祖塔齊，以功封徐、邳二州，因家於徐。幼孤，母蒲察氏教之學。既貴，母杖之，俛首受。世祖時，僧格爲相，恣横無狀。徹爾具陳姦貪誤國害民狀，帝怒，批其頰，辨愈力。帝大悟，籍僧格家。累遷中書平章政事，進封武安侯。「徹爾」舊作「徹里」，「楊珠濟達」舊作「燕只吉台氏」，「塔齊」舊作「太赤」，「僧格」舊作「桑哥」，今俱改正。

曹伯啓。碭山人。弱冠篤於學問。世祖至元中，任西臺御史，請於關陝建許衡祠。延祐元年，遷刑部侍郎、大同宣慰使。巴哈喇卜丹運嶺糧歲數萬石，累贓鉅萬，朝廷遣使督徵，前後受賂，皆爲之游言。伯啓往，其人已死，諭其子弟條所賂之數，官爲徵之，歸鈔五百餘萬緡。拜集賢學士。泰定初，引年歸，碭人賢之。伯啓性莊肅，奉身清約，所奬借名士尤多。追封魯郡公，謚文貞。有詩文十卷。「巴哈喇卜丹」舊作「法忽魯丁撲」，今改正。

杜祐〔八〕。邳州人，河南行省署爲三汊水馬站提領。父成病於家，祐忽心驚，舉體沾汗，棄職歸。父病始二日，遂禱神求代，且嘗糞以驗疾。父卒，廬墓盡哀，有馴兔之瑞。

吴希曾。睢寧人。父卒，葬日大雨，希曾跪匱前，炷艾燃腕，火熾雨止。就葬，結廬於墓左。縣上狀旌之。

史彦斌。邳州人。嗜學，有孝行。至正十四年，河溢金鄉魚臺，墳墓多壞。彦斌母卒，慮有後患，乃爲厚棺，刻銘曰：「邳州河店史彦斌母匱。」仍以四鐵環釘其上，然後葬。明年，墓果爲水所漂，彦斌縛草爲人置水中，仰天呼曰：「母匱被水，不知其去，願天矜憐，假此芻靈，指示母匱。」乘舟隨草人所之。行三百餘里，草人止桑林中，視之，母匱在焉。載歸，復葬之。

明

傅友德。其先宿州人，後徙碭山。太祖至小孤山，友德率衆降。帝奇之，用爲將，從擊陳友諒於鄱陽湖，破元將珠展於安豐。洪武三年，封潁川侯，充征虜前將軍，伐蜀功爲諸將第一。討雲南，蠻地悉平。進封潁國公。友德喑啞跳盪，身冒百死，自偏將至大將，每戰必先士卒，雖被創戰益力，以故所至立功，帝屢敕奬勞。「珠展」舊作「竹貞」，今改正。

薛顯。蕭人。趙均用據徐州，以顯守泗州。均用死，以泗州來降，授指揮，從征伐。與常遇春攻湖州，顯率舟師奮擊。遇春曰：「今日之戰，將軍功，遇春弗如也。」從徐達取中原。太祖諭諸將，謂薛顯勇略冠軍，可當一面。洪武三年，封永城侯，謚桓襄。

高遜志。蕭人，僑寓嘉興。受業於貢師泰、周伯琦、鄭元祐，爲文醇雅，成一家言。洪武初，徵修元史，歷官侍講學士。靖難後，抗節遠遯，卒雁蕩山中。

朱守仁。徐州人。元末，守舒城。歸明，授斷事知袁州，民德之。洪武二年，徵爲工部侍郎，尋以餽餉不繼，謫蒼梧知縣，進知容州、高唐州，皆有善政。知楚雄府九年，境内大治。拜太僕卿，首請立草場於江北滁州等處，牧放馬匹，馬大蕃息。馬政之修，自守仁始。

蔡楫。沛人。洪武中，由舉人知嘉興縣，出滯囚二百餘人。廳置二碑，識列善惡，民多改行。擢御史，董伐材江西，屢疏小民疾苦。出爲浙江按察僉事，寬猛得中。

李英。邳州人。家貧，力作以養母。母病，嘗其糞甜，大憂懼。母果不起，廬墓三年。洪武中旌表。同時孝行被旌者，有王僧兒，徐州人。

黄政。碭山人，爲縣吏。洪武中，以直言稱旨，擢右僉都御史。彈劾不避權貴，忤旨，黜爲英山吏。金山寇起，召還復職，即日募兵渡江討平之。升左僉都御史，往征雲南，凱還至普安，爲苗賊襲害。子琰〔九〕，潰圍出，偕援兵轉戰三十里，挺立而死。土人爲立黄將軍廟祀之。

劉榮。宿遷人。初冒父名江，從徐達戰灰山，爲總旗，給事燕邸。姿貌豐偉，驍勇多智略，王深器之，授密雲衛百户。從起兵爲前鋒，屢立戰功，累遷右都督。再從北征，充總兵官，鎮遼東。倭數寇海上，江盡覆之，自是倭不敢入。召封伯爵，予世券，始更名榮。復之鎮，卒，謚忠武，贈侯。榮爲將常爲軍鋒，前無堅陣。馭將有紀律，恩信嚴明，諸款塞者，撫輯備至。子安嗣爵，鎮大同。英宗復辟，予世侯，贈嶧國公，謚宗僖。封子孫終明世。

山雲。徐州人，清子。貌魁梧，多智略。襲職金吾左衛指揮使，數從出塞，先登卻敵。宣德中，柳度蠻韋朝烈等掠桂林諸縣，雲佩征蠻將軍印進討朝烈，破之，遂盡破南安、廣源、柳、潯、雒容、平樂、思恩、慶遠諸蠻。先後大戰十餘，斬首萬餘，猺獞屏蹟。進都督同知。雲謀勇驁發，而端潔不苟取。公賞罰，嚴號令，與士卒同甘苦，臨機應變，戰無不捷。卒，贈懷遠伯，謚襄毅。

權謹。徐州人。十歲喪父，即哀毀。奉母至孝。永樂四年，以薦知樂安縣，遷光禄署丞，以省侍歸。母年九十而終，躬負土封樹，廬墓三年，致泉涌兔馴之異。仁宗命赴闕，拜文華殿大學士，尋改通政右參議致仕。子倫，鄉舉後養親二十年，親終不仕。孫宇，父母卒，皆廬墓。成化中旌表。

張文友。徐州衛卒，事二親至孝。及殁，廬墓側，寢苫枕塊者十年。宣德中旌表。

王豫。徐州人。由國子生，歷官良鄉縣令、户部主事，皆有聲。親喪廬墓，羣鵲來巢。正統中旌表。同時州人金嵩，亦以孝行被旌。

岑義。邳州人。母目盲，日舐之而愈。每問安親側，必拜跪。既卒，廬墓，有甘露降於樹。景泰中旌表。同時徐州朱琛，亦以孝行被旌。

張賓。宿遷人。自其遠祖榮以來，凡祭祀、燕享、嫁娶、喪葬，悉著家範。至賓，閱八世同居，内外二百餘口無間言。成化中，旌爲義門。同時旌表孝行，徐州有吴友直、路車、張棟，沛縣蔡清。弘治時：邳州丁友，徐州楊輔，豐縣周潭，蕭縣唐鸞、南傑。嘉靖時：沛縣楊晃。萬曆時：邳州張鎮爲。

楊志學。徐州人。弘治進士，以户部郎中督餉宣府，有能聲。嘉靖十年，撫寧夏，飭邊備，敗濟農。屢進刑部尚書，疏諫南巡不聽，致仕。志學練時務，所施皆得宜，爲時能臣。卒贈太子太保，謚康惠。「濟農」舊作「吉囊」，今改正。

朱用之。睢寧人。正德中，薛寇劉六等陷城，用之倡義率衆，力戰被執，不屈遇害。

楊守謙。志學子。嘉靖進士，由兵部郎，歷陝西副使，改督學政，有聲。巡撫山西延綏，大興屯田，定軍士賞格，多報許。遷撫保定。俺荅入寇，率師倍道入援，進兵部右侍郎，協同仇鸞提督内外諸軍事。鸞徘徊觀望，守謙孤軍無繼，不敢戰，寇退下獄，戮於市。守謙性坦易，守官廉，馭下多恩惠。及死，將士無不流涕。隆慶初，贈兵部尚書，謚恪愍。

萬壽祺。徐州人。早有令譽，崇禎三年舉於鄉。善書及畫，爲人所傳。高風亮節，遠近推仰。有隰田、内景諸集。

王基貞。蕭人。工書，善騎射，尤善火攻法。崇禎中，流寇薄城，基貞分守南隅，賊有攀堞上者，輒手刃之。翼日風霾大作，城陷，基貞猶率衆巷戰，力竭死之。

吴汝琦。徐州人。授歸德兵備道僉事。崇禎十五年，流寇至，殉難於歸德。本朝乾隆四十一年，賜謚節愍。

邵宗元。碭山人。由恩貢生授保定同知，有治行。崇禎十七年，攝府事，闖賊至真定，遊擊謝嘉福迎賊。宗元亟議城守，賊使投書誘降，手裂之。賊欲奪其印，不與，被執，斷指而死。本朝乾隆四十一年，賜謚忠愍。

歐陽復。蕭人，武功衛指揮使。崇禎末，流寇躪徐，與戰被執，不屈死。本朝乾隆四十一年，賜謚節愍。

滕九萇。徐州人，以順天府衛經歷家居。崇禎十三年，流寇擾徐，被執不屈，爲賊所殺。本朝乾隆四十一年，入忠義祠。

王明德。徐州人，太平訓導。崇禎末，流寇入城，偕其妻赴泮水死。本朝乾隆四十一年，入忠義祠。

任如龍。蕭人。父之豪，爲蘇州訓導，晚而里居。如龍性剛介，崇禎中，流賊入蕭，執之豪及其妻，如龍奮身捍之，大呼曰：「願殺我，毋傷我父母。」賊遂殺如龍而捨其親。事聞，詔旌之。明年袁寇陷城，之豪亦死焉。本朝乾隆四十一年，入忠義祠。

王養心。徐州生員。甲申聞變，絶粒七日不死，乃閉户自縊。本朝乾隆四十一年，入忠義祠。

王台輔。邳州人。崇禎末，復遣宦官出鎮，台輔以監生草疏，將極諫，甫入都而都城陷，慟哭南還。福王立，東平伯劉澤

清、御史王燮大宴於睢寧，台輔衰絰直入責之。及南京覆，北面再拜，自縊死。本朝乾隆四十一年，入忠義祠。舊志：台輔自縊，

有僧持麻鞭指其屍曰：「此常事也，惡用矜張。」有人於石樓寺見僧縊死，鞭在其側。

本朝

韓尚亮。徐州人，勇力善騎射。明末，糾義勇保鄉里。順治初，從平閩有功，爲副將，燒桃花嶺，襲將軍寨。九年，鄭成功

圍漳州，城内絶糧，食皮紙俱盡凡九月，援兵至圍始解。以堅守功署總兵。康熙初，授福建水師左路提督。卒之日，貧幾不能殮。

呂爾占。睢寧人。由歲貢授蒙城訓導，未及赴任。順治十年，膠寇陷城，爾占奮勇大呼，奪刀殺賊。賊怒，攢刃刺之，身中

數創，罵不絶口而死。

仝翺。睢寧人。順治十年，膠寇陷城，衆各驚避。翺祖母邱氏年老，翺與妻張氏扶掖而行，賊突至，將殺邱。翺夫妻環抱，

以身捍刃。賊怒殺邱，并及翺，欲逼張氏去，張大罵投井死。

徐用錫。宿遷人。工詩文，湛深經術。康熙己丑進士，選庶吉士，官至侍讀，卒。

邱園卜。睢寧人。順治辛丑進士，知平遠州。有土苗構釁，喧噪攻城，園卜率家僮馳入其巢，諭以利害，遂解散。遷工部

郎中，提學湖廣，以得士稱。

蔡士英。宿遷人。順治間，任副都御史，巡撫山西。勦平土寇，遷漕運總督。剔釐積弊，不遺餘力，請蠲額缺丁銀及未完

逋賦，七省賴之。康熙初致仕，卒。

李衛。銅山人。雍正元年，由兵部員外郎授雲南驛鹽道，清釐夙弊。時有魯魁山苗衆，抄掠爲患，親統兵勦撫，三月奏捷。

巡撫浙江，鋭意興革，綱紀肅然。尋晉總督，管理江蘇七府五州督捕事，前此所未有也。加太子太保，總督直隸。乾隆三年，以病乞歸。卒，謚敏達，入祀賢良祠。

王檀。碭山人。由武進士授福建邵武營守備，洊升廣西提標遊擊。乾隆五十三年，隨征安南，擊賊於黎城，陣亡。事聞，議卹，世襲雲騎尉。

郭煊。銅山人。由行伍拔補提標把總，洊升雲南普洱鎮遊擊。嘉慶三年，川省教匪滋事，調赴軍營，擊賊於鳳凰山溝内，賊往來衝突，並不稍退。梁山知縣方積，率鄉勇馳應合攻，旋派官兵直撲賊營，斬殺不可勝計。煊以傷重陣亡。事聞，議卹，廕雲騎尉世職。

流寓

漢

張良。韓人。與客狙擊秦皇帝博浪沙中，乃更姓名，亡匿下邳。步游圯上，遇老父授書。居下邳，爲任俠。後十年陳涉等起，良聚少年百餘人，遇沛公，略地下邳，遂屬焉。

江革。臨淄人。遭亂，負母逃難，轉客下邳。家貧，裹跣行傭以供母，便身之物，莫不畢給。建武末，同母歸鄉里。

范冉。外黄人。桓帝時，議者欲以爲侍御史，因遁身，逃命於梁沛之間，徒行敝服，賣卜於沛。遭黨人禁錮十餘年。及黨禁解，爲三府所辟。

申屠蟠。外黄人。范滂等非訐朝政，蟠歎曰：「昔戰國處士横議，卒有阬儒燒書之禍。今之謂矣。」乃絶迹於梁碭之間，因樹爲屋，自同傭人。

華佗。沛國譙人。游學徐土，兼通數經。沛相陳珪舉孝廉，太尉黄琬辟，皆不就。曉養性之術，時人以爲仙。又精方藥，廣陵吴普、彭城樊阿，皆從佗學，依準佗治，多所全濟。

晉

卞壼。冤句人。遭本州傾覆，東依妻兄徐州刺史裴盾。

唐

許鐸。先爲武城令，客於徐，遭龐勛之亂，脅以官，不從。前帥崔彦曾官屬被囚，鐸潛餽資糧，及死爲收瘞，匿免其子弟。賊平，歸其喪。詔拜石首令，賜銀緋。

宋

范純禮。吴人。徽宗時，貶静江軍節度副使，徐州安置。

金

張邦憲。泰州人。登正大中進士第，爲永固令。天興二年，避兵徐州。卓翼率兵至城，邦憲被執，將驅之北。邦憲罵曰：

「我進士也。誤蒙朝廷用爲邑長，可從汝曹反耶！」遂遇害。

列女

漢

王陵母。沛人。陵以兵屬漢，項羽收陵母，置軍中。陵使至，則東鄉坐陵母，欲以招陵。陵母既私送使者，泣曰：「爲老妾語陵，謹事漢王，漢王長者也，無以老妾故持二心。妾以死送使者。」遂伏劍而死。

蕭何妻。沛人。高后封何夫人同爲酇侯。

嚴延年母。下邳人。延年爲河南守，母從東海來，適見報囚，因責延年多刑殺立威。延年頓首謝。自御歸府，母畢正臘，謂延年：「天道神明，人不可獨殺，我不意當老見壯子被戮也。行矣，去女東歸，掃除墓地耳。」後歲餘果敗，東海莫不賢知其母。延年兄弟五子，皆有吏才，至大官。東海號曰「萬石嚴嫗」。

南北朝　宋

孫棘妻許氏。彭城人。孫棘兄弟争死，許寄語屬棘：「君當門户，豈可委罪小郎。且大家臨亡，以小郎屬君，竟未妻娶，家道不立。君已有二兒，死復何恨。」

劉秉妻蕭氏。蕭思話女。常懼秉禍敗，每謂曰：「君富貴已足，故應爲兒女計。」

梁

劉孝綽妹。三妹，一適琅邪王叔英，一適吴郡張嵊，一適東海徐悱，並有才學。悱妻文尤清拔，所謂劉三娘者也。悱爲晉安郡卒，喪還建鄴，妻爲祭文，辭甚凄愴。悱父勉本欲爲哀辭，及見此文，乃爲閣筆。

魏

封卓妻劉氏。彭城人。成婚一夕，卓即赴官，後以事伏法。劉氏在家，忽夢卓死，哀泣不止。經旬，凶聞果至，遂憤歎而死。高允爲之詩。

唐

王孝女。名和子〔一〇〕，徐州人。元和中，父兄皆防涇州，吐蕃寇邊，並戰死。女年十七，單身披髮徒跣縗裳，抵涇屯，日丐貸，護二喪還，葬於鄉。植松柏，翦髮壞容，廬墓所。

金

莫氏女。豐人。年十八，值兵亂，盗突入其家，女投井死。其妹年十六，亦同死焉。

元

匡才妻高氏。才爲邳東元帥，與百家奴守邳。徐守叛，攻城陷之。氏被執，大駡不絶，賊怒斫仆地，未絶而甦。後百家奴破賊，分産畀之，以旌其節，名曰夫人莊。

劉平妻胡氏。豐縣人。至正間，平挈胡及二子戍棗陽，宿沙河岸傍。夜半虎突至，攫平，胡覺，持虎足，掣刀刺虎。呼其夫猶生，扶傷攜幼，至棗陽堡訴於戍長，軍中皆服其勇烈。

明

段二妻張氏。徐州人。元末兵亂，舅姑夫俱亡，乃依父家守節，年八十卒。洪武中旌。

居瀚妻孟氏。徐州人。年二十餘，夫卧疾久，許以同死。及夫卒，氏視殮畢，遂自縊死。

李剛妻魏氏。徐州人。年二十餘，夫死無子，誓死不二。一室蕭然，不蔽風雨，紡績自給，垂四十年卒。

高暹妻樊氏。宿遷人。年二十，夫死，撫遺腹子守節終身。弘治中旌。

徐雪梅。睢寧人，州判徐儀女。正德中，流寇亂，女年十五，爲賊所獲，欲污之。大駡不從，遂見殺。同時有嚴氏名鋭兒，年十六，亦以不辱死。

劉卿妻張氏。碭山人。正德中，流賊陷城，氏爲所掠，欲污之。大駡不從，賊怒磔殺之。同時死節者，有馬鼐妻武氏、趙鐵妻陳氏。

展濬妻索氏。邳州人。年十九，夫病劇。氏知必不起，先自縊。嘉靖中旌。

夏來鳳妻戴氏。邳州人。崇禎六年，來鳳奉檄偵寇遇害，氏矢志不二。後奉姑避寇，走至河干，寇騎突至。姑涉水，賊發矢連射，氏以身蔽姑，臂中三矢。苦節十六年。

何湖妻縱氏。蕭縣人。崇禎中，流賊陷城。氏攜幼子避賊，遇諸巷，觸石死。次子何貸，誓報母讎，弱冠從軍，血戰蒙城，死之。邑人爲作雙烈傳。同縣任國寶妻戴氏，扶姑避難，至鳳山嶺，被執不屈死。又二陳氏，姊適黄廷諫，妹適劉希賢。姊被掠，罵賊死，妹亦赴火自焚。

史一起妻王氏。豐縣人。崇禎中城陷，攜女出避，與賊遇，母女俱投河死。

本朝

趙體義妻謝氏。銅山人。夫亡，遺腹子復夭。葬夫畢，投繯死。同縣鍾玉妻王氏、李碩妻苗氏、時昭妻江氏、李子遷妻薛氏、李助妻朱氏、周維蕃妻高氏、劉自坦妻李氏、丁鋭妻杜氏、王進禮妻高氏，均夫亡殉節，俱康熙年間旌。

朱道光妻梁氏。蕭縣人。順治間，夫死流寇難，氏年二十，斷髮矢志守節。同縣貞女朱某聘妻陳氏、郝某聘妻黄氏，均未嫁夫亡守貞，俱康熙年間旌。

汪釗妻曹氏。碭山人。年二十，夫亡，紡績撫孤，孝事翁姑。同縣烈婦于唐妻王氏、陳啓光妻李氏、劉天木妻馮氏、李東妻鄒氏、張世則妻劉氏、王四美妻蕭氏、竇正已妻戚氏、單德宏妻張氏、周之楷妻吕氏、汪銑妻馮氏、商啓妻劉氏，均夫亡殉節。貞女王某聘妻歐陽氏，未嫁夫亡守貞。俱康熙年間旌。

尹襄妻鹿氏。豐縣人。順治五年，榆園賊入室逼之，氏延頸就刃罵賊死。同縣劉氏女，許字季之梅，避亂不歸，姑寄語劉令女改適。女不從，竟往歸季，操作奉姑十餘年，聞夫已死。及姑亡，女號泣曰：「可矣。」結帶自經死。節婦孫汝翼妻張氏、卜丕勛妻孔氏、渠洙妻李氏、劉振鎔妻侯氏、袁鈺妻孫氏、王莘妻謝氏、劉桂妻王氏、金荷生妻程氏、董椿妻趙氏、劉在謀妻薛氏，均夫亡守節。烈婦張修德妻齊氏、仇世芳妻李氏、党鳴璽妻蕭氏、袁恒妻孟氏、蔣賓王妾邵氏、張逢時妻李氏，均夫亡殉節。貞女謝氏、李鎰聘妻顧氏、高華宗聘妻張氏、陳肇祥聘妻胡氏、胡欽聘妻張氏、陳國璽聘妻殷氏、張廷柏聘妻潘氏、沙上蘭聘妻楊氏，均未嫁夫亡守貞。俱康熙年間旌。

蔡芳表妻張氏。沛縣人，夫亡殉節。同縣郝修妻封氏，亦夫亡殉節。俱康熙年間旌。

周文柱妻薛氏。邳州人。夫亡，家貧，紡績養姑，撫孤成立。同州烈婦王在豐妻龔氏、高華宗妻張氏、黃環妻陳氏、鄭瑞妻宋氏，均夫亡殉節。貞女陳天琚聘妻王氏，聞訃自盡。俱康熙年間旌。

施灝妻葉氏。宿遷人。順治五年，榆園賊突至，執氏翁欲殺之。氏紿賊有金覆井側，因詣井上，投井中，大罵。賊下巨石擊死之，翁得免。同縣烈女馬大達聘妻王氏、馬京龍聘妻王氏、臧高飛聘妻高氏。俱康熙年間旌。

王所相妻周氏。睢寧人。順治十年，膠寇陷城，執氏欲污之，氏大罵被殺。同縣仝鉋妻某氏，以夫戰死自縊。朱錦妻楊氏、朱鍾妻汪氏，又胡氏女、朱氏女，俱遇寇不辱死。節婦李滋妻房氏。俱康熙年間旌。

朱鵬翮妻章氏。蕭縣人。夫亡守節。同縣吴基豫妻任氏、朱灝妻李氏、張濂妻徐氏，均夫亡守節。俱雍正年間旌。

紀鼎耀妻汪氏。碭山人。夫亡守節。同縣龐猶龍妻臧氏、汪在洄妻張氏、黃瑞璋妻汪氏，均夫亡守節。俱雍正年間旌。

張悦三妻廉氏。沛縣人。夫亡守節。同縣陳儀妻孟氏、張奕認妻某氏、王玉衡妻郝氏，均夫亡守節。列女魏氏，名小榮，於野樵採，鄰人孟某逼之，女以死拒，是夕自縊。俱雍正年間旌。

宋鎰美妻潘氏。邳州人。夫亡守節。同州胡文英妻熊氏、白其音妻戴氏、華文祥繼妻王氏、華宫秀妻劉氏、華宫美妻王氏、衡士基妻童氏、衡士鑑妻曹氏、馮祖眷妻丁氏、張龍黻妻展氏、李大方繼妻高氏、許維安妻崔氏、婁士强繼妻林氏、葛天宜妻吴氏、葛天振妻邵氏、王繪章妻周氏，均夫亡守節。俱雍正年間旌。

蔡瑚妻程氏。宿遷人。夫亡守節。同縣陸奮鳴妻高氏、朱緩妻程氏，均夫亡守節。烈婦周玉妻沙氏，守正捐軀。俱雍正年間旌。

邱園進妻湯氏。睢寧人。夫亡守節。同縣馮康運妻高氏、邱園枚妻張氏、王世臣妻夏氏、卓宏建妻王氏、謝超妻邱氏，均夫亡守節。俱雍正年間旌。

袁度妻董氏。銅山人。夫亡守節。同縣韓元皓妻杜氏、趙傳妻王氏、韓宏大妻王氏、韓文妻王氏、周宗周妻朱氏、許鴻恩妻蘇氏、楊國棟妻鄭氏、張大成妻辛氏、張恒妻黄氏、袁鑑妻朱氏、劉鼎妾許氏、彭崑妻楊氏、李彬妻房氏、張廣琦妻劉氏、吴宜妻岳氏、李清理妻杜氏、段如璜妻薛氏、蔣惟清妻吴氏、張大智妻李氏、吴光祚妻陳氏、孫世瓚妻王氏、李九經妻官氏、劉王章妻林氏、劉士懿妻趙氏、陳汝梅妻李氏、孫志縉妻汪氏、周欽妻張氏、耿永妻王氏、魏芳妻劉氏、張岐妻李氏、柴君臨妻喬氏、劉珮妻燕氏、姜調濟妻朱氏、張綸妻權氏、趙雲錦妻黄氏、馮淳妻楊氏、馮溥繼妻王氏、張彦珍妻夏氏、劉子萬妻陳氏、徐體忠妻許氏、李文炯妻丁氏、昝如珍妻吴氏，均夫亡守節。烈婦趙文賢妻吉氏、吴承文妻劉氏，均夫亡殉節。烈女周氏，未嫁夫亡殉烈。俱乾隆年間旌。

朱勇妻楊氏。蕭縣人，夫亡守節。同縣李竑妻孟氏、任湯卿妻縱氏、任國鏐妻岳氏、張應龍妻吕氏、朱觀瀾妻祁氏、岳重親妻武氏、蔣峒妻任氏、侯允仲妻周氏、許九公妻劉氏、李枝茂妻黄氏、王玉緯妻任氏、縱毓亘妻列氏、徐煊妻王氏、羅某妻王氏、武志高妾劉氏、路仁野妻黄氏、郭某妻彭氏、李二妻王氏、吴克寬妻李氏，均夫亡守節。貞女王氏、賈氏、張氏，均未嫁夫亡守貞。俱乾隆年間旌。

王之彬妻李氏。碭山人。夫亡守節。同縣吴常妻劉氏、陳嵋妻孫氏、張維則妻李氏、李濟舟妻徐氏、唐宏遠妻李氏、徐鑰妻吴氏、徐法輅妻賈氏、王鳳山妻徐氏、范德謙妻邵氏，均夫亡守節。貞女何氏、秦氏，均未嫁夫亡守貞。俱乾隆年間旌。

劉吉士妻聶氏。豐縣人。夫亡守節。同縣劉永序妻葛氏、孫錫留妻劉氏、劉棟妻丁氏、曹擢妻張氏、周存妻曹氏、劉路妻張氏、張克成妻許氏、曹昌泰妻蘇氏，均夫亡守節。烈婦胡永清母李氏、陳文進妻張氏，均夫亡殉節。烈女李氏，未嫁夫亡殉烈。俱乾隆年間旌。

王永茂妻郝氏。沛縣人。夫亡守節。同縣郝倬妻朱氏、燕瑞妻朱氏、朱奕閎妻柴氏、張文林妻曹氏、魏天杓妻王氏、王署妻鄭氏、卓開禄妻丁氏、俞宗準妻朱氏、閆城妻蔡氏、顧純繼妻葉氏、張現妻王氏、韓禐妻葉氏、郝英才妻孟氏、魏文錦妻李氏、徐禮妻史氏、李成杭妻石氏，均夫亡守節。烈婦王小報妻李氏、某妻馮氏、張宗瑞妻王氏、丁杜妻耿氏，均夫亡殉節。俱乾隆年間旌。

王子偉妻馮氏。邳州人。夫亡守節。同州孟與統妻韓氏、戴濟源妻張氏、薛挺秀妻花氏、周麟妻薛氏、趙起志妻顧氏、周世翰妻賀氏、周綸妻張氏、楊翀妻朱氏、黄雲妻顧氏、吴忝周妻陳氏、姚嵦妻朱氏、韓炎妻湯氏、郭之瑾妻王氏、湯聘尹妻王氏、周嵋妻楊氏、王文作妻宋氏、王相昇妻李氏、沙岱繼妻桑氏、周繹之妻陳氏、姚廷瑄妻高氏、楊霖妻沙氏、許有孫妻周氏、黄宗聖妻馮氏、劉錫妻張氏、王之琦妻陳氏、解奪妻曹氏、王可欽妻馮氏、孫其和妻張氏、劉永錫妻丁氏、馮汝欽妻陳氏、宋榮祖妻潘氏、許璧孫妻周氏、袁秀妻陳氏、金縈妻董氏、許爲科妻王氏、華堯彩妻潘氏，均夫亡守節。烈婦吴伯平妻高氏，夫亡殉節。貞女梁氏，未嫁夫亡守貞。俱乾隆年間旌。

鄒麟趾妻臧氏。宿遷人。夫亡守節。同縣張星焯妻羅氏、蘇琅妻朱氏、葉亦高妻李氏、徐炘妻許氏、陳景運妻陸氏、曹敏妻蔡氏、高鵊鳴妻吴氏、高鵠鳴妻臧氏、張從誼妻齊氏、李標妻沈氏、張琈妻陳氏、陳懷京妻王氏、韓曦妻倪氏、華良玠妻周氏、蔡若松妻朱氏、孫遠柔妻陳氏、蔡璠妻陸氏、蔣鳳詔妻趙氏、劉大登妻陳氏、陳某妻張氏、郭得妻郭氏、王誼妻翁氏、張大受妻施氏、高翃志妻徐氏、蔡良構妻李氏，均夫亡守節。烈婦馬某妻劉氏、王玉客妻葛氏、吴曦妻姜氏、羅鈁妻臧氏、陸燮妻王氏，均夫亡殉節。貞女趙氏、崔氏，均未嫁夫亡守貞。俱乾隆年間旌。

邱雲鼎妻劉氏。睢寧人。夫亡守節。同縣杜柱妻王氏、邱峋妻朱氏、鄭紹恩妻靳氏、楊文進妻魏氏、胡璿妻郭氏、仝淇洙妻王氏、李瓚妻仝氏、仝之敀妻王氏、邱夢鰲妻王氏、趙廷璵妻佘氏、陳霞妻吕氏、吕永秀妻胡氏、吴應昌妻孫氏、王雲上妻衡氏、王榮祚妻陳氏、王雲超妻高氏、周山高妻高氏、張鴻宗妻路氏、劉質潔妻朱氏、王承謨妻仝氏、沙恕妻朱氏、周鏡妻仝氏、王朱妻仝氏、朱培堅妻王氏、陳廣惠妻劉氏、王如會妻周氏、徐正己妻周氏、邱峒妾王氏、吴文蔚妻吴氏、何珠妻王氏、劉克信妻薛氏、袁鍾妻朱氏、邱雲樞妻金氏、趙成登妻邱氏、朱學沂妻王氏、朱學仕妻胡氏、朱學泗妻佟氏、程文度妻謝氏、仝錚妻胡氏、沈鎬妻王氏，均夫亡守節。烈婦沈克亮妻張氏、曾環妻葛氏、陳西田妻李氏、郭士禮妻李氏、陳廣會妻劉氏、湯承祖妻王氏、邱雲觀妻朱氏、王存道妻夏氏、王光祖妻陳氏、秦瑋妻張氏，均夫亡殉節。貞女王氏、仝氏，均未嫁夫亡守貞。烈女鮑氏、吴氏，均未嫁夫亡殉烈。俱乾隆年間旌。

馮得妻曹氏。銅山人。夫亡守節。同縣岑和妻張氏、夏某妻郭氏、吴兆魁妻張氏、王某妻杜氏、趙俊妻林氏、錢興宗妻姜氏、劉瑄繼妻王氏、王誥妻丁氏、盛朝相妻胡氏、王宗稷妻吴氏，均夫亡守節。烈婦李榮甲妻何氏，夫亡殉節。貞女沈可銘聘妻鄭氏、李繼昌聘妻張氏、歐陽紹孔聘妻周氏、曹秉亮女、孫燦女、徐萬榮妹、王洪仁女，均未嫁夫亡守貞。俱嘉慶年間旌。

劉傳妻馮氏。蕭縣人。夫亡殉節。同縣節婦李繼有妻張氏、任嵩齡妻王氏、朱熾妻縱氏、王學曾妻吴氏、孟毓寬妻縱氏、任豐垣妻王氏、李邦典妻陳氏、郝達尊妻李氏，均夫亡守節。貞女杜節聘妻包氏、蔣氏女四姐、孟傳江女，又尼僧元恩，俱嘉慶年間旌。

孫超凡妻劉氏。碭山人。夫亡殉節。同縣王惠媳程氏、孫大妮、李增妻周氏、孫抱朴妻王氏、李桐妻王氏，均夫亡殉節。俱嘉慶年間旌。

王峻嶺妻郟氏。豐縣人。夫亡服毒死。同縣節婦王家麟妻周氏、王素雲妻周氏、王寅妻陳氏、李三畏妻周氏、師道民妻李氏、李桐妻張氏，均夫亡守節。貞女單景愈女兩姐、程寬亮女令姐、朱得倉女、王珠女、梁得儁聘妻蔣氏，均未嫁夫亡守貞。俱嘉慶年間旌。

李嘉貞妻鹿氏。沛縣人。夫亡殉節。同縣節婦韓玉圃妻李氏、趙師佑聘妻李氏、邱畬妻趙氏、封履成妻郝氏、劉相坤妻吳氏、朱尊洵妻封氏、黄淇妻蔡氏、韓樹芳妻周氏、王均妻李氏、孔繼善妻張氏、謝永泰妻孔氏、蔣大聚妻史氏、趙景宣妻劉氏、周克亮妻張氏、獨梅妻楊氏、卓喬妻張氏、朱文魁妻卓氏、蔡泰連妻魏氏、孟興基繼妻張氏，均夫亡守節。俱嘉慶年間旌。

劉兆泰妻曹氏。邳州人。夫亡殉節。同州節婦王林妻馮氏、韓瑞光婢、王秉孝妻許氏、馮振東妻顧氏、莊效陵妻王氏、張浦妻龍氏、王建功之妻吳氏、陸伉妻黄氏、魯沛妻石氏、陳嘉粓妻郁氏、許方棟妻包氏，均夫亡守節。貞女張久畮聘妻王氏、張綺聘妻許氏、段文知女、朱士惠聘妻游氏，均未嫁夫亡守貞。俱嘉慶年間旌。

陸從宸聘妻高氏。宿遷人。年十四，過門爲養媳。從宸病歿，哀痛絶粒，翁姑勸慰乃止。及姑卒，氏遂投繯自縊。同縣節婦熊正綱妻張氏、陳體兑妻王氏、蔡仙露妻陳氏、臧兆祓妻林氏、王守義妻張氏、高虎文妻張氏、陳永年妻蕭氏、陸維哲妻張氏、李輝璜妻臧氏、倪景儒妻吳氏、費存璜妻朱氏、郭治妻徐氏、朱金妻李氏、陳啓隆妻周氏、尹天成妻朱氏、于天球妻徐氏、高豹奇妻臧氏、于文魁妻高氏、江桂妻馬氏、袁宏昌妻王氏、高理妻王氏、王在鏴繼妻華氏、徐麟書妻羅氏、方士楷妻周氏、陸紹楮妻董氏、徐詥妻顧氏、苗文炳妻馬氏，均夫亡守節。烈婦蕭克長妻張氏、劉京正妻鍾氏、陳懿春妻倪氏、靳明玉妻徐氏、陳光偉妻徐氏、王膺灝妻陳氏、陸尚元妻李氏、吳兆成妻蔣氏、徐詩敏妻李氏、施憲廷妻蘇氏、卓思明妻馬氏、陸從公妻王氏、沈維瀚妻陳氏、徐奉階妻張氏、沈騰驤繼妻朱氏、徐都妻陳氏，均夫亡殉節。貞女高達天聘妻馬氏，未嫁夫亡守貞。烈女房宗琛聘妻陳氏、許鵬聘妻張氏、羅樹梓聘妻賀氏、蔡聿麟聘妻馬氏、張孝城聘妻萬氏、唐大試聘妻范氏、蔡聿習聘妻陸氏、張泰來聘妻王氏、紀大鵬聘妻卓氏，均未嫁夫亡殉節。俱嘉慶年間旌。

王庭筠聘妻沈氏。睢寧人。夫亡聞訃自縊。同縣節婦陳伯安妻同氏、朱榮宋妻劉氏、江嗣禄妻曹氏、秦金如妻王氏、王浚民妻孫氏、魏開運妻劉氏、孫楚妻李氏，均夫亡守節。烈婦尹廷茂妻吳氏、江尚業妻張氏、楊承修妻朱氏，均夫亡殉節。俱嘉慶年間旌。

仙釋

商

彭祖。虞翻曰：名鏗，彭姓，封於大彭。神仙傳云：彭祖諱翦，帝顓頊之玄孫。殷末年已七百六十七歲，而不衰老，遂往流沙之西。系本作籛鏗。

周

蜎子。名淵，楚人。老子弟子。師古曰：蜎姓也。藝文志：道家，蜎子十三篇。

琴高。居香城泗水中，善鼓琴，行彭、蜎之術，浮游梁碭間二百餘年。後入碭水，取龍子，乘赤鯉出入。

鶡冠子。楚人。居深山，以鶡鳥羽爲冠。藝文志道家：鶡冠子一篇。

長盧子。楚人。藝文志道家：長盧子九篇。

秦

圯上老人。張良匿下邳，嘗步游下邳，圯上有一老人衣褐，至良所，直墮其履圯下，顧謂良曰：「孺子下取履。」良取履跪進。父曰：「後五日平明，與我期此。」五日平明良往，父已先在，怒曰：「與老人期，後何也？去，後五日早會。」五日雞鳴往，父又先在，復怒去。五日，良夜半往，父喜，出一編書曰：「讀是則爲王者師，後十年興。十三年孺子見濟北穀城山下黄石，即我也。」遂去不見。視其書，乃太公兵法。後十三年，良從高帝過濟北，果得穀城山下黄石，取祀之。

晉

王元甫。沛人。學道於赤城霍山，服青精石飯，得吞日精丹景之法，内見五臟。晉永和元年正月，乘雲駕龍，白日昇舉，爲中嶽真人。

南北朝　宋

彭宗。彭城人。年二十，服業於杜沖，乃棲真味道，精貫天人。嘗從師採藥，忽墮谷中，又爲蛇嚙，曾無愠色。沖乃授丹經五千文，宗寶而修之，洞暢幽漠，能三晝夜爲一息，或一年不動，人以爲死，及起，顔色愈鮮。山中毒蛇猛獸，見之皆馴伏。後爲太清真人。

元

洞真子。姓邱。壯年學道，曾游碭山，建聚仙宫。後游京師，賜號寶巖太師。延祐中，邀里中故舊會茶訖，託以他往告别。次早，人見其向西去，弟子啓户視之，已羽化矣。

主桂。與道士共上碭山，言此有丹砂，可得數萬斤。長吏知而封之，砂飛出如火，乃聽桂取焉。邑令章君明亦得神砂飛雪之術，服之，與桂俱仙去。

土産

鐵。漢書地理志：彭城沛有鐵官。唐書地理志：彭城有秋邱鐵冶。宋史地理志：彭城利國監主鐵冶〔一〕。明一統志：鐵，盤馬山出。

綾絹。禹貢：徐州厥篚玄纖縞。唐書地理志：徐州貢雙絲綾絹綿紬布。

石。漢書地理志：碭山出文石。唐書地理志：徐州貢刀錯紫石。

五色土。禹貢：徐州貢惟土五色。元和志：州貢五色土各一斗。寰宇記：土，赭山出。

石灰。明一統志：白土鎮出。宋蘇軾爲守日，取以冶鐵，犀利非常。

藥。明一統志：有大戟、沙參、何首烏、威靈仙、芫花，府境俱出。

校勘記

〔一〕性厲有明名　按，後漢書卷六一刁蹕傳作「性抗厲有明略」，疑「名」爲「略」字之誤。

〔二〕漆葉處所而有　「而」，原脱，據乾隆志卷七〇徐州府人物（下同卷簡稱乾隆志）及三國志卷二九魏書華佗傳補。

〔三〕豫州刺史殷琰叛　「琰」，原作「棪」，據乾隆志及宋書卷八六劉勔傳改。按，「琰」作「棪」乃避清仁宗諱所改。下同改。

〔四〕太清中遷中庶子　「庶」，原作「書」，據乾隆志及梁書卷四一劉孝威傳改。

〔五〕劉生堂堂搢紳領袖　原脱一「堂」字，據乾隆志及魏書卷五五劉懋傳改補。

〔六〕先仕用爲丞相府　按，隋書卷六二劉行本傳言劉行本「周大冢宰宇文護引爲中外府記室」，疑此句「用」爲「周」字之誤，句末又脱「記室」二字。乾隆志無此句。

〔七〕詔殆庶易從省之　乾隆志「殆庶」下有「弟」字。按，舊唐書卷七七劉審禮傳附易從傳作「詔許易從入蕃省之」，新唐書卷三一劉審禮傳作「特詔殆庶弟易從省之」，則入吐蕃省父的僅易從一人，此蓋脱「弟」字。

〔八〕杜祐　乾隆志作「杜佑」。按元史卷一九七孝友傳亦作「杜佑」，此志改作「祐」，未知所據。

〔九〕子琰　「琰」，原避清仁宗諱作「棪」，據乾隆志改。

〔一〇〕王孝女名和子　「名」，乾隆志作「字」。按，新唐書卷二〇五列女傳亦作「字」。

〔一一〕彭城利國監主鐵冶　「主」，原作「生」，據乾隆志及宋史卷八五地理志改。

太倉直隸州圖

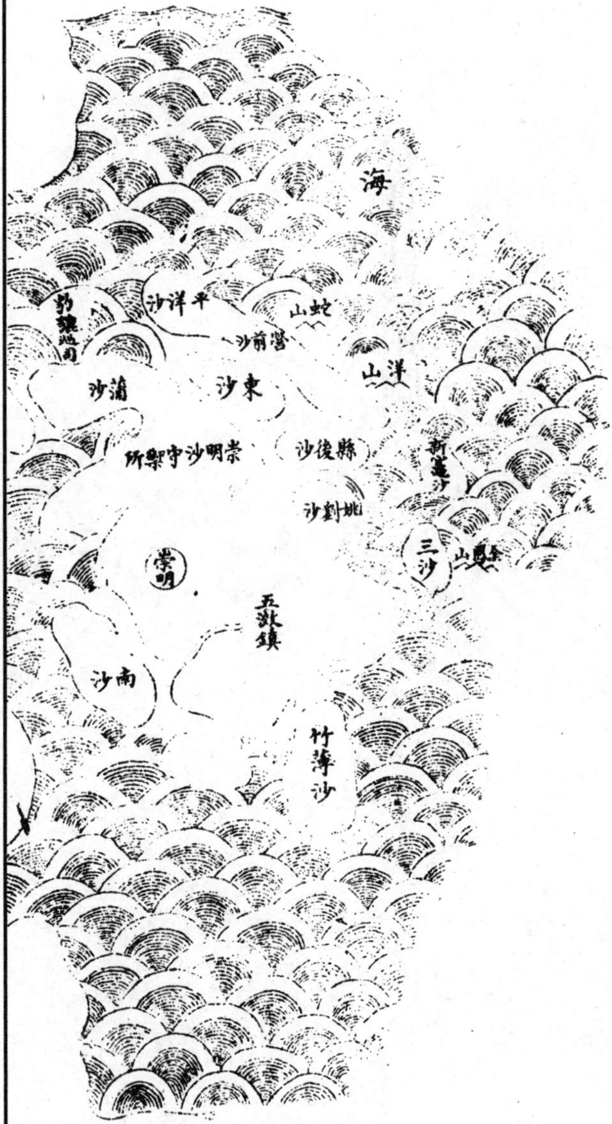
海
平洋沙
蛇山
營前沙
洋山
蒲沙
東沙
崇明沙守禦所
縣後沙
姚劉沙
三沙
佘山
崇明
五滧鎮
南沙

海門廳界
蘇州府昭文界
婁江口
甘草市巡司
茜涇鎮
劉河口
七浦巡司
婁江
太倉州
鎮洋
劉河營
寶山
高橋鎮
吳淞江口
嘉定
南翔鎮
諸翟巡司
寶山
吳淞江
蘇州府新陽界
松江府青浦界
松江府上海界
松江府上海界

太倉直隸州表

	太倉直隸州	鎮洋縣	崇明縣
秦			
兩漢	婁縣地。		
三國			
晉			
南北朝	梁崑山縣地。		
隋			
唐			
五代			楊吳置崇明鎮，屬通州海門縣。
宋			嘉定十五年置天賜鹽場。
元	崑山州地。		崇明州至元十四年置，屬揚州路。
明	太倉州弘治十年置，屬蘇州府。	州治地。	崇明縣洪武二年降縣，屬揚州府。八年屬蘇州府。弘治十年屬太倉州。

續表

嘉定縣	寶山縣
婁縣地。	
梁信義縣地。	
崑山縣地。	
嘉定縣嘉定十年析置，屬平江府。	
嘉定州元貞元年升州，屬平江路。	
嘉定縣洪武二年復爲縣，屬蘇州府。	嘉定縣吳淞所地。

大清一統志卷一百三

太倉直隸州一

在江蘇省江寧府東南五百六十里，蘇州府東北一百二十里。東西距二百一十里，南北距一百六里。東渡海至崇明縣東大海二百里，西至蘇州府新陽縣界一十里，南至松江府上海縣界六十六里，北至蘇州府昭文縣界四十里。東南至松江府上海縣界一百二十里，西南至松江府青浦縣界六十里，東北至海七十里，西北至蘇州府常熟縣治一百里。本州境東西距一百六里，南北距一百九里。東至海崇明縣界七十里，西至新陽縣界三十六里，南至鎮洋縣界一里，北至昭文縣界一百八里，東南至鎮洋縣界一里，西南至崑山縣界二十里，東北至崇明縣界一百三十里，西北至昭文縣界四十里。自州治至京師二千八百四十里。

分野

天文斗、牛分野，星紀之次。

建置沿革

禹貢揚州之域。漢會稽郡婁縣地。後漢屬吴郡。三國吴於其地置東倉，太倉之名或始此。

梁天監時，分婁縣爲崑山縣地。隋以後因之。宋屬平江府。元爲崑山州地，屬平江路。延祐元年，移州治此。至正十一年，州仍還故治，復爲崑山州地。明初置太倉衛。洪武十二年，置鎮海衛。弘治十年，割崑山、常熟、嘉定三縣地置太倉州，屬蘇州府。

本朝因之。雍正二年，升爲直隸州，屬江蘇省。領縣四。

鎮洋縣。附郭。分治南偏。東西距八十里，南北距十三里。東至海崇明縣界七十里，西至蘇州府新陽縣界十里，南至嘉定縣界十二里，北至本州界半里。東南至寶山縣界三十六里，西南至嘉定縣界二十里，東北至本州界三十六里，西北至新陽縣界十八里。本太倉州地。本朝雍正二年升太倉州爲直隸州，於州析置鎮洋縣屬焉。

崇明縣。在州東北一百三十里。東西距一百二十七里，南北距五十二里，東至高頭沙大海一百二十里，西至施翹河口七里，南至海七里，過海至本州界五十里，北至永安沙大海四十五里，至通州界四十五里。東南過海至嘉定縣界約四十里，西南過海至本州界約四十里，東北至廖家嘴大海三百里，西北至海門廳約五十里。唐爲海中沙洲。五代時，楊吴置崇明鎮，屬通州海門縣。宋嘉定十五年，置天賜鹽場，屬淮東制置司。元至元十四年，升爲崇明州，屬揚州路。明洪武二年，降州爲縣。八年，改屬蘇州府。弘治十年，置太倉州，以縣屬焉。本朝因之。

嘉定縣。在州南三十六里。東西距四十二里，南北距六十六里。東至寶山縣界十八里，西至蘇州府新陽縣界二十四里，南至松江府上海縣界四十八里，北至鎮洋縣界十八里。東南至寶山縣界二十四里，西南至松江府青浦縣界四十八里，東北至寶山縣界十八里，西北至鎮洋縣界十八里。漢婁縣地。梁信義縣地。隋、唐爲崑山縣疁城鄉。宋嘉定十年，析置嘉定縣，屬平江府。元元貞元年，升嘉定州，屬平江路。明洪武二年，復爲縣，屬蘇州府。本朝因之。雍正二年，改屬太倉州。

寶山縣。在州東南九十里。東西距四十一里，南北距六十四里。東至大海一里，西至嘉定縣界四十里，南至松江府上海縣界四十里，北至鎮洋縣界二十四里。東南至上海縣界三十六里，西南至上海縣界五十里，東北至海一里，至崇明縣海岸百里，西北至鎮洋縣界四十八里。本嘉定縣吳淞所地。本朝雍正二年，析置寶山縣，屬太倉州。

形勢

前横婁江，東接巨海。州志。三面阻海，實吳之北境。嘉定縣志。斥鹵衍沃，中海而居，非舟楫不能到。名勝志崇明縣。

風俗

敦本畏刑，崇文重恥。士不負荷，民服農賈。明龔時憲太倉考。俗尚氣節，好清議，安土不好遠遊。舊志。樓櫓萬艘，據要衝於海道。方輿勝覽。東薄於海，捍海作邦。元楊廉夫記。

城池

太倉州城。周十里有奇，門八，水門三，濠廣八丈。元至正十七年築。本朝雍正年間修，乾隆二年、三十二年、三十五年、五十九年重修。鎮洋縣附郭。

崇明縣城。周四里有奇，門五，濠廣九丈。明萬曆十一年築。本朝順治十六年修，康熙十四年、雍正十年、乾隆元年重修。

嘉定縣城。周九里有奇，門四，水門三，濠廣一十三丈。宋嘉定十二年築，元至正十七年甃甎，明嘉靖三十二年改建。本朝順治九年修，康熙十年、二十三年、雍正七年、乾隆二十四年重修。

寶山縣城。周四里，門四，水門一，濠廣六尺。舊爲吴淞城，明嘉靖中改築。本朝康熙九年修，五十七年重修。雍正二年置縣，即其地爲城。

學校

太倉州學。在州治西南。明正統元年，建太倉衛學。弘治十年，改州學。本朝順治八年修；十七年、康熙二十三年、五十年、乾隆二十八年、五十九年重修。入學額數十八名。

鎮洋縣學。附州學内。入學額數十二名。

崇明縣學。在縣濠外東〔一〕。明天啓二年建。本朝順治十五年修，康熙三年、雍正五年、乾隆七年、十四年、二十五年重修。入學額數二十名。

嘉定縣學。在縣治南一里。宋嘉定十一年建。本朝順治十二年修，康熙六年、雍正十二年重修。入學額數十三名。

寶山縣學。在縣東南隅。先是與嘉定共學，本朝乾隆十二年另建。入學額數十二名。

婁東書院。在州學西。本朝乾隆十七年建，五十九年修。

陳安道書院。在小北門外。本朝康熙二十五年建。

瀛洲書院。在崇明縣學宫西北。本朝乾隆五年建。嘉慶二年，移建城北街。

當湖學院。在嘉定縣學宫東。本朝乾隆三十年建，嘉慶三年修。按：舊志載太倉有白公講院，崇明有西沙書院，嘉定有練湖書院、明德書院、清廉書院，今俱廢。謹附記。

户口

原額人丁十七萬三千三十七，今滋生男婦大小共一百七十七萬二千二百三十名口。又太倉衛屯丁二千三十一名口，又鎮海衛屯丁三千五百七十四名口。

田賦

田地共三萬九千一百九十七頃六十六畝七分五釐有奇，額徵地丁正、雜銀二十六萬九千八百七十六兩三錢五分五釐〔二〕，米十五萬三千二百九十二石九斗一升七合六勺，豆二百十九石一斗一升五合三勺。又太倉衛屯田二百四十三頃二畝九分四釐有奇，額徵丁糧銀二千七百六十四兩七錢一分六釐，米二千二百三十六石二斗三升四合五勺。又鎮海衛屯田一百八十六頃一畝四分二釐有奇，額徵丁糧銀二千三百八十五兩九錢三分，米二千七百八十三石一斗四升六合四勺。

山川

鎮洋山。在州治後，周三百步。明弘治十年，知州李端築。上有三峯及集仙洞，建迎春、來仙、遊仙三亭，祝允明有記。今分縣以此山得名。

穿山。在州東北五十里，去海二十餘里。中洞可南北行。徧山多緑葱，至秋盛放，名爲葱嶺。又傳爲海中島。沈瑩臨海記：海虞縣穿山下洞穴高十餘丈，昔有海行者，舉帆過其中。蘇州府志：山上通人往來，而其下爲地，去海已遠。舊屬常熟，今分隸太倉州。

洋山。在崇明縣東沙之東，海口要地。其别有十八嶼，可泊海舟，避颶風。

金鳳山。在崇明縣三沙，舊名金鼇。本朝康熙三年，總兵張大治重築。

蛇山。在崇明縣東北海中約二百里。一名茶山，一名長山。舊志：有二峯。東峯不可上，西峯頂有石，大數畝，五十七松環之。南有吕純陽碑。

鶯遊山。在崇明縣淮河口，爲崇明江淮會師汛地。

應奎山。在嘉定縣學南。明天順間土築。

寶山。在寶山縣南吴淞江口之南，今縣以此得名。舊志：在嘉定縣東南八十里。明永樂十年，平江伯陳瑄命海運將士築寶山爲海中表識，周四百丈，高三十餘丈。海洋空闊，遥見千里。明成祖御製碑記，刻石亭上。海運廢，山爲濱海戍守之地。

五岡。在嘉定縣。東岡，在縣東南二里。青岡，在縣西五里。外岡，在縣西十二里。沙岡，在縣西南十五里。淺岡，在縣西南十八里。

岡身。在州東。朱長文續圖經：濱海之地，岡阜相屬，謂之岡身，天所以限滄溟而全吴人也。蘇州府志：太倉以東，有岡身五：曰上岡身、下岡身、歸吴岡身、青岡身、王家岡身。南屬松江之海，北抵大江之陰。其下皆沙磧螺蚌，地宜菽粟。又有岡門十三，曰彭岡門、潘岡門、曲岡門、大岡門、秦岡門、應岡門、馮岡門、金岡門、賈岡門、邵岡門、吴岡門、顧岡門、丁岡門。其地勢皆高峻，與常州相等。明趙霖治水狀：常熟福山而下，有沙岡二百八十餘里，以限滄溟。岡身間有港浦一百五十餘處，以洩太湖水。

抛沙墩。在州北十五里，高十餘丈，周百餘畝。又逃鹿墩，在州北十二里，傍吴塘岸。

竹薄沙。在崇明縣東南七十餘里，即南沙盡處。外爲大洋，内爲内海。其西南與松江高家嘴相對，爲内海之南門。海舟道由洋山入吴淞江，必自此從楊家路沿海而北。吴淞江正當其衝，海道東南之險也。又有爛沙、小團、孫家、白蜆、縣前等沙，與南沙、竹薄，舊皆錯列海中。今漲合爲一，南北長百四十餘里，東西闊四十餘里。居民藝植，悉成沃壤。

南沙。在崇明縣南七十里，一名長沙，與竹薄沙相接。縣志：長八十里，廣十餘里，多菽粟萑葦之利。西北接宋信嘴。明嘉靖九年，長沙民王艮等作亂，據南沙，尋討平之。因建南沙守禦官軍營。

營前沙。在崇明縣北，爲大江入海之口。明嘉靖三十六年，倭寇登營前沙，官軍敗却之。相接又有山前沙。

蒲沙。在崇明縣北。相近有小陰沙，接海門廳界。其東又有扁担沙。

平洋沙。在崇明縣北，舊名半洋沙。其相近有馬腰沙。明弘治十五年，縣民施天泰、鈕東山作亂，據二沙。事平，改半洋爲平洋，馬腰爲馬鞍。初，平洋沙與長沙中隔海面十餘里。本朝順治十一年，提督梁化鳳規度水勢，議建長隄。恍惚若有神教之者，見糟粃浮揚水面，輒循其迹，下竹落，犍石畓。至康熙二十四年三月，隄成，建龍王閣，樹碑記其事。又西有登舟沙，對蘇州府常熟縣境。海防考：登舟沙，爲福山、白茆之門户。又西北有伏龍沙。萬曆中新長，近江北狼山。

東沙。在崇明縣東北，相接有西沙。蘇州府志：唐武德間，海中忽湧二洲，謂之東西二沙。縣志：後漸積高廣，漁樵者依之，遂成田廬。五代時，爲顧浚沙，東接姚劉，北望三沙。

姚劉沙。在崇明縣東北六十里。蘇州府志：宋時續湧一沙，與東沙接，稱姚劉沙。嘉定中，置天賜鹽場於此，即崇明舊治也。建炎間，有姚、劉姓者避兵於此，因稱姚劉沙。元因置州治焉。

三沙。在崇明縣東北。蘇州府志：宋建中靖國初，又湧一沙於姚劉沙西北，曰三沙，鼎立海心，亦謂之崇明沙。紹興初，盜邵青聚黨於崇明沙，將犯江陰，劉光世遣王德討平之〔三〕。縣志：在姚劉沙西北五十里，爲一邑中土。又二沙，在三沙東北，舊爲縣城外護。又東北有三爿沙。從三爿沙而西南，則爲縣後沙，及三沙、平洋、吴家等沙，近蘇州府常熟縣許浦福山界。西北則由扁担沙、營前沙，近大江海門界。

縣後沙。在崇明縣東北。舊縣志：明嘉靖四十四年，倭寇據縣後沙，總兵郭成擊敗之。海防考：三爿之北，扁担沙爲重。三爿之南，縣後沙爲重。

新竈沙。在崇明縣東北，舊縣東南。東連大海，爲各沙門户。縣志：自新竈而西達宋信嘴，可不由竹薄逕達劉河。

海。州境俱東濱海，去州城鎮洋縣東北七十里，嘉定縣東北五十里，寶山縣東一里，南接松江府上海縣界。崇明縣懸居海中，北接通州界。舊志：嘉定縣海岸東北距崇明止隔一水，約五十餘里，俗謂之海泙。晉潮州刺史虞潭，築防海壘，南北亘八十餘里，障遏潮衝，歲久漸圮。明洪武三十二年，邑人朱六安奏海潮利害，工部遣官修築海壘，北接蘇州府崑山縣界，南跨劉家河，長千八百一十丈。崇明縣志：縣境四面皆海，東接大洋。東沙之外，有蘇州洋，北接大江口，南接嘉定縣界，爲汛守要地。本朝乾隆五十一年，鎮洋、寶山環海土塘，責成松太道每年估築。嘉慶十九年，土塘外加築石工。

大江。在州境東北入海。

婁江。自蘇州府崑山縣東流入，環州城南而東，至七十里天妃宮，爲劉河口入海。元時海運取道於此，俗訛劉家港，亦曰劉河。今爲鎮洋縣境地。水經注：松江至三江口，分流一江，東北入海爲婁江。蘇州府志：婁港，宋時湮淤，潮汐不通。元時不浚自深。朝夕兩汐，不數年間，可容萬斛之舟。於是宣慰朱清創開海道漕運(四)，每歲糧船必由此入海。州志：明永樂二年，尚書夏原吉自崑山縣東南下駕浦掣吴淞江之水，北達婁江。復挑嘉定四顧浦，南引吴淞江水，北貫吴塘，亦由婁江入海。弘治四年，徐貫復浚婁江，自州城南，至嘉定縣之外岡。嘉靖二十五年，知州周士佐築婁江新隄，以禦水患。通志：本朝順治十二年，知州白登明，因婁江塞，開鑿朱涇。十四年，巡按李森先、周登議開劉河中段，自鹽鐵至石家塘。康熙十年，巡撫馬祐，題准開劉河淤道二十九里，建三閘。雍正五年、乾隆八年，俱重濬劉家港。嘉慶二年，大挑劉家河，自新造橋起，至石家塘口止。七年復濬。按圖，自州城北東流一支，曰致和塘河。至劉河堡西南，注婁江入海，疑即太倉塘也。

松江。自蘇州府崑山縣，經松江府青浦縣流入，經嘉定縣南三十六里，又東經寶山縣西南，合黄浦江，又東北經縣城東南吴淞口入海。宋崇寧二年，宗正丞徐確疏松江，自封家渡古江至大通浦，直徹海口七十四里。元大德八年，任仁發自上海界浚吴淞舊江，抵嘉定石橋洪，迤邐入海，長三十八里。明永樂二年，夏原吉浚顧浦，南引吴淞江水，北貫吴塘，注婁江入海。正統五年，周忱檢視嘉定吴淞江，親往江上，立表江心，督民挑修，水得疏洩。天順三年，巡撫崔恭復浚嘉定吴淞江，自下家渡至莊家涇，四千六百七十丈。成化十年，巡撫畢亨開吴淞江，自夏家浦開至西莊家港。王鏊姑蘇志：嘉定之水，發源吴淞江，自大姚分支，過澱山湖，入江灣青浦，轉入松江東口，亦名吴淞江，古之東江也。其南爲白鶴江，亦吴淞之上流。西與青龍江合，蓋一水也。青龍江之北，爲大盈浦、渡頭浦。大盈、渡頭之中，爲馮浦。又南接黄浦，與上海分界。嘉定縣志：亦名虬江。自蘇州府接崑山縣東入縣界，接白鶴江口，在縣西南四十里。又東經顧浦，又東經黃浦，又東經蟠龍江等浦，至縣東南桑家橋，接松江府上海縣界。又東北合黃浦入海。本朝順治十一年，浚黃浦至徐公浦七十二里，又分浚蟠龍江至許家浜。

大通河。在崇明縣東三十里。通志：又縣西四十里，有惠民、富民二河。八十里，有天仙河，此富民內地之支河也〔五〕。

北新河。明統志：在崇明縣北六十二里。海水西流而入，與南新河通。南新河，在縣北五十五里，海水北流而入。縣志：今三沙圮，河道亦湮。

符洪。在崇明縣西八里，有渡口。西南至本州劉河口，海面約七十里，爲往來通道。

淡水洋。在崇明縣東沙東北。海水皆鹹，此水獨淡。又有鹹水洋，在東沙東南，昏時水沸若火，其水即鹵水。通志：有水格分濤，在縣大洋中。水分鹹淡，淡水色白，鹹水色黑。淡水西來，鹹水東至，每潮轉濤分，兩水相激，聲若雷霆。

顧浦。在州西南五里。自嘉定縣西南引吳淞江水北入吉涇，又東折而北爲戚虞涇。經州西南，與南鹽鐵、張涇、橫瀝諸水，俱北入婁江。宋嘉祐、紹興間，轉運使沈立之、趙子潚先後開浚。明永樂、正統間，尚書夏原吉、巡撫周忱亦相繼開浚。嘉定縣志：顧浦、徐公浦、吳塘三河，形如川字，俱南入吳淞江，而練祁貫其中。又西爲安亭涇，在縣城西南二十四里，接蘇州崑山縣界。

七鴉浦。在州城北三十六里。自蘇州府崑山縣流入，又東入海。一名七丫，又名七浦。宋隆興二年，陳彌作開此浦，自海浦至李漕涇。淳熙元年，薛元鼎亦開此浦。明正統、弘治中重浚。姑蘇志：太倉之水，七鴉浦爲大。其後崑山之民，並湖爲斜堰。湖水北入白茆，南出巴城，七浦勢緩流微，日就淤塞。嘉靖、隆慶、崇禎中重浚。舊志：崑山巴城湖，與常熟崑承湖諸水匯爲七浦塘。東流經州城北三十里直塘市，又至州東北三十餘里，經沙頭市，又東繞塗松鎮而東入海。南通楊林塘，北通白茆港，橫亘五十餘里。自沙頭鎮以西，皆名七浦塘，其東則曰七丫港。本朝康熙五十七年濬，雍正六年、乾隆六年、十一年、二十年、五十五年重濬。

槎浦。在嘉定縣南三十里。有上槎、中槎、下槎三浦。

大盈浦。在嘉定縣西南五十里吴淞江南岸。自松江府青浦縣流入，注白鶴江。

徐公浦。在嘉定縣西。紹興末，轉運使趙子瀟議通郭澤塘及此浦。明弘治十一年、隆慶六年、萬曆三十六年，屢加疏浚。縣志：西通安亭涇，南接雞鳴塘，北接郭澤塘入婁江。其雞鳴塘，在縣西南二十里。

川沙浦。在嘉定縣東北四十五里。南接頭涇港，北接施家港。又北爲五岳塘，通黄姚港，東入海。宋時與茜涇、下張、七鴉、楊林、堀浦，共爲崑山六大浦。

横瀝。宋郟亶水利書：太倉堽身之東有一塘，西徹松江，北過常熟，謂之横瀝。嘉定縣志：自縣治中分，南曰南横瀝，自縣南門經南翔鎮，接上槎浦。又折而西，經縣西南二十七里孫李港口，入吴淞江。接松江府上海縣界。北曰北横瀝，自縣北門經婁塘，東折而北，爲東横瀝，入婁江，接太倉州界。州志：在州東。南貫婁江，入吉涇塘。北貫七浦，入蘇州府常熟縣界。

鐺脚港。在州東北，受諸涇之水東流入海。

青龍港。在崇明縣東，港口約十餘處，逼縣城下。又縣南有斜港，直抵本州劉河。

渡船港。在崇明縣東南三十里，有渡口。自此至舊城平洋沙界溝渡海十里。又有舊城河，在爛沙浜，與州境之七鴉及蘇州府常熟縣之白茆相對，皆爲往來津口。

黄涇港。在崇明縣西。西至本州璜涇口，海面約四十里。

施翹港。在崇明縣北。明隆慶中，知縣孫裔興創鑿，資灌溉。蘇州府志：施翹河渡，至太倉七丫港，海面四十里。通志：施翹河，西自長沙，透迤達於袁、孫、吴三沙，此沿海之幹河也。

顧涇港。在嘉定縣東四十里，西南接練祁，北通川沙港，東入海。

半涇。在州東三里，南入婁江，北經湖川、楊林，通七浦。

朱涇。在州東。本朝順治十二年，知州白登明因婁江淺塞開浚，自東濠致和塘起，由界涇、石婆港、湖川塘、楊家浜、南漕漕抵天妃宫，東出婁江口，長六十里。又旁浚北漕漕，至茜涇鎮之新塘止，州人名曰白公渠。

茜涇。在州東北三十里。西承楊林河，東出花浦口入海。宋范仲淹、葉清臣、趙霖皆嘗開浚。

匯龍潭。在嘉定縣學宫前，明萬曆十六年，知縣熊密濬。

鹽鐵塘。在州城鎮洋縣内南一派，接嘉定縣界。水利書：縣沿江北岸三十餘浦，惟鹽鐵一塘，可直瀉水北入揚子江。州志：經州城中，一名内河。在城南者曰南鹽鐵，又南十二里入嘉定界，注吴淞江。在城北者曰北鹽鐵，又北四十里入蘇州府常熟縣界白茆塘，至常州府江陰縣注揚子江。張士誠築塞南、北水門，故城中雖有鹽鐵塘，不復直貫南北外城，分從東、西三水門受水。其從婁江北折者，俗名倉河。嘉定縣志：在縣西十五里，亦曰西横瀝塘。自西練祁，經外岡鎮中分。北爲北鹽鐵，經葛隆鎮入婁江。南爲南鹽鐵，南接陸皎浦，入吴淞江。元時海運，從北塘瀝東北入婁江達海。明永樂十三年，罷海運，以西練祁、北鹽鐵爲運河。

吴塘。在州西三里。南貫婁江、吉涇，入嘉定縣界，達吴淞江。北貫湖川、七浦二塘，入蘇州府常熟縣界。

湖川塘。在州西北十三里。明天順中浚，弘治十三年，知州李端重濬。州志：在楊林塘南。上承巴城、楊林、新塘之水，西接崑山金雞河，東流折南，爲小塘子，貫石婆港，南入婁江。北穿鹽鐵塘，多支流，與七浦、楊林並横貫州北鹽鐵塘中，而此塘逼近城北。城西之吴塘，城西北三里之古塘，俱流匯焉。

楊林塘。在州北。宋隆興二年，陳彌作開楊林浦。明嘉靖、萬曆、崇禎中重浚。州志：在州西北十二里。上承巴城湖東北之水，復接七鴉支分南下之水，東經新塘，又東至州東北八十里之花浦口入海，延袤與七鴉浦相對。

走馬塘。在嘉定縣東南二十里。西通南横瀝，南通中槎、下槎、大場、桃樹、趙浦諸浦，入吴淞江。自東迤南接江灣浦，一名商量灣，又折而東，亦入吴淞江。明萬曆、天啓、崇禎間，並加開浚。

練祁塘。在嘉定縣南。自縣治中分，東曰東練祁，西曰西練祁。東自縣東門，經寶山縣西北之羅店鎮稍北入海，爲練祁海口。又一支南折而東，合馬路塘，又東合月浦，又東合采淘港入海。西自縣西門，經外岡西，貫吴塘、顧浦，南入吴淞江。又一支折從外岡北，合北鹽鐵水，北入婁江。宋宣和二年，趙霖修堀浦，自上源開至練祁塘〔六〕，長十二里有奇。明嘉靖十九年重浚，自城西至外岡鎮十里。萬曆四十五年，浚東、西兩練祁共萬五千八百七十丈。姑蘇志：又名練川。名勝志：界縣市中，東西長七十二里。仰承江水，清澈如練，故名。後江水不通，别開梁與潮接，非復故時矣。縣志：練祁塘舊運河，爲境内之縱水。自顧浦東折，交於吴塘，通外岡入城，經縣治前，交於横瀝，東出過羅店，折而東北入海。按，縣志所云乃東練祁也。

婁塘。在嘉定縣西北，一名嘐塘。西通北鹽鐵，東通横瀝。

菊花泉。在嘉定縣，出楊涇。相傳下有泉眼，飲之益壽。又寶山縣菊花泉，在劉家行白蕩中。

古蹟

崇明舊州。在今縣東北，本古海中沙地。元史地理志：崇明州，本通州海濱之沙洲。宋嘉定間，置鹽場，屬淮東制置司。元至元十四年，升爲崇明州。蘇州府志：唐武德間，海中湧出二洲，即今東西二沙。宋時續漲姚劉沙，與東沙接壤，即今崇明舊治。建中靖國初，又漲一洲於西北，即今三沙，鼎立海心。所産魚鹽，淮浙之民樂居之。後各以其利獻於官，於是有韓侂胄、張循王、劉婕妤三莊。開禧三年，廢韓氏莊。嘉定十五年，更置天賜鹽場。至元十二年省，檄揚州知府薛文虎招徠撫輯。以其民物阜繁，請於朝，乞升姚劉沙爲崇明縣，改崇明鎮爲西沙以屬之。十四年，升爲州，隸揚州路。至正十二年，徙治於州北十五里東沙。明洪武初，改爲縣。八年，改隸蘇州府。縣東至大海岸二十里，西南至嘉定縣治一百七十里，城周九里。縣志：永樂十九年，徙治舊縣北十里秦家村築城。正德中，縣治漸圮於海。嘉靖八年，遷治馬家浜西南，築土城。二十九年，海水囓城東北隅，復移治平洋沙，築甎城。萬曆十一年，城東隅復圮於水。十三年，遷於長沙，即今治。縣凡五遷，其前三治，城郭里居半歸烟海，惟平洋沙城遺址猶彷彿云。

崇明廢鎮。在崇明縣東北西沙，亦名顧浚沙。九域志：海門縣有崇明鎮。舊志：五代時楊吴置。元至元十四年廢。

寶山廢所。在今寶山縣南。東北距海，西濱吴淞江。明洪武三十年，建旱寨於此。正統元年，築城於寨左。嘉靖三十六年，更名協守吴淞中千户所。後城漸圮，萬曆五年，改築新城於旱寨北，周二里有奇，更名寶山千户所。本朝順治初，設寶山城守備。十八年，以海禁徙廢。舊志：在嘉定縣東南八十里。

太倉。即今州治。舊曰東倉。晉書顧衆傳：咸和三年，蘇峻遣其黨張健據吴。衆自海虞，由婁縣東倉與賊戰，敗之。水利書：今崑山縣東，地名太倉。舊志：元至元十九年，宣慰朱清、張瑄等建議海漕，置海運倉於此。是時海外諸番，交通市易，謂之六國馬頭。蘇州府志：崑山州東三十六里，名太倉。濱婁江，海漕每歲皆由此出。延祐九年，遷崑山州治焉。至正十三年，台州方國珍由海道至劉河犯境，乃立水軍萬户府，建置寧海、定海、靖海三千户所。十六年，張士誠據吴，遣僞將高智廣守太倉。尋爲國珍所襲，兵退，乃築城。十七年，徙崑山州還故治，惟置軍營於此。明太祖始置太倉衛，及抽分行木場。弘治十年，始割崑山之新安、惠安、湖川三鄉，常熟之雙鳳鄉，嘉定之樂智、循義二鄉，置太倉州於此。按：太倉之名，始於宋郟亶水利書，於古並無所見。舊説，或謂春秋時吴王所置，或謂漢王濞及吴越錢王所置，皆屬臆説。即陳伸太倉事蹟所云「孫權結好於公孫淵，置倉於今武陵橋北」者，亦無確據也。

瞜城。在嘉定縣南門外。唐有瞜城鄉。名勝志：元時得古冢碑石云：「唐咸通二年，莊府君葬於瞜城鄉。」即此地也。今名疁城。元設教場於此。一名疁塘，又名曰婁塘。

鴻城。在嘉定縣南。越絶書：婁門外有鴻城，故越王城也。去吴縣百五十里。姑蘇志：塢城，在嘉定縣南五十里吴松江南，相傳吴王所築。按：「鴻」「塢」字相類，道里亦相近，蓋即一城也。

滬瀆城。在嘉定縣西南四十里，即袁山松城也。陸廣微吴地記：崑山縣南百九十步有山松城，隆安二年，爲吴郡太守時築，以禦孫恩。在滬瀆池濱，半毁江中。縣志：在今縣治西南四十里吴淞江南。又見上海。

新豐鄉。在嘉定縣南三十六里。通志：宋咸淳中，里民築土，得石刻曰「唐新豐鄉」。今之黄渡鎮，即其地。

黄姑村。在州張涇闞渡東南三里。土人立祠，俗呼織女廟。廟西有水，名百沸河。

練祁市。即今嘉定縣治。本崑山縣之春申鄉地，宋置，屬平江府。吴志：練祁市，在府東北四十里。嘉定十年，知平江府事趙彦橚，奏崑山縣治東至練祁市七十里，自練祁至江灣又七十里，通計一百四十里，欲割崑山西鄉之安亭，並東鄉之春申、臨江、平樂、醋塘凡五鄉，别爲一州，就練祁要會之地，置立縣治，以年號爲名。詔可。

樂隱園。在州北沙頭鎮團溪之上。元瞿逢祥隱居之所，楊維楨有記。

東郊園。亦名東園，在州東門外。明王錫爵種芍藥處，孫時敏拓爲園。水石亭榭，皆一時名流所布置。

學山園。在州城内，明張輔之子灝所築。最爲名勝。

弇山園。在鎮洋縣隆福寺西，明王世貞築。中疊三峯，曰上弇、中弇、下弇，極園亭林木之勝。又有賁園，在其西，世貞子士驌築。又有澹圃，世貞弟世懋築。

滄江風月樓。名勝志：州故有滄江風月樓，在今州治北巷口。元之酒館也，相傳楊維楨、張雨俱飲其上〔七〕。

墨妙亭。在州城北二里，元浙江軍器提舉顧信建。信從趙子昂遊，得其書，即摹諸石，因以名亭。信好施，捨宅爲寺，今淮雲寺即其故宅〔八〕，亭在寺中。

畏壘亭。在嘉定縣西南安亭鎮，接崑山縣界。明歸有光讀書處，自爲記。

江雨軒。在鎮洋縣東北五十里。州志：在茜涇，元荆門吏目偶桓所居。又有滄浪軒。

春水船。在州城内武陵橋下，元咸陽教諭殷奎讀書處。奎有詩云：「江南何處憶當先，先憶我家春水船。有酒有花重慶日，無風無雨太平年。」

蝦港。在崇明縣東三沙。

楊涇。在嘉定縣東南十八里。元時楊九娘，性至孝，父命夜守桔槔，爲蚊所嚙，不易其處，竟以羸死。里人傷而祀之，名曰孝女里，涇曰楊涇。其地廣九里，絶無蚊。今有孝女楊九娘廟。

仙人蹟〔九〕。在嘉定縣南馬陸村。有池如人蹟，水旱無盈縮。

婁塘古松。在嘉定縣婁塘鎮北野田中，大可十圍，横亘數畝。相傳北宋時物。又大銀杏，在寶山縣真如鎮南，高數丈，圍四丈餘，亦宋時物。

古梧桐。在寶山縣七浦缺口陳氏墓。大兩抱，高十丈，數百年物也。海舶在洋中，百里外即見此樹。

關隘

張涇關。在州南三里。又半涇關，在州東三里。吴塘關，在州西二里。古城關，在州北三里。州志：四關，元屬水軍都萬户府，明屬太倉衛，俱分撥官軍掌守。後水道湮塞，其半涇等關，皆正統七年廢。惟存張涇一關，鎮海衛撥軍管守，今亦廢。

七浦巡司。在州北三十六里。本朝乾隆二十六年，由顧涇移此。

甘草市巡司。在州東北七十里，又名甘林市，東臨大海。明洪武七年置巡司，今因之。

貊貎鎮巡司〔一〇〕。在崇明縣北。舊志：明初，置東沙、西沙、三沙三巡司。本朝雍正十二年，裁併半洋沙。乾隆三十三年，半洋沙改屬海門廳，移巡司駐此。

諸翟鎮巡司。在嘉定縣。本朝乾隆三十四年，由南翔鎮移此。

雙鳳鎮。在州北二十四里，亦曰雙林。相傳晉成帝時，耕者斵土皆五色，得一石函，中有石龜二，化爲雙鳳。故以名鄉，鎮亦因之。

璜涇鎮。在州東北六十里。近鎮有涇，涇中有石如璜，富人欲取爲山，不能起，是山根也。明成化間創鎮。

新安鎮。在鎮洋縣東三十六里，舊名陸公市。接嘉定縣界。

沙頭鎮。在鎮洋縣東北三十六里，明時爲州第一都會。相近有新安鎮。

茜涇鎮。在鎮洋縣東北四十里，有遊擊守備駐防。舊志：宋置楊林寨。本朝乾隆十一年，移州同駐此。又元置崑山巡司，洪武七年，改唐茜涇港口巡司，在州東北五十四里。成化七年，移治東花浦口。萬曆中廢。

五溆鎮。在崇明縣東，有縣丞駐此。

楊家河鎮。在崇明縣東八里。又新開河鎮，在縣東仙景沙。

新鎮。在崇明縣西三十三里。又平安鎮，在縣西東阜沙。

駐此。

南翔鎮。在嘉定縣南二十四里。范成大吴郡志：崑山臨江鄉，初掘地得石，徑丈餘，嘗有二鶴飛集其上。久之，鶴去不返，石上忽有詩云：「白鶴南翔去不歸，惟留空迹在名基。」因建南翔寺，且以名鎮。西有白鶴村。本朝乾隆三十四年，移縣丞駐此。

安亭鎮。在嘉定縣西南二十四里，接蘇州府崑山縣界。

外岡鎮。在嘉定縣西十二里，爲水陸要衝。

高橋鎮。在寶山縣東南四十里清浦港之尾。南接松江府上海縣界，北至海西瀕吴淞江。舊志：明洪武十九年，建堡城，鎮海衛分軍防守。三十年，又建寨，與堡城對峙，太倉衛分軍防守。今堡廢。本朝乾隆二十六年，設縣丞駐此。

江灣鎮。在寶山縣南二十七里。宋初，置商量灣寨。建炎中，改置江灣義兵寨。紹興中，韓世忠以中軍駐江灣是也。淳祐九年，又置江灣忠節水軍寨。元置江灣巡司，明因之。今移駐南翔鎮。蘇州府志：江灣寨，在嘉定縣東南吴淞江口。巡司在寨東，市在寨北。

大場鎮。在寶山縣西南三十六里，宋時嘗置鹽場於此。

顧涇鎮。在寶山縣西北十二里月浦鎮。舊志：顧涇，在嘉定縣東三十里。宋淳熙十二年，殿前司奏許浦所管南船，移戍崑山顧涇港，擇高地建寨。寶慶元年，許浦都統制吴英申言：「列戍江海，界分渺闊，所管隘口，惟顧涇最爲緊要。」明初，置顧涇巡司。後移駐月浦鎮，在嘉定縣東二十六里。本朝乾隆二十四年裁。

羅店鎮。在寶山縣西北三十六里。通志：元至正間創。近海殷富，市廛之盛埒南翔。

太倉衛。在州城内。明太祖所置。

鎮海衛。在州城内。明洪武十二年，分太倉衛軍置。

七鴉營。在州東北七十里七鴉港口。明初，設七鴉把守官軍營，築土城。今屬劉河營分兵戍守。

劉河營。在鎮洋縣東南。姑蘇志：劉家港北岸海口接嘉定縣境，元置分鎮萬户府。至正初，又於江南、北岸，各立萬户府。明初，置劉家港巡司。正統初，設寨。成化十八年，增立城堡。嘉靖四十五年，建參將府，增作甎城，周三里，環城浚濠。萬曆初，改置遊擊營。本朝仍設水師遊擊一員，沿海防禦。故城尋被海潮衝圮，康熙六年，移駐茜涇鎮。册說：舊有劉河所。本朝康熙二年，并入鎮海衛。

吴淞營。即今寶山縣治地，當吴淞江北岸。明洪武十九年，置守禦千户所，屬太倉衛。築土城，周五里有奇，門四。其地當吴淞江入海之口，去海止三里許，最爲衝要。嘉靖初，以海潮侵嚙，東北隅漸傾。副使王儀，更築土城於舊城西南一里。十九年，移治土城。三十一年，甃以甎，號曰新城。本朝順治初，改爲吴淞營，設副將協守。康熙六年，改設參將。

塗松市。在州東北三十五里七浦塘之南。舊爲塗松鎮，宋元豐間，去鎮改爲市。僞吴張士誠嘗築城營兵於此。今圮。

崇明沙守禦所。在崇明縣東北東沙舊縣治東南。明洪武初，置東沙巡司。二十年，改置守禦千户所，隸太倉鎮海衛。嘉靖中，移治新城。三十八年，改守禦爲都司，尋改置參將府。本朝順治八年，改置崇明營。十三年，以蘇州水師總兵官移鎮焉，爲江南重鎮。

津梁

海門第一橋。在州東水關内，元至順元年建。

安福橋。在州南，元天曆六年建。下爲太倉、陳門二塘合流處。

木魚橋。在州南門外普濟寺前，跨張涇。元袁華宅在其側。

陳門橋。在州西南跨陳門涇上，一名鎮民橋。元至正中建〔一一〕。

廣安香花橋。在州北直塘市廣安寺前，俗名寺前橋。宋紹興中建。

義興橋。在州東北沙頭鎮，跨七浦塘。

武陵橋。在鎮洋縣西南，舊名惠安橋，俗名大橋。跨致和塘上。又西有稅務橋。

青龍港橋。在崇明縣東南平洋沙。

闌干橋。在崇明縣南六十里南沙。

阜安橋。在崇明縣西四十里東阜、平安兩沙交界。

萬安石橋。在崇明縣城西二十二里周神廟鎮。

大通橋。在崇明縣北門外，跨施翹港。

賓興橋。在嘉定縣南學宮前，宋淳祐中建。明天順中易以石，更名青雲橋。

虬橋。在嘉定縣西南黄渡鎮，跨吴淞江。

嚴泗橋。在嘉定縣西南二十六里，跨安亭浦，接蘇州府崑山縣及松江府青浦縣界。

拱星橋。在嘉定縣東北，宋嘉定中建。

月浦橋。在寶山縣東月浦鎮，一名步月。元虞集嘗泊舟玩月於此。

海音橋。在寶山縣西，舊名丁家橋。明馬元調記：吴淞江守禦千户所之西三里，港曰采淘，爲練祁之水東合月浦入海處。

施翹河渡。在崇明縣西七里。西至本州七鴉口，海面約四十里。舊有斜河渡、船港、黄家港、舊城河界溝、闌沙等渡，今俱廢。

隄堰

舊城灣月隄。在寶山縣胡巷江東，本朝乾隆十三年修。

天妃閘。在鎮洋縣東南劉河上。距海口十里有天妃祠，元海運入海處。本朝康熙十年重建，二十年修。

陵墓

宋

郟亶墓。在太倉州大北門内。

孫察墓。在嘉定縣集仙宫旁，爲葬衣冠之所。

元

秦玉墓。在州城西吴塘上。

張溥墓。在州境。

明

毛澄墓。在州城北。

王忬墓。在州城東。子世貞、世懋附葬。

章黼墓。在寶山縣十都孫家浜。

沈輔墓。在寶山縣八都戴家浜。

侯峒曾墓。在寶山縣。

祠廟

二卿祠。在州學內，祀明周文襄忱、崔莊敏恭。

平江伯祠。在州治天妃宮之左，祀明陳瑄。

孝友先生祠。在崇明縣舊州學內，祀元秦玉。

愍忠祠。在崇明縣東，祀明知縣唐一岑。

忠孝祠。在嘉定縣東，祀宋忠臣孫察、姚舜元，孝子龔明之、沈輔、沈珵。後續入明忠臣徐鏊、孝子歸可正。

三賢祠。在嘉定縣西，祀明知縣陳克宅、萬思謙、張守直。

世忠廟。在州治雙鳳鎮，祀吳越王錢鏐一門五王。

織女廟。在州城南七里黃姑塘。

龍王廟。在崇明縣西關外長沙。向建城中城隍廟右，以西海坍迫，康熙三年，移建天妃宮北。

杜拾遺廟。在嘉定縣十五都，祀唐杜甫。

寺觀

聖像寺。在州六河市。僧仲殊記云：吳僕射徐真捨宅建。晉建興二年，得汎海二石佛，因名。按吳無僕射，仲殊記誤。

隆福寺。在州城西門長春橋北。舊在武陵橋，梁天監四年建，稱報恩院。宋大中祥符元年，改今額。明洪武十三年，改爲鎮海衛，十四年復建寺。前有放生池。

香林寺。在州西北古塘灣，舊名香雲寺。本朝順治十七年，寺僧行聞至京隆安寺，值世祖章皇帝臨幸得見，問此僧係何處住持，僧以太倉香雲寺奏。上以香雲不若香林，因改今名。康熙十二年，禮部劄製香林寺扁額給寺。

海寧寺〔一二〕。在州城西北武陵橋西。梁天監中，尼妙蓮建庵。宋建炎四年，里人郟承直捨宅重建寺。

法輪寺。在州北雙鳳鎮。東晉咸和六年，支遁掘地得二石龜，化爲鳳，因建。初賜額「雙鳳」，宋祥符元年，改今名。

廣安寺。在州北三十里直塘市。唐乾元初建，名寶林寺。宋祥符元年，改今額。

興教寺。在崇明縣東張成港北。唐光化中，終南僧妙鞏建。宋寶慶中，遷於平等村。明永樂中，徙道安鄉。萬曆中，徙南沙。今遷新河鎮西。

慈濟寺。在崇明縣東南隅河泊所東。宋淳祐二年建。今遷新城學宮左，爲祝釐習儀之所。

寶慶觀〔三〕。在崇明縣舊縣治北，宋寶慶元年建。元至正中，遷建縣治南十五里。有文天祥「海上瀛洲」遺篆。

雲翔寺。在嘉定縣南二十四里，舊名南翔寺。梁天監中，始作精舍。宋紹聖中，賜額「白鶴南翔寺」。中有尊勝陀羅尼經石幢二，一立於唐咸通八年，一立於乾符二年。本朝康熙三十九年，御賜今額。

菩提寺。在嘉定縣西南安亭鎮，吴赤烏二年建。宋開寶間，改賜今額。

保安寺。在寶山縣沙浦。梁天監中，恒智禪師遊此，聞蘆葦中有猛獸，因趺坐經旬。有老叟饋食，見二虎馴狎左右。里人建庵居之。宋嘉定中，改爲寺。

天妃宫。在崇明縣西關外施翹河。宋元祐崇祀於閩。元漕運著靈，加封天妃神號。皇慶後，歲賚香旛下漕司祭之。明洪武改封聖妃。永樂七年，復今號。寶旛諭祭，敕主水宫，春秋崇祀。

校勘記

〔一〕在縣濠外東　「東」，乾隆志卷七一太倉州學校（下同卷簡稱乾隆志）作「東南」。

〔二〕額徵地丁正雜銀二十六萬九千八百七十六兩三錢五分五釐　「徵」，原脱，據乾隆志補。

〔三〕劉光世遣王德討平之　「討」，原作「浤」，據乾隆志改。按，宋史卷二六高宗本紀載「王德招邵青，降之」。

〔四〕於是宣慰朱清創開海道漕運　「慰」，原作「尉」，據乾隆志改。按，宣慰乃「宣慰使」之省。據元史世祖本紀，朱清於至元二十四年十二月遥授宣慰使。

〔五〕此富民内地之支河也　「富民」，乾隆志作「崇明」。考雍正江南通志卷一四輿地志山川大通河條作「此内地之支河也」，並無「富民」或「崇明」字樣。其下施翹河條末曰「此沿海之幹河也」，兩條正相對而言。則乾隆志添「崇明」二字爲是。

〔六〕自上源開至練祁塘　「自」、「至」二字原位置互錯，據乾隆志及吴郡志卷一九水利乙正。

〔七〕相傳楊維楨張雨俱飲其上　乾隆志「俱」下有「曾」字，義勝，此蓋誤脱。

〔八〕今淮雲寺即其故宅　「寺」，原作「奇」，據乾隆志改。

〔九〕仙人蹟　「蹟」，乾隆志作「踪」。

〔一〇〕貂貔鎮巡司　「貂」，原作「豹」，據乾隆志改。按，康熙重修崇明縣志卷三有貂貔廟，在崇明縣北闕外；雍正崇明縣志卷二載「周神廟鎮，城西三十里，舊名貂貔廟鎮」。字皆作「貂」。

〔一一〕元至正中建　乾隆志作「元至順元年建」，雍正江南通志卷二六輿地志關津作「元至順中建」。

〔一二〕海寧寺　「寧」，原作「安」，避清宣宗諱也，據乾隆志四改。

〔一三〕寶慶觀　「觀」，原作「寺」，據乾隆志及姑蘇志卷三〇崇明縣叢林改。按，此條當移下文保安寺條後。

大清一統志卷一百四

太倉州二

名宦

宋

常棶。理宗時知嘉定縣。歲大水，勸分和糴，按籍均敷。發運使王㦃、提點刑獄孫子秀俱特薦於朝。

元

伊埒哈雅。舊作月里海牙，蒙古人。皇慶間，崇明州達嚕噶齊。時兩淮運使簽州民爲竈丁，伊埒哈雅勿聽。運司督之再三，終堅持不可，事遂寢。歲旱，出舍寶慶觀，齋宿禱雨，妻死不歸視含殮，謂家人曰：「天不雨，我且無用生，況妻子乎？」甘雨隨至，時以爲誠感所致。

尚實烏葉。舊作山山武毅，蒙古人。至正間，崇明州達嚕噶齊。時海多盜寇，閭井騷然。尚實烏葉率兵勦捕，賊衆殺傷無算，羣黨立散。

任立。太原人。授嘉定知州，釋冤獄四十九人。歲祲，全活饑民六千餘户。

明

劉秩。豐城人。洪武間，知崇明縣，奏減酒税鹽課及塗田三萬石有奇。

練達。新淦人。建文間，知嘉定縣。視事甫三月，燕兵渡江，從父子寧被誅〔一〕。達知不免，一夕載妻子赴海死。

戴肅。仁宗時爲嘉定縣丞。惓惓愛民，以冗員調山東平陰，民乞留，帝從之。

連俊。邠州人。宣德中，知崇明縣。歲旱，正賦缺供，俊請以豆麥代解，報可，民以爲便。明年復大祲，乃請借常熟官糧萬石賑民，全活甚衆。海中田坍糧存者，悉言於大吏奏捐之。

王鋭。建安人。宣德中，知崇明縣。分户賦爲九等，别區圖，均徭役，皆自鋭始。歲旱，蝻傷禾稼，鋭爲文禱八蜡神，降雨三日，蝻遂滅。民稱其異。

龍晉。吉水人。天順元年，由御史左遷嘉定知縣。縣境吴淞江、鹽鐵塘淤塞，晉督丁夫開浚，獲一石刻於江岸。其文曰：「得一龍，江水通。」時人皆以爲異。

王應鵬。鄞人。正德間，知嘉定縣。被召赴京，僚佐餽贐，一介不取。行至淮，有持金二鎰、布百疋以獻者，驚問之，曰：「感恩切骨，敢以爲獻。」應鵬笑曰：「有是哉！」乃受布一疋，仍製衣以賞篙工〔二〕。其清介類如此。

倪宗正。餘姚人。正德中，由翰林出知太倉州。歲大水，賑活甚衆。復條陳地方利弊六事於朝，凡興水利、均田税，數十年皆用其策。

熊桴。江夏人。嘉靖中，知太倉州。以破倭功，再遷蘇州兵備僉事，駐太倉。公忠多智畧，大小三十餘戰，斬獲甚多。屢遷右參政兼副使。建崇明、福山、川沙、柘林、吴松江五城，開楊林、瓦鋪、虹江、白茆四渠，民甚德之。

胡士容。廣濟人，知嘉定縣。捕豪惡吏民數十人，置之法，人情大快。婁江石塘，久而傾圮，士容多方拮据，樹以堅木，甃以大石，爲塘四十里，直達崑山。

馬麟。巴縣人。嘉靖中，知嘉定縣。濬練祁塘十五里，凡七日而工畢，民用不擾，世享其利。

萬思謙。南昌人。嘉靖中，知嘉定縣。倭寇薄城，思謙悉集戍兵相率守禦。寇用火攻，思謙籲天默禱，遂返風，兵出擊之，寇敗走。

張守直。遵化人。嘉靖中，知嘉定縣。歲祲，發帑賑民，全活甚衆。簿書獄訟，俱手自斷決，不假吏胥。凡沙田鹽課，及諸宿弊爲民害者，悉罷黜之。

唐一岑。嘉靖中，知崇明縣。建新城成，一岑謀徙居，爲千户高才、翟欽所阻。未幾倭寇突入，一岑死事。贈光禄少卿，建祠祀之。

孫裔興。南海人。嘉靖中，知崇明縣。疏濬各沙河，溉田萬頃，積歲磽鹵盡爲膏腴，民咸德之。

張世昌。新野人。萬曆中，知崇明縣。民竈争訟，世昌以法持平，無敢譁者。築海隄七十餘里，捍田萬餘頃。

劉士斗。南海人。崇禎時知太倉州。與州人張采、張溥砥礪名節，有政聲。

文祖堯。雲南人。崇禎時爲太倉學正。修文廟，整治祭器，訓諸生以聖賢之道。已而棄官寓荒寺，尋歸，卒於道。諸生即以寓室爲祠，曰思賢廬。

本朝

白登明。蓋平人。知太倉州。姦胥里豪有犯，立置重法，境内肅然。試諸生以地方利弊，纖悉畢陳，故摘發無不中。隣邑有寃抑者，輒訴上官，願下州爲理。州田高，常賴劉河蓄洩，爲旱澇備。歲久湮塞，登明設法濬之，州及崑、嘉二邑皆賴其利。

潘師質。宜春人。知嘉定縣。時邑蠹衛弁，表裏爲姦，額外加漕耗若干，師質不應。羣蠹訟之上官，邑人忿甚，斃其爲首者。憲府窮治其事，師質以書繫臂，極言漕耗之害，爲民父母，不能拯救，請以死謝之。遂投秦淮河死。

陳慎。文安人。順治十年，知崇明縣。會海潮溢傷禾稼，慎力請撫臣奏免正供萬八千有奇。設法賑恤，全活甚衆。十六年，海寇犯上元。崇邑孤懸海外，慎練鄉勇，措兵餉，以死守之。築文成壩，使兩翼聲勢聯絡，民賴以安。

陸隴其。平湖人。康熙十四年，以進士知嘉定縣。縣俗婚喪諸禮俱以侈靡相尚，隴其示以限制。爲政務抑胥吏，鋤强梗。凡決訟獄，輒以至情悱惻相感動，踰年，訟者絶少。催科立甘限法，應輸者自限輸若干，届期及半，即得宥，追呼不擾，輸者争至。性淡泊，一介不取。與上有不合，刻去之，萬民乞留不得。十七年，薦舉博學鴻詞。十八年，保舉清廉官。後以御史俸滿應外調，遂乞假歸。著困勉録、松陽講義、三魚堂文集。卒，祀名宦。雍正二年，從祀文廟。乾隆元年，賜謚清獻，加内閣學士，兼禮部侍郎銜。

商奕銓。紹興人。康熙間，同知太倉州，三攝州篆，有能聲。沙溪鎮劇賊馬張二糾衆肆劫，奕銓計擒殲之。姦僧一念等，尅期倡亂，奕銓令城中儆備，親率民壯，夜擒賊黨。次日按簿擒其頭目四十八人，餘悉不問，州境以安。尋落職，羈太倉，貧無以自給。卒，葬太倉。

趙錫禮。蘭溪人。雍正九年進士，知太倉州。幹練勤敏，用法嚴明，民不敢犯。州治久圮，以罰鍰葺而新之。

蔡長澐。漳浦人。以官生考授知縣，乾隆九年，陞太倉州。父禮部侍郎世遠，理學名臣，爲時推重。長澐守其家傳，施之政事，勤卹民隱，廉正自持。後仕至刑部侍郎。

冷時松。臨桂人。乾隆十年進士，知鎮洋縣。性廉介明察，杜絶苞苴請託，吏胥不得夤緣爲姦。創建婁東書院，邑人聞風，捐助田畝，以資膏火。旋調任去，士民思之。

李仕清。巴陵人。乾隆二十年進士，知嘉定縣。性和平，恤民重士，藹然有儒者風。在任十餘年，多惠政。卒於官。

胡仁濟。大興人。乾隆間知寶山縣。以縣近海洋，土塘不足捍禦，議築護城石塘，自吴淞至車家園一千三百丈，悉力經理。工未竣，以被劾去，士民攀留弗得，乃立祠以祀，而隄防遂得永固。

人物

宋

孫載。嘉定人，居練祁市。爲河中府户曹，歷事三守，皆侃侃與争曲直。會察訪使辟爲官屬，時乾祐縣令不奉行青苗法，使載按之。載言邑小民貧，令實無罪。知德清，以德化民，訟有累年不决者，得一言皆感悟去。歷知海、沂、婺、亳諸州，皆務大體，時號循吏。大觀中，以朝議大夫致仕。從子察，以朝散郎使北，守節不屈而死。

龔宗元。太倉人。以鄉貢知句容縣，摘發如神。楊紘持使節行部，號深酷，至境曰：「龔君已治，吾往徒擾。」遂不入。仕至都官員外郎。

姚舜元。嘉定人。爲平江府東南副將，守吳淞。德祐改元，冬，元師下平江，舜元語弟舜賓、子應龍曰：「國家厚澤在人，大本未去，收合散亡，事可圖也。」元師偏將東巡，莫敢犯境。會大霧四塞，襲兵猝至，舜元與舜賓、應龍皆死之。

元

秦輔之。嘉定人。博學能文。時嘉邑未有志乘，輔之始撰練川志，典章文獻，爛然具列。又著格物擇善録、易經史斷、武事要覽、忠孝百詠等篇。

尤鼎臣。太倉州吏。至正末，張氏兵入吳，州倅奉印降。鼎臣阻之不得，爲其將所繫。啗以美官，不屈，抶百餘，終身錮之。

明

顧光遠。嘉定人。從太祖入集慶，監太倉軍，從征陳友諒，督餽運有功。歷龍陽、太和等州，丁憂入京，留翰林，編大明律。復命監造天下均工圖籍，始還鄉持服，起廣東行省郎中。光遠性淡泊，食取充口，衣僅蔽體，居廨無長物。

王彛。其先蜀人，彛父始卜居嘉定。少孤貧，讀書天台山，師事王禕，得蘭溪金履祥之傳。洪武初，召修元史，薦入翰林，以母老乞歸。坐知府魏觀事，與高啓俱被誅。所著有三近齋集。

秦約。太倉人。父玉居崇明，孝友工詩。洪武初，約應召，試慎獨箴，拜禮部侍郎，以母老辭歸。再徵詣京師，上書言事，上悦，以約年老難劇任，授溧陽教諭。御史練則成等薦之，稱爲宿學遺老云。

陸安。太倉人。洪武初，父德甫以所館客事連坐，當棄市。安求代父刑，伏闕哀請，許之。臨刑，從容就刃，觀者泣下。同時陳元吉，亦代父受刑。

張泰。太倉人。天順八年進士，選庶吉士，授檢討，遷修撰。爲人淡泊自守，詩名推重藝苑。著有滄洲集。泰與陸釴、陸容三人少齊名，號「婁東三鳳」。

陸釴。太倉人。天順癸未會試第一，廷試第二，授編修，歷修撰、諭德。孝宗立，以東宮講讀勞，遷太常少卿，兼侍讀。以疾乞歸，卒。李東陽嘗稱其詩，而惜其天不假以年云。

陸容。太倉人。成化中進士，授南京主事，進兵部職方郎中。西番進獅子，奏請大臣往迎，容諫止之。遷浙江參政，罷歸。

姜昂。太倉人。成化進士。知棗强縣，授御史，偕同官劾方士李孜省，忤旨受杖。歷知河南、寧波，皆有聲，終福建參政。昂在官，日市少肉供母，而自食菜茹。既歸，室不蔽風雨，粟匱則啜麥粥。子龍，正德初進士，歷禮部郎中。武宗南巡，率同官諫，罰跪五日，杖幾死。歷雲南副使，兵備瀾滄、姚安，三年，番漢大治。

王倬。太倉人。舉進士，知山陰縣，累官南京侍郎。性孝友，歸制家廟，割田千畝贍族人，倣范文正義田之意。

章輔。嘉定人。中年病足，絶意進取。以六書訛謬，乃遵洪武正韻，參以三蒼、説文、玉篇、韻會諸書，考訂同異，編韻學集成十三卷，又直音七卷。

龔弘。嘉定人。成化進士，知兖州府。正德中，爲湖廣布政使。中貴縱僕從殃民，弘盡收繫之。黄河溢，弘由應天府尹擢右副都御史，治之，河溢旋止。兩進工部右侍郎及尚書，並領河事。河道之設專官，自弘始。

沈理。嘉定人。母病目，舐之而愈。父病傴僂，醫欲灼艾鍼之，理試之痛甚，固請止。父夢神語曰：「吾感孝子意，爲汝鍼之。」鍼而驚汗，遂愈。後父没，廬墓三年。又同邑沈輔，父病，輔與妻瞿氏，願減年益父壽。及殁，廬墓三年。弘治中並旌。

毛澄。太倉人。生而穎異，弘治癸丑進士第一，授編修，歷官禮部尚書。宸濠嘗奏，欲令撫按諸臣朝服進見，又居母喪，脅巡撫孫燧等奏其孝行。澄援例據經折之，皆罷。嘉靖初，議興獻王主祀稱號，澄據宋儒程頤議，前後録上凡五疏，執愈堅，稱號遂定，主祀事寢。卒，謚文簡，祠鄉賢。

歸鉞。嘉定人。繼母譖於父，杖而逐之。父卒，母擯不納，販鹽市中。嘗私向其弟問母，致甘鮮。正德初，大饑，鉞迎母奉養，每得食，先母弟而後已，母爲感悦。族子繡，亦業販鹽養母，嘗罄資救弟緯於獄，人稱「歸氏二孝子」。

徐鏊。嘉定人。業醫，供事内殿。武宗南巡，以其術諫，下詔獄，謫戍。世宗立，召還，擢御醫。守一官三十年，以年老求致仕，尚書李默疏留之。會考詣禮部，值同邑徐學謨爲吏部郎中，引見尚書吴山。山曰：「此武廟時徐先生耶，何淹也！」尋遷院判。

周在。太倉人。正德進士，知寶坻縣，忤太監王孜，械治之。尋還職。有薛鳴鳳者，附劉瑾，蒙罪竄匿，在案治之。薛賂朱寧誣奏〔三〕，復繫獄，廷杖。尋擢御史。嘉靖中，桂萼力薦王瓊，在疏論瓊陰賊險狠，下鎮撫再杖。出爲吉安推官，歷武昌道，終浙江參政。

王忬。太倉人。嘉靖辛丑進士，以御史巡按湖廣。時大璫鎮承天爲民害，忬至與約，毋縱舍人子漁百姓，璫懾不敢犯。再按順天，備禦有方，擢僉都御史，巡撫山東。會倭起，以忬巡視江浙，邀擊大創，後先告捷。會薊遼總督楊博還朝，移忬代往。尋練兵議起，爲嚴嵩所扼，以失事論死，天下冤之。隆慶初，子世貞疏訟，詔復其官。

王世貞。忬子。嘉靖進士，好爲詩古文。官刑部主事，遷郎中。哭楊繼盛於東市，經理其喪，失嚴嵩意，出爲青州副使。以父忬下獄，解官叩闕請救，卒不免。隆慶初，兄弟伏闕訟父冤，大學士徐階左右之，復忬官。世貞意不欲出，會詔求直言，疏陳八事以應詔。尋遷浙江右參政，歷進太僕卿。萬曆初，以副都御史巡撫鄖陽，終南京刑部尚書。世貞才最高，望最顯，聲華意氣，籠蓋海内，與濟南李攀龍等號「七才子」，名更出諸人上。所著有弇州四部稿。弟世懋，嘉靖進士，終太常少卿，文章與兄齊名。

王在復。太倉人。嘉靖中，倭寇之亂，以救父並遇害，賜旌。

顧存仁。太倉人。嘉靖進士，歷禮科給事中。疏請赦戍臣楊慎、馬録、馮恩、吕經等，召用累年言事譴責之臣，且請懲吳璋、葉凝秀，忤旨廷杖，編氓口外。穆宗立，起歷太僕卿，先後條上馬政十三事，悉皆報可。

龔可立。嘉定人。諸生。嘉靖中，倭寇之亂，以衛祖母，並見殺。

趙中行。嘉定人。嘉靖舉人。勵志節，以經濟自負。時邑有倭警，畫守禦策，料敵悉中。兩上春官不第，有故人官給事中，重其才，薦於嚴嵩，欲授以臨清知州。中行聞之，夜半促裝南還。家居鶉衣藿食，絕意仕進。

王錫爵。太倉人。嘉靖末，會試第一，廷對第二，授編修。萬曆初，歷詹事，掌翰林院。張居正奪情，將廷杖吳中行等，錫爵造居正喪次，切責之。進禮部右侍郎。居正甫歸治喪，九卿亟請召還，錫爵獨不署名。累官禮部尚書，兼文淵閣大學士。首請禁諂諛，抑奔競，戒虚浮，節侈靡，闢横議，簡工作，帝咸褒納。時册立久不行，錫爵切諫不報，及爲首輔，以擬三王並封旨，爲言官所攻，乃自劾三誤乞罷，不許。歷改吏部尚書，進建極殿。卒，贈太保，謚文肅。子衡，有文名，萬曆辛丑進士，廷對第二，授編修。早卒，時論惜之。

李繼貞。太倉人。萬曆進士，除大名推官，歷遷兵部主事。天啓中，以典試山東，試録刺魏忠賢，坐削籍。崇禎初，起職方郎中，有聲。會帝召見，獎其有執持，因問大將數人，而諭以推舉宜慎重。繼貞上推陞論功六事，多報可。力杜請托，爲羣小所讒，以他事詿誤落職。尋薦起，歷兵部右侍郎，兼右僉都御史，巡撫天津。會詔發水師援遼，坐戰艦不具，除名。未幾急邊才，廷臣交薦，召爲兵部添注右侍郎。卒，贈右都御史。

張恒。嘉定人。萬曆進士。歷江西按察副使。覃思經術，議論深醇，往往觝排姚江王氏。著有明志集。

婁堅。嘉定人。經明行修，爲學者所宗，貢於國學。工詩文，善書法。晚與唐時升、程嘉燧稱「練川三老」。嘉燧，歙人，流寓嘉定，詳見徽州府志。

唐時升。嘉定人。師事歸有光，得其指授，發爲詩文，咸有矩度。好古人奇節偉行，及謀臣策士之畧，嘗決塞上用兵虚實勝負，多不爽。所著有三易集。

張振德。嘉定人。以選貢知興文縣，兼署長寧。時藺賊作亂，振德日夜巡城，自度形勢不能保，退檢篋中銀兩，許付幼子鯤曰：「吾不及見汝冠矣。」促之行。未幾賊衆薄城下，振德方出戰，忽大雨城摧，賊擁入。振德左手持兩印，右執匕首，危坐廳事，妻錢氏與兩女坐後堂，積薪坐側。賊逼，俱投火死。明日賊至，火燄中見振德屍，面如生，兩印在手，堅不可取，皆駭愕，稱忠臣羅拜而去。事聞，贈光禄卿，謚忠愍。

侯震暘。嘉定人。萬曆進士。天啓中，擢給事中。時保姆客氏再召，震暘上疏極諫，不省。尋又劾閣臣沈潅交結客氏，及諸中官爲朋黨，忤魏忠賢意，被謫。震暘在諫垣八月，章奏凡數十上，時服其謇諤。

侯峒曾。震暘子。天啓進士，授南京武選主事。崇禎初，改文選主事，歷任郎中，出督江西學政，杜絶請託。以浙江右參政，召爲順天府丞，未赴而京師陷。福王用爲左通政，辭不就。南都覆，州縣多起兵自保，峒曾偕里人張錫眉、黄淳耀、龔用圓等，誓死固守。城破，與二子元演、元潔，俱赴水死。

張溥。太倉人。幼嗜學，讀書必親手抄訖，朗誦一過即焚之，每首如是者六七始已，因名所讀書齋曰七録。與同里張采，肆力經史，名籍甚，時號「婁東二張」。創爲復社。登崇禎初年進士，改庶吉士，以葬親乞假歸，讀書若經生，寒暑無間。四方噉名者，争走其門。詩文敏捷，揮毫立就。卒年四十。後因周延儒廷推，詔徵溥遺書三千餘卷，帝悉留覽。

王時敏。衡子。崇禎初，以廕歷官太常卿。奉使楚、閩，饋遺一無所受。

張采。太倉人。崇禎進士。力學負文譽，與同里張溥友善。溥性仁愛，而采特嚴毅，喜甄别可否，人有過，嘗面叱之。歷官禮部員外郎。有知畏堂集及太倉州志。

沈雲祚。太倉人。崇禎進士。知華陽縣，張獻忠陷城，被執不屈，死之。本朝乾隆四十一年，賜謚忠烈。

黄淳耀。嘉定人。爲科舉文，原本六經，出以典雅。崇禎進士。京師陷，福王立，南都諸進士悉授官，淳耀獨不赴選。及南都亡，乃偕弟淵耀，入僧舍，相對縊死，年四十有一。淳耀弱冠即著自監録、知過録，爲日曆，晝之所爲，夜必書之。所作詩古文，悉軌於先正，卓然名家。著有陶菴集。門人私謚貞文。本朝乾隆四十一年，賜謚忠烈。淵耀，諸生，好學敦行如其兄。

沈廷揚。崇明人。由國子監爲内閣中書舍人。崇禎十二年，山東運道多梗，廷揚陳海運之策，帝喜，即命造海舟試之。廷揚乘舟，由淮安入海，抵天津，僅半月。帝大喜，加户部郎中。十五年，命再赴淮安督海運，事竣，加光禄少卿。及南都潰，廷揚航海至舟山。明年，督舟師北上，至鹿苑，颶風起，舟膠於沙，爲大兵所執，不屈被戮。本朝乾隆四十一年，賜謚忠烈。

本朝

陳瑚。太倉人。明崇禎壬午舉人。貫通五經，求爲實學。鼎革後，絶意仕進。父病，刺血籲天，願以身代。父卒，遺産悉讓之弟。著有聖學入門、求道録等書，從學者雲集。

吕雲奇。太倉人。鼎革時，從父匿叢棘中避兵。父被執，雲奇即躍出，抱持其兵，乞免，皆被殺死，猶兩手抱父頸不釋。斂時，妻龔氏截指置棺中，自矢守節。同縣江德璜，事母以孝稱。德璜避亂遇兵，其子抱父求免，遂同被害。

陸元輔。嘉定人。少師黄淳耀，嘗以「敦篤之姿，精微之學」稱之。早年以存誠主敬自勵，至老不倦。其學博極羣書，而要歸於六經。士大夫相語，往往稱陸先生，不舉其字也。康熙十七年，有以博學鴻儒薦者，以不入格罷歸。所著有十三經注疏類抄、續經籍考。

陸世儀。太倉人。少穎悟，尤究心先儒語録及經濟諸書。順治間，學政張能麟聘輯儒宗理要。嘗講學於錫山東林書院，説易於毘陵大儒祠，受業者數百人。所著有思辨録、論學酬答。

周象明。太倉人。康熙舉人。性行端潔，臺司延請講學，象明正容就席，爲説洪範九疇大旨，及先賢敬一箴，精切詳明。一時父老子弟，莫不拱聽。著有七經同異録、尚友編、事物考辨、蘇松田賦備考，共數百卷。歿後，門人春秋祀之。

孫致彌。嘉定人。幼貧力學。康熙初被薦，以太學生賜二品服，充朝鮮採詩使。二十七年成進士，改庶吉士。四十七年，典山西鄉試，以庶常典試始此。尋授編修，累遷至侍讀學士。有杕左堂集六卷，詞四卷，續集三卷。

周士晉。嘉定人。母病久，傾家療之。貲盡，醫言惟得人乳，可再生，士晉謀於妻李氏，即棄九月兒，以乳哺母，三月而母病痊。越十二年，有僧爲殷氏子推命，怪其年月與周氏兒同，詰之，則得諸道傍者也。由是兩家通往來，父子復合。

胡龍。崇明人。雍正九年，以中營把總巡哨外洋。猝遇颶風，舟碎，龍及兵丁朱良萬等俱死。事聞，賜祭葬，廕卹各有差。

郁信。崇明人，本姓黃。工騎射，諳海道，以勇畧聞。雍正十年，以把總防守大安、戲臺二沙，海溢，居民惶遽，信竭力救援，奮不顧身。潮勢益猛，力盡而死。事聞，賜祭葬，廕卹如例。

張鵬翀。嘉定人。雍正丁未進士，由翰林洊升詹事，典試雲南。時值苗匪爲梗，繞道至滇，備詢形勢扼要，兼籌勦撫機宜。秋審時，詹事例得與校勘案卷，折獄多所平反。服官二十年，凡有關國計民生者，知無不言，言無不盡。至於進奏經史詩畫，咸寓箴規之意。卒，入祀鄉賢祠。

嚴衍。嘉定人。諸生。專心古學，尤有功於資治通鑑，或補爲正文，或補爲分注。其補正文之例有二，有通鑑所已載而逐節補者，有通鑑所未載而特筆補者。其補分注之例有三，一曰附録，一曰備考，一曰補注。又於周赧入秦之後，改稱前列國，五季迭興之世，改稱後列國。進蜀漢於正統，黜武氏爲附載，此又取紫陽綱目之義，以彌縫本書之闕者也。

邵嗣宗。太倉人。乾隆壬申進士，官侍講。秉性嚴正，人不敢干以私。嘗閲近思録、學蔀通辨、高子遺書，知學術邪正之辨。所著有洗心録、攷定家祭禮葬考、古文四卷、詩集八卷。卒，入祀鄉賢祠。

張雲章。嘉定人。幼習舉子業，上溯濂洛關閩之學。搜輯十三經註疏以下羣儒諸解，付梓，尤著力於曾之省身，孟之養氣，程朱之居敬。藩憲鄂公，首舉孝廉方正，雲章以年老辭不受。所著有續東萊文鑑、南北史備要等書。嘉慶十三年，入祀鄉賢祠。

秦大成。嘉定人。乾隆癸未一甲一名進士，授修撰。少時極慎交遊，通籍後，凡名公巨卿，非有淵源，不輕投刺。家雖窘乏，而好善之心，孜孜不倦。及卒，圖書滿架，遺田只三十畝，曰：「吾所受之先人者，即此傳子孫而已。」嘉慶十三年，入祀鄉賢祠。

汪廷璵。鎮洋人。乾隆十三年，廷試第三人，授編修，洊升工部侍郎。屢主文衡，所拔悉屬真才。嘉慶八年，入祀鄉賢祠。

毛大瀛。寶山人。由四庫館謄録議敘州同，分發陝西。乾隆五十六年，隨四川總督征廓爾喀，以軍功升中江知縣。嘉慶元年，隨勦湖北邪匪有功，奏升簡州知州。值賊匪張子聰竄渡潼河，分擾三臺、中江，餘黨入簡州境。大瀛帶領鄉勇奮擊，力竭遇害。事聞，賜卹，贈雲騎尉，入祀昭忠祠。

錢大昕。嘉定人。由庶吉士授編修，洊升少詹事，屢主文衡。大昕幼慧，善讀書，於經義之聚訟難決者，皆能剖析源流。文字、音韻、訓詁、天算、地理、氏族、金石，以及古人爵里、事實、年齒，瞭如指掌。大昕在館時，常與修音韻述微、續文獻通考諸書。所著有唐石經考異、經典文字考異等書。

錢塘。大昕族子。乾隆四十五年進士，選江寧府教授。與弟坫相切磋，爲實事求是之學。著律吕古義六卷，又著淮南天文訓補注三卷，並述古編四卷。

李賡芸。嘉定人。乾隆五十五年進士。知平湖縣，政治皆效陸隴其，盡心撫字，訓士除姦，邑中稱神。嘉慶年間，擢知嘉興府。有水災，以粥賑數十萬人，全活甚衆。後調漳州府，洊升至福建布政使，以事解職。百姓感其德，臚在閩時平獄、止爭、戢暴、靖匪諸善政，請建遺愛祠祀之。

流寓

明

程嘉燧。休寧人，僑居嘉定。刻意爲歌詩，善畫山水。晚年論唐宋以來詩章，抉摘深微。著有松圓浪淘集。

列女

元

朱虎妻茅氏。崇明人。大德間，虎官都水監，坐罪，籍其家。吏録茅氏及三子赴京師。太醫提點師甲，乞歸家，欲妻之，茅氏誓死不從。母子三人，以裾相結連，晝夜倚抱號哭，師知不可奪，釋之。茅氏託居永明尼寺，憂憤不食死。

明

張氏。太倉人。年十七，嫁周氏。夫之父爲百夫長，嘗與同伍謀刺其帥，事洩，罪連其子及婦，將斬之。帥之子惜張姿容，曰：「能從我即活。」張怒罵，帥子拔刀磨其頸，張罵不絶口，帥子怒而殺之。嘉靖中，立祠旌表。

周鎰妻王氏。太倉人。鎰早亡，二孤相繼殤。氏求自盡，父母患之，以幼姑伴。一夕夜分，姑就寢，氏自縊，年二十七。

沈承妻薄氏。太倉人。承有雋才而夭，氏爲詩百章弔之，詞極酸楚。踰年，值承忌辰，酹酒一慟而絶。

趙宧光妻陸氏(四)。太倉人。宧光棄家廬墓，與氏偕隱寒山。氏工詞翰，流布一時，著有臥雲閣集、考槃元芝二集。

張氏。嘉定人，耀女，嫁汪客之子。客妻嫗多與人私，氏時時泣語其舅夫，終不省。嫗所私惡少胡巖謀於嫗，遣其子入縣書獄。巖等登樓縱飲，呼氏飲酒，氏不飲，巖從後攫其金梭，氏詈且泣。酒罷，巖犯氏，氏大呼，以杵擊巖，巖怒走出。氏號泣竟夜，明日，嫗召諸惡少縛氏，椎斧交下，一人刺其頸，一人刺其脅，共舉尸欲焚之。尸重不可舉，乃縱火焚其室。官逮治，巖等皆伏辜。歸有光爲之傳其事。

張樹田妻宣氏。嘉定人。樹田狂虐無人理，人皆爲不堪。及樹田死，婦哭之極哀。樹田有友沈師道亦死，其妻孫氏送夫喪，過河下，因求見宣，以死相要，遂同日自縊。宣被救甦，而孫竟死。後三年，宣疑父母謀欲嫁之，登樓自縊，年二十五。

本朝

袁氏女。崇明人。許字施雍和，未嫁夫亡。氏奔喪守節。順治十年，海賊圍城，慮城潰受辱，哭柩前誓死。同縣張氏女，亦夫亡殉節。

楊貞女。嘉定人。許字王新政，未嫁夫亡，女誓不嫁。未幾父渡海溺死，母憐其少，令他適。女翦髪置父靈座，自經於側。順治年間旌。

楊春暉妻曹氏。嘉定人。夫亡自縊，家人解之，抉左目自毀，依父居終身。

龔廷諫妻王氏。嘉定人，蚤寡守志。里兇欲犯之，氏趨出，縫其衣，赴水死。衆索之，見尸特立水面，乃駭散。未幾里兇背癰死，雷擊其棺。

沈氏女。寶山人。未婚夫亡守貞，家欲奪其志，投繯死。

陸京妻黃氏。太倉人。京爲仇所害，氏哀泣奔控，仇人授首。教子守節以終。雍正年間旌。

黃九苞妻尹氏。太倉人，夫亡守節。同州曾光旦妻陸氏，祝瓚臣妻陸氏，錢宏基妻曹氏，顧慎妻龔氏，吴德愷繼妻蔣氏，程民望妻胡氏，周韶祥妻陸氏，趙錫純妻諸氏，諸信服妻陳氏，盛守貞妻吴氏，陸世爵妻唐氏，龔素貞妻周氏，仲祖山繼妻高氏，顧崧妻戴氏，錢浩妻陳氏，王玠妾曹氏，張四起妻陳氏，王子和妻沈氏，湯發祚妻徐氏，曹子藩妻張氏，顧鼎新妻韓氏，毛天駿妻李氏，毛曦谷妻陳氏，李文治妻周氏，錢棠妻陸氏，丁毓妻唐氏，閔宗鋭妻陸氏，陸竑妾柳氏，張于臨妻王氏，金龍徵妻淩氏，陳于忱妻過氏，俞掄妻歐氏，張浩妻陸氏，王祖植妻全氏，王寶國妻陳氏，吕應爵妻王氏，王清妻顧氏，王國章妻周氏，陸士龍妻張氏，吴文俊妻金氏，曹虞翊妻鄒氏，張瑛妻錢氏，李叔佩妻孫氏，陸照妻吴氏，朱國麒妻唐氏，程繼鶴妻顧氏，戴藻如妻劉氏，陳振威妻朱氏，顧天爵妻程氏，顧貞侯妻季氏，董有慶妻顧氏，方致安妻朱氏，程進妻李氏，郁元裳妻吴氏，王源度妻侯氏，錢金錫妻吕氏，陳拭妻陸氏，邢廷鏡妾王氏，王光宗妻季氏，薛介玉妻袁氏，盛亨繼妻浦氏、妾項氏，陳汝楠繼妻張氏，錢一浤妻何氏、妾姚氏、王氏，顧贊妻張氏，華士榮妻陳氏，王尊美妻黃氏，吕方旭妻高氏，徐清妻周氏，徐挺妻顧氏，高茂德妻陳氏，高曠妻楊氏，王馨穀妻毛氏，李世淵妻余氏，徐覺妻施氏，孫茂甫妻陳氏，吴麟錫繼妻王氏，周世爵妻朱氏，李淇妻顧氏，顧思仁妻陸氏，黃景妻周氏，楊俊妻倪氏，龔瑞儀妻瞿氏，楊峯妻王氏，聞晉侯妻張氏，張懷德妾顧氏，張肇基妻朱氏，王煜妻劉氏，陸楨妻蕭氏，蕭鳳翊妻葉氏，俞念曾妻周氏，陸振妻沈氏，曹應侯妻馮氏，蔣受慎妻張氏，錢纘曾妻范氏，顧秉貞繼妻楊氏，趙勳妻高氏，金鑾妻王氏，曹翼妻顧氏，方超妻俞氏，張仁佩繼妻陸氏，李宗瀚妻張氏，陸秀章妻華氏，季佐仁妻余氏，王士美妾徐氏，王格妾錢氏，陸英妻周氏，顧鳳池妻薛氏，顧大本妻王氏，顧燭妻陸氏，馬峯秀妻淩氏，許大成妻張氏，王師度妻陳氏，許宏緒妻陸氏，胡進士妻朱氏，張德遠妻錢氏，胡天申妻顧氏，郁肇基妻胡氏，陳端如繼妻王氏，張鳴雷妻章氏，陸之芬妻季氏，楊無斁繼妻沈氏，沈焕如妻董氏，周之轍妻孫氏，王允中妾朱氏，姚文英妻宋氏，昆爵妻顧氏，徐雲高妻趙氏，顧恬妻郁氏，張思孝妻沈氏，趙嚴妻侯氏，王儼妻錢氏，徐焕章妻陸氏，季信仁妻陳氏，均夫亡守節。烈婦徐洪妻陸氏，夫亡殉節。貞女淩氏，金一鶴聘妻張氏，蕭懿業聘妻王氏，王夢蛟聘妻李氏，方洽聘妻顧氏，周魯觀聘妻李氏，吕元勳聘妻邢氏，錢大鑑聘妻朱氏，王暄聘妻吴氏，均未嫁夫亡守貞。俱乾隆年間旌。

陳如鏞妻陸氏。鎮洋人，夫亡守節。同縣張天球妻王氏，陳于惺妻李氏，盛份之妻顧氏，張良輔妾陳氏，王履吉妻倪氏，王之滉妻周氏，金彦威妻王氏，沈雲韶妻郭氏，顧我敬妻吕氏，張瑄妻徐氏，黄永卿妻錢氏，盛大禮妻張氏，郁兆枚妻季氏，杜緒祖妻王氏，王瑞琪妻邵氏，楊鏡妻何氏，馬煜妻葛氏，金本妻汪氏，顧璞妻陸氏，陸祖襄繼妻錢氏，沈大德妻胡氏，蕭俟妻金氏，顧拔妻徐氏，俞仁甫妻陳氏，張卿臺繼妻錢氏，王修妻顧氏，顧玉鉉妻曾氏，王照妻顧氏，吴明俊妻李氏，邵子立妻陳氏，李雯妻陳氏，李學泌妻杜氏，顧學詩妻陸氏，張景平妻葉氏，曾赴元妻楊氏，曾環妻楊氏，楊尉元妻周氏，汪焕妻周氏，郁壎妻吴氏，李之彬妻張氏，金克明妻周氏，王槐妻顧氏，李永吉妻孫氏，王大受妻聞氏，徐榮妻王氏〔五〕，汪瀚士妻吴氏，王士林妻沈氏，趙熙繼妻張氏，王文杏妻張氏，陸殿臣妻陳氏，龔純妻王氏，吴廷松妻蔡氏，汪邦柟妻沈氏，江瑞旭妻郁氏，沈文明妾史氏，沈昌灝妻周氏，盛佺妻王氏，沈大謨妻馬氏，顧照妻徐氏，王星妻吕氏，徐有慶妻嚴氏，朱雲翥妻金氏，王聖宫妻管氏，浦璥妻許氏，王汝麟妾沈氏，楊子熊妻謝氏，吴未極妻王氏，徐旭齡妻羅氏，陸鴻俊妻張氏，吴文謨妻王氏，童碩妻王氏，董澄妻邵氏，施均繼妻王氏，王楝妻顧氏，何洪聲妻王氏，陶琦妻張氏，林徐筠妻王氏，楊履吉妾金氏，金德求妻管氏，張垣妻毛氏，陳紀宗妻周氏，徐麟錫妻唐氏，俞永昌妻陸氏，郁全斌妻潘氏，胡虞允妻毛氏，許詒妾朱氏，桂堂妻蔣氏，孫坤妻張氏，李金澄妻王氏，金石麟妻郁氏，李堦妻朱氏，吴循轍妻李氏，楊名世妻李氏，吴惟敬妻沈氏，陸勳牧妻毛氏，錢展成妻陸氏，黄紹謨妻周氏，桂邦妻丁氏，潘志濟妻陳氏，張仁輝妻沈氏、妾徐氏，朱文炳妻顧氏，許照妻錢氏，侯璋妻張氏，毛曜妻徐氏，唐天極妻周氏，錢德棻妻顧氏，吴維弼妻錢氏，顧金策妻屠氏，陳吉士妻王氏，吴文徵繼妻董氏，張鳴雷妻章氏，吴光宗妻馮氏，李國棟妻王氏，胡樹玉妻沈氏，高思睿妻龔氏，均夫亡守節。貞女汪燦聘妻顧氏，未嫁夫亡，矢志守貞。俱乾隆年間旌。

黄天一妻沈氏。崇明人。夫亡守節。同縣郁世宰妻宋氏，支世昌妻沈氏，徐宏泰妻黄氏，王安妻施氏，陳平策妻高氏，郁文相妻沈氏，施應鶴妻邱氏，陳令周妻錢氏，施必達妻李氏，沈丕泗妻龔氏，陸德宇妻楊氏，費天瑞妻童氏，施啓鳳妻徐氏，施時煥妻姜氏，吴斌妻施氏，黄國藩妻盛氏，施裕繼妻楊氏，周朝英妻劉氏，楊世勳妻郁氏，陸德載妻宋氏，袁國智妻倪氏，陳國智妻黄氏，尹天爵妻姜氏，龔廷俊妻張氏，蔡志仁妻黄氏，龔啓瑞妻樂氏，龔鑑妻沈氏，戴學禮妻朱氏，顧元瑛妻錢氏，施廷佐妻楊氏，崔淩雲妻吴氏，樊紀妻楊氏，黄徽垣妻倪氏，李貞妻陳氏，宋天申妻施氏，黄邦忠妻龔氏，楊茂采妻龔氏，黄廷妻陳氏，顧錫爵妻陳氏，聞銘妻曹氏，黄文炳妻羅氏，萬里侯妻錢氏，施德普妻郁氏，陸文琥妻宋氏，施應鸞妻陸氏，陸允瑞妻邢氏，施智濬妻陸氏，倪奎光妻陸氏，施廷對妻林氏，袁承妻林氏，沈欽承妻陳氏，張時承妻沈氏，施興臣妻黄氏，施淳妻吴氏，蔡良才妻歸氏，吴登榜妻張氏，沈超妻楊氏，徐光進妻朱氏，沈纘成妾張氏，劉文煒妻沈氏，沈璣妻郁氏，邱永福妻張氏，沈懷德妻王氏，陳漢新妻宋氏，陸晉屢妻徐氏，沈文瀚妻林氏，陳文江妻沈氏，童大倫妻陸氏，沈儒琛妻顧氏，葉洲妻錢氏，龔樹基妻施氏，沈繼英妻施氏，陸廷禮妻楊氏，施國元妻李氏，陳象巖妻俞氏，鈕圻妻施氏，陳朝珍妻陸氏，顧以謹妻施氏，季樹績妻顧氏，茅標妻沈氏，王尚度妻徐氏，范璋琮妻倪氏，陳祺妻陸氏，樊良臣妻張氏，沈丕洛妻施氏，施文高妻龔氏，顧自新妻朱氏，龔仙籌妻朱氏，陳美璋妻姚氏，陳朱琬妻龔氏，倪士義妻袁氏，沈咸妻黄氏，黄世忠妻董氏，范德宏妻施氏，沈泰妻倪氏，沈嵩妻顧氏，朱宏業妻吴氏，吴傳妻施氏，沈浩妻龔氏，錢上青妻張氏，沈源妻施氏，茅惠銓妻張氏，陳德延妻沈氏，陳鳴鸞妻施氏，陳光普妻盛氏，龔璜妻施氏，陳士俊妻施氏，秦通妻姚氏，均夫亡守節。貞女施廷桂聘妻沈氏，黄大有聘妻袁氏，董日穎聘妻黄氏，楊廷逵聘妻何氏，倪健聘妻施氏，均未嫁夫亡守貞。俱乾隆年間旌。

侯益妻胡氏。嘉定人，夫亡守節。同縣蔡宏妻彭氏，黄揆九妻張氏，張自超妻歸氏，許克昭妻錢氏，錢方英妻戴氏，趙方秉妻李氏，黄昇妻邱氏，姚繩武妻周氏，嚴仲倫妻張氏，姚克緒妻蕭氏，李世賢妻錢氏，范東玉妻吳氏，閔公庠妻錢氏，錢洽妻沈氏，李遜修妻陳氏，宣俶妻張氏，殷復曾繼妻唐氏，季瑞相妻韓氏，錢景榮妻陸氏，王舜卿妻錢氏，潘雙璧妻陸氏，管先妻王氏，陳校妻唐氏，吳佳妻龐氏，唐之龍妻丁氏，陳球妻楊氏，錢文憲繼妻朱氏，楊啓元妻沈氏，袁敬英妻王氏，朱震妻盧氏，周君德妻王氏，陳分彩妻王氏，蕭茂之妻宋氏，吳第妻龐氏，張來詒妻顧氏，朱念祖妻諸氏，曹天聲妻張氏，陳學妻嚴氏，姚坤元妻張氏，金欽妻須氏，施大受妻陳氏，陸書旗妾潘氏，嚴嗣達繼妻沈氏，錢煒妻瞿氏，范東昇妻陸氏，張廷璣妻鮑氏，馬崇道妻沈氏，桂懿德妻周氏，唐堯如妾吳氏，姜秉忠妻黄氏，趙時賢妻吳氏，陳亮尹妻諸氏，陸天章妻沈氏，吳心牧妻李氏，何邦祥妻錢氏，秦霖妻陸氏，張天儀妻項氏，陸廷琇妻周氏，徐佩玉妻趙氏，項復泰妻侯氏，項支伯妻須氏，邵衡臣妻錢氏，王峻妻張氏，王藻銘妻吳氏，金人寬妻朱氏，甘德行妻徐氏，姚文霦妻金氏，周楷妻嚴氏，張士楷妻閔氏，姚君翰妻盧氏，沈大德妻張氏，陳獻符妻童氏，唐位三妻邱氏，朱頎妻陳氏，徐士宏繼妻陳氏，龔尚瑚妻金氏，金高美妻陳氏，王廷宰妻吳氏，瞿大業妻葛氏，劉繡斧妻吳氏，張廷佐妻朱氏，蔣匡臣妻孫氏，陳孝徵妻侯氏，郁永珠妻王氏，華鏞妻嚴氏，吳世纘妻葛氏，朱翊馮妻江氏，徐邦策妻封氏，沈球妻徐氏，沈雲石妾顧氏，水榮材妻楊氏，馬華祚妻趙氏，徐天章妻王氏，王佩蒼妾甘氏，顧修爵妻朱氏，李元慶妻顧氏，陸發祥妻顧氏，吳敏修妻羌氏，邵繼陽妻夏氏，印同璧妻陸氏，李芳繼妻許氏，邱九德妻張氏，馬賓若妻宋氏，邱威公妻朱氏，徐泗長妻王氏，黄灼先妻汪氏，王如錫妻張氏，嚴子勉妻沈氏，鍾煌妻蔣氏，孫國柱妻趙氏，張成諤妻胡氏，朱介眉妻李氏，倪澄妾談氏，范敷遠妻陸氏，嚴永度妻陸氏，劉士奇妻馮氏，褚元進妻陸氏，潘君瑜妻費氏，季德先妻朱氏，趙錫汝妻金氏，朱學易妻馮氏，唐宣令妻劉氏，胡邦傑妻馬氏，潘鼎新妻金氏，趙孟和妻陳氏，趙均妻唐氏，程彬繼妻沈氏，王嗣源妻金氏，楊允祥妻蔡氏，王鳴岐妻陳氏，陳錫壤妻徐氏，程琪繼妻王氏，孫永公妻陳氏，陳永蓀妻褚氏，徐御佐妻馬氏，盧文燦妻須氏，張坦洽妻陸氏，陸文吉妻周氏，姚玉泉妻張氏，萬德嘉妻金氏，彭漢臣妻馮氏，趙廷珂妻楊氏，莊自勵妻朱氏，張謙益妻程氏，姚言遠妻朱氏，葉商玉妻姚氏，蔡曙妻王氏，張德臣妻顧氏，秦允申妾錢氏，曹翊宋妻鄒氏，薛耀誠妻張氏，丁士龍妻徐氏，吕士偉妻朱氏，姚聖基妻李氏，朱容繼妻錢氏，陳洪謨妻劉氏，湯宗恒妻朱氏，侯永齡繼妻趙氏，吳芬繼妻程氏，甘時霽妻李氏，施鎬元妻朱氏，邵漢卿妻陳氏，朱佩妻周氏，李鑑妻黄氏，朱鳴玉妻張氏，邱一范繼妻江氏，錢嘉謨妻杜氏，顧睦妻姚氏，徐雲從妻鮑氏，杜思進妻唐氏，程大受妻薛氏，封應瓏妻徐氏，楊忝佑妻曹氏，莊源妻王氏，孫永妻王氏，胡大勳妻徐氏，陳謀妻程氏，王東侯妻朱氏，盧宏發妻孫氏，金文豹妻王氏，秦乘龍妻徐氏，沈耀妻徐氏，楊耕山妻嚴氏，王尚義妻孫氏，吴士珏妻朱氏，均夫亡守節。烈婦譚士妻高氏，夫亡殉節。貞女仇士永聘妻王氏，趙春霞聘妻江氏，王俶臣聘妻張氏，沈雲聘妻錢氏，朱璣聘妻邱氏，沈焙聘妻張氏，張天樞聘妻曹氏，楊鳳鳴聘妻顧氏，顧純臣聘妻唐氏，朱學易聘妻孫氏，周秉洪聘妻葛氏，范道美聘妻周氏，某聘妻周氏，某聘妻姚氏，均未嫁夫亡守貞。俱乾隆年間旌。

陸斌妻邵氏。寶山人，夫亡守節。同縣唐懋才妾陳氏，徐聞昌妻程氏，周德深妻施氏，奚昌杜妾顧氏，沈德培妻吴氏，楊啓麟妻辛氏，楊漢妻張氏，王集福妻嚴氏，高琦妻張氏，李芸妻楊氏，楊爾能妻張氏，李春龍妻譚氏，諸文謨妻李氏，金光啓妻張氏，李楷妻王氏，茅鳳祥妻張氏，夏宗焕妻吴氏，管徐琮妻吴氏，張有榮妻沈氏，黄周司妻王氏，侯蓋臣妻楊氏，姚繼徽妻沈氏，張文達妻李氏，張子英妻周氏，陳敬山妻吴氏，於景廉妻倪氏，袁允昌妻沈氏，沈公執妻王氏，張國瑞妻許氏，徐子榮妻劉氏，湯綴信妻沈氏，王爾章妻吴氏，張齊英妻朱氏，沈會川妻張氏，陳孟和妻施氏，李朝英妻高氏，張大烈妻陶氏，錢敬妻朱氏，宗書城妻施氏，張宏德妻王氏，陸思祥妻張氏，周成千妻楊氏，徐允大妻沈氏，項自樹妻戴氏，唐景亮妾趙氏，蔣文衡妻莊氏，陳任譽妻趙氏，程溥妻顧氏，王偉繼妻朱氏，顧杜高妻潘氏，項佩聲妻俞氏、妾莊氏，顧尚瞻妻殷氏，徐桐妻沈氏，黄振先妻傅氏，陸聖儀妻録氏，金其華妻徐氏，鄭清如妻支氏，管國彦妻潘氏，張廷元妻葛氏，徐師位妻趙氏，楊啓楨妻張氏，陸廷議妻何氏，蔡懷城妻顧氏，顧陶成妻萬氏，哈天秀妻李氏，宗煦妻劉氏，曹裕玉妻支氏，韓舜顔妻金氏，黄永年妻印氏，顧讓妻張氏，沈爲妻顧氏，曹振金妻陳氏，曹啓六妻金氏，侯寶田妻蔡氏，張玉如妻陳氏，曹希禹妻朱氏，沈俊侯妻劉氏，唐君茂妻張氏，葛瑞生妻顧氏，唐義陽妻吴氏，沈宏一妻戚氏，蕭書紳妻孫氏，孫稼先妻王氏，申藝方妻李氏，楊成器妻陸氏，沈玠妻趙氏，董三觀妻徐氏，文爌妻孟氏，楊維敬妻徐氏，陳周士妻談氏，侯舜功妻張氏，陸漢公妻戴氏、妾胡氏，金繼勳妻孟氏，朱棟妻嚴氏，嚴曙妻印氏，吴宏城妻張氏，謝時鳳妻金氏，談士謨妻吴氏，楊志正妻周氏，朱章妻金氏，陳章妻張氏，鳳翔妻張氏，諸永熙妻王氏，張煒妻周氏，李維恒妻金氏，陳士元妻曹氏，陸乘基妻淩氏，陸茂儒妻浦氏，朱格妻范氏，王獻章妻袁氏，范文炳妻龐氏，馬廷龍妻高氏，蔡維屏妻陳氏，許學洙妻毛氏，沈璋妾陸氏，陸大德妻嚴氏，吴玉修妻陸氏，周文龍妻許氏，張儼如妻李氏，淩存耀妻沈氏，印宓曾妻馮氏，孫起鳳妻潘氏，陳大章妻沈氏，陸嘉謨妻黄氏，均夫亡守節。烈婦許高妻王氏，陳峻天妻陳氏，均夫亡殉節。貞女唐湛聘妻范氏，周繩貴聘妻浦氏，朱方暉聘妻顧氏，王志鳳聘妻嚴氏，李祖望聘妻楊氏，談尚承聘妻祝氏，朱其敏聘妻黄氏，趙觀光聘妻楊氏，均未嫁夫亡守貞。俱乾隆年間旌。

周聚五妻王氏。太倉人，夫亡守節。同州陸庭桂妻劉氏，張士才妻吴氏，陸幼成妻顧氏，孔廣珍妻淩氏，沈浩妻陶氏，王宗祥妻陸氏，王宸麟妻陸氏，曹湘妻陶氏，胡寶元繼妻王氏，蔣光祖繼妻吕氏，褚啓能妻金氏，曹禮妻吴氏，淩泰宗妻丁氏，陸鈞妻錢氏，陳本立妻陸氏，均夫亡守節。貞女吴元佐聘妻陸氏，張尚奎聘妻李氏，均未嫁夫亡守貞。烈女高義山女，守正捐軀。俱嘉慶年間旌。

許元琳妻馮氏。鎮洋人，夫亡守節。同縣郁爾昌妻方氏，徐基妻錢氏，方起英妻季氏，吴廉鍔妻金氏，沈振宗妻歐氏，蕭三桂妻張氏，錢詩妻李氏，陸雯錦妻顧氏，陸學泗妻朱氏，蘇源長妻王氏，沈鶱妻施氏，胡學寅妻趙氏，毛清妻蕭氏，均夫亡守節。烈女楊雲寀聘妻陸氏，顧勳聘妻蔣氏，均未嫁夫亡殉烈。俱嘉慶年間旌。

徐用妻王氏。崇明人，夫亡守節。同縣張某妻邢氏，樊雙林妻黄氏，陳裕泰妻胡氏，陸方德妻黄氏，陳汝蕃妻黄氏，施成德繼妻張氏，楊澐妻袁氏，均夫亡守節。貞女董璋聘妻王氏，吉漢三女，邢貞姐，均未嫁夫亡守貞。烈女倪美峻聘妻黄氏，未嫁夫亡殉烈。俱嘉慶年間旌。

胡成基妻周氏。嘉定人，夫亡守節。同縣李炯文妻沈氏，金鵬妻楊氏，譚大德妻沈氏，韓宗琦妻陸氏，戴桂妻顧氏，陳廷佐妻王氏，金宏載妻朱氏，徐爨序妻裘氏，陸炳豹妻金氏，嚴鳴鑾妻程氏，畢世桓妻張氏，朱壽鵬妻莊氏，陳智妻李氏，陳皓繼妻倪氏，陳啓龍妻朱氏，潘應鱣妻錢氏，單允恭妻姚氏，楊永貞妻金氏，邱鵬妻陳氏，張淦妻陸氏，吴廷玉妻趙氏，程宗傳繼妻趙氏，朱萬成繼妻陸氏，葉泳信妻許氏，龔邦秀妻沈氏，王謙銘妻徐氏，戴純妻朱氏，均夫亡守節。貞女陳瑄聘妻胡氏，未嫁夫亡守貞。烈女余仙保聘妻莊氏，李嘉賓女，張在明女，貞姐，均守正捐軀。俱嘉慶年間旌。

趙華妻張氏。寶山人，夫亡守節。同縣孫照妻金氏，馬崧妻丁氏，李沅瓏妻朱氏，朱錫珪妻王氏，侯世昌妻顧氏，朱履仁妻金氏，陸肇基妻王氏，均夫亡守節。貞女淩存浩聘妻張氏，李祖望聘妻楊氏，均未嫁夫亡守貞。俱嘉慶年間旌。

仙釋

晉

支遁。天竺沙門。嘗從金陵乘船至姑蘇，訪瞿硎先生於梅里。清夜露坐問道，見東南一舍外，有氣五色，旦于南沙盡界，斸地得石函。函啓，二鼂化鳳翔逝。遁因卓錫開山。咸和六年，賜額雙鳳。宋祥符初，改名法輪寺。

土產

苧布。出本州。

黃草布。出本州。

草履。出嘉定。

棉花。

大紅布。

崇明大布。

校勘記

〔一〕從父子寧被誅　「子」原脱，「寧」原避清宣宗諱作「安」，據乾隆志卷七一太倉州名宦（下同卷簡稱乾隆志）及雍正江南通志卷一一五職官志名宦補、改。

〔二〕仍製衣以賞篙工　「衣」，原脱，據乾隆志補。

〔三〕薛賂朱寧誣奏　「朱寧」，原作「朱安」，避清宣宗改字也，據乾隆志回改。

〔四〕趙宧光妻陸氏　「趙宧」，原作「趙宦」，據乾隆志及雍正江南通志卷一七六人物志列女改。下文同改。

〔五〕徐榮妻王氏　「徐榮」，乾隆志作「徐士榮」，疑此脱「士」字。

海州直隸州圖

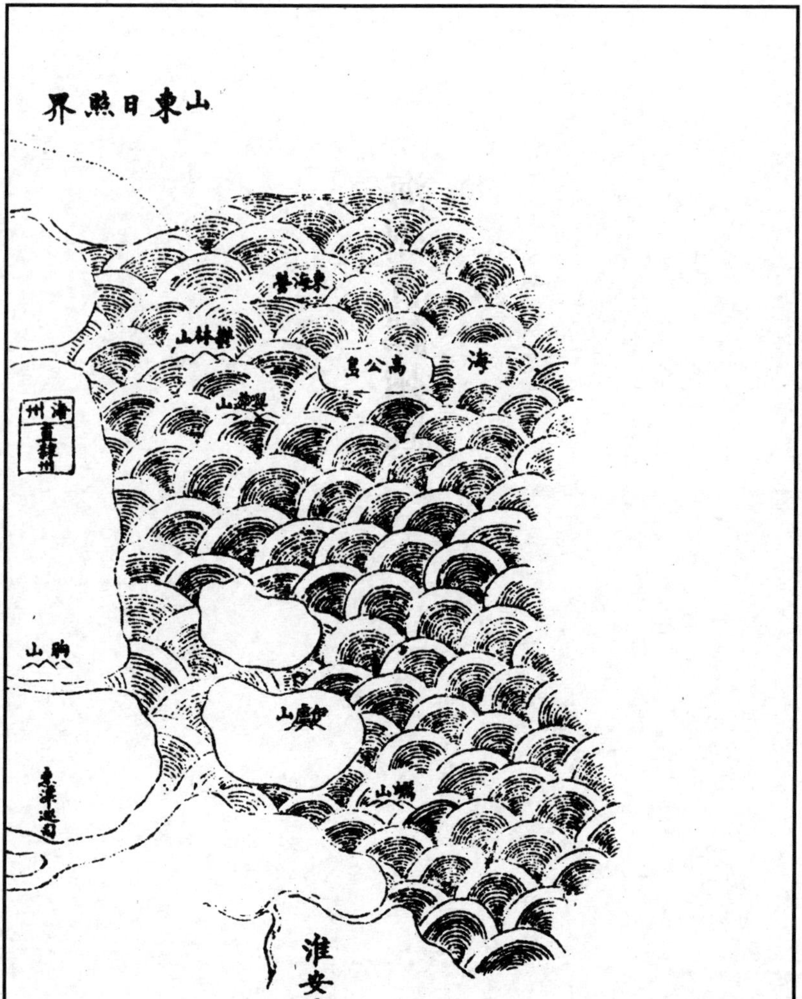
山東日照界
東海營
鬱林山
高公島
海
海州
直隸州
朐山
淮安府安東界

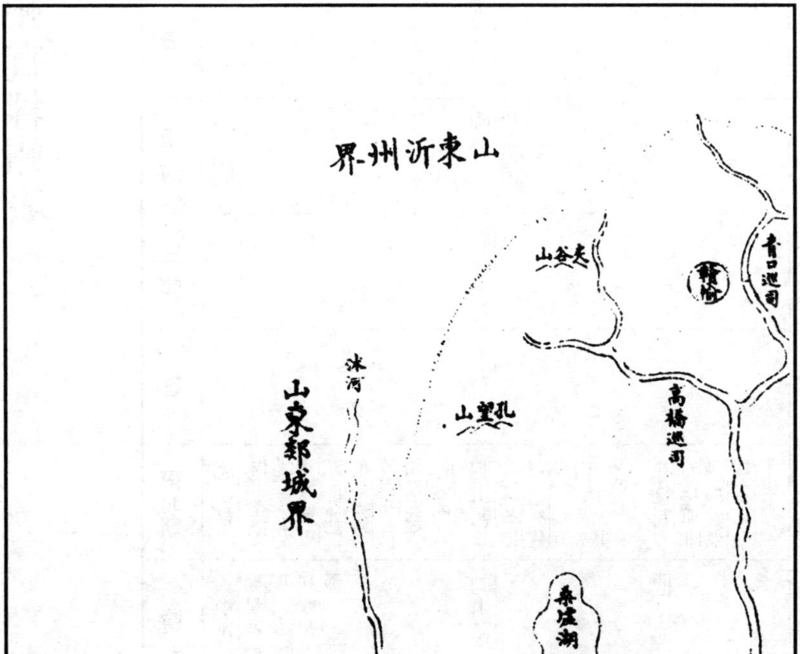
山東沂州界
夾谷山
贛榆
青口巡司
沭河
山東郯城界
孔望山
高橋巡司
桑墟湖
沭陽
錢家集
大伊鎮
碩項湖
徐州府宿遷界
淮安府桃源界
鹽河
淮安府安東界

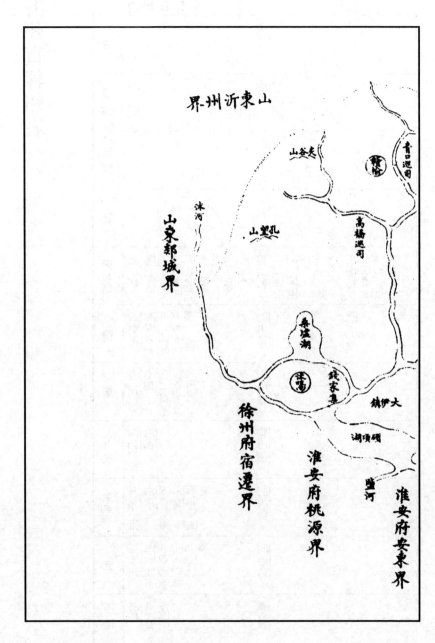

海州直隸州表

	海州直隸州		
秦		朐縣	
兩漢	屬東海郡。	朐縣 屬東海郡。	
三國		朐縣	
晉		朐縣	
南北朝	朐山郡 宋僑置青、冀二州。齊兼置東莞、琅邪二郡。東魏改海州，仍領琅邪郡。周又改。	朐山縣 梁改名招遠。東魏武定七年復改。周又改。	東海郡 齊改置北海郡。東魏武定七年更名。
隋	東海郡 開皇初廢郡。大業初改州爲郡。	朐山縣	開皇初廢。
唐	海州東海郡 武德四年復置州，屬河南道。	朐山縣	
五代	海州東海郡	朐山縣	
宋金附	海州東海郡 宋屬淮南東路。金屬山東東路。	朐山縣	
元	海寧州 至元十五年改海寧府。尋降州，屬淮安路。	朐山縣	
明	海州 初復故，屬淮安府。	省入州。	

續表

東安縣 屬東海郡。後漢省。

海西縣 屬東海郡。後漢屬廣陵郡。

海西縣

省。

安流縣 宋置鬱縣。齊改都昌。東魏武定七年又改。齊廢。

廣饒縣 齊承明中分置。

東海縣 齊分置。梁置龍且縣，郡治。東魏改「且」爲「沮」，州郡治。齊廢。

東魏武定七年復分襄賁置海西縣，屬海西郡。齊廢。

東海縣 開皇初省東海入廣饒。仁壽元年改名，屬東海郡。

東海縣 武德四年置環州。八年州廢，縣屬海州。

武德四年復置龍沮。八年省入朐山。

東海縣

東海縣 宋端平二年移州來治。淳祐十二年還治朐山。

至元二十年省入朐山。

	贛榆縣
曲陽縣 屬東海郡。後漢屬下邳國。	
曲陽縣	
省。	
	義塘郡 梁置南、北青州。東魏改置郡，領義塘、歸義、懷仁三縣。 懷仁縣 東魏置，屬南青州。 武陵郡 梁置齊郡。東魏武定七年改名。 上鮮縣 梁置，郡治。
	懷仁縣 開皇三年廢郡移治，屬東海郡。 武陵郡廢。 上鮮縣省。
武德四年復置。八年省入朐山。	懷仁縣 屬海州。
	懷仁縣
	贛榆縣 金大定七年改名。
	贛榆縣 屬海寧州。
	贛榆縣 屬海州。

續表

	贛榆縣 屬琅邪郡。後漢省。建初五年復置，屬東海郡。	祝其縣 屬東海郡。	利成縣 屬東海郡。後漢建安三年分置利城郡。
	魏省。	祝其縣	利城郡
	贛榆縣 太康元年復置。	祝其縣	利城縣 仍爲縣，屬東海郡。
洛要縣 梁置高密縣。東魏武定七年改名。	齊屬北海郡。東魏屬東海郡。齊省。	宋省。	宋省。
省。			
		武德四年置新樂縣，屬海州。六年更名祝其。八年省入懷仁。	武德四年復置，屬海州。八年省入懷仁。

沭陽縣

厚丘縣	高后八年置建陵侯，屬東海郡。後漢省。	陰平侯國。屬東海郡。後漢改縣。	
厚丘縣	陰平縣		
厚丘縣	省。		
沭陽郡 齊置僮縣。梁置僮陽郡。東魏改名，兼置下城、臨渣、懷文、服武四縣。	沭陽縣 陳省下城、臨渣、服武三縣入懷文。周更名。	宋省。齊復置，屬北東海郡。尋廢。	魏置建陵縣，郯郡治。周省。
開皇初廢。	沭陽縣 屬東海郡。		
沭陽縣 屬海州。	武德四年復置。八年省。		
沭陽縣			
沭陽縣			
沭陽縣			
沭陽縣 屬淮安府。			

大清一統志卷一百五

海州直隸州

在江蘇省江寧府東北八百二十里，蘇州府北一千一百二十里。東西距二百七十里，南北距三百五里。東至高公島大海一百二十里，西至山東沂州府郯城縣界一百五十里，南至淮安府安東縣界一百五十里，北至山東沂州府日照縣界一百五十五里。東南至海二百里，西南至徐州府宿遷縣界一百六十里，東北至海一百里，西北至山東沂州府治二百四十里。本州境東西距一百八十五里，南北距一百九十里。東至海十五里，至高公島大海一百二十里，西至山東郯城縣界一百五十里，南至安東縣界一百五十里，北至贛榆縣界四十里，東南至海二百里，西南至沭陽縣界七十里，東北至海百里，西北至沂州府治二百四十里。自州治至京師一千七百里。

分野

天文奎、婁分野，降婁之次。

建置沿革

禹貢徐州之域。春秋爲魯東境。戰國屬楚。秦置朐縣。漢屬東海郡。後漢至晉因之。劉宋泰始六年，僑置青、冀二州。治鬱洲，見宋書志。又魏收志作廢帝子業置，誤。蕭齊兼置東莞、琅邪二郡。治朐山。梁因之。東魏武定七年，改曰海州，治龍沮城。仍領琅邪郡。高齊因之。後周建德六年，改郡、縣俱曰朐山。隋開皇初，郡廢。大業初，改州爲東海郡。唐武德四年，復曰海州，兼置總管府。貞觀元年，府罷。天寶初，仍爲東海郡。乾元初，復曰海州，屬河南道。五代及宋，亦曰海州東海郡，屬淮南東路。隆興初，割以畀金，屬山東東路。嘉定十二年收復。元至元十五年，升海州路總管府。後改海寧府，尋降爲海寧州，屬淮安路。明初，省朐山縣入，復曰海州，屬淮安府，領贛榆縣。

本朝因之。雍正二年，升爲直隸州，屬江蘇省。以舊隸淮安府之沭陽縣來屬，領縣二。

贛榆縣。在州西北八十里。東西距九十里，南北距一百四十五里。東至海十五里，西至山東沂州府蘭山縣界七十五里，南至本州界七十里，北至山東沂州府日照縣界七十五里。東南至州治八十里，西南至沂州府郯城縣界百八十里，東北至海八十里，西北至沂州府莒州治百八十里。漢置贛榆縣，屬琅邪郡。後漢初省，建初間復置，改屬東海郡。三國魏省。晉太康元年復置。劉宋因之。蕭齊屬北海郡。梁分置南、北二青州。東魏武定七年，以贛榆縣屬東海郡，又置義塘郡及懷仁縣，屬南青州。高齊廢贛榆縣。隋開皇三年，廢義塘郡，以懷仁縣屬東海郡。唐屬海州。五代、宋因之。金大定七年，改懷仁縣曰贛榆，仍屬海州。元屬海寧州。明屬淮安府海州。本朝屬海州。

沭陽縣。在州西南一百二十里。東西距一百二十五里，南北距九十里。東至淮安府安東縣界八十五里，西至徐州府宿遷縣界四十里，南至淮安府桃源縣界四十里，北至本州界五十里。東南至清河縣治一百八十里，西南至桃源縣治一百二十里，東北至本州治一百二十里，西北至山東沂州府郯城縣界一百里。漢置厚丘、建陵二縣，屬東海郡。後漢省建陵。晉因之。劉宋省厚丘。蕭齊復置厚丘及僮縣，屬北東海郡。梁天監五年，置僮陽郡。東魏武定七年，改曰沭陽郡，兼置懷文縣。後周建德七年，改縣曰沭陽。隋開皇初，郡廢，以縣屬東海郡。唐屬海州。總章元年，屬泗州。咸亨五年，還屬海州。五代、宋、元因之。明屬淮安府。本朝雍正二年，改屬海州。

形勢

東濱海，西接徐、邳，北控齊、魯，南通江、淮。滄海渺瀰，高嶼絶島，環列先後，但無關隘可守。州舊志。

風俗

俗尚樸實，力農務漁。州舊志。土廣而瘠薄，小民不事商賈，不習工藝，故民多貧。州志。

城池

海州城。周九里有奇，門四。西設水關，池深六尺。明永樂中築，本朝乾隆三十三年修。

贛榆縣城。周四里有奇，門三，池深二丈。元至正年間築以土，明萬曆中甃甎。本朝康熙七年修，乾隆三十三年重修。

沭陽縣城。周五里有奇，門四。有池。舊土築，明萬曆二十年甃甎。本朝康熙十三年修，乾隆三十三年重修。

學校

海州學。在州治西。明洪武二年建。本朝康熙十四年修，十八年、二十一年、乾隆六年、三十四年重修。入學額數二十名。

贛榆縣學。在縣治東南。明洪武四年建，崇禎末燬於兵。本朝順治八年重建，康熙七年修，十一年、乾隆三十四年重修。

沭陽縣學。在縣治南。明洪武三年，建於黄軍營鎮。本朝康熙十二年修，乾隆十六年移今所。入學額數二十名。

石室書院。在州城北隅。本朝嘉慶七年建。

懷仁書院。在贛榆縣城内南門大街。本朝乾隆十六年建。

懷文書院。在沭陽縣明倫堂後，舊名厚丘書院。本朝乾隆二十九年建，嘉慶十一年易今名。

入學額數十六名。

户口

原額人丁三萬六千九百七十七，今滋生男婦大小共五十八萬五千四百八十名口。

田賦

田地二萬九千六百七十五頃三十三畝七分四釐，額徵地丁正、雜銀五萬五千三百七十六兩四分二釐，又雜辦銀一百八十三兩六錢，米麥二萬二千九百五十一石一升八合五勺。

山川

石棚山。在州治。舊志：即青龍山北嶺。有巨石覆巖上，其形如棚，可容十數人，八景中所謂「石室春風」者是也。嶺甚高峻，了無花木。宋石延年判海州，使人以泥裹桃核爲彈擲其上，數年間，花發滿山，爛若錦繡，因名萬花巖。宋蔡景繁有石室詩，蘇軾和之。其旁又有棲鳳、拾翠等巖。

小鬲山。在州東六十里。三面絶壁，皆百餘仞，惟東南一道容人行。田横兄弟避亂所居也。

銀山。在州東南二十餘里石湫鎮東。其山近海，多白石，日出照耀，色如鋪銀。下有銀山壩。

盧石山。在州東南。寰宇記：在朐山縣東南六十里。按漢書云韓信爲楚王，鎮於三盧。盧石、伊盧等三山〔二〕，石色黑，因以爲名。宋張耒曰：「謂此與伊盧、句盧二山也。」

墮星山。在州東南七十里。寰宇記：有二。南墮星山，在朐山縣南六十里，相傳商時星墮於此。又北墮星山，在縣東南五十里。並高一里。舊志作大星山、小星山。

伊盧山。在州東南八十里。魏書志：安樂縣有伊萊山。寰宇記：伊盧山，一名大伊萊山，在朐山縣南七十五里。按史記云：鍾離昧家在伊盧。元和志云中盧，盧石在東，句盧在西，故曰中盧。又名伊萊山，「盧」「萊」二字相近，音訛也。明統志：在州東南八十二里。

陬山。有東、西二山，俱在州東南百里。一在海隅，一在海中，東西對峙。

蠣山。在州東南。寰宇記：在朐山縣東南二百里海中。四面平坦，潮上半没，潮落方見，故其上多蠣。

朐山。在州南四里。秦置朐縣以此。寰宇記：在縣南二里。明統志：上有雙峯如削，俗名馬耳峯。傍有龍潭，水極清冽。舊志：今名錦屏山。下有青龍澗，支流於白璧山之左，至龍口，州城萬姓資汲之。

大伊山。與小伊山俱在州南百里。二山南北相向，相距二十里。

虎山。在州西南五十里。其東南有龍山，東北有弁霧山。

房山。魏書地形志：龍沮縣有房山。舊志：在州西南六十里，有巨石如房。又州西南七十里有牛山，産水晶石。

句盧山。在州西南，接沭陽縣界。寰宇記：在朐山縣西南一百二里，名馬鞍山。山形句曲，狀似馬鞍。

孔望山。寰宇記：在朐山縣西南一百六十里，與郯城相近。輿地要覽：孔子之郯問禮時，嘗登此山，故名。上有嵌石，下方平，可坐十餘人。山前石上有二臼，相傳爲秦始皇洗頭盆。明統志作北望山。按：北望山當在今州西百五十里馬嶺山左右，接山東郯城縣界。而今州東南五里有故城山，俗亦呼爲孔望，輿圖因之。其誤始於明統志，以故城爲孔望，更以孔望爲北望也。

白玉山。在州西一百里，羽山之南，其石潔白如玉。

羽山。在州西北。尚書舜典：殛鯀於羽山。又禹貢：「徐州羽畎夏翟。」孔安國傳：「羽山之谷有翟雉，羽中旌旄也。」漢書志：祝其縣，禹貢羽山在南。隋書志：朐山縣有羽山。元和志：在縣西北一百里，即舜殛鯀處。寰宇記：在縣西北九十里。明統志：在贛榆縣西八十里。又見山東沂州府。

鬱林山。在州東北海中鬱洲。漢末黄巾起，邴原將家入海，住鬱洲山中。晉隆安五年，孫恩自廣陵浮海而北，劉裕躡之於郁洲。南齊書志：鬱洲在海中，週迴數百里。島出白鹿，土有田疇魚鹽之利。水經注：朐縣東北海中有大洲，謂之郁洲，山海經所謂「郁山在海中」者也。言是山自蒼梧徙此，山上猶有南方草木。隋書志：東海縣有鬱林山。寰宇記謂之蒼梧山，在東海縣東北二里。舊志：雲臺山在州東北海中，周百餘里，一名青峯頂。其北有望日峯，其陽有青霄洞。通志：雲臺山幽深秀特，常冠雲氣。按：雲臺即古鬱林，其地即古東海縣也。舊志及通志俱誤析爲二山，今改正。

謝禄山。在州東北。隋書志：東海縣有謝禄山。寰宇記：在東海縣城西一里。王莽時，東海徐宣、謝禄等擊莽將田況，大破之，嘗屯兵於此，因名。

巨平山。在州東北。寰宇記：由吾大夫廟，在東海縣北四十里巨平山南。一名由吾峯，中有龍潭。

栖雲山。在州東北，即巨平之北嶺。南史明僧紹傳：宋昇明中，僧紹弟慶符爲青州，僧紹隨之鬱洲，結栖雲精舍。舊志：此山高渺，故號栖雲。

朱紫山。在州東北五十二里。有紅壁丹崖，自相輝映，遠而望之，若朱紫然。

嚶遊山。在州東北一百三里海中。去岸二十里，週迴浮海中。羣鳥翔集，嚶嚶然自相喧聒，故名。舊志：去巨平山十五里，元時海運所經。通志作鷹遊山，輿圖作鶯遊山。按：自鬱林以下諸山皆鬱洲中巒阜，惟鶯遊在洲東北，懸居海中。

秦山。在贛榆縣東四十里海中。相傳秦始皇嘗登此勒石，今存。山前名棋子灣。西南水底有神路三十里，闊數尺，由岸直抵山麓，亦傳爲始皇所築。洪濤浸激，至今不圮。

武强山。在贑榆縣南三十里。舊志：相傳有鄉人黄雄率衆禦寇於此，故名。

夾谷山。在贑榆縣西四十里。春秋「公會齊侯于夾谷」，即此。舊志：有數峯環列，當面一峯尤峻，深谷夾其中，委蛇横亘。谷之北坡級漸上爲重臺，有孔子廟。又見山東淄川縣。舊以爲齊、魯會處，本寰宇記之譌。按：左傳祝其實夾谷。今祝其漢縣故城，在縣西五十里，知夾谷宜在此地。而金志所云淄川縣在夾谷山者，别無可據，當是誤以水經注萌水所出之甲山爲夾谷山耳，不得執金志而疑寰宇記譌也。

吴山。在贑榆縣西北三十里夾谷山北。峯巒獨秀，時有雲氣，左脇壁立千仞。

紀鄣山。在贑榆縣西北七十里。

大金山。在贑榆縣北，縣城據其上。又縣北二十里有小金山，朱汪河經其下。

懷仁山。在贑榆縣北四十里，東魏置縣以此。其山無草木。

欄頭山。在贑榆縣東北七十里。舊志：海邊有石欄際海，可遮洪濤，故名。並峙者曰阿夜山，海霧晝昏如夜，故名。其西有水簾洞。

建陵山。在沭陽縣西北百里。魏書志：建陵縣有建陵山。寰宇記：在沭陽縣西北，建陵縣緣此名。南北狹長，有陵阜。舊志：一名張倉山。其北十五里有由吾洞。

塔山。在沭陽縣西北百里，接徐州府宿遷縣界。爲八景之一。

韓山。在沭陽縣東北五十里。按州舊志，韓信爲楚王講武之所。

孤山。在沭陽縣東北七十里。其脈自海州大伊山來。爲八景之一。

分水嶺。在贛榆縣北七十里，與山東日照縣分界，又北至日照縣九十里。上有水一線，自石間射出，高尺許，分爲東、西二流。

獅子巖。在州東北海中，故東海城北三十里。形如獅子。上有泉曰濯纓。

大、小二島。在州東北五十里。濱海，兩山對峙，潮生則没。

高公島。在州東北，故東海城東八十里海中。

由吾洞。在沭陽縣西北百里張倉山北，隋由吾道榮學道處。

海。北自山東安東衛斜石界入州境，經贛榆縣東十五里，又南經州城東十五里，又東南接淮安府安東縣界。州東有古東海縣地，懸居海中。寰宇記：在東海縣東二十八里，西趨州城。往來所渡，廣二十餘里。七月内渡者多逢風沈溺，餘月則否。按州境有十五海口，在贛榆縣東北曰荻水、曰分水、曰柘汪、曰潮河，縣東曰興莊、曰青口，縣東南曰唐生、曰范家、曰小河，在州東北曰臨洪，州東南曰恬風，又東南曰新壩、曰板浦、曰出河港、曰河口，接淮安府安東縣界。

景濟河。在州東南二十餘里，爲運鹽道。

板浦河。在州東南四十里板浦鎮東。東北流入海，爲板浦口，本朝乾隆八年濬。

一帆河。在州東南八十里。自淮安府安東縣東北流入，經伊盧山南入海。按輿圖，此即安東縣之鹽河也。北流經州南新安鎮，西接碩項湖東南口。又北流分爲二，一東流入海爲淮河口，一北流與碩項東出之水會，而北經大伊山南，又東北經伊盧山東北入海。

武障河。在州東南，分洩六塘河之水歸海。本朝乾隆十八年濬。

官河。在州南四十里。舊志：自新壩南通安東之支家河，即唐時漕河。垂拱中所開，自漣水北通海、沂、密等州者也。本朝乾隆八年濬，加築隄工。按輿圖，當即新壩口河，但並不接淮安府安東縣之河。

陸里河。在州南一百三十里，通官河，東流入海。本朝乾隆十一年濬。

義澤河。在州西南，分洩六塘河之水入鹽河歸海。本朝乾隆十八年濬。

高墟河。在州西南八十里。相近有王官口、下防口二河，俱分洩前後沭河水，由爛泥洪、青伊湖入漣河歸海。本朝乾隆十八年濬。

玉帶河。舊名薔薇河，在州西一里。南自新壩通漣水，内接市河入州城。西北通贛榆臨洪鎮，東北達海。先時漕運由此入淮，北場鹽課亦由此達安東。後以潮汐往來，隨濬隨塞。舊志：源出州西羽山。本朝康熙初濬，改今名。乾隆八年重濬。

六塘河。上自淮安府桃源縣，經清河縣、安東縣及州屬之沭陽縣，分爲南北兩股，沿洄至州境。一洩沭河之水入鹽河，歸武鄣河入海。一洩陵溝十字橋諸河之水入鹽河，歸項家沖河入海。本朝乾隆八年，疏通淤塞，並修隄堰。二十二年，復加築疏。二十七年，南六塘河修築北堰，北六塘河修築南堰。三十年，復修北岸丁家溝等處隄工。三十八年，又修湯家道口等工。

小沙河。在贛榆縣南六里。源出山東莒州下流，由青口鎮入海。亦名青口河。縣界九口，惟此口利舟楫，通商賈。又縣東北二十里有朱汪河，下流爲龍王河入海。又縣北五十里有柘汪河，六十里有分水河，七十里有荻水河，俱東入海。

大沙河。在贛榆縣南五十里，舊名廟灣子河。源自山東郯城縣，東流經大沙河鎮東入海。本朝乾隆十一年濬，二十三年重濬。

新挑河。在沭陽縣西北五十里。沭水自縣西太平橋分流，經縣西北二十里廟頭鎮下流入桑墟湖。

砂礓河。由徐州府宿遷縣，經淮安府桃源縣，入沭陽張開河口，歸前沭河達漣河入海。係分洩六塘河之幹河。本朝乾隆二十二年濬。

碩濩湖。在沭陽縣東八十里。寰宇記：相傳秦始皇時，陷縣爲湖。高齊天保中，此湖嘗竭。西南隅有小城，餘址猶存。舊志：州南有碩項湖，又名大湖。西距沭陽，東南距安東，各得三分之一。廣八十里，袤四十里。南有小河通淮，北通桑墟河。按碩項湖即碩濩湖，古今異名也。

金湖。在沭陽縣東南五十里。

桑墟湖。在沭陽縣北四十里，州西南九十里接界處。上承沭河，下流入海。舊志：昔因銀山壩廢，夏則瀦水，冬爲陸地。按輿圖，當即青伊湖。但青伊湖水亦南注碩項湖，由碩項東出，南與淮安府安東縣北之鹽河會，而北逕大伊鎮東南，折而東流，復北逕伊盧山東北入海。其海口曰出河港，與舊志所云自桑墟東北流爲漣水者不同。

古劍水。在贛榆縣故懷仁城西南八十五里。源出山東沂州臨沂縣界三崖山，號弱馬溝。東流入縣界。又堯水，在縣西南七十里，亦從臨沂縣東流，經縣八十里入海。按今贛榆縣無此二水，蓋不可考矣。

沭水。自山東莒州南流入，經贛榆縣西北境。又南自山東郯城縣界流入，經沭陽縣西南，歧爲前後二支，一繞城北，一趨城南，俱東入碩濩湖。城北又分一支，東北入桑墟湖，亦南與碩濩湖會，自湖東北出，經州境東南入海。水經注：自即丘南逕厚丘縣，分爲二瀆。一瀆西南出，今無水，世謂之枯沭。一瀆南逕建陵縣故城東，又南逕建陵山西。魏正光中，立大堨，遏水西流三十里注舊瀆，舊瀆東南出桑堰水注之。又南左合横溝水，又南暨於堰，又東南逕司吾城東，又東南逕柤口城東，合柤水，又東南至朐縣入游注海。寰宇記：朐山縣沭水，在縣西一百四十里。又沭陽縣沭水，在城東南七十步，引流東七十里入車路湖。梁天監二年，土人張高等五百餘人，相率開鑿此谿，引水溉田，俗名爲紅花水。東流入漣水縣界。齊乘：自羽山由吾，又南至沭陽入桑墟湖，東出入海。亦名漣水。舊志：自山東郯城，合馬脊固諸潤水，折而東，入沭陽縣界。至縣西北，分爲新挑河。又東至縣西五里張家溝，分爲後河。又東逕縣南，曰前河。又東至上市鎮，分爲上市河。折而東南，入大海。本朝乾隆八年，修築南岸堰工。二十二年，前沭河加築南北兩岸堰工，後沭河加築東西兩岸堰工。

漣水。即沭水下流也。舊志：自沭陽縣北桑墟湖東北流，經州南二十里之石湫鎮，又經州東三十里之黑土灣渡入海。按漣水即游水也。水經注：淮水自淮浦縣支分，北爲游水，歷朐縣與沭合。又逕朐山西，又北逕利城東，又北逕羽山西，又北逕祝其城西，又左逕即丘城西，又東北逕贛榆縣北，又東北逕紀鄣城南入海。今漣水止自州南入海，則古今異流矣。

于公浦。在州東北海中故東海城北十里。自此而北，爲白溝、當路、大義、山陰等浦，皆通潮汐。居民以煎鹽爲業。又徐瀆浦，在東海城東北四十里，上接巨平諸山之水入海，有鹽場。又宿城浦，在東海城東北七十里，四面皆山。舟楫遇風，則宿於此。

羽潭。在州西北。左傳昭公七年：子産曰：「堯殛鯀於羽山，其神化爲黄熊，以入於羽淵。」寰宇記：在朐山縣西九十里。去羽山一百步，一名羽池。池上多生細柳，野獸不敢踐。又郡國志：縣南鍾離味城南有羽泉，相傳爲殛鯀之處。其水恒清，牛羊不飲。

品泉〔二〕。通志：在州南門外。三井鼎連，其味甘洌。

温泉。在州南博望鎮西五里，冬夏如湯。

古蹟

朐縣故城。在州南。秦置。史記：始皇三十五年，立石東海上朐界，以爲秦東門闕。漢志：東海郡朐有鐵官。後漢建武五年，董憲等自郯走保朐，吴漢進圍朐。劉宋泰始三年，垣崇祖自魏將部曲奔朐山據之，蕭道成板爲朐山戍主。齊志：東莞、琅邪二郡，治朐山。梁天監十年，琅邪民萬壽殺東莞、琅邪二郡太守鄧晰，以朐山降魏。魏徐州刺史盧昶遣將胡文驥據之，詔馬仙琕圍朐山。侯景之亂，没於東魏。魏書志：琅邪郡領縣朐。梁武改爲招遠。武定七年，復有朐城朐山縣治。水經注：朐山側有朐縣故城。寰宇記：古盧王城，在朐山縣西九里，即漢朐縣。梁天監中，魏將盧昶屯據此城，權假王號，故以爲名也。舊志：宋寶慶末，爲李全所據。端平二年，徙州治東海郡。淳祐十二年，全子壇復據朐山。景定二年，壇降，改置西海州，而海州仍治東海縣。尋復以西海州爲海州。

龍且故城。在州南。劉宋泰豫元年，以垣崇祖行徐州事，徙戍龍且。龍且在朐山南，梁武置龍沮縣，兼置東彭城郡。後魏武定七年，改青州曰海州，亦自鬱洲徙治於此。魏書志：海州治龍沮城。又東彭城郡龍沮有即邱城、房山。高齊時，郡縣俱廢。唐武德四年復置，屬海州。八年，省入朐山。元和志：龍且故城，在朐山縣南六十里。州志：龍且鎮，在州西南六十里。有大、小二壘，相傳韓信下齊時，楚將龍且所築。

曲陽故城。在州西南。漢置縣，屬東海郡。漢書志注：在淮曲之陽。後漢建武中，封泗水王孫鳳爲曲陽侯國，改屬下邳國。晉省。唐武德四年復置，屬海州。八年省。寰宇記：曲陽故城，在朐山縣西南一百十里。

東安故城。在州西。漢甘露三年，封魯孝王子强爲東安侯國，屬東海郡。後漢省。寰宇記：故城在朐山縣西八十三里。

東海故城。在州東北海中。本贛榆縣地，即古鬱洲也。劉宋泰始中，青、齊地入魏。六年，乃於鬱洲僑置青、冀二州，及西海郡鬱縣。元徽二年，劉善明爲西海太守，行青、冀二州刺史。以海中易固，不峻城雉，乃累石爲之，高可八九尺。後爲齊郡治。齊建元初，徙齊郡治瓜步，以北海郡治焉，改鬱縣曰都昌。永明中，又分置廣饒縣。後魏武定七年，移州治龍沮城，改郡曰東海。又改都昌縣曰安流，仍領廣饒縣。高齊廢安流，分廣饒置東海縣。隋開皇初，廢郡及東海縣。仁壽初，改廣饒曰東海，屬東海郡。唐武德四年，於縣置環州，以四面環海爲名。八年，州廢，屬海州。元和志：東海縣，西至州九十里。宋端平二年，徙海州治此。淳祐十二年，還治朐山。元至元十二年，併縣入朐山。州志：東海舊有大、小二城。宋寶祐中，賈似道獻捷時築。西南控海，東北抵山。大城連接小城，東、南二面通爲一城，周十三里，皆砌以石。明洪武初，設守禦千户所，兼置巡司。嘉靖十六年，移巡司於新壩鎮。

贛榆故城。有二。一在贛榆縣東北，漢縣也。元和志：贛榆故城，一名鹽倉城，在縣東北三十里。寰宇記：晉移贛榆縣治艾不城，北齊天保元年省，即此。一在州東北東海故城北，唐縣也。元和志：贛榆故城，在東海縣北四十九里。隋末，土人臧君相築，即此。

祝其故城。在贛榆縣南。春秋定公十年：公會齊侯於夾谷。左傳「公會齊侯于祝其」，實夾谷。漢置祝其縣，屬東海郡。後漢志：祝其，春秋時曰祝其夾谷地。劉宋省。水經注：游水自羽山，又北逕祝其縣故城西。縣東有夾口浦。唐武德四年，置新樂縣，屬海州。六年，改曰祝其。八年，省入懷仁。寰宇記：祝其故城，在縣南四十二里。舊志：在縣西五十里夾谷山西南五十里。

武陵郡故城。在贛榆縣南。魏書志：海州領武陵郡，郡領二縣：上鮮，梁武齊郡，武定七年改置。洛要，梁武高密縣，武定七年改。有武陵城。寰宇記：武陵郡城，在縣南五十九里，隋廢。舊志有洛要鎮，在縣東南六十里，即故洛要縣也。

利成故城。在贛榆縣西。漢元朔四年，封成陽共王子釘爲有利侯。後爲利成縣，屬東海郡。後漢建安三年，曹操分置利成郡。三國魏黄初六年，利成郡兵反，是也。晉仍爲利成縣，屬東海郡。劉宋省。水經注：游水自朐縣，又北逕利成故城東，故利鄉也。又曰：武陽溝水東出倉山，山上有鹽官城，即故有利城矣。其城因山爲基。唐武德四年復置，屬海州。八年，省入懷仁縣。寰宇記：故利城，在縣西四十里。

懷仁故城。在贛榆縣西。寰宇記：故城在懷仁縣西二十三里。魏武定七年置，後廢爲義塘鎮。

歸義故城。在贛榆縣北。寰宇記：在懷仁縣北二十五里。魏武定七年置，屬義塘郡。隋廢。

懷文故城。即今沭陽縣。本漢厚丘縣也。蕭齊置僮縣，屬北東海郡。梁武置僮陽郡。東魏改曰沭陽郡，以在沭水之陽，故名。兼置下城、臨潼、懷文、服武等四縣。陳太建五年，吴明徹等伐齊至淮南，齊沭陽郡守棄城走，遂省下城等三縣入懷文。後周又改懷文縣曰沭陽。元和志：縣東北至海州一百六十里。寰宇記：縣地雖近海州，水陸艱險，春冬水路乾涸，夏秋霖潦，陸路瀰漫，百姓患之。又下城，在縣南三里，梁武帝置。舊志有僮縣城，亦曰舊縣城，在縣南六里。

建陵故城。在沭陽縣西北建陵山下。漢高后八年，封大謁者張釋爲建陵侯。又景帝六年，封衛綰。甘露四年，封魯孝王子遂。俱爲建陵侯國於此，屬東海郡。後漢省。梁普通五年，裴邃等攻魏，克建陵城。後魏復置建陵縣爲郯郡治。後周廢。

陰平故城。在沭陽縣西北。漢陽朔二年，封楚孝王子回爲陰平侯國，屬東海郡。後漢曰陰平縣。晉初，武帝封魯芝爲陰平侯。尋省。寰宇記：陰平城，在縣西北六十里。舊志：陰平鎮，在縣西北四十里，即故縣也。又見山東嶧縣。

厚丘故城。在沭陽縣北。漢置縣，屬東海郡。劉宋省入襄賁縣。蕭齊建武二年，青、冀二州軍主桑係祖，攻魏建陵、驛馬、厚丘三城，皆拔之，仍置厚丘縣，屬北東海郡。尋廢。唐武德四年，復置厚丘縣，屬海州。八年，省入沭陽縣。寰宇記：厚丘城，在縣北六十里，在郯城東一百里。九域志：沭陽縣有厚丘鎮。舊志：厚丘鎮，在縣西北四十里，即故縣也。

義塘廢郡。在贛榆縣西北，近山東莒州界，即後魏黄郭戍。蕭齊建武間，黄曇紛攻魏南青州黄郭戍，爲戍主崔僧淵所敗。梁得其地，置南、北二青州。太清三年，北青州刺史王奉伯舉州降魏。東魏廢州，改置義塘郡。魏書志：義塘郡，武定七年置，治黄郭城。領義塘、歸義、懷仁三縣，皆與州同置。元和志：懷仁縣，東南至海州九十里，本漢贛榆縣地。寰宇記：魏義塘郡，理黄郭戍，領三縣，並在密州莒縣界。隋開皇三年，廢郡，移懷仁縣理於此。舊志：即今治。今改曰贛榆，取漢故名。

海西廢縣。在州南一百二十里。漢太初四年，封李廣利爲海西侯。後爲縣，屬東海郡。後漢建武三年，劉永立董憲爲海西王。尋歸漢，改屬廣陵郡。建安元年，先主自廣陵與袁術戰敗，軍於海西。晉省。太和六年，桓温廢帝爲海西公，即故縣也。東魏武定七年，改梁東海郡爲海西郡，復分襄賁置海西縣，屬海西郡。齊周時廢。

鍾離昧城。在州南。史記：項羽亡將鍾離昧家在伊盧。後漢志：朐縣有伊盧鄉。元和志：在縣南一百里。其城即昧保初省。

摩坡城。在州南。寰宇記：在朐山縣南。梁天監十年，馬仙琕將張惠紹所築。

艾不城。在州東北。寰宇記：在東海縣北二十四里。相傳田横避難，漢時艾不追横而築。後晉移贛榆縣於此。北齊天保初省。

新城。在贛榆縣東南四十里。舊志：相傳舊縣治此。

抗金城。在贛榆縣西南五十里。舊志：相傳宋築以備金。

莒城。在贛榆縣西。水經注：游水自祝其，又左逕即丘故城西。莒子始起此，後徙莒，世謂此爲南莒。有鹽官。舊志：在縣西十五里，城形正方。今爲莒城鎮。

虎坑城。在贛榆縣西。舊志：南北朝時置戍處。

界牆城。在贛榆縣北六十里。東際海，西連山。

紀鄣城。在贛榆縣東北。左傳昭公十九年：「齊伐莒，莒子奔紀鄣。」杜預注：「贛榆縣東北有紀城，即紀鄣也。」南齊書：建安二年，青、冀二州刺史王洪範，遣軍主襲魏紀城克之。水經注：游水東北逕紀鄣故城南，又東北入海。寰宇記：紀鄣城，在懷仁縣東北七十五里。平地近海，周一里餘。淮安府志「在贛榆縣西七十里」，誤。

浮營城。在沭陽縣東二十五里。又南營城，在縣東南十五里。黄軍營城，在縣西南五里。皆元至正十五年守將達古珍所築。「達古珍」舊作「達谷真」，今改正。

中城。在沭陽縣西。左傳成公九年：「城中城。」杜預注：「厚丘縣西南有中城。」或曰即建陵縣。

黑軍營城。在沭陽縣西十五里。元至正十五年，院判董摶霄所築。

西北營二城。在沭陽縣西北十里。又新興營城，在縣西北三十里。皆元至正十五年守將王信築。

東海廢守禦所。在州東城内。又西海廢守禦所，在州西城内。俱明洪武中建，本朝康熙十七年裁。

艾塘戍。劉宋泰始三年，魏人襲朐山，居人皆下船欲走。垣崇祖紿之曰：「艾塘義人，已得破賊。」海州志：在舊朐山縣西北十二里。

曲沭戍。在沭陽縣西北建陵山西。水經注：魏正光中，齊王鎮徐州，立大堨遏水西流，兩瀆之會置城防之，曰曲沭戍。

牛欄村。在州東北。寰宇記：在郁洲島上〔三〕，糜竺放牧之所。今猶呼云糜堆。

海口故壘。通志：在州之黑土灣海口。

望海樓。在州城内。宋張耒詩：「城外滄波日夜流，城南山色對城樓。」

望海亭。在州東孔望山巔，明嘉靖三十一年建。

綠野亭。在州治南。宋張耒詩：「渺渺孤亭滄海東，天連平野思無窮。」

秦碑。在贛榆縣東北。後漢志：贛榆地道記曰：「海中去岸百九十步，有秦始皇碑，長一丈八尺，廣五尺，厚八尺三寸。一行十三字。潮水至，加其上三丈，去則三尺見也。」水經注：贛榆縣東側巨海，有秦始皇碑在山上，去海一百五十步。舊志：在海中秦山。

昇仙墩。在沭陽縣東南二里，相傳紫陽真人昇仙處。

吕母固。在州東北。寰宇記：在東海縣北二十七里巨平山南嶺上，高二里。後漢書云：琅邪海曲有吕母者，子爲縣吏，犯小法，宰論殺之。母密聚客得數十百人〔四〕，入海中招合亡命，衆至數千，執宰殺之。復還海中，築此爲固，遂號吕母固。舊志又見山東日照縣。

田横固。在州東北。元和志：在東海縣北五十七里小髙山南。漢初，田横與其屬五百人入居海島，即此。寰宇記：東海縣，本田横所保鬱洲，亦曰郁洲，亦謂之田横島。田横固，在縣東北六十一里小髙山。三面臨深溪，東隅壘石如城，横所營處也。

關隘

北關。在州北五里。宋紹定末，魏勝敗金人於北關，即此。

惠澤巡司。在州南百二十里張家店鎮。本朝乾隆二十七年，移駐於此。

高橋鎮巡司。在州西北三十里。通志：在州西九十里博望鎮北。

青口鎮巡司。在贛榆縣東南十里，水陸衝要。

板浦鎮。在州東南四十里。有鹽場，爲商賈輻輳之所。又莞瀆鎮，在州東南百四十里，亦有鹽場。

石湫鎮。在州南二十里。宋紹興三十一年，金人圍海州，張子蓋赴援，自漣水擇便道以進，至石湫堰擊敗敵兵，即此。

新壩鎮。在州南四十里，爲往來衝要。明嘉靖十六年，移東海巡司於此。今廢。又南六十里爲新安鎮，接淮安府安東縣界。

大伊鎮。在州南六十里。本朝乾隆十二年，移州同於此。嘉慶十六年，又移駐南岸。

臨洪鎮。在贛榆縣南六十里。九域志：懷仁縣有臨洪鎮。舊志：去大沙河十三里，舊有巡司，今裁。

中岡站鎮。在贛榆縣北二十里。舊設遞運所，今裁。

荻水口鎮。在贛榆縣東北七十里，接山東安東衛界。五代漢乾祐二年，密州刺史王萬敢擊南唐荻水鎮，大掠而還。明初通海運，築土城，設主事於此。永樂中裁，改巡司。本朝乾隆三十二年，移駐青口，又有遞運所。今裁。

劉莊鎮。一名柳莊鎮。在沭陽縣東四十里，爲往來要路。

東海營。在州東北海中鬱洲地。通志：雲臺山，即古東海縣，其北有墟溝營。又東北有鶯游山，與西岸孫家山對峙如門，土人謂之鶯游門。其南有高公島，皆防海要地。本朝康熙二十年，設東海營，每年分兵駐防墟溝。三十七年，裁併海州營。雍正二年，復設守備。乾隆十年，改設都司。

錢家集。在沭陽縣東南。本朝乾隆二十七年，移縣丞駐此。

津梁

小伊河橋。在州東南六十里。

九洪橋。在州南石湫鎮。

沙壩橋。在州西二里，跨薔薇河。

洪門橋。在州北里許，海潮上逆，河水下注之處。

紫陽橋。在贛榆縣西門外一里。

會潮橋。在贛榆縣北十五里，舊名大石橋。

朝宗橋。在沭陽縣東八十里，以東近大湖，衆水所歸，故名。

文峯橋。在沭陽縣南門外，跨前河。

蛤蜊溝橋。在沭陽縣西四十里陰平鎮西。

桑墟橋。在沭陽縣北四十里。

恬風渡。在州南，舊名黑風口。有碑云：「舟中人衆休争渡，海上風高且暫停。」

隄堰

永安隄。在州東。唐書：朐山縣東二十里，有永安隄，北接山，南環城，長七里，以捍海潮。開元十四年，刺史杜令昭築。

楊公隄。在州東。舊志：爲塔兒灣，在板浦河要路。明萬曆四十七年，知州楊鳳，築隄十五里。其後少移而西。本朝順治十三年，又益西矣。

板浦堰。在州東南三十里。由運鹽河通於海，水隨潮漲洩。明萬曆四十五年，建堰約十餘丈，北障海潮，南蓄河流，鹽舟通行。

龍且堰。在州南，與龍且城相近。唐志：李聽奉詔討李師道，絶龍且堰，逆取海州。即此。今久湮。

石闥堰。在州西南。宋天禧四年，淮南勸農使王貫之，導海州石闥堰水入漣水軍，以溉田。紹興中，金人攻海州，魏勝拒之於此。或曰，即石湫河上游也。

韓信堰。在州西。寰宇記：在朐山縣西十里。相傳韓信爲楚王時，以地洿下，遂立此堰。今爲大路。

捍海堰。有二，皆在州東北。寰宇記：西捍海堰，在東海縣北三里。南接謝禄山，北至石城山，南北長六十三里，高五尺。隋開皇九年，縣令張孝徵造。又東捍海堰，在東海縣東北三里。西南接蒼梧山，東北至巨平山，長三十九里。隋開皇十五年，縣令元暖造。外足以捍海潮，内足以貯山水，大獲澆溉。

新壩。在州西四十里。西障沭水，東捍海潮，俾漣河達於官河，由此入通淮安府安東縣。又官河壩，在新壩漣河之南。州西諸河之船，由此達河。

萬金壩。在州東北。東海城東北七十里，原名五洋湖。明嘉靖間，築此以捍潮衝，長四里。今漸湮。

陵墓

漢

于定國墓。在州東北。寰宇記：在東海縣。

孝婦墓。在州境。舊志云：在東海縣北二里。

嚴彭祖墓。在州境。

南北朝　梁

馬仙琕墓。在州西南八里官道旁。

宋

宋昭墓。在州南白虎山麓，有石碣，寶祐三年立。本朝乾隆三年重建。

胡松年墓。在贛榆縣西南一里。

祠廟

忠武祠。在州治，祀宋耿世安。

旌忠祠。在州治，祀宋侯畐。

六勇祠。在州治，祀明禦倭陣亡陳升等六人。

堯廟。在州東北。寰宇記：在東海縣西北三里謝禄山。宋泰始七年，刺史劉崇智立。

謝禄廟。在東海縣西一里謝禄山南嶺上。本名海祠，後人改之。今名謝禄。

由吾大夫廟。在東海縣北四十里巨平山南，祀隋由吾道榮。

孝婦廟。在東海縣東北三十三里巨平村。按漢書：太守殺牛自祭孝婦冢，天大雨，歲熟，因立祠焉。

寺觀

佛陀寺。在州南大伊山前。又古佛寺，在大伊山後。俱宋時建。

興國寺。在州東北巨平山東北，唐元和中建。

重光寺。在贛榆縣治南一里，宋元祐中建。又重光塔院，在縣治西南三里。

招德寺。在沭陽縣東五里，元大德二年建。寺内有古塔，高七層，相傳唐貞觀時尉遲恭監造。

三仙觀。在州清風頂。

彩雲觀。在州南山，明天啓元年建。

玄妙觀。在州舊城西南，唐開化中建。

祥雲觀。在州東北巨平山，常有白雲出其上，故名。

祐德觀。在贛榆縣治西一里。

紫陽觀。在沭陽縣治南半里，宋時建。

名宦

南北朝　北齊

郎基。中山新市人。天保間，除海西鎮將。梁吴明徹圍海西，基守百餘日，戎仗盡，削木爲箭，翦紙爲羽。圍解還朝，僕射楊愔迎勞之，曰：「卿本文吏，遂有武畧。削木翦紙，皆無故事。班墨之思，何以相過。」旋遷侍御史。

唐

韋岳子。萬年人，中宗時海州刺史。著風績，威惠兩施。

杜令昭。開元中海州刺史。築永安隄以捍海潮。

宋

李迪。濮州人。真宗時，謫監海州税。

孫洙。廣陵人。治平中，知海州。免役法行，常平使者欲加斂緡錢，以取羸爲功，洙力争之。方春旱，發運使調民濬漕渠以通鹽舸，洙持之不下，三上奏，乞止其役。旱蝗爲害，致禱於朐山，徹奠大雨，蝗赴海死。

劉彝。福州人，爲朐山令。治簿書，恤孤寡，作陂池，教種藝，平賦役，抑姦猾，凡所以惠民者無不至，邑人紀爲事目。

石延年。宋城人。神宗時，判海州。廉能有爲，吏民悦服。公餘讀書於石棚山下，有詩云：「樂意相關禽對語，生香不斷樹交花。」爲伊洛所稱。

沈括。錢塘人。神宗時，爲沭陽主簿。縣依沭水，乃職方氏所書浸曰沂、沭者，故跡漫爲汙澤。括新其二坊，疏水爲百梁九堰，以播節原委，得上田七千頃。

張叔夜。開封人。以徽猷閣待制，再知海州。宋江起河朔，轉畧十郡，官軍莫敢攖其鋒。聲言將至，叔夜使間者覘所向，設伏近城，而出輕兵距海誘之戰，伏兵乘之，擒其副賊，江乃降。

豐稷。鄞人。蔡京得政，修故怨，貶海州團練副使。

洪擬。丹陽人。宣和中，知海州。山東盜起，屢攻城，擬率兵民堅守。

魏勝。宿遷人。紹興三十一年，金人將南侵，勝聚義士三百，北渡淮，破漣水軍。宣布朝廷德意，不殺一人，漣水民翕然以聽。遂取海州，遣人諭朐山、懷仁、沭陽、東海諸縣皆定。乃蠲租税，釋罪囚，發倉庫，犒戰士，分忠義士爲五軍，紀律明肅，遠近聞之響應。以破金兵奏功，授閤門祇候，命知海州。金人屢攻海州，勝屢敗之。轉閤門宣贊舍人，命充山東路忠義軍都統制，兼鎮江府駐劄御前前軍統制，仍知海州。鎮撫一方，民安其政。

侯畐。樂清人。寶祐中，通判海州。李松壽據山東，突出漣、泗，畐鏖戰城下，死之，闔門遇害。

明

樊兆程。進賢人。萬曆中，知贛榆縣。濬海口諸河，以疏積水，得涸田千餘頃。

高漉。膠州人。崇禎末，知贛榆縣。兵來攻城，漉竭力拒守。城破，肅衣冠北向拜，自經死。本朝乾隆四十一年，賜謚節愍。

本朝

穆爾謨。寧遠人。順治初，知贛榆縣，精明强毅，聽斷如流。時寇猖獗，爾謨親率鄉兵剿捕，民賴以安。

李士麟。定襄人。順治初，授海州同知。海寇薄城，士麟力爲守禦，間督鄉勇出奇兵擊之。已而賊大至，城潰，被執不屈，死之。

段上彩。陽城人。順治三年進士，知沭陽縣。八年，山東寇賊自西北至，夜襲城，上彩登城守禦。賊樹雲梯，上彩揮衆斬梯，奪刃格殺數人。力竭，城陷被執。上彩怒駡，以拳擊賊魁，賊怒剖其腹。其妻子俱同日殉。事聞，加贈卹廕。

張懋勳。漢軍正藍旗人。順治五年，由拔貢生知海州。時土寇環攻州城，懋勳守禦甚備，督鄉勇出奇擊走之。已而賊大至，城陷被執，不屈死。事聞，加贈卹廕。

衛哲治。濟源人。由拔貢生知贛榆縣。善折獄，有賢聲。乾隆七年，遷知海州。偶值災荒，屢請賑濟，招撫流民，俾有棲託。建義學，以育寒畯。其尤著者疏通水利，救積年淫潦之害，請築南、北六塘河隄堰，建鹽河石壩，商民至今賴之。

人物

後漢

徐璆。海西人。少博學，舉高第。歷遷荆州刺史、汝南太守，轉東海，所在化行。獻帝還，許以廷尉徵，道爲袁術所刦，守正不屈。術死，璆得其所盜國璽，還許上之，並送前所假荆州、東海二郡印綬。司徒趙温謂曰：「君遭大難，猶存之耶？」璆曰：「蘇武不墜七尺之節，況此方寸印乎！」復拜太常，卒。

三國　魏

徐宣。海西人。與陳矯齊名，俱見器於太守陳登。太祖時，歷遷齊郡太守，入爲門下督，從到壽春。會馬超亂，太祖見官屬曰：「今大軍遠征，此方未定，宜得清公大德以鎮統之。」乃以宣爲左護軍，留統諸軍。尋出爲魏郡太守。太祖崩洛陽，羣臣或言易諸城守，用譙、沛人。宣厲聲曰：「今遠近一統，人懷效節，何必譙、沛而沮宿衛者之心。」文帝聞曰：「所謂社稷臣也。」帝踐阼，爲御史中丞，賜爵關内侯，歷遷尚書。明帝時，爲左僕射，上疏陳威刑太過，又諫作宮殿窮盡民力，帝皆嘉納。以疾辭，卒謚貞侯。

南北朝　齊

徐生之。東海人。五世同居。建元三年，大使奏表門閭，蠲租税。

隋

包愷。東海人。其兄愉，明五經，愷悉傳其業。又從王仲通受史記、漢書，尤稱精究。大業中，爲國子助教，卒。

宋

孫傅〔五〕。海州人。登進士第，歷中書舍人，以言事貶。靖康元年，召爲給事中，進兵部尚書，上章乞復祖宗法度。拜尚書右丞，俄改同知樞密院。欽宗詣金營，以傅輔太子留守，兼少傅。及帝廢立，金人索太子，傅曰：「我宋之大臣，且太子傅，當死從。」遂死於朔庭。紹興中，贈開府儀同三司，謚忠定。

胡松年。海州懷仁人。幼孤貧，讀書過目不忘。政和初，上舍釋褐，歷遷中書舍人。時方有事燕雲，松年謂邊釁一開，有不勝言者，拂時相意。建炎間，密奏中原利害及防江利害，歷除給事中。使金還，拜吏部尚書，又條戰艦四利。權參知政事，以疾提舉洞霄宮，卜居陽羨。松年平生不喜蓄財，喜賓客，所薦舉皆一時聞人。秦檜秉政，士大夫無不曲意阿附，松年獨鄙之，至死不通一書，世以此高之。

單公選。贛榆人。祥興中，拜參知政事。時帝在厓山，元兵至，隨帝赴海死。

明

王規。海州人。官參政，有清直聲。於本鄉奏築隄防，絶海潮汎田之害。孫璟，正統進士。少承祖訓，博觀羣書，又題免東海養馬。再世遺愛，鄉人德之。

支儉。沭陽人。父母殁，廬墓終喪。成化中旌。

徐謚。海州人。官府軍右衛經歷。母喪廬墓，有白鹿狎遊其側。弘治中旌。

王振。贛榆人。正德中，爲福建黄崎巡檢。海寇大集，振率民兵及子臣拒戰，斬獲甚衆。俄伏兵起，振死於陣。其子冒矢石救父，亦被害。詔優卹之。

沈麟〔六〕。沭陽人。爲諸生。正德中，流賊犯淮，麟守母病不去。郡守並縣丞被執，復詣賊壘開陳利害，願以身代，賊義而俱釋之。詔旌表。

王鳴鶴。海州人。由武進士洊升副總兵，晉都督僉事。膽智沈毅，虛己下士，每臨敵身先陷陣。在諸邊三十餘軍，大小經數十戰，每戰必勝。著有登壇必究、帷間問答等書行於世。

張朝瑞。海州人。隆慶進士，知安丘、鹿邑二縣，歷遷金華知府、湖廣參政，有治績。進應天府丞，增祀建文忠臣六十餘人。及卒，貧無以殮。追謚清恪。

王俊。贛榆人。崇禎中，以貢爲新蔡教諭。流寇陷城，俊坐明倫堂。賊至，俊以手劍叱之，殺數賊。賊抉俊目，斷其腕，至死不屈。本朝乾隆四十一年，賜謚忠節。

章鳴謙。沭陽人，以貢知金堂縣。崇禎末，流賊薄城，鳴謙以忠義激士民，悉力固守。援絶城陷，鳴謙死之，闔門皆遇害。本朝乾隆四十一年，賜謚節愍。

劉繼祖。海州人，任丘籍，官左都督。新樂侯文炳之叔。分守東安門，闖賊陷京城，與妻左氏、妾李氏、董氏同日投井死。本朝乾隆四十一年，賜謚節愍。又同時某官何洲，某官郭良，京城陷，行遯以死。乾隆四十一年，並入祀忠義祠。

劉文炳。海州人。光宗后兄子，封新樂侯。崇禎甲申，京城陷，文炳與弟文耀，俱投井死，闔門皆死難焉。本朝順治十六年，賜謚忠恪。

流寓

後漢

邴原。北海朱虛人。黄巾賊起，原將家室入海，住鬱洲山中。

列女

南北朝　齊

封延伯。渤海人，寓居東海。三世同財，爲北州所宗附。後爲梁郡太守，以疾免，復還東海。於時四方文人士子皆依海曲，争往宗之，如遼東之仰邴原也。

宋

陳公緒妻劉氏。朐山人。紹興末，金兵逼山東，公緒倡義歸宋，劉以歸母家，不得與偕，惟挈子庚以行。宋授以官。劉留北方二十五年，緯蕭自給，誓不改適。子庚長，傾家尋訪，奔走淮甸十餘年，始得迎母歸。

楊某妻劉氏。贛榆人。夫死孀居。家饒於財，宣和中，以收復燕雲，科增郡縣免夫錢。氏以十萬緡代下户輸官，鄉黨義之。

明

莊居敬妻徐氏。海州人。元末居敬爲河南平章，死於王事。氏率所部兵攜幼子歸明，爲夫報讐，卒得殺夫者刃之。洪武初旌。

潘裕妻孫氏。海州人。年二十八，夫亡。越月生一子，守節四十餘年。弘治中旌。

傅隨妻許氏。贛榆人。正德中，爲流寇所劫，不辱被殺。同縣沙氏女，亦遇賊不屈，賊支解之。

劉炯女。贛榆人。許字張森，未嫁森死。女請於父母，往送葬，衰絰哀號，守節終身。正德中旌。

張禮妻趙氏。沭陽人。洪武初，禮任廣州同知，卒於官，氏自經死。事聞，詔歸葬之。

孫紹妻呂氏。沭陽人。割股療夫疾，夫亡，自經死。

仲純妻嚴氏。沭陽人。正德中，遇流賊不辱，被殺。

張國綸妻鄭氏。沭陽人。夫死於兵，氏數日不食，自經死。

本朝

蘇桂妻張氏。贛榆人。守正捐軀。同縣徐宏道妻李氏、張其羔妻田氏、閻兆妻曹氏，烈女汪氏女、張氏女，均守正捐軀。俱雍正年間旌。

陳思虞妻成氏。海州人。夫亡守節，教子成立。同州王廷和妻楊氏、周之璉妻劉氏〔七〕、劉國祥妻董氏、王之濬妻吴氏、殷濟生妻周氏、胡光龍妻鮑氏、汪士毅妻李氏、袁廣年妻成氏、王鳴璟妻吴氏，均夫亡守節。烈婦陳有齡妻周氏、張佩文妻孟氏、趙若盛妻翟氏、臧文煥妻解氏、徐愛妻張氏、李元樫妻倪氏、楊永富妻唐氏、任唤妻王氏，均夫亡殉節。俱乾隆年間旌。

蔣祚印妻劉氏。贛榆人。夫亡守節。同縣吉士佩妻顔氏、朱之忻妻劉氏、譚佩妻樊氏、周珙妻張氏、汪源漢妻孟氏、崔維綸妻金氏、寇思格妻徐氏、尤士彦妻朱氏、朱克經妻楊氏、李舒妻劉氏、鄭永武妻李氏、吴理妻童氏、孫在書妻葛氏、仲豳妻董氏、程宗楷妻宋氏、李樹德妻萬氏、陳詠妻龍氏、柏湄妻孫氏、仲表揚妻周氏、徐名煌妻王氏、朱之仁妻徐氏、龍應旭妾朱氏、呂亦景妻仲氏、丁智妻李氏、徐選妻張氏、孫斯康妻陳氏、張時位妻周氏、王維孝妻朱氏、佘煌妻張氏、孫在琳妻成氏、孫斯言妻朱氏、董思寬妻胡氏、閻紹宗妻李氏、吳懋昭妻周氏，均夫亡守節。烈婦張世美妻劉氏，夫亡殉節。貞女呂律女，未嫁夫亡，守貞。俱乾隆年間旌。

周士堅妻劉氏。沭陽人。夫亡守節。同縣姜仰尚繼妻胡氏，姜麟妻明氏，程文儒妻鄭氏，葛頤曾妻張氏，郁斌妻鄭氏，呂六吉妻徐氏，王炳妻徐氏，王時賓妻魏氏，蔣朝文妻仲氏，妾于氏，錢如皋妻陳氏，魏鋭妻王氏，徐秉恭妻吳氏，劉泰妻葛氏，周儼妻陳氏，耿久昌妻季氏，馮廷璧妻高氏，均夫亡守節。烈婦章含生妻姜氏，夫亡殉節。貞女武良女，未嫁夫亡，守貞。俱乾隆年間旌。

陶宗璠妻賈氏。海州人。夫亡守節。同州黃志阜繼妻曹氏、沈光道妻張氏、黃能堂繼妻朱氏、周才美妻尹氏、范衡選妻徐氏、戚衍書妻尹氏、武發祥妻郭氏、潘彝恭妻劉氏，均夫亡守節。烈婦朱開祥妻盛氏、陳某妻朱氏，均夫亡殉節。貞女李文楷聘妻徐氏、張賓秀聘妻范氏、朱有女，均未嫁夫亡守貞。烈女周萬盛聘妻羅氏，未嫁夫亡殉烈。俱嘉慶年間旌。

王仁快妻楊氏。贛榆人。夫亡守節。同縣梁小果妻張氏、金方來妻張氏、婁維勳妻霍氏、任祥安妻王氏、佘鍈妻殷氏、劉文妻王氏、李長弼妻孫氏、王朝宗繼妻嚴氏、葉世緯妻張氏、李開緒妻張氏、朱定律妻孫氏、董維妻閔氏、仲翠妻呂氏、孫立羣妻佘氏、周永勳妻吳氏、孟毓錦妻王氏、周廣銈妻王氏、劉應佑妻王氏、劉應佶妻谷氏、傅庭桂繼妻李氏、張玉超妻魏氏，均夫亡守節。烈婦李懷瑜妻許氏，夫亡殉節。俱嘉慶年間旌。

胡位妻仲氏。沭陽人。夫亡守節。同縣陳鳳池妻劉氏、史兆龍妻彭氏、錢永登妻湯氏、顧豐妻司氏、劉學灝繼妻魏氏、馬廣思妻徐氏、王錫麟妻汪氏、施毓安妻黃氏、唐恒山妻張氏、呂法望妻李氏、吳肇起妻汪氏、吳柱幗妻胡氏，均夫亡守節。烈婦劉安邦媳周氏、王二立妻徐氏、開三妻徐氏、華槎任妻王氏、劉陳孫妻趙氏、王桂妻李氏，均夫亡殉節。貞女張庭鈐聘妻沈氏、王太女、戴廷璠女、耿毛姐、徐得昌女，均未嫁夫亡守節。烈女郁殿颺聘妻顧氏，未嫁夫亡殉烈。俱嘉慶年間旌。

仙釋

南北朝　齊

由吾道榮。沭陽人。少爲道士，好法術。遊於晉陽，遇恒岳仙人，授以道家符水禁咒、陰陽曆數、天文藥性。歲餘，仍歸隱琅邪山中，辟穀，餌松朮、茯苓，求長生之秘。善洞視，蕭軌等敗於江南，是日道榮言之如目見，後勘問與所説符同。又至遼陽山中，夜初馬驚，有猛獸逼近，人皆驚怖。道榮徐以杖畫地成火炕，猛獸遽走。年八十五卒。

宋

莎衣道人。朐山人，姓何，舉進士不中。身衣白襴，久之益敝，緝以莎。人問休咎，無不奇中。有病瘵者乞醫，命持一草去，旬日而愈。孝宗屢召不赴，賜號通神先生。

聖僧。乞食海州。人有病，咒之立愈。事多前知，安撫使丁公守城，僧一日左持斧，右持釘，行走於市，大呼曰：「釘壞我斧。」人無解者。逾數日，丁果叛。僧示寂，州人葬之七里墩，水旱禱之立應。

土産

鹽。出板浦、海門。

紫菜。州出。
鶴。州出。
薏苡仁。出贛榆。
冬青。出贛榆縣秦山。
扁竹。出沭陽。
白蒺藜。出沭陽。
紅花。出沭陽。
蝦米。州境皆出。
蘋果。州與沭陽皆出。

校勘記

〔一〕盧石伊盧等三山　乾隆志卷七二海州山川（下同卷簡稱乾隆志）同。按，太平寰宇記卷二二河南道海州盧石山條此句作「石、伊、句等三山」。據讀史方輿紀要卷二二海州，其石指盧石山，伊爲伊盧山，句乃句盧山。則此句當補「句盧」二字。

〔二〕品泉　「品」，原作「吕」，據乾隆志及雍正江南通志卷一四輿地志山川改。

〔三〕在郁洲島上　「洲」，原作「州」，據乾隆志及太平寰宇記卷二二河南道海州牛欄村條改。

〔四〕母密聚客得數十百人　「客」，原作「容」，據乾隆志及後漢書卷一一劉盆子傳改。

〔五〕孫傳　「傳」，原作「傳」，乾隆志同，據宋史卷三五三孫傳傳改。下文同改。

〔六〕沈麟　乾隆志及明一統志卷一三淮安府人物、雍正江南通志卷一五九人物志皆作「沈麒」。考萬姓統譜有沈麟，明史卷二九七孝義傳亦有沈麟，所述事蹟相類。疑沈麒、沈麟爲兄弟，孝義相似，故傳文相混也。

〔七〕周之璉妻劉氏　「璉」，原作「連」，據乾隆志改。按，本志蓋避乾隆皇太子永璉諱改字。

通州直隸州圖

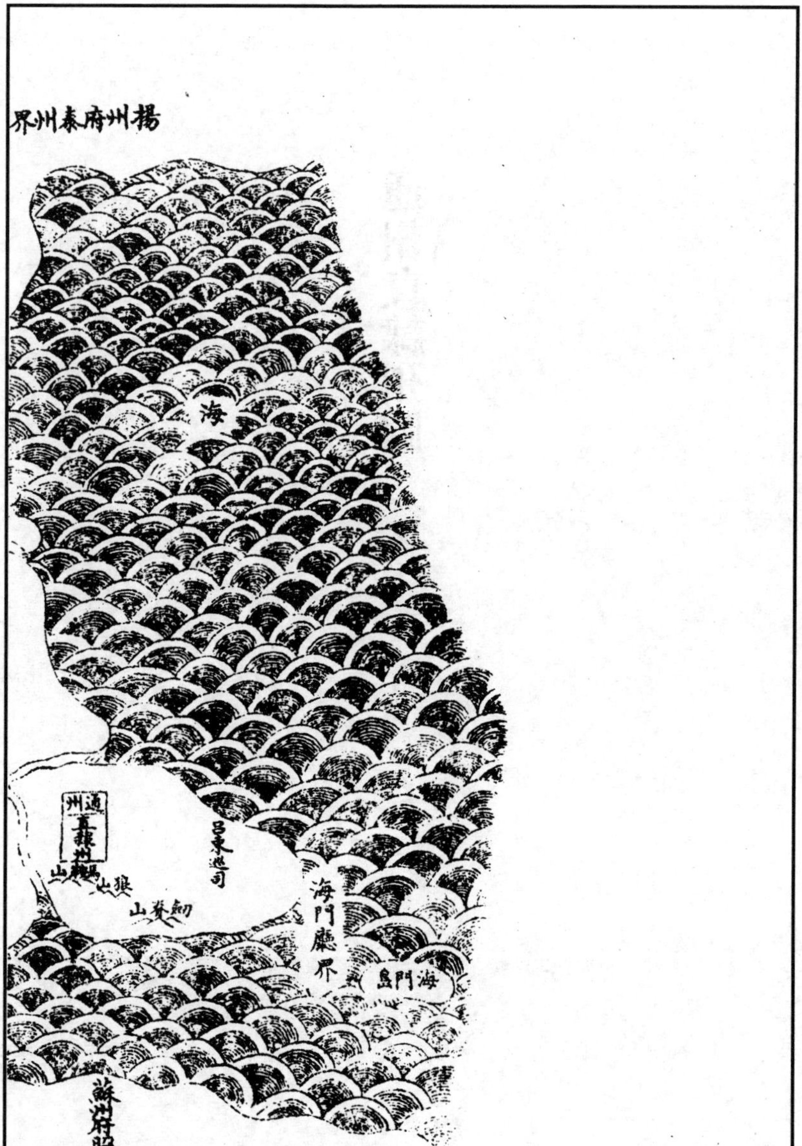
揚州府泰州界
海
通州
直隸州
馬鞍山
狼山
劍山
呂東巡司
海門廳界
海門島
蘇州府昭文界

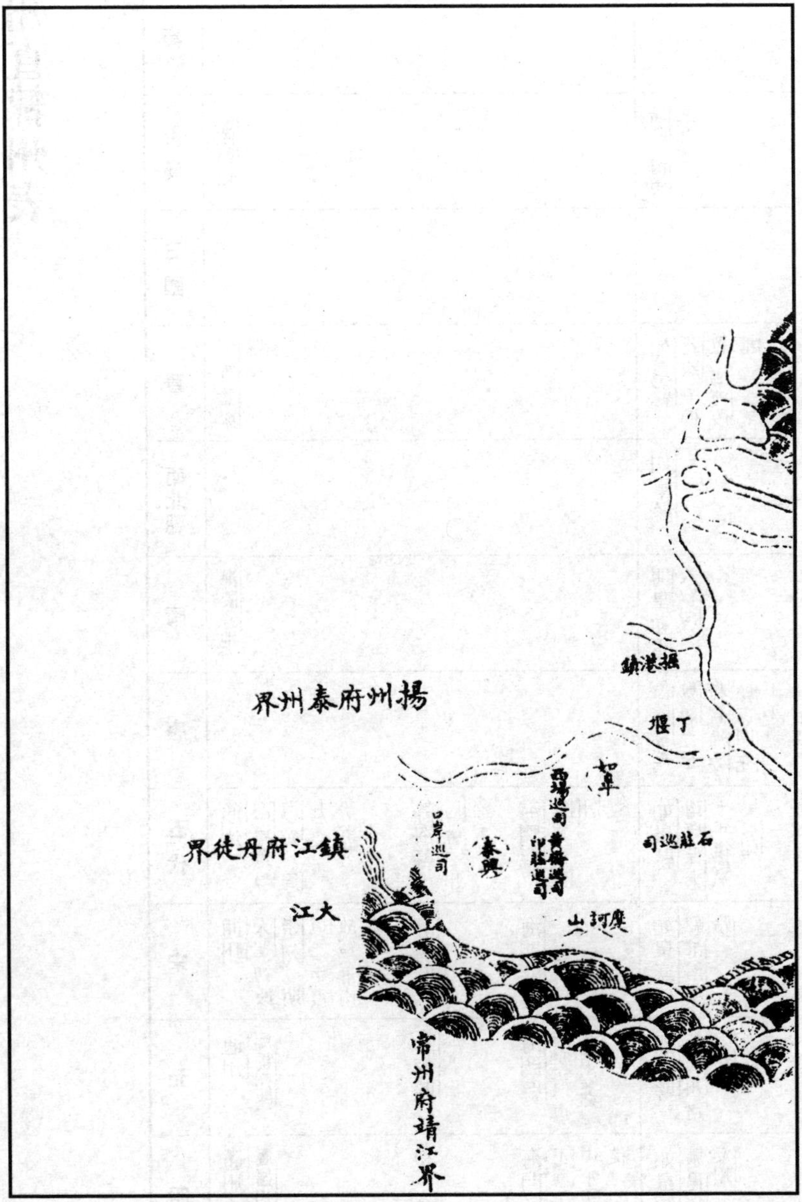
揚州府泰州界
掘港鎮
丁堰
如皋
西場巡司
石莊巡司
口岸巡司
泰興
黃橋巡司
印莊巡司
鎮江府丹徒界
大江
常州府靖江界

通州直隸州表

	通州直隸州	如皋縣
秦		
兩漢	海陵縣地。	廣陵、海陵二縣地。
三國		
晉	東晉蒲濤縣地。	如皋縣 義熙中析置，屬海陵郡。
南北朝		如皋縣
隋	海陵縣地。	開皇初省入寧海。
唐		海陵縣地。景龍二年析置海安縣。開元十年省。
五代	通州 南唐置静海鎮。周升爲軍。尋改州。 静海縣 周置，州治。 海門縣 周置，屬通州。	如皋縣 南唐保大十年復置，屬泰州。
宋	通州 天聖初改崇州。明道二年復故，屬淮南東路。 静海縣 海門縣	如皋縣 隸淮南東路。
元	通州 屬揚州路。 静海縣 海門縣 因舊治，復徙禮安鄉。	如皋縣 屬揚州路泰州。
明	通州 屬揚州府。 初省入州。 海門縣 正德、嘉靖中水患，再徙。	如皋縣 屬揚州府泰州。

續表

	泰興縣
	海陵縣地。後漢東陽縣地。
臨江縣義熙中置，屬山陽郡。尋屬海陵郡。	海陵縣地。
周省入寧海。	
	泰興縣南唐昇元三年析置，屬泰州。
	泰興縣屬揚州。
	泰興縣屬揚州路。
	泰興縣屬揚州府。

大清一統志卷一百六

通州直隸州

在江蘇省江寧府東五百三十里，蘇州府北二百里。東西距三百八十五里，南北距一百二十里。東至海門廳一百里，西至鎮江府丹徒縣界二百八十五里，南至蘇州府昭文縣界三十里，北至揚州府泰州界九十里。東南至海一百四十里，西南至大江七里，東北至海一百十里，西北至揚州府泰州界百七十里。本州境，東西距一百十八里，南北距七十八里。東至海門廳一百里，西至如皋縣界十八里，南至大江十八里，北至如皋縣界六十里。東南至江海交界一百四十里，西南至大江七里，東北至海一百十里，西北至如皋縣界一百三十里。自州治至京師三千六百九十五里。

分野

天文斗、牛分野，星紀之次。

建置沿革

禹貢揚州之域。漢海陵縣地。東晉蒲濤縣地。隋仍爲海陵縣地，五代南唐置静海鎮。周顯德五年，升爲静海軍，尋置通州，兼置静海、海門二縣而治静海。宋天聖元年，改曰崇州。以州兼轄崇明鎮，因名。明道二年，復曰通州，屬淮南東路。政和七年，賜郡名曰静海。元至元十五年，置通州路總管府。二十一年，復爲州，屬揚州路。明洪武初，以州治静海縣省入，屬揚州府。

本朝雍正二年，升爲直隸州，屬江蘇省。領縣二。

如皋縣。在州西四十五里。東西距一百七十里，南北距一百里。東至海一百三十里，西至泰興縣界四十里，南至大江六十里，北至揚州府泰州界四十里。東南至州治百三十里，西南至常州府靖江縣界六十五里，東北至海一百三十里，西北至泰州治一百四十里。漢廣陵、海陵二縣地。晉義熙中，析置如皋縣，屬海陵郡。宋、齊以後因之。隋開皇初，省入寧海。唐爲海陵縣地。景龍二年，析置海安縣。開元十年省。五代南唐保大十年，復置如皋縣，屬泰州。宋隸淮南東路。元屬揚州路泰州。明屬揚州府泰州。本朝初因之。雍正二年，改屬通州。

泰興縣。在州西二百四十里。東西距七十八里，南北距九十里。東至如皋縣界六十里，西至鎮江府丹徒縣界十八里，南至常州府靖江縣界三十里，北至揚州府泰州界六十里。東南至如皋縣界七十里，西南至靖江縣界四十里，東北至泰州治九十里，西北至揚州府江都縣界六十五里。漢海陵縣地。後漢東陽縣地。晉復爲海陵地。五代南唐昇元三年，析置泰興縣，屬泰州。宋宣和四年，改屬揚州。紹興初，又屬泰州。十二年，還屬揚州。元屬揚州路。明屬揚州府。本朝雍正三年，屬通州。

形勢

險據江海之會，雄扼島嶼之藪。舊志。東北濱海，地當津要。狼山聳峙，江北海防重鎮。通志。

風俗

魚鹽之利，商賈多集。絃歌之聲，章甫亦衆。魏了翁學記。禮多從奢，俗頗尚鬼。舊志。阻江濱海，盜稀訟簡。通志。

城池

通州城。周六里有奇，門三，水門三，環城爲濠。周顯德五年築。明萬曆中，增築南城，北連舊城，長七百六十餘丈。本朝順治、康熙年間屢修，乾隆三十二年重修。

如皋縣城。周七里，門四，濠闊一丈五尺。明嘉靖間築，本朝乾隆三十四年修。

泰興縣城。周七里有奇，門五，環城爲濠。明嘉靖間築，本朝乾隆四十年修。

學校

通州學。在州治東。元至正中建。本朝康熙、雍正年間屢修，乾隆三十二年重修。入學額數二十六名。按通州舊隸揚州府屬，除州學額進二十五名外，例得撥進府學。雍正二年，改直隸州，截府學三名，永歸州學，共二十八名。嗣因海門廳添入沙籍，分出二名，定爲二十六名。又有海門鄉學額十名。

如皋縣學。在縣治東南。明正德間建。本朝康熙年間修，乾隆十五年重修。入學額數二十二名。按如皋縣舊隸揚州府泰州屬，例得撥進府學。雍正二年，升通州爲直隸州，以如皋縣屬之，截府學二名隸通考試，定爲二十二名。

泰興縣學。在縣治東南。明嘉靖中移建，本朝康熙、雍正年間屢修。入學額數二十五名。

紫琅書院。在州城北。本朝乾隆十年建。

文正書院。在州治石港場。明爲忠孝書院，本朝康熙三年改建。

雉水書院。在如皋縣東北。本朝乾隆十二年建。按：舊志載如皋縣有崇正書院，泰興縣有馬洲書院，今俱廢。謹附記。

户口

原額人丁六萬二千六十六，今滋生男婦大小共九十八萬二千九百七十四名口。

田賦

田地五萬二千四百頃四十六畝二分有奇，額徵地丁正、雜銀九萬四千八百九兩三錢八分，又雜辦銀四百二十七兩六錢八分三釐，米麥一萬七千八百四十八石七斗五合九勺。

山川

戴青山。在州東舊海門縣西。又碧霞山，一在州東四十里，一在西北白蒲鎮。東山，在州東北呂四場南。

狼山。在州南十八里。五代梁貞明五年，吳越錢傳瓘帥戰艦自東洲擊吳，吳遣彭彥章拒之，戰於狼山，即此。寰宇記：州南至狼山大江十五里，與塔山、軍山、馬鞍山、刀刃山，並在江海之際。輿地紀勝：在靜海縣南，五山相連屬。原在海中，今居平陸。或曰山形如狼，或曰昔有白狼居其上，因名。真誥云：「海中有狼五山。」陶隱居注云：「狼五山，在海中，對句章岸。」今直呼爲狼山。」名勝志：有觀音、紫石二巖，仙女、夕陽二洞。巔有塔五級，名曰支雲塔。後有大聖殿。殿後有定心石，虛懸峭壁陡絶之頂。前有大觀臺，甃石爲之，繚以石欄，縱横十餘丈。東折爲振衣亭，再東爲聖祖仁皇帝御書碑亭。又東爲半山亭。

劍脊山。在州南狼山東，一名劍山，又名刀刃山。相傳秦始皇磨劍其上。最高峻處爲老烏巖。東南麓有燕子洞、望海洞，南有獺魚洞，西有菩提洞。東南峭壁，色赭赤，名曰赤壁。下有淡竹灘。

軍山。在州南狼山東，刀刃山東南，一名象山。有鍊丹臺、桃花峽、白雲洞。

黄泥山。在州南狼山西，以土色名，接馬鞍山界。東北麓有桃源洞，左有諸賢洞。嶺上有防汛所，東有橋通狼山。

馬鞍山。在州南狼山西。相傳隋煬帝征高麗，曾牧馬於此。左有沈雁灣，右有藥草灣。西有峭壁曰蓮花嶼。極西有通濟閘，元時漕運於此出海。

蠙山。在如皋縣東南，一名車螯山。相傳土人取車螯殼成之，高十餘丈。上聳一峯，外相環抱，望之若浮巒。

摩訶山。在如皋縣南。寰宇記：在縣南百二十里，半在江中。名勝志：在揚子江中流，去石莊二十里。水勢湍急。舊志：俗名蝦蟇山。今江漲山遠，去岸逾五十里。

孤山。在泰興縣東南七十里。寰宇記：在海陵縣東南二百十里。南兖州記云：江北三百步有孤山，生大竹。輿地紀勝：南枕大江，巍然一峯，約高百仞。縣志：舊在江北，與靖江分界。後岸圮，山入江中。今江爲平陸。

海門島。在州東南海中。宋長編：宋初，犯死獲貸者，多配隸登州沙門島及通州海門島。海門島有兩處：崇明鎮以居豪强難制者，東布洲以居懦弱者，皆令煮海納官。至興國五年，始令配役者隸鹽亭役使。輿地紀勝：東布洲，先是海嶼沙島之地，古來漲起，號爲東洲。忽有布機流至沙上，因名布洲。既成平陸，民户亦繁。

褚家沙。在州南三十里江中。其西南爲常州府江陰縣之青草沙，西爲蒲沙。而此沙當其外口，爲汛守要地。

海。在州東。南接蘇州洋，西北接如皋縣東界。寰宇記：州東至海八十里。名勝志：北自鹽城界，南逕興化、泰州、如皋，折而南過通州海門，至吕四場東南料角嘴，始與江合。續文獻通考：在海門縣東十五里。南達閩、越，北接齊、魯。舊志：元初海運之道，自平江劉家港入海，經揚州路通州海門縣黄蓮、沙頭萬里長灘，開洋沿山嶼而行，抵淮安府鹽城縣。

大江。在州南。自揚州府江都縣流入，經泰興縣南，接常州府靖江縣界。又東經如皋縣西南，又東經本州南，接蘇州府昭文縣界，東入海。寰宇記：州南至狼山大江十五里。九域志：州南至江二十四里，西南至江六十里。州志：大江至州東南料角嘴，匯於海，闊七十里。南岸即蘇州之常熟界也。泰興縣志：明天啓後，沙渚漲塞，泰興與靖江接壤處，悉爲平陸。因於泰興縣南三十里開河爲界，名曰界河，西通大江，長亘五十里。

高陽蕩。在如皋縣東南六十里。西接運鹽河，東通海。一名祥符河。久淤。

市河。在州城内。經東、西水關以達濠河。本朝雍正四年濬，乾隆十六年又濬。

濠河。在州城外，一名城河。繞城四匝，與市河通。北接淮水〔一〕，西匯江潮，東達諸場轉運，爲利甚溥。本朝乾隆十一年濬，二十年又濬。

金沙河。在州東三十里。南接運鹽河，北入金沙場。名勝志：宋兩淮制置使李庭芝鑿。

運鹽河。在州北。自揚州府泰州海安鎮東南，流至如臯縣西北三十里，分爲立發河。又東至城北，分爲黄浦溪。迤東四十里經丁堰鎮，分支東流入海。又東南流入州西北，二十里分流爲石港河。又東南流至州城，環繞城郭，分爲三。一自城西南隅入大江。一自城東南隅東流三十里，北通金沙河，又東經舊海門縣東入海。一自城東北流經西亭場，爲西亭河，又東流貫諸鹽場，至呂四場，爲串場河，東達於海。明隆慶間開。本朝乾隆十二年，挑濬通州、泰興、如臯沿海十場河渠，自是河路深通，農商攸賴。

石港河。在州北二十里。寰宇記：石港場，東至海一百五十里。舊志：西接運鹽河，東流入石港場，凡七十里。支分南出，場南十里爲新河。又北出爲仇家河。俱達於海。

串場河。在州東北。串呂四、餘東、餘中、餘西，及金沙、西亭、石港諸場，出丁堰閘，會於運鹽河。一從立發河進口，串豐利、掘港、馬塘三場，亦出丁堰閘，會於運鹽河。宋咸淳五年，李庭芝爲兩淮制置使，鑿河四十里通運鹽河，即此。本朝康熙四十七年濬，乾隆十二年又濬。

龍游河。在如臯縣東六十里。輿地紀勝：縣有龍游堰，通於大江，有九十九灣。舊志：河流透迤，中多灣曲。北接運鹽河，南通大江。一名通江河。

立發河。在如臯縣北三十里牙橋壩東。西接運鹽河，東達於海。又汊河，在縣東北豐利場，南接運鹽河，東北流入海。又小溪河，在縣西北，東接運鹽河，西達泰興縣界。

毛稚河。在如臯縣東南十五里。南通揚子江，北接運鹽河。又葛堰河，在縣東三十里，南通毛稚河。

丁堰河。在如臯縣東南四十里。南去十里至劉師鋪，又十里至林梓，又十里至白蒲。一支從丁堰閘向東通串場河。本朝乾隆十年濬。

印莊河。在泰興縣東南三十里。北接龍開河，南流經印莊鎮，又南流入界河。又馬橋河，在縣西南二十五里，北接龍開河，西南入大江。

濟川河。在泰興縣西。自揚州府泰州城南，分運鹽河水，南流三十里，經縣南廟灣，又二十里至縣北柴墟鎮，又南入大江。明初，徐達兵至泰興，江岸河港不通，調軍自大江口挑河十五里，通貫口岸，次日遂抵泰州南門灣。即此。

得勝河。在泰興縣西北四十五里。下流經縣西南三十里入大江。舊名盛大港。明初敗張士誠於此，改名。

通泰河。在泰興縣北二里，一名槐子河。北接泰州運鹽河，流合龍開河。

龍開河。在泰興縣東北。其上流有二：一北接揚州府泰州運鹽河，一東接如皋縣瀛溪。東南流至縣東四十里黄橋鎮，分支爲印莊河。又西流繞城北接通泰河，分流爲城河，又西南達於江。河流經縣東北，其流曲折，名相見灣。

芹湖。在如皋縣西。北通溪河，西通泰興。舊志：以「芹湖梟雁」爲如皋勝景，蓋湖水明浄，葭葦如室，梟雁家焉。乃眺詠最勝處。今悉爲平田。

黄浦溪。在如皋縣西北。東接運鹽河，西流爲瀛溪，又西入泰興縣界，匯於龍開河。又蟠溪，在縣北，西接運鹽河，東入海，相傳亦古邗溝也。

狼山港。在州南狼山下，通大江。又有新港，在州城外。澠水閑談：神宗四年，高麗遣使修貢，將由四明登岸，被風飄至新港。名勝志：宋時大海去縣八十里。新港，即吕四場之新河也。又沿海六港，進鮮港其一也。海錯多聚於此。

掘港。在如皋縣東百二十里。西接運鹽河，東達海。又張皂丫港〔二〕，在縣東馬塘場南，北接運鹽河，東南達海。

王家港。在泰興縣西南三十里。與孟瀆河相對，商賈舟舶所必由。

料角嘴。在州東南二百四十里。輿地紀勝：中有鹹淡二水，不相混雜，舟人不待汲，能辨之。其形勢號爲控扼。舊志：宋紹興中，差水師把隘，其沙脈坍漲不常，潮小則委蛇曲折，水路可認，潮盛則一望瀰漫。李寶膠西之捷，道蓋由此。

鄭公灘。在如皋縣東北百二十里豐利場。宋富弼判揚州，以戰艦每爲海濤所壞，因築此灘避之，且習水戰於此。

玉涓泉。在如皋縣治，即禪寺井也。宋王覿詩：「覆欄常浸梧陰冷，煮茗猶存玉色寒。」

度軍泉。在如皋縣西十里，一名聖井。名勝志：宋岳飛經署通泰，領兵過此，數千人飲之，泉亦如故，故名。

甘泉井。在州治左。州地斥鹵，井皆鹹。宋任伯雨謫官於此，僦城西民居，濬井而得甘泉，民歌詠之。

古蹟

靜海廢縣。今州治。本海陵縣地。寰宇記：南唐始於海陵東境置靜海制置院。周顯德中，克淮南，升爲軍，尋改爲州治。靜海縣隨州置。輿地紀勝：海陵之東有二洲，唐末割據。有姚存制居之，爲東洲鎮遏使。制卒，子廷珪代之，爲東洲靜海軍使，始築城。錢鏐遣水軍攻破之，擄廷珪。吴又命廷珪猶子彦洪爲靜海都鎮遏使，修城池官廨，號靜海都鎮，今城是也。

海門廢縣。在州東四十里。五代周置縣，屬通州。寰宇記：在州東南，隔海二百餘里。本東洲鎮，隨州升爲縣。宋因之。九域志：在州東二百十五里。舊志：元末以水患，徙治禮安鄉，去州城百里。後復圮於海。明正德七年，颶風海溢縣圮，徙治餘中場。嘉靖中，又徙金沙場，皆寄治州境。三十三年，築城，周九百五十九丈有奇，名曰天圓地方。城門四，水門二。其後復圮於海。本朝康熙十一年，省入州。

臨江舊縣。在如皋縣南。晉義熙中置，初屬山陽郡，尋屬海陵郡。宋、齊因之。周省入寧海。

泰興舊縣。在泰興縣北。寰宇記：縣在泰州南四十五里。本海陵縣濟南鎮。南唐昇元二年，析海寧之南界五鄉置。輿地紀勝：在揚州東一百十里。宋會要：乾德二年，徙治柴墟鎮。紹興十四年，又徙延令村。

柴墟鎮。在泰興縣北。九域志：縣有柴墟、永豐二鎮。宋史岳飛傳：建炎四年，詔飛還守通泰。飛以泰無險可恃，退守柴墟。

如皋場。今如皋縣治。寰宇記：縣北去泰州百四十里。唐太和五年，析海陵五鄉，置如皋場，屬揚州。南唐保大十年，升爲縣。

會盟原。在如皋縣東十里。相傳吴楚會盟處。名勝志：春秋哀公十二年：「公會衛侯、宋皇瑗于鄖。」注：「鄖，發陽也。海陵縣東南有發繇口。」今有立發口，在縣西北三十里，即發繇口也。

芙蓉園。在如皋縣南一里。方輿勝覽：園四圍皆深渠，中有方池土臺。秋深芙蓉盛開，爲邑人遊賞之地。

水繪園。在如皋縣城東北隅，縣人冒襄棲隱於此。有寒碧堂、洗鉢池、小浯溪、小三吾諸勝。一時海内鉅公知名之士，咸觴詠其中。

海山樓。在州治南。名勝志：海山樓，宋大觀中郡守朱彦建，扁曰「海山遠眺」。前有緑漪亭。陳博古有詩。

望江樓。在州南二里。明正德中，州守夏邦謨建。後郡人尚書馬坤重修，名曰望江，以備倭也。

棲雲閣。在州南狼山。宋時建。名勝志：閣在狼山寺前，閣後即望仙橋。州人王覿有記。

三會亭。在州南狼山。東顧巨海，南瞰長江。名勝志：即海桐菴也。宋初，提刑薛球、知州臧師顔、别駕吴天常偶會於此，因亭之，有詩刻於石。

胡安定宅。在如皋縣南十里，俗呼胡家莊。

秦皇履蹟。在州南狼山。下有拇科〔三〕，上有鞭蹟，皆著石。

關隘

吕東巡司。在州東吕四場鎮。本朝乾隆三十七年，改三角巡司設。

石莊巡司。在如皋縣東南六十里。明置，嘉靖中移此。舊在縣南六十里。

西場巡司。在如皋縣西北四十里。明置，今因之。

印莊巡司。在泰興縣東三十里童橋鎮。明洪武初，置巡司在縣之南二十五里，今移於此。又縣西二十里有馬橋鎮，二十五里有三汊鎮，縣西北二十里有馬店鎮，六十里有嘶馬鎮，接揚州江都縣界。

黄橋巡司。在泰興縣東四十里，即宋永豐鎮也。明嘉靖中，官軍敗倭於此。舊置巡司，今因之。

口岸巡司。在泰興縣西北四十五里，即舊柴墟。宋初嘗爲縣治。明初置巡司，今因之。

永安鎮。在州東。舊有巡司，本朝乾隆三十二年裁。

狼山鎮。在州南十八里。九域志静海縣有江口鎮，即此。明初置巡司。今移興仁鎮。明嘉靖中，設參將，後改設副將。本朝順治十七年，設總兵官鎮守其地。

白蒲鎮。在州西北六十里，接如皋縣界。

石港鎮。在州東北七十里。明洪武初置巡司，嘉靖中置寨。今裁。

丁堰鎮。在如臯縣東四十里。明嘉靖中，倭賊嘗犯此。

掘港鎮。在如臯縣東百三十里。明初置巡司，今裁，移主簿駐此。其東有掘港營守備駐防。又安民營，在縣南江中沙洲上，嘉靖中置。

利豐監。在州南，宋置。寰宇記：在州南三里，古煎鹽之所。宋初升爲監，管八場，曰金沙、西亭、石港、利和、餘慶、吕四、馬塘、豐利。

大河營。在州東廢海門縣東。明嘉靖中，以倭警置寨，設把總防守。萬曆中裁。本朝初設守備於此，今裁。

泰興營。在泰興縣城内。明時爲周橋、永生洲二把總。其周橋把總，嘉靖中以倭警設，移駐王家港。後復移駐馬鎮，在縣西二十里。崇禎中，改爲守備。其永生把總，萬曆中增置，以統水軍。後裁鎮江參將，併爲永生把總。本朝初，分爲永生南、北兩營，各設守備。嗣又併周橋、永生爲泰興營，仍設守備，移駐縣城中。

金沙場。在州東三十里。又州東五十里爲餘西場。七十里爲餘中場。九十三里爲餘東場。州北七十里爲石港場。東北二十里爲西亭場。百十里爲吕四場。皆有鹽課使。

豐利場。在如臯縣東北百十里，濱海。其南爲馬塘場，又南爲掘港場，皆隸通州分司。

税課局。在州治南。明置，本朝因之。

津梁

通濟橋。在州治前。宋建。明正統中，構亭其上。本朝康熙九年重建。又白蒲鎮有通濟橋，落成時，龍現於河，亦名見龍橋。

中正橋。在州治東，唐總章二年建。

魚骨橋。在州東餘中場，相傳以魚骨爲之。

通江橋。在如皐縣治，東跨市河。

宣化橋。在如臯縣治南，舊名閘橋。

豐利橋。在如臯縣東北豐利場。

朝陽橋。在泰興縣東門外。

文明橋。在泰興縣南門外，一名望江橋。

隄堰

沈公隄。在州東海門廢縣東北。宋至和中，縣令沈起以海漲病民，築隄七十里，西接范公隄，以障鹵潮。王安石有記。

任公隄。在州西五里。長二十里，宋州判任建中所築。

范公隄。在州東北，西接如臯縣，即捍海堰。宋范仲淹監西溪鹽倉場時築，起自呂四場，迄於淮安府鹽城縣之徐瀆，繞三十鹽場之西。去海遠者百里，近者數十里。隄之外，俱各竈煎鹽之地，淡水出則鹽課消，故隄以護之。隄以内則民耕種之地，潮水入則田租損，故隄以防之。中有洩水入海之路，則白駒閘口及牛灣河、瓦龍岡是也。本朝順治九年，大修捍海隄。雍正十一年重修，建築越壩一道，增設掘港、豐利、馬塘三場堡夫，隨時修補殘缺。乾隆十一年又修，添設涵洞二座。

丁堰。在如皋縣東四十里運鹽河上，有壩有閘。又東有掘港場閘。又有白蒲堰閘，在縣東南七十里運鹽河與州接壤處也。

江堰。在泰興縣西南。明成化十八年，築隄以捍江患。嘉靖十二年，又自廟港至過船港，增築江堰，以利民田。今僅存遺址。

陸洪閘。在州東南十里，明嘉靖中建。又鹽倉閘，在州西門外鹽倉壩上。便民閘，在州西北十五里。明成化間重建。

唐家閘。在州西北十五里，明隆慶初築。

陵墓

漢

董永墓。輿地紀勝：在如皋縣北一百二十里。

三國　吴

吕岱墓。輿地紀勝：在如皋縣東南六十里。

宋

金應墓。在州西。文天祥集：應爲江南西路兵馬都監，天祥北行，惟應上下相隨，更歷險難，奔波數千里。至通州，住十餘日，忽伏枕氣絶，葬西門雪窖邊。

王覿墓。在如皋縣治東三百步。又王俊義墓，在縣治西。

顧忻墓。在泰興縣東黄橋鎮。

明

崔桐墓。在州東海門廢縣南門外。

祠廟

四賢祠。在州城内。祀宋范仲淹、胡瑗、岳飛、文天祥。

文丞相祠。有三：一在州東十五里，一在州東北七十里，一在如皋縣東南。

胡文定公祠。在州南門外，祀宋胡安國。

江海神祠。在州南狼山上，歲以七月十九日致祭。

王學士祠。在如皋縣東南定惠院後，祀宋王觀。
丘公祠。在如皋縣，祀明參將丘陞。陞死倭難。
胡安定祠。在如皋縣治西南，祀宋胡瑗。
范公祠。有二：一在如皋縣治東北，一在縣掘港，祀宋范仲淹。
顧孝子祠。在泰興縣東陽橋，祀宋顧忻。
茅公祠。在泰興縣治南，祀明茅大方。
岳王廟。在泰興縣西北口岸鎮，祀宋岳飛。
東平王廟。在泰興縣北，祀漢東平王蒼。

寺觀

廣教寺。在州南狼山。舊名慈航院，唐天寶間，改今名。
廣福寺。有二：一在如皋縣西北，一在泰興縣東南，俱唐建。
中禪寺。在如皋縣東北，唐建。
慶雲寺。在泰興縣南，宋建。
建安寺。在泰興縣南江上，梁天監中建。

玄妙觀。在州東南，宋建，名天慶觀。元至正間，改今名。
祐聖觀。在州餘東場，明正統中建。
靈威觀。在如皋縣西北。
延祐觀。在泰興縣東南。又萬壽觀，亦在縣東南。俱唐建。
定惠院。在如皋縣東南，宋建。内有玉蓮池。舊有浮圖，今燬。
天妃宫。在州西南，明洪武間建。本朝康熙三年，附建育嬰堂。

名宦

五代　周

邊珝。華州鄭人。顯德二年，以職方員外郎出知通州，歲鬻鹽於狼山等處，增課萬餘石。設州置守，自珝始。

宋

錢冶。景德間，知如皋縣。邑不農桑，以鹽爲業。冶曰：「使民足於衣食，鹽猶農也。」乃悉求鹽利害爲條目，民以便利，鹽亦歲增。

曾易占。南豐人。祥符間，知如皐縣，歲大飢，請於州得越海轉粟，所活數萬人。明年稍稔，州課民賦如常，易占力請緩徵。他縣民多轉徙，惟邑獨完。

王隨。河南人。乾興初，以秘書少監出知通州。因州地濱海，少學者，隨於州建學舍。州人喜，遣子弟就學。

吳遵路。丹陽人。明道二年，知通州。時歲將飢，遵路募閭右出錢，航海糴米以備食，置廠設糜以處流移，所存活甚衆。

任建中。寶元間，通判通州。築隄二十里，以捍江潮，田無齧没。

沈起。明州人。知海門縣。縣負海地卑，間歲海潮至，冒民田舍，民徙以避，棄其業。起築隄百里，引江水灌溉其中，田益闢，民相率以歸。

元絳。錢塘人，知海門縣。淮民多盗販鹽，制置使建言滿二十觔者皆坐徒。絳曰：「海濱之人，恃鹽以爲命，非羣販比也。」笞而縱之。

張次山。河南人，調泰興簿。督開河渠，工多先辦。包拯薦之於朝。

徐勣。南陵人，判通州。濱海有捍隄廢不治，歲苦漂溺，勣躬督防海卒護築之。

李大有。東陽人，判通州。州田歲苦旱，鑿狼山麓，引江水入河溉之，自是歲乃屢稔。攝郡事，吏持案白送例錢，大有悉却之。

吳表臣。永嘉人，擢通州司理。陳瓘謫居郡中，一見器之。盛章者，朱勔黨也，嘗市婢，有武臣强取之，章誣以罪繫獄。表臣方鞫之，郡將曰：「知有盛待制乎？」表臣佯若不知，卒直其事。

尤袤。無錫人。爲泰興令，問民疾苦，皆曰：「郡伯鎮置頓，爲金使經行也，使率不受而空厲民。漕司輸藁秸，致一束數十金。二弊久，莫之去。」乃力請臺閫奏免之。縣舊有外城，屢殘於寇，袤即修築。已而金渝盟陷揚州，獨泰興以有城得全。

王柟。大名人。孝宗時，調海門尉。乘輕舟入海濤，捕劇賊小吴郎，并其徒十七人獲之。獄成不受賞。

程迥。餘姚人。孝宗時，爲泰興尉。訓武郎楊大烈死，而妻女存，有訟其妻非正室者，官没其貲。部使者以諉迥。迥曰：「大烈死，貲産當歸其女。女死，歸所生母可也。」

喬行簡。東陽人。慶元時，知通州，條上便民事。

劉宰。金壇人，爲泰興令。有殺人獄具，謂禱於叢祠所致。宰毁其廟，斬首以狥。隣邑有租牛縣境者，租户與主有姻連，因喪會竊券而逃，其子累訟不休。宰至，鞫得其情，盗券者憮然，爲歸牛與租。富室亡金釵，惟二僕婦在，置之有司，咸以爲冤。宰命各持一蘆，曰：「非盗釵者，詰朝蘆當自若。果盗，則長於今二寸。」明旦視之，一自若，一去其蘆二寸矣。訊之果服其罪。有姑訴婦不養者，宰召其二婦并姑置一室，或餉其婦而不及姑，徐伺之。一婦每以己饌饋姑，姑猶呵之。其一反之。如是累日，遂得其情。

姜才。濠州人，爲通州副都統。元兵攻揚州，才爲三疊陣，戰於三里溝，有功。又與戰揚子江，流矢貫才肩，才拔矢揮刀而前，所向辟易。宋亡，瀛國公至瓜洲，才與李庭芝誓將士出奪之，以四萬人夜擣瓜洲，戰三時，衆擁瀛國公避去。元將阿爾珠招之，才曰：「吾甘死，豈作降將軍耶。」與庭芝東至泰州。阿爾珠兵追及，才疽發脇不能戰，都統曹安國執以獻。阿爾珠愛其忠勇，欲降而用之。才肆爲謾言，阿爾珠怒，剮之揚州。「阿爾珠」舊作「阿朮」，今改正。

明

鄭重。慈谿人。成化間，知通州，重濬金沙河、西亭河數十里，民利之。

蔡暹。成化間，知泰興縣。邑南濱大江，每歲江水浸齧民田。暹築堰捍禦，長萬六千餘丈。

劉文寵。玉田人。弘治初，知如臯縣。舊編種馬，止百餘匹，永樂間，以六安州被災，寄養官馬千三百餘匹，沿爲民累。值朝使清理馬政，文寵力請仍如原額，民困獲蘇。

黄璉〔四〕。萬全人。正德中，爲泰興縣主簿。流寇劉六等劫掠縣界，璉率民兵禦之，生擒賊黨李南，乘勝追賊，被創死。

裴紹宗。渭南人。正德中，令海門。裁抑浮費，奏蠲坍糧。後官給事中，以諫死。

張承恩。易州人。正德間，知通州，不避强禦。有獻沙漲田於戚畹者，承恩榜禁之，其人懾而止。

黎堯勳。四川人。嘉靖中，知如臯縣。豪室悍竈，兼并爲患。堯勳特請均田，辨肥磽，定税爲上、中、下三則，迄今便之。

嵇鏰。德清人。嘉靖末，知如臯縣。百户余顯，横騺海上，鏰鈎致其黨，按治正法。戍海卒每歲更番爲民患，鏰先期畫界，與戍將約毋犯民。俄卒殺漁者，鏰執以詰戍將，卒伏辜。

包檉芳。嘉興人。隆慶初，爲通州運判。時海潮大作，由石港至馬塘，隄岸崩圮，溺死人畜無算。檉芳建議築隄，自彭家口直接石港，縈紆十六里。凡各竈場産在隄外者，俱得全，民田遂免漂没之患。

宋文昌。商城人。萬曆中，知如臯縣。邑田磽确，仰灌淮流。鹾使者惑姦人請，自牙橋鑿渠，東注水盡歸江，闔邑苦暵。文昌力請塞渠，民利之。

周承恩。武岡人。萬曆中，知如臯縣。故例濬河之役，通邑計里出夫。有欲專責瀕河民役之，承恩力争得已。江沙善崩，漲徙靡定，往往射水占賦。承恩均之，邑中徭賦以清。

李衷純。秀水人。萬曆末，知如臯縣。縣地瀕江海，沙漲成洲，豪家輒據爲業。洲民争之不得，則以田獻勳弁，每秋穫，戈船旗鼓相接。衷純單車往諭，乃得解。大盗數百，倚洲恣掠，衷純捕馘其首，餘黨盡散。造戰艦，募兵百人，邏行江上，盗賊屏跡。

本朝

陳棐。光州人。順治初，知泰興縣。時天下初定，主兵者疑邑人反側。棐力保無他，民賴安全。以最擢御史。

陳秉彝。奉天人。順治初，知如皋縣，會霪雨，江水泛溢，民多流亡。秉彝倡募設賑，全活甚衆。

馬御輦。涇陽人。順治二年，知如皋縣。時海寇及鹽徒作亂，遇害。事聞，加贈廕䘏。

人物

宋

王維熙〔五〕。如皋人。景祐進士，爲大理寺詳斷官。持法堅正，務原人情。奏案成，廷尉使易之，不從。儂智高反，掠嶺南諸州，吏棄城者當坐法。維熙議嶺南兵與城皆無足恃，奈何以常法置之死。上亦憫之，皆得免。累官司封員外郎。

吴及。通州静海人。以進士起家爲侯官尉，累遷太常寺博士。時仁宗春秋高無子，及因推言閹寺，以及繼嗣事，帝異其言。嘉祐三年，擢右正言，復上疏請擇宗室子以備儲副。明年，管勾登聞檢院，請省冗官，汰冗兵，條上十餘事，多施用之。又言州郡官司，各專其民，擅造閉糴之令。遂詔隣州隣路災傷而輒閉糴，論如違制律。久之，遷右司諫，管勾國子監。在職數年，以勁正稱，遇事無大小輒言。後出知廬州，進户部，直昭文館，復知桂州，卒。

王覿。如皋人，第進士。神宗時，爲編修三司令式删定官，尋除司農寺丞。司農時爲要官，進用者多由此選。覿拜命一曰，即求外，韓絳高其節。哲宗立，擢司諫，上疏極論蔡確、章惇、韓縝、張璪朋邪害正，相繼斥去。又劾竄吕惠卿。時差役法復行，議者謂免役法無一事可用，覿因採掇數十事，於差法有助，可以通行者上之。遂論青苗之害，乞盡罷新令，而復常平舊法。覿在言路，欲深破朋黨之説。朱光庭訐蘇軾館職策問，吕陶辯其不然，遂起洛、蜀二黨之説。覿言學士命詞失指，其事尚小，使士大夫有朋黨之名，大患也。帝深然之，置不問。尋拜侍御史、右諫議大夫，歷遷刑、户、工部侍郎。徽宗即位，遷御史中丞。覿清修簡淡，人莫見其喜愠。持正論始終，再罹遣逐，不少變。

王俊義。覿從子。遊學京師，資用乏，或薦之童貫，欲厚聘之，拒不答。以太學上舍選，徽宗親程其文，擢爲第一。蔡京邀使來見，曰：「一見我，左右史可立得。」俊義不往，僅拜國子博士。歷遷右司員外郎，爲王黼所惡，以直秘閣知岳州，卒。

顧忻。泰興人。十歲喪父。以母常病，葷腥不入口者十載。雞初鳴，具冠帶，率妻子詣母室，問其所欲。如此五十年，未嘗離母左右。母老，目不能覩物，忻日夜號泣祈天，刺血寫佛經數卷，母目忽明。

孫益。泰興人。紹定中，李全游騎薄城下，縣令王燴募人守禦，益起從之。俄賊兵大至，率衆拒之。勢稍却，益厲聲呼曰：「王令君募我來，將以守護城邑，我輩不爲一死，何面目見令君乎！」遂身先赴敵死。同時顧緒、顧珣，俱戰死。事聞，贈益爲保義郎。

明

翟善。泰興人。洪武中，貢入國學，擢文選主事，進員外郎，掌部事，尋拜侍郎。時諸司未有定格，善承旨仿唐六典，爲書名諸司職掌頒行天下。後升尚書。太祖欲爲營第於其里，善辭以江鄉地隘，宗親衆，不忍奪人自益。又善家戍籍，帝欲免之，善曰：「今區宇初定，戍卒宜增，不可以臣破例。」帝皆善之。

朱顯忠。如皋人。從傅友德征蜀，克文州，令留守。僞夏趙元帥與平章丁世興合兵攻圍甚急，顯忠悉兵拒戰，力不敵，城陷死之。

茅大芳〔六〕。名誧，以字行，泰興人。博學能詩文。洪武中，爲淮南學官，擢秦府右長史，輔導盡職。建文初，遷副都御史。燕師入南京，坐姦黨被收，不屈死。本朝乾隆四十年，賜謚忠節。

許孚。世爲蘇州人。元末，隨父避亂如皋，遂家焉。舉建文己卯鄉試，爲方正學所得士。時官工部主事，榷蕪湖關，聞正學殉難，北向再拜，泣曰：「吾師獲死所矣。」遂飲酖死。

張起。泰興人。初遭寇亂，與母相失，起日夜悲泣，行求四方三十年，遇於濟寧，奉以歸。

姚繼巖。通州人。弘治進士，授工部主事，歷吏部郎中，一時有冰鑑之目。武宗南狩，繼巖與同官張元承倡令省院諸臣連章奏留，被廷杖。世宗初，升太常少卿，清譽益著。

張羽。泰興人。弘治進士，由淳安知縣擢御史，彈劾中貴，疏論時事甚剴切。巡按雲南，奏免開礦及中官怙勢者。後守保定，以母疾乞歸。

崔桐。海門人。正德進士，授編修。諫武宗南巡，被廷杖。世宗初，伏闕諫議禮，復被廷杖。後以副使督學於楚，有清名。歷辰沅兵備，定永順、保定争地，平長沙、安化山寇，擢爲南京太僕。累拜禮部侍郎。

錢鐸。通州人。正德進士，嘉靖初任刑部主事，以諫大禮廷杖。後進員外。勳戚有擅役黑窑廠官軍者，屬鐸鞫問，罪家人管勾數十輩，皆發編伍，勳戚爲之斂跡。以郎中出守肇慶、鄖陽，擢廣西副使，功績甚著。

顧養謙。通州人。嘉靖進士，由户部郎中，歷遷杭嚴道。臺省推轂邊才，遂徙謙備兵薊鎮。尋拜右僉都御史，巡撫遼東，著勳績。遷南京户部侍郎，以憂去。時謂養謙必能辦倭，起爲兵部侍郎，總督薊遼軍務。養謙膽氣過人，臨事多知畧，所在著聲。

卒謚襄敏。

徐可行。通州人。萬曆中，爲長興簿。先是，嘉興有葉朗生之變，其黨吴野樵等潛匿長興，突入縣堂，誘執縣令石有恒。可行聞變，亟挺劍喝賊，梃刃交下，遂先令死，駡不絶口。

冒起宗。如皋人。崇禎進士，授行人，選南考功，掌内計，時憚其方正。出爲兖西僉事，會流寇據河南，起宗監河上軍，賊不能渡。後備兵嶺西，旋調湖南寶慶副使，以憲副督漕江上。乞休歸。子襄，爲諸生，有聲。

許直。如皋人，崇禎進士。以名節自砥。知義烏縣，清操皭然。母憂歸，哀毁骨立。服闋，補惠來縣，因清望徵授文選主事，進考功員外郎。賊陷都城，令百官報名，直曰：「身可殺，志不可奪。」不赴，作書寄父絶命詞，遂自經死。本朝乾隆四十一年，賜謚忠愍。

殷尚聲。通州人，官桂陽州判，崇禎末，流賊薄城，城陷，尚聲死之，男婦從難者六人。本朝乾隆四十年，賜謚節愍。

閻應元。通州人。崇禎中，爲江陰典史，手射殺賊三人。南京亡，大兵攻江陰，應元守甚固。城陷被執，不屈死。本朝乾隆四十一年，予入昭忠祠。

本朝

李我彭。通州人，寄居揚州。順治乙酉四月，城陷，我彭負母逃至水側，兵及之，母驚殞。我彭伏水草中，俟兵過，負母屍走數里，掩埋畢，再拜，一慟而絶。

吴應昌。通州人。以武解元登順治壬辰進士，授徐州守備，升浦口都司。己亥六月，海寇入犯，因調防談家洲，陷陣不屈死。事聞，贈卹世廕。

孫閎達。通州人。康熙甲辰進士，知山西太原縣，愷悌得民。每兩造赴庭，閎達懇切誨諭，多罷訟而去。以病歸，士民感戴，入祀太原名宦祠。生平日所爲，夜必檢記，所著有省身録。入祀本州鄉賢祠。

丁腹松。通州人。康熙癸未進士，知扶風縣。值凋殘之後，事事與民休息，聽訟明允，以德化人，善政不可枚舉。雍正七年，入祀名宦祠。

陳德奎。通州人。以武舉授湖北宜昌鎮標守備，勦湖南苗匪有功。嘉慶二年，加都司銜，勦辦湖北教匪，擊賊於長陽縣，陣亡。事聞，贈卹世廕如例。

李秉忠。通州人。由例貢生任貴州鎮寧黔西知州，復任雲南羅平。嘉慶二年，黔、粵苗匪竄入羅平，秉忠勦撫有功，晉開化知府，續任廣東韶州，攝瓊州府事，護雷瓊兵備道，所至有聲。

嚴高。通州人。任廣東碣石鎮標右營都司。嘉慶十四年，協勦磨刀洋面盜匪陣亡。事聞，贈卹如例，廕雲騎尉世職。

流寓

唐

李綱。本姓徐，其先曹州人。父敬業，起兵揚州討武氏，不克死之。綱逃匿海陵。中宗復位，徵赴闕下，以言事忤當路，挂冠歸隱。

宋

鄭獬。六安州人。父爲郡曹掾。時通州人張日用知新昌，一見奇之，遂妻以女，因寓通州，讀書城南文殊院。

陳瓘。沙縣人。瓘子正彙告蔡京罪，下開封府制獄，并逮瓘。獄具，正彙流海上，瓘亦安置通州。

任伯雨。眉山人。崇寧黨事作，削籍編管通州。

本朝

劉名芳。閩縣人。結廬軍山之水雲窩，病其石路嶮巇，於山腰别治大道，土人號曰劉郎路。狼山去黄泥山咫尺，中斷爲港，必紆迴數里始得至。名芳甃石建橋以通之，置亭以憩之，行人稱便。著有五山全志五十卷。

列女

明

盧氏。通州人。夫李，逸其名，嘉靖中，徙常熟縣之白茆市，依張島以居。島悦盧氏及其女姿色，誣其夫以盜，置獄不死，復沈之江。遂謀以盧爲妾。而島妻弟并欲室其女。盧痛夫仇不得報，先刺殺女，遂自刎。島瘞二屍竹林中。巡按御史陳蕙廉得其實，島等皆伏辜。爲立烈婦祠祀之。

張大本妻潘氏。通州人。夫亡，氏年二十，守節孀居，壽一百餘歲卒。

曾㬙妻陳氏。通州人。㬙溺死，陳投水以殉。

陳氏。通州人。其夫孔，匿一歌者於卧室，强陳同飲。陳拒不從，慮爲所污，自經死。

張仲辛妻洪氏。通州人。年十九，夫染羸疾，垂危與洪訣。洪解指環貫夫指，而自留其一，曰：「當如此環，生死不離也。」即自縊。後三日，仲辛乃卒。

梁天峻妻羅氏。通州人。高進忠作亂，羅遇賊，欲污之，不從，被害。同州王取妻楊氏，曹敏行妻徐氏，俱爲賊所執，殉節死。

倪宗美妻施氏。如皐人。正德中，爲寇所逼，不從被殺。

顧士掄妻許氏。如皐人。少孀守節，聞父直殉難，不食死。

井傍女。泰興人，逸其姓。嘉靖中，島寇焚掠，女被殺井傍。寇退，鄉人殮之，面如生，其附體下裳，皆自紉綴不可解。

本朝

袁氏女。如皐人。許字繆方，夫亡殉烈。康熙年間旌。

曹坦妻陳氏。通州人。夫亡守節。同州周尊彝妻包氏，李歲大妻王氏，孫國勳妻姚氏，李炳妻瞿氏，丁家相妻陳氏，孫翊妻馮氏，保元傅妻陳氏，孫鉎妾陳氏，秦有智妻湯氏，馮騏妻崔氏，韓永用妻李氏，徐仁源妻劉氏，吴穎士妻林氏，王純仁妻顧氏，陳必安妻馮氏，盛溶妻吳氏，王麟標妾周氏，保敩妻楊氏，沈星若妻成氏，季立模妻江氏，王維禧妻孫氏，季炤妻邱氏，范式玉妻程氏，顧振宗妻鄒氏，孫允貴妻黄氏，陳宜廣妻宋氏，顧臨秋妻吳氏，均夫亡守節。烈婦孫賣魚妻陳氏，夫愚而貧，里中惡少瞰氏美，欲污之，啗其夫以金。氏度不能免，遂自縊。烈女陳維坤聘妻周氏，未嫁夫亡，遂自殉。俱雍正年間旌。

王克生妻丁氏。通州人。夫亡守節。同州李光斗妻王氏，江于庠妻陳氏，秦又思妻潘氏，吳德升妻王氏，湯萬里妻何氏，梁之棟妻張氏，鄒瑗妻姚氏，張式紀妻俞氏，方禹平妻王氏，吳天極妻張氏，沙鐘壚妻許氏，陳承緒妻錢氏，戴允美妻李氏，蘇宗林妻許氏，季以成妻陳氏，王世爵妻袁氏，劉楚臣妻張氏，張兆元妻吳氏，張繼仲妻邱氏，施文達妻黄氏，錢文佩妻莊氏，保天錫妻吳氏，朱永濟妻尤氏，馬餘謙妻王氏，李常裕妻彭氏，沙有珍妻施氏，陶惟先妻戴氏，姜兆驥妻張氏，保宏妻何氏，倪興祖妻劉氏，鄒實穎妻陳氏，李允臧妻王氏，夏裔妻白氏，劉琦妻王氏，彭茂芳妻顧氏，尹善述妻竇氏，李方燕妻沙氏，李祖包妻保氏，俞辰妻江氏，吳廷表妻王氏，曹商玉妻季氏，江兆鵬妻潘氏，姚志洙妻方氏，朱有亮妻顧氏，程宗傑妻張氏，張爲嵋妻瞿氏，姜祖渭妻何氏，張裕學妻邱氏，江繹安妻梁氏，江榮秋妻孫氏，程宗儀妻邵氏，王大綸妻嚴氏，丁啓瑶妻蔣氏，白箕宗妻戴氏，盧孫貽妻崔氏，夏朝妻崔氏，馮九皋妻吳氏，夏武僑妻孫氏，周學榮妻何氏，張觀妻崔氏，錢益增妻江氏，劉鵬程妻吳氏，孫楚白妻黄氏，劉汝柱妻丁氏，江叔選妻易氏，黄子者妻張氏，蔣炳如妻姚氏，李燕山妻孫氏，田永潤妻張氏，張國榮妻胡氏，田永源妻李氏，陶士進妻朱氏，單永石妻胡氏，明汝吉妻沈氏，嚴論妻施氏，周鑑妻徐氏，崔公肅妻彭氏，黄方林妻倪氏，毛素文妻吳氏，潘宏度妻崔氏，毛穎妻邱氏，陸奕妻保氏，朱士美妻陳氏，王喬若妻張氏，錢希文妻宋氏，包淩雲妻顧氏，顧天錫妻張氏，王巖妻范氏，宋學郊妻李氏，管達生妻施氏，姚慶先妻周氏，陶爾壽妻李氏，陳天錫妻朱氏，孫漢英妻夏氏，張聖振妻周氏，楊度妻陳氏，蔡學周妻高氏，尹端方妻張氏，江以迪妻顧氏，徐彬若妻陳氏，王吾先妻於氏，許天順妻淩氏，馬思昱妻葛氏，樊維翰妻施氏，達于旦妻王氏，吳軼羣妻陳氏，楊恭安妻葛氏，孫錫榮妻朱氏，孫秀巖妻錢氏，崔瑄妻蔣氏，趙靈川妻王氏，程峻濤妻左氏，季良宰妻錢氏，顧巖山妻施氏，許若倫妻喻氏，江承正妻沙氏，成璟妻蔣氏，朱鳳儀妻孫氏，孫承祐妻王氏，黄嗣通妻顧氏，莊良伯妻戴氏，馬沅妻鄒氏，曹建章妻郁氏，李師沆妻戴氏，白登素妻錢氏，秦長清妻佴氏，金洪韶妻吴氏，王紹濂妻湯氏，馬俊妻李氏，劉宜也妻單氏，曹士傑妻季氏，孫鳴梧妻陳氏，王亮弼妻季氏，淩振聲妻朱氏，盛雲粱妻江氏，邱良御妻葉氏，錢繼昌妻王氏，錢龍見妻保氏，袁仁德妻陸氏，秦常林妻崔氏，崔占鰲妻袁氏，潘同仁妻王氏，姚國瑞妻邵氏，保湑妻馮氏，陳聖鳳妻王氏，周允中妻夏氏，金輯侯妻陳氏，秦長傑妻吴氏，曹祥麟妻張氏，曹愷妻許氏，張克孝妻季氏，聞楠妻姜氏，季配華妻張氏，馮正宗妻吴氏，曹天職妻李氏，施如潛妻黄氏，施文彬妻顧氏，季仁安妻張氏，徐寅妻周氏，徐之礪妻孫氏，吴雙玉妻顧氏，尤敏妻吴氏，侯薦揚妻張氏，均夫亡守節。俱乾隆年間旌。

許鋭妻石氏。如皋人。夫亡守節。同縣冒進功妻鄒氏，沙鼎妾何氏，劉元善妻陳氏，許昌祚妻江氏，劉四知妻繆氏，顧開妻周氏，邵永正妻章氏，方欽妾劉氏，龔安九妻齊氏，叢合浦妻石氏，冒衮妾江氏，陳以質妻石氏，葛貽遠妻蔣氏，葛國珍妻沈氏，劉雲紀妻羅氏，劉羽吉妻陳氏，趙之連妻章氏，叢中和妻沈氏，陳君政妻孫氏，洪國儀妻吴氏，劉鶴鳴妻程氏，劉鍾俊妻張氏，劉師昆妻石氏，章有年妻劉氏，章啓蔭妻楊氏，錢應宿妻程氏，冒稼妻吴氏，嚴君錫妻陳氏，汪文蘭妻吕氏，汪尚槐妻張氏，夏永祚妻繆氏，張一蕙妻陳氏，吴方啓妻叢氏，吴鳳韶妻石氏，余扶倫妻單氏，張一蘅妻吴氏，楊旭升妻朱氏，秦廷徵妻平氏，單自發妻徐氏，姜榆妻李氏，吴錫範妾劉氏，蔡雲翔妻郝氏，吴國祥妻趙氏，管正學妻顧氏，仲叔禮妻康氏，丁元弼妻石氏，叢國瑄妻吴氏，馬賓生妻沈氏，李夢星妻曹氏，黄奉田妻吴氏，冒元一妻蔣氏，尤昇鴻妻薛氏，任鈺妻楊氏，張尚喜妻陳氏，石泰繼妻吕氏，孫維翰妻錢氏，趙佐臣妻陳氏，史文信妻薛氏，史班書妻章氏，沈百義妻左氏，明御萬妻徐氏，吴瀛妻朱氏，黄淑聖妻章氏，沈維熙妻程氏，朱曰新妻丁氏，姚立本妻許氏，吴掄元妻顧氏，冒渾之妾郝氏，繆怡堂妻傅氏，張朝紱妻顧氏，均夫亡守節。俱乾隆年間旌。

陳昌齡妻周氏。泰興人。夫亡守節，孝事翁姑，撫孤成立。同縣劉名高妻何氏，范琦妻趙氏，殷遇爵妻張氏，劉郁春妻楊氏，劉洪勳妻季氏，朱紫綬妻李氏，趙其璋妻孔氏，趙如輅妻孔氏，沈靈芝妻吴氏，戚珍妻何氏，吴嘉聘妻王氏，常懿則妻季氏，吉洪妻常氏，袁世達妻陳氏，蔡春元妻周氏，蔣焕然妻常氏，丁繩烈妻張氏，曹永德妻周氏，何南英妻王氏，田大有妻戴氏，張咸妻戴氏，季芳榮妻朱氏，陸贇仕妻桂氏，陳超園妻段氏，蔣令安妻李氏，均夫亡守節。俱乾隆年間旌。

傅正方妻王氏。通州人。夫亡守節。同州陳師堉妻陸氏，王春來妻馬氏，張授妻季氏，邱之安妻周氏，錢施光妻張氏，陳載倫妻李氏，湯枚妻錢氏，王士俊妻陳氏，湯洪妻吴氏，楊光浩妻許氏，孫貽穀妻顧氏，吴惠南妻周氏，唐瑞妻馮氏，陸志雄妻孫氏，陳泰妻葛氏，錢集儒妻邢氏，吴漢蒼妻汪氏，邵大經妻徐氏，郭瑞祥妻張氏，陳邦材妻張氏，姚世睿妻周氏，王文炳妻江氏，宋邦柱妻蘇氏，王元崙妻孫氏，王君杏妻白氏，李鳴鸞妻毛氏，楊獻廷妻馬氏，姚芳妻張氏，陳賓暘妻孫氏，馬建照妻王氏，劉嵩齡妻袁氏，張簧妾陳氏，貢南妻劉氏，盛祖禮妻劉氏，王曙妻曹氏，王芸妻范氏，戴攀桂妻湯氏，胡上林妻張氏，張全才妻顧氏，周廣遠妻章氏，李元龍妻吴氏，胡嶸妻王氏，胡伊妻許氏，顧聯昇妻王氏，成筆靈妻王氏，方大本妻陸氏，朱繼有妻李氏，李俊妻盛氏，趙楠妻汪氏，韓德進妻秦氏，邵天維妻王氏，孫邦柱妻侯氏，陳天爵妻朱氏，方汝泰妻陳氏，徐大壯妻成氏，李庭珍妻高氏，莊立恒妻秦氏，秦志德妻沈氏，王大賓妻姚氏，姚秀華妻李氏，徐人偉妻石氏，王畿妻姚氏，許生玳妻吴氏，李蓁妻曹氏，李兆蘭妻彭氏，夏逢源妻彭氏，高上達妻彭氏，彭有禮妻單氏，陸羽飛妻江氏，崔朝幹妻徐氏，侯禮繼妻李氏，崔步瀛妻高氏，成啓明妻許氏，均夫亡守節。貞女趙貫聘妻楊氏，閔嘉懋聘妻馮氏，趙某聘妻楊氏，均未嫁夫亡守貞。俱嘉慶年間旌。

孫煒妻趙氏。如臯人。夫亡守節。同縣孫又傅妻丁氏，吉耀光妻殷氏，秦宗周妻王氏，陳惟明繼妻顧氏，章大倫妻沈氏，桑印台妻張氏，何文燦妻吴氏，何宗模妻吴氏，胡焕文妻王氏，冒元近妻邵氏，曹佽妻沈氏，馮國傅妻劉氏，胡全義妻劉氏，劉文魁妻葛氏，馬立方妻桑氏，汪曰盛妻葛氏，叢之興妻萬氏，盧録妻王氏，劉嗣齡妻冒氏，馮杰妻劉氏，沙鳴珂繼妻丁氏，張學舉妻傅氏，冒伯和妻徐氏，吴莘友妻沙氏，陳宏妻薛氏，徐國昌妻虞氏，冒天誠妻周氏，徐珩繼妻劉氏，徐蘭友妻馬氏，陳栻妻程氏，冒綜妻李氏，金鼎妻仲氏，石中瑛妻孫氏，羅良弼妻桑氏，范曾閔妻蔣氏，朱長盛妻陳氏，趙國萬妻段氏，丁有裕妻石氏，楊一貞妻丁氏，均夫亡守節。烈女石氏女名娜，守正捐軀。俱嘉慶年間旌。

王心一妻吴氏。泰興人。夫亡守節。同縣李銘妻趙氏，耿廷喃妻蔣氏，葉正强妻周氏，陸元徵妻戚氏，唐懷玉妻趙氏，徐世才妻顧氏，于紹妻王氏，施曰膏妻徐氏，均夫亡守節。烈女錢如成女，守正捐軀。俱嘉慶年間旌。

土產

絲。寰宇記：通州產。

鹽。唐書地理志：海陵有鹽官。

鰾膠。宋史地理志：通州貢。

乾鯔魚。

鰉魚醬。

鰕米。寰宇記：俱通州貢。

鶴。州志：產通州呂四場，丹頂緑脛，足有龜紋。

車螯。州出。

苧布。出餘東。

翦刀。州出。

鰜。出泰興、如皋。

硝。出泰興。

校勘記

〔一〕北接淮水　乾隆志卷七三通州山川（下同卷簡稱乾隆志）同。按，通州距淮水遥遠，其城河勢不能與淮水相接，疑是運鹽河之誤。

〔二〕又張皂丫港　「張皂丫港」，乾隆志作「張丫港」，未知孰是。

〔三〕下有拇科　「拇科」，乾隆志同。按，方輿勝覽卷四五通州山川狼山條作「拇窠」。窠、科意同。

〔四〕黄璉　「璉」，原作「連」，據乾隆志及雍正江南通志卷一一五職官志改。按，本志蓋避乾隆太子永璉諱改字。

〔五〕王維熙　「維」，乾隆志、雍正江南通志卷一四五人物志作「惟」。

〔六〕茅大芳　乾隆志「芳」作「方」。按，明史卷一四一有茅大芳傳，字作「芳」；卷九九藝文志有「茅大方集」，字又作「方」。蓋傳文有異。本志前文亦有作「茅大方」者。

海門直隸廳圖

通州界
海門直隸廳
海
太倉州崇明界

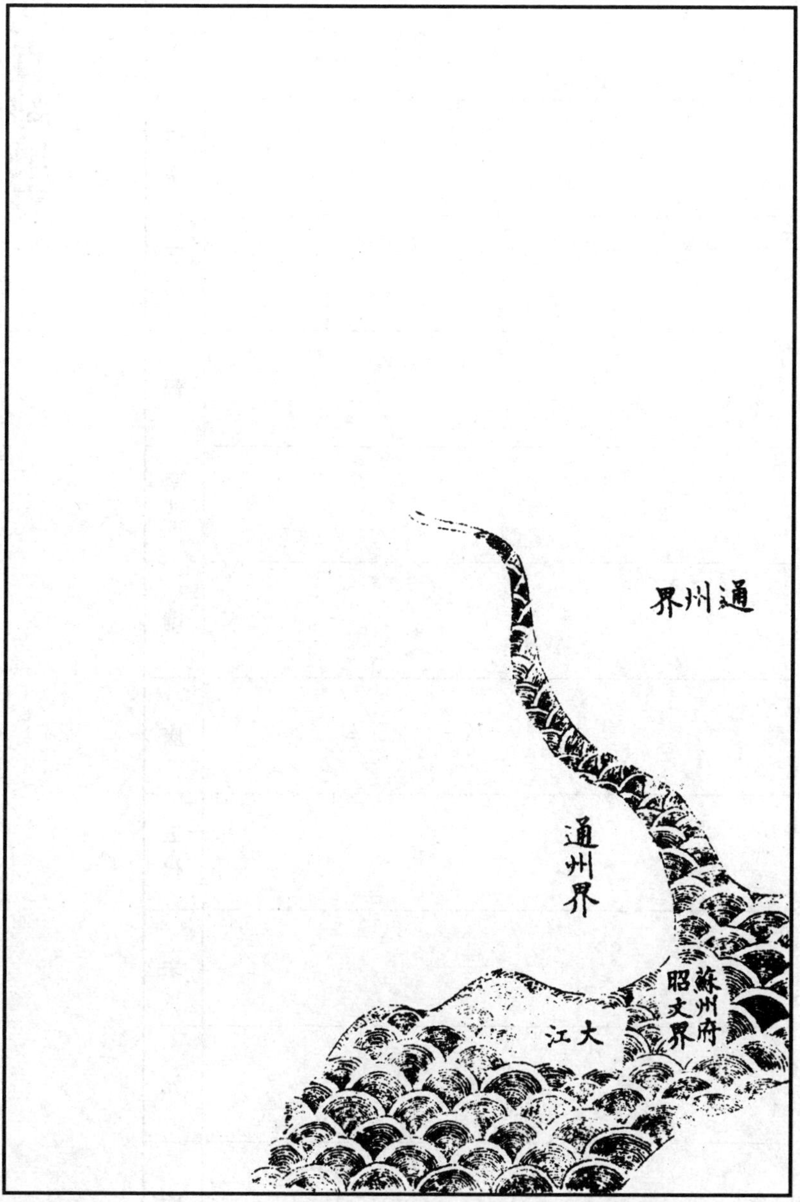
通州界
通州界
蘇州府昭文界
大江

海門直隸廳表

	海門直隸廳
秦	
兩漢	
三國	
晉	
南北朝	
隋	
唐	
五代	
宋	
元	
明	

大清一統志卷一百七

海門直隸廳

在江蘇省江寧府東五百八十里，蘇州府東北三百里。東西距一百八十里，南北距一百里。東至海一百里，西至通州界八十里，南至江五十里，北至通州界五十里。東南至海、崇明縣界一百里，西南至海、昭文縣界七十里，東北至通州界一百二十里，西北至通州界四十里。

分野

天文斗、牛分野，星紀之次。

建置沿革

廳地由海中漲出，無古蹟可載。乾隆三十三年，割通州之安慶、南安等十九沙，崇明之半洋、富民等十一沙，及續漲之天南一沙，特設海門廳，移蘇州海防同知駐劄其地，直隸江蘇省。

形勢

劃分兩州邑之漲沙，濱江臨海以爲治。於通州爲外護屏藩，於崇明爲聲援犄角。《廳册》。

風俗

報墾農民，勤勞力作。風氣敦朴，勸於爲善。《廳册》。

學校

乾隆四十一年，士民呈請建立學宫、文廟，四十三年告竣。奉部議先行釋奠。各沙生童仍由原隸通州、崇明縣考。入學額數二名，嘉慶十七年增二名。

户口

原額人丁四萬八百十，今滋生男婦大小共二十三萬九千八百七十九名口。

田賦

田地五千二百二十八頃二十四畝六分七釐有奇，額徵地丁正雜銀三千五百九十兩二錢二分七釐〔一〕，又雜辦銀十八兩三錢一分八釐，米九十九石六斗二升三合。

山川

天南沙。設廳以後，續漲報升，在廳治東北。安慶沙。南安沙。裙帶沙。玉帶沙。玉心沙。西天補沙。東天補沙。川港沙。裙帶餘沙。通興沙。三角沙。小年沙。大年沙。日照沙。呂壽沙。萬盛沙。民竈沙。藤盤沙。丁角沙。以上十九沙，分劃通州隸入。富民沙。半洋沙。大平沙。日盛沙。大洪沙。復興沙。永阜沙。戲臺沙。大安沙。小安沙。五桂沙。以上十一沙，分劃崇明縣隸入。

海。廳地俱由海中漲出，三面臨海。東南隔海，直太倉州崇明縣。西南隔海，直蘇州府昭文縣。

江。在廳境南入海，江面闊百餘里。有圩角港，與蘇州府昭文縣之福山港直對，爲赴蘇要道。

津梁

三星橋。在廳東北合興鎮，通海接界之所。

利濟橋。在大洪港内〔二〕。

通濟橋。在大橋鎮。

文德橋。在新建學宫前。

隄堰

海壩。在廳西北隅，廳地與通州接界處，俱有水洪相隔。洪面寬二十里。乾隆四十一年，守土率士民築立隄岸，計長十里，士民名之曰海壩。此後潮汐淤汀成沙，通海往來，遂成陸地，無復渡洪之患。

祠廟

海神廟。在廳海壩上。乾隆四十三年，士民捐建。

城隍廟。在廳治東通源鎮。

關帝廟。一在廳治西茅家鎮，一在廳治東長樂鎮。

列女

本朝

沈芝山妻黃氏。本廳人。夫亡守節。同廳張玉勳妻樊氏，劉銘妻陳氏，劉庸妻黃氏，瞿天爵妻陳氏，瞿開泰妻施氏，均夫亡守節。俱乾隆年間旌。

殷尚妻施氏。本廳人。夫亡守節。同廳曾素柱妻俞氏，俞白明妻王氏，沈通源妻王氏，錢静章妻董氏，周錫華妻黃氏，孫文標妻徐氏，李文魁妻張氏，黃潤泉妻薛氏，黃樟妻陳氏，朱永發妻黃氏，沈瑆妻袁氏，包國讓妻范氏，黃宗仁妻沈氏，陳上達妻倪氏，陸兆鵬妻茅氏，楊國賢妻范氏，楊堂妻姜氏，黃從文妻陳氏，黃民懷妻陸氏，周宏禮妻施氏，沈國珍妻周氏，均夫亡守節。俱嘉慶年間旌。

土産

二麥。

木棉。

校勘記

〔一〕額徵地丁正雜銀三千五百九十兩二錢二分七釐　「徵」，原脱，據本志書例補。

〔二〕在大洪港内　「港」，原作「巷」，據乾隆志卷七四海門廳津梁改。